国家社科基金青年项目"日藏林语堂《红楼梦》英译原稿整理与研究"(16CWW006)结项成果

The
Red
Chamber
Dream

宋丹 著

日藏林语堂《红楼梦》英译稿整理与研究

中国社会科学出版社

种、摘译12种、编译12种、节译3种、转译1种）进行了系统的整理与研究，其中第五章"异彩纷呈——昭和后期的《红楼梦》翻译"第十二节"日本所藏林语堂《红楼梦》英译原稿"，则是国内外学界首次对林译《红楼梦》的介绍与研究。宋丹博士论文资料翔实，分析细致，得到了外审专家和答辩委员的一致好评，并被评为2016年度南开大学优秀博士学位论文。

2015年7月24日，南开大学外国语学院召开"南开大学发现日藏林语堂英译《红楼梦》原稿发布会"，正式对外宣布日语系博士生宋丹在日本发现了尘封近半个世纪的林语堂《红楼梦》英译稿，经《光明日报》《中国青年报》《中国日报》（China Dairy）及各大门户网站报道，一举成为中外瞩目的学术热点。

发布会上，南开大学外国语学院原院长、资深翻译家刘士聪教授等专家学者，既对新发现的林语堂《红楼梦》英译稿的学术价值给予了高度评价，同时又提出了一系列问题，如林语堂翻译了《红楼梦》这么大部头的著作，为何其家人却不知情？按照林语堂和《红楼梦》的名气，当时应该有很多出版社争相出版这本书，为何并未实现？这些问题当时未能作出有效解答，成为后续研究的新课题。

宋丹博士毕业后就职于湖南大学，次年便以"日藏林语堂《红楼梦》英译原稿整理与研究"为题，申报国家社科基金青年项目并成功立项，此后相继在《外语教学与研究》《中国翻译》《中国比较文学》《红楼梦学刊》《曹雪芹研究》《中国文化研究》等学术期刊发表了系列研究成果，引起学界广泛关注。2018年7月至2019年7月，宋丹受国家留学基金委公派赴京都大学访学一年，对林语堂《红楼梦》英译稿进行了精心整理和深入研究，最终于2021年完成了该课题，结项鉴定等级为优秀，本书则是在此基础上修订而成。

全书分为研究篇和整理篇，用长达近700页的篇幅，首次对林语堂《红楼梦》英译稿进行了系统整理与深入研究，具有颇高的学术价值和现实意义。

研究篇共分十一章对林语堂《红楼梦》英译稿进行了多角度深入研究，考察了林语堂1916年初识《红楼梦》到晚年编译、研究《红楼梦》的近60年历程，挖掘了王国维《红楼梦评论》对林语堂红学观所产生的潜在影响,探究了林语堂翻译与研究《红楼梦》的相互映射关系,多发前人之所未发。

本书参考嘉德香港 2021 春季拍卖会公布的《故纸清芬见真如——林语堂手迹碎金》所收林语堂晚年书信及相关研究成果,仔细爬梳林语堂译文与《红楼梦》原著诸版本异文,结合台北林语堂故居所藏《红楼梦人名索引》原稿等,考证出林语堂编译《红楼梦》所用底本,应为 20 世纪 30 年代上海商务印书馆刊行的《增评补图石头记》,并指出林语堂英译《红楼梦》的翻译和出版经历了以下四个阶段:1935、1938 年先后两次尝试翻译并放弃→1953—1954 年专注翻译、1955 年完成初稿→1955—1973 年搁置译稿→1973—1974 年修订译稿兼寻觅出版社,最终直至 1983 年在日本转译出版。本书指出,林语堂《红楼梦》英译稿之所以在欧美出版受阻,主要原因在于 1973 年第四次中东战争爆发,造成全球范围的纸荒,最终只得求助于日本。该结论对前述刘士聪教授的疑问做出了有力回应,虽然出乎吾辈的意料之外,结合当时的时代背景来看,却也在情理之中,如作者所言:"时代影响甚大,是小事件折射大历史的典型代表"。

书稿第三章至第九章对林语堂英译《红楼梦》的编译策略、译稿修改、诗词韵文翻译、副文本、叙事重构、人物形象重构进行了抽丝剥茧式的细致考察,作者广泛借鉴红学、林语堂研究、翻译学、比较文学的相关成果与理论,结合林语堂英译《红楼梦》原稿的内外部研究,以期探明林译《红楼梦》的策略、特色、意义等问题,做到宏观视野和微观研究的有机结合。

书稿第十章"佐藤亮一日文转译本"对林语堂英译稿的日文转译本进行了详细的介绍和研究。佐藤亮一(1907—1994)是日本著名翻译家,曾任日本翻译家协会会长,因翻译《京华烟云》与林语堂结缘,深受林语堂信赖。1973 年 11 月,林语堂在逝世前三年,将《红楼梦》英译稿寄给佐藤,数月后又寄去修订稿,委托他用两年左右时间在日本翻译出版。虽然佐藤未能在林语堂有生之年完成重托,但十年后的 1983 年,由日本六兴出版社分四册出版了《红楼梦》日文转译本,实现了好友遗愿。第十章着重探讨了佐藤日文转译本的产生背景、出版社的改写与宣传定位、译者的改写、翻译质量、影响等问题,从汉文训读、和歌借鉴等微观层面考察《红楼梦》日文转译本特色，言之有理有据，体现了作者日语语言文学专业的深厚素养。

第十一章"译本比较"从宏观视角出发，选择王际真英文编译本、库恩德文编译本、松枝茂夫日文编译本、霍克思英文全译本与林语堂英译稿比较，钩沉这些译者与林语堂的间接交集，考察林语堂英译《红楼梦》与这些译本在人物情节取舍、再创造程度、翻译策略等方面的异同，并结合个案研究，指出林语堂在突出译文临场感、文学性、明晰化、顾及文化差异上可圈可点，对当下中国文化如何走出去，具有重要的参考价值。

本书附录中用22个表格，分为两大类对林语堂英译稿进行了分门别类的详细整理，第一类借鉴《红楼梦大辞典》，整理了人名、称谓、地名、服饰、饮食、医药、器用、建筑园林、职官、典制、岁时、礼俗、宗教、词语典故、俗谚等惯用表达、戏曲词汇、诗词韵文总计17个中国传统文化的原文与林语堂英译文的对照整理表；第二类为林语堂英译稿的注释、主要人物描写翻译及评论、修改笔记、误译及偏移原文翻译、翻译拔萃整理表5个。由此可见作者的用功之勤，用力之深，为学界提供了研究林语堂《红楼梦》英译稿的诸多第一手文献资料。

本书的最大特色，在于为我们揭橥了《红楼梦》的跨时空、跨民族、跨语言、跨文化之旅及其魅力。曹雪芹披阅十载，增删五次，"字字看来皆是血，十年辛苦不寻常"，撰就中国文学史上的不朽名著《红楼梦》；林语堂"两脚踏东西文化，一心评宇宙文章"，倾注数十年心血，用英文编译《红楼梦》，向西方人讲述中国经典故事；佐藤亮一排除万难，用日文转译并出版林译《红楼梦》，报答好友重托；佐藤雅子夫人精心整理，妥善保管林译《红楼梦》原稿，为学界留下珍贵的大师遗珍；宋丹博士发扬上穷碧落下黄泉、咬定青山不放松的顽强精神，在日本觅得林语堂《红楼梦》英译稿，解决了学术界的积年悬案，此后又心无旁骛，念兹在兹，终于完成了林语堂《红楼梦》英译稿整理与研究的厚重著作，系统而深入地阐述了林译《红楼梦》的翻译历程、底本选择、翻译策略、叙事结构、人物形象重构等，无论是对中国的红学研究，还是中华典籍的翻译研究，都做出了开创性贡献，嘉惠学林大矣哉！

宋丹本硕博皆毕业于南开大学外国语学院日语系，接受了颇为系统的日语语言文学专业训练，自2012年博士入学至今，十年如一日，刻苦努力，博学深思，取得了可喜成绩。通过本书我们还欣喜地看到，宋丹已具备扎实的考证功底和翻译学素养，书稿资料翔实，辨析细致，利用新资料解决了学界广为关注的诸多新问题，作为系统研究林语堂《红楼梦》英译稿的开山之作，必将在学术史上产生深远影响。

当然，本书在对佐藤亮一的日文转译本研究，以及林语堂英译本与其他编译本的比较研究方面，尚有进一步深入考察的余地，希望宋丹博士今后继续努力，不断攀登学术新高峰。

最后，需要指出的是，在2015年发布会上，南开大学外国语学院曾对外宣布将公开出版林语堂英译《红楼梦》稿，由于诸多复杂原因，该计划至今未能实现，致使广大读者难以目睹译稿的庐山真面目。尽管本书对林语堂英译《红楼梦》稿进行了颇为系统的整理与研究，但因无原译稿做参照，只能窥一斑而难知全豹，大有雾里看花之憾，相信包括本人在内的广大读者，皆希望早日一睹林语堂《红楼梦》英译稿的全貌。

学术乃天下之公器！我们衷心期望林语堂家属及版权代理人克服困难，早日促成林语堂《红楼梦》英译稿的公开出版，同时也企盼佐藤亮一夫妇辗转寄达林语堂故居的林语堂《红楼梦》英译修订稿能够完璧归赵，重现天日，以告慰林语堂先生的在天之灵，推动林语堂英译《红楼梦》研究的进一步发展！

是为序。

2022年深秋于南开园

目 录

前 言 ··· 1

研 究 篇

第一章　林语堂对《红楼梦》的认识 ··· 3
　第一节　北京口语教材《红楼梦》 ··· 3
　第二节　王国维的影响 ·· 4
　第三节　红学研究与翻译的互相映射 ··· 15

第二章　翻译历程与底本考证 ··· 31
　第一节　翻译历程 ··· 31
　第二节　底本考证 ··· 53

第三章　编译策略 ··· 72
　第一节　译前准备 ··· 73
　第二节　删除 ··· 75
　第三节　整合 ··· 88
　第四节　概括 ··· 95
　第五节　增补 ··· 99

第四章 译稿修改 ·· 109
第一节 词汇层面 ·· 109
第二节 句子层面 ·· 119
第三节 语篇层面 ·· 140

第五章 文化翻译 ·· 147
第一节 人名 ··· 147
第二节 称谓 ··· 154
第三节 建筑、器用、服饰 ······································· 160
第四节 俗谚、成语、典故 ······································· 164
第五节 儒释道 ·· 170

第六章 诗词韵文翻译 ·· 181
第一节 林语堂对《红楼梦》诗词韵文的态度 ················ 181
第二节 取舍诗词韵文的考量 ···································· 183
第三节 诗歌翻译主张与实践 ···································· 188

第七章 副文本 ··· 201
第一节 序言 ··· 201
第二节 注释 ··· 209

第八章 叙事重构 ·· 228
第一节 时空建构 ·· 228
第二节 文本素材的选择性采用 ·································· 231
第三节 标示式建构 ··· 232
第四节 人物事件的再定位 ······································· 240

第九章 人物形象重构 ·· 246
第一节 艺术家灵魂与骑士气概的贾宝玉 ······················ 246

第二节 《红楼梦》里英雌多 258
第三节 《红楼梦》里英雄少 277

第十章 佐藤亮一日文转译本 283
第一节 产生背景 284
第二节 出版社的改写与宣传定位 287
第三节 译者的改写 290
第四节 翻译质量 297
第五节 影响 300

第十一章 译本比较 304
第一节 林稿与王际真英文编译本的比较 304
第二节 林稿与库恩德文编译本的比较 325
第三节 林稿与松枝茂夫日文编译本的比较 340
第四节 林稿与霍克思英文全译本的比较 357

结　语 367
附录一　误译考察 371
附录二　林稿序言原文及译文 379

整 理 篇

一　人名翻译整理表 411
二　称谓翻译整理表 420
三　地名翻译整理表 431
四　服饰翻译整理表 433
五　饮食翻译整理表 438
六　医药翻译整理表 441

七	器用翻译整理表	443
八	建筑园林翻译整理表	450
九	职官翻译整理表	455
十	典制翻译整理表	458
十一	岁时翻译整理表	461
十二	礼俗翻译整理表	463
十三	宗教相关翻译整理表	467
十四	词语典故翻译整理表	474
十五	俗谚等惯用表达翻译整理表	483
十六	戏曲词汇翻译整理表	487
十七	诗词韵文翻译整理表	488
十八	注释整理表	502
十九	主要人物描写翻译及评论整理表	527
二十	修改笔记整理表	545
二十一	误译及偏移原文翻译整理表	613
二十二	译文拔萃整理表	619

参考文献 ………………………………………………… 630
后　记 …………………………………………………… 643

前　　言

——日藏林语堂《红楼梦》英译稿发现始末及本书概要①

一　寻找契机

2013 年初，笔者在南开大学外国语学院刘雨珍教授门下攻读博士学位，在作博士学位论文《〈红楼梦〉日译本研究》时，同门师姐推荐了一本日本推理作家芦边拓以《红楼梦》为蓝本改编创作的推理小说《红楼梦的杀人》②，在后记里，看到芦边拓罗列的参考日译本名单中，有一部佐藤亮一译自林语堂（1895—1976）英译 The Red Chamber Dream 的译本。③笔者非常吃惊，因为对于林语堂翻译《红楼梦》一事，当时的学界基本持否定或怀疑态度。原因是林语堂的长女林如斯（1923—1971）为 Moment In Peking 的中译本《京华烟云》（又称《瞬息京华》）撰写的《关于〈京华烟云〉》一文中有这样的记载："一九三八年的春天，父亲突然想起翻译《红楼梦》，后来再三思虑而感此非其时也，且《红楼梦》与现代中国相离太远，所以决定写一部小说。"④

笔者经调查后得知我国台湾学者刘广定曾撰文介绍在日本看到了翻译

---

① 前言前四小节据《日藏林语堂〈红楼梦〉英译原稿考论》（原载《红楼梦学刊》2016 年第 2 辑）一文修订而成。
② 笔者曾撰文《〈红楼梦〉在当代日本——以推理小说〈红楼梦的杀人〉为中心》发表在《外国问题研究》2013 年第 4 期上，后被中国人民大学复印报刊资料《外国文学研究》2014 年第 4 期全文转载。
③ 芦边拓：『紅樓夢の殺人』，東京：文芸春秋社 2007 年版，第 441 頁。这部推理小说于 2006 年由台湾地区的远流出版公司翻译出版，译者为黄春秀；于 2008 年由大陆的群众出版社翻译出版，译者为赵建勋。台湾版和大陆版均将书名译为《红楼梦杀人事件》，前者翻译了芦边拓的后记，后者没有翻译。
④ 林如斯：《关于〈京华烟云〉》，载林语堂《京华烟云》（下册），郑陀、应元杰译，春秋社出版部 1941 年版，第 1003 页（感谢天津外国语大学冯智强教授慷慨提供该文献的准确信息）。

◆◇◆ 前 言

家佐藤亮一根据林语堂《红楼梦》英译稿转译的日译本，此文后来收入其专著《大师的零玉》。2008 年，上海的文汇出版社引进该书版权，以《大师遗珍》之名在内地出版，但当时并未引起学界广泛关注。然后，笔者在日本国立国会图书馆和国立情报学研究所的两大网站上以「紅楼夢　林語堂」为关键词搜索，发现的确有六兴出版社 1983 年出版的林语堂编、佐藤亮一译的《红楼梦》四册本和第三书馆 1992 年出版的林语堂编、佐藤亮一译的『ザ・红楼梦』单册本。随后通过日本古本屋网站购买了这两套日译本。两套译本内容一样，第三书馆出版的属于再版。

在日译本的译者后记里，佐藤亮一详细介绍了林语堂委托他在日本转译出版《红楼梦》英译稿的来龙去脉。

　　私が本書を訳出したいきさつは——。私が『北京好日』①（一九三九年）、『杜十娘』（一九五〇年）、『朱門』（一九五四年）その他の林先生の著作を翻訳出版した関係から、かなり以前から親交を重ね、先生が来日されるたびにお会いしていた……
　　一九七〇年夏、私たち日本ペン・クラブの関係者が台北で開催された第三回アジア作家会議に出席して、当時中国ペンクラブ会長だった林先生夫妻と親しく歓談したが、そのときも古い中国に強いノスタルジアを抱く林先生は、いまやオリエントの良さは日本の京都に残っているだけだと、京都をこよなく愛しておられた。それから三年後の一九七三年十一月、香港の林博士から、十余年の歳月をかけて翻訳された英文の The Red Chamber Dream が届いた。つづいて数ヵ月後に訂正箇所を示した包みがまた届き、林先生はこれを二年ぐらいで翻訳して日本で出版してくれるようにとのことだった。
　　私は責任の重大さを痛感したが、前からのいきさつもあり、先生の名訳をなんとか無難に日本文に移す作業を開始したが、訳文を進めるうちに疑問の個所や中国語の表現などの個所を、数十回に及ぶ文通で教えていただいた。私も教職や他の仕事も抱えて思うにまか

---

① 『北京好日』是佐藤亮一翻译的《京华烟云》日译本的书名。

せず時日が経過し、ついに林先生が一九七六年三月二十六日八十一歳で香港の私邸で永眠されたため、私はこの日本文訳書を先生の霊前に捧げる書とせざるを得なくなった……①

我翻译本书的契机——由于我翻译了林语堂先生的《京华烟云》（1939年）、《杜十娘》（1950年）《朱门》（1954年）及其他著作的关系，多年以前就与先生过从甚密。每逢先生来日，都会碰面……

1970年的夏天，我们日本笔会的成员出席了在台北召开的第三届亚洲作家大会，与时任中国台湾笔会会长的林先生及其夫人交谈甚欢。林先生对古老中国怀抱浓浓乡愁，他说唯有日本京都尚存东方文化的美妙，因而对京都情有独钟。三年后的1973年11月，我收到了林博士从香港寄来的包裹，是他耗时十余年英译的 The Red Chamber Dream。几个月后，又一个指出译文更正之处的包裹寄过来了，林先生希望我用两年左右的时间翻译出来在日本出版。

我深感肩负重任。因为之前翻译过先生的作品，所以还算顺利地开始了将先生的名译翻译为日语的工作。在翻译过程中，对抱有疑问之处和中文表达等，与先生通信数十次请教。因为身兼教职，外加其他工作，我无法全身心投入翻译，眼见时光飞逝，先生于1976年3月26日在香港宅邸与世长辞（笔者按：林语堂在香港玛丽医院辞世），享年81岁，我的日文译本也就只能供奉灵前了……②

佐藤亮一（1907—1994）是日本著名翻译家，出生于青森县三户郡名久井村，毕业于庆应义塾大学法学部政治科。毕业后先后就职于时事新报、东京日日新闻社（现每日新闻社），是日本翻译家协会、日本作家协会、日本文艺家协会成员。从每日新闻社退休后，任庆应义塾大学讲师、慈惠医科大学讲师、共立女子大学教授。曾代表日本出席第一届文学翻译家国际会议、国际翻译家会议、第三届亚洲作家会议等。1984年荣获国际翻译家

---

① 佐藤亮一：「訳者あとがき」，載林語堂編『紅楼夢』④，佐藤亮一訳，東京：六興出版社1983年版，第248—249頁。

② 本书外文引文的中文译文如无特别标注，均为笔者所译。

联盟颁发的国际翻译奖。1988—1994年担任日本翻译家协会会长。翻译了林语堂著、译的《京华烟云》《朱门》《杜十娘》《匿名》《红楼梦》《中国传奇小说》，查尔斯·奥古斯都·林德伯格的《圣·路易斯号精神》，丘吉尔的《第二次世界大战》，赛珍珠的《大地》等大量英文作品，毕生著、译作达170余部。由此可见，佐藤亮一是日本翻译界德高望重之人，又是林语堂诸多作品的日译者，因此他在译者后记中的讲述应该可信，况且又有日文转译本为证。至此，笔者基本相信林语堂的确翻译了《红楼梦》。但佐藤亮一没有提及翻译工作结束后，是如何处理原稿的。当务之急是寻找到林语堂英译《红楼梦》原稿的下落以彻底证明此事。

二 日本寻访

林语堂1976年去世，而佐藤亮一的日文转译本是在7年后的1983年才出版的，所以笔者最初推测林语堂的英译原稿可能还在日本。后来才知道，这一貌似武断的推测恰好是找到译稿的关键。个中缘故，稍后再述。

2014年年初，笔者由南开大学公派至日本早稻田大学文学研究科交换留学，得到了能在日本寻找译稿的便利条件。

出版日译本的六兴出版社创立于1940年，曾是日本出版界的中坚力量，出版了大量文艺、学术类书刊，后因在泡沫经济时期投资房地产失败，于1992年倒闭。出版社这条重要线索断了，接下来只能在佐藤亮一身上寻找突破口，而佐藤亮一于1994年就已去世。笔者经多方调查，在『現代日本執筆者大辞典　77/82』[1]『現代翻訳者事典』[2]两部词典里找到了他在东京的住址。前去探访时，却是人去楼空。虽知希望渺茫，但当时认为这是唯一线索，因此后来又去过该地多次。终于有一次从一位热心邻居福冈女士处打听到佐藤亮一的夫人佐藤雅子女士尚在人世，不过由于年岁已高，已入住养老院，无法与人交流；而且佐藤夫妇无亲生子嗣。笔者通过福冈女士辗转联系到了佐藤雅子的监护人川野攻先生，得知佐藤夫人已将佐藤亮一的藏书及资料等捐赠给了位于日本东北青森县的八户市立图书馆。随后电话联系该图书馆，馆员岩冈女士告诉笔者佐藤夫人为这批藏书

---

[1] 『現代日本執筆者大辞典　77/82』，東京：日外アソシエーツ株式会社1984年版，第574頁。
[2] 『現代翻訳者事典』，東京：日外アソシエーツ株式会社1985年版，第261頁。

资料所做的目录里，的确有一条「林語堂　紅楼夢　タイプ原稿」（林语堂　红楼梦　打字原稿）的记录，但佐藤夫人在捐赠时曾叮嘱图书馆，在她健在时，不要对外公开这批藏书，因此图书馆需要笔者提供佐藤夫人监护人的书面许可，方能阅读这批藏书资料。年事已高的夫人可能是担心公开后，会受到外界打扰，才有此叮嘱。

2014年8月底，在导师协助下，经与川野攻先生多次沟通后，笔者终于拿到了书面许可，前往八户市立图书馆，看到了佐藤亮一的藏书，其中就含有林语堂《红楼梦》英译原稿（为行文方便，全书简称"林稿"，外观及部分内页见图0-1—图0-19）。

林稿装在一个底色为棕绿色、带黑色细条纹的油皮纸包裹里，是从香港用航空包裹的形式邮寄到日本的。在油皮纸中央所贴白色包裹单的左右两边均有用蓝色油性笔手写的收信人信息，是分别用繁体汉字和英文书写的佐藤亮一的联系地址及姓名；包裹单左上端还有英文印刷体的寄件人地址，该地址最顶端是用蓝色油性笔手写的"Lin"。油皮纸的右上端贴了四张印有英国女王伊丽莎白二世头像的邮票，其中，面值为20港元的2张、10港元的1张、1港元的1张。

林稿是用打字机打出来的，单面打印，共859页，厚约9厘米。稿纸长27.5厘米、宽22厘米，版心长22厘米、宽15厘米。稿件里有林语堂不同时期用黑色钢笔、黑色圆珠笔、黑色油性笔、蓝色钢笔、蓝色油性笔修改的大量笔记，其中尤以黑色钢笔所做笔记最多且遍布全稿。另外还有一些用铅笔和红色圆珠笔所做的笔记，以日文为主，应该是佐藤亮一在翻译时所做。

佐藤亮一用铅笔在林稿的书名页记载"11.23（金）"①"1973""1-835"，在第29章第一页用铅笔记载"Received 23, November/73"；林语堂在第29章第一页用黑色圆珠笔记载"Package 2, pp. 353-835"。可见原稿是分"开头—第28章"（第1—352页）、"第29章—结尾"（第353—835页）两包，于1973年11月23日寄到佐藤亮一处的。

在林稿的书名页，林语堂将《红楼梦》的书名译为"*The Red Chamber Dream*"，"The"和"Red Chamber Dream"分上下两行书写，书名下面

---

① 这里的"金"是日语里星期五（金曜日）的略写，经查，1973年11月23日的确是星期五。

用括号标注了副书名"A Novel of a Chinese Family"（中国家庭小说）。紧接在书名下是"By Tsao Shuehchin"（曹雪芹著）、"Translated and Edited by Lin Yutang"（林语堂译、编）。

林稿含 Introduction（序言）、Author's Preface（作者自云）、Prologue（序幕）、Chapter 1-64、Epilogue（尾声）五部分。分为七卷，是对原著120回的编译。其中，"作者自云"至第38章对应原著前80回，译文章数①与对应原著回数之比为0.5，译文正文所用稿纸为482页，平均每回用稿纸6.025页；第39章至"尾声"对应原著后40回，译文章数与对应原著回数之比为0.675，译文正文所用稿纸为346页，平均每回用稿纸8.65页。由此可见林语堂对后40回的重视程度。这与他在《平心论高鹗》中所持的后40回系高鹗"据雪芹原作的遗稿而补订的，而非高鹗所能作"主张②和他对后40回文笔的赞赏是紧密相关的。

佐藤亮一的日文转译本将林稿的七卷改为四册，每册大标题与各章小标题均有大的改动，但章节数和各章内容未变。林稿具体的篇章结构与各卷、各章标题如表0-1所示。

表0-1 林稿篇章结构与各卷、各章标题并中文含义

分卷与各卷标题	章次	各章标题
	Introduction（序言）	Ⅰ. A Great Novelist（一位伟大的小说家）
		Ⅱ. The Hero and the Symbol（主人公与象征）
		Ⅲ. Tsao Shuehchin（曹雪芹）
		Ⅳ. Problems of Translation（翻译的问题）
	Author's Preface（作者自云）	
	Prologue（序幕）	（The Story of the Precious Stone and the Garnetpearl）序章（灵石与绛珠草的故事）

---

① 此处计算时，将"作者自云"与"序幕"各算一章，"尾声"算一章。
② 林语堂：《平心论高鹗》，群言出版社2010年版，第95页。

续表

分卷与各卷标题	章次	各章标题
Book One Boyhood （少年时代）	Chapter 1	The House of Jia（贾府）
	Chapter 2	The Beloved Orphan（心爱的孤儿）
	Chapter 3	"What is a Murder?"（"何为谋杀？"）
	Chapter 4	The Gold Locket and the Jade Pendant（金锁与宝玉）
	Chapter 5	Boyhood Experiences（少年经历）
Book Two Youth's Morning （青年的早晨）	Chapter 6	The Magnarama Garden（大观园）
	Chapter 7	Maid or Monitor?（侍女还是监视者？）
	Chapter 8	"Why am I a Porcupine?"（"我怎么磨牙了？"）
	Chapter 9	Her Royal Highness Returned（贵妃省亲）
	Chapter 10	Amitie Concealed a Tuft of Hair（平儿藏匿青丝）
	Chapter 11	Seeing Through a Veil（解悟）
	Chapter 12	Girls Could be Cruel to One Another（女孩间的残忍）
	Chapter 13	The Unanswered Door（闭门羹）
	Chapter 14	Taiyu's "Prayer to Departing Flowers"（黛玉的《葬花吟》）
	Chapter 15	Poyu Met His Match（宝玉遇到对手）
	Chapter 16	Restoring Discipline in the Women's Chambers（恢复闺阁秩序）
	Chapter 17	"Meimei, Put Your Doubts at Rest"（"妹妹，你放心"）
	Chapter 18	The Flogging（笞挞）
	Chapter 19	Shieren Looked Ahead（袭人深谋远虑）
	Chapter 20	How to Make Lotus Soup Taste Good?（如何让莲叶羹美味？）
Book Three Tumult of Trumpets （骚动）	Chapter 21	Shieren's Promotion（袭人晋升）
	Chapter 22	Crabs and Laurel（螃蟹和月桂）
	Chapter 23	Gold and Wooden Chopsticks（金筷子和木筷子）
	Chapter 24	The Young Nun（年轻的尼姑）
	Chapter 25	How Amitie was Wronged（平儿何其冤枉）
	Chapter 26	Reconciliation（和解）
	Chapter 27	No Fool Like an Old Fool（老糊涂）

续表

分卷与各卷标题	章次	各章标题
Book Three Tumult of Trumpets （骚动）	Chapter 28	Revelry in Snow（雪中狂欢）
	Chapter 29	Sunburst Re-weaving the Peacock Coat（晴雯补裘）
Book Four Rumblings （轰隆声）	Chapter 30	The First Onset（初次急痛迷心）
	Chapter 31	A Funeral is an Opportunity（葬礼是良机）
	Chapter 32	Phoenix Would be Model Wife（熙凤能当模范妻子）
	Chapter 33	And Would Commit Murder（也能策划谋杀）
	Chapter 34	The Short Arc Descends（衰落征兆）
	Chapter 35	Poyu Tried to Study（宝玉要读书）
	Chapter 36	The Raid of the Garden（抄检大观园）
	Chapter 37	Sunburst's Dismissal and Death（晴雯被逐和死亡）
	Chapter 38	Pocia Left the Garden（宝钗搬离大观园）
	Chapter 39	The High-Strung String Snaps（强弦崩断）
	Chapter 40	The Horse was Broken（野马上了笼头）
	Chapter 41	Blood! Blood!（血！血！）
Book Five The Deception （骗局）	Chapter 42	Something in the Wind（山雨欲来风满楼）
	Chapter 43	So Unnecessary（毫无必要）
	Chapter 44	Respite（喘息）
	Chapter 45	Harbingers of Evil（恶兆）
	Chapter 46	Body without Soul（魂不附体）
	Chapter 47	The Deception（骗局）
	Chapter 48	Betrayal（背叛）
	Chapter 49	Mock Wedding（虚伪的婚礼）
	Chapter 50	"Poyu, how would you…"（"宝玉，你好……"）
Book Six The Crash （崩溃）	Chapter 51	Foreshadows（预兆）
	Chapter 52	The Deep, Fathomless Night of Remorse（长恨之夜）

续表

分卷与各卷标题	章次	各章标题
Book Six The Crash （崩溃）	Chapter 53	The Haunted Garden（幽魂出没大观园）
	Chapter 54	The Crash（崩溃）
	Chapter 55	Fizzle（败落）
	Chapter 56	The Night with Rosemary（与五儿共度之夜）
	Chapter 57	The Big Tree Falls（大树倒下）
	Chapter 58	Perilous Saintliness（危险的圣洁）
Book Seven Redemption （救赎）	Chapter 59	And Her Toils Shall Cease（她的劳累该终结了）
	Chapter 60	"The Twelve Beauties of Jinling"—all Foretold（"金陵十二钗"——见证预言）
	Chapter 61	Between the Red Skirts and the Cloth（在霓裳羽衣间）
	Chapter 62	Revenge on the Innocent（报复于无辜）
	Chapter 63	Guarded Optimism（谨慎的乐观）
	Chapter 64	Redemption（救赎）
	Epilogue（尾声）	

林稿注释采用了文内注和脚注相结合的方式。文内注171条，脚注111条。文内注以称谓、姓名的说明居多，脚注主要是对译文里涉及的中国传统文化因素的解释说明和林语堂本人对某些原著人物或情节的见解等。

林稿总计翻译了约44处原著的诗词曲赋。含卷首诗"满纸荒唐言……"、《西江月》、《护官符》、宝玉陪同贾政游大观园时题的诗句、《葬花吟》、《题帕三绝》第3首、刘姥姥所念打油诗与酒令、《秋窗风雨夕》、芦雪广即景联句、真真国女孩所作五律、黛玉弹琴吟唱的第4章、宝玉悼念晴雯所作的词、妙玉扶乩的乩文、第120回唱词"我所居兮，青埂之峰……"、卷末诗"说到辛酸处……"及其他零散韵文。佐藤亮一在日译本的书后注释里抄录了部分诗歌的林语堂的英译文，但并不全，尤其是缺《葬花吟》《秋窗风雨夕》与芦雪广即景联句等重要韵文的英译文。

◆◇◆ 前言

  林稿序言部分包括对作品、主人公与象征、曹雪芹、翻译四方面的介绍与评述。"作者自云"翻译了原著第一回楔子部分自"作者自云"至"说来虽近荒唐,细玩深有趣味";没有"却说那女娲炼石补天之时"至五绝"谁解其中味"的译文;在"作者自云"结尾处,佐藤亮一用铅笔标注了「○①稿につづく」(接○稿)、"It is told that"②(据说)、「ヌケ」(脱落),在林稿"序幕"结尾处,他再次用铅笔标注了「Author's Preface 欠」(作者自云缺)。然而,佐藤亮一的日文转译本里却没有缺少这部分内容,也许是林语堂在修订稿里已经补上了,也许是佐藤亮一参考既有日译本做了添补,不得而知。从日文翻译篇幅推断,缺少部分大约相当于两张英文稿纸,如果林语堂真有翻译,或许在修订稿里可以看得到。除此以外,日藏林稿保存完好,未见任何纸张脱落或字迹不清之处。

  另外,在林稿序言第三部分后有林语堂用黑色圆珠笔撰写的 3 页英文手写稿,主要评介了 1954 年之后近 20 年里曹雪芹研究的新成果,其中谈到了周汝昌、吴恩裕两位学者的研究,尤其是重点介绍了吴恩裕 20 世纪 70 年代初发现的《废艺斋集稿》。这 3 页手写稿是林语堂后加上去的,手写稿的笔迹连同分布在各章的林语堂的修改笔迹,与台北林语堂故居所藏林语堂其他手写稿的笔迹相同,再次证明了稿件的真实性。

图 0-1 日本八户市立图书馆藏林稿外观(1)　　图 0-2 日本八户市立图书馆藏林稿外观(2)

---

① 此处有一字无法识别。
② "It is told that"可能是"却说那女娲炼石补天之时"至五绝"谁解其中味"一段译文的开头。

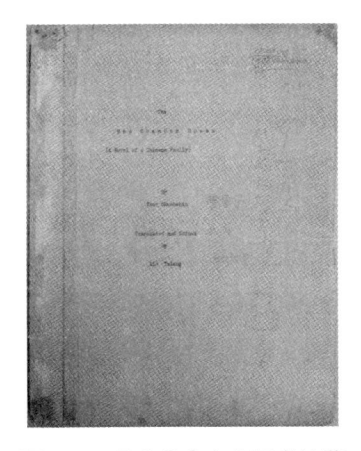

图 0-3 日本八户市立图书馆藏林稿书名页

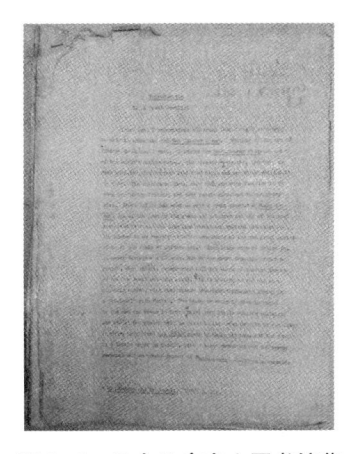

图 0-4 日本八户市立图书馆藏林稿"前言"首页

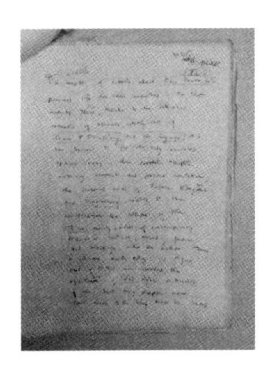

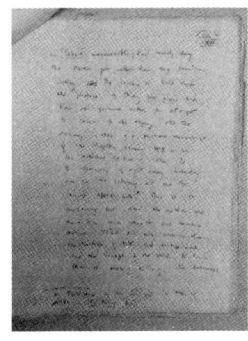

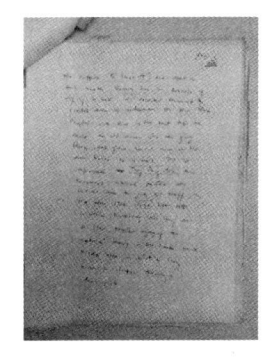

图 0-5 日本八户市立图书馆藏林语堂为林稿序言添加的 3 页手写稿

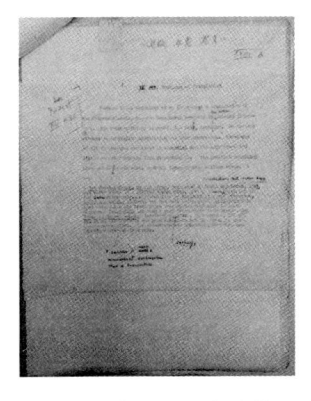

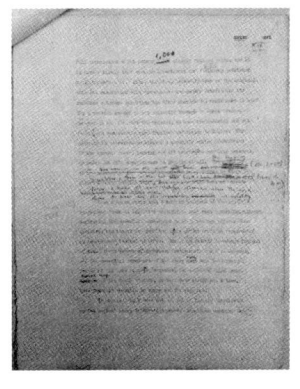

图 0-6 日本八户市立图书馆藏林稿序言第 4 部分"翻译问题"首页

图 0-7 日本八户市立图书馆藏林稿序言第 4 部分"翻译问题"次页

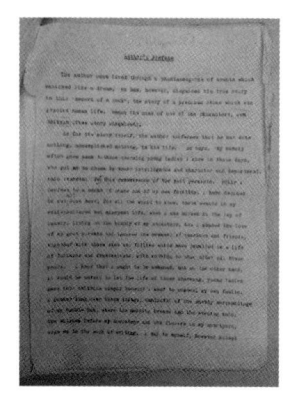

图 0-8　日本八户市立图书馆藏林稿"作者自云"首页

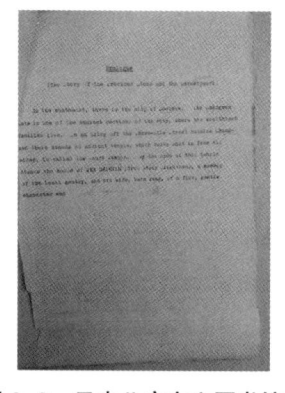

图 0-9　日本八户市立图书馆藏林稿"序幕"首页

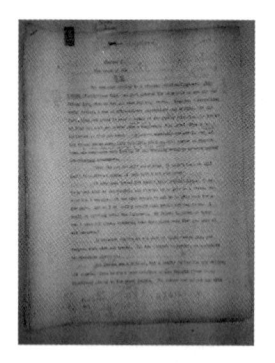

图 0-10　日本八户市立图书馆藏林稿第 1 章首页

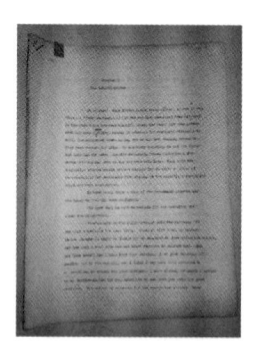

图 0-11　日本八户市立图书馆藏林稿第 2 章首页

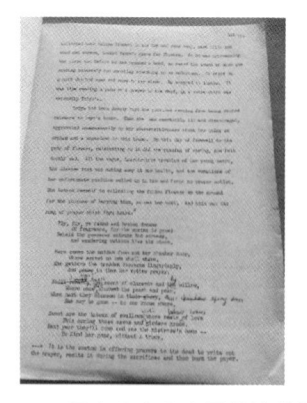

图 0-12　日本八户市立图书馆藏林稿《葬花吟》译文（1）

图 0-13　日本八户市立图书馆藏林稿《葬花吟》译文（2）

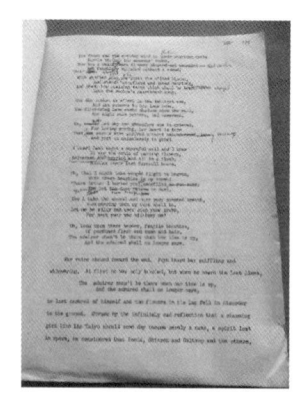

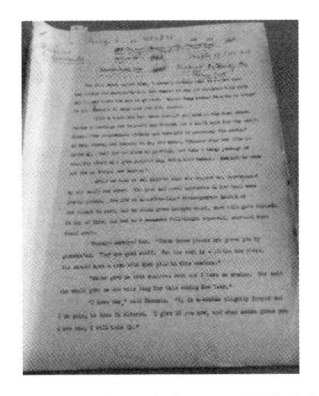

前言

图 0-14　日本八户市立图书馆藏林稿第 29 章首页

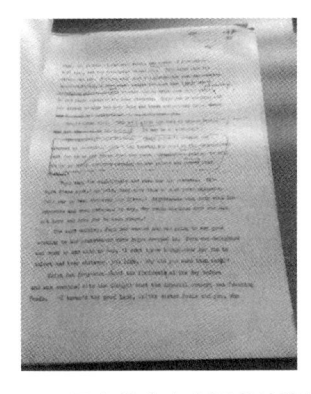

图 0-15　日本八户市立图书馆藏林稿第 185 页（修改示例）

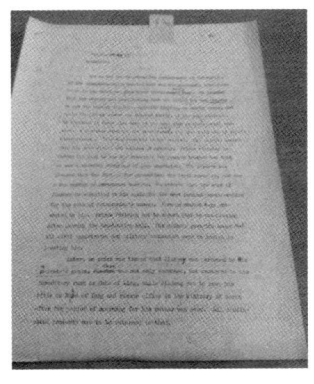

图 0-16　日本八户市立图书馆藏林稿第 64 章首页

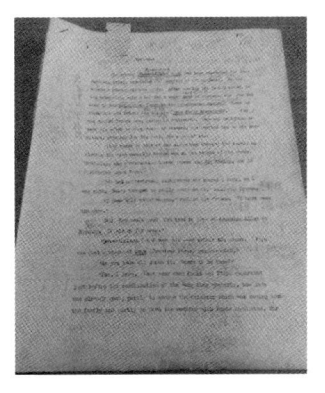

图 0-17　日本八户市立图书馆藏林稿"尾声"首页

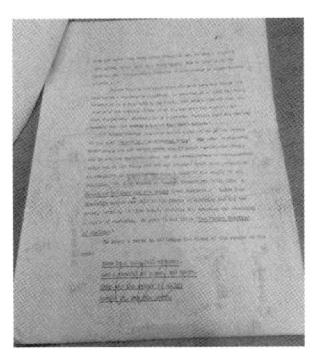

图 0-18　日本八户市立图书馆藏林稿倒数第 2 页

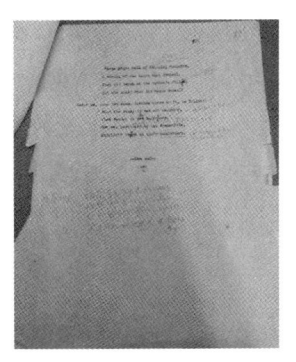

图 0-19　日本八户市立图书馆藏林稿末页

◆◇◆ 前言

三 修订稿的存在

佐藤夫人在林稿上面附了一纸留言（图0-20），时间是平成11年（1999）年11月12日。留言全文如下。

　　これは最初に送られたもので、すぐ訂正したものを送ってくださいました。訂正原稿は台湾台北市にある「林語堂記念館」に他の本と共にお送りしました。
　　台湾にいらしたら是非林語堂氏の記念館にお立ち寄りください。

　　这是最初寄来的稿子，不久又寄来了修订稿。修订稿同其他书一起寄到了台北市的林语堂纪念馆。
　　如果去台湾的话，请一定要去一趟林语堂氏的纪念馆。

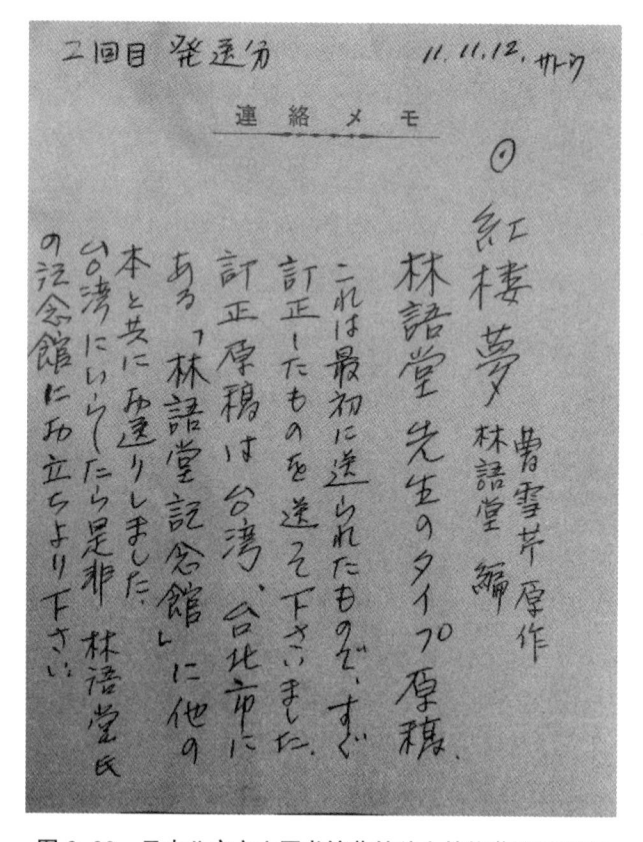

图0-20　日本八户市立图书馆藏林稿上的佐藤雅子留言

佐藤亮一在日译本的译者后记里说"几个月后，又一个指出译文更正之处的包裹寄过来了"。看来，这"又一个""包裹"里装的就是佐藤夫人所说的修订稿。

为确定此事，笔者从八户市立图书馆回来后，重新调查了佐藤亮一和佐藤雅子的相关文献。

佐藤雅子1928年出生于大阪，原名结城雅子。毕业于东京女子高等师范学校附属高等女学校的国语部。毕业后先后在出版社、演剧研究所工作过。1950年与佐藤亮一结婚。1953年，日本テレビ（日本电视台）建台时入职，成为该台第一位女主持人。1957年，辞职回归家庭，全身心支持丈夫事业。

佐藤夫妇（图0-21）共著了『翻訳秘話——翼よ、あれがパリの灯だ』①（《翻译秘话——翅膀啊，那是巴黎的灯光》）一书。书中，佐藤亮一在「林語堂博士との出会い」（《与林语堂博士的邂逅》）一文中再次回忆了他受林语堂的委托翻译《红楼梦》的经过②；而佐藤夫人在「地下鉄」（《地下铁》）一文中也提及了此事。

> 林語堂先生は『紅楼夢』を外国の人にもよく理解してもらえるように、あの長編を原作の雰囲気を残しながら、上手に読みやすくまとめられ、英文で原稿を書かれた。夫は一九七三年に林先生からタイプライター用紙に打たれた原稿を、ぜひ翻訳してほしいと依頼されていた。③

> 林语堂先生为了让外国人也能很好地理解《红楼梦》，在保留这部长篇的风格的同时，巧妙归纳至简明易懂的程度，并用英文撰写了原稿。1973年，林先生委托我丈夫务必把他用打字机打出来的原稿

---

① 「翼よ、あれがパリの灯だ」是佐藤亮一为自己翻译的查尔斯·奥古斯都·林德伯格（Charles Augustus Lindbergh，1902—1974）的《圣·路易斯号精神》（*Spirit of St. Louis*）日译本所取的日文书名，对于该书名，他一直引以为傲。
② 佐藤亮一、佐藤雅子：『翻訳秘話—翼よ、あれがパリの灯だ』，東京：恒文社1998年版，第55頁。
③ 佐藤亮一、佐藤雅子：『翻訳秘話—翼よ、あれがパリの灯だ』，東京：恒文社1998年版，第171—172頁。

◆◇◆ 前　言

翻译出来。

芙蓉书房1996年出版的佐藤亮一翻译的《京华烟云》日译本『北京好日』的下卷，有佐藤夫人撰写的"刊行寄语"。这篇"刊行寄语"也提到了佐藤亮一翻译《红楼梦》的经过。而且其中有一条笔者之前没有注意到的重要线索，那就是提到了林语堂英译《红楼梦》修订稿的下落。

九州大学の合山究先生のお力添えもあって、台北の林語堂記念館に『北京好日』『朱ぬりの門』『杜十娘』『マダムD』『紅楼夢』他、林先生著作の夫の訳本、大切なタイプ用紙の原著、写真、資料などをお収めして先生のご冥福をお祈りしている。①

在九州大学合山究教授的帮助下，往台北的林语堂纪念馆寄送了我丈夫翻译的林先生的《京华烟云》《朱门》《杜十娘》《中国传奇小说》《红楼梦》等作品的译本、打字机打印的珍贵的原著、照片、资料等，以祈愿先生冥福。

在八户市立图书馆，笔者看到佐藤夫人把丈夫与她收藏的所有资料，包括书籍、原稿、照片、信件等都做了妥善的分类整理，并放到一个个纸箱里，且每箱资料都会留下说明文字。其中唯独没有与林语堂相关的照片和通信。看到这段记载，笔者终于明白佐藤夫妇不光是把林语堂英译《红楼梦》的修订稿寄回了台北的林语堂纪念图书馆（现名林语堂故居），而且是在九州大学合山究（1942— ）教授的协助下，把他们收藏的与林语堂相关的所有资料连同这份修订稿一并寄到了林语堂纪念图书馆。

四　台北寻访

看到佐藤夫人的留言后，笔者致电台北的林语堂故居咨询，得到的答

---

① 佐藤雅子：「刊行に寄せて」，見林語堂『北京好日』，佐藤亮一訳，東京：芙蓉書房1996年版，第575頁。

复是没有这批资料。但笔者不想就此放弃，于2014年11月，前往林语堂故居找寻这份资料。很遗憾，最终也没能找到这份修订稿。

不过，这次寻访还是有一定收获的。笔者在查阅故居的一个编号为M06、名为"红楼梦相关研究资料"的档案袋（图0-22）时，发现里面有与佐藤夫人寄赠资料相关的一些线索。

首先，档案袋里有一封九州大学合山究教授写给当时的馆长杨秋明的日文信件（图0-24）。信是用很粗的黑色油性笔写在一张约A3纸大小的白色硬纸上的，写信时间是1988年1月29日。从信中可知，合山究受佐藤夫妇委托，将与林语堂相关的资料寄到台北，而合山究又委托当时台北医学部的陈秀云转交给林语堂纪念图书馆。合山究在信中称：「『紅楼夢』の影印原稿は。まだ出版されてないので、貴重です。記念図書館に保管し

图0-21　日本八户市立图书馆藏佐藤亮一夫妇出席佐藤亮一著译作品满100部纪念会的合影

ておいて下さい。もし米国で出版社が見つかれば、それを使うことになるかもしれませんので。」(《红楼梦》的影印原稿尚未出版，非常珍贵。请保管在纪念图书馆。如果我能在美国找到出版社，可能会用到。)这封信件后还附有一张约 A4 纸大小的白纸，纸上文字用蓝色钢笔写成，是对合山究信件的中文翻译（图 0-25）。合山究这封信证明了前述佐藤夫人在"刊行寄语"中的记载是真实可信的。

再者，这个档案袋里还有一张白色便笺（图 0-23），纸上用铅笔记录了「紅楼夢　イントロダクション　プロローグ　本文　1～41 章まで 1.18.'88　整理　於東京　佐藤」(红楼梦　序言　序幕　本文　1～41 章　1988.1.18　整理　于东京　佐藤)。这张便笺应该是佐藤夫妇在把修订稿寄到台北之前，对这份稿件所做的整理记录的原件。从这份记录看，与初稿相比，修订稿并不完整，缺少第 42—64 章和"尾声"。①

除此以外，还有两张比 A4 纸略大的纸上复印了一些信息，应该也是佐藤夫妇对原稿和其他寄赠资料所做的整理记录及相关信息。其中一张纸（图 0-26）上复印了五项信息：①包含上述便笺原件所记内容。②捐赠的日文译本的清单。含分别于 1952 年、1972 年出版的『北京好日』各一套，『西域の反乱』(《朱门》)、『紅楼夢』、『マダム D』(《中国传奇小说》)各一套。③四条看似是日本翻译家协会会刊的发行信息。④两条日文整理记录之一：「林語堂先生写真　四種類計八枚」(林语堂先生照片　四种总计八张)。⑤两条日文整理记录之二：「翻訳に関する参考書簡　林先生よりの佐藤亮一　合山先生経由」(与翻译相关的参考书信　来自林先生　佐藤亮一　经由合山先生)。另一张纸（图 0-27）上端复印了两张便笺的内容，下端复印了佐藤亮一名片的正反面（正面日文、背面英文），三项复印内容上各有一个佐藤亮一印章的复印痕迹。其中一张便笺上记载了：「Red Chamber Dream Translated by Lin Yutang（1954 年　昭和 29 年）　ニューヨーク new york　日本文訳　佐藤亮一　1980 年 8 月 3 日　雨天　全部 3153 枚（日本文）」(红楼梦　林语堂译〔1954 年　昭和 29 年〕　纽约　纽约　日文

---

① 也不排除第 42—64 章和"尾声"的原稿放在另一个包裹的可能性。

翻译 佐藤亮一 1980年8月3日 雨天 全部3153张〔日文〕；另一张便笺及其下端记载信息与前一张大致相同。

既然合山究的信件和佐藤夫妇对寄赠资料所做整理记录的一张原件与若干复印件都在故居，那说明林稿修订稿在1988年年初时，的确已寄到故居。从合山究的信件被翻译为中文以及相关信息的复印件来看，当时接手此事的工作人员有专业的文物保护知识、通晓日语，而且也较重视这份资料。这个人有可能是当时的馆长杨秋明，笔者在林语堂故居看到他用中文翻译的合山究研究林语堂的日文论文，可见他懂日语。

合山究是日本著名的中国文学研究者，也是研究林语堂的专家，还翻译过林语堂的《苏东坡传》和《八十自述》，现为九州大学名誉教授。笔者向他致电咨询，因年代久远，他已不记得此事。杨秋明是台北市立图书馆已退休的馆员，曾因工作表现杰出获蒋介石接见。林语堂纪念图书馆从1985年建馆至1999年由台北市立图书馆负责经营。笔者委托台北市立图书馆的人事室联系上了杨秋明的家人。遗憾的是，家人称他已得重病住院，谢绝拜访。笔者又委托台北市立图书馆转交咨询此事的信件给其家人，未收到回复。

在林语堂故居，笔者不仅查看了文物清册，而且还获得允许，在工作人员陪同下，进入文物储藏室仔细查看了每一份文物，但最终没有找到这份修订稿，看来稿件仍在故居的可能性很小。

林语堂故居从1999年起改由台北市文化局管理，台北市文化局先是委托了佛光人文社会学院经营至2005年，2005年后又委托东吴大学经营至今。现在的工作人员对此事毫不知情。笔者还联系了林语堂的秘书黄肇珩女士和研究林语堂的学者秦贤次先生等，但他们对此事也均不知情。

◆◇◆ 前言

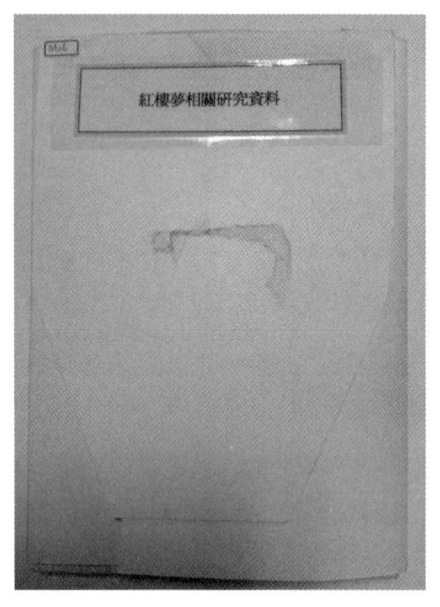

图 0-22　台北林语堂故居藏
"红楼梦相关研究资料"档案袋外观

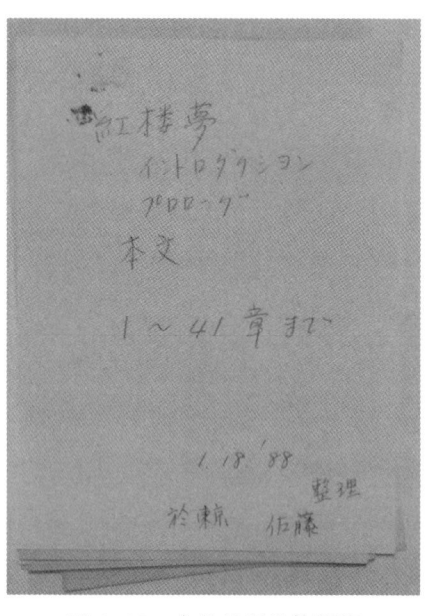

图 0-23　台北林语堂故居藏
佐藤夫妇留言便笺

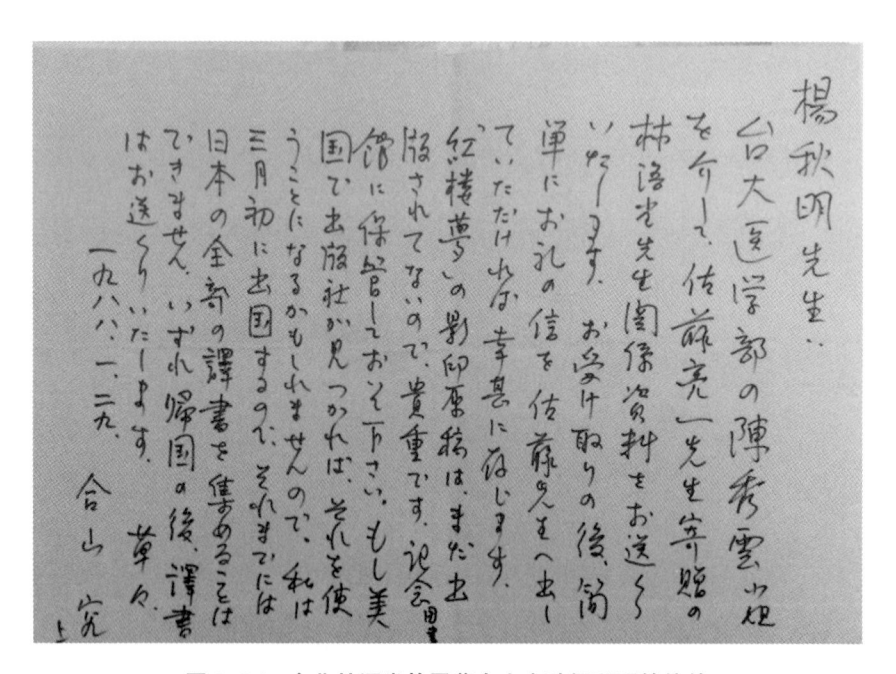

图 0-24　台北林语堂故居藏合山究致杨秋明的信件

图 0-25　台北林语堂故居藏合山究致杨秋明信件的中文译稿

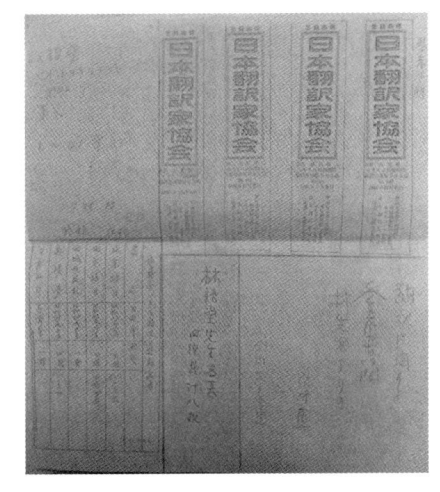

图 0-26　台北林语堂故居藏
佐藤夫妇寄赠清单复印件（1）

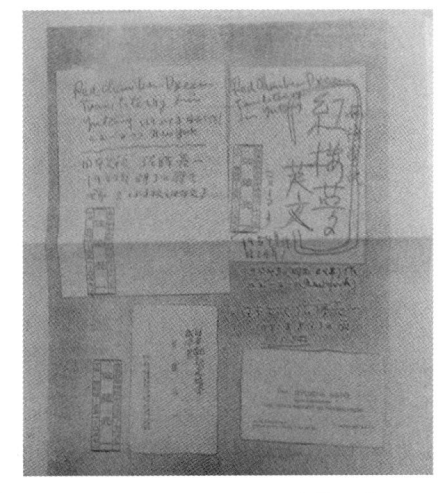

图 0-27　台北林语堂故居藏
佐藤夫妇寄赠清单复印件（2）

这份修订稿现在何处，已无从得知。现在想来，如果笔者最初没有判断原稿还留在日本，而又看到佐藤夫人为『北京好日』撰写的"刊行寄语"的话，那就会认定稿件已寄到台北林语堂故居，就只会去故居寻找，而不会发现日本所藏的这份原稿了。好在日藏林稿除开头的"作者自云"部分可能有两页左右的译稿遗失之外①，堪称完好。笔者仔细比对了佐藤亮一日译本的正文与林稿，基本上能逐句对应；而且从佐藤亮一在这份原稿上所做的翻译笔记来看，他应是以这份原稿为底本翻译的。可见林语堂的修订稿改动幅度应该不大。但即便如此，修订稿的价值也是不容忽视的。而且，随修订稿一同寄回故居的还有林语堂与佐藤亮一的通信、照片及其他资料。其中，应该就含有林语堂委托佐藤亮一翻译《红楼梦》英译稿的信件，以及两人关于《红楼梦》翻译问题的数十次通信。这些信件结合中国嘉德香港 2021 春季拍卖会公开的林语堂晚年书信（见第二章），能进一步揭示林语堂委托佐藤亮一转译及在日本联系出版商的来龙去脉；同时也是研究林语堂翻译工作的第一手文献。盼有识之士行动起来，共同寻找寄到台北的这份修订稿及相关信件资料的下落。

五　林稿版权归属与出版事宜

2015 年 7 月 24 日，南开大学外国语学院召开新闻发布会（图 0-28），对外宣布笔者发现日本所藏林语堂《红楼梦》英译原稿一事，《光明日报》、《中国青年报》、《中国日报》（China Daily）等报社记者到场采访并报道了此事②。当年 8 月，笔者博士毕业，就任湖南大学外国语学院助理教授；翌年申报国家社科基金青年项目"日藏林语堂《红楼梦》英译原稿整理与研究"并获批立项（项目号：16CWW006），此后潜心整理和研究林稿。其间，笔者联系上了林语堂三女林相如，得知林语堂作品的版权由林相如和已故二女儿林太乙（林玉如）的女儿、儿子三位继承人共同享有，其全

---

① 可能遗失的稿子的部分内容在林稿的"尾声"有所体现，所以并不能断言日本所藏的这份原稿有遗失。林稿"作者自云"未翻译第一回"却说那女娲氏炼石补天之时"至五绝"谁解其中味"，但"尾声"翻译了该部分的"空空道人因空见色"至"谁解其中味"，插入第 120 回"不过游戏笔墨、陶情适性而已"后、五绝"休笑世人痴"前。从林语堂相似情节仅翻译一次的翻译原则来看，不太可能在"作者自云"和"尾声"重复翻译该部分内容。

② 《林语堂英译〈红楼梦〉原稿在日本被发现》，《光明日报》2015 年 7 月 27 日第 7 版；《林语堂英译本〈红楼梦〉原稿在日本被发现》，《中国青年报》2015 年 7 月 26 日第 2 版；Lost in Translation for more than 40 Years, China Daily, 2015-07-29, p. 9.

球版权由英国柯蒂斯·布朗公司（Curtis Brown Group Ltd.）代理①，该公司委托英国安德鲁·纳伯格联合国际有限公司（Andrew Nurnberg Associates International Ltd.）北京代表处负责管理林语堂作品的中文翻译版权。北京代表处首席代表黄家坤女士也发邮件告知笔者林稿出版须取得他们的授权。笔者又联系了八户市立图书馆，并告知了林语堂作品的版权归属事宜，图书馆因此咨询日本著作权协会，明确了林稿版权的确归林语堂的三女林相如，已故二女林太乙的女儿黎志文、儿子黎至怡三位继承人共同享有。2021年，上述项目顺利结项后，中国社会科学出版社委托笔者联系林语堂家人与八户市立图书馆沟通林稿出版事宜。图书馆的市史编纂室负责人回复笔者，他们已将全稿电子化，并联系上了林语堂后人，三位继承人告知图书馆凡要使用此稿者，联系版权代理人获得授权书，提供给图书馆，即可拿到电子版。继承人通过代理人回复称：为尊重林语堂生前意愿，暂不出版该稿。对该决定，笔者表示遗憾与尊重，并静待转机。

图 0-28　南开大学发现日藏林语堂英译《红楼梦》原稿发布会部分参会者合影。照片左起：苗菊教授、阎国栋教授、张智庭教授、谷恒东教授、宋丹、刘雨珍教授、日本京都府立大学林香奈教授、刘士聪教授、张亚辉书记（时任）（南开大学 赵国强摄影）

---

① 20世纪50年代，林语堂与庄台公司关系破裂后，委托英国经纪公司柯蒂斯·布朗代他与出版公司接洽。见林太乙《林语堂传》，陕西师范大学出版社2002年版，第218页。

六 本书概要

本书主体内容由研究篇与整理篇组成。

研究篇第一章"林语堂对《红楼梦》的认识"追溯林语堂认识《红楼梦》的历程,指出王国维对其红学观产生的潜在影响,并探究其红学研究翻译的相互映射关系。第二章"翻译历程与底本考证"参考中国嘉德香港2021春季拍卖会公开的林语堂晚年书信和已有研究,分尝试、专注翻译、搁置译稿、修订译稿与联络出版四个阶段梳理林语堂翻译《红楼梦》的历程,分析20世纪30年代林语堂动念又放弃翻译的缘故,20世纪50年代专注翻译的年份,搁置译稿的原因,1973年重拾译稿的契机,译本出版受挫原因等,并通过对照译文与原著诸版本异文,结合台北林语堂故居所藏《红楼梦人名索引》原稿等,考证其翻译所用底本。第三章"编译策略"考察了林语堂的译前准备,并从删除、整合、概括、增补四个方面描述其取舍加工原文的工作。林稿上留存了林语堂的大量修改笔记,第四章"译稿修改"考察林语堂在修改译稿时对词语、句子、语篇的增、删、更换、压缩、调序等,再现其五易其稿的艰辛与努力。第五章"文化翻译"分析了林语堂对《红楼梦》的人名、称谓、建筑、器用、服饰、俗谚、成语、典故、宗教等的翻译策略,指出其最大程度上再现日常细节与中国传统文化的用心。第六章"诗词韵文翻译"考察了林语堂对《红楼梦》诗词韵文的态度和取舍时的考量,并从其有关诗歌翻译的论述中选取炼词、用韵、体裁、意境四个关键词分析其译文,用其本人的翻译主张观照其翻译实践,以林语堂解林语堂,指出其翻译没有埋没原著诗意。第七章"副文本"聚焦林稿的序言与注释,指出序言显示了林语堂的世界文学与比较文学视野;注释除体现林语堂一贯的红学主张外,还反映出其从中西文化差异的视角出发抵达的以读者为本的理念。第八章"叙事重构"受蒙娜·贝克从重构叙事角度看待翻译的启发,从时空建构、文本素材的选择性采用、标示式建构、人物事件的再定位四个方面分析林稿的叙事建构策略,并指出编译《红楼梦》这一叙事行为是林语堂对西方读者讲述中国故事这一上级叙事行为的有机组成部分。第九章"人物形象重构"描述了林稿对贾宝玉、薛宝钗、袭人、小红、贾赦、贾雨村的形象重构,并指出林语堂的红楼人物观、个人经历、女性观、对西方读者审美的考量等是影响重构的因素。第十章"佐藤亮一日文转译本"借鉴改写理论、结合汉字文化圈视域，考察佐藤亮一日文转译本的产生背景、出版社的改写与宣传定位、译者的改写、翻译质量、影响等问题。第十一章"译本比较"从译本性质、语种出发，选定王际真英文编译本、库恩德文编译本、松枝茂夫日文编译本、霍克思英文全译本与林稿比较，钩沉这些译者与林语堂的间接交集，考察林稿与这些译本在人物情节取舍、再创造程度、翻译策略等方面的异同，并结合个案研究，指出林语堂的译文在突出临场感、文学性、明晰化、顾及文化差异上可圈可点。研究篇借鉴红学、林语堂研究、翻译学、比较文学相关成果与理论，结合林稿的内外部研究，以期探明林语堂翻译《红楼梦》的历程，其红学观与翻译的关联，其翻译底本、目的、策略、特色、意义等问题。

整理篇由22个表格组成，分为两类：第一类借鉴《红楼梦大辞典》，并根据林稿实际情况，整理了人名、称谓、地名、服饰、饮食、医药、器用、建筑园林、职官、典制、岁时、礼俗、宗教、词语典故、俗谚等惯用表达、戏曲词汇、诗词韵文总计17个中国传统文化的原文与林稿对照整理表；第二类是林稿的注释、主要人物描写翻译及评论、修改笔记、误译及偏移原文翻译、翻译拔萃整理表5个。整理篇以期通过分门别类的整理，更形象直观地了解林稿，并为学界提供研究林稿的一手文献与翔实资料。

研究篇

第一章　林语堂对《红楼梦》的认识

第一节　北京口语教材《红楼梦》

1916年7月，林语堂从上海圣约翰大学毕业；同年9月，到清华学校[①]担任英语教员；1919年8月，前往哈佛大学比较文学研究所留学。他在北京的三年正值新文化运动兴盛之时，胡适等人发起的白话文运动如火如荼。林语堂在大开眼界的同时又自惭形秽：

> 我曾说过，我进了教会大学，因此把国文忽略了，奇特的结果就是半生不熟的中文知识。很多圣约翰大学的毕业生都是如此。我从圣约翰毕业，马上到北平的清华大学教书。想想我投身中国的心脏地带北平，心里有多么惭愧……
>
> 我要洗雪前耻，遂认真钻研中国的学问。首先，我读《红楼梦》，学习北平口语，这本书至今仍是口语文学的最佳杰作；袭人和晴雯自我表达的方法，真要羞死一大堆写白话语法的中国人。[②]

1895年，林语堂在福建南部平和县坂仔乡出生；1905—1911年到厦门鼓浪屿的教会学校求学；1911—1916年，在上海圣约翰大学读书，接受全英文教育。在21岁赴北京工作之前，基本没有机会学习和使用北京口语。

[①] 1911年成立的清华学堂于1912年改名为清华学校，1928年改名为国立清华大学。
[②] 林语堂：《八十自叙》，宝文堂书店1990年版，第28—29页。

可以想象青年林语堂初到帝都时的惶恐。要融入新环境，当务之急是熟悉其语言。林语堂选择将《红楼梦》作为教材。清末以来，《红楼梦》被视为学习北京口语的教材，黄遵宪就曾将此书推荐给欲学北京官话的大河内辉声：

> 编《红楼梦》者乃北京旗人，又生长富贵之家，于一切描头画角零碎之语，无不通晓，则其音韵腔口，较官话书尤妙。①

稍微将笔触拉远一点的话，1871年《中日修好条规》签订后，日本政府和民间一改南京话的权威地位，开始重视北京官话的学习，当时的东京外国语学校就以《红楼梦》为教材②。直至1928年，与林语堂同时代的、后成为日本著名汉学家的仓石武四郎（1897—1975）、吉川幸次郎（1904—1980）来北京留学时，仍是聘请旗人讲授《红楼梦》以学习北京官话。可见用《红楼梦》做北京官话教材盛行于19世纪末20世纪初。

因此可以说，林语堂最初欣赏的是《红楼梦》的语言，深刻领略其文学价值还在后面，领路人应该是王国维（1877—1927）。

第二节　王国维的影响

一　王国维的《红楼梦评论》

上海圣约翰大学毕业时，林语堂已被培养成西式绅士，不仅能说流利英语，还擅长英文创作。这时新文化运动方兴未艾，陈独秀、胡适号召青年"重估一切价值"，对中国传统文化发起全面攻击。林语堂发现自己和这种反传统风气很难对接，因为自己是教会学校毕业，传统文化知识有很大"漏洞"。林语堂觉得自己的首要问题不是"反传统"，而是恶补教会学校教育所忽视的传统文化知识，以便融入当时

---

① 刘雨珍编校：《清代首届驻日公使馆员笔谈资料汇编》，天津人民出版社2010年版，第235页。
② ［日］六角恒广：《日本中国语教育史研究》，王顺洪译，北京语言学院出版社1992年版，第90页。

中国的知识氛围。在反传统的新文化运动高潮时期埋头恶补中国文化知识，这使林语堂对传统文化的态度别具一格：比较超脱、客观，更富于理解。①

学界认为"五四"时期是《红楼梦》经典化的肇端②，"'五四'文学革命从语言、文类、题材、创作思想等层面颠覆了中国传统的文学经典观念，代之以现代意义上的文学经典阐释话语，影响了时人对《红楼梦》价值的经典化阐释和定位，为《红楼梦》的'经典化'提供了一个迥异于清代社会的独特历史文化语境"。③1917年，胡适的《文学改良刍议》一文发表在陈独秀主编的《新青年》第2卷第5号，紧接着，陈独秀在第2卷第6号刊文《文学革命论》声援胡适。亲历过这段历史的赛珍珠（Pearl S. Buck, 1892—1973）曾回顾："使我最感兴趣的是，这些现代知识分子第一次把中国小说看作文学，而不再视为不登大雅之堂的、下贱人阅读，并由周游四方的说书人和戏子传播的故事了。"④在这股潮流下，陈独秀、蔡元培、胡适、鲁迅等文人学者纷纷关注《红楼梦》。林语堂喜爱上《红楼梦》与这股重新发现《红楼梦》的时代风潮息息相关。但笔者认为在认识《红楼梦》的文学价值上，首先给林语堂以启发的不是新文化运动的先锋蔡元培、胡适等，而是王国维。胡适虽然考证了《红楼梦》的作者、年代、续书等基本问题，但只是视其为白话文学的代表，而对其深层文学价值的评价不多、不深亦不算高。

《红楼梦》只是老老实实的描写这一个"坐吃山空"、"树倒猢狲散"的自然趋势。因为如此，所以《红楼梦》是一部自然主义的杰作。⑤

---

① 钱锁桥：《林语堂传：中国文化重生之道》，广西师范大学出版社2019年版，第20页。
② 范恪劫：《经典化的肇端："五四"时期〈红楼梦〉评述的考察》，《红楼梦学刊》2012年第2辑。
③ 苏琴琴："五四"文学革命与〈红楼梦〉的经典化阐释》，《红楼梦学刊》2019年第4辑。
④ [美]赛珍珠：《我的中国世界——美国著名女作家赛珍珠自传》，尚营林等译，湖南文艺出版社1991年版，第139页。
⑤ 胡适：《红楼梦考证（改定稿）》，《胡适文集（2）：胡适文存》，北京大学出版社1998年版，第457页。

唐德刚就曾回忆胡适说"红楼梦不是一部好小说,因为它没有一个 plot"。①

1877年出生的王国维年长林语堂18岁,当时在北京知识界已是声名卓著。林语堂赴北京时,王国维已从寓居五年的日本京都回国,居住上海,蔡元培托马衡与其联系,欲聘其在北京大学任教,但遭王国维婉拒。对这位学术大师,林语堂自然有所耳闻。

> 我找到琉璃厂,那边有一排古老的旧书铺。我和书商交谈,发现我知识上的许多漏洞,中国学者一定很熟悉。徜徉在书商之间,给我带来不少有趣的谈话和几件意外的惊喜。**"啊,这里又有一本王国维的《人间词话》**②**。**"其实我是第一次发现。③

在林稿序言里,他虽然详细评述了蔡元培对《红楼梦》的索隐与胡适的考证,但在开篇谈及《红楼梦》的文学价值时,却只提到了王国维的评价。

> Wang Kuowei, one of the last of the great old scholars and one of the most respected critics—he also knew German and western esthetics—pronounced it as "worthy of being considered as the one great masterpiece in the realm of Chinese art." Exorbitant as this praise is, it never surprises a Chinese, but rather draws from him or her a hearty, warm assent, remembering well the hours of fascination he or she has spent over the novel.④ (p. i)

王国维——我国最后一位一流的传统学者与最令人敬仰的批评

---

① 胡适:《胡适口述自传》,唐德刚译,华文出版社1992年版,第273页。
② 引文加粗为笔者所为,全书同。
③ 林语堂:《八十自叙》,宝文堂书店1990年版,第29页。
④ Tsao Shuehchin, *The Red Chamber Dream*, translated and edited by Lin Yutang, 1974.(日本八户市立图书馆藏,为行文方便,全书出自该英译原稿的引文均采用文内夹注。)

家——他也熟谙德国和西方美学,宣称"《红楼梦》自足为我国美术上之唯一大著述"。如此盛赞,中国人不仅不会惊讶,反倒会真诚、热烈地予以赞同,并追忆自身沉迷这部小说的美好时光。①

王国维所说的"《红楼梦》自足为我国美术上之唯一大著述"②,见于其1904年发表的《红楼梦评论》,此文在红学史上具有举足轻重的意义。首先,此文开创了用"理论批评"的方式研究《红楼梦》美学价值与伦理价值的先河。索隐和考证属文学外部研究,有助对文学作品的理解,但用力过度的话,手段就会变成目的,忽视文学作品的创造性,为索隐而索隐,为考证而考证,游离在作品世界的外缘。而《红楼梦评论》属于文学内部研究,试图借助叔本华的哲学理论去揭示《红楼梦》的本质与精神,揭示其真正的文学价值之所在。饶芃子指出此文"在中国文艺批评史上第一次突破了传统批评的批评样式",自创了一种新的批评范式——"理论批评",后来"发展成为中国现代批评的主流样式"。③

> 王国维的《〈红楼梦〉评论》是以德国哲学家叔本华的哲学和美学理论作为批评的理论根据,去研究《红楼梦》的精神价值。它既不是以往那种建立在读者感性经验上的随感式、妙悟式的评点,也不像旧红学的考据派、索隐派那样,把批评的基础建立在作者传记材料、作品版本和写作背景上,而是把叔本华的"欲望—解脱哲学"和"悲剧美学"作为论文美学建构的思辨基点。④

其次,《红楼梦评论》也提出了一个重要问题,即《红楼梦》的作者与

---

① 引文译文非特别注明者,均为笔者所译。
② 王国维:《红楼梦评论》,《王国维全集》第1卷,浙江教育出版社、广东教育出版社2010年版,第80页。
③ 饶芃子:《中国文艺批评现代转型的起点——论王国维的〈《红楼梦》评论〉及其它》,《文艺研究》1996年第1期。
④ 饶芃子:《中国文艺批评现代转型的起点——论王国维的〈《红楼梦》评论〉及其它》,《文艺研究》1996年第1期。

成书年代。

> 宝玉之苦痛，人人所有之苦痛也。其存于人之根柢者为独深，而其希救济也为尤切。作者一一掇拾而发挥之。我辈之读此书者，宜如何表满足感谢之意哉！而吾人于作者之姓名，尚有未确实之知识，岂徒吾济寡学之羞，亦足以见二百余年来吾人之祖先，对此宇宙之大著述，如何冷淡遇之也！
>
> 苟知美术之大有造于人生，**而《红楼梦》自足为我国美术上之唯一大著述，则其作者之姓名与其著书之年月，固当为唯一考证之题目**。①

这个问题最终由胡适来解决，即1921年5月收录进上海亚东图书馆《红楼梦》初排本上的《红楼梦考证》一文和同年12月收录进亚东图书馆出版的《胡适文存》一集卷三的《红楼梦考证（改定稿）》一文②。自此以后，考证派之势如日中天，直至今日，其地位仍然稳固，甚至诞生了"曹学"。而《红楼梦评论》的批评模式却鲜有继承者，使该文成为红学史上的绝唱。但其对《红楼梦》的认识却后继有人。林语堂可算作"解味者"之一。

二 《红楼梦评论》对林语堂的启发

（一）对《红楼梦》文学地位的认识

林语堂1935年出版的《吾国与吾民》用了近6页篇幅介绍和评价《红楼梦》。其中说道：

> I regarded the *Red Chamber Dream* as one of the world's masterpieces. Its character-drawing, its deep and rich humanity, its perfect finish of style

---

① 王国维：《红楼梦评论》，《王国维全集》第1卷，浙江教育出版社、广东教育出版社2010年版，第64、80页。

② 后又收录进亚东图书馆1922年5月出版的《红楼梦》第二版中。

and its story entitle it to that.①

> 我认为《红楼梦》是世界杰作之一。其人物刻画、深刻而丰富的人性、体裁之完美与故事令其不虚此名。

林语堂后又把这几句话放到林稿序言的开头处，紧随其后引用了上述王国维的评价，这说明林语堂是看过《红楼梦评论》的。不过两者之间有微妙的变化，在评价《红楼梦》的文学地位时，王国维的比较范围是中国文学，林语堂的比较范围则是世界文学。林语堂于1919—1923年先后在美国、法国、德国留学和工作，尤其是在哈佛大学比较文学专业的学习，让他有了世界文学的视野。

（二）对《红楼梦》作为悲剧文学的认识

王国维应是我国文学史乃至世界文学史上最早将《红楼梦》明确定性为悲剧文学的学者。

> 《红楼梦》一书，与一切喜剧相反，彻头彻尾之悲剧也。②

胡适认为高鹗续写了后40回，但又肯定了高鹗的功绩。

> 我们不但佩服，还应该感谢他，因为他这部悲剧的补本，靠着那个"鼓担"的神话，居然打倒了后来无数的团圆《红楼梦》，居然替中国文学保存了一部有悲剧下场的小说！③

胡适站在悲剧文学的角度肯定了高鹗续作的价值，这一评价里是有《红楼梦评论》的影子的。

---

① Lin Yutang, *My Country and My people*, New York: John Day in association with Reynal & Hitchcock, 1935, p. 272.
② 王国维：《红楼梦评论》，《王国维全集》第1卷，浙江教育出版社、广东教育出版社2010年版，第65页。
③ 胡适：《红楼梦考证（改定稿）》，《胡适文集（2）：胡适文存》，北京大学出版社1998年版，第464页。

而林语堂在批评俞平伯的红学研究时,就指出:

> 平伯听适之谈"悲剧"遂附和之,以为必一败涂地,而终而尽,而做乞丐,才叫做悲剧。我疑心平伯未真懂得西洋文学之所谓悲剧。①

这番言论的前提是林语堂已认可《红楼梦》为悲剧文学,此认识应该源于王国维的影响,而随后的西方文学和美学的学习与研究经历使他又肯定和深化了该认识。

(三)视120回《红楼梦》为完璧

《红楼梦评论》通篇未涉及后40回的真伪问题,从行文来看,王国维是视120回为浑然一体的:"十九年之历史,与百二十回之事实。"②张问陶(1764—?)《船山诗草》中"传奇《红楼梦》八十回以后,俱兰墅所补"③一句成为胡适断定高鹗续书的直接证据,鸿儒硕学王国维自然知道《船山诗草》,何况他曾"遍考各书,未见曹雪芹何名"④。王希廉曾云:"有谓此书只八十回,其余四十回乃出另手,是何言与?但观其通体结构,如常山蛇首尾相应;安根伏线,有牵一发全身动之妙。且词句笔气,前后全无差别。"⑤可见在胡适之前,续书说虽已存在,但未形成气候。王国维也未怀疑后40回是否为续作。《红楼梦评论》的理论支撑是叔本华的"欲望—解脱哲学",而所谈到的真正解脱的三人:宝玉、惜春、紫鹃,其解脱之路均在后40回,可见他是视120回《红楼梦》为完璧的。如果他也认为后40回是续书,那么《红楼梦评论》的总体框架将坍塌,其对《红楼梦》所做的"悲剧中的悲剧"的美学价值的定论,和追求解脱的伦理价值的定论均难以成立,或许他也不会撰写此文。而事实上,该文引用最长的一段

---

① 林语堂:《平心论高鹗》,群言出版社2010年版,第61页。
② 王国维:《红楼梦评论》,《王国维全集》第1卷,浙江教育出版社、广东教育出版社2010年版,第61页。
③ 张问陶:《船山诗草》卷16《辛癸集》,中华书局2000年版,第457页。
④ 王国维:《红楼梦评论》,《王国维全集》第1卷,浙江教育出版社、广东教育出版社2010年版,第77页。
⑤ (清)曹霑:《石头记》(一),上海商务印书馆1930年版,第4页。

原著出自第96回黛玉得知金玉姻缘已定后,与宝玉最后相见的一段。王国维称颂此段是"最壮美者之一例"[①]。林稿第48章"Betrayal"(背叛)一字不漏翻译了此段。

(四)对《红楼梦》精神的认识

王国维在探讨《红楼梦》伦理学上的价值时,认为"其精神之存于解脱"[②]。他说:

> ……《红楼梦》一书,实示此生活之苦痛由于自造,又示其解脱之道不可不由自己求之也。
>
> 而解脱之道,存于出世而不存于自杀。出世者,拒绝一切生活之欲者也。彼知生活之无所逃于苦痛,而求入于无生之域。当其终也,恒干虽存,固已形如槁木而心如死灰矣……
>
> 而解脱之中,又自有二种之别:一存于观他人之苦痛,一存于觉自己之苦痛。然前者之解脱,唯非常之人为能,其高百倍于后者,而其难亦百倍。但由其成功观之,则二者一也。……前者之解脱,如惜春、紫鹃;后者之解脱,如宝玉。前者之解脱,超自然的也,神明的也;后者之解脱,自然的也,人类的也。前者之解脱,宗教的也;后者美术的也。前者平和的也;后者悲感的也,壮美的也,故文学的也,诗歌的也,小说的也。此《红楼梦》之主人公所以非惜春、紫鹃,而为贾宝玉者也。[③]

王国维所称"观他人之苦痛"而解脱的惜春、紫鹃,对于她们最终看透人世而解脱的心理,在林稿中,林语堂分别有翻译与评述。

[①] 王国维:《红楼梦评论》,《王国维全集》第1卷,浙江教育出版社、广东教育出版社2010年版,第68页。
[②] 王国维:《红楼梦评论》,《王国维全集》第1卷,浙江教育出版社、广东教育出版社2010年版,第70页。
[③] 王国维:《红楼梦评论》,《王国维全集》第1卷,浙江教育出版社、广东教育出版社2010年版,第62—63页。

惜春：

　　……父母早死，嫂子嫌我，头里有老太太到底还疼我些，如今也死了，留下我孤苦伶仃，如何了局。想到迎春姐姐磨折死了，史姐姐守着病人，三姐姐远去，这都是命里所招，不能自由。独有妙玉如闲云野鹤，无拘无束。我能学他，就造化不小了。① （卷112，第8页）

　　She would be all alone in this world. Her parents were dead; her sister-in-law didn't get along with her, and the grandmother who loved her was now gone. She had nothing to look forward to. Then, too, she had seen how Greetspring had died of an unhappy marriage, and Trailspring was married into a far away land, and how Riverhaze was now tied down to an invalid husband. She envied Jasper for her freedom from all worldly cares and troubles, having only herself to take care of in a quiet and peaceful monastic life. (p. 752)

紫鹃：

　　She saw the passion and the disappointment in this love affair more closely than anybody else, and felt it more. (p. 670)

　　她比任何人都更清楚地看到了这段爱情中的激情与失望，感受也更多。

对"觉自己之苦痛"而解脱的宝玉，王国维道出其解脱之经过：

　　彼于缠陷最深之中，而已伏解脱之种子，故听寄生草之曲，而悟

---

① （清）曹霑：《石头记》，上海商务印书馆1930年版。全书凡林稿所对应原文均出自该本，属王云五主编、上海商务印书馆出版的《万有文库》丛书系列，版权页书名为《石头记》，总目、卷首、各卷首页题名均为《增评补图石头记》，共120卷，对应120回。为行文方便，全书采用文内夹注标明引文卷次页码。

立足之境；读肚箧之篇，而作焚花散麝之想，所以未能者，则以黛玉尚在耳。至黛玉死而其志渐决，然尚屡失于宝钗，几败于五儿，屡蹶屡振，而终获最后之胜利。读者观自九十八回以至百二十回之事实，其解脱之行程，精进之历史，明暸精切何如哉！①

而林语堂曾指出"情欲与清净之争——此为宝玉决定将来之一大关键，亦即全书总题"②。

> 通灵宝玉失而复得，乃是全书的主要线索，是前后呼应问题中之最重要问题。这问题就是此主人翁，如何以茜纱公子之身份，跳出情网，斩断情缘（看破世情）之内心经过。③

对于王国维所理出的宝玉解脱之来龙去脉的线索，也即林语堂所云宝玉"斩断情缘（看破世情）"的经过，在林稿里得以逐一呈现（原著中，读《肚箧》在听《寄生草》之前）。

读《肚箧》之篇，而作焚花散麝之想：
Chapter 8 "Why am I a Porcupine?"（"我怎么磨牙了？"）
听《寄生草》之曲，而悟立足之境：
Chapter 11 Seeing Through a Veil（解悟）
黛玉死而其志渐决：
Chapter 50 "Poyu, how would you..."（"宝玉，你好……"）
Chapter 52 The Deep, Fathomless Night of Remorse（长恨之夜）
Chapter 55 Fizzle（败落）
屡失于宝钗，几败于五儿：

---

① 王国维：《红楼梦评论》，《王国维全集》第1卷，浙江教育出版社、广东教育出版社2010年版，第64页。
② 林语堂：《平心论高鹗》，群言出版社2010年版，第83页。
③ 林语堂：《平心论高鹗》，群言出版社2010年版，第81页。

Chapter 56   The Night with Rosemary（与五儿共度之夜）

Chapter 61   Between the Red Skirts and the Cloth（在霓裳羽衣间）

终获最后之胜利：

Chapter 63   Guarded Optimism（谨慎的乐观）

Chapter 64   Redemption（救赎）

对宝玉梦见太虚幻境后的出世心理，林语堂如此描述：

> His mind dwelled on the land of immortals which he had seen in his vision. For the people he saw around him, he had only pity, regarding them as fools chasing after the vanities of this world. He felt actually uncomfortable to be living with the family and yearned for the freedom of the monastic life. (p. 789)

> 他满心沉浸在幻境中所见神仙世界，对身边的人唯有怜悯，觉得他们是追虚逐妄的愚人。与家人同住，颇觉束缚，渴望佛门生活的自由。

王国维指出《红楼梦》的意义在于其以解脱为理想，以美术的形式给予渴慕救济者以救济。

> 《红楼梦》之以解脱为理想者，果可菲薄也欤？夫以人生忧患之如彼，而苦劳之如此，苟有血气者，未有不渴慕救济者也；不求之于实行，犹将求之于美术。独《红楼梦》者，同时与吾人以二者之救济。人而自觉于救济则已耳；不然，则对此宇宙之大著述，宜如何企踵而欢迎之也！①

---

① 王国维：《红楼梦评论》，《王国维全集》第1卷，浙江教育出版社、广东教育出版社2010年版，第75页。

而林稿最后一册的题名即"Redemption"。该词可理解为救赎、救济，亦可理解为解脱，与王国维对《红楼梦》之精神与意义的理解是相仿的。

林语堂翻译《红楼梦》受到了不少外部影响，我们权且称为"承他"。这包括在新文化运动的影响下重新认识中国文学的时代潮流和西方世界初步关注中国文学的联动影响，如赛珍珠全译《水浒传》，库恩、王际真编译《红楼梦》的激励作用等；也包括胡适、俞平伯、周汝昌的新红学研究的影响，无论赞成与否，这些研究激发了他钻研《红楼梦》的热忱。但追根溯源，王国维对《红楼梦》的认可与认识在青年林语堂的心中埋下了种子，这颗种子在30余年后终于长成了参天大树，此种影响是深层也是深远的。

第三节　红学研究与翻译的互相映射

20世纪五六十年代，《红楼梦》是林语堂著译活动关键词。他不仅在1953—1954年集中精力编译了《红楼梦》（见第二章第一节），而且在1957年完成了6万字的长文《平心论高鹗》。定居台湾地区后，于1966年，陆续在"中央社"特约专栏发表了七篇红学文章：《论晴雯的头发》《再论晴雯的头发》《说高鹗手定的〈红楼梦〉稿》《跋曹允中〈红楼梦〉后40回作者问题的研究》《〈红楼梦〉人物年龄与考证》《论大闹红楼》《俞平伯否认高鹗作伪原文》。这些文章于1966年结集成书，以"平心论高鹗"之名出版。

林语堂对《红楼梦》的研究与翻译是相互映射的。他的研究主要围绕后40回的真伪问题展开，核心观点即后40回是曹雪芹原稿，高鹗做了补订，而不是续写。探寻这种映射关系有两层意义：一是可以从文本上证明日藏林稿确系林语堂所翻译；二是探究其红学研究与翻译之间的密切联系，以便我们更好地理解他的翻译。

一　林稿序言与红学观的互证

林稿序言里的一些表述在林语堂的红学著述里再度出现，如金陵十二钗类比十二神像、高鹗续书说类比培根即莎士比亚说、杨继振旧藏本推翻续书说、惜春评世人这四处。

1. In twelve niches of his literary cathedral, he sculptured with his heart blood his twelve female Saints.① (p. viii)

在其文学大教堂的十二个壁龛里,作者呕心沥血塑造了十二个女神。

《红楼梦》的伟大,就在结构,好像米兰大天主教堂,十二金钗,刻为十二神像,左右辉映,堂皇无比。②(《论晴雯的头发》)

2. Unfortunately, there is a currently accepted theory that Tsao Shuehchin never finished the great novel he had started out to write and that Kao Ngo wrote the last forty of the one hundred twenty chapters, a theory given currently by Hu Shih himself. This, rather than Chancellor Tsai's interpretation, is the real Chinese equivalent of the Bacon-is-Shakespeare theory, and is based on whimsical subjective interpretation of a few intriguing facts. In fact, the proposition is more audacious and more difficult to maintain than the Baconian theory; it holds, in terms of this analogy, not that Bacon wrote Shakespeare's works, but that Shakespeare wrote the first half of *Hamlet* and Bacon the second half while Shakespeare had all the time to complete it himself! One would have thought that such a theory required some pretty compelling evidence, which did not come. (pp. xiv-xv)

不幸的是,目前有一种公认的说法,即曹雪芹没有完成这部由他开始的伟大小说,高鹗续写了 120 回的后 40 回。这是近来由胡适提出的观点。比起蔡校长的阐释,这才是中国的培根即莎士比亚说的翻版,

---

① 此句为林语堂修改序言时手写添加。
② 林语堂:《平心论高鹗》,群言出版社 2010 年版,第 6 页。

是基于些许轶事所做的异想天开的主观阐释。事实上，相较培根说，这一说法更荒撞且更站不住脚。这相当于认为不是培根写作了莎士比亚的作品，而是莎士比亚写了《哈姆雷特》的前半部，培根写了后半部，尽管莎士比亚自己有足够时间去完成整部小说！这种说法需有铁证支持，然而并没有这样的证据出现。

像英国的莎士比亚，就有好事者谓莎士比亚不会著书，自己的名字也写不好，莎氏所著的作者，应是培根（Francis Bacon，英国哲学家，一五六一至一六二六）或马逻（Christopher Marlowe，英国剧作家，一五六四至一五九三）（Bacon is Shakespeare 一书，我五十年前就念到）。他们也考出许多证据，但是西方学者，态度谨慎。在不能客观证明培根就是莎士比亚以前，还是认为莎士比亚是莎士比亚。我不能不判定高鹗有功而无罪。① （《再论晴雯的头发》）

3. (1) A good part of critics who accepted the hypothesis of Kao Ngo's authorship of the last forty chapters, have come round to the belief must be based on Tsao's manuscripts, Kao merely doing the editing job, rather than any creative writing. The incline to hold that the preface of Cheng Wei-yuan and Kao was genuine rather an attempt to cover up the forgery. (2)The discovery in 1962 of a profused manuscript of 120 chapters, agreeing 99% with the published edition of 1792.② (p. xviii a-b)

其一，相当一部分曾经接受高鹗是后40回作者的假说的批评家，转而相信后40回是基于曹雪芹的原稿，高只是做了编辑工作，并未插手创作。他们倾向于认为高鹗和程伟元的序言是实话实说，而非伪证掩饰。其二，1962年发现的120回抄本[译者按：《乾隆抄本百廿回〈红楼梦〉稿》，即杨继振旧藏本，一般称"杨藏本"或"红楼梦稿

---

① 林语堂：《平心论高鹗》，群言出版社2010年版，第11页。
② 此段出自林语堂修改序言时添加的手写稿。

本"]99%的内容同1792年刻本。

新近购到《乾隆抄本百廿回〈红楼梦〉稿》。这本稿本,是《红楼梦》考证中一件重要新材料,使我们看到高鹗改稿补辑的实在情形。以前高鹗"伪作"后40回的话,到此又得重新估价,或甚至根本动摇。此稿应称为"杨继振本",或为"高鹗手定稿"。一九六三年中华书局上海编辑所编辑,分订十二册,商务印书馆上海印刷厂石印。原为杨继振所藏。①(《说高鹗手定的〈红楼梦〉稿》)

4. As Fondspring says, "All men and women are just about the average, nothing much to say one way or the other." (p. iii)

诚如惜春所言:"我看如今人一概也都是入画一般,没有什么大说头儿。"

惜春说一句话,我最佩服(第七十四回):"我看如今人一概也(都)是入画一般,没有什么大说头儿。"这是说世人也没有十分全德或十分习恶的人,你我都是一样。这是悲天悯人的情怀。②(《平心论高鹗》)

二 译文与红学著述引文的互证

在《平心论高鹗》一文中,林语堂完整引用的原文有如下五处:(1)第82回黛玉与宝玉论八股;(2)第82回宝玉上学前辞别黛玉的对话;(3)第95回宝玉失玉后黛玉一悲一喜的内心活动;(4)第117回袭人、紫鹃阻止宝玉还玉;(5)第91回宝黛二人谈禅。这五处在林稿里都有完整翻译。以第二处为例,林语堂所引原文:

---

① 林语堂:《平心论高鹗》,群言出版社2010年版,第12页。
② 林语堂:《平心论高鹗》,群言出版社2010年版,第52页。

黛玉道:"你上头去过了没有?"
宝玉道:"都去过了。"
黛玉道:"别处呢?"(这是留心宝钗)
宝玉道:"没有。"
黛玉道:"你也应该去瞧瞧他们去。"①

"Have you been to your mother and grandmother?"
"I have."
"And the others?" —meaning Pocia in mind.
"No."
"You should go and see them, too." (p. 504)

林语堂称"黛玉此岁数时,最为可爱,虽然是妒,却聊存体统。这段中有极可爱极含蓄文字"②。这段话中最含蓄的是黛玉的那句"别处呢?"有趣的是,林语堂在引文中用文内夹注说明黛玉意指宝钗,而在林稿中,此句最初的译文为"The others?",后林语堂修改为"'And the others?' —meaning Pocia in mind",修改后增译的内容与《平心论高鹗》的文内注相对应。

三 翻译文本取舍与红学研究

林语堂的《平心论高鹗》一文有破有立,破的是胡适与俞平伯(1900—1990)的观点,他否定胡适的后40回高鹗续书说;凡俞平伯认为后40回写得不好之处,他都一一予以辩驳;立的是主张后40回文笔精湛,并举出了不少情节予以称赞,力证后40回是曹雪芹原稿。而这些反映到他的译稿中,就是将其为之辩驳、称颂的情节进行了详细翻译。下面选择典型例子择要说明。

---

① 林语堂:《平心论高鹗》,群言出版社2010年版,第60页。
② 林语堂:《平心论高鹗》,群言出版社2010年版,第60页。

（一）俞平伯批评的情节

1. 黛玉赞八股

第82回黛玉劝宝玉参加科举取得功名"清贵"些，俞平伯批评"黛玉为什么平白地势欲熏心起来？"①林语堂则反驳："'清贵'二字，是谓功名未必都清贵。科甲出身，比世袭祖荫，令人看得起。"②在林稿第41章，他完整地翻译了此段对话。

2. 黛玉的心事与去世

俞平伯称第82、83、89、90、95—98回对"黛玉底心事，写得太显露过火了，一点不含蓄深厚，使人只觉得肉麻讨厌，没有悲恻怜悯的情怀③"。俞平伯批评的这些描写，林语堂均在林稿里做了详细翻译。俞平伯称黛玉"临死一节文字""只用极拙极露的话头来敷衍了结"④；林语堂则称"黛玉之死一段动人文章，是全书之顶点。第九十六、九十七二回，是全书写来最精彩最动人一段"。⑤林稿第48章就完整翻译了第96回"泄机关颦儿迷本性"和第97回"林黛玉焚稿断痴情"。

3. 宝钗与宝玉成夫妇之好

为了让宝玉从失去黛玉的伤痛中走出来，宝钗选择与其同房，俞平伯批评"又何必写宝钗如此不堪""像他这样写法，简直是污蔑闺阁了"⑥；林语堂则称"妇人欲保恩爱，中外原无二理"，俞平伯的观点"亦是穷秀才酸见，不足以论深知人情世故之曹雪芹"⑦。林稿第56章翻译了此情节，并手写添加了一条注释，讽刺、批评俞平伯的观点（见第九章第二节）。

4. 宝玉中举与出家后拜别贾政

俞平伯指出："宝玉向来骂这些谈经济文章的人是'禄蠹'，怎么会自己学着去做'禄蠹'？"高鹗乃"名教底偶像，所以宝玉临行时必哭拜王

---

① 俞平伯：《红楼梦辨》，亚东图书馆1923年版，第92页。
② 林语堂：《平心论高鹗》，群言出版社2010年版，第59页。
③ 俞平伯：《红楼梦辨》，亚东图书馆1923年版，第93—94页。
④ 俞平伯：《红楼梦辨》，亚东图书馆1923年版，第96页。
⑤ 林语堂：《平心论高鹗》，群言出版社2010年版，第63页。
⑥ 俞平伯：《红楼梦辨》，亚东图书馆1923年版，第90页。
⑦ 林语堂：《平心论高鹗》，群言出版社2010年版，第62页。

夫人，既出家后，必在雪地中拜贾政"①。林语堂则反驳称宝玉"一时治时文，学八股，都非出于本心，不是他看得起功名，只是略尽人子之道，冀以遮过以前的荒唐"。"雪芹为宝玉想出一条路，顾到公私两全，中举后即出家。"②林稿第61章详细翻译了第118回"警谜语妻妾谏痴人"，宝钗劝宝玉考取功名，宝玉表面赞同并专心应考；第63章则详细翻译了第119回"中乡魁宝玉却尘缘"。当翻译到宝玉于雪地四拜贾政后，出现"一僧一道夹住宝玉说道：'俗缘已毕，还不快走！'"（卷120，第2—3页）。林语堂将僧道所说的话翻译为"Come on! Your duty is done"（p.822）。对以因缘解释人世的佛教词汇"俗缘"，林语堂译为"duty"（责任），体现出他是视宝玉中举和出家后拜别贾政这两件事为宝玉对贾家和父母尽己之责任，也即"人子之道"。

（二）林语堂称赞的情节

1. 五儿承错爱

林语堂最为欣赏第109回"候芳魂五儿承错爱"一节，在其红学著述里，多次赞美此节：

> 五儿闹夜一回，比起袭人不在家时晴雯闹夜一回，写来更是细腻可爱。这是我最佩服的一回。③（《论晴雯的头发》）

> 譬如五儿承错爱，我认为是全书最妙文章之一段，其情节有似袭人不在家里，晴雯与麝月闹夜一段（五十一回）。但晴雯自是晴雯，五儿自是五儿。宝玉对儿女之情意同，而二女行径性格各自不同，事情又是不同。况且五儿是新起之秀，无从模仿。必有其才思（即想象力）才写得出，不是可以如法炮制得来。我以为五儿承错爱之小说伎俩及情趣，还在晴雯闹夜一段之上。其中不同，便是晴雯无邪，而五

---

① 俞平伯：《红楼梦辨》，亚东图书馆1923年版，第81、89页。
② 林语堂：《平心论高鹗》，群言出版社2010年版，第56页。
③ 林语堂：《平心论高鹗》，群言出版社2010年版，第5页。

儿却说不定了；晴雯爽直调皮，五儿却另有婉约精谨之处。①（《平心论高鹗》）

第一百〇九回候芳魂五儿承错爱，是一篇绝妙文章，甚至胜于第五十一回晴雯闹夜一段。晴雯摔（率）性瞎闹，而五儿温柔处又晴雯所不及也。其攀高之心，同于小红，而才反足取小红而代之。当是作者行文时，神机一动，遂听五儿自由发展罢了。读者试读那一段文字，才看得出高本作者写情写景文学功夫之顶点，尤其应注意次晨五儿之掩饰及宝钗之致疑。②（《平心论高鹗》）

林稿第56章"The Night with Rosemary"（与五儿共度之夜）用了一整章篇幅完整翻译了此节，还特意为此章设置一段引言，后修改为脚注（见第七章第二节）。

2. 宝玉与紫鹃隔窗夜话

林语堂认为"后四十回最出奇之人物进展，一为紫鹃，一为五儿。紫鹃虽爱宝玉，却因黛玉之死，永不原谅他。这一转太好了，使我们看见紫鹃是何一等人，所谓'家败出孝子，国乱出忠臣'也。须有这一遭，忠臣孝子才见得出来。在第一百十三回宝玉找紫鹃，紫鹃不许入房，两人隔窗夜话，遂成了《红楼》全书最佳文字之一段"。③ 林稿将104回"痴公子余痛触前情"与第113回"释旧憾情婢感痴郎"这两个跨度很大的章回组合到译稿第52章"The Deep, Fathomless Night of Remorse"（长恨之夜），将黛玉去世后，宝玉恳请袭人叫紫鹃过来以及隔窗与紫鹃谈话的情节整合在一起（见第三章第三节）。

3. 强欢笑

第108回"强欢笑蘅芜庆生辰"，贾府被抄后，众人勉强为宝钗庆生，但各怀心事，终至冷场。林语堂认为"是极体会入微的文字，是小说中的佳文。这篇因各人之强欢笑，更显出各人之心事（如尤氏，惜春等），是最

---

① 林语堂：《平心论高鹗》，群言出版社2010年版，第78—79页。
② 林语堂：《平心论高鹗》，群言出版社2010年版，第93页。
③ 林语堂：《平心论高鹗》，群言出版社2010年版，第92页。

成功之写作"。①林稿第 55 章"Fizzle"（败落）详细翻译了此节。

4. 双美护玉

林语堂认为第 117 回"阻超凡佳人双护玉"是"极生动的文字"，"此中插入紫鹃于抢玉之间抱住宝玉，将平日私慕宝玉之情，毕露出来，文笔婉约而不太露"。同时又表现了宝玉在"斩断情缘"时，"'肆行无碍凭来去，茫茫着甚悲愁喜，纷纷说甚亲疏密'的心景"。②林稿第 61 章"Between the Red Skirts and the Cloth"（在霓裳羽衣间）详细翻译了这一情节。

5. 宝玉失玉与参悟

林语堂认为"通灵宝玉失而复得，乃是全书的主要线索，是前后呼应问题中之最重要问题……这无疑的是雪芹原意，亦高本四十回最聚精会神、最成功表出之线索"。③因此之故，与这条线索相关的原著情节，林语堂均做了详细翻译：如林稿第 45 章"Harbingers of Evil"（恶兆）详细翻译了第 94 回"宴海棠贾母赏花妖 失通灵宝玉知奇祸"，第 95 回"以假混真宝玉疯癫"；第 60 章"'The Twelve Beauties of Jinling'—all Foretold"（"金陵十二钗"——见证预言）详细翻译了第 116 回"得通灵幻境悟仙缘"等。

总之，凡林语堂在《平心论高鹗》一书中谈及的后 40 回写得出色或必须的情节，林稿基本做了详细翻译。即便是他本人最不喜欢的妙玉，译稿第 39 章"The High-Strung String Snaps"（强弦崩断）也完整翻译了第 87 回"坐禅寂走火入邪魔"；第 58 章"Perilous Saintliness"（危险的圣洁）详细翻译了第 112 回"活冤孽妙尼遭大劫"。他私下虽然毫不留情地称妙玉是"一个色情狂的小尼姑"④，但又称"思凡走魔（第八十七回）是雪芹史笔，最合心理变态的研究"⑤。纵观这些情节，其共同特征要么在于描写人情与人性细致入微，如他评价袭人出嫁所言"完全为雪芹手笔，入情入理，体会入微"⑥。要么就是在主线情节进展上不可或缺，如《论晴雯

---

① 林语堂：《平心论高鹗》，群言出版社 2010 年版，第 81 页。
② 林语堂：《平心论高鹗》，群言出版社 2010 年版，第 84—85 页。
③ 林语堂：《平心论高鹗》，群言出版社 2010 年版，第 81 页。
④ 林太乙：《林语堂传》，陕西师范大学出版社 2002 年版，第 185 页。
⑤ 林语堂：《平心论高鹗》，群言出版社 2010 年版，第 88 页。
⑥ 林语堂：《平心论高鹗》，群言出版社 2010 年版，第 91 页。

的头发》中有这样一段：

> 且前八十回，故事尚未发展，剧情尚未紧张。到了八十回末为止，宝玉的婚事犹未定，凤姐的骗局犹未决；黛玉未死，尚未焚稿断痴情；宝玉未因黛玉之死而发疯，及因黛玉之死看破世情，出家做和尚；大观园未抄，潇湘馆萧条未见，贾赦未赶鬼除妖；探春在大观园请道士未出阁①；惜春未削发；平儿未救凤姐之女去投刘姥姥。这样单赏菊吃蟹，赋诗度日，成什么小说？②

以上情节在林稿中都有详细翻译。值得一提的是，第102回"大观园符水驱妖孽"中贾赦赶鬼除妖这种被大多数编译者大幅删减的情节，在林稿第53章"The Haunted Garden"（幽魂出没大观园）里也做了详细翻译，目的之一是衬托贾家逐渐败落的气象。

四 对《红楼梦》主题的认识

在《再论晴雯的头发》一文中，林语堂明确指出了他所认识的《红楼梦》的主题：

> 《红楼梦》主题，不是风花雪月，儿女私情。他的主题，一是通灵宝玉之失而复得，是斩断情缘，还复慧根灵性，看破警幻仙姑之梦，又一是富贵无常，人生若梦，即贾府之败落（"落了片白茫茫大地真干净"）。《红楼梦》感人处在此不在彼。故未流雪芹未尽之泪，未呕雪芹未呕之血，不能止笔。必须写到结局，才能写出黛玉死后未死者无可奈何之哀痛。③

林稿后半部分就是抓住这两大主题来推进的。从第34章开始出现由盛

---

① 探春是在大观园请道士之前出阁的。
② 林语堂：《平心论高鹗》，群言出版社2010年版，第5页。
③ 林语堂：《平心论高鹗》，群言出版社2010年版，第10页。

转衰的迹象，往后各章与这些主题的对应关系也十分明朗：

①富贵无常

Chapter 34　The Short Arc Descends（衰落征兆）

Chapter 36　The Raid of the Garden（抄检大观园）

Chapter 37　Sunburst's Dismissal and Death（晴雯被逐和死亡）

Chapter 38　Pocia Left the Garden（宝钗搬离大观园）

Chapter 51　Foreshadows（预兆）

Chapter 53　The Haunted Garden（幽魂出没大观园）

Chapter 54　The Crash（崩溃）

Chapter 55　Fizzle（败落）

Chapter 57　The Big Tree Falls（大树倒下）

Chapter 58　Perilous Saintliness（危险的圣洁）

Chapter 59　And Her Toils Shall Cease（她的劳累该终结了）

Chapter 62　Revenge on the Innocent（报复于无辜）

②斩断情缘

Chapter 39　The High-Strung String Snaps（强弦崩断）

Chapter 41　Blood! Blood!（血！血！）

Chapter 42　Something in the Wind（山雨欲来风满楼）

Chapter 43　So Unnecessary（毫无必要）

Chapter 44　Respite（喘息）

Chapter 45　Harbingers of Evil（恶兆）

Chapter 46　Body without Soul（魂不附体）

Chapter 47　The Deception（骗局）

Chapter 48　Betrayal（背叛）

Chapter 49　Mock Wedding（虚伪的婚礼）

Chapter 50　"Poyu, how would you…"（"宝玉，你好……"）

Chapter 52　The Deep, Fathomless Night of Remorse（长恨之夜）

Chapter 56　The Night with Rosemary（与五儿共度之夜）

Chapter 60　"The Twelve Beauties of Jinling"—all Foretold（"金陵十二钗"——见证预言）

Chapter 61　Between the Red Skirts and the Cloth（在霓裳羽衣间）

Chapter 63　Guarded Optimism（谨慎的乐观）

Chapter 64　Redemption（救赎）

林语堂对《红楼梦》的翻译先于研究，他专注翻译的时间是1953—1954年，《平心论高鹗》的写作时间是1957年。除了提到杨继振旧藏本的影印出版以外，1966年写作的七篇文章的论点、论据与论证方法基本同于《平心论高鹗》一文。

遗憾的是，林语堂的红学研究专注证明后40回之真，对前80回提及不多。我们无从得知他对前80回的人物与情节的具体评价。

五　对全书结构之认识

林语堂认为中国小说名著，"向来弱于结构"，《红楼梦》"最富于匠心经营"①。他指出"《红楼》是一部情书，也是一部悟书，是描写主人翁由痴而愁，由愁而恨，由恨而悟之过程"②。因此之故，他将此书分为八段：

> 一至十五回为无猜时期，十六至三十五回为定情，三十六至五十四回为快意，五十五至六十九回为纵情，七十至八十一回为新愁，八十二至九十八回为长恨，九十九至一〇九回为苦劫，百一十至百二十回为悟禅。③

他的译稿分为七卷，每卷与原著各回的大致对应关系如表1-1所示。

---

① 林语堂：《平心论高鹗》，群言出版社2010年版，第34页。
② 林语堂：《平心论高鹗》，群言出版社2010年版，第57页。
③ 林语堂：《平心论高鹗》，群言出版社2010年版，第57页。

第一章　林语堂对《红楼梦》的认识

表1-1　林稿分卷与原著的章回对应

Book One Boyhood	Chapter1-5	第1—15回
Book Two Youth's Morning	Chapter6-20	第16—35回
Book Three Tumult of Trumpets	Chapter21-29	第36—52回
Book Four Rumblings	Chapter30-41	第53—69回 第70—83回（含第87、89回）
Book Five The Deception	Chapter42-50	第84—98回
Book Six The Crash	Chapter51-59	第99—114回
Book Seven Redemption	Chapter60-64	第115—120回

第一卷完全对应第一段"无猜"；第二卷完全对应第二段"定情"；第三卷基本对应第三段"快意"；第四卷基本对应第四段"纵情"与第五段"新愁"；第五卷基本对应第六段"长恨"；第六卷基本对应第七段"苦劫"；第七卷基本对应第八段"悟禅"。之所以不是完全对应，是因为译稿重组了某些情节顺序。而且译稿里除了情节线索外，还有一条时间线索，即序言中所说的：

> The real story begins with the Magnarama Garden. The first year in the garden (Ch. 6-29) is carried through all the four seasons ("Youth's Morning", spring and summer, "Tumult of Trumpets", autumn and winter); the second year (Ch. 30-33) is largely repetitious and been considerably shortened; then on to the first climax ("The Deception") in the third year (Ch. 34-50), when the short arc descends; and finally the denouement in the fourth and fifth years (Ch. 51-64). (p. xx)

> 真正的故事从大观园开始。大观园里的第一年（第6—29章）贯穿了四季（《青年的早晨》写春夏，《骚动》写秋冬）；第二年（第30—33

章）重复性较大，缩短了很多；随后进入第一个高潮（《骗局》）发生的第三年（第34—50章），宛如闪下一道短促的电弧；最后进入第四和第五年的最终结局（第51—64章）。

林语堂的《红楼梦》翻译与研究相辅相成、相互映射。其翻译践行了多年阅读《红楼梦》后形成的主观认识，具体展现了他脑海中的《红楼梦》的样子。胡适的《红楼梦考证》刊于1921年，俞平伯的《红楼梦辨》成书于1923年。照理来说，林语堂应该在20世纪20年代即可写文章反对这两位的观点，为何要等到1957年呢？① 原因之一在于翻译加深了他对《红楼梦》的认识并激发了他的研究热忱。本雅明在谈到中国古抄本时曾说：

> 坐飞机的人只看到道路如何在地面景象中延伸，如何随着周围地形的伸展而伸展，而只有走在这条路上的人才能感觉到道路所拥有的掌控力，才能感觉到它是如何从对飞行员来说只是一马平川的景观中凭借每一次转弯呼唤出了远近、视点、光线和全景图，就像指挥官在前线呼唤自己的士兵一样。②

从与原文的距离而言，翻译有别阅读，而更接近本雅明所言的古抄本的抄写者，对原文的每一个字词与任何一个细节都不会也不能忽略。正是通过翻译，林语堂加深了对《红楼梦》原著的认识，这些认识经客观理性的思考后形成的就是《平心论高鹗》一文及后续相关的红学研究，这可谓翻译的"启己"了。《平心论高鹗》一文的核心观点为后40回系高鹗"据雪芹原作的遗稿而补订的，而非高鹗所能作"③。林语堂高度认可后40回的文学价值：

---

① 林语堂晚年回忆胡适资助其留学一事，心怀感激。这或许也是他早年未写文章反对胡适的高鹗续书说的一个私人原因。不过，有学者考证认为林语堂记忆有误，其所获资助大部分实为北京大学公款，少部分为胡适自掏腰包。见吴元康《五四时期胡适自费资助林语堂留学考》，《安徽史学》2009年第5期。
② [德]瓦尔特·本雅明：《单行道》，王涌译，译林出版社2014年版，第12页。
③ 林语堂：《平心论高鹗》，群言出版社2010年版，第95页。

《红楼梦》之所以成为第一流小说,所以能迷了万千的读者为之唏嘘感涕,所以到二百年后仍有巨大的魔力,倒不是因为有风花雪月咏菊赏蟹的消遣小品在先,而是因为他有极好极动人的爱情失败,一以情死一以情悟的故事在后。初看时若说繁华靡艳,细读来皆字字血痕也。换言之,《红楼梦》之有今日的地位,普遍的魔力,主要是在后四十回,不在八十回,或者说是因为八十回后之有高本四十回。所以可以说,高本四十回作者是亘古未有的大成功。[①]

林语堂的红学观在我国台湾地区影响较大,如红极一时的白先勇《细说红楼梦》[②]对后40回所持观点即类同林语堂。唐德刚亦毫无保留地赞赏林语堂的观点。

> 六十年来"红学"发展的过程中,还有个极大的弱点,那便是搞"红学"的人——自胡、蔡、陈、钱到俞平伯、周汝昌、夏志清、潘重规、余英时……他们都是"批评家"、"考据家"、"哲学家"、"思想家",却很少"作家";所以"红学家"们多半不知"作家的甘苦",和作家们从灵感、幻想、经验……等等到构思、布局、创作、增删……等等的艰苦历程……
>
> "红学界"里有丰富创作经验的唯鲁迅与林语堂二人。可惜他二人都不愿用情哥哥寻根究底的考据憨劲,但是他二人却代表"红学"里的作家派;他们的话是有其独到之处的。林语堂先生认为"后四十回"不是高鹗的"续作"而是高氏对曹雪芹原有残稿的"补写"。这一论断,是十分正确的![③]

大陆红学界最初反对林语堂的观点,如何林天认为"在我们还没有发现高鹗是根据别人的续稿他再加以补订的确切证据之前,他的朋友证明他

[①] 林语堂:《平心论高鹗》,群言出版社2010年版,第76页。
[②] 白先勇:《细说红楼梦》,广西师范大学出版社2017年版。
[③] 胡适:《胡适口述自传》,唐德刚译,华文出版社1992年版,第275—276页。

有过续作，那么这后四十回的著作权应属于高鹗的"①。但20世纪末以来，随着对后40回著作权的重新讨论与认识，②学界对《平心论高鹗》的评价渐趋公允。如王人恩、高淮生等认为林语堂的观点虽有瑕疵，但不影响其在红学史上的重要地位，作为一家之言，应予尊重。③郭豫适认同林语堂"坚决反对完全否定后四十回"的基本观点，他认为：

> 林语堂对后四十回的评价，当然有人赞成，有人反对。他的某些具体说法或推论，还可进一步讨论、商榷，但他坚决反对完全否定后四十回，这个基本观点我认为是实事求是，站得住脚的。作为后四十回的肯定论者，他与别人不同之处是细致地研究文本，用后四十回文本的种种事例，证明完全抹煞高鹗后四十回有欠公平，而不是不加分析，徒作赞美之词。特别是，林语堂这些深入的研究工作，完成于五十、六十年代，实属不易。他对后四十回的研究，值得让更多的人们了解和重视。④

1954—1957年，中国大陆掀起了"《红楼梦》研究批判运动"，在这场运动中，后40回所获评价甚低，周汝昌称高鹗为"禄蠹"，并称："我们该痛骂他，把他的伪四十回赶快从红楼梦里割下来扔进字纸篓里去，不许他附骥流传，把他的罪状向普天下读者控诉，为蒙冤一百数十年的第一流天才写实作家曹雪芹报仇雪恨！"⑤林语堂没有人云亦云，故郭豫适称其研究"完成于五十、六十年代，实属不易"。

---

① 何林天：《是谁"曲解歪缠乱士林"？——评林语堂的〈平心论高鹗〉》，《红楼梦学刊》1985年第2辑。
② 如现行通行本，即2008年人民文学出版社出版、中国艺术研究院红楼梦研究所校订的《红楼梦》第3版即将1982年初版和1994年2版的"曹雪芹著 高鹗续"改为"曹雪芹著 无名氏续 程伟元 高鹗整理"。
③ 王人恩：《〈平心论高鹗〉：林语堂对大陆红学家的反驳》，《福州大学学报》（哲学社会科学版）2012年第2期；高淮生：《平心论高鹗，到底意难平：林语堂的红学研究——港台及海外学人的红学研究综论之六》，《河南教育学院学报》（哲学社会科学版）2014年第4期。
④ 郭豫适：《林语堂对〈红楼梦〉后四十回的研究》，《社会科学家》1999年第6期。
⑤ 周汝昌：《红楼梦新证》，棠棣出版社1953年版，第584页。

第二章 翻译历程与底本考证

2021年4月，中国嘉德（香港）国际拍卖有限公司公开了一批"自1948年至1976年间，共477通、逾678页林语堂先生手迹，以及自语堂夫人、相关友人115页来函"①，其中含林语堂晚年写给其甥媳、秘书、后又成为义女的陈守荆②的亲笔信，有多封涉及《红楼梦》翻译一事。嘉德公司为该拍品制作了名为《故纸清芬见真如——林语堂手迹碎金》（以下简称《故纸》）的图录公布在官网上，为考证林稿翻译历程与底本提供了关键文献。

第一节 翻译历程③

《故纸》除文物照片外，还收录了10篇未署名的文章，其中《红楼疑云：林语堂为什么要到日本出版〈红楼梦〉？》一文抄录了林语堂写给陈守荆的有关《红楼梦》翻译的信件，明确回答了该问题。④但学界对此

---

① "中国嘉德香港2021春季拍卖会4月18—23日｜香港会议展览中心"，https://www.cguardian.com.hk/tc/news/news-details.php?id=200。（感谢台北林语堂故居蔡佳芳主任第一时间告知笔者此次拍卖的相关信息）

② 陈守荆是林语堂外甥张钦煌的夫人，1967—1974年受聘于香港中文大学，协助《林语堂当代汉英词典》的编务及后续工作。林语堂长女林如斯1971年去世后，林语堂夫妇投奔居住香港的次女林太乙与三女林相如。在港期间，林语堂通过书信与陈守荆沟通词典的编务工作及其他公私事务等。夫妇俩一方面思念亡女，一方面感念陈守荆的协助与照顾，认其为义女。中国嘉德香港2021春季拍卖会公开的藏品"尔意轩珍藏——林语堂晚年书信"即尔意轩主人陈守荆所藏，成交价为8,200,000港币。参见《故纸清芬见真如——林语堂手迹碎金》，2021年，第30—31页。

③ 据本节内容删减、修订的论文《林语堂英译〈红楼梦〉之文化历程》刊于《外语教学与研究》2022年第4期。

④ 《故纸清芬见真如——林语堂手迹碎金》，第61—68页。

知者甚少，因此笔者撰写本节，一是向学界详细介绍这批书信；二是参考这批书信，并结合钱锁桥、郑锦怀等学者的研究及笔者的调查，在37则材料的基础上，梳理林语堂翻译《红楼梦》的来龙去脉，并分析个中缘由。

一　尝试阶段（20世纪30年代）

林稿序言末尾标注了"February, 1954　New York"（1954年2月于纽约），林语堂在序言里提到：

> 材料1：Over a dozen years ago, I made an analysis of the central story, and found it was quite possible to make such a version, without destroying the essential atmosphere or its grandiose effect. (p. xix)

> 十几年前，我分析了核心故事，发现在不破坏这部小说的基本风格和宏伟效果的前提下，产生一个编译本是完全可能的。

此则序言表明林语堂在正式翻译《红楼梦》的"十几年前"尝试过翻译。现有材料表明他至少尝试过两次，分别是1935年与1938年，放弃翻译后，取而代之的是两部名作《生活的艺术》（*The Importance of Living*）与《京华烟云》（*Moment in Peking*）的相继问世。

1933年10月，赛珍珠（Pearl S. Buck, 1892—1973）与林语堂初次见面，同月向美国出版社庄台公司（John Day Company）老板华尔希（Richard J. Walsh, 1887—1960）写信推荐林语堂。庄台公司于1931、1933年先后出版了赛珍珠的《大地》（*The Good Earth*）与《水浒传》译本 *All Men Are Brothers*。华尔希收到推荐信后写信给林语堂，并附上庄台刚出版的《水浒传》译本。林语堂于1934年1月4日，在《中国评论》周刊（*The China Critic*）上发表题为"All Men Are Brothers"的书评，介绍该译本。赛珍珠后将译本的许多英文书评转给林语堂，林语堂将其译成中文，[①]于1934年3月10

[①] 钱锁桥：《林语堂传：中国文化重生之道》，广西师范大学出版社2019年版，第168—169页。

日,以《〈水浒〉西评》之名刊载在《人言》第1卷第4期,此文开头谈及王际真的《红楼梦》编译本。

> 材料2:王际真译《红楼》,虽然译笔流利叙述贯串,但是只能算为重编,全书约四百页,在分量上只保存原书六分之一罢了。实际上,非这样删削,把一百廿四回(笔者按:应为一百廿回)小说的全部译出,西洋书局决没有刊行之勇气。但在介绍翻译中国文学的方面,我们总引为遗憾。幸而白克夫人有此勇气,又因她已享文坛盛名,书局愿意出版,白克夫人又译笔高雅,态度极负责,中国第一流作品居然得保存真面目与西人相见。①

卜杭宾率先据此指出"林语堂翻译《红楼梦》的念头可追溯到1934年"②。但材料2从行文看来,仅是林语堂赞颂赛珍珠全译《水浒传》的引子与铺垫,难以据此断定他本人已有了翻译《红楼梦》的念头。

华尔希于1934年2月抵沪与林语堂相见,同年4月与林语堂签订出版合同,即1935年9月出版的《吾国与吾民》(*My Country and My People*)。书稿一完成,林语堂即开始考虑写作下一本书。材料3是钱锁桥调查了林语堂与华尔希的通信后所指出的,这是目前所知的确切记载了林语堂最早尝试翻译《红楼梦》时间的材料。

> 材料3:林语堂《吾国与吾民》书稿一写完便开始准备下本书。在1935年4月12日给华尔希的信中,林语堂讨论了几个方案。他首先想到的是翻译《红楼梦》,这得到赛珍珠的鼓励,但他自己犹豫不决。《红楼梦》是世界名著,理应被译成英文,但他要确保第二本书不能比第一本书差(亦即他怀疑《红楼梦》在美国不会有销量)。③

---

① 陈子善编:《林语堂书话》,浙江人民出版社1998年版,第159页。
② 卜杭宾:《新发现的林语堂英译〈红楼梦〉考述》,《东方翻译》2016年第3期。
③ 钱锁桥:《林语堂传:中国文化重生之道》,广西师范大学出版社2019年版,第200页。

林语堂在《吾国与吾民》之后写作的第二本畅销书即《生活的艺术》，其次女林太乙指出：

> 材料4：林语堂在写给陶亢德的信中曾经提及他本无意创作《生活的艺术》，而是想翻译五六本中国中篇名著的，但华尔希认为应该先作《生活的艺术》，再译名著。①

材料4与材料3在翻译文本上存在出入，翻译《红楼梦》与翻译中篇应该包含在"几个方案"之内。两则材料能互证林语堂在《吾国与吾民》出版后确实考虑过翻译中国名著，这类似赛珍珠先创作《大地》后翻译《水浒传》的模式。该方案虽获赛珍珠鼓励，但华尔希并不赞成。作为一名职业出版家，华尔希非常了解美国出版市场。赛珍珠1931年出版的《大地》"许多版本和重印本累积起来的总和最后超过了200万册"，1937年，还被改编为电影，"根据其制片商的统计，大约有2300万美国人和4200万世界各地的其他人，在随后的几年中观看了此片"；相比之下，《吾国与吾民》虽受到好评，但其"普通版销售了5.5705万册，重印版销售了2.6万册"②。此时的林语堂并未如赛珍珠般在美国出版市场站稳脚跟，而只是崭露头角，第二本书理应趁热打铁，而不是不温不火。无论是华尔希还是林语堂都不会去冒险。

林语堂听从华尔希的建议写作的《生活的艺术》于1937年11月出版，"成为1938年整年度全美国非小说类畅销书榜第一名，就中国作家在美国的成就来说，这一纪录乃前无古人且至今仍无来者。从各个方面来讲，林语堂在美国可算是'成功了'"③。林语堂此时又想到了翻译《红楼梦》。其长女林如斯记载：

> 材料5：一九三八年的春天，父亲突然想起翻译《红楼梦》，后来再三思虑而感此非其时也，且《红楼梦》与现代中国相离太远，所以

---

① 林太乙：《林语堂传》，陕西师范大学出版社2002年版，第142页。
② [美]哈罗德·伊罗生：《美国的中国形象》，于殿利、陆日宇译，中华书局2006年版，第154—155页。
③ 钱锁桥：《林语堂传：中国文化重生之道》，广西师范大学出版社2019年版，第213页。

决定写一部小说。①

1931 年,"九一八事变"爆发,日本开始局部侵华;1937 年,"七七事变"爆发,日本全面侵华;1941 年,日本袭击珍珠港。美国社会对中国产生了关注、同情、钦佩,继而是同仇敌忾之情。但此时吸引美国乃至西方社会的是反映现实中国的作品,如 1937 年,斯诺(Edgar Snow, 1905—1972)的《红星照耀中国》(*Red Star Over China*)出版;1938 年,赛珍珠的《大地》等系列描写中国的小说与传记作品获诺贝尔文学奖等。林语堂在此时翻译古典文学《红楼梦》显然非明智之举。而且就林语堂个人而言,他虽身在海外,也在积极抗日。1937 年 8 月 29 日,他在《纽约时报杂志》(*The New York Times Magazine*)上刊文《中国能阻止日本侵占亚洲吗?》("Can China Stop Japan in Her Asiatic March?")力主中国能战胜日本;1938 年 4 月抵达法国后,目睹了欧洲战场的二战时局,家国情怀也促使他以笔为戎来抗日,因此有了 1939 年 11 月《京华烟云》的诞生。他在给华尔希的信中称"我是以《红楼梦》作为我的模板。《红楼梦》有取之不尽的灵感"②。赛珍珠称此书为"林语堂最伟大的小说"③。

除材料 3 与 5 有具体时间记载外,材料 6 显示赛珍珠或许曾与林语堂尝试合作翻译《红楼梦》。

> 材料 6:将《水浒传》译为英文出版后,赛珍珠又决心和林语堂合作将《红楼梦》译成英文,可惜的是,由于难度太大,这一愿望一直没能实现。赛珍珠后来解释说,中国的旧体诗词,吟咏起来十分好听,但翻译起来却很难,那些律诗讲究对仗、排句、押韵,译成英语,往往走样,也不能把诗情、意境完全准确地表达出来。他们俩试过很

---

① 林如斯:《关于〈京华烟云〉》,载林语堂《京华烟云》(下册),郑陀、应元杰译,春秋社出版部 1941 年版,第 1003 页。
② 转引自钱锁桥《林语堂传:中国文化重生之道》,广西师范大学出版社 2019 年版,第 242 页。
③ [美]赛珍珠:《我的中国世界——美国著名女作家赛珍珠自传》,尚营林等译,湖南文艺出版社 1991 年版,第 395 页。

多次，但最终因无法传神解读而作罢……①

材料6对合作一事何时、由谁提出，语焉不详。"试过很多次"的前提应是二人有充足的面对面交流时间。赛珍珠1933年在上海与林语堂相见后回南京，不久即开始了亚洲之旅，1934年回美国定居，1935年与华尔希结婚，其间与林语堂交流机会不多，因此合作发生在林语堂赴美后的可能性较大。林语堂于1936年10月抵达美国后在赛珍珠和华尔希家住过一段时间，尝试合作翻译或发生在此期间。赛珍珠翻译《水浒传》是与一位龙姓的老学者合作，这位龙先生"主要负责为她解释书内所描写的古代风俗习惯、服饰、兵器及古代专有名词"，并在翻译完成后，与赛珍珠一同对照原著校对译文②。林语堂之前和之后都没有与人合译的经历，合作一事由赛珍珠首先提出的可能性较大。此事留待后考，但赛珍珠全译《水浒传》启发、鼓舞了林语堂翻译《红楼梦》，此点是无疑的。

二 专注翻译阶段（1953—1954年）

20世纪50年代初，经过十余年的笔耕不辍，林语堂已在美国出版市场站稳了脚跟。此时，他又想起了《红楼梦》的翻译工作。材料7出自唐德刚为《胡适口述自传》所作注释：

> 材料7：本来世界各国每种文字都各有其特点。例如中国的"歇后语"和英文里的许多riddles就几乎无法翻译。五十年代之初，林语堂先生正在翻译《红楼梦》。我问林公，那第三十三回"不肖种种大受笞挞"中，宝玉向个老妈妈说："老爷要打我了……要紧，要紧！"谁知这老妈妈是个聋子，她听成"跳井，跳井"，因而宝玉未找到救兵而被爸爸大大地揍了一阵。这故事如何翻译呢？林先生说他是这样译的：宝玉对老妈妈说"Very important! Very important!"老妈妈听成"Very innocent! Very innocent!"所以宝玉就被打得皮开肉绽，累得"老祖宗"

---

① 怡青编：《一个真实的赛珍珠》，东方出版社2005年版，第139页。
② 怡青编：《一个真实的赛珍珠》，东方出版社2005年版，第136—137页。

也要回南京去了。①

材料 8 是钱锁桥调查了 1953 年 12 月 9 日，林语堂曾致信宋美龄：

> 材料 8：我现在正忙着译《红楼梦》，几个月之后可以脱稿，也许明年秋天出版。翻译真非易事，比创作还难。开始翻译时，脑筋里用中文思考，完了得花许多功夫修改润色，让英文读起来流畅。我不得不对原文进行删减，不然没有可能出版。就目前译文来看，印出来得有七百多页，厚厚一本书了。②

林稿序言结尾处记载的时间是 1954 年 2 月，这一时间可以和材料 7 与 8 互证。这两则材料能将林语堂专注翻译的时间确定在 20 世纪 50 年代初，但具体时段尚待明确。据钱锁桥研究，"林语堂整个 1952 年都在写作另一部小说"。当年 5 月，他把已写好的书稿前七十页寄给华尔希，华尔希不看好这部作品，先是回信表示放弃出版，后又写信建议重写。7 月，林语堂写信告诉华尔希他已决定从头重写，重新写作的小说即《朱门》(The Vermilion Gate)，于 1952 年 12 月交原稿给华尔希。③这说明 1952 年期间，林语堂不可能集中精力翻译《红楼梦》。他 1953 年只出版了 1952 年创作的《朱门》，1954 年仅发表了一篇短评，考虑书籍出版周期可知，1953 年是空白期。作为一位职业作家，林语堂的著译工作在时间上颇具计划性，且效率很高，1953 年的空白期与其一贯作风不符，唯一的解释就是 1953 年在专注翻译《红楼梦》。这在他和宋美龄的通信中也能得到证明。

林语堂在 1973 年 3 月 26 日写给陈守荊的信中称"这回重细读以前 1953 年所译红楼梦稿"④（见下文材料 11），时隔 20 年，还能清晰记得具体年份，证明 1953 年的确是林语堂专注翻译《红楼梦》的年份。而且，正是在 1953

---

① 胡适：《胡适口述自传》，唐德刚译，华文出版社 1992 年版，第 272 页。
② 钱锁桥：《林语堂传：中国文化重生之道》，广西师范大学出版社 2019 年版，第 387—388 页。
③ 钱锁桥：《林语堂传：中国文化重生之道》，广西师范大学出版社 2019 年版，第 336 页。
④ 《故纸清芬见真如——林语堂手迹碎金》，第 536 页。

年，林语堂与华尔希发生了矛盾，他认为庄台公司从其作品的海外版及外文翻译版的版税中抽取50%是不公道的，当年5月，他与庄台公司交涉，要求收回所有绝版书的版权，后又"请律师办手续将他所有书的版权划归自己"。① 11月27日，《纽约时报》（The New York Times）报道林语堂与普伦蒂斯-霍尔（Prentice-Hall）出版商签约出版一本探讨现代生活的哲学书②，这意味着他与庄台公司彻底分道扬镳。与华尔希的矛盾导致了林语堂在美国的一段创作空白期，从而给了他一段集中精力翻译《红楼梦》的时间。

1954年1月，林语堂接受南洋大学执行委员会邀请，同意担任该校校长；10月抵达新加坡上任。他在南洋大学的工作并不如意，1955年4月，辞去校长一职，举家离开新加坡，前往法国戛纳。郑锦怀调查指出，林语堂在临行前，接受了《南洋商报》记者采访，这则题为"林语堂昨日乘荷机飞法，将永远不忘新加坡"的报道刊登在《南洋商报》1955年4月18日第6版上，其中林语堂谈到了自己的《红楼梦》翻译：

> 材料9：每读《红楼梦》辄有编成英语，传诸欧美，使我国文艺杰作能流播海外之念，故近数年间，稍有余暇便从事翻译此书，大部分已竣工，只余黛玉葬花一章，认为有特殊价值，窃拟待一适当心情，然后处理，不图竟于客星期间，予以草成，亦可圆了一心事。全书虽已译完，但属初稿，尚待复校修正，故付印之期未能决定。③

郑锦怀据此指出，"林语堂在20世纪50年代初开始英译《红楼梦》，经过数年努力，至1955年4月基本完成了《红楼梦》英译初稿，但仍有'黛玉葬花'一节留待以后处理"④。此处林语堂的意思应是黛玉葬花一章在去新加坡前没有完成，但在新加坡期间已草成，而不是留待以后处理。因

---

① 林太乙：《林语堂传》，陕西师范大学出版社2002年版，第217页。
② 钱锁桥：《林语堂传：中国文化重生之道》，广西师范大学出版社2019年版，第343页。
③ 转引自郑锦怀《林语堂英语译介〈红楼梦〉历程考察》，《集美大学学报》（哲学社会科学版）2020年第2期。
④ 郑锦怀：《林语堂英语译介〈红楼梦〉历程考察》，《集美大学学报》（哲学社会科学版）2020年第2期。

此据这段材料和林稿序言落款时间,我们可知林语堂的初稿于 1954 年 2 月大体完成,最终完成时间应是 1955 年 4 月前后,但其集中精力翻译的时间应是 1953 年下半年至 1954 年 2 月。1952 年 9 月,俞平伯的《红楼梦研究》在上海棠棣出版社出版,此书是 1923 年出版的《红楼梦辨》的修改版;1953 年 9 月,周汝昌的《红楼梦新证》亦在棠棣出版社出版,被称为"红学发展史上最有影响的著作之一[①]"。1954 年 1—4 月,俞平伯的《读红楼梦随笔》在香港《大公报》连载,其间还先后发表《我们怎样读〈红楼梦〉》(《文汇报》1 月 25 日)、《曹雪芹的卒年》(《光明日报》3 月 1 日)、《红楼梦的思想性与艺术性》(《东北文学》2 月号)、《红楼梦简论》(《新建设》2 月号)等文,引发学界广泛关注。同年 9 月,李希凡、蓝翎《关于〈红楼梦简论〉及其他》一文在《文史哲》9 月号发表,10 月 10 日,李希凡、蓝翎《评〈红楼梦研究〉一文》在《光明日报》发表。毛泽东看到李希凡、蓝翎的两篇文章后,于 10 月 16 日给中央政治局和有关同志写了《关于红楼梦研究问题的信》,国内随即展开了一场"《红楼梦》研究批判运动"[②]。林语堂虽身在海外,但对国内掀起的《红楼梦》研究热潮与紧随其后的批判运动不可能不闻不问,其专注翻译《红楼梦》的时间与这股红学热潮及批判运动的时间重叠,并非偶然。

三 搁置译稿阶段(1955—1973 年)

1955—1973 年,林稿一直处于搁置状态。搁置原因推测如下。

第一,尚未定稿。日藏林稿上的修改笔记达 760 余处,包括词语层面的增、删、换,句子层面的增、删、缩、换、语序调整,语篇层面的增、删、缩及标题修改等,验证了材料 9 所言"尚待复校修正"。《故纸》显示林语堂自 1973 年 2—6 月,用 4 个月时间修订完毕译稿,修订时间不能说很长,但翻译《红楼梦》是林语堂出于个人爱好的自发行为,未与他人约定,因而也没有时间约束。

第二,林语堂对译稿能否出版没有足够把握。钱锁桥认为,在 20 世纪

[①] 冯其庸、李希凡:《红楼梦大辞典(增订本)》,文化艺术出版社 2010 年版,第 595 页。
[②] 冯其庸、李希凡:《红楼梦大辞典(增订本)》,文化艺术出版社 2010 年版,第 595 页。

50年代,"林语堂这本简缩译本没能找到出版商,当时英美出版社似乎对林语堂自己的小说(如《红牡丹》)更感兴趣"①。20世纪50年代,林语堂是否为译稿寻觅过出版商,不得而知。在与华尔希绝交前,林语堂只用专心创作,不用管市场;但绝交后,再也没有像华尔希那样精通西方出版市场的出版商或经纪人为他谋划。译本不像创作,受众面窄,销量有限;大篇幅又意味着出版成本高,亏本生意自然无人问津。林语堂本人深知此点,早在1934年就称西洋书局没有勇气出版《红楼梦》全译本(材料2);在给宋美龄的信中又称"不得不对原文进行删减,不然没有可能出版"(材料8);在林稿序言里也指出全译《红楼梦》最大的障碍是印刷出来将有1000页,没有出版商会冒这个风险(见附录二)。他于1951、1952年先后在庄台公司出版的《寡妇、尼姑与歌妓:英译三篇小说集》(*Widow, Nun and Courtesan: Three Novelettes from the Chinese*)、《英译重编传奇小说》(*Famous Chinese Short Stories*),页数分别为266、299页,远不及林稿的859页。从林稿的修改笔记来看,林语堂修订译稿时仍在努力减少篇幅,如整页删除译稿、精简句子等,这表明他心中一直有控制译稿篇幅这根弦。

第三,数种《红楼梦》英译问世。1958年是"《红楼梦》英译史上的重要突破,同时有三个译本问世"。麦克休姐妹(Florence McHugh and Isabel McHugh)依据库恩(Franz Kuhn, 1884-1961)德文译本的英文转译本在英国劳特利奇与基根·保罗出版社(Routledge and Keagan Paul)、美国众神殿出版社(Pantheon Books)、加拿大麦克莱兰与斯图尔特出版社(McCleland and Stewart)同步出版。1929年王际真英文编译本的增订本亦于当年由美国特温出版公司(Twayne Publishers)出版,共60章;同年美国的道布尔迪出版公司(Doubleday & Company, Inc.)出版了该译本的缩写本,共40章。②1958年后,林稿要在欧美出版就不那么容易了。

第四,林语堂作品畅销的国际政治背景不再。哈罗德·伊罗生指出美国的中国形象经历了如下变迁:崇敬时期(18世纪)、蔑视时期(1840—

---

① 钱锁桥:《林语堂传:中国文化重生之道》,广西师范大学出版社2019年版,第388页。
② 王金波:《弗朗茨·库恩及其〈红楼梦〉德文译本——文学文本变译的个案研究》,博士学位论文,上海外国语大学,2006年,第3页。

1905)、仁慈时期（1905—1937）、钦佩时期（1937—1944）、幻灭时期（1944—1949）、敌视时期（1949—　）①，林语堂作品驰名国际正是在美国对华仁慈、钦佩时期。自1949年中华人民共和国成立到1972年尼克松访华的23年是中美关系的敌对时期，林稿的搁置正处于该段时期。这20余年间，林语堂虽笔耕不辍，但再也没有一部作品的畅销能超出《吾国与吾民》《生活的艺术》《京华烟云》了。

不过，搁置并不意味着忘记。1957年7月9日②林语堂完成的长文《平心论高鹗》就是将其在翻译过程中形成的对《红楼梦》一书，尤其是对后40回文学价值的零散认识经客观、理性的思考后写作的研究论文，该文于1958年11月刊登在《"中央研究院"历史语言研究所集刊》第29本③。1958年10月，林语堂夫妇应邀访问中国台湾，蒋介石夫妇在士林官邸会见了二人，林太乙回忆蒋介石与林语堂"竟大谈起《红楼梦》之译述问题来"。④这一谈话应该涉及了林语堂翻译《红楼梦》的工作，不然不会具体用到"译述"一词。此次访问，林语堂还受邀在台湾大学就《红楼梦考证》问题发表演说，认为120回均为曹雪芹所作，反对高鹗续书说。1966年，林语堂到台北阳明山定居，《红楼梦》是其晚年著述活动的关键词。1964年，应台湾"中央社"之邀撰写特约专栏"无所不谈"⑤，自1966年至1967年，在《"中央日报"》专栏及《联合报》等发表10余篇红学文章。1966年发表的《论译诗》一文收录了他的《葬花吟》译文，与林稿译文大体一致。

四　修订译稿与联络出版阶段（1973—1976年）

在与陈守荆的通信中，林语堂最早提到《红楼梦》译稿是在1973年2月23日；最早提到译稿出版是在1973年3月26日。

---

① [美]哈罗德·伊罗生：《美国的中国形象》，于殿利、陆日宇译，中华书局2006年版，第43—44页。
② 林语堂：《平心论高鹗》，群言出版社2010年版，第95页。
③ 郑锦怀：《林语堂学术年谱》，厦门大学出版社2018年版，第410页。
④ 林太乙：《林语堂传》，陕西师范大学出版社2002年版，第235页。
⑤ 郑锦怀：《林语堂学术年谱》，厦门大学出版社2018年版，第409、426页。

材料 10：（1973/02/23）红楼梦英文稿再十天可打出来。①

材料 11：（1973/03/26）这回重细读以前 1953 年所译红楼梦稿，以前搁置旧稿中，实可此时寄交 Targ②。以今日西书之重视中国（如易经、针灸、阴阳及一切中国事物），实可为畅销书之一。已交相如令人重打几份，十天内可寄交 Targ，此为极好机缘。英译红楼梦亦可为一大贡献。③

林语堂重拾译稿契机，应有如下几点。

第一，晚年得闲以整理著述。1972 年 10 月，耗时五年的《林语堂当代汉英词典》由香港中文大学出版，林语堂视此为"写作生涯的巅峰之作"。词典出版后，他对林太乙说"我工作完毕了！从此我可以休息了"。④林太乙回忆此后林语堂夫妇"在台北香港之间来来往往，后来他们住在香港的日子比住在台北的多"。林语堂"退休"后，"练字，画画，看书以消磨时间。……他想整理他的作品。出版《林语堂全集》"。⑤应是在悠闲度日、整理毕生作品时，林语堂重拾《红楼梦》译稿并做了修订工作。

第二，判断译稿出版时机成熟。上述材料 11 所言"今日西书之重视中国"的背景应是中美建交。1972 年 2 月 21 日，时任美国总统尼克松访华，2 月 27 日，中美两国政府在上海签署《联合公报》，2 月 28 日发表，标志两国关系走向正常化。由此带来的西方对中国的关注可想而知。林语堂于 2 月 28 日写给陈守荆的信中提及此事，并称"影响世界大局甚钜"⑥。

第三，香港中文大学的《红楼梦》热。李晶指出 20 世纪 70 年代初，

---

① 《故纸清芬见真如——林语堂手迹碎金》，第 529 页。本书引用《故纸》信件时，转繁体为简体；断句基本遵循原文，过长句子增添了标点；对文字有误但不影响理解处，保留原文，在注释里说明；未能准确辨析的文字后标示（？）；日期为笔者据《故纸》添加。

② 威廉·塔格（William Targ, 1907—1999）是美国图书编辑，在商业出版领域备受推崇，自 1968 年起担任普特南森出版公司（G. P. Putnam's Sons）主编，因出版马里奥·普佐（Mario Puzo）的小说《教父》（The Godfather）知名。1967 年出版了林语堂的《中国画论》（The Chinese Theory of Art: Translations from the Masters of Chinese Art）。

③ 《故纸清芬见真如——林语堂手迹碎金》，第 536 页。

④ 林太乙：《林语堂传》，陕西师范大学出版社 2002 年版，第 280 页。

⑤ 林太乙：《林语堂传》，陕西师范大学出版社 2002 年版，第 280—281 页。

⑥ 《故纸清芬见真如——林语堂手迹碎金》，第 322 页。

林语堂、潘重规、宋淇（林以亮）等齐聚香港中文大学，掀起一阵红楼热①。1967—1972年，林语堂受聘担任香港中文大学语言学研究教授。1971年，宋淇筹办香港中文大学翻译研究中心，1973年，与乔志高（高克毅）携手为该中心创办《译丛》(*Renditions*)杂志。余光中1974年4月撰文《庐山面目纵横看——评丛书版英译〈中国文学选集〉》，文末特意提到"欣闻近日香港中文大学翻译中心出版英文《译丛》季刊一种，行于国际。汉学英译，英美学者已经贡献不少，该是中国学者自扬汉声的时候了"。②这是对当时潮流的回应。林语堂为《译丛》顾问之一，该刊第1期收录了由他所译的《苦瓜和尚画语录》。第2期，即1974年5月出版的春季号为小说专号，刊登了林语堂用英文撰写的《林语堂赏析〈红楼梦〉》(Lin Yutang's Appreciation of *The Red Chamber Dream*)并《红楼梦》第一回自"作者自云"至"兼寓提醒阅者之意"的英译"Genesis of a Book"，及1842—1973年产生的8种《红楼梦》英译本的书目信息，其中含霍克思全译本第一卷③。《译丛》上刊登的林语堂对《红楼梦》的赏析和翻译均出自林稿，且是1973年修订后的版本，只是赏析删除了与翻译相关的内容。

第四，霍克思英译本出版的刺激。1971年，霍克思辞去牛津大学教职专心翻译《红楼梦》④，其译本第一卷于1973年12月由企鹅出版社出版。⑤1974年1月18日，《泰晤士报文学增刊》即刊登了霍克思英译本（以下简称霍译本）的书评⑥。《译丛》第2期之所以对《红楼梦》大书特书，或是对霍译本出版的响应。宋淇于1974年6月即在《明报》刊文《喜见红楼梦新英译》介绍霍译本：

材料12：听说牛津大学讲座教授霍克斯（David Hawkes）辞去职

---

① 李晶：《香港〈译丛〉上的"林语堂英译〈红楼梦〉"》，《红楼梦学刊》2016年第2辑。
② 余光中：《翻译乃大道》，外语教学与研究出版社2020年版，第106页。（该文原载1974年6月《书评书目》第14期）
③ *Renditions*, No. 2 (Spring 1974). 见 https://www.cuhk.edu.hk/rct/toc/toc_b02.html。
④ 王丽耘：《大卫·霍克思汉学年谱简编》，《红楼梦学刊》2011年第4辑。
⑤ 感谢温州大学王丽耘教授告知笔者霍译本第一卷的出版月份并慷慨分享宋淇书评。
⑥ 王丽耘：《被淹没的回声——论〈红楼梦〉霍译本早期西方译评》，《红楼梦学刊》2021年第1辑。

务，以便专心埋首于全部红楼梦的英译。这消息我们听说了很久，仿佛是一个即偿的心愿，但又不敢信以为真。最近终于看到了霍克斯教授的石头记（他不用红楼梦而用石头记书名，即可见他的眼光不同）第一册，由英国企鹅出版社刊行，不由得大喜若狂……①

《故纸》书信中未提及霍译本。但《译丛》上刊登了霍译本的信息，宋淇为此写了书评，作为《译丛》核心成员，林语堂不可能对霍译本出版的消息置若罔闻。进一步推测，林语堂后来之所以辗转在日本出版译稿，而不是再次静候时机在欧美出版，除对自身时日不多的预判，应该也跟霍译本出版带来的紧迫感有关。他委托佐藤亮一用两年时间翻译出来在日本出版即是此种紧迫感的体现（见下文材料26）。

林语堂在寻觅出版社之前，于1973年2月至3月底，先整理了手头20世纪50年代的旧稿，重新用打字机打出来一份后，再让三女林相如请人打印六份。在打印六份期间，他修订了最先打印的译稿，并在林相如和林太乙长女妞妞（黎志文）的协助下，校对了打字员的打稿，后又让打字员将修改誊写到新打印的六份稿件里。在稿件寄出之前，他的手头应该有8份《红楼梦》译稿（旧稿1份+自行打印1份+打字员打印6份）。1973年2—6月，除上述材料10与材料11所示信件，还有9封他写给陈守荆的信件提及打印与修订经过。

材料13：（1973/03/28）拟出英译红楼梦。此稿已齐，拟打六份，由相如找到一家，每页二元港币，全书850页，约费港币约1700元。因为赶紧，台北往返不便，所以在港打出以便寄交Targ及英国、北欧等出版家。四月十三日即可打完。已经成议交去。我想此书可成名著，先此奉闻。我在此地天天无事，只好等此事成功。②

---

① 宋淇：《喜见红楼梦新英译》，载《明报》1974年第9卷第6期。[此文后收入宋淇专著《红楼梦西游记》，（台北）联经出版事业公司1976年版]。在专著中，宋淇遵照霍克思本人意愿改称其为霍克思。
② 《故纸清芬见真如——林语堂手迹碎金》，第538—539页。

材料 14：（1973/04/15）这几日专工校红楼梦打稿，很有趣。①

材料 15：（1973/04/21）或看英文打稿，打稿页数多，须下礼拜才交齐。②

材料 16：（1973/04/26）英文红楼明日始能打完，又我的改正又须由打字生照抄六份（英美等国）。③

材料 17：（1973/04/29）我一星期来专心看红楼英文打字，觉得很值得做，因为英文尚无好的翻译，而红楼经我删节成一个，成为篇幅较不泛滥，而中心故事却能保存。自然以后四十回为中心。真正的结构全在后十回④。前八十回是好，但不外闺阁闲情、吃蟹赏菊而已，未能将宝黛二人之情事变幻悲戚及贾府之败落为全书之结构。无论畅销与否，这样的巨著是有世界文学的价值。⑤

材料 18：（1973/05/08）英文打字红楼梦至今日仍未交稿。共 780 页，昨日付与 1500 港币。今日是打字员应该交齐。我天天细校，以后就可寄英美各处，希望大成功。要几个月才得消息。⑥

材料 19：（1973/05/11）这十天来专做所打红楼梦。这打字员打出常有错处，极平常不该有的，如 both 作 bot, no 作 not, though 作 thought 之类。而又屡次延期，所以我全作此事。其中更换汇（？）齐分卷，你可代我分劳不少。现全稿已交来，相如在校对一回，尚须十来天才

---

① 《故纸清芬见真如——林语堂手迹碎金》，第 545 页。
② 《故纸清芬见真如——林语堂手迹碎金》，第 549 页。
③ 《故纸清芬见真如——林语堂手迹碎金》，第 551 页。
④ "后十回"应为"后四十回"。
⑤ 《故纸清芬见真如——林语堂手迹碎金》，第 552 页。
⑥ 《故纸清芬见真如——林语堂手迹碎金》，第 558—559 页。

◆◇◆ 研究篇

能寄出。等你来信，要紧。①

　　材料 20：（1973/05/26）英文红楼趁两天抄录打字之错（共六份），因为打字很幼稚，错字多，最迟也须十天才完毕。妞妞校阅很精细，现往星加坡休假，下礼拜回来，再有一部分尚未改，只好等她来。②

打印、修订、校对工作完成后，1973 年 6 月初，林语堂开始联络出版商。

　　材料 21：（1973/06/03）现在红楼打字已改完了，两月以来的辛勤已完工。今明两天即写信与 William Targ。此外五份寄给英国，Sud-america 南美、意大利、德国、瑞典、芬兰，③这些都有相识的书店。Targ（Putnam）并可有 paper back（纸装本）。现在的纸装本如畅销，也可一二万本看运气如何。打字生很幼稚，许多不应该有的错，如 hime（him）、the（they），亦 the（then）、whe（she），实在不该。现已改好，不去管她。④

但林语堂寄给西方出版商的信件一直未得到回复，1973 年 11 月 17 日写给陈守荆的信中透露了他的担忧。

　　材料 22：（1973/11/17）Red Chamber Dream 尚无消息，或纸张普遍缺乏，已去信询问英国 Heineman⑤，当有来信。⑥

---

① 《故纸清芬见真如——林语堂手迹碎金》，第 561 页。
② 《故纸清芬见真如——林语堂手迹碎金》，第 571 页。
③ 五份稿件邮寄给六个国家或地区，或是笔误。
④ 《故纸清芬见真如——林语堂手迹碎金》，第 575 页。
⑤ 威廉·海涅曼（William Heineman）是林语堂作品在英国的主要出版社，先后出版了林语堂的《吾国与吾民》(*My Country and My People*, 1936)、《生活的艺术》(*The Importance of Living*, 1939)、《武则天》(*Lady Wu: A True Story*, 1957)、《从异教徒到基督徒》(*From Pagan to Christian*, 1960)、《不羁》(*The Pleasures of a Nonconformist*, 1962)等。
⑥ 《故纸清芬见真如——林语堂手迹碎金》，第 683 页。

林语堂的担忧很快被验证，他于 1973 年 11 月 25 日写给陈守荆的信中提到：

> 材料 23：（1973/11/25）《红楼梦》英译逢世界纸装[①]缺乏，闻此项情形可延长一二年，美国来信，此书已有三种英译，书局以纸量太大，850 页不敢出版。英国来信相同，虽云尚待 Unwin[②] 其他书局试探，但我意可作罢论，不要理他。[③]

1973 年 10 月 6 日，第四次中东战争爆发，同年 10 月 16 日，石油输出国组织（OPEC）加盟国的海湾六国为打击对手以色列及支持以色列的国家，宣布油价从每桶 3.01 美元提高到 5.12 美元，引发第一次石油危机。石油危机事态愈演愈烈，使西方经济遭受重创。油价飙升导致运输成本提高、各类原材料供应不足、物价上涨等连锁反应，纸荒席卷全球。《纽约时报》自 1973 年 10 月 1 日至 12 月 31 日，有 140 条报道涉及纸张短缺，各报纸杂志社纷纷减少发行量、缩减版面、休刊、停刊等应对纸荒。[④]

材料 24 明白指出了欧美出版社婉拒出版的三个理由。但如果时间倒退至 20 世纪三四十年代，或者林语堂身边有一个有能力的出版经纪人，也许译稿出版不会如此艰难。此后，1973 年 12 月 3 日、1974 年 1 月 3 日的信件透露事情有所转机：

> 材料 24：（1973/12/03）近日红楼又有转机，英国来函要求美国与之合并出版以救纸慌[⑤]（世界性的）之缺，不知是否可行。又日本也有译者拟重以新译重版及日本译文问世。总之，此书页数甚多，适逢

[①] 应作"纸张"。
[②] 英国乔治·艾伦与昂温出版公司（George Allen & Unwin）。
[③]《故纸清芬见真如——林语堂手迹碎金》，第 686—687 页。
[④] "*New York Times* Article Archive"，https://www.nytimes.com/search?dropmab=true&query=&sort=oldest，2022 年 3 月 30 日检索。
[⑤] 应作"纸荒"，下同。

纸慌，尚有问题，只好听之而已。①

材料25：（1974/01/03）有大好消息，红楼梦美国英国都因为纸慌不肯接收。昨日日本 Tuttle 公司居然来函欲出此英文本，心中极快活。约正月可订合同。先付一千美金。我可能给他大英帝国范围。我想日本印刷必良，又 Tuttle 专出画册，可请他特别设计。②

就《红楼梦》译稿出版一事，林语堂信件中最早提到日本的是 1973 年 12 月 3 日（材料 24）。佐藤亮一在日文转译本的译者后记中提到林语堂写信委托他翻译的时间是 1973 年 11 月。

材料26：一九七三年十一月、香港の林博士から、十余年の歳月をかけて翻訳された英文の *The Red Chamber Dream* が届いた。つづいて数ヵ月後に訂正箇所を示した包みがまた届き、林先生はこれを二年ぐらいで翻訳して日本で出版してくれるようにとのことだった。③

1973 年 11 月，我收到了林博士从香港寄来的包裹，是他耗时十余年英译的 *The Red Chamber Dream*。几个月后，又一个指出译文更正之处的包裹寄过来了，林先生希望我用两年左右的时间翻译出来在日本出版。

佐藤夫人在日藏林稿上面附了一纸留言（见图 0-20），时间是 1999 年 11 月 12 日。留言全文翻译如下：

---

① 《故纸清芬见真如——林语堂手迹碎金》，第 695 页。
② 《故纸清芬见真如——林语堂手迹碎金》，第 720 页。
③ 佐藤亮一：「訳者あとがき」，载林语堂编『紅樓夢』④，佐藤亮一訳，東京：六興出版社 1983 年版，第 248 頁。

材料 27：这是最初寄来的稿子，不久又寄来了修订稿。修订稿同其他书一起寄到了台北市的林语堂纪念馆。

如果去台湾的话，请一定要去一趟林语堂氏的纪念馆。

结合以上材料，可推测林语堂是在 1973 年 11 月下旬，收到美、英等出版社婉拒出版的回信后，从香港写信给深得他信任的佐藤亮一，委托佐藤在日本寻觅出版机会，并随信邮寄了译稿。日藏林稿有大量不同颜色的修改笔记，如有的脚注原是用黑笔删掉的，后又用蓝笔写了"keep"一词以示保留。修改内容主要是增删词汇、更换句子等，拼写错误的修改并不如材料 19、20、21 所言的那么多。林语堂将 1973 年自行打印的 1 份译稿和请打字员打印的 6 份译稿寄给了欧美的出版社，手头应该只剩下 1953 年的旧稿，佐藤亮一收到的应是这份旧稿，稿件序言所标时间是 1954 年 2 月，亦证明了此点。如果是 1973 年的修订稿，序言时间理应改成最新的。佐藤亮一的记载和佐藤雅子的留言均显示林语堂后来又寄了修订稿过去，这应该是婉拒林语堂的某家出版社寄回给林语堂的稿子，邮寄时间可推测是 1974 年初，刊载在《译丛》上的赏析和译文或出自该份修订稿。

林语堂在写信给佐藤亮一的同时，应该也联系了塔托公司（Charles E. Tuttle Cornpany）。塔托公司由美国人 Charles E. Tuttle（1915—1993）于 1948 年在日本东京创立，主要面向西方出版介绍日本、中国及东南亚国家文化的英文书籍。1952 年开始兼营书籍进出口业务。1978 年，该公司的版权科独立，成立塔托·森版权代理公司（タトル・モリ　エイジェンシー，Tuttle-Mori Agency, Inc.），创立人为森武志，是日本最大的翻译版权代理公司，占据日本 60%的翻译版权代理市场。从林语堂作品日译本的版权页来看，其著作在日本的翻译版权最初是一位叫 George Thomas Folster 的人代理的；自 1954 年的《朱门》（『朱ぬりの門』）开始，即由 Charles E. Tuttle 商会代理。

1974 年 1 月 2 日，林语堂收到塔托公司有意出版英译稿的来函（见材料 25），所以在翌日的信件中提及给他们大英帝国范围的版权，及对该公司印刷质量的认可。塔托公司后又因何不能出版英译稿，从目前的信件无从得知。理由也许与美、英出版社所给的相似。原日本通产省事务次官杉山和男回忆：日本自1950年以降，对石油的依赖急剧上升，1970年达至48%，原油进口量达2.8亿千升，为世界最大规模。第一次石油危机使正处于二战后高速发展期的日本经济遭受重创。物价飞涨导致日本国内陷入不安，11月在大阪发生了因厕纸供不应求和价格上涨带来的抢购潮，且迅速波及全国，其他日用商品也面临供应不足与价格上涨。物价上涨于1974年2月达到顶峰，消费物价上涨了30%①。

林语堂仅在1974年1月3日的信件中提到了塔托公司，此后3个多月未有信件提及林稿出版事宜，直至当年4月22日的信件提到"日本译者决定以一年内译成日文"（材料28），而且此后也没有提到在塔托公司出版英译，而只提佐藤亮一的日译了。这意味着在1974年1月至4月间，他收到了塔托公司回绝出版的信件，这一时段正是日本经济最糟糕之时。且塔托出版英译本的对象是欧美读者，而彼时已有三种《红楼梦》英译和霍克思正在陆续翻译的全译本。

  材料28：（1974/04/22）又英译红楼梦已经有日本译者决定以一年内译成日文（彼已有日译②，此以我所译之本为根据）。③

  材料29：（1975/11/23）日本译者左藤亮一④信来报告，七月可以译完《红楼梦》，我已经去信请约书局可以出版，未复。⑤

  材料30：（1975/12/02）将来英译①德文②王际真所译③林译后来居上，而林译细心考虑，又有全书人名索引，又英文流利，信达兼到，

---

① 杉山和男：「第一次オイルショックを回顧する」,『国際貿易と投資』(71), 2008年。
② 日本此时已有松枝茂夫、伊藤漱平的《红楼梦》全译本及多部编译本。参见宋丹《〈红楼梦〉在日本的翻译与影响研究》,《外语教学与研究》2019年第1期。
③《故纸清芬见真如——林语堂手迹碎金》，第773页。
④ 应作"佐藤亮一"，下同。
⑤《故纸清芬见真如——林语堂手迹碎金》，第1017页。

定必人人居家必备。①

材料 31：（1975/12/12）已飞（？）信日本之佐藤亮一，令其速将所译之本寄下（？）以便细心考订，亮不日必可寄来。②

材料 32：（1975/12/27）日本红楼梦 7 月译完，甚望可以出版，重要。③

材料 33：（1975/12/27）「红楼」日本译者来函，当有 Tuttle 或较好的书局。④

材料 34：（1975/12/28）得日本左藤亮一来信，拟即将彼处尚剩一份寄来，以便校勘或更改，并拟速改完，以便今年 1976 出版，可以告慰。⑤

材料 35：（1976/01/05）1976 末日本的红楼梦将出版。⑥

材料 36：（1976/01/13）昨天我收到日本寄来之佐藤亮一《红楼梦》底稿，不胜快活。以前翻译的名字，如"鸳鸯"还是 Jay，佐藤亮一还加日本注释，非常慎重，又前后次序都井井有条，共 64 章。又我自己的英文非常优雅，所以快活。我看十天八天，就可寄还。⑦

材料 37：（1976/01/14）上信告诉你日本底稿已经收到，大约经过

---

① 《故纸清芬见真如——林语堂手迹碎金》，第 1019 页。
② 《故纸清芬见真如——林语堂手迹碎金》，第 1029 页。
③ 《故纸清芬见真如——林语堂手迹碎金》，第 1059 页。
④ 《故纸清芬见真如——林语堂手迹碎金》，第 1061 页。
⑤ 《故纸清芬见真如——林语堂手迹碎金》，第 1062 页。
⑥ 《故纸清芬见真如——林语堂手迹碎金》，第 1071 页。
⑦ 《故纸清芬见真如——林语堂手迹碎金》，第 1078 页。

十天八天，阅后可以送还。①

从上述信件来看，佐藤亮一在转译之初，并未敲定日文转译本在何家出版社出版，应该是一边转译一边寻觅出版社。1975 年 11 月，他去信告知林语堂预计次年 7 月能完成翻译，林语堂回信"请约书局可以出版"；1975 年 12 月 27 日，他回复"当有 Tuttle 或较好的书局"，意味此时尚未敲定出版社。1975 年 12 月 28 日和 1976 年 1 月 5 日的信件均提到 1976 年出版，但并未言及出版社，可见仍未敲定出版社。1976 年 1 月，林语堂去世前两个月，仍在校对佐藤亮一寄来的译稿。当年 3 月 26 日去世，未能看到日文转译本问世，实乃憾事。

转译本直到 1983 年方由六兴出版社（而非塔托公司）出版。可知林语堂去世后，佐藤亮一一直在为译稿寻觅出版社，直至六兴出版社同意出版。六兴出版社委托塔托·森版权代理公司与林语堂夫人廖翠凤签订了版权合同。佐藤亮一在后记里指出"几个月后，又一个指出译文更正之处的包裹寄过来了"（材料 26）。意味林稿最终定稿是在 1974 年，因而六兴出版社的版权页标注的林语堂完成翻译的时间即 1974 年。

林语堂既然写信让佐藤亮一把英文底稿寄来，意味着当时他手头已没有译稿，也即他寄给英、美等国家或地区的译稿绝大部分没有再寄还给他。他称佐藤亮一将"彼处尚剩一份寄来"（材料 34），意味着佐藤亮一手头曾有两份译稿，证明了佐藤夫妇所言为实。1976 年 1 月 12 日，林语堂收到的译稿（材料 36）应是他 1974 年寄给佐藤亮一的修订稿，林语堂校对完毕后也应寄回给了佐藤亮一（材料 37）。1988 年，佐藤亮一夫妇将这份修订稿连同其他与林语堂相关的书籍、信件、照片等寄回了台北林语堂故居，笔者曾去故居调查，未见此稿。②

综上可知，林语堂的《红楼梦》翻译经历了四个阶段：1935 年、1938 年先后两次尝试翻译并放弃→1953—1954 年专注翻译、1955 年完成初稿→

---

① 《故纸清芬见真如——林语堂手迹碎金》，第 1080 页。
② 宋丹：《日藏林语堂〈红楼梦〉英译原稿考论》，《红楼梦学刊》2016 年第 2 辑。

1955—1973年搁置译稿→1973—1974年修订译稿兼寻觅出版社,最终1983年在日本出版转译本。

　　林语堂虽是自发翻译《红楼梦》并为译稿寻觅出版商的,但纵观整个历程,时代影响甚大,是小事件折射大历史的典型代表。正如赛珍珠所言"任何伟大都不是孤星独照,都是时势造就的"①。林语堂、赛珍珠创作上的巅峰期均是20世纪30年代,中美关系较为友好这一国际政治背景既催生了王际真的《红楼梦》编译本、赛珍珠的《水浒传》全译本,也令林语堂对《红楼梦》的翻译跃跃欲试,但是考虑到出版市场对反映现实中国作品的需求,林语堂只能两度放弃翻译而选择创作。20世纪50年代,他集中精力翻译《红楼梦》,完成初稿,但又处于美国对华幻灭、敌视时期,译稿生不逢时。直至1972年中美建交,他于1973年修订旧稿,而此时他本人在国际出版市场的影响力已不及20世纪30—50年代,况且已有霍克思的全译本等数种英译出版,又偏逢第一次石油危机带来的全球纸荒,译稿出版再度受挫。

　　从《故纸》收录的信件来看,林语堂高度重视自己的《红楼梦》译稿,也对此充满信心。他曾称"要做作家,必须能够整个人对时代起反应"。②时代成就了林语堂,也让他的《红楼梦》翻译与出版历经曲折。

第二节　底本考证③

　　林语堂并未在译稿里交代是以什么版本作底本来翻译的,这就需要拿他的译文跟他翻译《红楼梦》时所能接触到的诸版本的异文进行文本比对和考证了。他写作译稿序言的时间是1954年,而且是完成翻译工作后对此进行回顾的口气。这说明他不可能使用1954年之后出版的本子为底本,顶多是1954年后修改译稿时会参考后出的本子。

---

① [美]赛珍珠:《我的中国世界——美国著名女作家赛珍珠自传》,尚营林等译,湖南文艺出版社1991年版,第200页。
② 林太乙:《林语堂传》,陕西师范大学出版社2002年版,第1页。
③ 本节据《日藏林语堂〈红楼梦〉英译原稿考论》(原载《红楼梦学刊》2016年第2辑)与《林语堂〈红楼梦〉英译原稿底本续考》(原载《红楼梦学刊》2022年第1辑)二文修订而成。

从他编译的是 120 回本来看,他的后 40 回毋庸置疑是用了程本的。但他是 120 回均用了程本呢?还是前 80 回用了抄本,后 40 回用了程本?

当时各类主要抄本的影印本尚未出版,做最大限度的猜想,他能获得 80 回本的有正戚序本,从胡适处看到甲戌本、了解庚辰本。但即便是编译,在编译之前,还是需要有一个完整的本子以在此基础上做取舍编辑的,所以仅存 16 回的甲戌本不可能作为底本,而庚辰本当时尚藏在他处,没有影印出版。所以如果使用抄本,最有可能是有正戚序本,即有正书局 1911—1912 年出版的石印大字本或其 1920 年在大字本基础上剪贴缩印的小字本。然而,这种可能性被下面这段译文推翻。

> Mrs. Wang felt a little disconcerted. "Don't get excited," she said. "I've come by madam's orders. If you will let me examine them, I will; if not, I can report to madam. There is no need to be angry."
>
> Sunburst was burning up. Pointing at her, she said, "You are sent by madam, and I am sent here by grandma'am! I have seen all the people working under madam, but have never yet seen a self-important, pompous fool like you!" (p. 456)

> 王善保家的也觉没趣儿,便紫胀了脸说道:"姑娘,你别生气,我们并非私自就来的,原是奉太太的命来搜察你们。叫番(翻)呢,我们就番一番;不叫番,我们还许回太太去呢。那用急的这个样子!"晴雯听了这话,越发火上浇油,便指着他的脸说道:"你说你是太太打发来的,我还是老太太打发来的呢。太太那边的人我也都见过,就只没看见你这么个有头有脸大管事的奶奶。"(程甲本 C74 pp. 2005-2006①)

这一段话翻译的是第 74 回抄检大观园,晴雯与王善保家的一段对话。

---

① 本节所引程甲本原文出自书目文献出版社 1992 年版《程甲本红楼梦》,C 为章回,p 为页码。

包括有正戚序本在内的诸抄本里都没有这段对话,而林稿第 36 章里却有这段对话的完整译文。

此外,如程本第 74 回侍书回呛王善保家的话里有一句:

"你去了,叫谁讨主子的好儿,调唆着察考姑娘、折磨我们呢?"（程甲本 C74,pp. 2013-2014）

这句话在抄本里是没有的,但林稿第 36 章里却也有相对应的译文:

"If you are gone, there will be nobody to fawn upon the duchess, spy on the young ladies and pester us."(p. 460)

因此,可以断定林稿前 80 回的底本不是抄本系统的本子,而是程本系统的本子。

而程本系统本身又有程甲本和程乙本之分。首先需要说明的一点是,程甲本和程乙本在时间与人物年龄上存在相异之处,但林语堂在翻译时,调整了原著里的时间矛盾与人物年龄矛盾之处,所以无法轻易根据这些线索来考证底本。笔者仍通过比照版本异文与林稿进行考证:

（1）平儿道:"他醋你使得,你醋他使不得,**他原行的正,走的正**,你行动便有坏心,连我也不放心,别说他呀。"（程甲本 C21 pp. 567-568）

平儿道:"他防你使得,你醋他使不得,**他不笼络着人,怎么使唤呢**?你行动就是坏心,连我也不放心,别说他呀。"（程乙本 C21 p. 248①）

"She has the right to be suspicious, you don't," replied Amitie. "**She conducts herself properly,** but you are always doing something sneaky.

---

① 程乙本原文出自启功注释、人民文学出版社 1979 年版《红楼梦》。

Even I don't trust you, not to speak of her. "(p.140)

林稿回译:"她有权怀疑你,你无权怀疑她。"平儿答道:"她举止得当,而你总是干些鬼鬼祟祟的勾当。连我都不相信你,何况她。"

例(1)程乙本里的"他不笼络着人,怎么使唤呢?"一句在程甲本里没有,林稿里也没有能相对应的译文。

(2)袭人听了,吓得惊疑不止,只叫"**神天菩萨,坑死我了!**"便推他道:"这是那里的话,**敢是中了邪**,还不快去!"(程甲本C32 p.843)

袭人听了,惊疑不止,**又是怕,又是急,又是臊**,连忙推他道:"这是那里的话?你是怎么着了?还不快去吗?"(程乙本C32 p.390)

Shieren was completely horrified. "**O Buddha! I am punished!**" She thought to herself. She tried to jerk him awake. "What are you talking? **Have you come under the weather**? Your father is waiting for you!"(p. 218)

林稿回译:袭人完全被吓到了,心想:"阿弥陀佛!我真是造孽了!"她试着推醒他道:"你在胡说些什么呢?是不是病了?老爷还在等你呢。"

例(2)程甲本里的"神天菩萨,坑死我了!"在程乙本中没有,但林稿有相对应的译文:"O Buddha! I am punished!"

(3)送入洞房。还有坐床、撒帐等事,俱是按**金陵**旧例。(程甲本C97 p.2644)

送入洞房。还有坐帐等事,俱是按**本府**旧例,不必细说。(程乙本C97 p.1270)

They are then led to the bridal room and went through the customs of "sitting the bed" together and "letting down the bed curtain," symbolic of the union, all according to the old custom of **Nanking.** (p. 637)

林稿回译:随后他俩被送入洞房,行坐床、撒帐之仪。一切按南京旧俗,象征夫妻珠联璧合。

例(3)林稿的"Nanking"与程甲本的"金陵"对应,而不能对应程乙本的"本府"。

(4)众人道喜,说是:"宝玉既有中的命,自然再不会丢的,**况天下那有迷失了的举人**。"(程甲本 C109 p. 3194)

众人道喜,说是:"宝玉既有中的命,自然再不会丢的,**不过再过两天,必然找得着**。"(程乙本 C109 p. 1528)

The people in the house were saying, "Well, how certainly Poyu will be found. **It is just not possible for a newly conferred chujen to be lost**. The whole country will know about it." (p. 816)

林稿回译:屋里众人道:"宝玉定能找得到。哪有新科举人会失踪的事。一举成名天下知。"

例(4)林稿的"It is just not possible for a newly conferred chujen to be lost"能与程甲本的"况天下那有迷失了的举人"相对应,而对应不了程乙本的"不过再过两天,必然找得着"。

至此,可以判断林语堂是用程甲本作为底本来编译《红楼梦》的。至于他用的是程甲本系统里的哪个本子,笔者最初推断应是王希廉评本。判断依据一是在原著存在版本异文处,林稿译文与王希廉评本的匹配度较高;二是 1976 年华冈出版有限公司出版的林语堂著《红楼梦人名索引》(以下简称《索引》)的序言中提及:"书中页数以最普遍之百二十回王希廉护花主人版本为据。"① 对依据一,笔者在深入整理林稿过程中,发现林稿某些译文与王希廉评本存在难以对应之处;对依据二,笔者当时判断《索引》可能是林语堂在编译《红楼梦》之前,对全书人物、情节所做的梳理记录,目的是方便编译时进行情节、人物的取舍与编辑。但《故纸》收录的《五个不是:林语堂唯一遗著〈红楼梦人名索引〉》一文的作者主张《索引》是林语堂 1974 年 11 月着手编纂、1975 年 12 月完成的,并非林语堂的译前

---

① 林语堂:《红楼梦人名索引·序言》,(台北)华冈出版有限公司 1976 年版。

准备或译本附录①。故笔者从此二点出发，接 2016 年发表的旧文②，继续考证林稿底本。

一 林稿译文与王希廉评本系统版本异文对照

林稿某些译文与王希廉评本并不能一一对应，典型代表是如下六处。

（1）王希廉评本：**薛姨妈**原欲同居一处，方可拘紧些儿，若另在外，恐纵性惹祸，遂忙道谢应允。又私与王夫人说明，一应日费供给一概免却，方是**处当**之法。（C4 p. 382）③

林稿：**Pocia** received the message. **She** readily accepted the invitation on behalf of her mother. **It was her idea** to prevent her brother from living separately outside, **She** also informed Auntie Wang that the regular allowances for living expenses, such as every occupant in the residence was wont to receive, be waived, so that they might feel free to **stay for a longer period**. (pp. 46-47)

原著第 4 回薛家进京后，贾政、贾母都希望他们在贾府同住，答应此事的是薛姨妈，意图约束薛蟠，并提出日常费用自理。而林稿里，主语从薛姨妈变成了薛宝钗。"stay for a longer period"也不能与"处当"相对应。

（2）王希廉评本：一语未了，只见**旺儿**媳妇走进来。（C72 p. 2461）

林稿：After a while Mrs. **Laiwang** came in to get money for the mid-autumn festival. (p. 434)

第 72 回，对贾琏与凤姐谈话时进来的人，王希廉评本作"旺儿媳妇"，

---

① 《故纸清芬见真如——林语堂手迹碎金》，第 69—74 页。
② 宋丹：《日藏林语堂〈红楼梦〉英译原稿考论》，《红楼梦学刊》2016 年第 2 辑。
③ 王希廉评本采用北京图书馆出版社 2004 年出版的影印本《新评绣像红楼梦全传》。

林稿却为"来旺夫人"。

（3）王希廉评本：宝玉拉着他的手，只觉瘦如枯柴。腕上犹戴着四个银镯，因哭道："除下来，等好了再戴上去罢。"又说："这一病好了，又**伤**好些！"（C77 p.2639）

林稿：Poyu looked at her arms which were thin and emaciated, wearing four silver bracelets. "Take those down until you are well again," he said. "Since you fell sick this time, you have grown **thinner** still. " (p. 478)

第77回宝玉说晴雯"又伤好些"，林稿却为"又瘦好些"。

（4）王希廉评本：我原想给他说个好女婿，又为他**妹妹**不在家，我又不便作主。（C106 p.3490）

林稿：I did think of picking a good young man for her, but the **marchioness** wasn't here, and I dared not decide for her. (p. 701)

第106回贾母跟史家派来的人谈论自己不便为史湘云说亲，王希廉评本给出的原因是"他妹妹不在家"，而林稿是"侯爵夫人不在家"，侯爵夫人指的是史湘云的婶娘、保龄侯史鼐的夫人。

（5）王希廉评本：虽是巧姐没人照应，还亏平儿的**心不狠**。（C117 p.3812）

林稿：She is lucky to have Amitie, who is **so good-hearted**. (p. 788)

第117回贾琏跟王夫人说平儿，王希廉评本用的是保守说法"心不狠"，但林稿译文是积极的"心很好"。

（6）王希廉评本：袭人等已哭得泪人一般，**只有哭着骂贾兰道**：

"糊涂东西，你同二叔在一处，怎么他就丢了？"（C119 pp. 3889—3890）

林稿：Shieren was weeping profusely. "You fool!" **Satin scolded her son**. "How could you lose him?" (p. 813)

第119回贾兰向王夫人报告宝玉失踪后，王希廉评本是袭人等哭着骂贾兰，从主仆身份来看是不合理的；林稿则是贾兰的母亲李纨骂贾兰，这是合理的。

以上六处矛盾显示林稿底本可能并非王希廉评本；但后文将提到《索引》无论是在林稿之前还是之后成稿，其内容都与林稿存在密切的互文关系，既然林语堂称《索引》所据版本为"最普遍之百二十回王希廉护花主人版本"，那么林稿底本实无必要采用其他本子。故笔者推断或是王希廉评本系统内的本子，并将目标锁定在该系统内流传较广的王希廉、姚燮的两家评本和王希廉、姚燮、张新之的三家评本。两家评本从书名而言，有《增评补图石头记》（或《石头记》）和《增评绘图大观琐录》两类，正文均出自王希廉评本，相互间却存在异文。下文结合林语堂的著述经历及《故纸》里多次提到商务印书馆版本，在考证时，《石头记》采用商务印书馆1930年出版的"万有文库本"①。以上六处异文在两类两家评本②和三家评本③中分别如下。

（1）**薛姑娘**原欲同居一处，方可拘紧些儿，若另在外，恐纵性惹祸，遂忙道谢应允。又私与王夫人说明，一应日费供给一概免却，方是**处常**之法。（商务两家评本 C4 p.9）

薛姨妈原欲同居一处，方可拘紧些儿，若另在外，恐纵性惹祸，遂忙道谢应允。又私与王夫人说明，一应日费供给一概免却，方是**处常**之法。（北图两家评本 C4 p.222）

---

① 本书简称商务两家评本。2014年作家出版社出版了该本的重校重排繁体版。
② 《增评绘图大观琐录》采用北京图书馆出版社2002年出版的影印本，简称北图两家评本。
③ 三家评本采用北京图书馆出版社2002年出版的影印本《增评补像全图金玉缘》，简称北图三家评本。

薛姨妈正欲同居一处,方可拘紧些,若另住在外,恐薛蟠纵性惹祸,遂忙道谢应允。又私与王夫人说明,一应日费供给一概免却,方是**处常**之法。(北图三家评本 C4 p. 392)

(2)一语未了,只见**来旺**媳妇走进来。(商务两家评本 C72 p. 7)
一语未了,只见**来旺**媳妇走进来。(北图两家评本 C72 p. 1462)
一语未了,只见**来旺儿**媳妇进来。(北图三家评本 C72 p. 1420)

(3)宝玉拉着他的手,只觉瘦如枯柴。腕上犹戴着四个银镯,因哭道:"除下来,等好了再戴上去罢。"又说:"这一病好了,又**瘦**好些!"(商务两家评本 C77 p. 12)

宝玉拉着他的手,只觉瘦如枯柴。腕上犹戴着四个银镯,因哭道:"除下来,等好了再戴上去罢。"又说:"这一病好了,又**伤**好些!"(北图两家评本 C77 p. 1566)

宝玉拉着他的手,只觉瘦如枯柴。腕上犹戴着四个银镯,因哭道:"除下来,等好了再戴上去罢。"又说:"这一病好了,又**瘦**好些!"(北图三家评本 C77 p. 1504)

(4)我原想给他说个好女婿,又为他**婶娘**不在家,我又不便作主。(商务两家评本 C106 p. 8)

我原想给他说个好女婿,又为他**妹妹**不在家,我又不便作主。(北图两家评本 C106 pp. 2077-2078)

我原想给他说个好女婿,又为他**婶娘**不在家,我又不便作主。(北国三家评本 C106 p. 1929)

(5)虽是巧姐没人照应,还亏平儿的**心很好**。(商务两家评本 C117 p. 5)
虽是巧姐没人照应,还亏平儿的**心很好**。(北图两家评本 C117 p. 2270)
虽是巧姐没人照应,还亏平儿的**心不很坏**。(北图三家评本 C117 p. 2093)

（6）袭人等已哭得泪人一般，**李纨哭着骂贾兰道**："糊涂东西，你同二叔在一处，怎么他就丢了？"（商务两家评本 C119 pp. 9-10）

袭人等已哭得泪人一般，**李纨哭着骂贾兰道**："糊涂东西，你同二叔在一处，怎么他就丢了？"（北图两家评本 C119 p. 2315）

袭人等已哭得泪人一般，**李纨哭着骂贾兰道**："糊涂东西，你同二叔在一处，怎么他就丢了？"（北图三家评本 C119 p. 2131）

例（2）（6）商务两家评本、北图两家评本、北图三家评本均能对应林稿译文。

例（5）三家评本作"心不很坏"，跟王希廉评本意思接近，而两家评本的"心很好"能与林稿的"so good-hearted"相对应。此外，第3回贾母指给黛玉的丫头，王希廉评本、两家评本的"将自己身边两个丫头，名唤紫鹃、鹦哥的与了黛玉"。（王希廉评本 C3 p. 357；商务两家评本 C3 p. 13；北图两家评本 C3 p. 207）均能与林稿"She assigned her own maids, NIGHTINGALE and PAROQUET, to serve her"（p. 36）完全对应，而三家评本的"将自己身边一个二等丫头，名唤鹦哥的，与了黛玉"（三家评本 C3 p. 378）却不能与之对应。因此，三家评本不是林稿底本。

例（1）（3）（4）北图两家评本的"薛姨妈""又伤好些""妹妹"均不能与林稿的"Pocia""you have grown thinner still""marchioness"对应。

商务两家评本在例（1）（2）（3）（4）（5）（6）上均能与林稿译文一一对应。而最有代表性的证据是例（1），北图两家评本、三家评本跟王希廉评本一样，作"薛姨妈"，均不能与林稿的"Pocia"对应，唯有商务两家评本的"薛姑娘"能与"Pocia"对应。但此处在薛姨妈在场的情况下，由薛宝钗来道谢应允贾母和贾政的邀请，是不合礼数的，所以林语堂在忠实底本翻译的同时，添加了"on behalf of her mother"（代其母亲）一句以补救。

文本考据指向商务两家评本后，接下来要回答的问题是林语堂是否收藏了该本。经调查，台北林语堂故居的藏书中未见商务两家评本《石头记》，但林语堂手头确曾持有《石头记》。证据一是他1966年为台湾"中央社"特约专栏撰写的红学文章《论大闹红楼》一文中引用了王希廉对后

40回续书的看法，标明出处为"增评补图《石头记》卷首'读法'"。①证据二则是《故纸》信件显示《索引》所据版本实际是商务两家评本。

二 《红楼梦人名索引》所据版本

《故纸》收录了15封自1974年11月5日至1975年12月26日林语堂写给陈守荊的涉及《索引》的亲笔信，其中谈到所据版本的有如下4封。

（1）（1975/01/06）**我做的索引非常麻烦，因市上有商务印书馆的版本，但版本各不同，平常容易买的又是星州**②**世界的版本**，已经做好，索引又得改页数，现却页数与页数各不同，非常吃力，又容易弄错。如597为801，或497等等。大概总着做最后的排法，我此地尚须时日。③

（2）（1975/01/28）这人名索引依照英文ABCD排法，又经我两三次检阅，应该没有错……我连**商务原书上下两册**都有详注第几回第几页，一看便得。④

（3）（1975/12/14）今天寄一包挂号人名索引（红楼梦）给你，你不必赶，约五六七星期便可。但经我几次抄阅，里头或有不明白处，我已尽可能检阅五六七八次。我此地又无存据。所有存据同一包寄给你。因为这个索引，一节**须查全书上下册须可检得**。⑤

（4）（1975/12/15）**原书商务印书馆原版（未知何年出版）。最讨厌是各版本不同。我的版本，每回自第一页至回末如十几页，而所根据是自上册一至1200大约，下册自约1200约1903页，且书之第一行皆不同，所以原版页计算，索引未必相同。我们只能照原版做索引。**

---

① 林语堂：《论大闹红楼》，见《平心论高鹗》，群言出版社2010年版，第26页。
② 应作"洲"。
③《故纸清芬见真如——林语堂手迹碎金》，第910—911页。
④《故纸清芬见真如——林语堂手迹碎金》，第918—919页。
⑤《故纸清芬见真如——林语堂手迹碎金》，第1034—1035页。

如原 120.14 就是第 120 回之第 14 页，而且第 14 页上有做记号，校对很便当。各有关的字句，都已注明。 你不必逐条校对，只精细抄录 13.14、15.09 等而已。所以**我同时寄商务印书馆二册给你。** 我弄这个工作，请你代抄，心里很过不去，求你原谅。横竖未经与他人约定。①

《故纸》收录的信件（3）（4）是复印件，原件曾出现在西泠印社 2014 年秋季拍卖会展品之"林语堂《红楼梦人名索引》稿本及相关通信"中，含《索引》文稿 28 页，信札 3 通 3 页②。以上 4 封信件显示林语堂做《索引》遇到的最大麻烦是页码标注问题。

香港的星洲世界书局出版社于 1969 年出版《红楼梦》，有精装上、下二册本和平装上、中、下三册本两种。林语堂当时人在香港，容易买到该版本，但手头的《索引》原稿是依据商务印书馆的版本做的，且有全书页码总起版和每回页码各自起讫版两种版本，最终是根据每回页码各自起讫版做的《索引》。

台北林语堂故居共收藏 89 页《索引》原稿。用黑色钢笔写在小 32 开的活页笔记本纸上，并用红色圆珠笔做了修改。主体包括人物姓名及其威妥玛拼音，与该人物相关的主要情节的高度概括及该情节所在页码。这 89 页原稿除目录等未标页码者 14 页外，余者的页码标注分三种：（1）原用黑笔、按全书页码总起版标页码，后用红笔修改为按每回页码各自起讫版标页码者 42 页；（2）用红笔新添的、按每回页码各自起讫版标页码者 10 页；（3）用黑笔、按每回页码各自起讫版标页码者 23 页。可推知林语堂最初做《索引》用的是商务印书馆出版的全书页码总起版本，后来意识到同一情节在不同版本中对应页码不一致的问题，故而决定采用原版，即统一按每回页码各自起讫版标页码的方式。这与信件（1）（4）提到的页码修改过程能互证。

西泠印社官网公布的图片里包含了 9 页《索引》原稿，除未标页码

---

① 《故纸清芬见真如——林语堂手迹碎金》，第 1040—1041 页。
② "林语堂《红楼梦人名索引》稿本及相关通信"，http://www.xlysauc.com/ auction5_ det.php?id=89626&ccid=701&n=1807，2021 年 8 月 19 日检索。

的目录页 1 页外，页码标注同故居原稿页码标注（1）者 1 页，同（3）者 7 页，未见同（2）者。有 7 页索引项目同故居收藏原稿，而内容略不同且页码标注方式不同。以最具代表性的"林黛玉 Lin Taiyu"项第 2 页为例，西泠印社官网公布的图片显示有两页在内容上能与该页对应，其中一页先用黑笔撰写了人物情节概括，并按全书页码总起版标注了页码，后用红笔修改了文字，并按每回页码各自起讫版修改了页码（①，图 2-1）；另一页人物情节概括与页码同此页修改后的版本，均用了黑笔（②，图 2-2）；而故居收藏的与该页对应的原稿是用黑笔撰写了人物情节概括和文字修改，并用红笔填写了页码（③，图 2-3）。③的文字修改，在②里誊清，可见《索引》至少有三个稿次，依次为①③②。这与信件（3）所云"但经我几次抄阅，里头或有不明白处，我已尽可能检阅五六七八次"能互证。

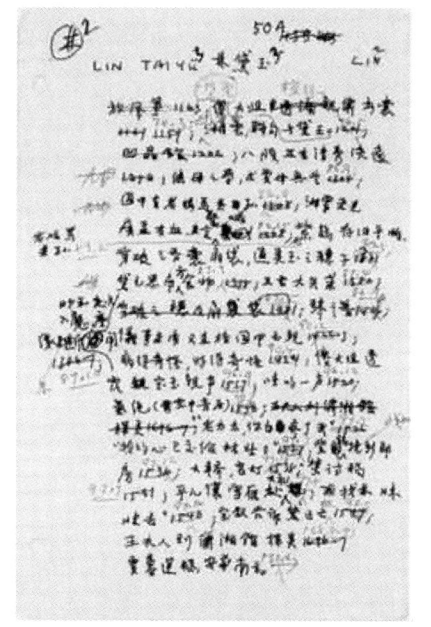

图 2-1 西泠印社秋拍公开的原用黑笔、按全书页码总起版标页码，后用红笔修改为按每回页码各自起讫版标页码的原稿（林黛玉项第 2 页）

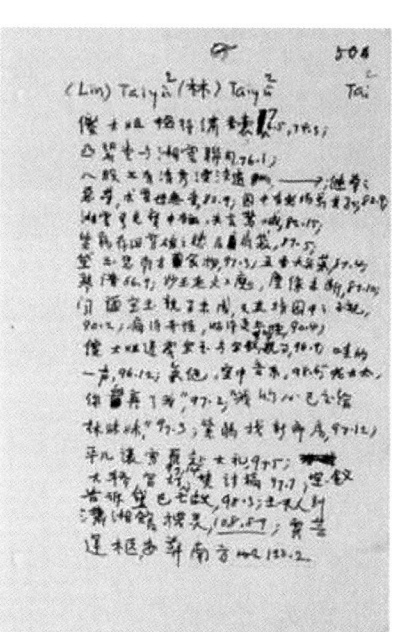

图 2-2 西泠印社秋拍公开的用黑笔、按每回页码各自起讫版标页码的原稿（林黛玉项第 2 页）

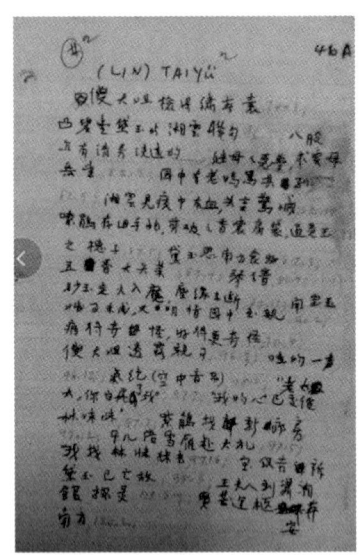

图 2-3　台北林语堂故居藏用黑笔撰写人物情节概括和文字修改，并用红笔填写页码的原稿（林黛玉项第 2 页）

华冈出版有限公司 1976 年出版的《索引》（封面见图 2-4）的确是按每回页码各自起讫版标的页码（林黛玉项见图 2-5、2-6、2-7，自图 2-6 第 15 行至图 2-7 第 1 行对应图 2-1、2-2、2-3 所示内容）。只是由于林语堂晚年记忆力与体力衰退，《索引》的情节与人物存在个别张冠李戴的现象，且极个别页码未及按每回页码各自起讫版更改，最明显的失误是漏掉了袭人。

图 2-4　华冈出版有限公司 1976 年版《红楼梦人名索引》封面

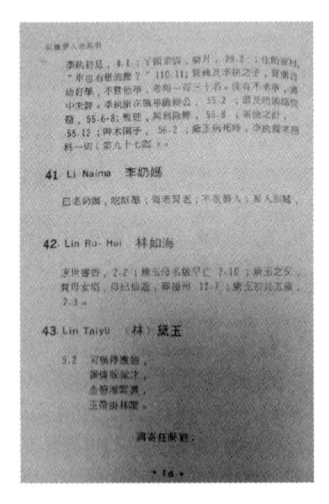

图 2-5　华冈出版有限公司 1976 年版《红楼梦人名索引》之林黛玉项第 1 页

接下来的问题是明确上述商务印书馆出版的均为上、下二册本,但页码标注方式不同的两个版本的具体出版信息。

1930 年,上海商务印书馆出版"万有文库"丛书系列的《石头记》,共十六册。"万有文库"丛书由现代著名出版家王云五担任总策划和总主编,"从 1929 年开始出版第一集,到 1936 年第二集发行结束,两集累计 1712 种 4441 册","是近代以来第一部大型的'全学科'视域丛书"①。《红楼梦大辞典(增订本)》关于该本的介绍如下:

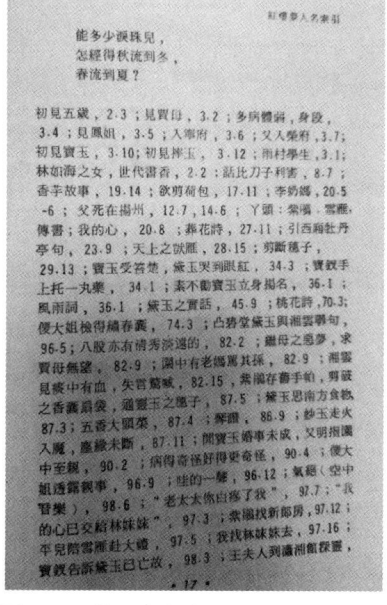

图 2-6　华冈出版有限公司 1976 年版《红楼梦人名索引》之林黛玉项第 2 页

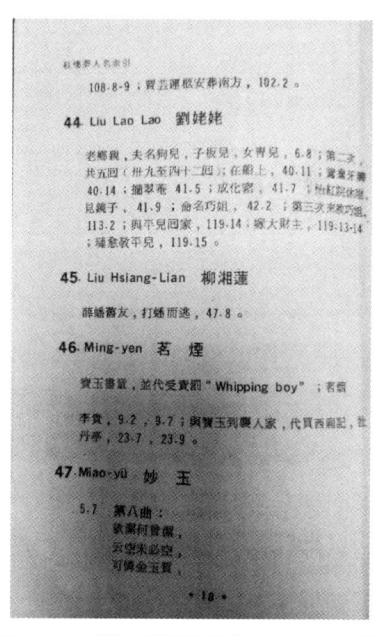

图 2-7　华冈出版有限公司 1976 年版《红楼梦人名索引》之林黛玉项第 3 页

　　万有文库评本　题名《石头记》,内容包括各种图文,与王、姚评本同。1930 年商务印书馆"万有文库本",铅印,120 卷。平装 16 册,太平闲人读法后附补遗、订误,有目无文;绣像 19 页,前图后赞;每回前有回目画 2 面。正文每面 16 行,行 34 字。又有 1933 年"国学基本丛书"本,纸面精装 2 册,1957 年 9 月又出单行本两种,精、平装

---

① 朱琳:《规模化知识整理与普及:〈万有文库〉的知识社会史考察》,《出版科学》2019 年第 6 期。

2册，此三种本子均用同一纸型付印。①

王云五任台湾商务印书馆董事长期间曾重印"国学基本丛书"，该丛书系列的《石头记》于1968年出版，分平装十六册本和上、中、下三册本。

表2-1是对商务印书馆出版的两家评本系列版本的梳理。

表2-1 商务印书馆两家评本出版信息一览

	出版社，初版年份	封面书名	分册	版权页相关信息	页码标注方式
a	上海商务印书馆，1930	《增评补图石头记》	上、下二册	中华民国十九年一月十七	每回页码各自起讫
b	上海商务印书馆，1930	《石头记》	十六册	王云五主编；万有文库；中华民国十九年四月初版	每回页码各自起讫
c	上海商务印书馆，1933	《石头记》	上、下二册	民国廿二年三月印行 国难后第一版；国学基本丛书	每回页码各自起讫
d	上海商务印书馆，1957	《石头记》	上、下二册	1930年4月初版；1957年9月重印第1版	每回页码各自起讫
e				1930年4月初版；1957年9月重印第1版；1957年11月上海第2次印刷	每回页码各自起讫
f				1930年4月初版；1957年9月重印第1版；1958年2月上海第3次印刷	全书页码总起；上册第1—870页，下册第871—1903页
g	台湾商务印书馆，1968	《石头记》	十六册	未详	每回页码各自起讫
h			上、中、下三册	未详	未详

从表2-1可知，符合"上下二册""页码总起"者唯有版本f，即1957年初版，1958年3印本，该本总页数与林语堂信件（4）所言的1903页能对应上，只是上册末页页码与下册起页页码对不上，恐记忆有误所致。而符合另外一个"上下二册""每回页码各自起讫"者，有版本a、c、d、e。

---

① 冯其庸、李希凡主编：《红楼梦大辞典（增订本）》，文化艺术出版社2010年版，第420页。

也即 1974—1975 年林语堂做《索引》期间，手头至少同时持有版本 f 与版本 a、c、d、e 中的一种本子。

三 《索引》与林稿的密切关系

一般而言，索引是依附于某个版本的，做索引前的关键准备是选定版本，林语堂为何不是先定版本后做《索引》，而要在《索引》初稿完成后在两套不同版本间改页码，增加那么大的工作量，此事令人费解。可推测的原因有两种：一种是纯粹的考虑不周所致；另一种则不排除《索引》是有昔年旧稿，林语堂晚年得闲，做了修订工作。林稿即是昔年旧稿，于 1973 年初开始修订的。

无论《索引》是否有昔年旧稿，也无论其与林稿在成稿时间上的先后顺序为何，均不能否认其与林稿存在密切的互文关系，这种密切关系尤其体现在对情节的取舍轻重上。试举一例：《索引》的基本做法是标注某个情节在某回某页，但极个别情节标注了"全回"，最突出的是第 109 回被如此标注两次，为《索引》唯一，分别是"晴雯"项之"思五儿以其貌似晴雯，109 全回"[①]与"五儿"项之"（承错爱，全一百〇九回）"[②]。而林稿第 56 章"The Night with Rosemary"（与五儿共度之夜）用了一整章、11 页的篇幅对此节做了完整翻译，并特意为此章设置一段引言，强调该部分为后 40 回最为精彩的内容之一，修订时改为了脚注（见第七章第二节）。林语堂在其红学著述中也表示第 109 回"候芳魂五儿承错爱"一节是其"最佩服的一回"[③]，并屡屡赞美此节（见第一章第三节）。

林语堂对《红楼梦》的翻译、研究、编撰索引工作构成的相辅相成的互文关系由此可窥一斑。其红学观一以贯之，即对后 40 回文学价值的高度认可，认可背后则是对高鹗续书说所持的否定态度。

---

① 林语堂：《红楼梦人名索引》，（台北）华冈出版有限公司 1976 年版，第 12 页。
② 林语堂：《红楼梦人名索引》，（台北）华冈出版有限公司 1976 年版，第 25 页。
③ 林语堂：《平心论高鹗》，群言出版社 2010 年版，第 5 页。

四 关于林稿底本的结论

归纳上文,可得到如下认知。

第一,20世纪30年代,商务两家评本《石头记》与林稿译文的匹配度最高。

第二,林语堂确曾持有商务两家评本,且至少藏有两种版本。

第三,《索引》所据版本是商务两家评本。

第四,《索引》与林稿存在密切的互文关系,《索引》所据版本与林稿底本为同一版本的可能性较大。

综合上述四项可以判断林稿是以商务两家评本为底本的。林语堂集中精力翻译《红楼梦》是在1953—1954年,初稿于1954年2月基本完成,1955年4月左右全部完成,此时表2-1中的版本d、e、f、g均未问世,林语堂应是采用了版本a、b、c中的一种。1927—1936年,林语堂主要在上海从事著述、出版工作,其间很方便获得1930年出版的版本a、b和1933年出版的版本c。因此,确切来说,林稿底本应为20世纪30年代上海商务印书馆出版的两家评本《石头记》,或曰"万有文库本"。

五 余论

关于《增评补图石头记》,目前所知最早出版时间是光绪十年(1884)。

> 光绪十年,同文书局用铅字排了《增评补图石头记》,后来用照相制版方法,制版于石头上,用石印法使之面世。但由于书禁,印有出版时间及印制书局名称的本子没有(或基本没有)上市(笔者所得之本极可能是书局自留的样书)。第二年,广百宋斋铅印书局撤去了版权页,用铅印的方式出版了该书,即是如今传世较多为藏书家们所偏爱的《增评补图石头记》本。[①]

"考红楼梦最流行世代,初为程小泉本,继则王雪香评本,逮此本

---

① 杜春耕:《〈增评补像全图金玉缘〉序》,载(清)曹雪芹、(清)高鹗《增评补像全图金玉缘》,北京图书馆出版社2002年版,第6页。

出现，而诸本几废矣。"① 此本"在光绪年间，乃至民国时期都颇有市场"②。吴宓女儿吴学昭记载其父 1917 年"留学美国，在所携不多的中国书籍中，即有《增评补图石头记》一部"③。1921 年 2 月，波士顿中国留学生在华北水灾募捐晚会上义演哑剧《红楼梦》故事片段前夕，吴宓持《增评补图石头记》前往波士顿星期日邮报社与编辑洽谈宣传事宜，1921 年 2 月 27 日，该报第 40 版刊登了吴宓所译《丫环的最后的时日》，是原著第 77 回晴雯去世前，宝玉前去探望一节。其所用底本无疑是《增评补图石头记》。另外，1932 年德国莱比锡岛屿出版社出版的库恩德文编译本的底本兼用了三家评本与两家评本④。结合林稿底本的考证结论，可见《增评补图石头记》在《红楼梦》传播史与翻译史上均发挥过重要作用⑤。

---

① 吴克岐：《忏玉楼丛书提要》，北京图书馆出版社 2002 年版，第 32 页。
② 曹立波：《〈增评补图石头记〉的传播盛况述评》，《红楼梦学刊》2004 年第 1 辑。
③ 吴学昭：《中国文学里的"罗密欧与朱丽叶"——吴宓对〈红楼梦〉故事的英译》，《新文学史料》2020 年第 4 期。
④ 王金波：《库恩〈红楼梦〉德文译本底本四探——兼答姚珺玲》，《红楼梦学刊》2015 年第 1 辑。
⑤ 一粟的《红楼梦书录》著录了该书的九种重刊本，其中包括 1905 年日本金港堂书籍株式会社与下河边半五郎据广百宋斋本重刊的两版《增评补图石头记》。金港堂书籍株式会社于 1903 年与上海的商务印书馆合资，1905 年出版的金港堂上下两册本《增评补图石头记》小部分在日本销售，大部分在清销售。但金港堂本与下河边本正文每面 18 行，每行 40 字；每册页码各自起讫，上册第 1—635 页，下册第 1—652 页，与商务版正文每面 16 行、每行 34 字的版心和上册第 1—870 页、下册第 871—1903 页的页码均不同。1914 年，金港堂与商务印书馆取消合资，商务印书馆成为金港堂的总代理，有部分日本员工留在商务印书馆。另外，光绪十二年（1886）出版的《增评绘图大观琐录》总目结束处用日文片假名标注了"ケイケイキヨロウサウ　ゲンワヨウシユンケイ 同校字"，应是参与了校对工作的日本人的姓名（见北图两家评本，第 116 页）。杜春耕为该本撰写的序言提及了此事，称"这两行字，很像人的名字，这也许是外国人参与《红楼梦》版本确定工作的较早记录"（见北图两家评本，第 9 页）。商务两家评本与日本的两个版本是否存在渊源关系，19 世纪末 20 世纪初，日本出版界如何参与《红楼梦》出版事业等问题，留待后考。

第三章 编译策略

翻译《红楼梦》绝非易事,在林稿译者序言第四部分,林语堂首先谈到了翻译《红楼梦》的艰巨性,可归纳为以下几点。

第一,考验译者能力:书中的风物习俗要求译者有广博的知识,且有大量诗歌。

第二,出版面临压力:原著75万字的篇幅,出版全译需1000页,出版商不会冒险。

第三,读者耐心有限:西方读者难以接受原著缓慢的节奏与琐碎的人物。

林语堂的解决之道就是编译。编译也是他英译中国文学的一贯做法。这一做法时至今日仍有支持者。谢天振就指出中西文化交流存在"时间差"和"语言差","中国人认识西方文学、文化迄今已有一百多年的历史,而西方国家开始有较多人积极主动地关注和了解中国文学、文化则是最近二三十年的事"。"操汉语的中国人在学习、掌握英语等现代西方语言并理解与之相关的文化方面,比操英语等西方语言的人学习、掌握汉语要容易。""西方就没有这么多精通汉语并深谙中国文化的专家学者,更谈不上有一大批能够直接阅读中文、轻松理解中国文化的普通读者。""在积极推进中国文学、文化'走出去'时,现阶段勿贪大求全,编译一本诸如《先秦诸子百家寓言故事选》,也许比花大力气翻译出版一大套诸子百家的全集更受当代西方读者的欢迎。"①

---

① 谢天振:《中国文学"走出去"不只是一个翻译问题》,《中国社会科学报》2014年1月24日第B01版。

林语堂编译《红楼梦》的策略主要体现为删除、整合、概括、增补四种形式。

第一节 译前准备

林稿序言显示林语堂在着手翻译前，仔细梳理、分析了原著的情节与时间等。鉴于《红楼梦人名索引》的成稿时间与用途存在争议，我们无法断言其为林语堂翻译《红楼梦》的译前准备，但在探讨林语堂是如何解剖原著一点上，还是可作为参考的。

林语堂在《红楼梦人名索引》中，是以主要人物为单位来梳理原著情节的，以林黛玉为例，下面是该书对与她相关的情节的关键词及对应商务两家评本的章回和页码的梳理。

> 初见五岁，2.3；见贾母，3.2；多病体弱，身段，3.4；见凤姐，3.5；入宁府，3.6；又入荣府，3.7；初见宝玉，3.10；初见摔玉，3.12；雨村学生，3.1；林如海之女，世代书香，2.2；话比刀子利害，8.7；香芋故事，19.14；欲剪荷包，17.11；李奶妈，20.5-6；父死在扬州，12.7，14.6；丫头：紫鹃，雪雁，传书；我的心，20.8；葬花诗，27.11；引西厢牡丹亭句，23.9；天上之呆雁，28.15；剪断穗子，29.13；宝玉受笞挞，黛玉哭到眼红，34.3；宝钗手上托一九药，34.1；素不劝宝玉立身扬名，36.1；风雨词，36.1①；黛玉之实话，45.9；桃花诗，70.3；傻大姐捡②得绣春囊，74.3；凸碧堂黛玉与湘云联句，96.5；八股亦有清秀淡远的，82.2；继母之恶梦，求贾母无望，82.9；园中有老妈骂其孙，82.9；湘云见痰中有血，失言惊喊，82.15；紫鹃存旧手帕，剪破之香囊扇袋，通灵玉穗子，87.5；黛玉思南方食物，87.3；五香大头菜，87.4；琴谱，86.9；妙玉走火入魔，尘缘未断，87.11；闻宝玉婚事未成，又明指园中至亲，90.2；病得奇怪，好得更奇怪，90.4；

---

① 风雨词应是 45.10—11。
② 应作"捡"。

傻大姐透露亲事，96.9；哇的一声，96.12；气绝（空中音乐），98.6；"老太太，你白疼了我"，97.7；"我的心已交给林妹妹"，97.3；紫鹃找新郎房，97.12；平儿陪雪雁赴大礼，97.5；我找林妹妹去，97.16；宝钗告诉黛玉已亡故，98.3；王夫人到潇湘馆探灵，108.8-9；贾蓉运柩安葬南方，120.2。①

其他人物信息梳理也采用了同一方法。这样一来，《红楼梦》的情节与人物一目了然。倘若《红楼梦人名索引》是译前准备的话，这种做法有助译者取舍情节、谋篇布局，能有效提高编译工作效率。

任何叙事都有时间顺序，《红楼梦》也不例外。除梳理情节，林语堂还需要理清原著的时间顺序，从而建立起译本的叙事架构。他在序言中提到了真正的故事（real story）是从众人搬进大观园后的五年时间里发生的。林语堂依据宝玉入住大观园前的少年时代加上在大观园里度过的五年，把整部书的框架分成了七部分，最后形成的译稿也是 7 卷。第 1 卷对应建大观园前宝玉的少年时代；第 2、3 卷分别对应大观园里第一年的春夏和秋冬；第 4、5 卷对应第二、三年；第 6、7 卷对应第四、五年（见第一章第三节）。

原著中宝黛初见的时间是宝玉七、八岁，黛玉五岁，林语堂修改为宝玉 12 岁，黛玉 11 岁。林稿第 6 章"The Magnarama Garden"（大观园）第一句话就是"Poyu was now a strapping youth of fifteen"（宝玉正值血气方刚的 15 岁）。而译本最后一章第 64 章"Redemption"（救赎）也特意翻译了原著第 120 回中的一句："岂知宝玉是下凡历劫的，竟哄了老太太十九年！""The boy was reincarnated for some special reason. He kept his grandmother amused for nineteen years."（pp. 823-824）宝玉 15 岁入住大观园，19 岁出家，刚好五年时间。由此可见，林稿在叙事时间上较缜密，应是翻译前就已充分准备、成竹在胸的。

---

① 林语堂：《红楼梦人名索引》，（台北）华冈出版有限公司 1976 年版，第 16—18 页。

第二节 删除

林语堂删除的内容根据篇幅大小，可分为四类（见表3-1）。

表 3-1 林稿各章与原著各回情节对应繁表[①]

林稿章目	保留回目	保留内容	大幅删减回目	大幅删减内容
Author's Preface 作者自云	1a	楔子		石头经历、与空空道人对话
Prologue (The Story of the Precious Stone and the Garnetpearl) 序章（灵石与绛珠草的故事）	1a	甄士隐梦幻识通灵	1b	贾雨村风尘怀闺秀
Chapter 1 The House of Jia 贾府	2a,2b	贾夫人仙逝扬州城 冷子兴演说荣国府 贾雨村经历		贾雨村见封肃、遇智通寺僧、论正邪二气
Chapter 2 The Beloved Orphan 心爱的孤儿	3a,3b	托内兄如海荐西宾 接外孙贾母惜孤女		金陵来信
Chapter 3 "What is a Murder?" "何为谋杀？"	4a,4b	薄命女偏逢薄命郎 葫芦僧判断葫芦案 宝黛钗矛盾 宝玉初游太虚境	5a,5b	断案细节 贾宝玉神游太虚境 警幻仙曲演红楼梦
Chapter 4 The Gold Locket and the Jade Pendant 金锁与宝玉	8a,8b	贾宝玉奇缘识金锁 薛宝钗巧合认通灵		宝玉与门客闲聊；秦钟入贾府家塾

[①] 在此表中，故事情节基本用回目代表，a 为上半回，b 为下半回。回目不能代表的，用文字说明。"保留回目"与"保留内容"二列中加粗部分为详细翻译，未加粗是简要翻译。简表见表11-1。

续表

林稿章目	保留回目	保留内容	大幅删减回目	大幅删减内容
Chapter 5 Boyhood Experiences 少年经历	6a,9a,17b	贾宝玉初试云雨情 训劣子李贵承申饬 宝玉入家塾；评述宝黛 钗性格与关系及贾政待 宝玉态度；宝黛的香袋 纠纷；概述宝玉少年时 代；评述宝玉性格	6b,7a, 7b,9b, 10a,10b, 11a,11b, 12a,12b, 13a,13b, 14a,14b, 15a,15b	刘姥姥一进荣国府 送宫花贾琏戏熙凤 赴家宴宝玉会秦钟 嗔顽童茗烟闹书房 金寡妇贪利权受辱 张太医论病细穷源 庆寿辰宁府排家宴 见熙凤贾瑞起淫心 王熙凤毒设相思局 贾天祥正照风月鉴 秦可卿死封龙禁尉 王熙凤协理宁国府 林如海捐馆扬州城 贾宝玉路谒北静王 王熙凤弄权铁槛寺 秦鲸卿得趣馒头庵
Chapter 6 The Magnarama Garden 大观园	16a,17a, 17b,18a	贾元春才选凤藻宫 大观园试才题对额 荣国府归省庆元宵	16b	凤姐、贾琏聊家事； 贾蔷采买小戏子； 秦鲸卿天逝黄泉路
Chapter 7 Maid or Monitor? 侍女还是监视者?	19a	情切切良宵花解语	19b	意绵绵静日玉生香 焙茗与卍儿；酥酪纠纷
Chapter 8 "Why am I a Porcupine?" "我怎么磨牙了？"	20a,21a	王熙凤正言弹妒意 俊袭人娇嗔箴宝玉	20b	林黛玉俏语谑娇音
Chapter 9 Her Royal Highness Returned 贵妃省亲	18a,18b	皇恩重元妃省父母 天伦乐宝玉呈才藻		省亲诗歌；女戏表演； 龄官获赞
Chapter 10 Amitie Concealed a Tuft of hair 平儿藏匿青丝	21b	俏平儿软语庇贾琏		

续表

林稿章目	保留回目	保留内容	大幅删减回目	大幅删减内容
Chapter 11 Seeing Through a Veil 解悟	22a	听曲文宝玉悟禅机	22b	制灯谜贾政悲谶语 凤姐、贾琏商议宝钗生日；宝玉填《寄生草》；宝钗谈神秀与慧能作偈
Chapter 12 Girls Could be Cruel to One Another 女孩间的残忍	23a,24b	入住大观园； 痴女儿遗帕惹相思 评述小红	23b,24a, 25a,25b	牡丹亭艳曲警芳心 醉金刚轻财尚义侠 魇魔法叔嫂逢五鬼 通灵玉蒙蔽遇双真 贾芹获工作；贾政问袭人姓名；宝玉作即事诗；鸳鸯来怡红院；宝玉遇贾芸；宝玉探望贾赦
Chapter 13 The Unanswered Door 闭门羹	17b,23a, 26b,27a	怡红院景致； 宝黛读西厢； 潇湘馆春困发幽情 黛玉吃闭门羹伤心	26a	蜂腰桥设言传心事 小红与佳蕙聊天；贾芸访宝玉、与坠儿聊小红；贾兰追鹿；薛蟠宴请
Chapter 14 Taiyu's "Prayer to Departing Flowers" 黛玉的《葬花吟》	27b,28a	埋香冢黛玉泣残红 宝玉黛玉和好； 评述黛玉处境与心境； 评述探春处境与性格		探春与宝玉聊天细节；天王补心丹
Chapter 15 Poyu Met His Match 宝玉遇对手	27a,28a, 28b,29b, 30a	滴翠亭宝钗戏彩蝶 小红获凤姐赏识 蒋玉菡情赠茜香罗 薛宝钗羞笼红麝串 多情女情重愈斟情 宝钗借扇机带双敲 金钏被逐	29a	小红疑心被黛玉偷听谈话；冯紫英家会上行酒令；宝玉将汗巾转赠袭人；享福人福深还祷福
Chapter 16① Restoring Discipline in the Women's Chambers 恢复闺阁秩序	30b,31a	椿龄画蔷痴及局外 撕扇子作千金一笑	31b	因麒麟伏白首双星

---

① 本章标题本为"Restoring Discipline in the Women's Chambers"（恢复闺阁秩序），但在此章后半部分，即晴雯撕扇处又添加了标题"Sunburst Loved the Sound of Tearing up Fans"（晴雯爱撕扇声），佐藤亮一转译本采用第二个标题。

续表

林稿章目	保留回目	保留内容	大幅删减回目	大幅删减内容
Chapter 17 "Meimei, Put Your Doubts at Rest" 妹妹，你放心！	32a,32b, 33a	诉肺腑心迷活宝玉 含耻辱情烈死金钏 处理金钏后事		黛玉忧心金麒麟
Chapter 18 The Flogging 笞挞	33a,33b	手足眈眈小动唇舌 不肖种种大受笞挞		
Chapter 19 Shieren Looked Ahead 袭人深谋远虑	34a,34b	情中情因情感妹妹 错里错以错劝哥哥		
Chapter 20 How to Make Lotus Soup Taste Good? 如何让莲叶羹美味？	34a,35a, 35b	宝玉送旧帕与黛玉，黛玉作诗， 白玉钏亲尝莲叶羹 黄金莺巧结梅花络		薛蟠向宝钗道歉；傅秋芳故事及傅家老婆子谈论宝玉；宝玉与莺儿谈络子配色与花样
Chapter 21 Shieren's Promotion 袭人晋升	36a	宝玉被打后悠闲度日，不听宝钗等劝导，仆人为补金钏缺，竞相贿赂凤姐；王夫人涨袭人月例；凤姐暗骂赵姨娘	36b	宝钗听宝玉梦话；宝玉贬斥文死谏、武死战；识分定情悟梨香院
Chapter 22 Crabs and Laurel 螃蟹与月桂	37a,37b, 38a,38b, 39a	贾政点学差离京；秋爽斋偶结海棠社 简述诗会做法； 蘅芜院夜拟菊花题 林潇湘魁夺菊花诗 薛蘅芜讽和螃蟹咏 袭人向平儿问询月例		探春、贾芸致信宝玉；海棠诗会及诗作；晴雯、秋纹聊主人赏赐；贾母、凤姐在藕香榭打趣；凤姐、鸳鸯、平儿等玩闹；咏菊诗、咏螃蟹诗
Chapter 23 Gold and Wooden Chopsticks 金筷子和木筷子	39a,40a	村姥姥是信口开河 史太君两宴大观园	39b	情哥哥偏寻根究底 李纨等准备宴会；刘姥姥戴花、赞大观园、摔倒、游潇湘馆；贾母说软烟罗
Chapter 24 The Young Nun 年轻的尼姑	40b,41a, 42a	贾母指宝钗房间过素； 金鸳鸯三宣牙牌令 宝哥哥品茶栊翠庵 刘姥姥为巧姐取名 刘姥姥告别、获赠礼物	41b,42b	众人乘船；黛玉爱残荷；所行酒令；刘姥姥醉卧怡红院 潇湘子雅谑补余香 王太医为贾母把脉

续表

林稿章目	保留回目	保留内容	大幅删减回目	大幅删减内容
Chapter 25 How Amitie was wronged 平儿何其冤枉	43a,44a,44b	闲取乐偶攒金庆寿 **变生不测凤姐泼醋** **喜出望外平儿理妆**	43b	不了情暂撮土为香
Chapter 26 Reconciliation 和解	42a,45a,45b	**蘅芜君兰言解疑癖** **金兰契互剖金兰语** **风雨夕闷制风雨词**		凤姐任监社御史；李纨为平儿抱屈；赖向荣做官，赖嬷嬷请贾家赴宴并为周瑞儿子说情
Chapter 27 No Fool Like an Old Fool 老糊涂	46a,46b	**尴尬人难免尴尬事** **鸳鸯女誓绝鸳鸯偶** 贾赦买嫣红、打贾琏、夺古扇、平儿为贾琏向宝钗寻药	47a,47b,48a	宝玉偷听鸳鸯、平儿、袭人谈话；凤姐陪贾母打牌；呆霸王调情遭苦打 冷郎君惧祸走他乡 滥情人情误思游艺
Chapter 28 Revelry in Snow 雪中狂欢	48b,49a,49b,50a	薛蟠被打离家经商 慕雅女雅集苦吟诗 **琉璃世界白雪红梅** **脂粉香娃割腥啖膻** 芦雪亭争联即景诗	50b	香菱作咏月诗；宝玉向妙玉讨红梅；贾母、薛姨妈闲聊宝琴婚事 暖香坞雅制春灯谜
Chapter 29 Sunburst Re-weaving the Peacock coat 晴雯补裘	51b,52a,52b	胡庸医乱用虎狼药 **俏平儿情掩虾须镯** **勇晴雯病补雀金裘** 晴雯渐愈；袭人回府	51a	薛小妹新编怀古诗 凤姐提议设小厨房；潇湘馆内聊水仙、作诗；晴雯、麝月与坠儿母亲谈话
Chapter 30 The First Onset 初次急痛迷心	57a	概述贾府过年，凤姐操劳流产，李纨、探春代管家务，诗社暂停 **慧紫鹃情辞试莽玉**	53a,53b,54a,54b,55a,55b,56a,56b,57b	宁国府除夕祭宗祠 荣国府元宵开夜宴 史太君破陈腐旧套 王熙凤效戏彩斑衣 辱亲女愚妾争闲气 欺幼主刁奴蓄险心 敏探春兴利除宿弊 贤宝钗小惠全大体 慈姨妈爱语慰痴颦 赵姨娘向雪雁借衣

续表

林稿章目	保留回目	保留内容	大幅删减回目	大幅删减内容
Chapter 31 A Funeral is an Opportunity 葬礼是良机	63b,64b, 65a,65b, 66a	死金丹独艳理亲丧 **浪荡子情遗九龙佩** **贾二舍偷娶尤二姐** **尤三姐思嫁柳二郎** 尤三姐自杀	58a,58b, 59a,59b, 60a,60b, 61a,61b, 62a,62b, 63a,64a, 66b	杏子阴假凤泣虚凰 茜纱窗真情揆痴理 柳叶渚边嗔莺叱燕 绛芸轩里召将飞符 茉莉粉替去蔷薇硝 玫瑰露引出茯苓霜 投鼠忌器宝玉瞒赃 判冤决狱平儿行权 憨湘云醉眠芍药裀 呆香菱情解石榴裙 寿怡红群芳开夜宴 幽淑女悲题五美吟 情小妹耻情归地府 冷二郎心冷入空门
Chapter 32 Phoenix Would be Model Wife 凤姐能当模范妻子	67b,68a	闻秘事凤姐讯家童 苦尤娘赚入大观园	67a	见土仪颦卿思故里
Chapter 33 And Would Commit Murder 也能策划谋杀	68b,69a, 69b	酸凤姐大闹宁国府 弄小巧用借剑杀人 觉大限吞生金自逝		
Chapter 34 The Short Arc Descends 衰落征兆	71a,72a, 71b	贾政将归，宝玉应付学业； 嫌隙人有心生嫌隙 **王熙凤恃强羞说病** 众人闲聊凤姐难处	70a,70b, 72b	林黛玉重建桃花社 史湘云偶填柳絮词 来旺妇倚势霸成亲
Chapter 35 Poyu Tried to Study 宝玉要读书	71b,72a, 73a,74a	晴雯谎称宝玉受惊，牵出园内赌博； **鸳鸯女无意遇鸳鸯** 司棋向鸳鸯求饶； **痴丫头误拾绣春囊** 王夫人责问凤姐绣春囊	73b	懦小姐不问累金凤
Chapter 36 The Raid of the Garden 抄检大观园	74a,74b	**惑奸谗抄检大观园** **避嫌隙杜绝宁国府**		柳家的妹妹为头赌博被惩，托宝玉求情；邢夫人责怪贾琏不为其挪借银子

续表

林稿章目	保留回目	保留内容	大幅删减回目	大幅删减内容
Chapter 37 Sunburst's Dismissal and Death 晴雯被逐和死亡	**77a**	俏丫鬟抱屈夭风流	77b	王夫人为人捉襟见肘；贾政带宝玉赏桂花、作诗；美优伶斩情归水月
Chapter 38 Pocia Left the Garden 宝钗搬离大观园	78b, 75a, 75b, 76a, 76b	痴公子杜撰芙蓉诔 概述宝玉卧病，病中听闻宝钗搬走、迎春出嫁、薛蟠家庭矛盾； 开夜宴异兆发悲音 赏中秋新词得佳谶 凸碧堂品笛感凄清 凹晶馆联诗悲寂寞 宝钗搬走	78a,79a,79b,80a,80b	老学士闲征姽婳词 薛文起悔娶河东吼 贾迎春误嫁中山狼 美香菱屈受贪夫棒 王道士胡诌妒妇方 宁国府聚赌；中秋击鼓传花、说笑话；王夫人报告贾母撵晴雯；小丫头杜撰芙蓉花神；宝玉作《芙蓉女儿诔》，与黛玉修改
Chapter 39 The High-Strung String Snaps 强弦崩断	**87a,87b**	评述宝玉、黛玉斯抬斯敬； 感秋深抚琴悲往事 坐禅寂走火入邪魔		宝钗致信黛玉；学堂放假；惜春叹妙玉尘缘未断
Chapter 40 The Horse was Broken 野马上了笼头	**81b,82a, 89a**	奉严词两番入家塾 老学究讲义警顽心 人亡物在公子填词	81a	宝玉悲叹迎春婚姻不幸；占旺相四美钓游鱼 马道婆被送监； 贾政夫妇谈论迎春与宝玉
Chapter 41 Blood! Blood! 血！血！	**82b,83a**	病潇湘痴魂惊恶梦 黛玉病重； 周瑞与凤姐谈坊间传言	83b	闹闱阃薛宝钗吞声
Chapter 42 Something in the Wind 山雨欲来风满楼	83a,**84a, 85a,85b**	省宫闱贾元妃染恙 试文字宝玉始提亲 贾存周报升郎中任 黛玉生辰宴； 薛文起复惹放流刑	84b	探惊风贾环重结怨
Chapter 43 So Unnecessary 毫无必要	86a,**86b, 89b**	受私贿老官翻案牍 贾母81岁生日写经 寄闲情淑女解琴书 蛇影杯弓颦卿绝粒	88a,88b	薛蝌致信薛姨妈详述薛蟠案； 知县审薛蟠案；贾母梦元春；为元春算命；宝玉向袭人询问蒋玉菡汗巾； 博庭欢宝玉赞孤儿 正家法贾珍鞭悍仆

续表

林稿章目	保留回目	保留内容	大幅删减回目	大幅删减内容
Chapter 44 Respite 喘息	90a, 91b	黛玉起死回生；贾母选宝钗； 失棉衣贫女耐嗷嘈 概述金桂对薛蝌不怀好意；薛蟠案重审；宝钗生病；王夫人与贾政议娶宝钗日期； 布疑阵宝玉妄谈禅 宝玉与袭人谈与黛玉疏远	90b,91a, 92a,92b, 93a,93b	送果品小郎惊叵测 纵淫心宝蟾工设计 评女传巧姐慕贤良 玩母珠贾政参聚散 甄家仆投靠贾家门 水月庵掀翻风月案
Chapter 45 Harbingers of Evil 恶兆	94a,94b, 95a	宴海棠贾母赏花妖 失通灵宝玉知奇祸 茗烟当铺寻玉；妙玉扶乩寻玉		处置水月庵尼姑；宝玉、贾环、贾兰作海棠诗
Chapter 46 Body without Soul 魂不附体	95a,95b, 96a	因讹成实元妃薨逝 王子腾升任内阁大学士；王仁来京 以假混真宝玉疯癫 有人拿假玉领赏，被识破		
Chapter 47 The Deception 骗局	96a	王子腾去世；贾政放外任之前，贾母与其商量宝玉婚事； 瞒消息凤姐设奇谋		
Chapter 48 Betrayal 背叛	96b,97a	泄机关颦儿迷本性 林黛玉焚稿断痴情		
Chapter 49 Mock Wedding 虚伪的婚礼	97b	黛玉临终 薛宝钗出闺成大礼		
Chapter 50 "Poyu, how would you…" "宝玉，你好……"	98a,98b	苦绛珠魂归离恨天 病神瑛泪洒相思地		
Chapter 51 Foreshadows 预兆	99a,99b	守官箴恶奴同破例 阅邸报老舅自担惊 薛姨妈与宝钗谈论薛蟠死刑和薛家财政恶化		凤姐谈笑新婚夫妇宝玉、宝钗；李十儿与詹会密聊、与贾政谈薛蟠案

续表

林稿章目	保留回目	保留内容	大幅删减回目	大幅删减内容
Chapter 52 The Deep, Fathomless Night of Remorse 长恨之夜	99a, 100b, **104b,** **113b**	大观园内众人渐散；雪雁、鹦哥、王妈着落；探春与宝玉谈黛玉临终音乐；宝玉恳请袭人唤紫鹃来； **痴公子余痛触前情** **释旧憾情婢感痴郎**		
Chapter 53 The Haunted Garden 幽魂出没大观园	**100b,** **102a,** **102b**	悲远嫁宝玉感离情 宁国府骨肉病灾祲 大观园符水驱妖孽	100a, 101a, 101b	破好事香菱结深恨 大观园月夜警幽魂 散花寺神签占异兆
Chapter 54 The Crash 崩溃	102b, 104b, **105a,** **105b**	贾琏闻贾政被参；贾政回京； **锦衣军查抄宁国府** **骢马使弹劾平安州**	103a, 103b, 104a	施毒计金桂自焚身 昧真禅雨村空遇旧 醉金刚小鳅生大浪
Chapter 55 Fizzle 败落	**106a,** **106b,** **107a,** **107b,** **108a,** **108b**	王熙凤致祸抱羞惭 贾太君祷天消祸患 散余资贾母明大义 复世职贾政沐天恩 强欢笑蘅芜庆生辰 死缠绵潇湘闻鬼哭		贾政询问鲍二情况；包勇喝酒闹事，被罚看守大观园；鸳鸯行酒令细节
Chapter 56 The Night with Rosemary 与五儿共度之夜	109a	候芳魂五儿承错爱		
Chapter 57 The Big Tree Falls 大树倒下	109b, 110a, 110b	还孽债迎女返真元 史太君寿终归地府 王凤姐力诎失人心		贾兰在葬礼期间不忘读书；李纨与下人聊宝玉、贾环的葬礼表现
Chapter 58 Perilous Saintliness 危险的圣洁	**111a,** **111b,** **112a,** 115a, 112b	鸳鸯女殉主登太虚 狗彘奴欺天招伙盗 活冤孽妙尼遭大劫 惜春与姑子谈妙玉 死仇雠赵妾赴冥曹		鸳鸯自杀前见到秦可卿；何三与赌徒商议抢劫贾家；包勇不为妙玉开门；惜春与凤姐为失窃发愁；贾政责怪贾琏；林之孝汇报何三参与抢劫；赵姨娘在铁槛寺发疯，道出曾收买马道婆害凤姐与宝玉

续表

林稿章目	保留回目	保留内容	大幅删减回目	大幅删减内容
Chapter 59 And Her Toils Shall Cease 她的劳累该终结了	113a, 114a	忏宿冤凤姐托村妪 王熙凤历劫返金陵	114b	赵姨娘死前情形；程日兴与贾政谈家政；甄应嘉蒙恩还玉阙
Chapter 60 "The Twelve Beauties of Jinling"—all Foretold "金陵十二钗"——见证预言	113b, 115b, 116a	宝玉无心读书； 证同类宝玉失相知 得通灵幻境悟仙缘		贾宝玉见甄宝玉，话不投机
Chapter 61 Between the Red Skirts and the Cloth 在霓裳羽衣间	116b, 117a, 118b	送慈柩故乡全孝道 阻超凡佳人双护玉 警谜语妻妾谏痴人		王夫人与贾琏谈惜春出家；贾芸与贾蔷谈宝玉
Chapter 62 Revenge on the Innocent 报复于无辜	117b, 118a, 119a	欣聚党恶子独承家 记微嫌舅兄欺弱女 宝玉与莺儿谈造化		贾蔷、贾环、邢大舅等行酒令，谈贾雨村被参和妙玉被杀传闻；贾政找赖尚荣借银遭拒
Chapter 63 Guarded Optimism 谨慎的乐观	119a, 120a	中乡魁宝玉却尘缘 袭人病、梦宝玉、烦恼自身去留		皇上询问宝玉、贾兰家世；贾赦免罪，贾珍免罪、仍袭世职
Chapter 64 Redemption 救赎	119b, 120a	沐皇恩贾家延世泽 巧姐结局；平儿扶正；贾政雪地遇宝玉；薛蟠获释；香菱扶正；宝钗有孕；袭人嫁蒋玉菡		
Epiloque 尾声	120b,1a	甄士隐详说太虚情 贾雨村归结石头记 书名变迁及首尾两首五言绝句		

第一类，删除连续多回。有三处：①第10、11、12、13、14、15回，涉及金荣、金寡妇、秦可卿、秦钟、贾瑞这些后半部几乎不再出现的人物。②第53、54、55、56回，第53、54回涉及烦冗的节日宴会；第55回涉及林语堂反感的赵姨娘；第56回涉及烦琐家计。③第58、59、60、61、62

回，第58—61回主要涉及小戏子、老妈子等计划删去的人物，第62回则涉及生日宴会和行酒令等重复出现的情节。

第二类，删除整回。第5回初游太虚境；第7回送宫花；第25回魇魔法；第47回薛蟠与柳湘莲；第70回桃花社、柳絮词；第79、80回金桂；第88回贾兰、鲍二、何三；第92回评女传、参聚散；第93回包勇、贾芹；第101回凤姐受惊染病；第103回金桂施毒计。

第三类，删除半回。6b刘姥姥一进荣国府；9b闹学堂；16b秦钟去世；19b香芋故事；20b宝黛吵闹；22b制灯谜；23b黛玉伤感；24a倪二济贾芸；26a蜂腰桥；29a打醮；31b金麒麟；36b贾蔷与龄官；39b茗玉；41b刘姥姥喝醉；42b黛玉谑刘姥姥；43b宝玉祭金钏；48a薛蟠思游艺；50b制灯谜；51a怀古诗；57b薛姨妈慰黛玉；63a生日宴；64a五美吟；66b柳湘莲入空门；67a黛玉思故里；73b累金凤；77b芳官为尼；78a姽婳词；81a钓游鱼；83b金桂吵闹；84b贾环惹怒凤姐；100a金桂诱薛蝌；104a倪二报复。

第四类，删除某回部分内容。这样的删除很多，如第2回贾雨村论正邪二气；第4回断案细节；第8回秦钟入贾府家塾；第19回焙茗与卍儿；第18回省亲诗作等。

删除内容占原著1/3以上，这应是林语堂断定可以着手翻译的关键理由。删除内容的特征，林语堂本人已在译者序言里说明：

> The thefts and gambling in the garden could be represented by one episode, instead of three. One grand funeral is enough instead of two….I have cut out matter largely irrelevant to the central story in Poyu's boyhood. The three persons, Yung's first wife, her brother and Jiarui, who died during Poyu's boyhood, of course never appear again.…What is sacrificed are quite a number of birthday parties, New Year's Eve and mid-autumn celebrations, long detailed wine games and versification contests (of which only one example is given in full, in Chapter 28), one of the two dream visits to the Paradise (Elysium of Eternal Void), the first

one being dropped in favor of the second, and many minor episodes in the garden involving some actresses and minor characters, including the story of Shuaypan's shrewish wife. (pp. xix-xx)

大观园里的偷盗与赌博用一则插话即可代表,无须三则;盛大的葬礼一场足矣,无须两场。……我删去了发生在宝玉少年时代的、与核心故事基本无关的事件;也删去了在宝玉少年时代就已死去、后来自然没有再出现的三个人物:贾蓉的发妻、发妻的弟弟、贾瑞。……频繁的寿宴,除夕和中秋的聚会,烦琐的酒令与诗会(仅在第28章保留了一个完整的例子)被割爱。删去了第一次梦游太虚幻境是为了更好地展现第二次。大观园里发生的与小戏子和次要人物相关的无关紧要的琐事被舍弃;薛蟠的刁蛮妻子的故事也在被删行列。

原著第5回贾宝玉初次梦游太虚幻境,看到了"金陵十二钗"的册子与判词,只是当时并不明白册子里的图画和判词的含义;第116回是二游,宝玉在经历了一系列打击后再看这些册子,终于明白所有事情都是命中注定。而如上所述,林语堂删除了一游,并在第5章的脚注里说明:

The omitted section includes a dream in which Poyu visited the Elysium of Phantom World, where was revealed to him a Book of Destiny, containing prophetic riddles about the individual fates of the girls and women in the story. These riddles are structurally important, bringing in the idea of fate. However, they are obscurely worded like all oracles—profitless for the reader, unless added with copious notes, and become clear only in retrospect after the reader has finished the novel. The second dream and return visit of Poyu to the Elysium toward the end of the story, covering the same material in briefer form, is translated in chapter 60. (p. 72)

省略的部分包含了宝玉梦游太虚幻境。梦中他得以看到命运之书，书中包含的谜语预示了故事中女性的命运。这些谜语很重要，融入了宿命论，但其用词宛如神谕一般隐晦，除非加上大量注释，否则于读者毫无益处。读者唯有读完整部小说再往前追溯方能明了。故事结尾处宝玉再度梦游幻境，以简洁的形式涵括了同样的材料，我在第60章做了翻译。

很多读者在初读《红楼梦》时，第五章是一个坎，因其中的诗词而放弃者不在少数。林语堂不翻译这章，也是有这番考虑。而且加入注释就必然会透露结局，对于想要阅读精彩故事的读者而言，一开始就知道结局，阅读兴致会受影响。苗怀明指出：这种诗词预叙使"读者在阅读时，有一种近乎猜谜的艺术享受，主动性和参与性都大大增强"[①]。不过，这种猜谜是建立在读者有一定的汉字知识与诗词修养的基础之上的，西方普通读者并不具备这一条件。而且就连我国红楼梦研究所校注的通行本，对这些判词也都做了详细注释，各人命运一目了然，并未让读者猜谜。

从这些删除里，也可以窥探林语堂对原著人物的审美倾向。如他应该是反感赵姨娘[②]、金桂之类的妒妇、悍妇，二者在他的译稿里近乎消失。林语堂一生中重要的女性，如母亲、二姐、妻子都是性情和善、吃苦耐劳、自我牺牲的女性，与这些女性的朝夕相处对他的女性审美产生了关键影响。加之后文会谈到他力求向西方读者展现中国女性美好的一面，而赵姨娘、金桂身上很难找到这一因素。他对涉及秦钟、薛蟠、柳湘莲、贾芸、倪二、贾蔷、贾芹等众多男性的故事能删则删，他本人曾说"红楼一书英雌多而英雄少"[③]，因此他的编译使本来就是以女性为主的《红楼梦》的女性化

[①] 苗怀明：《论〈红楼梦〉的叙事时序与预言叙事》，《南京大学学报》（哲学·人文科学·社会科学版）2017年第3期。

[②] 林语堂删除与赵姨娘相关的"辱亲女愚妾争闲气"，可能还与此节不利于探春形象有关。林语堂将自身的很多经历与思想投射到了《京华烟云》里的孔立夫身上。在该书第十九章，木兰等人谈论对《红楼梦》人物的好恶，孔立夫说："黛玉太爱哭，宝钗太能干。也许我最爱探春。她是两者合而为一的。有黛玉的才能，有宝钗的性格。但她那样儿对她母亲，我不赞成。"[见林语堂《林语堂名著全集》第1卷，《京华烟云（上）》，张振玉译，东北师范大学出版社1994年版，第331页]

[③] 林语堂：《林语堂名著全集》第16卷《无所不谈合集》，东北师范大学出版社1994年版，第46页。

色彩更加浓厚。除贾宝玉以外，林稿里出现最多的男性是贾政与贾琏，前者因为是宝玉之父，后者则是与凤姐、平儿、尤氏姐妹关系紧密。

删除是不得已而为之的行为，相较原著，自然会有单薄之处。如迎春虽是金陵十二钗之一，但在原著中的情节并不多，集中体现其个性的是第73回的"懦小姐不问累金凤"，林语堂未译此节，使迎春在译本里的存在感更加微弱。再如史湘云的代表性情节第31回"因麒麟伏白首双星"和第62回"憨湘云醉眠芍药裀"都被删除，使人物形象变得单薄。他详细翻译了尤二姐及刘姥姥三进荣国府的故事，展现了凤姐的好妒、心狠手辣和临终的凄惨；删除了刘姥姥一进荣国府和秦可卿的故事的同时，凤姐接济刘姥姥和操办葬礼的情节也就相应被删，其威风凛凛下人性的闪光点和办事的雷厉风行等性格特征就不突出了，人物的复杂性从而减弱。

日本汉学家井波律子曾指出"中国文学，尤其是古典小说多注重描写人与人复杂的关系性"①。《红楼梦》第60回"茉莉粉替去蔷薇硝 玫瑰露引出茯苓霜"就是作者精心设计的体现下人与下人、下人与主子、主子与主子复杂关系的一章，牵扯人物众多，林语堂删除未译，虽然于主线情节进展无碍，但原著擅长描写错综复杂人物关系的特点就有所减弱了。

第三节　整合

林稿整体遵循原著顺序，但由于《红楼梦》保留了话本小说预留悬念的叙事方式，每回不一定是一个有始有终的故事，而林语堂讲究故事的完整性，力求在一章里体现一个完整的故事，因此译稿各章与原著各回就会出现一章对一回、一章对半回、一章对多回三种不同的对应关系。

一　一章对一回

（括号前为林稿章目，括号内为原著回目）

1（2）：贾家世系

---

① 井波律子：「思想の言葉　中国文学を翻訳するということ」，『思想』(1130)，2018年第6号，第4页。

2（3）：黛玉进贾府

4（8）：宝玉探宝钗，黛玉含酸

9（18）：元妃省亲

18（33）：宝玉挨打

19（34）：宝玉挨打后宝钗、袭人的表现

36（74）：抄检大观园

39（87）：黛玉思乡、弹琴，宝玉、妙玉听琴，妙玉走火入魔

50（98）：黛玉去世

二　一章对半回

序幕（1a）：还泪姻缘

7（19a）：袭人箴宝玉

10（21b）：平儿护贾琏

11（22a）：宝玉悟禅

21（36a）：宝玉挨打后余波

30（57a）：紫鹃试宝玉

37（77a）：晴雯夭逝

47（96a）：调包计

49（97b）：黛玉临终

56（109a）：五儿承错爱

《红楼梦》原著是网状结构，又有草蛇灰线的特点，因此以上两种对应关系在林稿里并不多，不过也反映出林稿的一些整体特征，如重视宝玉的成长历程、侍女故事、宝黛爱情悲剧，重视后40回等。

三　一章对多回

林稿除以上两种对应关系，剩下的3/4是一章对多回。这种对应关系展现了林语堂整合情节的能力。其整合操作可分为两类：一类是按原著顺序整合相邻章；另一类则是不按原著顺序整合非相邻章节。两类整合基本

是按以同一主题为焦点来操作的。

（一）按原著顺序整合相邻章节

这类操作在林稿中是最多的。以第 54 章"The Crash"（崩溃）为例，整合了 102b（贾琏听闻贾政被参）→104b（贾政回京谢罪、设宴）→105（抄家），对应的是抄家的前奏与高潮，而这种操作就会涉及如何衔接 102b 与 104b、105 的问题。下面四段文字分别是听闻、回京、设宴、抄家的起始段落：

> **One day, Lien came in to report to his father**, "I was at my maternal uncle's place this morning and heard a piece of rumor. It says second uncle (Jia Jeng) has been dismissed from office by the governor's recommendation. The charges are negligence in control of personnel, allowing them to extort money from the people." (p. 680)

> **When Jiajeng returned some weeks later**, his first act was to appear at court to thank His Majesty for his kindness.(p. 681)

> **The following morning, he went to say prayers at the ancestral temple.** The friends and relatives wished to give him a dinner and engage theatre shows for his welcome. **He consented to a simple dinner, set two days later**, to which only the closer friends and relations were invited. (p. 681)

> **In the midst of the gaiety of the welcome dinner, the calamity struck.** (pp.681-682)

对于贾琏打听到贾政被参之事，在原著中是贾赦在请了法师作法驱妖孽后，以贾赦为视点顺叙的："一日，贾赦无事"（卷 102，第 8 页），贾琏来请安并报告贾政被参，林稿译文则是以原作者的口吻叙述贾琏某日向贾赦报告。而贾政被参回京的消息在原著第 104 回，是以贾雨村为视点叙述的:"雨村疾忙上轿进内,只看见人说:'今日贾存周江西粮道被参回来,在朝内谢罪。'"(卷104,第5页)这是因为第103回刚讲述了"雨村空遇旧",牵出了第104回"醉金刚小鳅生大浪",故只用一句"且说雨村回到家中"(卷104,第5页)就能以贾雨村为视点顺利过渡场景。但林语堂删除了这两个故事,故以贾政为叙事焦点,直接以原作者的叙述口吻交代数周后,贾政归来入朝谢罪,回府后见众人,并于"次日一早,至宗庙行礼"(卷104,第8页)。原著中贾政回府后问起黛玉,勾起宝玉的伤心事,从而顺势穿插了"痴公子余痛触前情"的故事,进而自然地以宝玉为视点阐述"只闻得外头传进话来说"贾政"后日摆席请人"(卷104,第10—11页),继而发展到第105回贾政设宴中途,锦衣军前来抄家。而林语堂已经把"痴公子余痛触前情"前移到第52章,故此处仍以贾政为叙事焦点,讲述贾政归来次日祭拜宗祠并定于两天后宴请,进而过渡到宴席中途遭遇抄家。

原著的叙事焦点是贾赦→贾雨村→贾政→宝玉→贾政,而林稿的叙事焦点始终是贾政,林语堂保留了原著第三人称全知全能的叙事方式。但原著是网状结构,每一回会同时推进多个故事,叙事焦点也在读者不知不觉中进行转换。而林语堂力求在每一章讲述一个完整的故事,这就使林稿各章呈现线性结构,叙事焦点多集中于一人身上。正因如此,为了让叙事井然有序,他会着重翻译原著中提示事件进程的各类时间表达。

(二)不按原著顺序整合非相邻章节

林语堂在序言中称自己将在原著中隔了一百多页,但属于同一个故事的组成部分组合在一起,这种整合工作难度更大。他举的例子就是第52章"The Deep, Fathomless Night of Remorse"(长恨之夜)。那么笔者就以此章为例具体考察他的整合操作。

他首先选取了第99回中自"却说宝玉虽然病好复原"至"园里尚可住得,等到秋天再搬"一段内容(卷99,第2—3页)翻译,讲述宝玉病好后机灵不再,与宝钗、袭人和睦相处,大观园内日渐荒凉,湘云待嫁、宝琴回薛姨妈处、岫烟跟随邢夫人、李家姊妹搬离,只剩李纨、探春、惜春,贾母计划将此三人搬出园子。原著到这里即话锋一转开始讲述贾政放外任之事。而林语堂在此处插入了第100回探春到宝玉处谈黛玉临终时的音乐以及黛玉的奶妈、丫鬟的去向一段。但在插入时，将谈临终和去向的顺序对调，以承接上文园内姊妹的去向。并特意提到紫鹃的去向："The remained Nightingale, left very much alone, sulking and grieving for her mistress in her room, which now was in a west wing of Madame Wang's court"（pp. 663-664）（剩下孤零零的紫鹃，住在王夫人院子里的西厢房，为主人怀抱不平与悲伤）。继而用一句："One day, Trailspring came away flying mad at Mistress Jow on account of what the latter had said about her coming departure for wedding in the south. She came to see her brother"（p. 664）（一日，探春来了。因赵姨娘对她远嫁南方的事多嘴多舌，她气疯了，过来看看哥哥）。省略了赵姨娘激怒探春的具体细节，自然过渡到宝玉与探春谈黛玉临终时的音乐，探春走后，宝玉叫紫鹃过来，但紫鹃对他爱理不理。原著在这里见缝插针借宝钗之口赞紫鹃忠心，并顺势交代王奶妈、雪雁、鹦哥去向。但林语堂已将这段内容前移，因此就在翻译紫鹃对宝玉"没好话回答"后针对紫鹃加了一句"angry at the man who had betrayed her mistress"（p. 664）（她气这个背叛了主人的男人）。针对宝玉则加了一段：

> Poyu knew that Nightingale hated him, and furthermore, according to her story, Taiyu had hated him at the hour of her death. Her burning his handkerchief could mean nothing else. And she could have left her poetry manuscripts as souvenirs. The feeling of guilt gnawed upon him; he must clear himself before her, and if possible, before Taiyu's soul. (pp. 664-665)

> 宝玉知道紫鹃恨他。而且据紫鹃讲述，黛玉死前也是怨恨他的，焚帕就是最好的证明，否则她会把那些诗稿留作遗物的。负罪感折磨着他，他必须在紫鹃面前，如果可能，在黛玉灵魂前自我澄清。

原著在交代完黛玉奶妈、丫鬟去向后，说到宝玉"本想念黛玉，因此及彼,又想跟黛玉的人已经云散,更加纳闷。闷到无可如何,忽又想起黛玉死得这样清楚,必是离凡返仙去了,反又欢喜"。到此话锋又转回到刚提到的探春远嫁:"忽然听见袭人和宝钗那里讲探春出嫁之事,宝玉听了,啊呀的一声,哭倒在炕上。"(卷100,第9页)如果翻译这一段话,焦点就从紫鹃处转移了。因此林语堂没有翻译此段,而是顺着自己追加的对宝玉负罪心理的描述,用一句"One evening, Poyu was sitting alone, thinking of these things and of the role he had played as a lover"(p. 665)(某日傍晚,宝玉独坐沉思这些事以及他曾经扮演的爱人角色)。过渡到第104回"痴公子余痛触前情","these things"明显是为了跟上文宝玉的负罪心理衔接而用到的词语。林语堂通过追加人物心理描述过渡情节,而原著此处则是贾政被参回京问起黛玉,勾起宝玉的伤心事,是以情节带动情节。在与原著殊途同归后,林语堂详细翻译了此回宝玉与袭人就黛玉之死的谈话,并央求袭人叫紫鹃过来,袭人允诺,麝月前来打趣二人。原著到此就用一句:"那夜宝玉无眠,到了明日,还思这事。只闻得外头传进话来说:'众亲朋因老爷回来,都要送戏接风。'"(卷104,第10页)转到贾政宴请以及紧随其后的抄家。而林语堂在此处则用一句"Either Shieren forgot, or she deliberately did not want to see Nightingale and bring up memory of Taiyu again"(p. 667)(袭人要么忘记了,要么她压根儿就不想见紫鹃以唤起对黛玉的记忆),交代了宝玉央求袭人是未果的。并用一句"One night, Poyu was glum"(p. 667)(一日夜里,宝玉闷闷不乐)过渡到第113回"释旧憾情婢感痴郎",详细翻译了宝玉自己前去找紫鹃,二人隔窗对话,宝玉虽万般柔情、无限委屈,紫鹃也明知娶宝钗非宝玉本意,无奈仍难以释怀,两人正在一样伤心、两处泪流之际,麝月前来,宝玉只能离开。

原著在此描述了宝玉离开后紫鹃惆怅复杂的心境,林语堂做了详细翻译,个别地方还添加了个人发挥。

> 这里紫鹃被宝玉一招,越发心里难受,直直的哭了一夜。思前想后:"宝玉的事,明知他病中不能明白,所以众人弄鬼弄神的办成了。后来宝玉明白了,旧病复发,常时哭想,并非忘情负义之徒,今日这

种柔情，一发叫我难受。只可怜我们林姑娘真真是无福消受他。如此看来，人生缘分，都有一定，在那未到头时，大家都是痴心妄想，及至无可如何，那糊涂的也就不理会了，那情深义深的也不过临风对月，洒泪悲啼。可怜那死的到未必知道，那活的真真是可恼伤心，无休无了。算来竟不如草木石头，无知无觉，也心中干净。"想到此处，倒把一片酸热之心一时冰冷了。才要收拾睡时，只听东院里声喊起来。未知何事，下回分解。（卷113，第11—12页）

Nightingale wept all night after Poyu left. The talk disturbed her. She knew well enough that he was mentally ill when the wedding was arranged behind his back. To hear Poyu's voice and talk was pitiful; it convinced her that he was still thinking of Taiyu. What a pity that her mistress had no luck to enjoy his love! She saw the passion and the disappointment in this love affair more closely than anybody else, and felt it more. She herself cared. What was love, then, with all its passionate longing and heartthrobs, unfelt and unknown by one who was now deaf and dumb, beyond the frontier? The living was left to mourn and blow his sighs into the deep, fathomless night, and the beloved not knowing a thing about it. Pity the one who shall carry this burden all his life, thirst unquenched, remorse burning in his soul for ever and ever! Compared to all this, it were better to enjoy the peace of the insensate trees and rocks. Her heart went cold at this perception. By the time she got her mind cleared up to doze off, the day was already breaking, a steady hum of the routine voices and noises coming from the eastern wing. (p. 670)

作为宝黛爱情悲剧的旁观者与知情者，紫鹃最后遁入空门，是王国维所谓的观他人之苦痛而解脱之人。这一结局，原著在此就已埋下伏笔。林语堂自然知道作者的用心，但这段话在他的译本里不仅起到伏笔作用，同时也起到结收全章的作用。他以第三人称叙述的方式把紫鹃的内心独白从直接引用化为间接转述，以方便自己改动紫鹃的所思所想，如将"那情深义深的也不过临风对月，洒泪悲啼"译为"The living was left to mourn and blow his sighs into the deep, fathomless night"，并将"The deep, Fathomless Night of Remorse"（长恨之夜）作为该章标题，以起到画龙点睛之效果。

原著最后用"只听东院里声喊起来"引出第 114 回"王熙凤历劫返金陵"："却说宝玉宝钗听说凤姐病的危急，赶忙起来，丫头秉烛伺候。"而林稿此章之后的第 53 章"The Haunted Garden"（幽魂出没大观园）主要翻译的是第 100 回"悲远嫁宝玉感离情"和第 102 回"宁国府骨肉病灾禨 大观园符水驱妖孽"。林语堂需要不留悬念地完整结束此章，于是将原著惯用的话本小说情节转换技巧处理为"the day was already breaking, a steady hum of the routine voices and noises coming from the eastern wing"（天已破晓，东厢房一如平常传来嘈杂的声响），暗示生活仍在继续，以与标题"the deep, fathomless night"对照呼应的形式结束此章。

综上可知，原著是情节生情节、宛如浑然天成的网状结构，林语堂却要在牵一发动全身的情节网络中理出一个单线程的故事来，且又要衔接自然，相当于在与原著博弈。在这场博弈中，光有汉英转换的杰出语言能力是不够的。林语堂在这场博弈中所做的取舍增删与整合衔接工作可圈可点。这得益于他身为作家对文学创作规律与技巧的娴熟掌握，也得益于他赴美之前的编辑工作经验。

《红楼梦》原著节奏迟缓，对熟悉了中国长篇白话小说松紧有度、张弛结合的写作节奏的中国读者而言，不啻为一种魅力，但于西方读者而言，未必会习惯。林语堂的整合策略产生的两大结果，一是把网状结构线性化，二是把迟缓的节奏紧促化。从忠实原著的角度而言，是对原著的"扭曲"，但从读者接受角度而言，是无可厚非的。

第四节　概括

林语堂对于自己已大篇幅删除，但又涉及整体情节走向的原著内容，会用精简的语言予以概括，可分为如下三类。

一 概括连续多回

如林稿第 5 章末尾概括了原著第 10—15 回,林语堂认为这些章回的故事发生在宝玉少年时代,与核心故事基本无关。

So passed the years of Poyu's nonage. The memorable events of his school life were the escapades and indiscretions, the brawls in the school rooms, the carousals and drinking parties of Shuaypan, the perverse experience with young acolytes, his affection for his boy relative who died of over-indulgence, and the unctuous fawning and wheedling of the less fortunate members of the clan and his own attendants and employees of the household. (p. 71)

宝玉的少年时代就这么过去了。家塾读书期间难忘的事包括逃课、不检点、闹学堂;还有和薛蟠的狂欢与酒宴;与年轻侍从的反常行为;对一个纵情夭折的男亲戚的深情;那些不走运的同宗成员、他的随从及贾家下人们的谄媚与讨好。

再如第 30 章开头概括了原著第 53、54 回的新年祭祀与宴会。

On the last day of the old year, a grand ceremony for ancestor worship at their family temple was celebrated. Then followed the New Year festivities, with many New Year wine and theatre parties given in rotation by the different families, which continued for seven or eight days. Then the big lantern festival on the fifteenth. Poyu's father was still on duty abroad, but on the eleventh, Duke Jiashey gave a party for the grandmother, followed by a party given by Duke Chen, etc. Then came the great night of the fifteenth, celebrated with wine dinner and theatre shows and parlor games until the early hours of the morning. On the seventeenth, the end was marked by the taking down of the ancestral portraits and the locking up of the family temple. (p. 366)

除夕在宗祠举行了盛大的祭祖仪式；继而是新年的庆祝活动，各家轮流办酒宴、唱戏，持续了七八日；又到元宵佳节。贾政仍放外任，但贾赦于十一日为贾母设了宴，贾珍亦宴请了贾母等。元宵那晚热闹无比，酒宴、看戏、女先儿，通宵达旦。十七日，收了祖宗影像，关了祠门，方告结束。

二　概括单回或半回

如林稿第 31 章末尾概括了原著第 66 回尤三姐和柳湘莲的结局。

Not long later, Liu heard of the goings-on of her family, and demanded the return of the sword which he had given Yu the Third as engagement present, just as she had feared. Yu the Third killed herself with the sword. Her corpse was secretly buried, as the family did not wish to report to the police. (p. 390)

不久，柳听说了尤三姐家的事，决定要回送她的那把作为订婚礼物的剑。尤三姐的担忧终成事实，她用那把剑自刎身亡。为了不惊动官府，她的尸体被秘密掩埋。

再如第 25 章概括了原著第 43 回上半回"闲取乐偶攒金庆寿"。

Phoenix's birthday was full of surprises. As might be supposed, every mistress and employee of the household contributed his or her share to the celebration, especially with the grandmother's initiative. A sum of one hundred fifty taels had been collected and put in the hands of the young duchess. Tired of their own actresses, a troupe of actors, as well as a group of vaudeville entertainers had been engaged from the city. (p. 300)

凤姐生日，意外连连。因有贾母特别提议，可以想象，家里的上下人等都为祝寿贡献了心意。最后凑了150两银子到尤氏手上。他们看厌了自家戏子的表演，从城里请来了一群演员并杂耍艺人。

三　概括某个片段

这在林稿中是最多的。如第17章概括了原著第32回史湘云来访。

On one of those hot days, Riverhaze came to see the grandmother. It was cooler in the garden, and she always came to talk with Poyu and Shieren when she was visiting with the grandmother. Shieren recalled the time when they were children and she was maid to Riverhaze. (p. 205)

酷暑的一天，湘云来看望贾母。大观园里要凉爽些，她常去那里看望宝玉和袭人。袭人回忆孩提时代侍奉湘云的时光。

再如第23回"西厢记妙词通戏语"，茗烟偷买禁书给宝玉解闷，后宝玉与黛玉在桃花树底共读西厢，两人用其中台词打趣等千余字的原文，在林稿第13章中概括为：

His boy servant Peiming smuggled in short stories and romantic novels and plays for his amusement. As this was forbidden reading, certainly not supposed to meet the eyes of unmarried girls, he selected only those written in a better literary style, keeping the cheap and indecent ones hidden away in one of the libraries in front. Those he brought into the garden, which eventually fell into the hands of Taiyu, included two classic plays, whose love poetry bore the unmistakable stamp of genius, whatever the Confucian scholars might say. They fascinated him. He could recite whole passages from them. One, *The Western Chamber*, was a play about a highly-born young lady seeking sex experience with a stranger scholar, and the other, *The Peony Pavilion*, was a play concerning a girl who died of love, was buried, and resuscitated by the power of love. (p. 162)

他的小厮焙茗偷偷买来短篇小说集、爱情小说、戏曲剧本来哄他开心。这都是些禁书，不能入未婚女孩眼的。他单把那文理细密的拣了几套进去；那粗俗过露的，都藏在外面书房里。带进园里的那些最终落入黛玉之手，包括两部经典剧本。无论儒家学者如何批评，两部戏里的诗句无疑是天才的文笔。宝玉为此着迷，能整段背诵。其中一部《西厢记》，讲述一个大家闺秀与萍水相逢的书生寻求异性体验；另一部《牡丹亭》，讲述一个女孩为爱而死，又因爱而生。

译文不仅概括了宝玉与焙茗的互动，最关键的是把黛玉发现宝玉偷看《西厢记》(《会真记》)的一段缩减为一句"带进园里的那些最终落入黛玉之手"。宝黛共读西厢是公认的《红楼梦》中唯美动人的经典情节，林语堂为什么要删除，可能会令很多人不解。大概是因为宝玉用《西厢记》中的台词"多愁多病身""倾国倾城貌"惹怒黛玉，黛玉回敬"银样镴枪头"一段（卷23，第8页），类似第26回"潇湘馆春困发幽情"中黛玉用《西厢记》唱词"每日家情思睡昏昏"发感叹，宝玉用"若共你多情小姐同鸳帐，怎舍得叫你叠被铺床"惹怒黛玉的一段（卷26，第7页）。而对相似情节，林语堂只翻译一个，这是他在林稿序言里声明的做法。但林语堂又增加了对《西厢记》《牡丹亭》的解释，一是为了让西方读者了解两部戏曲的性质，二是为后文铺垫。林语堂把这一段与第26回"潇湘馆春困发幽情"整合为了译稿第13章"The Unanswered Door"（闭门羹）。

第五节　增补

林语堂在译者序言里讲述了自己是如何删节原著的，这让人以为他只做了减法。事实上，他也做了加法，这些增补包括注释与评述。注释将于后文详论(见第七章第二节)。增补主要以评述人物性格、心理、关系和故事进展等形式出现。这属于原著中没有的信息,广义而言,是一种增译行为;但严格来讲,不是翻译,而是创作。

一 人物评论与心理阐释

《红楼梦》原著极少直接评论人物,即便有,也多是只言片语或借他人之口。但在林稿中,林语堂意到笔随,随处可见他对人物的评论。而评论最多的人物是宝玉、袭人与黛玉,宝玉与袭人将在第九章详细论述。原著中黛玉之所以作《葬花吟》,是因为吃了闭门羹后悲伤自怜,林语堂却详细评述了其处境、性格、心理等。

Taiyu had been constantly unwell. She often missed her meals. Her chronic cough was not getting better, but worse. She suffered from a feeling of lassitude and was easily tired. The doctor said it was due to constitutional weakness and blood deficiency. He ordered a complete rest and said she should be careful not to let it develop into consumption. But her mind was active, and of all things she feared to be laughed at by others. She had no need to be. She had every right to be in her grandmother's home. And her family was rick. Who robbed her of her family wealth when her father died, she was too young to know. And she did not care. With Poyu, she could be completely natural, hearty, and sometimes childishly temperamental. With the others, she just did not take the trouble to please those around or above her. She would just be her sensitive, clever and pretty self, far from simple, but without guile of any sort. She did not know, and did not try to learn, how to deal with adults. In her eyes and in her heart there was only Poyu. She was extremely careful that nobody should have a chance to laugh at her. Little things kept her awake at night. Then, too, she was always keyed up in company, with her desire to excel, to be witty, to say the bon mot, and for charming chatter she was without compare. But such excitements were hardly good for her.

She had her private worries, too. she knew she was in love with Poyu, but she had no parents to speak for her and arrange the match. It was impossible to imagine how it could be arranged. On the other hand, Pocia's mother and Poyu's mother were sisters, and she had thus the obvious advantage over her, since all matches were arranged by the parents and elders. Poyu loved her, intensely, she knew, but how much say did he have in the matter? That bright, errant, sentimental little rebel, Poyu——what did all his violent protestations and passionate swearing amount to? Loving quiet and solitude, she thought constantly of these things. Poyu's protests and exhibitions of temper only upset and tormented her. Everybody was kind and the grandmother gave orders that she should be given complete rest and not do any kind of tiring work, but that calm and peace of mind was exactly what she did not have. (pp. 169-170)

  黛玉身体一直不好，常不进食。慢性咳嗽非但没有向好，反而转坏，常觉倦怠疲劳。大夫说这是体虚和血亏所致，须好生休息，以防咳成肺痨。然她内心愁绪万千，深恐被人耻笑。其实全不必如此，她住在外祖母家天经地义。她家境殷实，父亲过世后，由于年幼无知，不知是谁剥夺了林家财产，不过她也不在乎。待宝玉，天然纯情，时而耍些小孩子脾气。待其他上下周遭人等，全然不花心思去取悦讨好。她敏感、聪颖、美丽、纯粹，心无城府，不知也不愿学习如何与成年人相处，心里眼里只有一个宝玉。小心翼翼，不给任何人以机会取笑她，鸡毛蒜皮的小事也能彻夜不眠。在同伴里又总是神经紧张，渴望出类拔萃，言谈诙谐、妙语连珠，此点无人能及，但过度兴奋于其健康不利。

  她还有心事。她爱宝玉，却没有父母能安排终身大事，想嫁给意中人难于登天。而宝钗之母与宝玉之母为亲姊妹，此点明显胜她，因婚姻大事须父母长辈安排。她知道宝玉深爱自己，但在婚姻上，他又能有多大的发言权呢？宝玉这个聪明灵秀、不循规蹈矩又多愁善感的小叛逆者，他激烈的抗议与热情的起誓又意味着什么？她喜欢安静和独处，心内老想着这些。宝玉的抗议与急躁只会令她心烦意乱。人人都友善待她，老太太也下令让她好好休息、不可累着。但冷静平和的心态正是她最缺乏的。

Taiyu had been deeply hurt the previous evening from being denied entrance to Poyu's house. Then she was constantly ill and discouraged, aggravated unnecessarily by her oversensitiveness about her being an orphan and a dependent in this house. On this day of farewell to the gods of flowers, celebrating as it did the passing of spring, she felt doubly sad. All the vague, inarticulate troubles of her young heart, the disease that was eating away at her health, and the vexations of her unfortunate position welled up in her and found no proper outlet. She betook herself to collecting the fallen flowers on the ground for the purpose of burying them, as was her wont. (p. 172)

黛玉因前晚吃了闭门羹而深深受伤。加之身子时常不适、灰心丧气，对自己寄人篱下的孤儿身份过度敏感忧虑。在芒种饯别花神这日，由于感怀春逝，备感悲伤，一股莫可名状的愁绪萦绕在心。疾病正吞噬她的健康，她为自身处境备感忧愁，无可遣怀。跟往常一样，她去收集落花埋葬。

看了林语堂的评述，就知道黛玉葬花和吟唱《葬花吟》并非吃了一次闭门羹后的偶然所为，而是由其处境、性格、身心状况所决定的必然行为。从中既可看出他对林黛玉的理解同情，也可看出他在处理情节时对合理性的重视。林黛玉这种类型的女孩在西方是稀有的，西方读者难以理解她的小性与尖酸，林语堂需要将她的行为合理化。

类似这种人物剖析，在林稿中比比皆是，从而给这部古典小说增添了现代性。

二 人物关系评述

林语堂在原著人物关系评述上,着墨最多的是贾宝玉和林黛玉的关系。下面选取的三段分别是他对二人从两小无猜到长大成人及至幻想破灭的评述。

> Poyu and Taiyu loved each other as children loved, and quarreled as children quarreled. Poyu warm and intense, very intelligent, but given to violent exhibitions of temper; Taiyu clever, pert and frightfully sensitive and jealous. The fonder they were of each other, the more they bickered and the more they bickered, the more occasions for making up—laughing and joking together one day and not speaking to each other the next. (p. 67)

> 宝玉和黛玉如孩童般相爱,也如孩童般争吵。宝玉热情似火、才智非凡,但脾气激烈;黛玉聪颖急性、敏感善妒。他们越是彼此爱慕,就越争吵;越是争吵,又越是想方设法弥补。今天还说说笑笑,明天又互不搭理。

> As Poyu and Taiyu grew up, they were both more self-conscious, more formal. They never quarreled again, were always friendly to each other, but some of that childish heartiness and spontaneity and warmth was gone. They were more reserved, more careful of what they said. (p. 552)

> 宝玉和黛玉逐渐长大,渐有自我意识、有礼有节。他们不再吵闹,彼此友好,然而曾经幼稚的热情、天然率性和温情脉脉也一去不返。他们变得更加矜持,说话时也越发小心翼翼。

> The two of them had fallen into silence again and began once more

the mutual fascinated stare, spellbound in a whole-hearted, blissful, ignorant happiness beyond all the laws of human society. (p. 618)

他们两个又陷入沉默，再度彼此迷恋地凝望对方，沉浸在一种全心全意、旁若无人、超越人世一切世俗成规的幸福里。

原著主要通过人物的行动和对话来体现人物关系，宝玉和黛玉的关系进展也不例外。而林语堂的这种评述再度展现了他对合理性的追求，一方面改变了原著的含蓄，另一方面也有助读者了解人物关系进展。

林语堂"坚持'五四'时期提倡的'人的文学'"[①]，林稿中增补的人物评论与心理阐释、人物关系评述及后文（第九章）将重点论述的人物形象重构等，均体现了他的文学观。

三　情节评述

林稿第 34 章主要翻译原著第 71 回贾母的寿宴，寿宴之后王熙凤病倒，贾家出现财政危机，贾琏请求鸳鸯挪借贾母私财；凤姐催来旺家的赶紧收回利钱以弥补亏空；而夏太监又派人来索要钱财；林之孝告知贾琏与贾家交厚的贾雨村遭贬，并建言缩减佣人等。显然，原著描写的是贾家面临财政内外交困和政治危险的局面，但只是摆出事实，并未加以任何评述。但在林稿第 34 章开头，林语堂却加了一段自己的创作。

Time stole silently on. Oft in the affairs of men, the wheel of fortune grinds on silently, without the people being aware of it, even as distant rumblings are heard from the far horizon while the sun is shining in the sky. (p. 424)

时间静静流淌，在日常琐屑中，命运的转轮默默前行，人却

---

① 李平：《林语堂著译互文关系研究》，浙江大学出版社 2020 年版，第 279 页。

浑然不觉。即便是太阳当空照耀时，能听到遥远地平线上传来轰隆雷声。

林语堂感受到作者的用意，将这番暗示以诗意的比喻道出，并用"The Short Arc Descends"（衰落征兆）作为该章标题画龙点睛。此章是林稿的分水岭，之前写的是兴、盛、乐，此后写的是衰、败、悲。

林稿第60章"'The Twelve Beauties of Jinling'—all Foretold"翻译了原著第116回"得通灵幻境悟仙缘"，宝玉昏死过去后再次梦游太虚幻境，见到了逝去的鸳鸯、晴雯、黛玉、凤姐、秦可卿等，看到了"金陵十二钗"的册子与判词。宝玉苏醒后的反应，原著只是说他"心中早有一个成见在那里了"。但林语堂有一段发挥。

> To know all is to understand all, he thought. The vision he had seen enabled him to understand what they could not see, the destinies ordained in heaven, the lots each one had to live through, the passions and entanglements and ties of affection and bonds of sorrow, the entire necessity of things, the tragic pity of it all. (p. 779)

> 宝玉心想，知道所有后就理解了一切。梦中场景使他知晓了他人所未知的。他明白了一切都是上天注定的命运，各人必经的遭际；明白了感情里所有的激情、纠葛、牵绊、悲伤都事出有因，因必有果；明白了众生皆苦。

宝玉从痛失我爱到斩断情缘、走向救赎，再游太虚幻境是契机。林语堂明白作者设计此节的用心，并将这番用心和盘托出。《红楼梦》的宿命论与"destinies"至此相会。

林语堂增补原著的做法，与其作家身份有密切关系。他有创作的能力与创作的冲动，这使他在翻译时会自觉或不自觉地站出来代作者言。乔志高[①]、姜秋霞等[②]、冯智强[③]、李平[④]等较早关注了林语堂创作中有翻译、翻译中有创作的现象,开始重新认识、定义、评价林语堂的创作与翻译的关系,如王珏提出的译创研究[⑤],冯智强、庞秀成提出的"创译一体"研究[⑥],李平提出的"著译互文关系"研究[⑦]等。

钱锺书在《林纾的翻译》一文中,曾谈到林纾在译文里对原作的增补,有助我们思考。

> 作为翻译,这种增补是不足为训的,但从修辞学或文章作法的观点来说,它常常可以启发心思。……一个能写作或自信能写作的人从事文学翻译,难保不像林纾那样的手痒;他根据自己的写作标准,要充当原作者的"诤友",自以为有点铁成金或以石攻玉的业务和权利,把翻译变成借体寄生的、东鳞西爪的写作。在各国翻译史里,尤其在早期,都找得着可和林纾作伴的人。正确认识翻译的性质,严肃执行翻译的任务,能写作的翻译者就会有克己功夫,抑止不适当的写作冲动,也许还会鄙视林纾的经不起引诱。但是,正像背着家庭负担和社会责任的成年人偶而羡慕小孩子的放肆率真,某些翻译家有时会暗恨不能像林纾那样大胆放手的,我猜想。[⑧]

同时,如冯智强、朱一凡指出的,林语堂又是一个编辑出版家,"以读者接受为旨归的编辑目标使林语堂在其著译的过程中始终有着强烈的读者意识,时刻关注读者的'期待视野',尊重读者的阅读习惯和审美情趣,以

---

① 乔志高:《一言难尽:我的双语生涯》,(台北)联合文学出版社 2000 年版。
② 姜秋霞、金萍、周静:《文学创作与文学翻译的互文关系研究——基于林语堂作品的描述性分析》,《外国文学研究》2009 年第 2 期。
③ 冯智强:《中国智慧的跨文化传播:林语堂英文著译研究》,中国海洋大学出版社 2011 年版。
④ 李平:《译路同行——林语堂的翻译遗产》(*Lin Yutang's Legacy in Translation Studies*),中央编译出版社 2014 年版。
⑤ 王珏:《林语堂英文译创研究》,博士学位论文,华东师范大学,2016 年。
⑥ 冯智强、庞秀成:《宇宙文章中西合璧,英文著译浑然天成——林语堂"创译一体"的文章学解读》,《上海翻译》2019 年第 1 期。
⑦ 李平:《林语堂著译互文关系研究》,浙江大学出版社 2020 年版。
⑧ 钱锺书:《林纾的翻译》,载罗新璋编《翻译论集》,商务印书馆 1984 年版,第 704—705 页。

达到'视域融合'的最终目标"。①

乔治·斯坦纳（George Steiner，1929—2020）将翻译过程分解为四个步骤：信赖（trust）、侵入（aggression）、吸收（incorporation）、补偿（restitution）。②林语堂编译《红楼梦》的行为其实也可以用这四个步骤描述。首先是"初始的信赖，一种信任的投入，以过去的经验为保证"③。即译者在翻译前相信原文是言之有物的。毋庸置疑，林语堂对《红楼梦》言之有物的信赖是建立在其长年阅读该书的经验之上的，从圣约翰大学毕业到清华学校任教后，他通过阅读《红楼梦》学习白话文的精妙；在阅读过程中，又体会到其深厚的文学价值；在多年海外生涯中，阅读了不少世界名著，通过多番比较，更让他坚信了《红楼梦》能入世界文学经典之列。而这种信赖又并非一成不变的，当他计划着手翻译《红楼梦》时，因为心目中的预期读者是西方读者，他势必会以西方文学的普遍特征和西方读者的阅读期待来衡量《红楼梦》，就会发现原著冗长的叙事节奏、饶舌的对话、烦琐的日常生活与诗歌酒令等将会给西方读者阅读此书带来障碍。因此他必须对原著做一番取舍，这其实就是第二个步骤——侵入。套用斯坦纳的比喻，就是对《红楼梦》这座露天的矿进行开采④，取其所需，剩下的、未被开采的即他认为不宜翻译的内容。侵入的内容需要有一个安置的空间，这就进入了第三个步骤——吸收。他需要用英文来吸收、表达侵入的内容，这也即本土化的过程。在吸收之后，为了使两种语言和文化达到平衡，他又必须做补偿工作，也即整合、概括、评述等。以期产生一个既能展现原著精华又能符合西方读者审美标准的译本。

全译和编译分别像慢车与快车，林语堂的编译相当于给一辆满载货物的慢车减了负、提了速并做了些许现代化、合理化、常识化的改装。其中的

---

① 冯智强、朱一凡：《编辑出版家林语堂的编译行为研究》，《中国翻译》2011 年第 5 期。
② [英]乔治·斯坦纳：《阐释的步骤》，载谢天振主编《当代国外翻译理论导读》，南开大学出版社 2018 年版，第 88—95 页。
③ [英]乔治·斯坦纳：《阐释的步骤》，载谢天振主编《当代国外翻译理论导读》，南开大学出版社 2018 年版，第 89 页。
④ [英]乔治·斯坦纳：《阐释的步骤》，载谢天振主编《当代国外翻译理论导读》，南开大学出版社 2018 年版，第 91 页。

得失评判，角度不同，结论也许会截然相反。比起功过得失，也许我们更需要探索的是在《红楼梦》的文学表达以及《红楼梦》所承载的东方文化、思维与现代西方读者的审美取向和阅读习惯及背后承载的西方文化、思维的冲突中，林语堂是如何发挥其主观能动性去选择、调控、创造的，以及选择、调控、创造背后所体现的译者的翻译追求。

第四章　译稿修改

笔者统计了林稿中的主要修改 761 处（见整理篇之"修改笔记整理表"）。本章从词汇、句子、语篇三个层面出发，选取代表性的例子，来考察这些修改笔记。

第一节　词汇层面

一　增词

林语堂在修改时，有百余处地方增加了译词。其中大部分是不增加也不会影响理解的。如下所示。

（1）宝玉见问，便答道："都似不妥。"（卷17，第5页）

初译："They are not good," replied Poyu.

改译："They are not good," replied Poyu **bluntly**. (p. 83)

（2）晴雯道："我是在这里睡的……"（卷51，第6页）

初译："I will sleep inside where I am," said Sunburst.

改译："I will sleep inside where I am," said Sunburst **lackadaisically**. (p. 356)

例（1）是贾政问宝玉清客们的题词如何，宝玉直言都不妥，修改后的译文增加了"bluntly"（直率地）一词。例（2）是袭人因母亲病重告假回家后，晴雯、麝月负责照顾宝玉。宝玉劝晴雯去外边睡，晴雯答道要睡在里边。修改后的译文增加了"lackadaisically"（慵懒地）一词。这种为报道动词添加副词的做法在林稿中较多，以明示说话人的情态，增加译文的临场感与画面感。

（3）只听得远远一阵音乐之声，（卷98，第6页）

初译：Soon the faint sound of orchestral music was heard in the air.

改译：Soon the faint sound of **an unearthly** orchestral music was heard in the air. (p. 642)

（4）只见尤二姐从房后走来，（卷113，第2页）

初译：she saw Yu the Second came in from the back door and speak to her.

改译：she saw **the ghost of her victim** Yu the Second came in from the back door and speak to her. (p. 756)

例（3）在翻译原著第98回黛玉临终之时，李纨、探春听到一阵音乐声。修改后的译文增加了"unearthly"（神秘的、异常的）来修饰音乐声，提示读者黛玉并非凡人，而是仙女下凡，她的去世其实是回到仙界。同时还照应了第100回探春跟宝玉谈及这阵乐声时所说的"不似人家鼓乐之音"（卷100，第8页），(The faint music we heard was unlike what we hear usually)（p. 664）。例（4）是凤姐于弥留之际见到尤二姐，修改后的译文提示读者凤姐见到的是被她害死的尤二姐的鬼魂。

（5）贾蔷已起身往姑苏去了。（卷16，第11页）

初译：while Chiang, was appointed to go south to Soochow.

改译：while Chiang, **a cousin of Yung,** was appointed to go south to Soochow. (p. 78)

（6）一面派了袭人带了小丫头们同着素云等给他爷儿两个收拾妥当，（卷119，第1页）

初译：Pocia approached Shieren and **Suyun** to pack up their small luggage,

改译：Pocia approached Shieren and **Pristine**, **Satin's maid** to pack up their small luggage, (p. 806)

林语堂为避免读者混淆《红楼梦》中众多的人物，对不经常出现的人物，翻译时非常用心。例（5）中的贾蔷此处是在译稿中第一次出现，修改时添加说明，指出他是贾蓉的堂兄弟。例（6）的素云是李纨的丫头，初稿是音译这个名字的，后来改成了意译。因为素云出场少，为了让读者能迅速对号入座，修改后的译文增加了"Satin's maid"（李纨的丫头）来说明其身份。类似这样的增补，在林稿中不少。

（7）也敢在老先生前卖弄！（卷17，第7页）

初译：You dare to parade a few trite verses before the old scholars!

改译：**How** you dare to parade a few trite verses before the old scholars! (p. 85)

（8）宝玉无情，见他林妹妹的灵柩回去，并不伤心落泪，（卷116，第11页）

初译：She saw that Poyu had not shed tears when the coffin was taken away.

改译：She remembered that Poyu had not even shed tears when **his love's** coffin was taken away. (p. 781)

林语堂在修改时，格外注意译文的语气强度。例（7）是贾政责怪宝玉在清客面前卖弄才学，修改后添加了"How"，变成感叹句，语气较修改前更严厉。例（8）是紫鹃送林黛玉的灵柩回来后，内心责怪宝玉无情，由于前文已有提示,"coffin"前不用加主人也可,但林语堂仍然加了"his love",变成宝玉眼看心爱之人的灵柩被运走却无动于衷,如此一来,宝玉看破世情后的心灰意冷体现得更极致。

(9)只剩得他们婆媳两个(卷106,第5页)

初译:Poor Madame Yu and her daughter-in-law, Yung's wife,

改译:Poor Madame Yu and her daughter-in-law, Yung's **second** wife, (p. 698)

(10)见宝玉人事不省(卷115,第9页)

初译:He could not see, could not talk to—all appearances dead.

改译:He could not see, **could not hear,** could not talk to—all appearances dead. (p. 767)

林语堂思维缜密,对译文力求滴水不漏。例(9)修改后的译文交代此时尤氏的媳妇是贾蓉的第二任妻子,明显是考虑到他的发妻秦可卿已经去世。例(10)修改后的译文对"人事不省"的阐释在看不见、说不了的基础上增加了听不见。林语堂之考虑周全可见一斑。

二 删词

林稿里约有70余处删词修改。除个别笔误之外,删词处多是为了精简译文。举例如下。

(1)三四岁时,已得贾妃口传授教了几本书,(卷18,第3页)

初译:She had taught him when the latter was only three of four **years old**,

改译:She had taught him when the latter was only three of four, (p. 132)

（2）秋纹兜脸啐了一口（卷24，第12页）

初译：Autumnripple spat **on her face**.

改译：Autumnripple spat. (p. 159)

（3）原文：凤姐儿听到这里，点了点头儿，（卷67，第14页）

初译：Phoenix nodded **her head** in thought,

改译：Phoenix nodded in thought, (p. 395)

（4）别放屁！（卷73，第3页）

初译：Shut up **your trap**!

改译：Shut up! (p. 443)

例（1）的岁数表达省略"years old"也不影响理解；例（2）的"spat"一般是对脸，不必提"on her face"；例（3）的"nodded"自然是点头，不必再提"her head"；例（4）的"shut up"后不必再跟其他内容。这四个例子修改前的译文明显受中文原文影响，而修改后的译文更注重英文的自然表达，尽量删除冗余的信息。

（5）定睛看时，只见贾母搭着凤姐的手，（卷35，第1页）

初译：She wondered why Phoenix had not come, and then **she** saw the grandmother coming, leaning on Phoenix's arm,

改译：She wondered why Phoenix had not come, and then saw the grandmother coming, leaning on Phoenix's arm, (p. 250)

（6）宝玉忙笑道："谁赌气了！我因为听你说的有理。……"（卷57，第3页）

初译："I wasn't angry with anybody," replied Poyu gently. "**I was only feeling** depressed from what you said a moment ago…"

改译："I wasn't angry with anybody," replied Poyu gently. "Only depressed from what you said a moment ago…" (p. 368)

（7）黄的又不起眼，黑的又太暗（卷35，第12页）

初译：Yellow is too quiet. Black **will be**, too somber.

改译：Yellow is too quiet, black, too somber. (p. 258)

（8）晴雯见他呆呆的，一头热汗，满脸紫胀，（卷57，第4页）

初译：Sunburst saw **that** sweat **was** pouring over his forehead **and** his face **was** flushed and swollen.

改译：Sunburst saw sweat pouring over his forehead, his face flushed and swollen. (p. 369)

如例（5）和例（6）所示，林语堂在修改时，比较注意作为主语的人称代词的出现频率。前后两个句子如果能共有一个主语的话，他在修改时一般会保留第一次出现的主语，而删除随后出现的重复的主语。同时，如例（7）和例（8）所示，对于"be"动词，如果前后句能共用的话，在修改时，也同样是保前删后，力求简洁。

（9）见是赵姨娘房内的丫头名唤小鹊的，（卷73，第1页）

初译：It was **found that the** maid **was** working for Mistress Jow.

改译：It was **a** maid working for Mistress Jow. (p. 441)

（10）看见王夫人带着病也在那里，（卷96，第2—3页）

初译：**He noticed that** his wife was there, in spite of her illness.

改译：His wife was there, in spite of her illness. (p. 606)

《红楼梦》中保留了不少话本小说的用词特征，如例（9）和例（10）中的"见是""看见"等动词。林语堂的初稿受原文影响，保留了这些表达，但修改时，删除了这些可有可无的表达。

（11）紫鹃等看去，只有一息奄奄，明知劝不过来，（卷97，第7页）

初译：Nightingale saw that it wouldn't be long now, and **realized that** it was futile to keep up the farce.

改译：Nightingale saw that it wouldn't be long now, and it was futile to keep up the farce. (p. 626)

（12）贾琏始则惧罪，后蒙释放已是大幸。及想起历年积聚的东西并凤姐的体己不下七八万金，一朝而尽，怎得不痛。（卷106，第2页）

初译：He was lucky to be set free, but could not help **thinking and** regretting that the private savings between him and Phoenix, amounting to seventy or eighty thousand taels, were now gone in a flash.

改译：He was lucky to be set free, but could not help regretting that the private savings between him and Phoenix, amounting to seventy or eighty thousand taels, were now gone in a flash. (p. 694)

林语堂在修改时对动词的使用也是尽量避免烦冗，如例（11）的"realized"和例（12）的"thinking"明显也是照原文翻译的，但"saw"和"regret"足以表达原文含义，故都删掉了没必要的动词。

三　换词

严复曾经感叹"一名之立，旬月踟蹰"[①]，说的就是在无边无际的词海里，要寻找出那个最妥帖的译词之艰难。而林稿里最多的修改就是更换译词，约400余处。

（1）此事说来好笑（卷1，第5页）

初译：It is really a **funny** story.

[①] 严复：《〈天演论〉译例言》，载罗新璋编《翻译论集》，商务印书馆1984年版，第137页。

改译：It is really a **sweet and sad** story. (p. 3)

（2）吩咐厨房里立刻拿几只鸡，（卷35，第4页）

初译：She took these over and instructed the **kitchen** to kill a few chickens,

改译：She took these over and instructed the **cook** to kill a few chickens, (p. 252)

对于直译原文有可能误导读者之处，林语堂进行了校对修改。例（1）是原著第一回甄士隐梦见一僧一道讲述绛珠仙草与神瑛侍者的还泪姻缘，看破红尘的僧人评价这个故事"好笑"无可厚非，林语堂最初直译为"funny"（有趣），但这个词用来评价随后的宝黛悲恋不妥，故而修改为"sweet and sad"（甜蜜而悲伤）。例（2）是凤姐听说宝玉想吃莲叶羹，通知厨房杀鸡，林语堂最初将"吩咐厨房"直译为"instructed the kitchen"，这在英语语义上是不通的，故修改为"instructed the cook"（吩咐厨师）。

（3）唇不点而红（卷8，第2页）

初译：unpainted **red** lips

改译：unpainted **rosy** lips（p. 53）

（4）自悔莽撞剪了香袋，低着头一言不发。（卷17，第3页）

初译：She regretted her rashness and **bent her head** in silence.

改译：She regretted her rashness and **looked down** in silence. (p. 70)

（5）袭人也不敢分辨，只得低头不语。（卷108，第11页）

初译：Shieren **hung her head** in silence, without trying to defend herself.

改译：Shieren **looked down** in silence, without trying to defend herself. (p. 717)

对于直译原文不符合英语表达习惯之处,林语堂也进行了修改。例(3)是宝玉眼中的宝钗"唇不点而红","红唇"是中文惯用的表达,但英文更倾向于说"rosy lips"(玫瑰花般的嘴唇)。例(4)和例(5)分别是描写黛玉和袭人"低头不语",初稿译文的"bent her head""hung her head"均是直译,修改时均根据英语表达惯例改为了"looked down"(往下看)。

(6)有一人起身大笑(卷2,第4页)

初译:He jumped up from his seat and crowed **with a big laugh**,

改译:He jumped up from his seat and crowed **exuberantly,** (p. 7)

(7)方转过来,尚望着门洒了几点泪。(卷27,第1页)

初译:Taiyu turned away, casting a **tearful** look back at the door.

改译:Taiyu turned away, casting a **hateful** look back at the door. (p. 167)

(8)只管对着脸傻笑起来。(卷96,第11页)

初译:The two stared at each other silently **in a happy smile** like two silly young lovers.

改译:The two stared at each other silently **and beatifically**, like two possessed of the devil. (p. 618)

(9)便不禁的说道:"妹妹在这里,叫我好想!"(卷116,第6页)

初译:"Meimei, you are here! I have been driven crazy thinking of you," he said **spontaneously**.

改译:"Meimei, you are here! I have been driven crazy thinking of you," he said **passionately**. (p. 776)

(10)巧姐哭的死去活来,(卷114,第3页)

初译:Fortuna, left an orphan, was crying **her heart out**.

改译：Fortuna, left an orphan, was crying **pitifully**. (p. 765)

《红楼梦》中笑与哭的场面很多，林语堂在修改时，比较注重如何更形象贴切地传递人物情绪。例（6）是冷子兴在山村酒店偶遇贾雨村，是一种他乡遇故知的激动，比起初译的"a big laugh"，改译的"exuberantly"更能传达兴高采烈的情绪。例（7）是黛玉在怡红院吃闭门羹，却依稀听到宝钗的笑声时的哭泣，此时黛玉的情绪应该是愤怒与伤感交织，修改后的译文不见了眼泪，而是"hateful"（憎恨），相较"tearful"（伤心），情绪更为激烈。例（8）是黛玉得知宝玉要娶宝钗后，前去质问宝玉，二人此时都是神志不清、物我两忘的状态。用"beatifically"（安详）这一文学性较强的词相较单纯的"happy"更能传导"此时无声胜有声"的情形。例（9）是黛玉去世后，宝玉在梦中见到她，改译后的"passionately"（深情热烈）相较初译的"spontaneously"（情不自禁）更能表达宝玉激动的心情，与"crazy thinking"（疯狂思念）在情绪上也更搭配。例（10）是巧姐在其母凤姐去世后的哭泣，"crying her heart out"是"哭得死去活来"的直译，林语堂修改为"crying pitifully"（可怜兮兮），简洁、贴切的词语在情绪渲染上往往胜过烦琐表达。

（11）好孩子，难为你说的齐全，不像他们扭扭捏捏蚊子似的。（卷27，第6页）

初译：Thank you for repeating the message so completely, unlike the others who hem and haw and **mumble** their words like mosquitoes.

改译：Thank you for giving the message so completely, unlike the others who hem and haw and **hum** their words like mosquitoes. (p. 182)

（12）那人只不言语，似喜似悲。（卷120，第2页）

初译：The man was silent, a confused expression of both **delight** and sadness on his face.

改译：The man was silent, a confused expression of both **happiness** and sadness on his face. (p. 822)

　　林语堂在修改时还较为注重译文的音韵效果。例（11）是凤姐表扬小红传话传得利落明白，不像其他人那样扭捏做作。对于"扭扭捏捏蚊子似的"，林语堂最初翻译为"hem and haw and mumble their words like mosquitoes"，修改时，将"mumble"改为"hum"。"hem and haw"（支支吾吾、吞吞吐吐、哼哼唧唧）是英语里的习语，林语堂灵活用到译文中，来表达侍女们传话时的口齿不清，已算是用词巧妙了。然而紧随其后的"mumble"意为"口齿不清、喃喃自语"，与"hem and haw"在意思上有重复，林语堂又将其改为"hum"（嗡嗡声），刚好用来形容蚊子的叫声，与"mosquitoes"紧密关联起来，译文就更加生动形象了。而且"hem""haw""hum"三个词押头韵，音效上也有一种谐趣，符合凤姐说话如连珠炮般的泼辣性格。例（12）是出家为僧的宝玉雪地拜别贾政时的表情"似喜似悲"，将初译的"delight"改为"happiness"，以与"sadness"押韵，增强了表达的文学性。

第二节　句子层面

一　增句

　　林稿里有近 50 处修改是增句。这些增加的内容基本没有对应的原文，主要涉及对人物背景、人物言行背后的含义、人物心理等的补充说明，也有林语堂个人的评论在内。如下所示。

　　（1）麝月道："我知道么？问你自己便明白了。"（卷21，第3页）
　　初译："How do I know? Why don't you ask yourself ?" replied Moonbalm curtly.
　　改译："How do I know? Why don't you ask yourself ?" replied Moonbalm curtly. **Moonbalm was a good friend of Shieren**. (p. 122)

（2）紫鹃道："他是客，自然先倒了茶来再舀水去。"（卷26，第7页）

初译："But he is a guest. It's only right that I give him tea first."

改译："But he is a guest. It's only right that I give him tea first." **Nightingale, too, had grown up in the Jia mansion. She had always been favorably impressed by Poyu.** (p. 164)

（3）李宫裁笑道："你原来不认的他？他是林之孝的女儿。"（卷27，第7页）

初译：Satin said, "You don't know her, of course. She is the daughter of Mrs. Lin."

改译：Satin said, "You don't know her, of course. She is the daughter of Mrs. Lin." **Mrs. Lin was one of the head women.** (p. 183)

例（1）里宝玉问麝月袭人为何生气，麝月的回答非常冷淡，不太符合侍女对主人的态度，故而增加了一句"麝月是袭人的好友"来解释。例（2）里宝玉来潇湘馆，黛玉让紫鹃为自己舀水洗脸，而紫鹃却说要先给宝玉倒茶。紫鹃为何有这一做法，林语堂修改时增加说明："紫鹃也是在贾府长大的，她对宝玉一直心怀好意。"同时也为后文黛玉去世后，紫鹃对宝玉爱恨交织的表现提前做了铺垫。例（3）里李纨告诉凤姐小红的出身，但林之孝家的在译稿里出场次数少，故修改后的译文增加了"林之孝家的是女管家"这一身份说明。这些说明均有助读者加深对人物的印象。

（4）"我是合家在这里，我若不去，辜负了我们素日的情长；若去，又弃了本家。所以我疑惑，故说出这谎话来问你，谁知你就傻闹起来。"（卷57，第9页）

初译："...But my family is here, I don't want to leave, and at the same time I feel duty-bound to go with her if she wants me. That's my worry."

改译："…But my family is here, I don't want to leave, and at the same time I feel duty-bound to go with her if she wants me. That's my worry." **Nightingale's voice was soft and warm, though she had succeeded in putting it very objectively, as if all her worry was about leaving home.** (p. 377)

（5）宝玉道："如今才明白过来了。这些书都算不得什么。我还要一火焚之，方为干净。"（卷118，第11页）

初译："I have just begun to see your point. I was wrong. I think those books should be confined to the flames."

改译："I have just begun to see your point. I was wrong. I think those books should be confined to the flames." **Poyu's plan was laid, he wanted to win her confidence.** (p. 794)

（6）王夫人点头叹道："若说我无德，不该有这样好媳妇了。"（卷120，第6页）

初译：Madame Wang sighed. "What have I done to deserve such a daughter-in-law?"

改译：Madame Wang sighed. "What have I done to deserve such a daughter-in-law?" **For Pocia, as the widow, was going to bring up a grandson for her.** (p. 826)

例（4）是紫鹃谎称黛玉要回林家来试探宝玉对黛玉是否真心，但这是难以启齿之事，所以后来跟宝玉解释时，表面上她只说是担心自己的去留问题。而林语堂在修改时却点出"尽管紫鹃故作客观地表达对自己要离开贾家的忧虑，但她的语气却柔和而温暖"。表明紫鹃真正担心的不是自己的去留，而是黛玉与宝玉的终身大事。例（5）是宝玉在宝钗面前说要烧掉《参同契》《元命苞》《五灯会元》等与科举考试无关的书籍，原著没有说明宝玉这一异常话语背后的用意，但林语堂修改时就点明"宝玉的计划已开始实施，他想赢得她的信任"。这里的计划自然是指考取功名后出家为僧。例（6）里王夫人之所以如此赞美宝钗，不仅因为宝钗在任何时刻都端庄而不失态，更重要的是她已怀有身孕，在宝玉失踪举家绝望之时，给人带来一丝希望。这三例都是将人物言而未表之义、话中之话明示出来。

（7）紫鹃这才明白过来要那块题诗的旧帕，（卷97，第8页）

初译：Nightingale knew now she wanted the old handkerchief which Poyu had given her on the night of his flogging, on which she had written three poems.

改译：Nightingale knew now she wanted the old handkerchief which Poyu had given her on the night of his flogging, on which she had written three poems. **It was the most personal gift Poyu had given her.** (p. 627)

（8）（无对应原文）

初译：She had kept aloof on this account.

改译：She had kept aloof on this account. **It was the grandmother's wish and no one could interfere. The doting grandmother could think only of Poyu, and of nobody else.** (p. 632)

例（7）是黛玉弥留之际示意雪雁拿有字的绢子，紫鹃终于明白是指当年宝玉送给她，她题了诗的旧帕。修改后的译文进一步指出黛玉之所以要这方旧帕，是因为"这是宝玉送给她的最私密的礼物"。例（8）没有对应的原文，李纨对贾母与凤姐的调包计置之不理，修改后的译文说明了李纨这一举动背后的难言之隐："这是贾母的意思，没人敢反抗，贾母宠溺宝玉，心里没有他人"。

（9）（无对应原文）

初译：As for the bright, errant, sentimental little rebel, Poyu—what did all his violent protestations and passionate swearing amount to?

改译：**Poyu loved her, intensely, she knew, but how much say did he have in the matter?** That bright, errant, sentimental little rebel, Poyu—what did all his violent protestations and passionate swearing amount to? (p. 170)

（10）"你上去，看见姨妈没有？"宝玉道："见过了。"（卷91，第8页）

初译："Did you see Aunt?" she asked. Thinner from her illness, she was now her confident self.

"I did."

改译："Did you see Aunt?" she asked. Thinner from her illness, she was now her confident self, **believing fully that, as Brushmaid had said, the grandmother had selected her to marry Poyu.**

"I did," **answered Poyu.** (p. 573)

例（9）没有相应的原文，是林语堂揣摩黛玉的心理添加的。在修改时，他又做了补充，直接点出了黛玉内心不安的关键是明白宝玉深爱她，却知道宝玉在婚姻上没有发言权。例（10）是黛玉突然病重又突然转好后与宝玉的对话，林语堂的初译指出黛玉现在很自信，这本是原文没有的，在修改时，他又进一步指出黛玉自信的背后是听了侍书的话后以为在宝玉的终身大事上，贾母选择了她。

（11）（无对应原文）

初译：All dying, as far as he could see, with the desire to serve God and the emperor, while amassing a fortune for themselves.

改译：**A bright boy, with an artistic temperament, he saw through the hypocrisy of the adults,** all dying, as far as he could see, with the desire to serve God and the emperor, while amassing a fortune for themselves. (p. 71)

（12）一月之后，方才渐渐的痊愈。（卷79，第6页）

初译：The illness lasted over a month and after he had recovered,

改译：The illness lasted over a month and after he had recovered, **He seemed to have gone to pieces, sick and broken in spirit over his first great sorrow.** (p. 485)

例（11）没有对应的原文，是林语堂对宝玉叛逆个性的评价："宝玉放眼望去，周围都是以效忠上天和皇帝之名，为自己谋财富之人。"在修改时，他又进一步解释宝玉之所以能看到这些是因为"他聪颖而有艺术家气质，能看穿成人世界的虚伪"。例（12）是宝玉在历经抄检大观园，司棋、入画、芳官、四儿、晴雯被逐及至晴雯夭折之后大病了一场，修改后的译文指出这第一次巨大的悲伤打击令宝玉在精神上几近崩溃。这些对主人公贾宝玉的评论有助于读者理解他通往救赎之路的心路历程。

二　删句

林稿里有近50处修改是删句。最有代表性的是删节饶舌的对话和冗余信息。如下所示。

（1）"谁又不疯了，得罪他作什么。便得罪了他，就有本事承认，不犯着带累别人。"（卷20，第2页）

初译："Nobody was out of her mind to make the trouble to offend her. And if some one did, she should be honest enough to admit it, **and not shift the blame on others.**"

改译："Nobody was out of her mind to make the trouble to offend her. And if some one did, she should be honest enough to admit it." (pp. 110-111)

（2）"他是公侯的小姐，我们原是贫民家的丫头。他和我顽，设如我回了口，岂不是他自惹轻贱？你是这个主意不是？你却也是好心，只是那一个不领你的情,一般也恼了。你又拿我作情,倒说我'小性儿、行动爱恼人'。你又怕他得罪了我。我恼他,与你何干?他得罪了我,又与你何干?"(卷22,第5页)

初译:**"She is the scion of a marquis, and I am only a poor maid. But I am sorry she didn't smooth off her temper, and** I am the petty, peevish and sensitive one, and you were worried that she could offend me. If I felt offended, what had it got to do with you?"

改译:"I am the petty, peevish and sensitive one, and you were worried that she could offend me. If I felt offended, what had it got to do with you?" (p. 148)

(3)"这是姐姐要的么?"袭人笑道:"昨夜二爷没吃饭,又翻腾了一夜,想来今儿早起心里必是发空的,所以我告诉小丫头们叫厨房里作了这个来的。"(卷89,第4页)

初译:"Is this what you ordered?"

"I ordered it for second master," replied Shieren. "I thought he needed it. He didn't sleep properly the whole night."

改译:"Is this what you ordered?"

"**Yes,** I thought he needed it. He didn't sleep properly the whole night." (p. 513)

例(1)是宝玉以为有人得罪了李嬷嬷,她把气撒到袭人身上,遭到晴雯反驳。修改后的译文把"不犯着带累别人"删去,因为既然"有本事承认",自然"不犯着带累别人"。例(2)里湘云说出小旦长得像黛玉,宝玉使眼色制止她,黛玉气恼,劈头盖脸地说了宝玉一番。《增评补图石头记》赞这段话"舌有莲花"(卷22,第5页),但如果直译,这段话很饶舌,因此初译就已经做了删节。修改时做了进一步精简:"我'小性儿、行动爱恼人',你又怕他得罪了我。我恼他,与你何干?"例(3)是宝玉看到雀金裘,想起逝去的晴雯,一夜未睡,袭人为他向厨房要了一碗燕窝汤,麝月询问袭人是不是她要的。袭人的答话在初译里就已做了删节，改译时考虑从袭人话语就已经能判断是她要的，故用一个"yes"代替了"I ordered it for second master"。

（4）"我到了你家，干错了什么不是，你这等害我？或是老太太、太太有了话在你心里，使你们做这个圈套要挤我出去？"（卷68，第8页）

初译："What wrong have I done to you that you should plot **with grand taitai and taitai to lay a trap for me and** drive me out？"

改译："What wrong have I done you that you should plot to drive me out?" (pp. 408-409)

（5）"……他若说一定要人，少不得我去劝我二姨娘，叫他出来仍嫁他去；若说要钱，我们这里少不得给他。"（卷68，第12页）

初译："…If he really wants his fiancée back, I will have to go and try to persuade my second aunt to leave your husband and marry him. **If he wants only money, we have simply to satisfy him.**"

改译："…If he really wants his fiancée back, I will have to go and try to persuade my second aunt to leave your husband and marry him." (p. 412)

（6）晚间放学时，宝玉便往代儒托病告假一天。代儒本来上年纪的人，也不过伴着几个孩子解闷儿，时常也八病九痛的，乐得去一个少操一日心。况且明知贾政事忙，贾母溺爱，便点点头儿。宝玉一径回来……（卷89，第2页）

初译：That afternoon, as he left school, he told the teacher that he was unwell and asked for a day's leave. **Jia Taiju was all too glad to comply, being himself advanced in years and suffering from sundry ailments. He would not think of denying leave to the grandmother's darling.** Poyu returned after school…

改译：That afternoon, as he left school, he told the teacher that he was unwell and asked for a day's leave. He returned after school… (p. 511)

例（4）凤姐质问尤氏和贾蓉为何要助贾琏偷娶尤二姐。"老太太、太太有了话在你心里，使你们做这个圈套要挤我出去"这句话纯属凤姐捏造，直译出来在前后逻辑上不通，且没有任何前文显示凤姐与贾母、王夫人有矛盾。例（5）贾蓉知道凤姐最希望的是张华把尤二姐要回去，要钱那句话没有什么意义。例（6）里贾代儒为何会同意宝玉请假，其实是无关痛痒的。修改时都删除了这些冗余的信息，而只保留关键信息。

以上这些删句的处理，林稿序言也有相应的解释。

Many of the rambling dialogues in the beautiful leisurely, mannerly, Peking mandarin language…—natural in Chinese speech, may seem tiresome to western ears. Circumstantial details which are implied and understood in English are not translated. (p. xxi)

那些用优雅从容、彬彬有礼的北京话进行的诸多冗长的对话，……这在中文口语里很自然，但西方人听起来就厌烦了。对那些放在英语中不言自明的细枝末节，我没有翻译。

三　缩句

林稿中有约 20 处缩减译文句子的修改。

（1）那道人道："果是好笑，从来不闻有还泪之说。"（卷1，第5页）

初译：The Taoist said, "That is very funny indeed. This is the first time I ever heard of 'repayment in tears'."

改译：The Taoist said, "How funny! I never heard of a 'repayment in tears'." (pp. 4-5)

例（1）的初译倾向直译，而且受中文表达的影响；改译时抛开了原文，遵照英文表达习惯做了缩减。

（2）"适闻仙师所谈因果，实人世罕闻者，但弟子愚拙，不能洞悉明白。若蒙大开痴顽，备细一闻，弟子洗耳谛听，稍能警省，亦可免沉沦之苦。"（卷1，第5页）

初译："I've just had the rare privilege of hearing you discuss the reincarnation of certain people. I am afraid I am rather stupid and could not follow what it was about. Will you be so kind as to enlighten me? It may save me from damnation."

改译："I've just had the rare privilege of over-hearing you two discussing the reincarnation of certain people. I am afraid I didn't quite follow. Tell me what it was all about. It may help me to see the truth."（p. 5）

例（2）甄士隐跟僧道说的话用词文雅，林语堂的初译接近直译，但改译后的译文去掉了"弟子愚拙""大开痴顽"之类的谦逊表达，用词上也更简短直接。直接点明甄士隐的请求"Tell me what it was all about"（告诉我这是怎么回事）。"免沉沦之苦"是佛家用语，就算直译，读者也未必明白，换成"It may help me to see the truth"（将助我看清真相），意思反倒直白些。

（3）"这话奇了！我又比不得是你这里的家生子儿，我一家都在别处，独我一个人在这里，怎么是个了局？"（卷19，第7—8页）

初译："Now that is a strange question! I am not born here. My family is living elsewhere, while I am left alone in this place. What will come of me? I can't live here forever."

改译："Now that is a strange question! I am not born here. I have my family. I can't live here forever."（p. 101）

例（3）是袭人假意要离开，宝玉挽留后袭人的答话。初译基本是直译原文，改译时把六句译文缩为了四句："这话奇了，我又不是生在这里，我有我的家，不能一直在这儿。"最后一句直接道出结论。

（4）"那时凭我去，我也凭你们爱那里去就去了。"（卷19，第10页）

初译："Then you will let me alone, and I will let you people go wherever you like."

改译："Then each has to go his own way." (p. 105)

例（4）是宝玉跟袭人说的话，中文是很自然的，但翻译为英文就饶舌了，改译时用一句话合并了两句话的意思。

（5）料也不过半日片刻仍复好了，不想宝玉一日夜竟不回转。（卷21，第5页）

初译：She thought that his anger would subside after a few hours, and did not expect that he would remain sulking by himself the whole day and night.

改译：She did not expect his sulks would last a whole day and night. (p. 124)

例（5）是袭人揣测宝玉的情绪，有第二句就足以表达袭人的出乎意料了，因此改译删掉了第一句。

（6）"不知你能干不能干？说的齐全不齐全？"（卷27，第4页）

初译："I don't know whether you can deliver a message correctly?"

改译："Can you deliver a message correctly?" (p. 179)

例（6）是凤姐想要让小红帮忙传个话给平儿，初译是模仿凤姐的语气，但看起来不像是一个使令，因此改译缩减为常见的英文情态动词"can"

表请求的句式。

（7）"你们忒不懂事了！"（卷95，第8页）

初译："You people are really stupid."

改译："You fools." (p. 598)

例（7）是众人在贾母面前隐瞒宝玉失玉的事，贾母得知后责骂。初译是直译原文，改译则缩减为常见的英文口语。

在《论翻译》一文中，林语堂提出了字译与句译两个概念，他称"译者对于原文有字字了解而无字字译出之责任"，认为"字译是不对的"，而主张句译法。他将"句译"定义为："译者必将原文全句意义详细准确的体会出来，吸收心中，然后将此全句意义依中文语法译出。"①（此处谈论的是英译汉）

在林稿序言中，他又称：

This is not a literal translation. It cannot be, in a novel translated from the Chinese. …I am trying to be faithful, not literal. …My method is to translate a paragraph, or entire dialogue, first, and find out what is perfectly clear without the Chinese circumlocutions and trim these off, until I am satisfied that it is idiomatic and readable. (pp. xxi- xxii)

这不是直译，在翻译中文小说时直译是行不通的。……我力求忠实，却不是字面忠实。……我的方法是先翻译一个段落或整个对话，再修剪中文里迂回曲折的部分，找到最清晰的表达，直到地道、可读至我满意为止。

---

① 林语堂：《论翻译》，载罗新璋编《翻译论集》，商务印书馆1984年版，第425、422、428页。

从以上七个例子可知《红楼梦》的翻译是林语堂对句译理论的实践。林语堂在翻译之初，对原文也不乏亦步亦趋之处；但在修改时，能够摆脱原文的约束，站在英文思维模式下，抓住原文的核心信息，去掉繁文缛节，将译文修改成简洁地道的英文。

四 换句

林稿约有 40 余处修改是换句，主要在于使文意更直白或增强表达效果等。

（1）原文：这盆里就不少，不用搓了。（卷21，第2页）

初译：There is no need. **There is plenty of fragrance in the water.**

改译：There is no need. **The water is perfumed.** (p. 120)

（2）原文：宝玉听说，忙掩他的嘴，劝道："这是何苦？一个未清，你又这样起来。罢了，再别提这事，弄得去了三个，又饶上一个。"（卷77，第9—10页）

初译：Poyu quickly covered her mouth with his hand. "Enough! **We are making matters worse.** Three of them are gone, **and I don't want to raise another question.**"

改译：Poyu quickly covered her mouth with his hand. "Enough! **I can't stand it.** Three of them are gone, **and you-no!** ..." (p. 475)

（3）原文：你的心灵比我竟强远了。（卷91，第9页）

初译：Your intelligence is higher than mine.

改译：You have a better head. (p. 574)

（4）原文：我这样过日子过他做什么！（卷117，第5页）

初译：What's the use of my living?

改译：What do I live for? (p. 787)

林语堂的英文创作简明易懂，翻译也同样如此。多处换句修改是致力于使文意更直白。例（1）宝玉用湘云用过的洗脸水洗脸，紫鹃给他递香皂，他说不用。初译照原文译为："这水里有足够的芳香"，改译更加直白："这水是香的。"例（2）宝玉将怡红院的海棠突然枯萎与晴雯被逐联系起来，袭人为使宝玉不要胡思乱想，就说海棠枯萎预示着她要死了，对于宝玉答话的翻译，初译已经对原文做了明晰化处理："够了！我们把事情弄得越来越糟。她们三个已经去了，我不想再出现其他问题。"改译显然把宝玉的想法和心情表达得更直截了当："够了！我受不了了。她们三个已经去了，不要再搭上你。"例（3）黛玉与宝玉谈禅，宝玉自愧不如。初译是直译原文，改译把意思讲得更清楚，也更口语化："你的脑子比我好使。" 例（4）王夫人听宝玉说"一子出家，七祖升天"（卷117，第5页）的话后，很是难过，初译为"我活着有什么用？"改译把王夫人老无所依的伤心表达得更直接："我为什么而活。"

（5）原文：只听背后有人说道："二爷仔细烫了手，等我来倒。"（卷24，第11页）

初译：**Some one at his back said,** "Second Master, let me do it. You might burn your hand."

改译：**A sweet girlish voice said from his back,** "Second Master, let me do it. You might burn your hand." (p. 157)

（6）晴雯四五日水米不曾沾牙，如今现在炕上拉了下来，蓬头垢面，两个女人搀架起来去了。（卷77，第6页）

初译：**Sunburst had not eaten for several days.** Ill as she was, she was dragged out of bed, her hair disheveled, she was ignoniously shoved out of the room by two women.

改译：**A heartbreaking scene met his eyes.** Ill with fever as she was, Sunburst was being dragged out of bed, her hair disheveled, and ignominiously shoved out of the room by two women. (p. 469)

（7）原文：口口声声只要找林妹妹去。（卷97，第16页）

初译：**I am going to see Lin meimei, he cried repeatedly.** "I will ask her, talk to her. I must see her!"

改译：**I am going to see Lin meimei, he spouted like a whale.** "I will ask her, tell her all this. I must see her!" (p. 639)

例（5）（6）（7）三个换句都是为了增强文学表达效果和临场感。例（5）是宝玉丫鬟不在身边，他正要自己倒水喝时，小红趁机过来帮忙。初译是直译原文，改译则对说话的声音做了渲染："甜美的女孩声音。"这让未见其人、先闻其声的效果更加明显。例（6）是晴雯被逐前宝玉所见的情形。改译把初译对应原文"晴雯四五日水米不曾沾牙"的那句"Sunburst had not eaten for several days"改为"A heartbreaking scene met his eyes"（一幕令人心碎的情景映入他的眼帘），这与后文的描写形成由总到分的句式，为整个场景描写定下凄惨的调子。例（7）是宝玉发觉娶的新娘是宝钗而不是黛玉时情绪崩溃，初译为了表现宝玉情绪的激烈，把原文的间接引语转化为直接引语，改译时又将直译原文的"he cried repeatedly"（他不停大叫）改为"he spouted like a whale"（他咆哮发作起来）。

五 调整语序

无论是初译还是改译，林语堂都相当注重遵守英文的常规语序，译稿中调整语序的修改有50来处。

（1）贵妃在轿内看了此园内外光景，因点头叹道太奢华过费了。（卷18，第3页）

初译：**She** was quite enchanted with the beauty of the pleasure garden, commented favorably on the different places, but remarked that henceforth they should not be so extravagant.（译文第一、二句无对应原文）

改译：Quite enchanted with the beauty of the pleasure garden, **she** commented favorably on the different places, but remarked that henceforth they should not be so extravagant. (p. 133)

（2）又不敢造次去回贾母，先便差人去请李嬷嬷来。（卷57，第5页）

初译：**They** did not want to frighten the grand taitai without due reason, and sent for his nurse Li Mama.

改译：Not wanting to frighten the grandma'am without due reason, **they** sent for his nurse Li Mama. (p. 370)

例（1）和例（2）的初译都是主语先行，但改译为平衡句子结构，通过前置状语从句的方式，后移主语，让句式更紧凑。

（3）次早，贾琏起来，见过贾赦、贾政，便往宁国府中来，合同老管事人等，并几位世交门下清客相公，审察两府地方，（卷16，第10页）

初译：Poyu's father and uncle, Jiajeng and Jiashey, **took the managers and the staff of the house, together with the scholar "house-guests", and went over the whole area**;

改译：Poyu's father and uncle, Jiajeng and Jiashey, **went over the whole area with the managers and the staff of the house and the scholar "house-guests"**; (p. 77)

（4）心中正自恍惚，只见眼前好像有人走来。（卷98，第3页）

初译：He saw **in a vision** a man approaching.

改译：**In a vision** he saw a man approaching. (p. 648)

（5）身系世袭职员，罔知法纪，私埋人命，本应重治，（卷107，第2页）

初译：Jiachen should be severely punished **according to the law** for secret burial.

改译：Duke Chen should be severely punished for secret burial, **according to the law**. (p. 703)

例（3）的初译基本遵照了原文语序，改译用了一个由"with"引导的介词短语，使主句更加凸显，句子结构更紧凑。而且，如例（4）和例（5）所示，林语堂还格外注意介词短语的位置，在修改译文时，将放在句中的介词短语移到句首或句尾，以符合英语表达惯例。

（6）忽听外面有人说："林姑娘来了。"（卷8，第4页）

初译：**They hear a maid report**, "Miss Lin has come."

改译："Miss Lin has come, " **a maid reported**. (p. 55)

（7）袭人笑道："悄悄的，叫他们听着什么意思？"（卷19，第4页）

初译：**Shieren hushed him.** "Not too loud. It's embarrassing."

改译："Not so loud, " **whispered Shieren**. "It's embarrassing." (p. 100)

（8）宝玉忙笑道："没有的事，我们烧着吃呢。"（卷49，第11页）

初译：**Poyu replied,** "No, we are not eating it raw. We have decided to grill it."

改译："No, we are not eating it raw." **Poyu replied,** "We have decided to grill it." (p. 344)

汉语直接引语的管领词习惯放在句首，英语则习惯放在句中或句尾，例（6）（7）（8）都因此修改。

（9）"你既在这里，越发不用去了。咱们两个说话顽笑岂不好？"

（卷20，第4页）

初译："Since you are going to be here, there's the more reason for me not to go away. How about having a nice chat？"

改译："There's the more reason for me not to go away, now you are here. How about having a nice chat together?" (p. 112)

汉语中，"'先因后果'占优势，英语中因、果安排的可逆性比较突出"，[①]修改后的译文也符合决定英语状语从句位置的"end-focus"（语义中心位于句末）原则[②]。

（10）晚上我亲自过来。（卷32，第8页）

初译：**Tonight I will personally come** to give you something to work on.

改译：**I will come tonight** to give you something to work on. (p. 220)

"英语与汉语在民族思维习惯及语言形态上是有同有异，在基本语序上是大同小异。'同'的是主语、谓语和宾语的位置，'异'的是状语和定语的位置。"[③]"英语习惯上将状语一般都置于句末"[④]，例（10）的中文原文是把时间状语"晚上"放在句首，初译也照此语序，但改译就将"tonight"移到谓语后了。

（11）贾政等知事不好（卷105，第1页）

初译：**Jiajeng knew** some disaster had come to his door.

改译：Some disaster had come to his door, **Jiajeng knew.** (p. 682)

[①] 刘宓庆：《新编汉/英对比与翻译》，中国对外翻译出版公司2006年版，第278页。
[②] 黄国文：《英语状语从句的位置》，《现代外语》1984年第1期。
[③] 王东风、章于炎：《英汉语序的比较与翻译》，《外语教学与研究》1993年第4期。
[④] 汪康懋、肖研：《英汉语序的比较研究》，《外语教学与研究》1981年第1期。

"汉语语序的'主客律':包括主题、施事等在前;客体、受事等在后。英语可逆性与汉语大同小异,但一般说来英语的可逆性大于汉语。"①因而例(11)就能将"Some disaster had come to his door"移至"Jiajeng knew"之前,从而强调即将到来的灾难(抄家)的严重性。

(12)今见紫鹃来了,问其原故,已知大愈,仍遣琥珀去服侍贾母。(卷57,第10页)

初译:Seeing Nightingale come back, she sent Amber to go back and serve the grandmother. **She was happy to learn that Poyu was completely well.**

改译:**She was happy to learn that Poyu was completely well.** Seeing Nightingale come back, she sent Amber back to the grandmother. (p. 378)

例(11)是在一句内,将关键信息前移。而例(12)则是在一段话中,将关键句前移,即黛玉得知宝玉情况转好,非常开心(这句话原文没有);再说次要信息,即遣琥珀回贾母处。

林稿序言原本有如下一段话,在修改时删去。

A simple example of the complete reversal of word order between English and Chinese may be given. English: "I'll come tonight if you wish," said Poyu. Chinese: Poyu said, "If you wish, tonight I'll come." If the reader finds here and there a sentence beginning with "tonight" or "tomorrow", or with an if-clause where it is more natural at the end, he will know here is some one unconsciously talking in Chinese. (p. xxii)

---

① 刘宓庆:《新编英/汉对比与翻译》,中国对外翻译出版公司2006年版,第278页。

我可以举一个简单的例子来说明英汉语序的完全颠倒。英文："我今晚过来，如果你愿意，"宝玉说。中文：宝玉说："如果你愿意，今晚我过来。""今晚""明天"或假设从句放在句尾更自然，如果读者看到它们老是出现在句首，他就会明白这里有人在无意识地说中文了。

从这段话可以看出，林语堂对英汉语序的差异了然于心。不过英语毕竟不是他的母语，从以上所举的语序调整的例子可以看出，初译或多或少地受到中文原文语序和中文思维模式的影响，改译则更符合英语的表达习惯。因此，我们在赞颂林语堂英语水平高超的同时，也不能忽略母语汉语对其英语表达的影响。林语堂英语写作的过人之处不在于完全不受汉语语序与思维模式的影响，而在于他自觉地认识到了汉语与英语在表达习惯上的差异，在写作中有意识地将母语影响降到最低，以追求地道、自然的英语。

六　更改章标题

林稿 64 章里有 11 章的标题做了更改，如表 4-1 所示。

表 4-1　林稿章标题修改

章	修改前的标题	修改后的标题
18	"Kill Me First Before You Kill Him!"	The Flogging
19	Some Wept, Some Acted, and Some Worried	Shieren Looked Ahead
25	A Wife Can Be Honored Only by Her Husband	How Amitie was Wronged
29	Impetuous but True The Misfortune of Being Born Pretty	Sunburst Re-weaving the Peacock Coat
31	Yu the Third	A Funeral is an Opportunity
33	The Victim	And Would Commit Murder
35	The Raid of the Garden	Poyu Tried to Study
37	The Misfortune of being Born Pretty	Sunburst's Dismissal and Death

续表

章	修改前的标题	修改后的标题
38	The High-Strung String Snaps	Pocia Left the Garden
51	All is in the Hands of the Gods	Foreshadows
60	Crisis	"The Twelve Beauties of Jinling"—all Foretold

总体来说，修改前的标题较抽象，注重文学色彩，带有译者本人的主观判断在内；而修改后的标题则大部分会具体到人或事，更加客观。第18章修改前的标题"Kill Me First Before You Kill Him"直接采用了贾母指责贾政棒打宝玉时说的话"先打死我，再打死他"，非常具有冲击力，修改后的标题则变成了平白的"The Flogging"（笞挞）。第19章是宝玉挨打后众人的各种表现，修改前的标题"Some Wept, Some Acted, and Some Worried"（有人流泪，有人表演，有人担心）连用三个排比结构，修辞色彩强，但修改后的标题"Shieren Looked Ahead"（袭人深谋远虑）直白地将本章的中心内容指向袭人向王夫人进言让宝玉搬出大观园。第29章是晴雯撕扇，第37章是晴雯等被赶出贾府，修改前的标题都带有译者的主观评判，"Impetuous but True"（冲动而率真）是对晴雯撕扇一事的评价，"The Misfortune of Being Born Pretty"（天生丽质的不幸）是对晴雯被逐的评价，修改后的标题则只是客观概括中心人物与事件而已。类似的例子还有第60章，修改前的标题"Crisis"其实是指宝玉病危，修改后的标题"'The Twelve Beauties of Jinling'— all Foretold"则是指宝玉病危昏迷后重回太虚幻境，看到了金陵十二钗的册子，知晓了诸位女子的命运。

为什么会有这种由抽象的文学性到具体的故事性，从激烈到平缓的修改倾向呢？也许是考虑到读者的接受能力，比起文绉绉的标题，直截了当概括故事情节的标题也许更符合普通读者的阅读心理。同时，也可能与林语堂的心境有关。1955年翻译初稿完成时林语堂还是中年人，但时隔近20年，再修改译稿时，林语堂已是耄耋老人，心如止水。

第三节 语篇层面

林稿在语篇上的修改主要是指突破词汇和句子的范围,大规模地删除、缩减、增加语篇。

一 删除语篇

(一)冷香丸制法

原著第 7 回宝钗向周瑞家的介绍冷香丸的制法,结束后周瑞家的又与金钏儿谈论香菱身世。林稿第 3 章用了 3 页半的篇幅详细翻译此节,但修改时全部删除。因这些译文之前写黛玉对宝钗有不忿之意及与宝玉有求全之毁、不虞之隙,而下一章又会进入"探宝钗黛玉半含酸",故删除这几页与宝、黛、钗三人纠葛无关的译文,以保持故事连续性。而且宝钗讲述冷香丸制法过于烦琐。林语堂在序言中就称宝钗说话往往长篇大论,因此删除了第 42 回她谈论绘画技巧的内容,此处修改应也有这一考虑。

(二)贾母忆往事

林稿第 22 章对应原著第 37 回"秋爽斋偶结海棠社 蘅芜院夜拟菊花题"和第 38 回"林潇湘魁夺菊花诗 薛蘅芜讽和螃蟹咏"。此章在修改时删除了两页有余的译稿,主要是第 38 回贾母回忆往年在枕霞阁失足落水,鬓角留了一个受伤后的窝儿,王熙凤笑说窝儿是用来盛福寿的,哄得贾母很开心,赞许不已。这种家常闲聊与主线情节进展无关,符合林语堂删节的原则。但这段话也是王熙凤口才与个性的展现。加之王熙凤接济首次登门的刘姥姥,令出必行、有条不紊办理秦可卿丧事等这些情节都被林语堂删除,而害死尤二姐、设掉包计让宝玉娶宝钗、抄家后落魄致死等情节都予以保留。因而这个人物身上的亮色也随之减少。

(三)茗玉故事

林稿第 23 章对应原著第 39 回"村姥姥是信口开河 情哥哥偏寻根究底"和第 40 回"史太君两宴大观园"。该章删除了一页半有余的译稿,主要对应的是刘姥姥为贾母、宝玉等讲述一个 17 岁夭折的少女茗玉的故事，宝玉非常在意，令焙茗去寻找茗玉的庙宇。林语堂还特意做了一条脚注，说茗玉暗指黛玉，这个故事暗示了黛玉的结局。茗玉故事之前，刘姥姥讲了一个老太太潜心向佛、老来得孙的故事，正合贾母、王夫人之意，这个故事得以保留。林语堂在取舍情节时，性质相似的两个情节只取一个，老来得孙的故事只有十行，而茗玉故事有三十六行译文。而且此章的中心人物是刘姥姥，老来得孙的故事是刘姥姥为取悦贾母而编造的，在体现刘姥姥的智慧上，比茗玉故事更合适。

（四）咏菊

林稿第 22 章主要对应原著第 38 回"林潇湘魁夺菊花诗 薛蘅芜讽和螃蟹咏"。此章本来已精简了咏菊诗会，仅保留了对各人所作诗的简短评价，解释了林黛玉所作《问菊》诗的含义并只翻译了此诗，但修改时删除了这将近一页的译文。林语堂很欣赏林黛玉的诗作，翻译了《葬花吟》、《秋窗风雨夕》、《题帕三绝》（第三首），但是这首《问菊》诗连同解释却没有保留。此章众人齐聚吃螃蟹，其乐融融，林语堂或许是考虑"孤标傲世偕谁隐，一样花开为底迟？"的清冷与欢快的氛围不协调，从而删除。

二 缩减语篇[①]

林稿第 15 章翻译了原著第 28 回袭人与宝玉谈论元妃赏赐的端午节礼物，林语堂对这一段译文做了两次修改，逐次缩减篇幅，类似修改在林稿中不多。

> 原文：宝玉见了，喜不自胜，问："别人的也是这个么？"袭人道："老太太多着一个香玉如意，一个玛瑙枕。老爷、太太、姨太太的只多着一个香玉如意。你的同宝姑娘一样。林姑娘同二姑娘、三姑娘、四姑娘只单有扇子同数珠儿，别的都没有。大奶奶、二奶奶

[①] 本节据笔者《论林语堂翻译〈红楼梦〉的六大选择》（《外语教学与研究》2017 年第 4 期）一文部分内容修订而成。

他两个是每人两匹纱、两匹罗、两个香袋儿、两个锭子药。"宝玉听了，笑道："这是什么个缘故？怎么林妹妹的倒不同我的一样，倒是宝姐姐的同我一样，别是传错了罢？"袭人道："昨儿拿出来，都是一分一分的写着签子，怎么就错了？你的是在老太太屋里的，我去拿了来了。老太太说道，明儿叫你一个五更天进去谢恩呢。"（卷28，第13—14页）

初稿：

Poyu asked what the others had got. Shieren said that the grandmother had, in addition to other things, a jade paper weight for good luck(juyi) and a cornelian pillow, and his parents had an extra jade paper weight. He and Pocia received the same presents. Taiyu and Greetspring and her sister cousins had only fans and beads and nothing else. Stain and Phoenix had presents of silks, medicines, etc.

"Why?" asked Poyu. "Why am I given the same as sister Pocia, **(a)and not the same as Lin meimei? It may be a mistake.**"

"No mistake," said Shieren. "Each person's present was wrapped up separately with a tag bearing her name on it. Grandmother sent for me to get yours from her room. **(b)Grandmother told me to tell you to go early tomorrow morning to the palace and convey your thanks.**"

二稿：

Poyu asked what the others had got. Shieren said that **(c)the grandmother had, in addition to other things, a jade paper weight for good luck(juyi) and a cornelian pillow, and his parents had an extra jade paper weight.** He and Pocia received the same presents. Taiyu and Greetspring and her sister cousins had only fans and beads and nothing else. **(d)Stain and Phoenix had presents of silks, medicines, etc.**

"Why?" asked Poyu. "Why am I given the same as sister Pocia?

(a1)Why doesn't Lin meimei receive the same? It may be a mistake."

"No mistake," said Shieren. "Each person's present was wrapped up separately with a tag bearing her name on it. Grandmother sent for me to get yours from her room. **(b1)She wants you to go early tomorrow morning to the palace and send in your thanks.**"

三稿：

Poyu asked what the others had got. Shieren said that **(c1)the grandmother and his parents had an extra jade paper weight and other things.** He and Pocia received the same presents. Taiyu and Greetspring and her sister cousins had only fans and beads and nothing else.

"Why?" asked Poyu. "Why am I given the same as sister Pocia? Why doesn't Lin meimei receive the same? It may be a mistake."(p. 185)

（a1，b1 分别是二稿对初稿 a，b 两处修改后的文本，c1 是三稿对二稿 c 处修改后的文本，d 是三稿删除的二稿的文本。）

元妃赏赐给宝玉的物品之珍贵程度是仅次于贾母而高于其他人的，宝玉希望林妹妹的赏赐物能和他的一样，而不是他的和林妹妹的一样，而初稿"Why am I given the same as sister Pocia, and not the same as Lin meime?"一句的含义变成宝玉纳闷他的为何与宝姐姐一样而与林妹妹不一样，有违原意，故二稿改为"Why am I given the same as sister Pocia? Why doesn't Lin meimei receive the same?"（"为何我的和宝姐姐的一样？为何林妹妹没有得到和我一样的？"）第一次修改时还将受原文表达影响的"Grandmother told me to tell you to go early tomorrow morning to the palace and convey your thanks"一句精简为"She wants you to go early tomorrow morning to the palace and send in your thanks"。

相比第一次修改的微调，第二次修改的幅度可以说是大刀阔斧：第一，把描述贾母和宝玉父母赏赐品的两句精简为一句；第二，删掉描述李纨和凤姐赏赐品的一句；第三，删掉袭人的释疑和传贾母话一段。原因是一一翻译各人的赏赐品，太过拖沓，且删掉的内容与主题情节关系不大，删去也无伤大雅。只忠实保留林黛玉的赏赐品，以显示和宝玉、宝钗二人的区别，从而暗示元妃中意的是宝玉和宝钗的金玉良缘，而非和黛玉的木石前盟，这一情节为后文的悲剧展开埋下了伏笔，故全文保留。虽然这样的例子不多，但是我们可以借此窥探林语堂在翻译过程中是如何删繁就简、保留核心信息的。

三　增加语篇

林稿第10章对应原著第21回"俏平儿软语庇贾琏"。这是平儿在林稿中的首次出场，林语堂用了一段话来介绍平儿。

> The next day, AMITIE went to the library to collect his things. She discovered a tress of black hair inside the pillow case. She understood, hid it in her sleeve and came inside. Amitie, now lady's companion of Phoenix, was chosen from the original group of personal maids trained by the grandmother, among the top best in the entire household, she was now technically accepted as "woman in Lien's chamber," dressed in jewels and silks, though under Phoenix's able surveillance, she was permitted to sleep in his bed hardly once a year. (p. 137)

> 次日，平儿到书房里收拾贾琏的衣服铺盖，在枕套中发现一缕青丝。平儿会意，忙揣在袖内。平儿乃凤姐的贴身丫鬟，是优中选优从贾母培养的丫鬟中挑出来的[译者按：原著中，平儿是王熙凤的陪嫁丫鬟，见卷39，第2页]。她被贾琏收在房内，穿金戴银。尽管在凤姐的严格监控下，只允许贾琏一年亲近她一次。

在修改时，林语堂又在上述文字后加了一段：

> Amitie was satisfied, as her name fitly suggested or rather she could

do nothing else. Considering that she had no parents and no home to go to. Any other girl would find the position under the jealous, spitfire mistress impossible. But Amitie was far too good not to know that her loyalty should lie with the wife rather than the husband. Another woman's hair, however, was something else again. She wanted to protect him. (p. 137)

平儿人如其名，对此心满意足，又或许她无父无母、无家可归，对此也无可奈何。换作任何一个其他女孩，在嫉妒成性、脾气火爆的凤姐手底下是很难保全处境的。但聪慧善良的平儿深知她应该效忠的是这家的妻子，而不是她的丈夫。不过，另一个女人的头发则又另当别论了，她想护着贾琏。

平儿是林语堂最欣赏的侍女之一，在序言中就称她是"最可爱可亲者"，此处增添也可见一斑了。增加这一段话，让读者对平儿的品性、处境、心理了然于心，对接下来她与贾琏、王熙凤的互动也更加期待了。

林语堂对译稿所作的取舍增删的修改其实是不断选择的过程。从这些修改背后我们能看出林语堂的《红楼梦》观，但更能看出他在翻译时不是在机械忠实原文，而是清晰意识到汉语与英语在表达习惯上的各种细微差异，力求译文能让预期的西方读者读来自然、地道。林语堂的英文著作之所以能在西方世界广受欢迎，除内容本身价值之外，表达形式上的成功也不容忽略。他曾说：

学习英文的目标只在清顺自然四字而已。假如有人能修到清顺自然四字，无论用何方法，我们都无理由反对，外国读者也可欣赏。凡不以口语为基础的人，任你如何用功，也写不出来平易自然、纯熟道地的英文。……要明白英语言文一致，而骨子里是白话。英文这个东西愈平易自然愈好，愈少粉饰藻丽的句子愈好，愈近清顺口语愈好，愈能念出来顺口成章愈好。①

林稿的修改如此繁多、琐碎、耗时，这从林语堂雷厉风行的写作与出版速度来看，是令人费解的。只能解释林语堂没有视翻译《红楼梦》为谋取稿酬、版税的营生之举，而是当作一个兴趣爱好。当然，也说明《红楼梦》在其心目中至高无上之地位，这使得他对自己的译稿精益求精、千锤百炼、力求完美。进一步推想，林语堂可能是想将这部《红楼梦》译稿作为人生最后一部代表作品留存于世的。

---

① 林语堂：《怎样把英文学好——英语教学讲话之一》，《林语堂名著全集》第 16 卷《无所不谈合集》，东北师范大学出版社 1994 年版，第 251—252 页。

第五章　文化翻译

第一节　人名

《红楼梦大辞典》收"红楼梦人物"707 条,"文史人物"255 条,总计 962 条。林稿中出现的人物是 193 个,另加 22 个文史人物,总计 215 个。虽比原著人数大幅度减少,但仍不是小数目。加之东西姓名文化之区别,如何让西方读者不混淆这些人名,是个不小的考验。

一　人名翻译宗旨

林语堂在译稿序言中,明确指出了自己翻译人名的宗旨,并进行了举例说明:

> In the translation of names, my object has been to make them as easily pronounceable and distinguishable as possible. Thus I have preferred Poyu to Paoyu; I know from experience that, in spite of all cautions, Paoyu would be pronounced as Pay-oh-yu. Confusingly similar names are distinguished by some makeshift device: Jiajeng and Jiajen are spelled as Jiajeng and Duke Chen, and Yung-erh and Yun-erh are spelled as Yung and Yunel. In the translation of girls' names, Cuckoo is, for obvious reasons, changed to Nightingale, and Mandarin Duck, to Jay. The others, like Trailspring, Riverhaze, Smokyridge, Sunburst, Moonbalm, Mossprints, etc. are fairly accurate translations. (pp. xix-xx)

对人名的翻译，我的目标是尽量做到发音简单且容易辨别。因此，我更愿将宝玉翻译为 Poyu，而不是 Paoyu。经验告诉我，即便有所提醒，Paoyu 还是会读成 Pay-oh-yu。对由于发音上的相似而容易混淆的姓名，我采取了一些权宜之计：贾政拼写为 Jiajeng，贾珍则不拼写为 Jiajen，而拼写为 Duke Chen（珍公爵）；Yung-erh（蓉儿）和 Yun-erh（芸儿）分别拼写为 Yung 和 Yunel。在翻译女孩子的姓名时，不言自明，Cuckoo①（紫鹃）改为 Nightingale（夜莺）；Mandarin Duck（鸳鸯）改为 Jay（松鸦）等，除此以外，像 Trailspring（探春）、Riverhaze（湘云）、Smokyridge（邢岫烟）、Sunburst（晴雯）、Moonbalm（麝月）、Mossprints（碧痕）等都是颇为恰当的翻译。②

可知，在人名翻译上，林语堂是以读者为中心的，着力于减轻读者的记忆负担，方便读者阅读。其翻译策略可粗分为音译与意译两种。

二 音译意译结合

（1）对居于主子地位的男性和三位主角，采用威妥玛拼音音译。

贾赦：Jiashey　　　贾政：Jiajeng　　　贾珍：Jiachen
宝玉：Poyu　　　　黛玉：Taiyu　　　　宝钗：Pocia

而且为便于记忆、避免混淆，某些主要人物后面再出场时，就不以姓+名的方式指称，而直接以名指称了。如林黛玉在全稿里，就用"Taiyu"指代；贾琏（Jialien）用"Lien"指代；贾珍为免与贾政混淆，用"Duke Chen"指代。

但也有不全用或者不用威妥玛拼音音译的主子姓名，如：

王熙凤：Wang Prosper Phoenix　　　史湘云：Riverhaze

---

① cuckoo 在英文中有疯傻之意。
② 括号内人名为笔者添加。

元春：Primespring　　　　迎春：Greetspring

探春：Trailspring　　　　惜春：Fondspring

凤姐的姓名除首次出场外，均用"Phoenix"指代。贾家四姐妹的姓名和史湘云的姓名如果用威妥玛拼音音译的话，冗长且不符合英语发音规律，不便记忆，故而采用意译。类似的还有"Madam"主要用来指称王夫人，故尤氏的姓名从"Madam Shing"改为了"The duchess"，一是为区别，二是能和其丈夫贾珍的译名"Duke Chen"相对应。表5-1列出了林语堂高频次修改的姓名译文，从中我们可以明显看出上述修改倾向。

表5-1　林语堂对姓名译文的修改一览

姓名	初译	改译
贾珍	Jiachen	Duke Chen
贾琏	Jialien	Lien
贾蓉	Jiayung	Yung
贾环	Jiahuan	Huan
贾兰	Lanel	Lanny
尤氏	Madam Shing	The duchess
探春	Inquirespring	Trailspring

（2）对于丫鬟姓名，基本采用意译。如：

晴雯：Sunburst　　　　麝月：Moonbalm

秋纹：Autumnripple　　碧痕：Mossprints

林语堂在修改丫鬟姓名译文时也会尽量靠近原意。如最初将探春的丫鬟侍书的书理解为读书，译为"Readingmaid"，修改时考虑探春擅长书法，改为"Brushmaid"。傻大姐最初的译名"Silliliah"和修改后的译名"Wacky"都有稀里糊涂的意思，但"Wacky"是俗语，更符合傻大姐的身份。

但有一个例外,即袭人姓名采用音译,首次出场翻译为"Shieren"(Creeping Fragrance),此后出现均称"Shieren"。对此,林语堂做了一条脚注说明:

> Based on the line in a Tang poem "The flower perfume following one unawares makes one conscious of a hot day." Shie means stealthy attack from behind, and suggests the creeping, invisible wafting of fragrance. The nearest translation for the name would be Creeping Fragrance. Obviously one cannot translate the girl's name literally as "Night Attack" or "Ambush" which the word "Shie" means. (p. 37)

> 袭人名字出自唐诗"花气袭人知骤暖"。"袭"意为趁人不备时从后方攻击,引申为暗暗飘来的香味。这个名字最接近的翻译可能是"暗香浮动"。显然不能根据"袭"的本义,将一个女孩的名字翻译为"夜袭"或者"伏击"。

林语堂非常重视并认可袭人这个人物,原著中与袭人相关的情节,他基本予以保留,因此对她的姓名翻译颇费了一番心思。最终采取了与三位主角同等的对待方式——音译。

三 翻译技巧

在具体操作时,林语堂又采用了诸多技巧。尤其是在意译上,体现了他的广博知识与周到考虑。如下所示。

(一)拉丁语、法语的运用

如金钏的译名"Armilla"是拉丁语,意为金手镯,译得准确。平儿的姓名最初译为"Pingel",后改为法语"Amitie",是阴性词,意为友好、和平,与平儿的品性契合。

(二)融入接受语文化

如紫鹃没有直译为"Cuckoo",是因为该词还有疯狂之意;而译为

"Nightingale",这让人联想到英国浪漫主义诗人济慈（John Keats,1795—1821）举世闻名的诗作《夜莺颂》("Ode to a *Nightingale*")中纯洁美好的夜莺形象。再如林语堂将空空道人译为"Father Vanitas Vanitatum","Vanitas"为拉丁语,意为虚无,指生命的短暂、快乐的徒劳和死亡的必然性,这与《红楼梦》中的虚无思想是相契合的。《圣经·旧约·传道书》第1章第2节云:

英文：Vanity of vanities, saith the Preacher. Vanity of vanities; all is vanity.①

拉丁文：Vanitas vanitatum dixit Ecclesiastes vanitas vanitatum omnia vanitas②

中文：传道者说：虚空的虚空，虚空的虚空，一切都是虚空。

同书第12章第8节亦云：

英文：Vanity of vanities, saith the Preacher; All is vanity.③

拉丁文：Vanitas vanitatum dixit Ecclesiastes omnia vanitas④

中文：传道者说："虚空的虚空，一切都是虚空。"

使用拉丁语"Vanitas vanitatum"而非英语"Vanity of vanities",主要是为了突出空空道人身上的宗教性与神秘性。受基督教文化熏染的西方读者一看这个译名,很容易联想到《圣经》的教义。

（三）采用注释补偿无法翻译之处

如原著中采用了谐音双关的姓名,对于其谐音效果与所暗示的含义,

---

① *The Holy Scriptures of the Old Testament: Hebrew and English*, London: The British & Foreign Bible Society, 1987, p. 1174.
② *Biblia Sacra: Iuxta Vulgatam Versionem II*, Stuttgart : Deutsche Bibelgesellschaft, 1983, p. 986.
③ *The Holy Scriptures of the Old Testament: Hebrew and English*, London: The British & Foreign Bible Society, 1987, p. 1187.
④ *Biblia Sacra: Iuxta Vulgatam Versionem II*, Stuttgart : Deutsche Bibelgesellschaft, 1983, p.996.

很难通过翻译达到两全其美的效果。对此，林语堂选择了注释这一补偿方式。如通部书中关键的两个姓名：

甄士隐：Jen Shihyin (True Story Disguised)
贾雨村：Jia Yuchun (Fictionalized Tale)

林语堂在音译这两个姓名时，用文内注的方式简要说明了甄士隐的寓意"真事隐"和贾雨村的寓意"假语存"。

而对于贾家的诸多清客，林语堂在正文里仅用"scholar-guest"予以代称，一是这些清客在原著中属于点缀，并未重点刻画，没有代表性的故事情节，二是出于减轻读者记忆负担的考虑。不过他在译稿第 6 章做了一条脚注：

The author's contempt for these scholar-parasites is expressed in the following names given them, not translated in the text, and the words they resemble in pronunciation:
Good Cheat (Shanpienren)
Unashamed (Pukusi)
Finger-in-the-Pie (Chankuang)
Not human (Pushihren)
Running after Hot (Chengjershing) (p. 81)

作者对这些寄生虫学者的蔑视体现在命名里，译文正文没有翻译，这些姓名在发音上与下面的词语相似：
善骗人（单聘仁）
不顾羞（卜固修）
沾光（詹光）
不是人（卜世仁）①

---

①卜世仁不是贾家清客，而是贾芸母舅，是香料铺的掌柜。

成日兴（程日兴）

（四）创造性改名

林语堂对原著人名的音译或意译基本是尊重原文的发音或意义，不离其宗的。但有一个例外。即对原著根据排行命名的五儿名字的翻译，他最初直译为"Number Five"，后改成了"Rosemary"（迷迭香）。这种创造性修改背后体现的是林语堂对人物的重视。The Oxford English Dictionary 对 Rosemary 的一条释义为"In passages referring to the use of Rosemary as an emblem, or on particular occasions (as funerals and weddings), or for decoration, etc."①[文学作品中视迷迭香为一种象征，或用于特定场合（如葬礼、婚礼）或为装饰等]。在欧洲中世纪，迷迭香曾被视为爱情魅力的象征，这暗示了五儿在原著109回里与宝玉的暧昧互动。而在西方神话里，迷迭香有改善记忆的功能，送葬者将它放进坟墓以象征对死者的怀念。Shakespeare 创作的 Hamlet 第四幕中 Ophelia 曾云"There's rosemary, that's for remembrance. Pray, love, remember"（迷迭香，是为了帮助回忆；亲爱的，请你牢记在心）。16世纪英国诗人 William Hunnis 创作的诗歌"A Nosegay Always Sweet"第4节首句为"Rosemary is for remembrance /Between us day and night"（迷迭香是为了回忆，你我的日日夜夜）。②联想第109回宝玉思念逝去的黛玉，期望在梦中与其相逢，看到五儿，又想起逝去的晴雯，因而迷迭香在此章里就兼备了爱情与回忆这双重的象征意义。至此，对于林语堂为何将五儿命名为迷迭香，我们也能体察其良苦用心了。

同时，五儿的改名也影响了四儿的名字从"Number Four"改为了开花类植物的名称"Honeybush"（蜜树茶）。林语堂将四儿和五儿视为姐妹，但原著中并未有相关提示。

---

① *The Oxford English Dictionary*, 2nd ed XIV, prepared by J.A. Simpson and E.S.C. Weiner, New York: Oxford University Press, 1989, p. 111.

② William Shakespeare, *Hamlet*, edited by G.R. Hibbard, New York: Oxford University Press, 1998, p. 307.

第二节 称谓

一 汉语称谓系统分类

汉语称谓系统的分类标准不一。笔者综合采用姚亚平与李明洁两位学者的定义与分类。姚亚平将称谓系统分为名称系统和称呼系统两大类；名称系统主要由姓名名称、身份名称和关系名称三部分组成；称呼系统主要由名称词语充当的称呼语和其他词语充当的称呼语两部分组成；其中，名称词语称呼含姓名称呼、身份称呼、关系称呼等。[①]

李明洁根据语言功能将称呼语做了如下分类：

定位功能：职业称、职务称、本名称、亲属称、泛交往称
表情功能：平称、尊称、蔑称、昵称
定性功能：正式称呼、非正式称呼[②]

结合笔者对林稿称谓翻译的整理情况，下面择要谈一下林语堂对《红楼梦》名称系统和称呼系统的翻译。名称系统采用姚亚平的分类；称呼系统采用李明洁的分类，剔除姚、李分类的重合之处，侧重谈尊称、蔑称、昵称的翻译。

二 名称翻译

（一）身份名称翻译——职官

名称系统中的姓名名称已于前文分析，不再赘述。身份名称以职官翻译为例。中西政治体制殊异，职官名称鲜见能完全对应者。林语堂基本采用归化策略，从所司职务的相似性着手，从西方古今职官名称里找出基本

[①] 姚亚平：《现代汉语称谓系统变化的两大基本趋势》，《语言文字应用》1995 年第 3 期。
[②] 李明洁：《现代汉语称谓系统的分类标准与功能分析》，《华东师范大学学报》（哲学社会科学版）1997 年第 5 期。原文以图表形式呈现。对于定性功能，李明洁给出的例子："夫人"是正式称呼，"孩子他妈"是非正式称呼。

能对应的词语进行翻译。如：

工部员外郎：councilor at the Ministry of Works
内阁大学士：member of the cabinet
五城兵马司：metropolitan guards
九省都检点：General Inspector of Nine Province
列侯：marquis　　　　　　　国公：Duke
同知/知府：district magistrate　　节度：governor

但也有个别职官，是无法找到类似对应词语的，只能采用音译加说明的译法或者解释说明式译法，如探花和学差是西方没有、中国独有的科举制度下的名称，林语堂分别译为：

探花：tanhua, or No. Three, in the national literary competitions
学差：supervisor of imperial examinations in the provinces

（二）关系名称翻译——亲属

关系名称以常见的亲属关系为例。各类亲属关系是中西共通的，大部分称谓能找到对应的译词，但英语的亲属名称不像汉语严格讲究内外、长幼之分。林语堂在翻译这类名称时，会加上限定词或者文内夹注。

祖母：grandmother　　外祖母：maternal grandmother
大舅母：eldest aunt (Madame Shing, the Duchess)
二舅母：second aunt (Madame Wang)

需要注意的是，对于上述"大舅母""二舅母"这种直译的亲属名称，林语堂经常会在译词后再添加简短的文内夹注，进一步明确该名称所指对象，以避免读者混淆人物，从而及时对号入座。林稿的171条文内注里，有51条属于此类注释。

三　称呼翻译

（一）平称翻译

英语本身是一种相对平等的语言，因此林语堂在翻译处于对等地位的平称时，就驾轻就熟了。以原著第8回黛玉与宝钗的对话为例。

一语未了，忽听外面人说："林姑娘来了。"说犹未了，黛玉已摇摇摆摆的来了，一见宝玉，便笑道："阿呀！我来的不巧了。"宝玉等忙起身让坐。宝钗因笑道："这话怎么说？"黛玉道："早知他来，我就不来了。"宝钗道："我不解这意。"黛玉笑道："要来时一齐来，要不来，一个也不来；今儿他来，明儿我来，如此间错开了来，岂不天天有人来了？也不至太冷落，也不至太热闹。姐姐如何不解这意思？"（卷8，第4页）

"Miss Lin has come," a maid reported.

Before they knew it, Taiyu had already come prancing in, and as soon as she saw Poyu in the room, she tittered and said, "Oh, my, **I** shouldn't have come!"

The two stood up to welcome her to a seat.

"What do **you** mean by that?" asked Pocia.

"If **I** knew **he** was here, **I** would not have come."

"**I** am afraid **I** don't understand."

Taiyu smiled. "Why not? Some days both of **us** turn up, and some days neither. Wouldn't it be better if **I** came today and **he** came tomorrow, so that some one would come every day—neither too much company, nor too lonely? What is there difficult to understand?"（pp. 55-56）

宝玉、黛玉、宝钗三人是平辈且不存在上下等级关系，因此"我"译为"I"，"他"译为"he"，以平称译平称就显得再自然不过了。如果进一步细看，会发现原文省略主语处，如译文为"早知他来，我就不来了"，添上了主语"I";"这话怎么说?"添上了主语"you";"要来时一齐来",添上了"both of us"等。而对于比较棘手的"姐姐",就避而不译了。①

（二）尊称翻译

此处以《红楼梦》里常见的两类尊称，即对皇室成员和家庭成员的称呼翻译为例。

皇上：His Majesty　　　贵妃：Her Royal Highness
王爷：His Royal Highness

显而易见，林语堂采用了归化策略翻译皇室成员尊称，译词都是西方君主制下对皇室成员的常见称呼。

对家庭成员的尊称也采用了归化策略，但同时考虑了称呼者与被称呼者的亲缘关系与等级关系。如同样是称呼贾政为老爷，赖大称呼时翻译为"master"，是下级对上级的口气；宝玉称呼时就译为儿子称呼父亲时的正式用词"father"。再如"太太"，下人们称"太太"用下对上的尊称"madam"翻译，而贾母当着众人的面称"太太"则用了不卑不亢的正式用词"lady"。

（三）蔑称翻译

蔑称以骂词（詈语）为例。林语堂对于入选译稿的所有对话里涉及的骂词，一一予以保留翻译，自然是为了增加语言的生动性。不仅如此，对于同一骂词，他还采用了不同的译词。如原著第44回凤姐发现贾琏与鲍二家的偷情后大怒，用了三个"娼妇"来骂鲍二家的，并迁怒于平儿。林语堂就选用了不同的表达方式。

好娼妇（凤姐骂鲍二家的）：you cheap broad

---

① 这是英译《红楼梦》的便利之处，但是当使用等级关系分明、敬语体系发达的其他外语，如日语来翻译这段话时，译者就需要加以斟酌考虑了。伊藤漱平在翻译这段话的"我"与"他"时，均用了郑重的礼貌语「わたくし」（类似"鄙人"）「こちら」（类似"这位"），而不是作为平称的「わたし」（我）「かれ」（他），这是考虑到即便是平辈间的对话，但从大家闺秀林黛玉口中说出「わたし」「かれ」还是有失身份的。见曹雪芹『紅楼夢』(1)，伊藤漱平訳，東京：平凡社1996年版，第282—283页。

娼妇（凤姐再骂鲍二家的）：broad

娼妇们（凤姐骂鲍二家的与平儿）：you hussies

再如骂年轻女性的"小蹄子"，就有"little trotter""little hussy""little pig-trotter"三种，"不成人的小蹄子"译为"little unwanted scamp"等。"没良心的"也有"You rascal""You blackguard"两种。当然，英文里骂词的丰富性为这种多样化翻译提供了前提条件。

（四）昵称翻译

林语堂对昵称基本采用归化译法，如：

好人：my good one　　心肝肠儿肉儿：sweetheart and darling

好兄弟：good younger brother　　我的儿：my child

但是有一个例外，即"姐姐"与"妹妹"。有两种译法，一是译为"sister"；一是分别音译为"jiejie""meimei"。如下所示：

好姐姐（宝玉称袭人）：good Jiejie

好亲姐姐（宝玉称袭人）：good dear jiejie

宝姐姐（黛玉称宝钗）：Sister Pocia

平姐姐（袭人称平儿）：Sister Amitie

花大姐姐（四儿称袭人）：Sister Hua

林妹妹（宝玉称黛玉）：Lin meimei

好妹妹（宝玉称黛玉）：Good meimei

三妹妹（贾琏称尤三姐）：Third Sister

另外，林语堂在译本第5章首次译姐姐为"jiejie"时加了一条脚注：

Jiejie means elder sister; meimei, younger sister. These words are used like the French word mademoiselle. (p. 64)

"jiejie"指年长的姊妹,"meimei"指年幼的姊妹。两词的用法类似法语的"mademoiselle"(小姐)。

《红楼梦》里的"姐姐""妹妹"有时体现了年龄上的长幼关系,有时又体现了称呼者对被称呼者的亲昵之情。从上例可以看出如果只是出于礼貌上尊重长幼次第的关系,而称呼"姐姐""妹妹"时,林语堂基本用了"sister"来翻译,但是当称呼者是饱含感情呼唤"姐姐""妹妹"时,尤其是宝玉不离其口称呼林黛玉为"妹妹"以及恳求袭人称其为"好姐姐"时,这是一种亲密无间关系的体现,这种情感色彩是"sisiter"一词不能表达的,林语堂就直接音译了。

无论是在翻译策略上的区别对待还是加注解释,其实都体现了译者面对文化功能不尽相同的原文词汇与译入语词汇时的无奈。另外,从林语堂的修改记录来看,他的初稿曾将"太太""奶奶""姑娘"分别音译为"taitai""nainai""kuniang",其最初的译案可能受到王际真英文编译本的影响,但后来又分别改为"madam""mistress""damsel/mistress"(见表5-2)。

表 5-2 林语堂对称谓词汇译文的修改一览

称谓	初译	改译
老太太	grand taitai	grandma'am
太太	taitai	madam
大奶奶	eldest nainai (Madame Yu)	eldest mistress (Madame Yu)
姨奶奶	aunt nainai	second young mistress
三姑娘	third kuniang (Inquirespring)	Miss Trailspring
姑娘	kuniang	mistress
好姑娘	Good young mistress	Good damsel
二世兄	Second Brother	Our little brother

王际真的《红楼梦》节译本采用音译法直接翻译所有称谓,刘泽权批评了此种译法。

> 像所有采取极端手法翻译的作品一样,王译也有它致命的弱点。《红楼梦》描写了400多个人物,每人说话时都要用到称谓,这样全书会用到几万次的称谓。可以想象,如果译本,即使是节译本,都采用音译这种全盘异化的处理方法,再加上众多的人名、地名、建筑、节日、物品的音译,那将是什么结果?它将严重影响译文的可读性和可欣赏性,这是因为,读者必须牢记这些怪异的名称,才能领会译文的人物关系和意义。①

其实,换位思考一下,在汉译英语文学作品时,倘若将"master""madam""grandmother""uncle"等英文称谓全部用汉字音译过来,将会导致何种效果,就知道这种译法确实有待商榷。因此,除部分姓名遵循翻译界常规做法采用音译以外,林语堂基本上是舍名求实,尽量避免音译的,音译于他而言,只是一种不得已而偶尔为之的妥协。

第三节 建筑、器用、服饰

林语堂虽然大幅度删减了原著内容,但对保留内容,凡涉及中国传统文化处,都尽量详尽翻译。本节考察他对建筑、器用、服饰之类的物质文化的翻译。下一节则考察他对俗谚、成语、典故之类的语言文化的翻译。

一 建筑翻译

由于中西建筑迥异,在翻译清代建筑词汇时,林语堂尽量采用英语中常见的建筑词汇。下面这一段是黛玉进贾府后在贾母房间见到的情形。

---

① 刘泽权:《从称谓的翻译看文化内容的传播——以〈红楼梦〉的英译为例》,《燕山大学学报》(哲学社会科学版)2006年第1期。

第五章 文化翻译

> 黛玉扶着婆子手进了垂花门，两边是超（抄）手游廊，正中是穿堂，当地放着一个紫檀架子大理石屏风。转过屏风，小小三间厅房，厅后便是正房大院。正面五间上房，皆是雕梁画栋，两边穿山游廊厢房，挂着各色鹦鹉画眉等雀鸟。（卷3，第3页）

> Led by the women servants, Taiyu entered the flower-festooned door. Sheltered and balconied corridors led from both sides, while in the center hallway stood a huge marble plaque, supported on a red sandalwood frame. Behind the plaque, a small open hall of three rooms led to the main hall at the back, some seventy or eighty feet wide, consisting of residential rooms, with carved girders and painted freeze, flanked on both sides by winding open corridors and side wings, where cages of parrots and song-thrushes could be seen. (pp. 20-21)

"垂花门的正面，有悬挑的屋檐，两根挑檐梁的端部，倒挂一对垂莲柱，柱头饰以彩绘木雕莲瓣，故称'垂花门'。"[①]林语堂翻译为"flower-festooned door"，容易让人联想为装饰鲜花的门。"超（抄）手游廊"是"四合院内左右环抱的游廊"[②]；"穿山游廊"是"通过山墙上开的门洞，将游廊与正（厢）房的檐廊相连接的走廊，一如游廊穿山墙而过"[③]，林语堂分别译为"sheltered and balconied corridors""winding open corridors"，与原文的形象也是有差异的。但这些中国古代建筑名词，在英文中很难找到对等词汇，要用英语准确无误呈现出来基本是不可能的。

二 器用翻译

曹雪芹擅长通过人物日常起居的室内陈设反映人物身份处境，并烘托人物性格，因此林语堂详尽翻译了书中的器用。以第3回黛玉所见王夫人

[①] 冯其庸、李希凡：《红楼梦大辞典》（增订本），文化艺术出版社2010年版，第83页。
[②] 冯其庸、李希凡：《红楼梦大辞典》（增订本），文化艺术出版社2010年版，第83页。
[③] 冯其庸、李希凡：《红楼梦大辞典》（增订本），文化艺术出版社2010年版，第84页。

◆◇◆ 研究篇

日常居坐宴息的东房内器用为例：

> 临窗大炕上铺着猩红洋毯，正面设着大红金线蟒引枕，秋香色金线蟒大条褥，两边设一对梅花式洋漆小几，左边几上文王鼎、匙箸香盒，右边几上汝窑美人觚内插着时鲜花卉并茗碗茶具等物。地下面西一溜四张椅上都搭着银红撒花椅搭，底下四副脚踏，两边又有一对高几，几上茗碗瓶花俱备。（卷3，第7—8页）

> Here against the window was a big kang* covered with baboon-red imported blankets, a lilac-colored mattress shot with golden threads in cobra design, while in the centre was a long, broad, hard pillow in vermilion, also in cobra motif. On the sides stood a pair of scalloped lacquered stands, on one of which was a Wenwang tripod with incense container, spoons and tongs, while on the other stood a juyao (white) vase with feminine figures, containing fresh flowers, as well as various tea articles. Four chairs with flowered pink hard cushions stood in a row, provided with footstools. Two other high stands holding flower vases and tea vessels stood on the sides. (pp. 27-28)

林稿是编译，取舍增删理所当然，他本人也在序言中强调自己的译本不是直译。但看这段译文会发现，其译文基本能和原文逐词对应（条褥与引枕前后顺序更换），几乎没有漏过原文任何一个细节。原文中出现的所有物件，他都尽量用功能对等或相似的英文词语做了翻译。如将"引枕""条褥""鼎""觚"依次翻译为"hard pillow""mattress""tripod""vase"，而"炕"此处是第一次出现，因为没有功能对等或对应的英文词语，只能音译。并加了详细脚注：

> Sitting bed, used as a divan, but deep as a bed, where one could either sit up in company, or lie down at rest. A low stool is usually placed on top,

for placing teacups, etc. The so-called hard pillow can also be used as an arm-rest. (p. 27)

> 类似沙发床的坐卧床,但像床一样宽,可坐数人,亦可躺下休息。通常置一矮几于上,用来放茶杯等。所谓的引枕也可以当作扶手。

这个注释对没有见过炕的西方读者而言是较关键的,不然读者很难想象为什么要在炕上接待客人。

林语堂还一一翻译了原文中出现的各种颜色。"猩红""大红""银红",区分翻译为"baboon-red""vermilion""pink"。甚至连原文没有提到的汝窑的颜色,也用文内注提示为白色。不过,汝窑的"釉色多为天青、淡青等"①;另外,"秋香色"应是"一种呈淡黄绿的灰色"②,翻译为"lilac-colored"(淡紫色),有待商榷。

三 服饰翻译

"《红楼梦》作为一部清代小说,反映了满汉融合时期的服饰特征。"③当代中国读者如果不是对清代服饰有专门研究者,仅凭文字是难以想象这些服饰形象的,遑论西方读者。下文是第3回黛玉初见宝玉时所见的宝玉服饰。

> 头上戴着束发嵌宝紫金冠,齐眉勒着二龙抢珠金抹额,一件二色金百蝶穿花大红箭袖,束着五彩丝攒花结长穗宫绦,外罩石青起花八团倭缎排穗褂,登着青缎粉底小朝靴。(卷3,第10页)

> He wore a gem-studded chaplet of pure gold, with a band over his forehead showing two dragons grabbing at a pearl. His bright red

---

① 冯其庸、李希凡:《红楼梦大辞典》(增订本),文化艺术出版社2010年版,第62页。
② 冯其庸、李希凡:《红楼梦大辞典》(增订本),文化艺术出版社2010年版,第61页。
③ 曾慧:《小说〈红楼梦〉服饰研究》(上),《满族研究》2011年第2期。

narrow-sleeved blouse with butterflies and flowers in two shades of gold was gathered at the waist a colored sash coming down in long knotted tassels over his knees. Over the blouse was an eight-panelled navy blue jacket of Japanese brocade in embossed design, fringed with tassels, and below, a pair of black satin white-soled court-style shoes. (pp.31-32)

总体而言，林语堂的译文是详尽细致，力求翻译出每一个词语的。抛开修饰成分，这段文字中出现的宝玉服饰的组成部分从头到脚依次为冠、抹额、箭袖、绦、褂、朝靴，林语堂分别用英文中功能相似的单词"chaplet""band""narrow-sleeved blouse""sash""jacket""court-style shoes"来翻译。而对于服饰的颜色，他的译文尽量做到接近，"金""大红""石青""青""粉"依次译为"gold""bright red""navy blue""black""white"。对于装饰工艺，用浅显的英文进行说明，"二龙抢珠""百蝶穿花""攒花结""起花八团""排穗"依次翻译为"two dragons grabbing at a pearl""butterflies and flowers""knotted""eight-panelled…in embossed design""fringed with tassels"。对于材质的"倭缎""青缎"，依次翻译为"Japanese brocade""black satin"，以示区别，足见其细心。

读者通过这段译文，虽不能完全想象宝玉的形象，但对其服饰的华贵还是能有大概印象的。

第四节 俗谚、成语、典故

一 俗谚翻译

林语堂重视俗谚的翻译，保留的原文里，但凡含有俗谚，他都做了翻译。

由于俗谚本身通俗易懂，林语堂基本采用直译。为了让读者知晓俗谚的存在，他采取了两种策略。一是凡原文出现"正是俗语云""俗语说的好""俗语说的"和"古来说的""自古说的"之类的标示，他的译文也会出现"as the proverb says""The proverb says"和"as the ancients say""as the saying goes"之类的提示语。二是在遣词造句上，尽量再现俗谚简短利落的风格。如将"偷来的锣鼓儿打不得"翻译为"No thief dare beat a stolen gong";将"病急乱投医"翻译为"One does not choose doctors in an emergency"。三是在修辞上,尽量保留俗谚中常用的对比、比喻等修辞手法。如将"新婚不如远别"翻译为"a long separation is better than honeymoon";将"成人不自在,自在不成人"翻译为"A lazy man is never successful, a successful man is never lazy";将"男大须婚,女大须嫁"翻译为"A grown-up man must take a wife and a grown-up girl must wed";将"人怕出名猪怕壮"翻译为"a pig shouldn't get fat and a man shouldn't get talked about"等。

而为了助读者理解俗谚的意思,他的译文虽整体是直译,局部又有不少变通之处。如将"病来如山倒,病去如抽丝"翻译为"sickness comes like an avalanche and goes away like treacle"(病来如雪崩,病去如糖浆);将"万两黄金容易得,知心一个也难求"翻译为"it is easier to find a million dollars than to find one who truly loves and cares"(百万美金易得,真心爱人难求);将"胖子也不是一口儿吃的"翻译为"a pig doesn't grow fat in a day"(猪不是一天长肥的);将"当着矮人,别说矮话"翻译为"don't discuss dwarfs in a dwarf's presence"(别当着矮人讨论矮人)。对有些不能通过字面推导出引申意的俗谚,他的译文会做补充。如将"当家人,恶水缸"翻译为"who takes charge of a home is a cracked waterjar, receiving bumps from everybody"(当家人是个破裂的水缸,受人人抨击)。

二 成语翻译

《红楼梦》中有大量成语,林语堂选择翻译的原文里,但凡含有成语,他都做了翻译。只是对于四字居多的成语,要用数量相近的英文词去翻译近乎不可能。因此林语堂舍形求义,基本采用了意译策略。如下所示。

(1)主仆上下安富尊荣者尽多,运筹谋画者无一。(卷2,第5页)
There are any number of masters and servants and maids and mistresses doing everything possible to enjoy the fruits of their fortune, but not one is doing anything to maintain or develop it. (pp. 10-11)

诸多男主人、仆人、女佣、女主人尽一切可能去享受财富的果实，却没有一人去维持或发展财富。

（2）钟鸣鼎食之家，翰墨诗书之族（卷2，第5页）
ancient family of great means and evident culture (p. 11)
一个拥有巨大财富和显赫文化的古老家族

（3）因此这李纨虽青春丧偶，且居处于膏粱锦绣之中，竟如槁木死灰一般，一概不问不闻，惟知侍亲养子，外则陪侍小姑等针黹诵读而已。（卷4，第1页）
Hence it came about that though Satin was a young widow and was living in the voluptuous atmosphere of the Jia house, she was able to hold herself apart mentally, as it were, and shut out from her mind all thoughts of gallantry. She never took any interest in the myriad happenings around her, and said to herself that her duties were simple and clear, to serve her elders, to bring up her son, and to keep company with the growing daughters of the family at their studies and needlework. (pp. 39-40)
因此李纨虽是个年轻寡妇，又身处安逸的贾府，却能让自己不为情所动，去除一切欲念。她对身边发生的各种事情不闻不问，告诉自己自身职责简单明了，就是照顾长辈、养育儿子、陪伴贾家的女孩们学习和做针线活儿。

由以上三例可知，林语堂用浅显易懂的英文来阐释成语的含义。不仅是成语，包括《红楼梦》中随处可见的四字表达，如例（3）里的"青春丧偶""侍亲养子""针黹诵读"也都是类似的翻译方法。

三 典故翻译

文化其实是包罗万象的，同样是文化因素，林语堂对典故的翻译却不甚热心，有的删除，有的化繁为简。如原著第2回贾雨村与冷子兴讨论正邪二气时涉及了尧、舜、禹、汤等数十个文史人物，林语堂全部未译，只是简单地说"He went on to discourse on men's talents and endowments, given at birth, and the twist of circumstances which changed their lives"（p.12）（他继续讨论人与生俱来的才能与天赋，及改变他们人生的环境转变）。再如宝玉陪贾政等游大观园时，谈话中涉及的翼然、淇水、睢园、范石湖等典故也均被他删除。再看如下例子。

（1）更兼他那容貌才情，真是寡二少双，惟有**青女素娥**可以仿佛一二。竟这样小小的年纪，就作了**北邙乡女**。（卷97，第10—11页）

Taiyu, so young and pretty and cleverer than the rest, was now like a young blossom broken by a storm. (p. 632)

此例中的"青女素娥"没有翻译，"北邙乡女"翻译为"被暴风雨折断的花朵"。

（2）a. 天天打扮的像个西施样子。（卷74，第6页）

She dresses herself like a courtesan. (p. 451)

b. 大有春睡捧心之态。（卷74，第7页）

A languorous air of abandon, eyes drowsy under heavy lashes, provokingly attractive and exasperatingly beautiful. (p. 452)

c. 好个美人儿！真像个病西施了。你天天作这轻狂样儿给谁看？（卷74，第7页）

My eyes! You look like a siren! Why do you dress up like that everyday? Whom are you trying to bewitch? (p. 453)

例（2）列举了原著中出现的三个与西施相关的典故，林稿却只字未提西施。a 用妓女取代；b 化"春睡捧心"的抽象为具体；c 用 siren 翻译西施，siren 是古希腊传说中半人半鸟的女海妖，惯以美妙歌声引诱水手，使他们的船只或触礁或驶入危险水域，荷马史诗《奥德赛》中有出现。

（3）宝玉看着，只是暗暗的纳罕。一时宝钗姊妹往薛姨妈房内去后，湘云往贾母处来，林黛玉回房歇着。宝玉便找了黛玉来，笑道："我虽看了《西厢记》，也曾有明白的几句，说了取笑，你还曾恼过。如今想来，竟有一句不解，我念出来，你讲讲我听。"黛玉听了，便知有文章，因笑道："你念出来我听听。"宝玉笑道："那《闹简》上有一句说的最好：'是几时孟光接了梁鸿案？'这几个字不过是现成的典，难为他'是几时'三个虚字，问的有趣。是几时接了？你说说我听听。"黛玉听了，禁不住也笑起来，因笑道："这原问的好。他也问的好，你也问的好。"宝玉道："先时你只疑我，如今你也没的说了。"黛玉笑道："谁知他竟真是个好人，我往日只当他藏奸。"因把说错了酒令，宝钗怎样说他，连送燕窝，病中所谈之事，细细的告诉宝玉，宝玉方知原故。因笑道："我说呢，正纳闷'是几时孟光接了梁鸿案'，原来是从'小孩儿家口没遮拦'上就接了案了。"（卷49，第7页）

Poyu was completely puzzled. When he had an opportunity to be alone with Taiyu, he asked her, "Since When?"

"Since when what?"

"You and Pocia have completely changed toward each other."

Taiyu explained. Poyu said happily, "You used to doubt me. Now you have found out yourself that you are mistaken."

"I didn't think she was sincere. I thought her a double-face." Taiyu told him now Pocia had come to talk to her alone, about reading for girls and about her health. (p. 340)

这段对话涉及的《西厢记》中提到的孟光梁鸿的典故及相关唱词，林语堂均只字未翻译。

林语堂为何回避翻译典故呢？中国典故是中国知识分子的共同修养，西方普通读者一般无此修养。如果翻译，势必会增加译文或加上详细注释，只会徒增译本篇幅，在营造译本文学效果上，作用却不大。而且有些典故属于文采点缀，与原文关系没有到密不可分的地步。不像建筑、服饰、器用这些文化因素，详细翻译出来后，能营造一种富贵氛围和异国情调，并且也能侧面烘托人物性格等。俗谚一般较直白，理解难度不大，直译即可，而且能带来新奇的阅读感受。成语本身与作品内容密不可分，不好删除。

霍克思将"潘安子建西子文君"翻译为"those ideally beautiful young ladies and ideally eligible young bachelors"，林以亮对此评论道：

> 对西方读者而言，文君、子建不知何许人也，没有什么意义可言。如果将它们的故事加插在正文中，要浪费很多笔墨，如果放在注解中，则白白占去不少篇幅，反不如现在那样简练而无损于原作。这译法不是常规，而是例外。①

这段话用来解释林语堂对典故的态度也是合适的。

孟祥春认为林语堂的翻译"以'忠实'为首要原则，以中西融通为基本诉求，同时关照原作者和目的语读者；文化上以我为主；在策略层面，多采用异化译法"②。刘泽权、张丹丹认为林氏译法"以传播中华文化为中心，采用异化方式呈现中华文化特色"。③但通观以上林语堂对《红楼梦》中物质文化与语言文化的翻译，我们无法断定林语堂的翻译策略是以归化为主还是以异化为主，也不能说他是以忠实为首要原则。唯一可以说的是，他的翻译始终是以读者为中心的。林语堂在序言中说"曹雪芹的原著非常可读，西方读者有权享受同样的愉悦"。如果硬要将他的翻译策略归为一个类别的话，可划入纽马克（Peter Newmark，1916—2011）所称的交际翻译（communicative translation）的范畴。因为"交际翻译试图使读者阅读译文所产生的效果尽可能地接近原语读者阅读原文所产生的效果"④。

---

① 林以亮：《红楼梦西游记》，（台北）联经出版事业公司1976年版，第119页。
② 孟祥春：《林语堂古文小品误译与思考》，《上海翻译》2016年第5期。
③ 刘泽权、张丹丹：《假如林语堂翻译〈红楼梦〉——基于互文的文化翻译实证探索》，《中国翻译》2015年第2期。
④ [英]杰里米·芒迪：《翻译学导论——理论与实践》，李德凤等译，商务印书馆2007年版，第66页。

第五节　儒释道

《红楼梦》糅合了中国传统的儒释道思想，林语堂相当重视在译稿中展现相关思想及其在日常中的具体表现，这是在其他以故事为主的编译本中很难看到的。

一　儒家

《红楼梦》基本是反儒家的，其对儒家的批判多通过贾宝玉的言行表达。林语堂在译稿序言中即指出贾宝玉：

> Gifted with his extraordinary intelligence, he could learn, without more than half trying, anything he set his mind to, anything except the Confucian classics, for which he had a fierce contempt as associated with the corrupt gentry. Greatly he disappointed his doctrinaire father for not wanting to "get ahead" like the other boys. (p. vii)

> 凭借天赋的非凡才智，任何知识，他只要用心学习，就能事半功倍。当然除了他嗤之以鼻的禄蠹之流奉为圭臬的儒家典籍。他不像其他男孩那样上进，令他教条主义的父亲失望透顶。

也许是为了与"他嗤之以鼻的禄蠹之流奉为圭臬的儒家典籍"相照应，原著中贾宝玉所言"除四书，杜撰的太多"（卷 3，第 12 回），林语堂译为"The sayings of Confucius in the Four Books are made up by others anyway"（p. 35）（《四书》中孔子的言论是他人杜撰的），比原著批判性更强[①]。

但林语堂的翻译并非一味抑儒扬道。前文已提及，第 82 回宝玉在黛玉面前批判八股文，黛玉并未附和，而是说了一段让宝玉内心觉得她"怎

---

① 此处不排除误译的可能性。

么也这样势欲熏心起来"(卷82,第2页)的话。

> 黛玉道:"我们女孩儿家虽然不要这个,但小时候跟着你们雨村先生念书,也曾看过。内中也有近情近理的,也有清微淡远的。那时候虽不大懂,也学得好,不可一概抹倒。况且你要取功名,这个也清贵些。"(卷82,第2页)

> "We girls do not have to study this," said Taiyu. "I did learn some interpretation of the classics under Mr. Jia Yuchun in my childhood. There are some very human remarks in it, and some deceptively simple human truths. One should not condemn it wholesale. Besides, it's good to get an academic degree." (p. 505)

前文已提及这段话原本遭到俞平伯批评,但林语堂公然不讳地翻译出来,至少说明他是理解林黛玉的观点的。另外,这段话位于林稿第40章"The Horse was Broken",同章林语堂还详细翻译了贾代儒让宝玉解释《论语》里的"后生可畏""吾未见好德如好色者也"两句的情节。

二 佛教与禅宗

戚蓼生曾道:"不知盛衰本是回环,万缘无非幻泡,作者慧眼婆心,正不必再作转语,而万千领悟便具无数慈航矣。"[①]王平更是直接指出:"佛道真空假有的哲学命题是《红楼梦》创作主旨的根本出发点和最终归宿。"[②]

林语堂在序言中明言:

> Some other great qualities of the novel are the following. A great theme, the theme of transitoriness of earthly glories, so well stated in the

---

[①] (清)曹雪芹:《古本小说集成 红楼梦(戚序本)》,上海古籍出版社1994年版,第3页。
[②] 王平:《〈红楼梦〉与佛道文化》,《社会科学研究》1995年第2期。

author's Preface and Prologue. It is this Buddhist-religious, semi-mystical presentation, with the idea of fate and destiny, which lifts it to a plane above mere mundane realism. A great story of downfall and collapse of an ancient family, brought about by decadence and human folly, and in the foreground the sad and in many ways tearful love story, with its irony and its cruelty—the fate that enveloped first Taiyu, then Pocia, and the young man himself. Concomitantly, the spiritual progress of the hero from infatuation with the eternal feminine to his disillusionment and final redemption. As the author presents it, the tragedy of the Jia house is the tragedy of all human life, of frustrated hopes and futile endeavors and passing glories. In this sense, it is deeply Buddhist. (p. iv)

这部小说还有如下伟大之处：它蕴含了一个尘世荣华转瞬即逝的主题。这点已在"作者自云"与"序幕"里分明阐述。正是这种佛教信仰、半神秘主义的表现，伴随着宿命论，将本书提升至一个超越寻常现实主义的高度。这个伟大的故事讲述了人的颓废和蠢行导致一个钟鸣鼎食之家的衰败与垮台，同时倾注心力描述了一个悲伤而黯然落泪的爱情故事，讽刺而残酷的命运先是包围黛玉、继而宝钗、进而男主人公自身。从迷恋永恒的少女世界到幻想破灭再到最终的救赎，他的心路历程伴随其间。作者想要表达的是，贾家的悲剧即全人类的悲剧：落空的希望、徒劳的努力和逝去的荣光。从这层意义来看，此乃深刻的佛家思想。

徐季子认为"色空"是佛教哲学的主要观点，曹雪芹的独特在于在"色空"间插入了一个"情"字①，陈维昭认为"色空"的轮回模式在元代的"神仙道化"剧及"讲史""演义"作品中司空见惯，曹雪芹人生体验的过人处在于他既体验到万境归空，又体验到万境终不能空；既体验到生存之

---

① 徐季子：《佛教思想对〈红楼梦〉的影响》，《文艺理论研究》1991年第5期。

痛苦，又感悟到解脱之不能。①林稿将原本位于原著卷首的空空道人"因空见色，由色生情，传情入色，自色悟空"（卷1，第3页）后移至"尾声"部分，译为"he saw how sentiment arose out of consciousness as consciousness arose out of the void, and how one returned again from perception of sentiment in consciousness into a sense of the vanity of all vanities"（p. 834）。王际真译本与库恩译本均未翻译此句，相比之下，可看出林语堂对此句的重视程度。霍克思将此"色""情""空"依次译为"Form"（which is Illusion)）"Passion""Void"（which is Truth）②，对"色"与"情"的解读，霍译本带有文学色彩，林稿则带有哲学色彩。

第88回贾母八十大寿，要写经祈福，是个相对独立、删去也无妨的事件，但林语堂做了详细翻译：

> 鸳鸯道：老太太因明年八十一岁是个暗九，许下一场九昼夜的功德，发心要写三千六百五十零一部《金刚经》，这已发出外面人写了。但是俗说："《金刚经》就像那道家的符壳，《心经》才算是符胆，故此《金刚经》内必要插着《心经》，更有功德。老太太因《心经》是更要紧的，观自在又是女菩萨，所以要几个亲丁奶奶姑娘们写上三百六十五部，如此又虔诚、又洁净。咱们家中，除了二奶奶，头一宗，他当家，少有空儿；二宗，他也写不上来。其余会写字的，不论写得多少，连东府珍大奶奶、姨娘们都分了去，本家里头自不用说。"惜春听了点头道："别的我做不来，若要写经，我最信心的。"（卷88，第1页）

At this time, the grandmother had made a pledge to buddha to have three thousand six hundred and fifty one copies of the Diamond Sutra made by hand and distributed, in anticipation of her eighty-first birthday the following year. This being a "hidden nine" (the square root of

---

① 陈维昭：《彷徨于"色"与"空"之间——论〈红楼梦〉的存在体验》，《红楼梦学刊》1994年第1辑。

② Cao Xueqin, *The Story of the Stone*, vol. 1, trans. David Hawkes, London: Penguin Group, 1973, p.51.

eight-one), she had promised a mass for nine days and nine nights at the temple. The copies of the Diamond Sutra had been ordered from outside. It was, however, a current saying that the Diamond Sutra was like the shell of a Taoist spell, while the Prajnaparamita Sutra, a much shorter text, was like its "core". Hence, she wanted three hundred and sixty-five copies of the latter sutra to go with the Diamond Sutra at the proportion of one to ten, for greater efficacy in her prayer for luck. Since the shorter sutra, which was largely in the form of a Buddhist mantra, was considered more important, and the Goddess of Mercy was a woman, she wanted three copies made by hand on yellow silk by each of the women of the house, including the concubines and the unmarried daughters, expecting Phoenix who could not write and who was too busy, besides. Thus Taiyu, Trailspring and the young duchess all did their share, but Fondspring, more and more convinced of the Buddhist faith, found nothing more congenial to her heart and offered to do more than her share. (pp. 552-552A)

"如果说从前在文学创作上是所谓的'以禅入诗'，那么曹雪芹的创造则应是成功地'以禅入于小说'。"① 而对于原著体现禅宗思想之处，林语堂也都做了翻译。典型代表一是原著第22回宝玉作"你证我证，心证意证"的偈语，黛玉续"无立足境，方是干净"（卷22，第6—7页）（见整理篇之诗词韵文翻译整理表），二是第91回宝玉与黛玉的禅问答（见整理篇之宗教翻译整理表），林语堂均完整翻译并做了详细注释。

三 道家与道教

张松辉指出"今人视道家为哲学流派，道教为宗教，而古人认为二者为一家"，他从四个方面指出道家道教与《红楼梦》的关系：全书骨架体现了道家的循环论思想；诸多细节渗透了道家思想；引用了道家典故；描写

---

① 杜景华：《〈红楼梦〉与禅宗》，《红楼梦学刊》1990年第3辑。

第五章 文化翻译

了道士生活，表明了作者对道教的态度①。而原著中道家道教的因素在林稿中也得到了充分展现。

林语堂翻译了原著第 21 回中出现的《庄子·胠箧》篇的原文及宝玉的拟作，对原著中出现的道家经典《庄子》《参同契》《元命苞》等也一一保留并做了翻译（见整理篇之词语典故翻译）。下面是他对《庄子·胠箧》篇的部分译文：

> 故绝圣弃智，大盗乃止；摘②玉毁珠，小盗不起；焚符破玺，而民朴鄙；剖斗折衡，而民不争；殚残天下之圣法，而民始可与论议。（卷21，第5页）

> Banish wisdom, discard knowledge and the gangsters will vanish. Fling away pearls and smash jades, and the petty thieves will disappear. Burn tallies and destroy signets, and the people will return to their innate simplicity. Make away with all measures and scales, and the people will not dispute over sums and figures. Scuttle all the institutions of the Sages, and the people will become fit for discussing the Tao, etc. (p. 123)

林语堂出版过编译本《老子的智慧》，熟悉道家思想，在此书中他论及知识增加和哲人教诲是如何毁坏人类天性的③；他本人也青睐道家，在《京华烟云》里频频可见道家痕迹。此段译文简明易懂，加之修改译稿时，林语堂为此添加了脚注："Chuangtse was a brilliant Taoist. The theme of this essay is a tirade against civilization"（p. 123）（庄子是位聪慧的道家人士，这篇散文的主题是抨击文明）。这对读者理解道家思想是有裨益的。

林语堂不仅在译稿中展现了道家思想，还保留了与道教相关的扶乩、作法等民间文化。如详细翻译了原著第 95 回，通灵宝玉丢失，妙玉扶乩

---

① 张松辉：《道家道教与〈红楼梦〉》，《中国文学研究》1999 年第 3 期。
② 应作"擿"。
③ Lin Yutang, *The Wisdom of Laotse*, New York: Random House, 1948, pp. 57-58.

（planchette）的场景。

> 叫道婆焚香。在箱子里找出沙盘乩架，书了符，命岫烟行礼，祝告毕，起来同妙玉扶着乩。不多时，只见那仙乩疾书道：
> "噫！来无迹，去无踪，青埂峰下倚古松。欲追寻，山万重，入我门来一笑逢。"
> 书毕，停了乩，岫烟便问请是何仙，妙玉道："请的是拐仙。"（卷95，第2页）

> Incense was lighted, and she took out from her trunk the tray of sand and the framework with a suspended pen. **An occult prayer was written to request the descent of some particular spirit from the upper world.** Smokyridge was made to make obeisance. After prayer was said, the two rose and held the pen framework suspended over the sand-tray, **waiting quietly for the spirit to trance the pen across the sand.** After a while, the pen began to move very fast, and wrote out the spirit's message in verse:
>
> Appearing without known origin,
> And vanishing without a sound,
> By the old pine under the Greenmead Peak,
> The jade will be found.
>
> Hunt for it, over hill and dale,
> And across crag and moor.
> I'll greet you with a laugh,
> Once you step inside my door.
>
> "May I ask which spirit had been invited?" asked Smokyridge, when she saw the pen stop.
> "The Immortal with an Iron Cane." (pp. 590-591)

如加粗部分所示,在翻译"书了符""扶着乩"时,译文是连译带释的,比原文更详细易懂。

更典型的例子是林稿第 53 章"The Haunted Garden"详细翻译了第 102 回的"宁国府骨肉病灾祲 大观园符水驱妖孽",尤其是几乎一字不落翻译了道士作法的细节,这在已知的其他编译本中是看不到的,这部分虽与贾家盛衰的主线情节相关,但相对烦琐,从略翻译也无甚大碍,林语堂试图展现的是与道教相关的日常生活与民间习俗的细节部分。

四 儒释道的融合与矛盾

林语堂曾云"Chinese is a confucianist when he is successful and a Taoist when he is a failure"[①]。在译稿中,他一方面展示了儒释道的理念与生活中的具体表现,一方面又指出这三家在中国人的人生与生活里"你中有我,我中有你"。在翻译到第 118 回宝玉看《庄子》《参同契》《元命苞》《五灯会元》时,就用注释指出:

> It is important to note that there is no sharp distinction of religions in Chinese society; one did not belong to a Confucisanist, or Taoist, or Buddhist church. Poyu was as much influenced by Taoist ideas as by Buddhism. (p. 794)
>
> 值得注意的是,中国社会对宗教没有明显区分。一个人不独属于儒家、道家或佛家。宝玉受道家影响之深不亚于佛家。

他还注意在译稿中展示佛道二家与儒家的矛盾。原著第 118 回宝钗与宝玉有关"赤子之心"的谈话,事实上是二人各自代表儒家的入世与佛道二家的出世的一场辩论。林语堂做了详细翻译,现引用其中一段:

---

① Lin Yutang, *My Country and My People*, New York: Reynal & Hitchcock, 1935, p. 117.

宝钗道："我想你我既为夫妇，你便是我终身的倚靠，却不在情欲之私。论起荣华富贵，原不过是过眼烟云，但自古圣贤以人品根柢为重……"宝玉也没听完，把那书本搁在旁边，微微的笑道："据你说，人品根柢又是什么？古圣贤你可知？古圣贤说过：不失其赤子之心。那赤子有什么好处？不过是无知无识、无贪无忌。我们生来已陷溺在贪嗔痴爱中，犹如污泥一般。怎么能跳出这般尘网？如今才晓得'聚散浮生'四字，古人说了，不曾提醒一个。既要讲到人品根柢，谁是到那太初一步地位的？"宝钗道："你既说赤子之心，古圣贤原以忠孝为赤子之心，并不是遁世离群、无关无系为赤子之心。尧舜禹汤周孔时刻以救民济世为心，所谓赤子之心，原不过是'不忍'二字。若你方才所说的忍于抛弃天伦，还成什么道理？"（卷118，第9页）

Pocia spoke her mind. "You want to know what I am thinking? I am thinking that I am married to you and my life is tied up with yours. 'Tisn't the pleasures of the bed that make a marriage, **at least it is not all.** As for wealth and luxury, to me it is just so much passing cloud, here now, vanished the next minute. But the ancient Sages have always taught that the important thing is to lay a sound basis in a man's character…"

Laying his book aside, Poyu cut in with a calm smile. "You speak of the sound basis of a man's character, and of the ancient sages. The ancient sages say that the basis of character lies in 'not losing the heart of a child.' What is it about a child except that the child is completely innocent and unspoiled by knowledge, that it is genuine and without guile? **We grown-ups have lost it, sunk in the quagmire of ambitions and desires and greed, and can never pull ourselves out of it.** I have just begun to understand the words, 'We meet and part in this floating life.' Nobody ever really took these words seriously. As for establishing a firm basis of character, how many of us can go back to ultimate simplicity before consciousness appeared?"

Pocia held her ground easily; she was quite as at home in ideas. "You speak of recovering the heart of a child, that unspoiled integrity of spirit. The sages have always taught that this integrity is to be found in loyalty, loyalty to the emperor and loyalty to one's parents. It does not spell out retreat from the obligations of human society. The great sages and the sage rulers always thought their first duty was to mankind. The so-called heart of an innocent child is just kindness and affection—a kind heart, if you want to call it that way. Is it kindness to turn one's back on one's family and disregard its common obligations?" (pp. 790-791)

林语堂的译文虽然基本忠实原文，但细微处又有别原文。如上述引文的两处加粗处，第一处针对宝钗所言的夫妇"不在情欲之私"，他加了一句"at least it is not all"，改为"至少情欲之私不是全部"；第二处针对宝玉所言"我们生来已陷溺在贪嗔痴爱中"，他的译文"ambitions""desires""greed"与"贪嗔痴爱"并不一一对应，至少"嗔"与"爱"难觅踪迹。而且，林语堂并未翻译被诸多评家视为《红楼梦》主题的《好了歌》。这既是因为他认识到儒家思想对中国人的人生观的深刻影响：This realism and this attached-to-the-earth quality of the Chinese ideal of life has a basis in Confucianism[①]（中国人的理想的这种现实主义和紧贴世俗，根植于儒家学说），也与其对读者理解力的预判有关。同时，还与他本人的人生观有关。林太乙曾回忆父亲去世前时常伤感的举止：

他变得时常掉眼泪，遇到风和日丽的气候，他掉眼泪，听见山上鸟声，他掉眼泪。这个世界太美了，他怎么舍得走？

圣诞节快到，我带他到永安公司，那里挤满了大人小孩在采购礼物，喜气洋洋。他看见各式各样的灿烂的装饰品，听见圣诞颂歌，在柜台上抓起一串假珠链子，而泣不成声。那店员好奇的看他，不知道

---

① Lin Yutang, *My Country and My People*, New York: Reynal & Hitchcock, 1935, p. 104.

这位消瘦的老人为什么在哭。我的胸膛涨得快要爆炸了。饶了他吧，小姐，我想，你要读过他的书，知道他多么热爱生命，方才知道他为什么在掉眼泪。让他抓起一个个装饰品，对着这些东西流泪吧。[①]

  林语堂欣赏道家的清净无为与返璞归真，理解佛家的无常与悲悯，但也并不排斥儒家的现实主义，称"尘世是唯一的天堂"[②]，其人生观、价值观、世界观融合了儒释道等中国传统文化的因素。他一生达观积极，作品风靡一世，成就一代文名，又能始终保有赤子之心。《红楼梦》本身融合了儒释道的精神，诞生于作者"云空未必空"的矛盾思想中，既悲天悯人，又不失赤子之心。如此来看，林语堂选择了《红楼梦》，《红楼梦》也选择了林语堂。

[①] 林太乙：《林语堂传》，陕西师范大学出版社2002年版，第287页。
[②] 林语堂：《林语堂名著全集》第21卷，《生活的艺术》，越裔译，东北师范大学出版社1994年版，第160页。

第六章　诗词韵文翻译①

诗词韵文是《红楼梦》的重要组成部分，却是译者的一大难关。林语堂对这些诗词韵文做了取舍工作。他对《红楼梦》诗词韵文采取的是何种态度？取舍时有何考量？他在诗歌翻译上有不少主张，在《红楼梦》诗词韵文的翻译上，又是如何实践这些主张的？这些问题均可归结到翻译策略层面上来，是本章的题中之义。

第一节　林语堂对《红楼梦》诗词韵文的态度

《红楼梦大辞典》将诗词韵文列为21类编目中的一类，徐匋、王景琳用72页的篇幅解说评述了260首诗词韵文②。蔡义江归纳这些诗词韵文的特点为：真正的"文备众体"；借题发挥，伤时骂世；小说的有机组成部分；时代文化精神生活的反映；按头制帽，诗即其人；谶语式的表现手法。并称"从小说的角度看，艺术成就是很高的"③。该评价并未明确提及诗作本身的文学价值。木心、叶嘉莹等直面该问题。木心称"《红楼梦》中的诗，如水草。取出水，即不好。放在水中，好看"④。叶嘉莹说：

《红楼梦》中三类的诗词，一类是拆字、谐音的，这是很工巧的

---

① 本章据笔者《林语堂〈红楼梦〉英译原稿诗词韵文翻译策略研究》（《中国文化研究》2021年春之卷）一文修订而成。
② 冯其庸、李希凡：《红楼梦大辞典》（增订本），文化艺术出版社2010年版，第211—282页。
③ 蔡义江：《红楼梦诗词曲赋鉴赏》，中华书局2001年版，第1—15页。
④ 木心讲述：《文学回忆录》（上），陈丹青笔录，广西师范大学出版社2013年版，第274页。

作品，但没有更多意义和价值；一类是模拟书中角色写的，他能够结合得这样好，写得这样贴切，这是有他的成就；另外一种是作者吐露内心写作《红楼梦》的苦衷，一份真正内心深处的感情的诗词，这是写得非常好的。①

林语堂是如何看待《红楼梦》的诗词韵文的呢？在林稿的译者序言里，他高度赞赏曹雪芹世所罕见地把大量篇幅给了一群侍女，也欣赏其对人物的刻画、伟大的故事和人世无常的主题。而对原著里的诗歌，他虽承认了曹雪芹的诗才，却没有正面评价诗歌的文学价值。显然他并未视诗歌为《红楼梦》最值得称道处。不仅如此，他还认为大量的诗歌会成为读者的阅读负担：

> In particular, like other Chinese novels, it displays the author's talent for poetry in all its forms. Only some of the best poems, highly regarded by the critics, are translated here, because too much may be too much for a western reader **of a novel**. (p. v.)

> 尤为称道的是，就像其他中国小说一样，作者的诗才在各类诗歌体裁里展露无遗。不过我仅翻译了数首获评家高度赞赏的一流诗作，因为对一位阅读小说的西方读者而言，太多的诗作会显得累赘。

在以上引文中，a western reader 后的 of a novel 是林语堂在修改译稿时手写添加上去的；他的译稿正书名 The Red Chamber Dream 下还有一个副标题 A Novel of a Chinese Family。这些举动背后体现的是他对译本读者对象的预测和以读者为本的翻译追求。他预期的读者不是专家学者，而是西方普通读者，这些读者最为期待的是精彩的中国故事。他考虑过多的诗歌会增加读者的阅读负担，且要控制篇幅，故而需做一番取舍。

---

① 叶嘉莹：《漫谈〈红楼梦〉中的诗词》，《陕西师范大学学报》（哲学社会科学版）2004 年第 3 期。

第二节 取舍诗词韵文的考量

林稿翻译的诗词韵文总计44首（篇或句）（见表6-1与整理篇之诗词韵文翻译整理表）。其中40首出自《红楼梦》原著；译者序言翻译富察明义和敦诚诗作各2首。40首诗词韵文约占原著的15%，而林稿总篇幅约为原著一半，可见诗词韵文的删减比例远大于散文部分的删减比例。林语堂在取舍时，必然经过多方考虑。笔者试从整理原稿过程中呈现的一些突出现象来反推林语堂翻译时所作的考量。

第一，择优而译。"堪怜咏絮才"的林黛玉被视为《红楼梦》里的诗才之冠，她的诗作林语堂选得最多，完整翻译了《葬花吟》《秋窗风雨夕》。再就是宝玉的诗作。宝钗等人的诗作仅翻译了第50回由众人合吟的五言排律。这是叶嘉莹所称的模拟书中角色的诗作。而即便是林黛玉的诗作，也做了一番选择。第34回题帕三绝句选第三首；第87回弹琴吟唱的曲子选第四章；第38回的《问菊》在修改时删除。另外，叶嘉莹赞许的透露作者真正内心深处感情的诗作，如五绝"满纸荒唐言"和"说到辛酸处"二首均得以完整翻译。

第二，兼顾文体均衡。如表6-2所示，译文包含20种文体，数量排在前三的是七言绝句（6）、曲（6）、对联（5）。因为兼顾文体均衡，故而长达70句350字的芦雪广五言排律、刘姥姥所作打油诗和与鸳鸯吟诵的牙牌令等均得以入选。单从文学价值而言，打油诗与牙牌令等乃叶嘉莹所称的很工巧却没有更多意义和价值的诗作。

第三，对后40回的倾斜。《红楼梦大辞典》收录的260首诗中，前80回218首，占比83.85%，后40回42首，占比16.15%；林稿的40首译诗中，前80回29首，占比72.5%，后40回11首，占比27.5%。可见林语堂对后40回诗作的倾斜。林语堂力主后40回系高鹗"据雪芹原作的遗稿而补订的，而非高鹗所能作"，并认为"《红楼梦》之有今日的地位，普遍的魔力，主要是在后四十回，不在八十回，或者说是因为八十回后之有高本四十回"[①]。

---

① 林语堂：《平心论高鹗》，群言出版社2010年版，第76页。

现举一例予以证明：为悼念夭逝的晴雯，宝玉第79回作《芙蓉女儿诔》，第87回填词《望江南》，林语堂舍了前者，选了后者。

第四，配合情节发展需要。某些韵文在整体故事情节的进展上不可或缺，如总写四大家族富贵权势的护官符；体现通灵宝玉之神奇的"莫失莫忘，仙寿恒昌"的刻字与暗示金玉良缘的璎珞金锁的"不离不弃，芳龄永继"的刻字等都得以翻译。

第五，重视道家和佛家思想。如原著第21回引用的《庄子·胠箧》篇和宝玉的仿作；第22回宝玉作、黛玉续的禅偈，第91回宝玉与黛玉的禅意问答等均入选。

第六，保留原著引用的经典诗词韵文。如第26回引用的《西厢记》唱词，第109回引用的《长恨歌》的名句等均得以翻译。

表6-1　林语堂英译《红楼梦》诗词韵文一览

序号	原著回次	林稿章次	原文摘录	林稿译文摘录	原文体裁	原文/译文用韵 N:NO; Y:YES
1		序言	病容憔悴胜桃花①	her sad flushed face excelled the peach blossom	七言绝句	Y/N
2		序言	威仪棣棣若山河	the girl's poise and dignity resembled a serene landscape	七言绝句	Y/N
3		序言	满径蓬蒿老不华，举家食粥酒常赊。②	The yard o'ergrown with rank, uncut sedge-grass, The family fed on gruel, the bottle dry.	七言律诗	Y/Y
4		序言	劝君莫弹食客铗，劝君莫扣富儿门。③	Serve not as footman in a manor-house, Seek not the doors of the wealthy gentry.	七言古诗	Y/Y
5	1	序幕	假作真时真亦假，无为有处有还无。	If phantom is real, so is real only phantom; Where nothing is, what which is is nothing.	对联	N/N
6	3	2	无故寻愁觅恨	There was a boy, love-sick and queasy	词	Y/Y

---

① 此诗与下一首出自富察明义《绿烟琐窗集》中20首"题《红楼梦》"诗的第14、15首。林语堂仅是释意，应是据袁枚《随园诗话》对此二诗的抄录。

② 敦诚西郊访曹雪芹后所作《赠曹雪芹》，收入《鹪鹩庵杂记》，林语堂摘译了首联和颔联。

③ 敦诚作《寄怀曹雪芹霑》，收入《四松堂集》，林语堂摘译了末四句。

第六章 诗词韵文翻译

续表

序号	原著回次	林稿章次	原文摘录	林稿译文摘录	原文体裁	原文/译文用韵 N:NO; Y:YES
7	3	2	两弯似蹙非蹙笼烟眉	The slight flicker of her eyebrows might lead one to think she was annoyed, and yet she might not be,	赞	N/N
8	4	3	贾不假，白玉为堂金作马。	If gold horses and marble halls you don't believe; look at the Jias, your eyes do not deceive;	俗谚	Y/Y
9	8	4	莫失莫忘，仙寿恒昌。	Lose not, forget not; it will bring you long life.	铭	Y/Y
10	8	4	不离不弃，芳龄永继。	Leave not, abandon not; so shall your blessed life be long.	铭	Y/Y
11	17	6	宝鼎茶闲烟尚绿，幽窗棋罢指犹凉。	Around the tea table wafts an incense smoke tinged by the light's green; By the window the chessplayers' fingers feel numb after the game.	对联	N/N
12	17	6	红杏梢头挂酒旗	A wine-flag peeps over the tops of Prune trees	七言绝句	N/N
13	17	6	柴门临水稻花香	Around the wooden postern on the water comes the scent of sweet hay	七言律诗	N/N
14	17	6	吟成豆蔻诗犹艳，睡足荼蘼梦也香。	Written among the nutmegs, the poems blaze in red; During a nap in the rose garden, perfume assails one's dreams.	对联	N/N
15	21	8	故绝圣弃智，大盗乃止。①	Banish wisdom, discard knowledge and the gangsters will vanish.	古文	Y/N
16	21	8	焚花散麝，而闺阁始人含其劝矣。	Burn the flowers (Shieren) and scatter the musk (Moonbalm), and order will be restored in the women's chamber.	拟古文	N/N
17	22	11	漫揾英雄泪	Forsooth, withhold a man's tears and quit!	曲	Y/N
18	22	11	你证我证，心证意证。	Though I may try To prove the truth, Truth you'll not find, By will or mind.	四言古诗	Y/Y

① 摘译至"而民始可与论议"。

续表

序号	原著回次	林稿章次	原文摘录	林稿译文摘录	原文体裁	原文/译文用韵 N:NO; Y:YES
19	22	11	无我原非你, 从他不解伊。	Let me forget the ego of thee and me, The blind illusion of he and she.	曲	Y/Y
20	26	13	每日家情思睡昏昏	listless, drunk in love all day	曲	N/N
21	26	13	若共你多情 小姐同鸳帐	When you and I share the bed of love	曲	Y/Y
22	27	14	花谢花飞飞满天	Fly, fly, ye faded and broken dreams	歌行	Y/Y
23	34	20	彩线难收面上珠, 湘江旧迹已模糊。	The ancient tear marks are already blurred, New liquid pearls now wet the billet-doux.	七言绝句	Y/Y
24	38	22	欲讯秋情众莫知, 喃喃负手叩东篱。	I would fain know the latest news of autumn; Getting no reply, I whisper my questions across the garden hedge.[①]	七言律诗	Y/Y
25	40	23	老刘, 老刘, 食量大如牛, 吃个老母 猪不抬头。	Liu Lowlow, Liu Lowlow, Has an appetite like a cow. She buries her mouth in her bowl, And eats like a sow.	打油诗	Y/Y
26	40	24	左边大四是个人, 是个庄稼人。	The left one is big four showing a man, Then without a doubt, it is a farm hand.	牙牌令	Y/Y
27	45	26	秋花惨淡秋草黄, 耿耿秋灯秋夜长。	Wilted the autumn flowers, browned the autumn grass; Long the autumn's dreary lamplit night.	乐府	Y/Y
28	50	28	一夜北风紧, 开门雪尚飘。	Last night the wind was howling fast, This morning the snow is swirling still.	五言排律	Y/Y
29	52	29	昨夜朱楼梦, 今宵水国吟。	Last night I had a dream in the red chamber, And this evening I am singing in Oceania.	五言律诗	Y/N
30	76	38	寒塘渡鹤影, 冷月葬诗魂。[②]	A stork's shadow passes over the nocturn water. The poet's spirit is buried under the ancient moon.	五言排律	N/N
31	87	39	人生斯世兮如轻尘	Human life is cheap like dust.	骚	Y/Y

---

① 林语堂在修改译稿时,删除了此诗译文。
② 原诗共七十句,仅摘译了此二句。

续表

序号	原著回次	林稿章次	原文摘录	林稿译文摘录	原文体裁	原文/译文用韵 N:NO; Y:YES
32	87	40	随身伴， 独自意绸缪。	O thou closet to my shadow!	词	Y/Y
33	85	42	人间只得风情好	The earth is beautiful, they say,	曲	Y/Y
34	91	44	禅心已作沾泥絮， 莫向春风舞鹧鸪。	The Buddhist heart is bound like willow watkin① stained with dust, no longer fluttering like the partridge riding the wind.	七言绝句	N/N
35	95	45	嘻！来无迹， 去无踪。	Appearing without known origin, And vanishing without a sound,	曲	Y/Y
36	109	56	悠悠生死别经年， 魂魄不曾来入梦。	Yearling the dead is parted from the living; Not once has her spirit come into my dream.	歌行	N/N
37	116	60	假去真来真胜假， 无原有是有非无。	The real excels Illusion, creature of the Real, Behind Nothing was Something, whence Nothing came.	对联	N/N
38	116	60	过去未来， 莫谓智贤能打破； 前因后果， 须知亲近不相逢。	Say not the wisest of men can see behind the veil of past and future; Know ye the closest relatives meet not outside the Wheel of karma.	对联	N/N
39	5	60	堪羡优伶有福， 谁知公子无缘。②	The fortunate actor is to be envied, so much the more pity for the young master.	六言绝句	N/N
40	118	62	勘破三春景不长， 缁衣顿改昔年妆。	Torn is the veil from late spring's mirage. In place of jewelled attire, the holy cloth.	七言绝句	Y/Y
41	120	64	我所居兮， 青埂之峰。	O Greenmead Peak my home!	四言古诗	Y/Y
42	120	尾声	天外书传天外事， 两番人作一番人。	An out-of-this-world book tells of an out-of-this world story. The same kind of being lives two kinds of life.	赞	N/N

---

① "watkin"为荷兰语的柳絮之意，英文为"catkin"。
② 摘译了袭人判词末尾二句。

续表

序号	原著回次	林稿章次	原文摘录	林稿译文摘录	原文体裁	原文/译文用韵 N:NO; Y:YES
43	1	尾声	满纸荒唐言①	These pages tell of babbling nonsense,	五言绝句	Y/Y
44	120	尾声	说到辛酸处	When the story is sad and touching,	五言绝句	Y/Y

表6-2　林语堂英译《红楼梦》诗词韵文之文体分类（20种）及数量统计

七言绝句	6	五言绝句	2	铭	2	五言律诗	1	乐府	1
曲	6	五言排律	2	赞	2	六言绝句	1	打油诗	1
对联	5	歌行	2	四言古诗	2	七言古诗	1	牙牌令	1
七言律诗	3	词	2	古文及拟古文	2	骚	1	俗谚	1

第三节　诗歌翻译主张与实践

《论翻译》与《论译诗》是林语堂专门谈论翻译的两篇文章。如果把焦点放在诗歌翻译上，可从这两篇文章中提炼出四个关键词：炼词、用韵、体裁、意境。笔者就以这四个词为切入点来考察林语堂是如何在《红楼梦》诗词韵文的翻译实践中实现其主张的。

---

① 林稿"序幕"未翻译第1回"却说那女娲氏炼石补天之时"至五绝"谁解其中味"，但"尾声"翻译了该部分的"空空道人因空见色"至"谁解其中味"，插入第120回"不过游戏笔墨、陶情适性而已"后、五绝"休笑世人痴"前，这是林语堂重组原著中跨越幅度最大的一处。

一 炼词

忠实的第二义,就是译者不但须求达意,并且须以传神为目的。译成须忠实于原文之字神句气与言外之意。这更加是字译家常做不到的。"字神"是什么?就是一字之逻辑意义以外所夹带的情感上之色彩,即一字之暗示力。[1]

诗之所以为诗,而非散文,中文英文道理相同。英文诗主要,一为练(炼)词精到,二为意境传神,与中文诗无别。所以译诗的人,尤其应明此点。要知道什么是诗,什么不是诗,而仅是儿童歌曲,或是初中女学生的押韵玩意儿,这才可以译诗。译出来念下去,仍觉得是诗,而不是押韵文而已。[2]

林语堂在《论译诗》一文中先谈翻译主张后谈翻译实践,《葬花吟》译文就被他放入实践部分,可见这是他引以为傲的译文之一。经比对,林稿中《葬花吟》译文(p. 172)与《论译诗》中收录的译文[3]并不完全一致。首句"花谢花飞飞满天,红消香断有谁怜?"(卷27,第10页)的译文在《论译诗》和林稿中一致:

Fly, fly, ye faded and broken dreams
　　Of fragrance, for the spring is gone!

起首的两个 fly 叠用,瞬间营造出落花满天飞舞的画面,飞速吸引读者入境。使人联想阿尔弗雷德·丁尼生(Alfred Lord Tennyson, 1809—1892)悼念亡友的诗作"Break, Break, Break"首句三个 break 连用的手法[4]。

---

[1] 林语堂:《论翻译》,载罗新璋编《翻译论集》,商务印书馆1984年版,第425—426页。
[2] 林语堂:《论译诗》,《林语堂名著全集》第16卷《无所不谈合集》,东北师范大学出版社1994年版,第317页。
[3] 林语堂:《论译诗》,《林语堂名著全集》第16卷《无所不谈合集》,东北师范大学出版社1994年版,第329—334页。
[4] Alfred Lord Tennyson, *The Works of Alfred Lord Tennyson, Poet Laureate*, London: Macmillan, 1894, p.124.

"手把花锄出绣帘,忍踏落花来复去"在《论译诗》中翻译为:

With hoe and basket she treads the fallen blossoms,
And **wander back and forth** in prayer.

林稿翻译为:

She gathers the trodden blossoms **lingeringly**,
And says to them her votive prayer.

用 lingeringly(流连)一词取代 wander back and forth(来回徘徊),精练传神地表达了少女对落花的不忍之心。

二 用韵

凡译诗,可用韵,而普通说来还是不用韵妥当。只要文字好,仍有抑扬顿挫,仍要保存风味。因为要叶韵,常常加一层周折,而致失真。……在译中文诗时宁可无韵,而不可无字句中的自然节奏。[1]

从上述主张来看,林语堂似乎于诗歌翻译中不太重视用韵。事实并非如此,他反对的只是为押韵而押韵的画蛇添足或削足适履的肤浅译法,这种诗在英文里称为 cutler's poetry(匠人之诗)[2]。从表 6-1 的统计可知,除对富察明义题红诗只是释意而非翻译以外,其他诗歌,凡原文押韵的,林语堂的译文也基本押韵;有的连韵脚所在的句子位置都争取做到与原文对应。以原作第 1 回和第 120 回的五绝的翻译为例(字体加粗部分是韵脚):两首原诗是第 2、4 句押韵,两首译诗亦是第 2、4 句押韵,这不是巧合,

---

[1] 林语堂:《论译诗》,《林语堂名著全集》第 16 卷《无所不谈合集》,东北师范大学出版社 1994 年版,第 318 页。
[2] 吴翔林:《英诗格律及自由诗》,商务印书馆 1993 年版,第 96 页。

而是有意为之。两首原诗都含"荒唐"一词与"痴"字。第一首分别译为 nonsense、folly，第二首却分别译为 buffoonery、tomfoolery。很明显，nonsense、folly 是英文常见词语，因第一首译诗已通过 conceal 和 appeal 实现了押韵，故而用常见词语即可，这符合林语堂在翻译上简明易懂的风格；第二首的 buffoonery、tomfoolery 相对不常见，且押三音节阳性韵，应是为了押韵而推敲所得。英国诗人塞缪尔·泰勒·柯勒律治（Samuel Taylor Coleridge，1772—1834）曾云 poetry is the best words in the best order[①]（诗歌是绝妙好词列于绝佳次序），林语堂娴熟的英语驾驭能力、翻译水平和文学才华从他译诗时对字词的调度可窥一斑。

满纸荒唐言，　　　　　These pages tell of babbling nonsense,
一把辛酸泪。　　　　　A string of sad tears they **conceal**.
都云作者痴，　　　　　They all laugh at the author's folly;
谁解其中味？　　　　　But who could know its magic **appeal**?

说到辛酸处，　　　　　When the story is sad and touching,
荒唐愈可悲。　　　　　Then sadder is its **buffoonery**.
由来同一梦，　　　　　But we, partakers of the dream-life,
休笑世人痴。　　　　　Shouldn't laugh at their **tomfoolery**.
（卷1，第4页；　　　　　　　　　　　　　　　(p. 835)
卷120，第13页）

另外，作为英诗节奏重要组成部分的音步，林语堂虽鲜有论及，但从译文里也能看出他在此点上的用心。以上述《葬花吟》的一节翻译为例：

愿侬胁下生双翼，　　　Oh, that I might take **wingèd** flight to heaven,
随花飞到天尽头。　　　　With these beauties in my trust!

---

① 转引自吴翔林《英诗格律及自由诗》，商务印书馆1993年版，第1页。

天尽头，何处有香丘？　'**Twere** better I buried you, yet undefiled,
未若锦囊收艳骨，　　　　Than let them trampled to dust.
一抔净土掩风流。　　　　　　　　　　　　　　　　(p. 173)
质本洁来还洁去，
强于污淖陷渠沟。
（卷 27，第 11 页）

在 wing 后加上 -èd 以增加一音节，将 It were 写成 'Twere 以减少一音节，均是为了平衡音步①。

三　体裁

译艺术文最重要的，就是应以原文之风格与其内容并重。不但须注意其说的什么，并且须注意怎么说法。……一作家有一作家之风度文体，此风度文体乃其文之所以为贵。……故文章之美，不在质而在体。体之问题即艺术之中心问题。……凡译艺术文的人，必先把其所译作者之风度神韵预先认出，于译时复极力发挥，才是尽译艺术文之义务。

所谓体裁问题，不可看得太浅。体裁有外的有内的（outer form and inner form）。外的体裁问题，就是如句之长短繁简及诗之体格等；内的体裁，就是作者之风度文体，与作者个性直接有关系的，如像理想，写实，幻象，奇想，乐观，悲观，幽默之各种，悲感，轻世等。外的体裁问题，自当待译者一番的试验，然后能求得相当之体格。……至于所谓内的体裁问题，就全在于译者素来在文学上之经验学识为基础……②

下面以《西江月》为例来看林语堂是如何把握诗歌"外的"体裁与"内的"体裁的。

---

① 吴翔林：《英诗格律及自由诗》，商务印书馆 1993 年版，第 43 页。
② 林语堂：《论翻译》，载罗新璋编《翻译论集》，商务印书馆 1984 年版，第 431—432 页。

第六章 诗词韵文翻译

西江月	Moon on the West River
无故寻愁觅恨，	There was a boy, love-sick and queasy
有时似傻如狂。	Half moping idiot, and half a sissy.
纵然生得好皮囊，	Though his skin may be white
腹内原来草莽。	And his looks are all right,
	An empty, empty windbag is he.
潦倒不通庶务，	He hates the volumes ponderous;
愚顽怕读文章。	And towards the great he's slanderous.
行为偏僻性乖张，	His ways are very queer
那管世人诽谤。	If you ever go near.
	His conduct is—just scandalous.
富贵不知乐业，	A lazy wastrel, living in riches,
贫穷难耐凄凉。	A turgid rebel, gone to the bitches.
可怜辜负好韶光，	For all his fine chance,
于国于家无望。	He is still but a dunce,
	His mind never outgrows his breeches.
天下无能第一，	As a ne'er-do-well he is quite peerless,
古今不肖无双。	For doing the devil's errand, fearless.
寄言纨袴与膏粱，	Since history began,
莫效此儿形状！	There never was such a man
（卷3，第11页）	So utterly, so completely, useless.

(p. 33)

林语堂原本为该词的翻译策略做了脚注，为避免冗长，在修改时删去：

Considering that the novel is a story of self-castigation, the author should be given credit for his ruthless humor. The metrical form of the Moon on the West River calls to mind the limerick; the first two lines and the last line have six syllables and the second and the last rhyme, while the next to the last line has a special lilt, with an extra syllable. In this case, the substance of the poem justifies its translation into limericks. (p. 33)

考虑到这是一部自我谴责的小说，我们应赞赏作者辛辣的幽默。《西江月》的韵律形式令人想起五行打油诗。起首两句和尾句六音节，第二句和尾句押韵。倒数第二句多一个音节。既如此，此诗之实质证明了将其翻译为五行打油诗是合理的。

五行打油诗是一种用词俚俗浅白的谐趣诗，发端于 15 世纪中期爱尔兰的 Limerick 郡，兴盛于 19 世纪，爱德华·李尔（Edward Lear，1812—1888）是集大成者。形式上为五行；抑抑扬格；押尾韵，韵式为 aabba，即第一、二、五行同韵，三、四行同韵；第一、二、五行不少于 7—8 个音节，第三、四行音节数相对少，无严格限制。而《西江月》二首均为双调五十字。每首前后阕各四句，第一、二、四句各六字，第三句七字，两平韵，一仄韵，平仄互押；前后阕起首二句对仗。林语堂将多一字的原文每段第三句拆译为五行打油诗音节数略少的第三、四句，从而均衡原文的四行与五行打油诗在句数上不对应的问题。在押韵上遵循了 aabba 的形式。所用译词也均为浅显乃至粗俗的日常词语，如 idiot，sissy，windbag，wastrel，rebel，dunce 等和 queasy，empty，queer，lazy，turgid，useless 等一连串对贾宝玉进行定性的、带有浓厚贬义色彩的名词与形容词的反复使用，以及 very，never，quite，utterly，completely 等程度副词的使用使嘲讽语气渐次加强，直至最后一句 So utterly, so completely, useless 达至最高潮。第二、三、四段 -s 尾韵的连用使全诗节奏轻快，朗朗上口。可谓得原诗内外体裁之精髓。

四 意境

意境第一,自不必说。瓦德尔女士(Helen Waddell)所译《诗经》二三十首便是好例。……瓦德尔根据雷格的译文,专取意境,及天下人同此心的题目,脱胎重写,有时六七段的诗,只并成两段。……瓦德尔是用韵的,但所用的韵天生自然,毫无勉强。

意境的译法,专在用字传神。……意境最难,我所译用字与原文不同,而寄意则同。①

林语堂相当认可王国维,其对《红楼梦》的认识也受到王国维的影响(见第一章第二节)。他称"意境第一",应是受了王国维的影响。王国维曾云:"词以境界为最上。有境界则自成高格,自有名句。""言气质,言神韵,不如言境界。境界,本也。气质、格律、神韵,末也。有境界而三者随之矣。"②下面以林语堂对《秋窗风雨夕》的翻译为例来看他是如何翻译意境的。

秋窗风雨夕	The Dirge of Autumn Night
秋花惨淡秋草黄,	Wilted the autumn flowers, browned the autumn grass;
耿耿秋灯秋夜长。	Long the autumn's dreary lamplit night.
已觉秋窗秋不尽,	Moan, ye autumn winds; cry, ye autumn rains!
那堪风雨助凄凉。	Whistle, stir and howl with all your might!
助秋风雨来何速,	Restless the lashing rains, sudden the speeding wind,
惊破秋窗秋梦续。	Hoarse cries wake her from her autumn dream.
抱得秋情不忍眠,	Hapless and helpless, made evermore sleepless
自向秋屏挑泪烛。	She ticks the candle and tends its molten gleam.

---

① 林语堂:《论翻译》,载罗新璋编《翻译论集》,商务印书馆1984年版,第318—320页。
② 王国维:《人间词话手稿》,《王国维全集》第1卷,浙江教育出版社、广东教育出版社2010年版,第496、501页。

泪烛摇摇热短檠,	The candle weeps, a -dripping hot tears downward down,
牵愁照眼动离情。	Trailing drops of wordless parting thought.
谁家秋院无风入,	Where is peace?
何处秋窗无雨声？	—Whose house exempted from the spreading moan Reading every home and yard and court?
寒烟小院转萧条,	Cold and lonely the little mist-bound bamboo yard,
疏竹虚窗时滴沥。	Trickling lines race the window from without—
不知风雨几时休,	And from within. The endless, meandering torrents meet
已教泪洒窗纱湿。	Across the bedrabbled pane, aimlessly about.
罗衾不奈秋风力,	Thin the silk pyjamas, sharp the cutting wind;
残漏声催秋雨急。	The restless hourglass urge ceaseless Time's flight.
连宵霢霢复飕飕,	All through the darkness, it howls amidst the inky dampness,
灯前如伴离人泣。	Intoning a threnody of autumn night.

（卷45，第10—11页） (p. 321)

黛玉在创作《秋窗风雨夕》之前，宝钗前来探望她，二人以诚相待、冰释前嫌，黛玉向宝钗诉说了寄人篱下的辛酸。宝钗离开后，黛玉四周的景象是：

> 不想日落时，天就变了。淅淅沥沥下起雨来，秋霖霢霢、阴晴不定。那天渐渐的黄昏且阴的沉黑，兼着那雨滴竹梢，更觉凄凉。知宝钗不能来，便在灯下随便拿了一本书，却是《乐府杂稿》，有《秋闺怨》《别离怨》等词。黛玉不觉心有所感，亦不禁发于章句，遂成《代别离》一首，拟《春江花月夜》之格乃名其词曰《秋窗风雨夕》。（卷45，第10页）

整首《秋窗风雨夕》的意境正如原著里的"更觉凄凉"和"那堪风雨

助凄凉"二度点出的,用"凄凉"一词可表达无余。而这种凄凉之感是多愁多病的黛玉悲叹自己父母双亡、寄人篱下、前途未卜的感情被秋风秋雨引发的。

林语堂的译诗整体来看,依照原文分五节,每节四行;扬抑格;压尾韵,为 abcb 的隔行韵形式,最后一节与最初一节同韵,首尾呼应。仔细看来,有如下特点。

第一,叠用 autumn。原诗是仿《春江花月夜》的歌行体,叠用 15 个"秋"字是其重要特色。林语堂也用了 7 个 autumn,且集中在第一节的五种秋的意象:autumn flowers、autumn grass、autumn's dreary lamplit night、autumn winds、autumn rains,另外两个是第二节的 autumn dream 与最后一节的 autumn night。秋日意象的堆砌使译诗的季节感得以保证,且 autumn 的叠用初步还原了原诗重复"秋"字的回环之感。

第二,巧用押韵。林语堂没有简单地用几个 autumn 来还原原诗的音效,而是在押尾韵的基础上,综合采用了行内韵(如 Wilted the autumn fl**o**wers, br**o**wned the autumn grass)、头韵(如 **R**estless the lashing **r**ains,**s**udden the **s**peeding wind)等押韵手法使全诗富于音乐美。尤为称道的是,他用了 11 个以-ess 为后缀的词(Restless 一词使用了两次)来进一步再现原文回环往复的音效和如泣如诉、连绵不断的愁绪与悲伤,像 Hapless and helpless, made evermore sleepless(命途多舛、无依无靠、彻夜难眠)与 The restless hourglass urge ceaseless Time's flight(残漏声催时逝急)就是代表,-ess 构成的行内韵将诗人难以排遣的悲愁情绪予以音效化。

第三,运用倒装。林语堂在该诗的翻译上大量运用了倒装的修辞手法。译诗第一节前三句连用五个倒装:**Wilted** the autumn flowers, **browned** the autumn grass; **Long** the autumn's dreary lamplit night. **Moan**, ye autumn winds; **cry**, ye autumn rains! Wilted, browned, long, moan, cry 五词的倒装前置强化了秋花之惨淡、秋草之枯黄、秋夜之漫长、秋风之呼啸、秋雨之绵绵的效果,立即在读者眼前营造了一种萧索凄凉的秋夜氛围。第二节首句的 **Restless** the lashing rains, **sudden** the speeding wind,第四节首句的 **Cold and lonely** the little mist-bound bamboo yard,第五节首句的 **Thin** the silk pyjamas,

sharp the cutting wind 亦复如此。这种偏离正常语序的修辞手法一举多得：一是表示强调突出效果；二是平抑音韵强化节奏；三是制造悬念渲染气氛。①倒装手法在英诗里相对常见，林语堂是否从亨利•沃兹沃斯•朗费罗（Henry Wadsworth Longfellow，1807—1882）的名作"Snow-Flakes"（雪花）②受到启发，已无从求证。《雪花》以倒装修辞法知名；且《秋窗风雨夕》写秋天，《雪花》写冬天，两诗都于萧索的自然氛围里弥漫着诗人愁闷悲凉的情绪。朗费罗被誉为19世纪美国最伟大的诗人之一，林语堂多年寓居美国，深谙欧美文学，对大名鼎鼎的朗费罗的诗歌应是熟悉的。

第四，活用跨行、调整段落、画龙点睛等技巧。前文已提到林语堂对押韵的重视。跨行除了平衡每句音节数外，还是实现押韵的手段之一。第三节通过跨行使 moan 与第一句的 down，court 与第二句的 thought 形成押韵效果。第四节亦复如此，通过跨行使 about 与 without 押韵。林语堂还大胆调换了原诗第四节与第五节的顺序，优于或劣于原文是见仁见智之事，但第五节最后一句 Intoning a threnody of autumn night（吟诵一曲秋夜悲歌）不仅是点睛之笔，且与诗题 The Dirge of Autumn Night（秋夜哀歌）交相呼应，并合理化了段落调换的举措。

对翻译里老生常谈的忠实、可译性的问题，林语堂有清醒认识：

> 其实一百分的忠实，只是一种梦想。翻译者能达七八成或八九成之忠实，已为人事上可能之极端。……凡文字有声音之美，有意义之美，有传神之美，有文气文体形式之美，译者或顾其义而忘其神，或得其神而忘其体，决不能把文义文神文气文体及声音之美完全同时译出。
>
> 论真，我们可以承认 Croce 的话，"凡真正的艺术作品都是不能译的。"（Croce 谓艺术文不可"翻译"只可"重作"，译文即译者之创作

---

① 姜春兰：《浅析英文诗歌中"倒装"的修辞功能》，《西南农业大学学报》（社会科学版）2013年第8期。

② Henry Wadsworth Longfellow, *Birds of Passage; Flower-de-luce; A Book of Sonnets; The Masque of Pandora and Other Poems; Keramos; Ultima Thule and in the Harbor,* Boston & New York: Houghton Mifflin, 1886, p. 69.

品，可视为 Production，不可视为 reproduction）……譬如诗为文学品类中之最纯粹之艺术最为文字之精英所寄托的，而诗乃最不可译的东西。无论古今中外，最好的诗（而尤其是抒情诗）都是不可译的。……虽然，诗文既有不可不译之时，自亦当求一切不可中比较之可……①

林语堂对《红楼梦》诗词韵文的翻译并不求逐字逐句与原文一一对应，他力求忠实再现的是原文的意境。意境第一是其翻译的目的与理想，而以上独具慧心的翻译策略是实现目的与理想的手段。他说："我们可以说翻译艺术文的人，须把翻译自身事业也当做一种艺术。这就是 Croce 所谓翻译即创作，not reproduction，but production 之义。"②而他的创作能力在诗歌翻译上可谓发挥得淋漓尽致，确是一种再创作。

他在译稿序言中用一个形象的比喻描述了理想的翻译：

The best translation does not read like a translation, like a lady's silk stocking, so sheer that you do not know she is wearing it, while it reveals the beauties…(p. xx)

最好的翻译，是读起来不像翻译的翻译，像是女士的长筒丝袜，透明得让人不知道她是否穿了，却能展现她的美丽……

如果把《红楼梦》原著诗词韵文比作女士的话，那么林语堂翻译时，在炼词、用韵、体裁等方面所采取的各种策略，就宛如给女士穿上了"长筒丝袜"。所谓"透明得让人不知道她是否穿了"，即译文没有翻译腔，是在以诗译诗。而展现出的美丽，其实就是对原诗意境的再现乃至凸显。他在翻译中主张忠实、通顺、美的标准，③而在其诗歌翻译上，美的标准显然分量更重。

---

① 林语堂：《论翻译》，载罗新璋编《翻译论集》，商务印书馆 1984 年版，第 426、430 页。
② 林语堂：《论翻译》，载罗新璋编《翻译论集》，商务印书馆 1984 年版，第 432 页。
③ 林语堂：《论翻译》，载罗新璋编《翻译论集》，商务印书馆 1984 年版，第 419 页。

已知的《红楼梦》外文编译本，如王际真英文编译本、库恩德文编译本、松枝茂夫日文编译本等，多注重故事与人物，淡化诗词韵文；林语堂虽也重视故事与人物，但其译稿翻译的诗词韵文在各类编译本中数量最多、文体最全、质量上乘，没有埋没《红楼梦》中的诗，这是难能可贵的。

第七章　副文本

第一节　序言[①]

林语堂为859页译稿撰写的序言长达22页，共6200余个英文单词（原文及译文见附录二）。就《红楼梦》的文学价值、男主人公宝玉的艺术形象及通灵宝玉的象征意义、作者曹雪芹的身世背景、翻译策略四个问题充分抒发了他的见解，有如下突出特征。

一　世界文学与比较文学视野

林语堂是站在世界文学的高度并从比较文学的视野出发来审视《红楼梦》的文学价值的。这可以从如下三点来看。

（一）将曹雪芹比肩莎士比亚

20世纪80年代开始，我国相继有学者将曹雪芹与莎士比亚相提并论，较早且较有代表性的是莎士比亚作品译者方平所撰写的《曹雪芹和莎士比亚》一文，从两位作家的文学地位、文学影响、研究的兴盛、作品思想的丰富与深刻、人物塑造的成功、语言艺术的精彩等角度分析了两者的相似性。[②]红学家胡德平亦称"在反映社会变化，封建秩序的无常，人伦世态

[①] 本节据笔者所译的《林语堂〈红楼梦〉英文编译原稿序言》（《曹雪芹研究》2019年第3期）一文的译后记修订而成。

[②] 方平：《曹雪芹和莎士比亚》，《文艺理论研究》1981年第3期。

的炎凉上，莎剧和《红楼梦》就有异曲同工的效果"①。这些研究离不开改革开放以来中国学者视野的国际化和比较文学学科日益发展的大背景，但在林语堂撰写序言的20世纪50年代，将在西方世界鲜为人知的曹雪芹比肩家喻户晓的莎士比亚，还是需要相当的胆识与根据的。

这样类比，首先是一种策略，让对曹雪芹一无所知的西方读者迅速建立起对这位作家写作实力的信心。其次，也透露出林语堂面对西方文学不甘示弱的态度，即你有你的骄傲，我有我的自豪，我的自豪丝毫不逊于你的骄傲。当然，这种类比是有根据的，他指出了这两位伟大作家的共性：语言美妙、深刻洞察人心、巧妙刻画人性。

（二）世界十大最伟大小说之一

如果要从浩如烟海的中国文学作品里，挑选一部作品入选世界文学经典之列，很多中国人会不约而同想到《红楼梦》。但《红楼梦》何以能称为世界文学经典，仅根据其在本国的知名度与影响力来判断是不够的，我们必须指出它的世界性，即其能超越语言与文化差异，让全世界人民为之钦佩的文学意义和为之感动的文学价值。2014年4月23日，英国的《每日电讯报》将《红楼梦》列为"史上十佳亚洲小说"之首，评价其"以一个贵族家庭中的两个分支为主线，讲述了一个凄美的爱情故事，充满人文主义精神"。学者据此指出，"《红楼梦》已成为世界文学的有机组成部分，引起了国际学界的广泛关注"②。但是，这个排行榜的限定范围其实并未冲出亚洲。霍克思英译本的序言也仅称《红楼梦》是"The most popular book in the whole of Chinese literature"（中国文学史上最受欢迎的作品）。而林语堂早在20世纪50年代就已在林稿序言中明确指出《红楼梦》能"当之无愧立于世界十大最伟大小说之列"。他的依据是两点。第一，《红楼梦》赋予了书中所有人物以丰富的人性。诚然，古今东西，文学即人学，我们经常说某部文学作品的成功在于塑造出了典型的人物形象。而人物形象能否成功塑造出来取决于作家能否入木三分地刻画出复杂多样的人性来。第

---

① 胡德平：《寻找"中外文化比较"的共性与个性——从莎士比亚与曹雪芹的著作谈起》，《红楼梦学刊》2013年第6辑。
② 冯全功：《〈红楼梦〉英译思考》，《小说评论》2016年第4期。

二，书中尘世荣华转瞬即逝的主题所具有的普遍意义："贾家的悲剧即全人类的悲剧：落空的希望、徒劳的努力和逝去的荣光。"这是从佛家的无常思想出发看待人生的观点，是东方文学的民族性的体现。林语堂将这一民族性上升为世界性，指出盛极而衰的贾家的悲剧即全人类的悲剧，从而引发读者对人类命运共同体的共鸣。

（三）《克拉丽莎》的感伤主义

林语堂提到《红楼梦》与《克拉丽莎》(Clarissa, or, The History of a Young Lady) 在感伤主义上的相似性。《克拉丽莎》是英国小说家塞缪尔·理查逊（Samuel Richardson, 1689—1761）创作的书信体长篇小说，于 1747—1748 年出版，与《红楼梦》诞生于同一时期。女主人公克拉丽莎出身于富有的乡绅人家，被纨绔子弟勒夫莱斯追求。父兄逼迫她嫁给一位相貌丑陋、没有文化的富商，她不愿屈就。勒夫莱斯趁机带她离家出走，将其骗至伦敦。克拉丽莎意识到勒夫莱斯人品有重大缺陷，拒绝其求婚，却被其奸污，悲愤而终。两部小说在情节、人物、主题上不存在明显的可比性。但在描写女性的不幸遭遇与细致的家庭叙事上存在共通性。《克拉丽莎》以情动人，女主人公的不幸经历与悲剧结局引发了小说内外的旁观者的唏嘘同情，全书弥漫着悲伤的氛围，被称为感伤主义小说（sentimental novel）的代表，此点与"千红一窟（哭）、万艳同杯（悲）"的《红楼梦》在气质上有相似之处。《克拉丽莎》在英国文坛地位颇高，与理查逊同时期的文学评论家塞缪尔·约翰逊称"就其所表现的对于人类内心的了解而言"，《克拉丽莎》"堪称天下第一书"[①]。林语堂用译者惯常使用的类比策略，引导西方读者建构起对《红楼梦》的阅读想象与期待视野。这为我们从比较文学平行研究出发，在世界文学范围内重新认识《红楼梦》提供了一个新视角。

二 聚焦宝玉与侍女

林语堂真正地走进了曹雪芹所创造的世界里，他对《红楼梦》中的人物，给予了基于理解的同情，这从序言里他分析人物时褒贬兼具的用词即

---

① 转引自郑佰青《超越召唤——克拉丽莎的"战争"》，《外国文学》2007 年第 6 期。

可看出。而他最为关注的人物还是贾宝玉，为此，他在序言里针对贾宝玉单列了一节。他对宝玉的性格特质与精神苦闷理解深刻。在他看来，宝玉有一颗温暖、深情、真诚的心；拒绝长大、拒绝接受社会常规与成人世界的虚伪；是天生、纯真、永恒的女性崇拜者。如果说这些观点是认真阅读《红楼梦》者均能获得的普遍感受，不足为奇的话，林语堂的独特之处，在于他指出了衔玉而生的宝玉，其故事背后的象征性：即一个艺术家的灵魂与肮脏的现实逐渐冲突的故事；而通灵宝玉则是人类纯洁无染的灵魂的象征，是超凡脱俗的太初智慧、纯真与对美的敏感。这一观点相信会令不少人耳目一新。"从迷恋永恒的少女世界到幻想破灭再到最终的救赎"这一句对贾宝玉成长历程的概括，成为林语堂编译《红楼梦》的一条关键线索。

除开宝玉，他重点关注的是侍女。他明言对青春期侍女的描写是《红楼梦》的独特之处，这在已有的《红楼梦》外文译本的序言、后记中并不多见。该看法直接影响到他对原文的选择，他在序言中提及的袭人、晴雯、鸳鸯、紫鹃、平儿在他的译稿里所占的篇幅并不亚于林黛玉和薛宝钗。

三 自觉的读者意识

林语堂的译者序言体现出明显的读者意识。在结构布局上，序言分四个部分，分别着眼于《红楼梦》的文学价值、主人公、作者、翻译问题。四个小标题的设立清晰呈现出他的思路，有利于引导读者有的放矢地接近作品。而库恩译本、王际真译本、霍克思译本、杨宪益译本的译者序言均没有采用此种体例。

在叙述方式上，他的序言并非平板的知识传授，而是从开头就不遗余力地强调《红楼梦》的文学价值，目的是引起读者的好奇心。排比修辞的运用也让行文更有文采与气势。

更关键的是，他一方面对《红楼梦》的伟大充满自信，另一方面也认识到了东西方文化的差异，西方读者未必能全盘接受中国读者的津津乐道之处。如大量的诗作、缓慢的节奏、冗繁的日常细节、琐碎的次要人物情节、相似的场面、饶舌的对话等。他认为如果全盘皆译的话，西方读者是看不下去的。所以，他是有选择性、有针对性、策略性地推介《红楼梦》

的好给西方读者。此点集中体现在序言第四部分,这一部分既为我们了解他的编译策略提供了诸多线索,也为我们思考中国文学如何有效地"走出去"并"走进去"提供了启发。

"我想,没有一个西方读者能忍受逐字翻译。""曹雪芹的原著非常可读,西方读者有权享受同样的愉悦。"这种站在读者立场上思考问题的态度自然会拉近与读者的距离。正如他本人所言:

> I had been developing a style, the secret of which is take your reader into confidence, a style you feel like talking to an old friend in your unbuttoned words. All the books I have written have this characteristic which has a charm of its own. It brings the reader closer to you.①

> 我创出一种风格,秘诀是取信于读者,像是开诚布公地与老友交谈。所有我写的书都因此特征而吸引读者,让他们离我更近。

四 关注红学研究动态

林语堂在1973年修订译稿时为序言增加了三页手写稿,交代初稿译成近20年后红学界取得的新进展,关注了大陆红学界的两大发现:一是杨继振旧藏本,二是《废艺斋集稿》。

(一)杨继振旧藏本

1962年发现的120回抄本《乾隆抄本百廿回〈红楼梦〉稿》,即杨继振旧藏本(简称杨藏本),是个手抄本,后40回做了大量修改,而修改后的内容大多不同程甲本而同程乙本,加上又有"兰墅阅过""红楼梦稿"的笔记字样,因此,一部分学者认为这个本子是先于程刻本产生的百二十回抄本,是高鹗用来修补的底本。

林语堂向来否定胡适的后40回高鹗续书说,而主张高鹗只是在曹雪芹原稿的基础上修补了《红楼梦》后40回。杨藏本出来后,林语堂更加深信

---

① Lin Yutang, *Memoirs of an Octogenarian*, Tai pei; New York: Mei Ya Publications, Inc., 1975, p. 69.(感谢天津外国语大学冯智强教授慷慨提供该文献的准确信息)

自己的主张,认为杨藏本"证明高鹗的冤枉。至少他不是'写',而是'补'",并且指出该本"己卯秋月堇堇重订"中的"堇"意为"土芹",表示该本的添补出于曹雪芹本人的手笔①。但目前红学界对杨藏本的态度并未统一,既有认为杨藏本后于程本的:

> 杨本的要害部位,即后四十回中十九回的原抄正文,只能产生在程乙本问世之后;它是程乙本的节本,这就是它的版本真容。如果要维持"稿本"的称谓,它不过是程乙本节本的稿本;加上行间添补的文字,也只是程乙本节本的二稿本。②

> 《杨藏本》后四十回,是在《程乙本》出版后才可能产生的,不是如绝大多数研究者所认定的,越过《程乙本》,作为程本的母本。③

也有认为杨藏本先于程本的:

> 抄本中有大量的改抹,论者多以为是高鹗用以增补后40回时的草稿,故长期称之为"红楼梦稿本"。其实,这是一种误会。因为,改抹后的文字,大体上同程乙本而异程甲本。可见在这个本子上进行修改,是程乙本问世后的事。……杨本的后40回,系与前80回同一个时间过录完成。其中一部分,大体上同程乙本,另一部分,与程甲本、程乙本都有较大的差异,总的倾向是比较简略,可能是个流传于程甲本付印前的后40回早期手抄本。④

> 杨藏本底本的文字简洁自然,自成体系,与程甲本、程乙本相比,不乏独立性和逻辑性。没有像程本那样强调"南方"信息,说明杨藏

---

① 林语堂:《平心论高鹗》,群言出版社2010年版,第15页。
② 金品芳:《谈杨继振藏本后四十回中的十九回原抄正文》,《红楼梦学刊》1993年第4辑。
③ 陈庆浩、蔡芷瑜:《〈红楼梦〉后四十回版本研究——以杨藏本为中心》,《中国文化研究》2013年冬之卷。
④ 冯其庸、李希凡:《红楼梦大辞典》(增订本),北京图书馆出版社2010年版,第408页。

本后四十回依然处于尚未成熟的过录本阶段。①

不过像林语堂这样，断言杨藏本的添补直接出于曹雪芹之手的，还是少数。另外，林语堂在为序言追加的手写稿中还称：

A good part of critics who accepted the hypothesis of Kao Ngo's authorship of the last forty chapters, have come round to the belief must be based on Tsao's manuscripts, Kao merely doing the editing job, rather than any creative writing. (p. xviii a-b)

相当一部分曾经接受高鹗是后 40 回作者的假说的批评家，转而相信后 40 回是基于曹雪芹的原稿，高只是做了编辑工作，并未插手创作。

其实，关于后 40 回的作者问题，至今尚未有定论。中国艺术研究院红楼梦研究所校订、人民文学出版社出版的《红楼梦》校本为中国现行《红楼梦》通行本。该本 1982 年初版、1996 年 2 版的封面标注"曹雪芹 高鹗著"；2008 年 3 版的封面标注"曹雪芹著，无名氏续"。胡适的高鹗续书说被推翻一半，但续书说仍占主导地位。未来，续书说是否会被彻底推翻，现在断言还为时过早。但林语堂自始至终坚持后 40 回是曹雪芹原稿，这种执着从他添补的序言中也能明显感受到。现今红学界将其视为一家之言，予以应有的尊重（见第一章），却少见追随者与支持者。这于林语堂而言，恐怕是个遗憾。

（二）《废艺斋集稿》

林语堂的另一个关注重点是吴恩裕发现的《废艺斋集稿》。他在序言中介绍了《废艺斋集稿》透露的曹雪芹的生平经历。

1973 年，吴恩裕在《文物》第 2 期发表《曹雪芹的佚著和传记材料的

---

① 曹立波、韩林岐：《〈红楼梦〉杨藏本底文的独立性——从程本多出的文字"金陵"、"南边"、"南方"谈起》，《中国矿业大学学报》（社会科学版）2014 年第 3 期。

发现》^①一文,对外公布了曹雪芹佚著《废艺斋集稿》的概况。文章提到大约在 1943 年,北华美术学院日籍教师高见嘉十从日本商人金田氏处借来风筝谱,让学生描摹。此风筝谱为八册本《废艺斋集稿》中的一册——《南鹞北鸢考工志》,有署名为"芹圃曹识"的自序,提及这套风筝谱是为了帮助残疾友人于叔度维持生计而作。

1975 年 4 月,中岛健藏率领的日本日中文化交流协会访华后得知《废艺斋集稿》一事,回国后号召日本各大图书馆、研究机构、汉学家、古书界、古董界、日本风筝协会等各方力量寻找集稿未果,《读卖新闻》《朝日新闻》都曾对此事做专题报道[②]。《读卖新闻》详细报道了《红楼梦》日文全译本译者、时任早稻田大学教授的松枝茂夫曾寻访到临摹《废艺斋集稿》风筝图样的日籍美术教师、居住在富山县上新川郡大泽野町的高见嘉十,但对方只记得让学生临摹风筝图样、自己进行修改一事,其他信息已回忆不起来。收藏《废艺斋集稿》的商人金田氏至今下落不明,高见氏也于 1974 年过世[③]。

红学界对《废艺斋集稿》的真伪问题,尚无定论。《红楼梦大辞典》对此采取了谨慎态度。

  关于《废艺斋集稿》的存亡、真伪及价值,学术界一直有争论。吴恩裕认为它是研究曹雪芹生平、思想的直接材料。另一种意见则认为《废艺斋集稿》包括吴恩裕本人从未见过实物,1945 年后原日本收藏者金田氏已杳无消息。所以,《废艺斋集稿》是否存在和是否曾经存

---

① 《文物》为单月刊,吴恩裕此文见刊时间应为 1973 年 3 月,其正文后所记时间为"1972 年 11 月","校后附记"所记时间为 1972 年 2 月。但林语堂在译稿序言脚注中称"Published by Wu En-yü in May 11, 1970 in *Ta Kung Pao*"(p. xviiib)(见 1970 年 5 月 11 日《大公报》所载吴恩裕文)。经调查,吴恩裕于 1973 年 5 月 11 日在香港《大公报》第一版"文史专栏"发表《曹雪芹的佚著和传记材料的发现》一文,林稿脚注应是误记了年份。感谢正在日本早稻田大学访学的同事邱春泉博士热心帮忙查阅《大公报》。

② 「紅楼夢」ミステリー　自筆稿「金田某氏」に　模写した人、すでに死亡」,『読売新聞』1975 年 4 月 29 日第 14 版;「どこへ消えた曹雪芹の原稿　国内の図書館に"大捜索網"」,『朝日新聞』1975 年 4 月 24 日第 13 版。

③ 从松枝茂夫的调查来看,高见嘉十确有其人,让学生临摹风筝图谱也确有其事,这至少证明吴恩裕文中所提抄存者(临摹风筝图谱的学生)所言非虚。从抄存者的回忆来看,集稿收藏者金田氏对该集稿十分看重,如果没有遇到不可抗因素,不能否定该集稿尚存于世的可能性。林语堂的《红楼梦》译稿是在日本发现的,且得到了妥善保管,如果集稿尚存日本,希望有重新问世的一天。

在过还是一个谜,尚不能作为研究曹雪芹生平、思想的依据。[①]

《废艺斋集稿》透露了曹雪芹在制作风筝、编织柳条等实用技艺上的多才多艺,和传授技艺给残疾人助其谋生的善行。林语堂满含赞叹地将此记载到译稿序言中,说明他对《废艺斋集稿》的存在是深信不疑的,也说明了他对曹雪芹人格的欣赏。他在去世前仍密切关注红学界的最新进展,可见他对《红楼梦》的爱好与关心是终其一生的。

第二节 注释

林稿注释分文内注和脚注两种。文内注在正文里用括号标示,总计171条。脚注在正文所需注释处用"*"标示,注释内容放在当页正文下端。原始脚注总计133条,修改时删除22条,保留111条(其中有两条犹豫是否保留,标注了"keep?")。文内注较简洁、脚注较详细。笔者参考《红楼梦大辞典》(增订本)总目上编的编目[②]并结合林稿实际情况分类整理了这些注释。

一 文内注分类及示例

171条文内注可分为18类(/后的数字是全体文内注总数;/前的数字是该类文内注总数;百分比是该类文内注占全体文内注的比例)。

(1)称谓(51/171, 29.82%)。如 eldest aunt(MADAME SHING, the DUCHESS)指出黛玉的大舅母即邢夫人。

(2)姓名(42/171, 24.56%)。如 Jen Shihyin(True Story Disguised)指出甄士隐姓名寓意真实故事被遮掩。

(3)词语典故(14/171, 8.19%)。如 she drinks a lot of vinegar(is jealous)指出吃醋即嫉妒。

[①] 冯其庸、李希凡:《红楼梦大辞典》(增订本),文化艺术出版社2010年版,第396页。
[②] 该书总目上编分21类:词语典故、服饰、器用、建筑、园林、饮食、医药、称谓、职官、典制、礼俗、岁时、哲理宗教、诗词韵文、戏曲、音乐、美术、游艺、红楼梦人物、文史人物、地理。

（4）章节提示（10/171, 5.84%）。如 The first year in the garden（Ch. 6-29）指出译稿第 6—29 章描写大观园里的第一年。

（5）情节提示（9/171, 5.26%）。如 Prologue（The Story of the Precious Stone and the Garnetpearl）指出译本序章乃木石姻缘的故事。

（6）岁时（7/171, 4.09%）。如 the seventh month（August）指出农历七月即公历八月。

（7）礼俗（6/171, 3.51%）。如 kept aloof from Poyu（as was good form）指出订亲后，宝钗回避宝玉于礼得体。

（8）器用（6/171, 3.51%）。如 juyao（white）指出汝窑为白色。

（9）医药（6/171, 3.51%）。如"hot"（stimulant）指出药性热即刺激性强。

（10）地理（5/171, 2.92%）。如 Jinling（Nanking）指出金陵即南京。

（11）园林（5/171, 2.92%）。如 exquisite courtyard（This was to be the COURT OF RED DELIGHT, occupied by Poyu himself）指出贾政等参观的一所院落即日后宝玉居所怡红院。

（12）翻译说明（2/171, 1.17%）。如 put them together（for instance, Ch. 52, Nightingale's hostility to Poyu after his supposed disloyalty to her mistress, Taiyu）指出第 52 章整合了紫鹃误会宝玉背叛黛玉后，对宝玉采取敌视态度的相关情节。

（13）建筑（2/171, 1.17%）。如 pailou（gateway）指出牌楼即出入口。

（14）宗教、占卜（2/171, 1.17%）。yaksha（vampire）指出夜叉（妖怪）类似吸血鬼；lexichotomist（word-splitter）指出测字的即解读拆析文字的人。

（15）典制（1/171, 0.58%）。face south（as representing the emperor）指出"南面而立"是代表帝王。

（16）游艺（1/171, 0.58%）。ivory pieces（like dominoes）指出骨牌类似多米诺骨牌。

（17）已有研究（1/171, 0.58%）。two poems（in another popular version, by Tsao Shuehchin himself）指出另有一种流行说法认为"病容憔悴胜桃

花……""威仪棣棣若山河……"二诗乃曹雪芹所作[①]。

（18）职官（1/171,0.58%）。hanlin（academician）指出翰林与院士相当。

二 脚注分类及示例

111 条脚注（犹豫是否保留的 2 条也计算在内）可分为 23 类（/后的数字是全体脚注总数；/前的数字是该类脚注总数；百分比是该类脚注占全体脚注的比率）。

（1）礼俗（14/111, 12.61%）。如第 2 章对"Madame Wang served the soup at table"（王夫人进羹）的注释：The classical etiquette of daughters-in-law serving the mother-in-law at table was kept up in this family, but not in common homes. Madame Wang, although mistress of the house, was a daughters-in-law vis-à-vis the grandmother.（媳妇在餐桌上侍奉婆婆的传统礼仪在这个家庭里一直保持着，但在普通家庭里却没有。王夫人是荣国府的女主人，但同时也是贾母的儿媳妇）。

（2）器用（12/111, 10.81%）。如第 2 章对"kang"（炕）的注释（见第五章第三节）。

（3）词语典故（9/111, 8.11%）。如第 28 章对"bridge of Pa"（灞桥）的注释：The historic Pa bridge was the one scholars had to cross on reaching the capital of Si-an in Tang Dynasty. The phrase is a symbol of capturing government honors, or retirement from office to return to one's home province.（历史悠久的灞桥是唐代士子去都城西安的必经之地。该词象征官员金榜题名或告老还乡）。

（4）典制（8/111, 7.21%）。如第 47 章对"It's a pity that your elder brother is at home, and you can't get out of it"（偏有你大哥在家，你又不能告亲老）的注释：According to Chinese official practice, a request for resignation on account of an aging mother is granted, if there is no other son to take care of

---

[①] 现在学界一般认为这两首诗的作者是富察明义，出自他的诗集《绿烟琐窗集》中的 20 首"题《红楼梦》"诗的第 14、15 首。见田荣、刘兰芳《"新发现的曹雪芹佚诗"评辨》，《学术交流》1995 年第 3 期；《红楼梦大辞典》（增订本），文化艺术出版社 2010 年版，第 392—395 页。

her at home. Rare exceptions would be cases like generals needed in a campaign. （根据中国官场惯例，如果母亲年迈，家中又没有其他儿子，官员可申请辞职奉养。有极少数例外，如征战的将军）。

（5）文本批评（7/111，6.31%）。如第 26 章对黛玉被宝钗指出偷看禁书时的反应的注释：Taiyu was feeling guilty because the two plays were forbidden reading for girls. But perhaps she was also struggling against the inescapable charm and magnificent poetry of these masterpieces. They were not more indecent than *Romeo and Juliet*.（黛玉之所以羞愧是因为这两部书（《牡丹亭》与《西厢记》）是禁止女孩子阅读的。不过也许她也在努力回避其难以抵挡的魅力与优美诗篇。较之《罗密欧和朱丽叶》，它们也没有更不雅观）。

（6）儒释道（7/111，6.31%）。如第 61 章对宝玉既看《庄子》又看《参同契》等的注释（见第五章第五节）。

（7）情节提示（6/111，5.41%）。如第 24 章对平儿与刘姥姥对话的注释：This special relationship of Amitie and Gammer Liu has extreme significance in the very end of the story.（平儿与刘姥姥的特殊关系将在故事结尾处产生重大作用）。

（8）医药（6/111，5.41%）。如第 26 章对宝钗所说的"'hot'（stimulant）medicine"（不宜太热）的注释：Foods and medicines are broadly divided into the "hot" and "cold" classes. Things that cause dryness and constipation, over-stimulate the heart-beat and respiratory functions, are generally regarded as "hot". Sedatives and laxatives are considered as "cold". The terms of Chinese medicine, applying to definite clinical symptoms in the practice of medicine, have never been adequately studied by western doctors.（食物和药物大致分"热性"和"寒性"两类。引起干燥和便秘，过度刺激心跳和呼吸功能的东西通常被视为"热性"；镇静剂和泻药则被视为"寒性"。对中医这些适用于诊断临床症状的术语，西医从未充分研究过）。

（9）已有研究（6/111，5.41%）。如译本第 6 章对"the Jen family"（甄家）的注释：Jen means "real", as explained in the first chapter. The author's own family, in charge of the government silk textiles, at Yangchow, near

Nanking, had historically the honor of preparing for reception of the emperor's visits. See Introduction.（如第一章所述，甄即"真"。现实中，作者所在的家族担任织造一职，位于南京附近的扬州，曾有幸接驾帝王。请参看序言）。

（10）称谓（5/111，4.50%）。如第 2 章对"late eldest brother"（先珠大哥）的注释：throughout this novel, male and female cousins are always addressed as brothers and sisters, as was the custom.（在这部小说里，男女表亲、堂亲互称兄弟姐妹，这是习俗）。

（11）翻译说明（5/111，4.50%）。如译本第 9 章对省亲诗作的注释：These verses, being quite ordinary, are not translated.（省亲诗作平庸，故未翻译）。

（12）章节提示（5/111，4.50%）。如第 45 章对妙玉扶乩的注释：The meaning of the message and the Greenmead Peak are revealed in Chapter 64, at the end of the story.（乩文和青埂峰的意义将于故事的结尾第 64 章予以揭示）。

（13）文史人物（4/111，3.60%）。如译本序章对"Goddess Nuwa"（女娲）的注释：One of the goddesses belonging to the pre-dawn of history.（女娲乃创世神之一）。

（14）文本矛盾（3/111，2.70%）。如第 2 章将黛玉进贾府的年龄从原著的"年方五岁"调整至十一岁，并对黛玉年龄上的矛盾做了脚注：There are inexcusable discrepancies in the text about Taiyu's age when she arrived at the Jia house. The main impression is that Taiyu was eleven, and Poyu twelve when the story begins, when Pocia the other cousin arrived. In several places, mention is made that Taiyu arrived years before Pocia; yet in the story, their arrivals follow within a few months of each other.（对于黛玉进贾府的年龄，文本上存在难以解释的矛盾。原著给人的整体印象是在黛玉十一岁，宝玉十二岁时，另一位表亲宝钗进贾府，故事拉开帷幕。在某些地方又提及黛玉是先宝钗若干年进贾府的。然而从整体故事看来，她们抵达贾府的时间仅隔数月而已）。

（15）文学艺术（3/111，2.70%）。如第 6 章对"poetic couplets"（对联）做了脚注：The poetic couplet was thought in the beginning grades. It is the foundation of the writing of verse in that it trains the mastery and choice of words, and in the art of writing a good line, gracefully compressing a thought with economy of words. （对联被视为诗歌创作的初级阶段和基础，用来训练对词汇的掌握和选择。一句好的对联是用精练词汇优雅浓缩所思所想）。

（16）岁时（2/111, 1.80%）。如第 45 章对贾母解释海棠逆时而开所说的 "so it is actually the tenth"（还算十月）的注释：The increasing differences between the lunar year and the astronomical year are adjusted by an extra leap month once every four years. （每隔四年会设一个闰月以调整农历与公历的时间差）。

（17）饮食（2/111, 1.80%）。第 28 章对贾母就牛乳蒸羊羔所说的 "The lamb never saw daylight"（没见天日的东西）的注释：Implication was that the lamb had probably never been born. （暗示这是尚未出生的羊羔）。

（18）职官（2/111, 1.80%）。如第 6 章对 "imperial consort"（贤德妃）的注释：An imperial concubine of the highest rank, next to the empress. Usually there were several. （最高等级的妃嫔，仅次于皇后，通常有几位）。

（19）地理（1/111, 0.90%）。第 29 章对真真国的注释：The poem is more than a curiosity, like the reference to European snuff box and "Iphona". The term "western ocean" is today used to refer to the western world (Europe and America). From the description of the scenery in the poem, it is more probable that the reference is to the region of Southeast Asia, with its archipelago. All sea trade with China in the eighteenth century came by the Malay Straits.[此诗不过是猎奇，就像欧洲鼻烟壶和依弗那。今日之 "西海" 是指西方世界〔欧美〕。但从诗中描述的岛屿风光来看，更有可能是指东南亚。18 世纪中国海上贸易对象均来自马来群岛①]。

---

① 《红楼梦大辞典》关于 "真真国" 和 "西海" 的注释： "作者虚拟的国名，或含 '真真假假' 之意。似既有现实依据，又有虚构成分。究何所指，研究者们的看法不一。或谓指中亚以至阿拉伯的伊斯兰教诸国，即旧史所称天方诸国者，其根据是：明清史籍所记天方诸国来华市易与进献之物中有珊瑚、宝石、琥珀、金刚钻、织文、锁服等，正与薛宝琴所说者相合；其妇女编发，亦即真真国少女之联垂；至于所谓西海，则指波斯湾以及阿拉伯海、红海。或谓似以指荷兰较为合理，其根据是：史载顺（转下页）

(20) 度量衡（1/111，0.90%）。第 23 章对"catty"（斤）的注释：A catty is sixteen ounces.（1 斤相当于 16 盎司）。

(21) 化学（1/111，0.90%）。第 31 章翻译"philosopher's stone"（灵砂）时对炼金术的注释：Chinese alchemy, although dating centuries earlier than Arabian alchemy, was similar to it in working on mercurial compounds in the double pursuit of transmutation of base metal into gold and of the elixir of youth.（中国炼金术虽比阿拉伯炼金术早几个世纪，但在研究汞化合物方面与阿拉伯炼金术相似：既追求将贱金属转化为黄金，又追求长生不老）。

(22) 建筑（1/111，0.90%）。第 2 章对"beige-gauze cabinet"（碧纱橱）的注释：A "cabinet" here denotes a curtained area, with latticed partitions all around, strictly used for sleeping quarters, resembling the idea of an alcove, with everything needed complete. A small alcove with built-in cabinets and drawers and curtains may be regarded as an over-size bed in the ancient style expanded to occupy the size of a room.（这里的橱指有帘子的区域，四周有隔扇，严格来讲是用来睡觉的，设计理念类似凹室，必需品一应俱全。一间带有内置橱柜、抽屉和帘子的凹室可被视为一张超大号的古风床，可占据一个房间的尺寸）。

(23) 姓名（1/111，0.90%）。第 1 章对贾敏的名字"Min"与贾政、贾赦同偏旁的注释：In a big family, cousins of the same generation are given names with the same "radical" (a dictionary classification) so that one can tell at a glance to which generation one belongs in the family tree.（在大家庭里，

（接上页）治年间，荷兰即与清有通商贸易联系，并居留台湾；真真国女子形貌具西洋人特征，其诗所描绘的岛国风光，也符合台湾的地理情况，因此，可能是指居住台湾多年的荷兰人。"[冯其庸、李希凡：《红楼梦大辞典》（增订本），文化艺术出版社 2010 年版，第 354 页] 林稿没有翻译"真真国"，而只说这个女孩是"a 'western-ocean' (European?) girl"[一个来自"西海"（欧洲的？）女孩]。林语堂关于"西海"位于东南亚的推断有待商榷。无论《红楼梦》的故事是发生在南京还是北京，从地理方位上来讲，将东南亚称为"西海"是不符合逻辑的；且诗中描述的岛国风光也未必为东南亚所独有，如果是东南亚一带，古时称作"南海"。日本的中国史学者宫崎市定考证东汉甘英出使西域所抵达的"西海"是指地中海，推翻了白鸟库吉、藤田丰八的波斯湾说（宫崎市定：『中国史』，东京：岩波书店 2015 年版，第 240—241 页）。另外，周林生从原著里出现的外国国名都是确实存在的国家、庚辰本的"真真国"旁添了"色"字及原著里"真真"的用例甚多这三条理由出发，认为原著无"真真国"，而是"真真国色"（周林生：《曹雪芹原著无"真真国"辨》，《学术研究》1981 年第 6 期）。

同辈的堂兄弟姊妹的名字偏旁相同，所以人们据此很快就能分辨其人在家谱里的辈份）。

三　注释特点

（一）文内注与脚注的合理分编

我们通常将文本阅读者统称为读者，但读者并非千人一面。如果读者分为普通读者和专家读者两类的话，就像林语堂其他的著述一般，林稿的读者定位也是普通读者。但即便是普通读者，也可分为急于了解故事进展的故事派和愿意暂停阅读步伐以深度理解和思考文本的知识派。文内注和脚注的分编一方面是为了排版的便利，一方面也是为这两类读者的阅读需求而量身定做的。简而言之，林稿的文内注和脚注的分工标准是：文内注与文本的表层理解相关，脚注与文本的深层理解相关。文内注较短小、简洁，内容与读者对文本情节的直观理解相关，读者的阅读视线无须发生大的移动；脚注则较详细，内容与读者对文本背后的思想、文化的深度理解相关，读者需要暂时将阅读视线从正文移开。文内注不会打断故事派读者的阅读节奏，保证了他们阅读的流畅性；而脚注则满足了知识派读者的求知需求。林语堂编译的《孔子的智慧》《老子的智慧》也均采用了这一注释形式。

（二）中西比较文化的视角

翻译文学的注释很大程度上是源于译者对中外文化差异的认知而设置的。这似乎是不言自明之事，然而即便是同一文本，不同译者的注释却往往存在较大差异。排除时代与出版社这些外在客观因素，影响这种差异的要因在于译者本人对中外文化差异关注的侧重点的不同和认知、思考的广度与深度的不同等内在主观因素。这种文化差异可粗分为表层的物质，中层的典制、礼俗，深层的思想三个层面。而导致译者注释差异的主要是对中层与深层文化差异的认知的不同。林稿的注释除了对表层文化差异的关注外，最大的特点是对中层、深层文化差异的高度关注。以礼俗为例，6条文内注释和14条脚注都与此相关。译本第9章在翻译到贾政给女儿元春行礼时，林语堂考虑到西方读者可能会难以理解父母为何要给子女下跪，于

是加了一条脚注:

> In this brief formal "state reception", the parents of Primespring would have to kneel before their daughters, as servants of the emperor. This sharply contrasted with the later "family reception", where they could talk informally as relatives. (p. 130)

在此简短的国礼里,父母是作为皇帝的臣子给身为皇妃的女儿元春下跪的。这与其后的家庭接待形成鲜明对比,在内室他们可以作为亲人进行非正式交谈。

林语堂在最初修改时删除了这条脚注,但后来又标注了"keep"予以保留。这说明他觉得该条脚注是不可或缺的。这一情节体现的是典制的要求,可谓中层文化,而在其背后发生影响的是中国儒家伦理的三纲思想,君为臣纲排在父为子纲之前,君臣关系凌驾于亲子关系之上,这就是深层文化了。

另外,林稿还有一些注释是基于中西文化的相似或共通之处而作的。如前文提到的对黛玉私看《西厢记》《牡丹亭》,被宝钗指出后感觉羞愧一事,林语堂在脚注里先指出这两部作品是禁止女孩阅读的,再拿它们和《罗密欧与朱丽叶》比较,指出前者并没有比后者更不雅观。一方面能让读者知道这两部作品的性质和《罗密欧与朱丽叶》相似,是爱情故事;一方面也让读者明白作品本身并没有不堪内容,以免破坏读者心目中的黛玉形象。

(三)注重情节理解而非知识传授

林稿注释的主要目标是帮助读者理解情节,对于读者理解情节无甚大碍之处或者读者通过译文前后语境能够理解之处,林语堂基本不做注释或者注释内容能简则简。如第2章翻译原著第3回黛玉回答贾母自己"刚念了《四书》"(卷3,第10页)时,仅将《四书》翻译为"Four Books"并加下划线以示这是书名。而第6章翻译到原著第9回贾政叮嘱李贵转告贾代儒"只是先把《四书》一齐讲明背熟是最要紧的"(卷9,第2页)时,对《四书》的翻译处理为："Four Books（Confucian）"。因为考虑到读者会好奇为什么贾政如此重视《四书》，所以用文内注指出《四书》是儒家经典，但也并未指出《四书》的具体所指。再到第 61 章翻译第 118 回袭人所说的"好容易讲《四书》是（似）的才讲过来了"（卷 118，第 11 页），对《四书》的处理也仅是直译为"Four Books"。

再如第 8 章将第 21 回出现的"胠箧"翻译为"Stealing Coffers"并做了一条脚注："Chuangtse was a brilliant Taoist. The theme of this essay is a tirade against civilization."（p. 123）（庄子是位聪慧的道家人士，这篇散文的主题是抨击文明。）而第 61 章翻译到原著第 118 回出现的"秋水一篇"时，就直接翻译为："the essay Autumn Floods by Chuangtse"（庄子的散文《秋水》），而没有加任何注释了。因为此前第 8 章已对庄子作注，再加上紧随其后出现的对"他只顾把这些出世离群的话当作一件正经事"（卷 118，第 9 页）的翻译："he was taking that Taoist escapism too seriously."（p. 790）（他过于信奉道家的遁世主义）。如此，读者已能对庄子思想有大概印象，不至于影响对小说情节的理解。

这种做法不仅限于书籍，对原著中出现的文史人物，林语堂的注释也是相当少的，仅仅对女娲、杨贵妃与杨国忠、唐僧、刘知远做了简短注释。以杨贵妃与杨国忠为例，原著第 30 回宝玉讪笑宝钗："'怪不得他们拿姐姐比杨贵妃，原也体胖怯热。'宝钗听说不由的大怒，待要怎样，又不好怎样。回思了一回，脸红起来。便冷笑了两声，说道：'我倒像杨贵妃，只是没一个好哥哥、好兄弟可以做得杨国忠的。'"（卷 30，第 4 页）在这里，如果不对杨贵妃和杨国忠作出解释的话，不了解中国历史的读者对宝钗的盛怒会丈二和尚摸不着头脑，因此林语堂做了一条脚注："Yang Kweifei, a notorious beautiful queen, was known for her plumpness. Yang Kuochung was her cousin, an astute but self-seeking premier who almost ruined the empire. Here Yang Kuochung was meant for Poyu."（p. 189）（杨贵妃是一位以丰满著称的声名狼藉的绝色妃子；杨国忠是她的堂兄，身为宰相，为人机敏却自私自利，唐帝国几乎毁于他手。此处宝钗将杨国忠比拟宝玉）。

而对于通过译文前后文能够了解到背景的文史人物，如第 61 章对第 118

回出现的"伯夷、叔齐",因为已经有了对原文"武周不强夷齐"(卷118,第9页)的翻译:"Emperor Wu and Duke of Chou did not compel Poyi and Shuchi to come out and serve the country…"(p. 791)(周武王和周公并不强迫伯夷、叔齐出山为国家服务),和紧随其后对"伯夷、叔齐原是生在商末世,有许多难处之事,所以才有托而逃"的翻译:"The great recluses took to the mountains because of the conflict of loyalties. As princes of a defeated royal house, they did not want to serve the conquerors, however good they were."(p. 791)(伟大的隐士逃避山林是因为忠诚上的冲突。作为战败王朝的王子,不管征服者如何圣贤,他们都不愿效忠征服者)看到这里,伯夷、叔齐是何人,读者自然心领神会了。所以,林语堂并没有对这两个人物做注。

(四)推介中医

林稿中有6条文内注和6条脚注是与医药相关的。以对中医里的五行原理的注释最多。6条文内注中5条是关于五脏与五行的,1条是关于药性的。6条脚注中,关于艾草和柴胡各1条,药性1条,把脉1条,五行2条。而全稿最长的一条脚注在第41章。林稿会对原文冗长的谈话予以删节,但第41章却完整翻译了原著第83回里王太医分析黛玉病情并为其开药的内容,且对其中涉及的中医关于五行相生相克的原理做了一条长达1页多原稿的脚注(见图7-1与整理篇的"注释整理表"),包含254个英文单词和两幅用箭头标示的示意图。之所以如此这般煞费笔墨,从第26章中关于药性的脚注的最后一句话可知端倪:"The terms of Chinese medicine, applying to definite clinical symptoms in the practice of medicine, have never been adequately studied by western doctors."(对中医这些适用于诊断临床症状的术语,西医从未充分研究过)正因如此,为防西方读者看不懂,林语堂才煞费苦心做了多条介绍中医基本原理和诊断方法等的注释。而这一做法的背后也包含了他本人对中医的认可和向西方世界推介中医的良苦用心。

(五)注重称谓和姓名

林稿的文内注里,数量排在前二位的是与称谓和姓名相关的注释,分别有51和42条,占据全部文内注释的54.38%。脚注中也有5条是与称谓相关的。

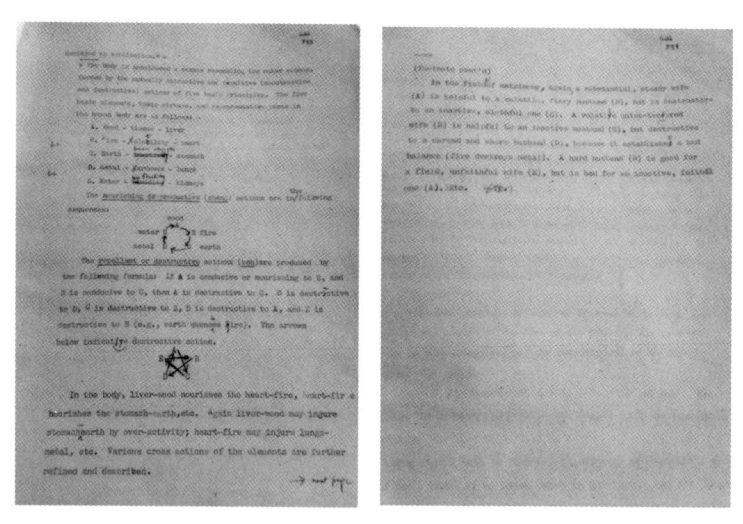

图 7-1　日本八户市立图书馆藏林稿第 533—534 页中医五行原理注释

我们在阅读外国的长篇文学作品时，估计大部分人会有这样的体会：对于陌生且庞杂的人物姓名和称谓，很容易混淆。就算刚开始记住了，在阅读过程中再次出现时，也难以保证对号入座，有时甚至会发生张冠李戴的事情，往前翻书以查找最初出处的做法怕是很多人经历过的。这自然会很大程度影响对原文的理解，并打乱阅读节奏。中西姓名文化迥异，加之《红楼梦》里人物众多，称谓多样，对初涉此书的西方读者而言，可能是最大的难关之一。林语堂正是考虑到此点，才会做如此多的文内注释的。在关于姓名的文内注释中，较多的是用来说明姓名寓意的，如甄士隐：Jen Shihyin（True Story Disguised）（真事隐）。这样既便于读者理解姓名的修辞效果，也便于加深对人物的印象。而关于称谓的文内注释，大部分是用来指出所称者为何人的。以邢夫人为例，她分别是黛玉所称的"大舅母"：eldest aunt（Madame Shing, the duchess）；贾母所称的"大太太"：elder lady（the duchess）；贾琏所称的"咱们太太"：our madam（Shing）；王夫人所称的巧姐的"亲祖母"：her own grandmother（Madame Shing）。括号里的内容即林语堂所做的文内注。他不仅在邢夫人首次出场时做了文内注，后文里以不同称谓出现的时候，也均做了文内注。

(六)《红楼梦》观的流露

此节讨论的对象是林稿里针对已有研究、文本批评、文本矛盾所做注释体现的林语堂的《红楼梦》观。

1. 肯定后40回

前文已提到林语堂反对后40回续书说,高度认可后40回的文学价值,而他对后40回最为津津乐道的是第109回前半部分的"候芳魂五儿承错爱"(见第一章第三节)。林语堂独具匠心地译五儿名字为"Rosemary"(见第五章第一节),于林稿第56章完整翻译了此节,并为五儿和此节内容做了一条脚注:

> Rosemary is one of the greatest creations in the last forty chapters, erroneously held to be "forged" by another author, Kao Ao by those pompous self-advertised "critics". The reader can well compare the literary craft of this chapter with the preceding one "Sunburst Reweaving the Peacock Coat" which is recalled by Poyu here. Rosemary, it will be remembered, was one who saw Sunburst's death, which is picked up here again two years after Sunburst's death. She and her sister always had the ambition to serve Poyu, and now her chance had come. She reminded Poyu of the dead Sunburst, but had an individuality all her own. Poyu had not yet recovered from the shock of losing Taiyu, and hoped to see her returning ghost. (p. 718)

> 五儿是后40回最为精彩的创作之一。那些自吹自擂、自命不凡的批评家却错误地认为这是高鹗的伪造。读者可将本章的文学技巧与宝玉在此章追忆的"晴雯补裘"一章进行比较。作为看到晴雯临终的人,五儿在晴雯去世两年后再度在此出现。她和她的姐姐(四儿)同怀有服侍宝玉的野心,而现在机会来了。她令宝玉想起了逝去的晴雯,但又具有她个人独特的魅力。宝玉尚未从失去黛玉的伤痛中恢复过来,希冀看到她的魂灵归来。

2. 青睐侍女

林稿序言里就已指出对侍女的成功描写是《红楼梦》的一大特征。在他的注释里,也同样显露出这一看法。如第 22 章在翻译到李纨、尤氏等人品评众侍女时,他加了一条脚注:"The maids receiving an extraordinary amount of space in this novel are Jay, Shieren, Sunburst, Nightingale and Amitie. They are outstanding personalities, far above the average. It must be remembered, however, that the first four originally served the grandmother as a group and were picked from among hundreds."(p. 275)(侍女鸳鸯、袭人、晴雯、紫鹃和平儿占据了这部小说的大量篇幅,她们的杰出品性远超平均水平。不过需要记住的是,前四位女子最初是百里挑一选出来服侍贾母的)。第 60 章的注释在罗列"金陵十二钗"正册的名单和说到又副册仅提及袭人、晴雯时,他仍不忘补充:"Amitie, Nightingale and Jay receive much more extended treatment in the novel than some of the young ladies."(p. 772)(在小说里,平儿、紫鹃与鸳鸯所受到的重视远超一些年轻的女主人)对侍女人格的欣赏使他在翻译时会情不自禁地为侍女们说话,第 19 章详细翻译了宝玉挨打后袭人向王夫人进言的情节,该部分向来是有关《红楼梦》人物论里用来批判袭人藏奸的证据,而林语堂却做了一条脚注为袭人辩驳(见第九章第二节)。

3. 对已有研究的批判性吸收

林稿里主要提到的红学家有胡适、俞平伯、吴恩裕。他在序言里重点述评了胡适的研究,除不赞成胡适的高鹗续书说外,对其考证出的曹雪芹为《红楼梦》作者、曹家是贾家原型等观点,他还是赞成的。对吴恩裕的研究,他看重的是吴恩裕发现的新材料——《废艺斋集稿》(见本章第一节)。对俞平伯的研究,他则主要是批评的。俞平伯不认可宝钗与宝玉同房的情节,林语堂在译稿第 56 章加了一条注释批评他的观点(见第九章第二节)。

4. 正视原著前 80 回的文本矛盾

如上文提到的对黛玉年龄矛盾的注释;再如第 23 章在翻译刘姥姥说自己"今年七十五了"(卷 39,第 6 页)时,添加了一条脚注指出贾母和刘姥姥年龄的矛盾:"A slight discrepancy here. The grandmother was already seventy-eight and if Liu Lowlow was a few years older, she should have been over eighty."（p. 280）（此处略有矛盾。贾母已78岁，如果刘姥姥比她大好几岁的话，那刘姥姥至少80多岁了）。林语堂写过《〈红楼梦〉人物年龄与考证》一文专门探讨《红楼梦》人物年龄的矛盾，指出年龄矛盾主要集中于前80回，是作者"易稿五次"所致，并不能成为后40回是伪作的证据①。此外，译稿第30章对原著第57回出现的摆饰"西洋自行船"（卷57，第7页），他添加了一条脚注："It is difficult to account for this reference to a 'western-ocean self-going (i.e., automatic) boat', for the novel was written before the perfection of the steam engine. The term 'self-going' is vague, suggesting something that goes without oars or sails. For comparison, the clock was known as 'self-sounding bell.'"（p. 373）[很难解释这种"西洋自行（即自动）船"的说法，因为小说是在蒸汽机完善之前写的。"自行"这个词是含糊的，意味着某物不用桨或帆就能移动。为以示比较，顺便提及一下，时钟被称为"自鸣钟"②]。

（七）翻译策略的说明

林稿里有8条脚注是与翻译相关的，从中可知林语堂的一些翻译策略。

如序言里的一条注释："only one example is given in full, in Chapter 28"（p. xx）指出对原作中的诸多诗会，仅在第28章里完整翻译了原著第50回的雪中联诗；而第9章有一条修改时删除了的脚注："These verses, being quite ordinary, are not translated."（p. 133）指出原著第18回里的省亲应制诗作平庸，不予翻译。由此不难得知林语堂在翻译时对待诗歌的遴选标准是择优翻译。此外，还有对袭人、傻大姐等的翻译说明（见第五章第一节）。

序言中的1条文内注提到第52章整合了黛玉死后紫鹃冷淡宝玉的相关分散情节；第5章的1条脚注则解释了对于原著讲述宝玉少年时代的前12回，因其中大量情节与主线故事无关，故删减为5章（见整理篇之"注释

---

① 林语堂：《平心论高鹗》，群言出版社2010年版，第20—22页。
② 富尔顿成功试制蒸汽轮船是在1807年，而一般认为曹雪芹生卒年是1715—1763年，程甲本和程乙本分别诞生于1791、1792年。所以《红楼梦》里的"西洋自行船"的"自行"指的不是由蒸汽驱动，而应是用发条驱动的轮船的模型或玩具。

整理表")。从这两条注释可对林语堂的编译方法窥探一二,即整合分散情节,删减次要情节与相似情节。

四 影响注释生成的因素

由林语堂编译、约相当于林稿篇幅 1/3 的 The Wisdom of Confucius[①](《孔子的智慧》)和 The Wisdom of Laotse[②](《老子的智慧》)都采用了文内注与脚注(《孔子的智慧》用"*""+""‡"标示;《老子的智慧》用"1""2""3"标示)并行的注释模式,《孔子的智慧》总计 500 条文内注释,95 条脚注;《老子的智慧》总计 454 条文内注释,181 条脚注。如表 7-1 所示,两个译本每页平均文内注数与脚注数都远超林稿。而由他本人编译的、收录了 20 个中国传奇故事的 Famous Chinese Short Stories[③](《英译重编传奇小说》)有 42 条文内注释和 2 条脚注,且注释内容较简短,每页平均文内注数与脚注数都远不及林稿。

表 7-1 林语堂四个译本注释数量统计

序号	译本名称	开本[④]	总页数	文内注总数	每页平均文内注数	脚注总数	每页平均脚注数
I	The Wisdom of Confucius	小 32	307	500	1.63	95	0.31
II	The Wisdom of Laotse	小 32	346	454	1.31	181	0.52
III	Famous Chinese Short Stories	32	299	42	0.14	2	0.006
IV	The Red Chamber Dream	32(预想)	859	171	0.20	111	0.13

四个译本扉页上,林语堂的署名方式分别为:

I 《孔子的智慧》: Edited and translated with notes by Lin Yutang

---

① Lin Yutang, *The Wisdom of Confucius*, New York: Modern Library, 1938.
② Lin Yutang, *The Wisdom of Laotse*, New York: Modern Library, 1948.
③ Lin Yutang, *Famous Chinese Short Stories*, New York: John Day Company, 1952.
④ 四个译本大致的版心规格如下:《孔子的智慧》9 词×30 行;《老子的智慧》9 词×34 行;《英译重编传奇小说》11 词×36 行;林稿 11 词×30 行。

（林语堂编辑、翻译、作注）

Ⅱ《老子的智慧》：TRANSLATED, EDITED AND WITH AN INTRODUCTION AND NOTES BY LIN YUTANG（林语堂翻译、编辑并撰写序言、作注）

Ⅲ《英译重编传奇小说》：Retold by LIN YUTANG（林语堂复述）

Ⅳ《红楼梦》：Translated and Edited by Lin Yutang（林语堂翻译、编辑）

署名里的"edited"（编辑）"retold"（复述）意味着这四个译本除了译，都含有林语堂编和创的成分在内。关于林语堂的编译行为，冯智强、朱一凡已有分析；关于其译创活动，王珏做了系统研究，可供参考，不再赘论。①

需要指出的是，仅就对原文本的翻译而言，林语堂个人编与创的发挥程度（Ⅲ＞Ⅳ＞Ⅱ≈Ⅰ）与各文本的注释量（Ⅰ≈Ⅱ＞Ⅳ＞Ⅲ）成反比。这首先与文本理解的难易程度相关。但除此以外，还与文本性质、出版社性质、读者定位相关。

1968 年，林语堂编译的《尼姑思凡》在台湾地区的《"中央"日报》上发表后，陆剑刚撰文《评〈尼姑思凡〉荒谬》，批评林语堂不翻译经史子集正统文学，而翻译"无补世艰的灰色文学"。林语堂撰文回应：

关于经史子集正统文学，弟所译有《孔子的智慧》(内有《孔子家语》,《哀公问》、《学记》、《乐记》及《论语》分条介绍）；《老子的智慧》(《道德经》全部，且以《庄子》各节选录比附，与《老子》之言互相印证，是"以庄解老"的创格）。此二书俱列入 Modern Library。②

---

① 冯智强、朱一凡：《编辑出版家林语堂的编译行为研究》，《中国翻译》2011 年第 5 期；冯智强：《"译可译，非常译"——跨文化传播视阈下林语堂编译活动的当代价值研究》，《外语教学理论与实践》2012 年第 3 期；王珏：《林语堂英文译创研究》，博士学位论文，华东师范大学，2016 年。

② 林语堂：《林语堂著作全集》第 16 卷《无所不谈合集》，东北师范大学出版社 1994 年版，第 347 页。

在四部分类里，《孔子家语》为子部儒家类，《论语》为经部四书类，《礼记·哀公问》《礼记·学记》《礼记·乐记》为经部礼类；《道德经》《庄子》为子部道家类。在中国传统读书人的心目中，位列四部之首的经部地位是至高无上的；道家的地位也仅次于儒家。这点即便是对受过西方教育的林语堂而言也同样如此。因而在翻译时，他就会在译文正文里把对原著的改编和评述等控制在最小范围内，而将其个人创造力的发挥尽量放在注释等副文本里。

文言小说为子部小说家类；白话小说为集部小说类。我国在引进西方近代文学观之前，小说这一虚构文学向来是被文人学者视为难登大雅之堂的。当然，受过近代文学观熏陶的林语堂并非轻视这一文体，而是在翻译小说时受到的潜在心理禁锢会相对减轻，不会像对待儒家经典、道家经典这类正统文学一般那么小心谨慎。

林语堂在回应批评时，特意指出《孔子的智慧》与《老子的智慧》被列入 Modern Library（现代文库），可见这是他引以为傲之事。所谓现代文库，原本是 Boni & Liveright（博尼和利维特出版社）的一个品牌，由 Albert Boni（阿尔伯特·博尼）和 Horace Liveright（霍勒斯·利维特）于 1917 年创建。于 1925 年，被兰登书屋创始人 Bennett Cerf（贝尼特·塞尔夫）和 Donald Klopfer（唐纳德·克洛普夫）收购。该品牌以出版 "the world's best books"（全世界最好的书）为宗旨，出版了众多高品质的文学和思想类书籍，而且 1950 年之前出版的书籍均以精装版面世。列入这一品牌的书籍，堪称经典，其读者定位是包括知识分子在内的受过高等教育的人士。《老子的智慧》里，林语堂的按语中还会出现对 "students"（学生们）的叮嘱[①]。而这两本书也确实曾被一些美国大学列为课本或者教参。

而《英译重编传奇小说》和《寡妇、尼姑与歌妓：英译三篇小说集》[②]是在庄台公司出版的，该公司的实力和规模远不及兰登书屋，出版的书籍

---

① 如该书第 42 页，就有这样一句叮嘱：Students who wish to obtain the chapter numbers from the volume and page references may consult the Conversion Table at the back（希望通过卷数和页码标示获知章节编号的学生可参考书后的转换表）。

② Lin Yutang, *Widow, Nun and Courtesan: Three Novelettes from the Chinese*, New York: John Day Company, 1951.

以面向普通大众的小说为主。选择编译的原因之一自然是为了减少篇幅、降低印刷成本和出版风险。然而,《红楼梦》毕竟不是民间传说或口头文学,而是白话小说经典,其文学价值、文化内涵、思想深度不容小觑,故而林语堂在译文正文里的自我发挥与创作程度也是拿捏得当的,其用武之地转移到注释上,而即便是注释,也是有所控制的。

由此可见,文本难易程度、文本性质、出版社性质和读者定位的不同成为林语堂为译稿做注释时需要考虑和权衡的因素。

综观林稿的注释,可以说有一个核心理念贯穿其中,即从中西文化差异的视角出发抵达的以读者为本的理念。"reader"和"readers"二词在林稿序言中出现了15次,在注释里出现了5次,这侧面说明了林语堂对读者的重视。林语堂曾在《论翻译》一文中指出译者的三重责任:对原著者的责任、对读者的责任、对艺术的责任[①]。然而对这三重责任予以同样程度的重视往往是理想状态,在翻译实践中,难免有先后主次之分,而林语堂的选择无疑是以读者为第一位的。

如果从实际需要来看,林稿的一些注释似乎是可有可无的。这从他在修改时在某些注释旁标识的"keep?"可知他本人也犹豫过是否要保留一些注释。有些注释还带有林语堂个人的好恶,如对"五儿承错爱"一节的盛赞,批评俞平伯的观点、对中医五行观念的冗长说明等。有些注释从学术角度而言未必十分严谨,如认为"西海"可能位于东南亚等。有些注释是有误的,如第6章把贾芸舅舅卜世仁也列入贾府清客的行列(尽管这无伤大雅)。林稿注释可谓一种带有林语堂个人色彩的有温度、有态度的注释,并且颠覆了我们对注释应尽量客观的传统看法。笔者在此不去论述注释应该或不应该怎么样,而是想指出林语堂为我们提供了文学译本注释的另一种可能性面貌。

---

① 林语堂:《论翻译》,载罗新璋编《翻译论集》,商务印书馆1984年版,第418页。

第八章　叙事重构

英国翻译理论家蒙娜·贝克（Mona Baker）在专著《翻译与冲突——叙事性阐释》中基于社会学和交际理论中的叙事概念，指出"叙事参与建构现实而非仅仅反映现实"。"无论是从字面意义还是比喻意义，翻译本身都可以被看作是一种建构。""译者和人种学家都需要通过部分或者全面的建构，并将这些建构置于另一个新的时空背景中，以重构新的叙事。每一次新建构都会对已形成的叙事进行修饰或重新阐释。"①虽然贝克关注的主要是翻译与国际政治以及其他类型的冲突之间的关系，但是她从重构叙事的角度来看待翻译的研究视角和对翻译的叙事建构策略的分析方法对我们研究林稿是有启发意义的。

贝克将译者主要的建构策略分为时空建构、文本素材的选择性采用、标示式建构、人物事件的再定位四类。

第一节　时空建构

"时空建构是指，选择一个文本，将其置于另一个时空语境中，尽管可能与这个文本原来所处的时空语境迥异，新的语境将使该文本的叙事更加凸显，并引导读者将它和现实生活中的叙事联系起来。"②

---

① [英]蒙娜·贝克：《翻译与冲突——叙事性阐释》，赵文静主译，北京大学出版社2011年版，第7、161、96页。

② [英]蒙娜·贝克：《翻译与冲突——叙事性阐释》，赵文静主译，北京大学出版社2011年版，第170页。

第八章 叙事重构

　　林语堂编译《红楼梦》的目标读者是西方读者。他需要把一个产生于18世纪的东方的经典文学译介到20世纪的西方世界去。在时间和空间上都是一个大的跨越。这一绝对的时空距离在客观上是无法改变的，但是他通过在副文本（主要是序言和注释）中建立相对参照物，以引导读者在心理上接近这部作品。

　　《红楼梦》诸多外文译本的序言开篇会提及作品的创作时间或作者的生卒年等。如杨宪益、戴乃迭译本的序言开篇就谈到"Two hundred years have passed since its first appearance"①（距离作品问世已逾200年）。霍克思译本的序言亦于开篇就指出"From 1763, the year in which Cao Xueqin died, until the appearance of the first printed edition in January 1792"②（从曹雪芹逝世的1763年至刻本诞生的1792年1月）。但林语堂在序言的开篇，并没有采用这一常规做法，而是直接谈到《红楼梦》的文学价值。他引用自己在《吾国与吾民》中的话，指出"《红楼梦》是世界杰作之一"，把《红楼梦》纳入世界文学的话语域里；进而又用王国维的话"《红楼梦》自足为我国美术上之唯一大著述"指出《红楼梦》在中国所受到的热烈欢迎；甚至发挥其作家特长，气定神闲地描绘出一幕中国友人于日常聚会打牌时其乐融融闲聊《红楼梦》的画面。朋友聚会、玩牌这在西方也是司空见惯之事，聚会时的话题自然是在场人士共同关心的。如此一来，初步建立起读者对这部在当时的西方世界鲜为人知的中国古典名著的期待视野。至此，方交代小说的创作时间是1750—1760年间。继而又用西方读者熟悉和喜爱的莎士比亚来比拟曹雪芹。不仅如此，他还用同时期创作的感伤主义小说《克拉丽莎》来比附《红楼梦》，引导读者想象小说创作的时代，将18世纪的清朝平移至同时代的英国；并引导读者想象小说的气质：也许这也是一部以女性为主的感伤主义小说？通过设立莎士比亚与《克拉丽莎》这些参照的人物与作品，构成一个中间参照物或曰桥梁，一端是《红楼梦》，另

---

① Shi Changyu, "Introduction" in Tsao Hsuehchin and Kao Ngo, *A Dream of Red Mansions*, trans. Yang Hsien-yi & Gladys Yang, Peking: Foreign Languages Press, 1978, p. i.

② David Hawkes, "Introduction" in Cao Xueqin, *The Story of the Stone*, Vol.1, trans. David Hawkes, London: Penguin Group, 1973, p.15.

一端则是西方读者,从而在相对时空上,拉近了读者与这部异域作品的心理距离。

而当译稿正文中出现某些离西方读者非常遥远,而对文本理解又必不可缺的因素时,他就会利用注释来引导读者走近这些遥远而陌生的存在。

宝钗劝黛玉不要读"西厢琵琶以及元人百种"之类的"杂书,以免移了性情,就不可救了"(卷42,第7页)。黛玉偷看的书到底是什么性质?宝钗语重心长的话语可能会令没看过《西厢记》《牡丹亭》的读者产生误解,以为是多么不堪入目的书籍。林语堂就用脚注解释《西厢记》《牡丹亭》的魅力且并不比《罗密欧与朱丽叶》更不雅观(见第七章第二节)。用西方读者家喻户晓的名作《罗密欧与朱丽叶》来比较的话,就不会产生这种误解了。

宝玉中举后失踪,茗烟声称"一举成名天下闻。如今二爷走到那里,那里就知道的,谁敢不送来"(卷119,第12页)。中举的意义到底有多大,西方读者看到此处还是似懂非懂的。林语堂在脚注中解释:

> The passing of national competitive examinations and the obtaining of a state degree was a major event in the life of a scholar, his family, his village and his whole clan, and was remembered for a century. It abruptly changed the fortune of a family if it was poor. The fastest courier system was that of announcing the list of successful candidates, because it was news in which the whole community took interest, somewhat comparable to winning of Irish Sweepstakes. (p. 816)

> 通过科举考试并获得国家名衔,对一个读书人与其家庭、乡里及其整个宗族而言举足轻重。高中者将被人铭记一个世纪。倘或贫困之家,命运会幡然改变。公布中举者名单的信息传播得最快,因为这是整个社群最感兴趣的新闻,有点像爱尔兰彩票的赢家。

中国封建社会的科举与爱尔兰彩票大奖似乎是风马牛不相及的两个事物,但在中举者和中奖者会因此而从默默无闻到一举成名,个人及家庭命运也会因此改写上,是有相通之处的。20世纪四五十年代前后,爱尔兰彩票风靡西方世界,这很容易引导读者将这与中举的意义联系起来。

第二节　文本素材的选择性采用

贝克认为"对于文本素材的选择性采用是通过省略和添加的方式实现的,目的是要抑制、强调或者铺陈原文中隐含的叙事或更高一个层面叙事的某些方面"。她又指出选择过程"受叙事的主题性驱动"。"对于编入叙事内事件的选择由情节决定。"而情节就是"贯穿始终的主题线索"。[①]

林语堂的《红楼梦》编译事实上是重构了原作的叙事。他对原作的取舍增删与重组即对原作文本素材的选择性采用。而驱动其选择过程的是他对原作主题的认识。但《红楼梦》原著的主题是模糊的,对其主题的认识因人而异。诚如鲁迅所言:

> 单是命意,就因读者的眼光而有种种:经学家看见《易》,道学家看见淫,才子看见缠绵,革命家看见排满,流言家看见宫闱秘事……[②]

而林语堂在重构原著叙事时,首先要做的就是确定主题。第一章第三节已提及他认为《红楼梦》的主题是斩断情缘与富贵无常。在确定主题之后,对原作素材的选择基本是围绕这两大主题,此点在第一章第三节已论述。

同时,林语堂又特别看重和欣赏曹雪芹对丫鬟的描写。在序言里大书特书地指出这是《红楼梦》的独特之处;在取舍原文时,保留了大量以丫鬟为主角的故事情节。尤其是袭人、晴雯、鸳鸯、平儿、紫鹃、小红、五儿这七位丫鬟的相关情节无一遗漏。而对于原作者突出的金陵十二钗的情

[①] [英]蒙娜·贝克:《翻译与冲突——叙事性阐释》,赵文静主译,北京大学出版社2011年版,第173、111页。

[②] 鲁迅:《绛洞花主·小引》,《鲁迅全集》第8卷《集外集拾遗补编》,人民文学出版社1981年版,第147页。

节则有所删节，如秦可卿在林稿里基本没有登场，迎春的"懦小姐不问累金凤"，"敏探春兴利除宿弊"也被删除。

贝克没有提到译者对文本素材进行选择性采用后的整合过程，而林语堂在此点上发挥了其身为作家对情节的调配能力。如第26章"Reconciliation"（和解），主要翻译了原著第42回"蘅芜君兰言解疑癖 潇湘子雅谑补余香"中宝钗劝诫黛玉不要读《西厢记》《牡丹亭》之类的书籍；和第45回"金兰契互剖金兰语 风雨夕闷制风雨词"中宝钗探望病中的黛玉，并与其互诉衷肠，及黛玉作《秋窗风雨夕》，宝玉雨夜探望黛玉，宝钗差使婆子为黛玉送燕窝、冰糖。林语堂将这两回里宝钗和黛玉冰释前嫌的情节以和解为主题，整合在一章之内。

第三节 标示式建构

"标示是指使用词汇、用语或短语来识别人物、地点、群体、事件以及叙事中的其他关键元素，所有这样的话语过程都叫标示。"[①]本节着重关注的是林稿的标题建构。这种标题建构可从大（书名）、中（卷名）、小（章名）三个维度来观察。

一 书名

"《红楼梦》的历代英译本（包括节译、编译等）多达十余种，小说书名多被译为(The) Dream of (the) Red Chamber"[②]，霍译本根据《石头记》将书名译为"The Story of the Stone"，但在封底又补充"also known as The Dream of the Red Chamber"。杨译本则译为"A Dream of Red Mansions"。"chamber"意为"闺房"，"mansion"意为"宅邸"，选前者意味聚焦于闺阁叙事，后者意味聚焦于家族叙事。

林语堂早在1935年出版的《吾国与吾民》中，就已将《红楼梦》称为

---

① [英]蒙娜·贝克：《翻译与冲突——叙事性阐释》，赵文静主译，北京大学出版社2011年版，第187页。
② 冯全功：《〈红楼梦〉书名中的修辞原型及其英译》，《红楼梦学刊》2012年第4辑。

"Red Chamber Dream"①。林稿书名也同样为"The Red Chamber Dream"。他在翻译时关注的三个译本对书名的翻译分别是：乔利译本译为"The Dream of the Red Chamber（Hung Lou Meng）"；王际真译本译为"Dream of the Red Chamber"；库恩译本译为"Der Traum Der Roten Kammer"，麦克休姐妹对此德文译本的英文转译为"The Dream of the Red Chamber"。在对"红""楼""梦"三个字的单独翻译上，林语堂的认识是与乔利、王际真、库恩一致的。林语堂对曹雪芹的闺阁叙事津津乐道，选择用"red chamber"，而不是"red mansion"来译"红楼"，是必然而非偶然的。而在组合这三个译词时，林语堂则与前人背道而驰地选择了遵照原作标题顺序。这让人想起莎士比亚的名著 *A Mid-summer Night's Dream*（《仲夏夜之梦》），林语堂似乎是运用了一种互文策略。

而林语堂的独特之处是对标题翻译的补偿策略，他为译本添加了一个副标题："A Novel of a Chinese Family"（中国家庭小说）。主标题抽象；副标题具体。副标题其实是林语堂重构叙事的一种策略，他在引导读者对这部小说性质的叙事建构。"任何个体叙事都不是孤立存在的，都属于社会层级更大范围的叙事，属于世界元叙事的一部分。""翻译过程中对原文材料进行取舍，以突出，增强或压制当前叙事的某些方面，直接影响到翻译活动所在的上一级叙事。译者所做的每一个决定，都有助于对上一级叙事的铺陈或限制。"②而林语堂的上一级叙事其实就是他毕生的重要工作——"中国叙事"，即对西方人讲中国故事。他通过撰写随笔 *My Country and My People*（《吾国与吾民》）、*The Importance of Living*（《生活的艺术》）等，创作小说 *Moment in Peking*（《京华烟云》）、*A Leaf in the Storm*（《风声鹤唳》）、*The Vermilion Gate*（《朱门》），翻译《浮生六记》（*Six Chapters of a Floating Life*）、《庄子》（*Chuangtse*）、《红楼梦》（*The Red Chamber Dream*）等，为西方读者构建了一个庞大的中国叙事世界。

---

① Lin Yutang, *My Country and My People*, New York: Reynal & Hitchcock, 1935, p. 269.
② ［英］蒙娜·贝克：《翻译与冲突——叙事性阐释》，赵文静主译，北京大学出版社2011年版，第210、186页。

二 卷名

分卷是译者重构叙事的策略之一，表明了译者对原作主题与情节的认识，目的是引导读者阅读。林稿分七卷，卷名依次为：

第一卷："Boyhood"（少年时代）（对应原著第 1—15 回）

第二卷："Youth's Morning"（青年的早晨）（第 16—35 回）

第三卷："Tumult of Trumpets"（骚动）（第 36—52 回）

第四卷："Rumblings"（轰隆声）（第 53—83 回）

第五卷："The Deception"（骗局）（第 84—98 回）

第六卷："The Crash"（崩溃）（第 99—114 回）

第七卷："Redemption"（救赎）（第 115—120 回）

上文谈到林语堂明确了原作主题是斩断情缘（看破世情）与富贵无常（贾府衰败）。而第一、二、三、五、七卷聚焦的是斩断情缘；第四、六卷聚焦的是富贵无常。他又指出：

> 通灵宝玉失而复得，乃是全书的主要线索，是前后呼应问题中之最重要问题。这问题就是此主人翁，如何以茜纱公子之身份，跳出情网，斩断情缘（看破世情）之内心经过。上节所言贾府败落，还不过是看破世情之一助而已。①

从这段话可推断出两点：第一，林语堂视贾宝玉为全书之最主要人物（第一、二、七卷卷名的指示主体即贾宝玉）；第二，他视贾宝玉斩断情缘为《红楼梦》之根本主题。以此为线索来观察他的分卷名，尤其是第一、二、七卷的卷名，会发现他在试图将原作重构为一部以贾宝玉为主人公的成长小说。

"'成长小说'起源于德国，成长小说并不仅仅是关于个人在性格发

---

① 林语堂：《平心论高鹗》，群言出版社 2010 年版，第 81 页。

展时期的经历和冒险故事,更着重描写人物道德和心理发展过程。其主题往往包括成长时期、学年时代、旅行、爱情以及寻找自我、身份和未知世界中有意义的生活。"①西方文学中的成长小说涵盖了启蒙小说(Novel of Initiation)、学徒小说(Apprentice Novel)、"教育小说"(德语 Bildungsroman)等②。美国学者莫迪凯·马科斯(Mordecai Marcus)如此定义成长小说:

> An initiation story may be said to show its young protagonist experiencing a significant change of knowledge about the world or himself, or a change of character, or of both, and this change must point or lead him towards an adult world. It may or may not contain some form of ritual, but it should give some evidence that the change is at least likely to have permanent effects. ③

> 成长小说可谓年轻主人公经历了对世界或自我认知的巨变,或性格之大变,或二者兼具。此种变化须指引其走向成人世界。它也许包含或未包含某种形式的仪式,但它应该提供证据以表明变化至少可能产生永久影响。

贾宝玉的主要成长空间是以大观园为中心的荣宁二府,表面看来不像传统的成长小说中主人公有旅行、冒险的经历。但是若对贾宝玉的存在追根溯源的话,会发现未必如此。在《红楼梦》诸本中,贾宝玉是神瑛侍者下凡投胎所变,此点无争议。但女娲炼石补天所剩石头与神瑛侍者的关系为何,却存在异文。在庚辰本、戚序本等抄本系统中,石头与神瑛侍者是不同存在,如在庚辰本中:

---

① 刘文、唐旭:《成长小说:传统与影响》,《云南财贸学院学报》(社会科学版)2005年第3期。
② 李丽:《英语世界的〈红楼梦〉研究——以成长、大观园、女性话题为例》,博士学位论文,北京外国语大学,2014年,第17页。
③ Mordecai Marcus, "What is an Initiation Story?", *The Journal of Aesthetics and Art Criticism*, Vol. 19, No. 2 (Winter, 1960).

那僧道："此事说来好笑，竟是千古未闻的罕事。只因西方灵河岸上三生石畔，有绛珠草一株，**时有赤瑕宫神瑛侍者**，日以甘露灌溉，这绛珠草始得久延岁月。后来既受天地精华，复得雨露滋养，遂得脱却草胎木质，得换人形，仅修成个女体，终日游于离恨天外，饥则食蜜青果为膳，渴则饮灌愁海水为汤。只因尚未酬报灌溉之德，故甚至五内便郁结着一段缠绵不尽之意。恰近日这神瑛侍者凡心偶炽，乘此昌明太平朝世，意欲下凡造历幻缘，已在警幻仙子案前挂了号。警幻亦曾问及，灌溉之情未偿，趁此倒可了结的。那绛珠仙子道：'他是甘露之惠，我并无此水可还，他既下世为人，我也去下世为人，但把我一生所有的眼泪还他，也偿还得过他了。'因此一事，就勾出多少风流冤家来，陪他们去了结此案。"①

但在刻本系统中，神瑛侍者是警幻仙子对石头的封号，林稿所采用的底本《石头记》中，也是如此：

那僧道："此事说来好笑。只因西方灵河岸上三生石畔，有绛珠草一株。那时，**这个石头因娲皇未用，却也落得逍遥自在，各处去游玩。一日，来到警幻仙子处，那仙子知他有些来历，因留他在赤霞宫居住，就名他为赤霞宫神瑛侍者。**他却常在灵河岸上行走，看见这株仙草可爱，遂日以甘露灌溉，这绛珠草始得久延岁月。后来既受天地精华，复得甘露滋养，遂脱了草木之胎，得换人形，仅仅修成女体，终日游于离恨天外，饥餐秘情果，渴饮灌愁水。只因尚未酬报灌溉之德，故甚至五内郁结着一段缠绵不尽之意。常说：'自己受了他雨露之惠，我并无此水可还。他若下世为人，我也同去走一遭，但把我一生所有的眼泪还他，也还得过了。'因此一事，就勾出多少风流冤家都要下凡，造历幻缘，那绛珠仙草也在其中。"（卷1，第4—5页）

---

① （清）曹雪芹：《古本小说集成 脂砚斋重评石头记 （庚辰本）》（一），上海古籍出版社1994年版，第10—11页。

可见在该版本中，石头=神瑛侍者=贾宝玉。因此石头坠入红尘若许年的经历也即贾宝玉在尘世的成长经历。而这应该是促使林语堂将《红楼梦》重构为一部成长小说的文本依据。

林语堂的做法在 20 余年后收获了不少知音。李丽指出，自 20 世纪 70 年代至今，用西方文学传统中的成长小说模式来衡量《红楼梦》是英语世界《红楼梦》研究的一大显著特色。"在一些学者看来，《红楼梦》中以情悟道的贾宝玉的成长过程，与西方文学中探寻人生意义的主人公有很大的可比性。"[①]Li. Qiancheng 就从佛教的启悟说法出发指出：

> Honglou meng is essentially a Bildungsroman in which the protagonists embark on a pilgrimage, a cosmic grand tour—or "a little trip" in the Buddhist mahāwattva's understatement—of learning and development.[②]

> 《红楼梦》本质是一部有关学习与发展的成长小说，在书中，主人公开启了一次朝圣之旅、洪荒之旅，或用佛教轻描淡写的说法则曰刹那之旅。

林语堂用"Redemption"（救赎）作为译本末卷卷名，其实是将贾宝玉出家为僧视为其跳出情网、斩断情缘的心灵救赎之旅的终点。

三　章名

林稿主体共分 64 章，各章名与原著回目大相径庭。这种做法一方面说明了译稿的各章构成并非循序渐进按照原文回目推进，而是有较大的增删调整，才会使各章无法以原著各回回目为基准进行命名；另一方面，也是

---

① 李丽：《英语世界的〈红楼梦〉研究——以成长、大观园、女性话题为例》，博士学位论文，北京外国语大学，2014 年，第 6 页。
② Li. Qiancheng, *Fictions of Enlightenment: Journey to the West, Tower of the Myriad Mirrors, and Dream of the Red Chamber*, Honolulu: University of Hawaii Press, 2004, p. 134.

其重构原著叙事的策略之一。

首先,他改变了原著回目的对句形式。"明末清初章回小说的回目是在叙事的基础上追求精美的艺术效果"①,《红楼梦》的回目就是代表。从叙事角度而言,"回目是小说的眼睛,是小说一回内容的高度概括和提炼。小说一回中涉及的内容往往不少,头绪也很多,一两句回目不可能全部概括和覆盖本回的所有内容,因而取什么样的回目,不仅涉及本回内容的轻重主次,而且关乎作者的总体构思和叙事策略"②。从审美角度而言,《红楼梦》回目具有"注重音韵""锤炼字词""讲究句式""善用辞格"等语言艺术之美。③

林语堂在翻译之时,所能见到的乔利译本、库恩译本、王际真译本各章的章名均是在原文回目的基础上翻译的,也均基本保留了原文回目的对句结构。后来的霍译本、杨译本概莫能外。而林稿的各章题名却完全脱离了原著回目的对句结构,全部另辟蹊径单独命名。句式多样,大体可分为单个词汇、词组、句子三种结构模式。其中,以单个词汇命名的共6章;以词组命名的32章;以句子命名的26章(见表3-1)。章回小说是中国古典小说独有的,而西方文学无对应体裁。上文提到的回目的审美特征是建立在汉语基础之上的,能够欣赏这些审美特征的也是在汉语文化中成长起来的中国读者,一旦脱离了汉语语境和文化圈,进入英语语境和文化圈,其审美效果将大打折扣。因此,即便是用英语拟出对仗形式的标题来,于西方读者而言,或许也难以欣赏其中美妙。林语堂的创作与翻译向来高度重视西方读者的阅读感受,因此他的编译没有保留原著的回目结构。当然,此点也是林语堂试图将中国古典章回小说重构为一部现代小说的体现。

其次,林稿章名采用人物姓名的情形与原著回目有所不同。孙逊以庚辰本回目为统计对象统计的《红楼梦》人物入前80回回目的排序依次是:贾宝玉25次;林黛玉19次;王熙凤15次;薛宝钗10次;史湘云6次;平儿5次;贾母5次;袭人4次;晴雯4次;贾探春4次;香菱4次;秦

---

① 石麟:《章回小说回目的来源演变及其文化意蕴》,《明清小说研究》2014年第1期。
② 孙逊:《〈红楼梦〉人物与回目关系之探究》,《文学遗产》2009年第4期。
③ 刘永良:《〈红楼梦〉回目语言探美》,《红楼梦学刊》1998年第3辑。

第八章　叙事重构

钟4次；贾琏4次；薛蟠4次；贾芸4次。[①]而在林稿中，人物姓名直接入章名的有13章，涉及8人，其中贾宝玉3章；袭人2章；平儿2章；晴雯2章；林黛玉1章；薛宝钗1章；王熙凤1章；五儿1章。人物姓名能够直接出现在标题中，意味着该人物在此章中的重要性，而出现次数最多的应该就是全书主角了，此点上，林稿与原著是一致的，均是贾宝玉。但是在其他主要人物方面，林稿却发生了较大变化。在原著中居于贾宝玉之后的重要人物是林黛玉、王熙凤、薛宝钗，而林稿却变成了袭人、平儿、晴雯，这体现了林语堂是在凸显原著里与丫鬟相关的叙事。而仅在原著回目中出现了1次的五儿（第109回），在林稿章名中也有一席之地，再次证明林语堂格外欣赏五儿承错爱一节。

再次，章名中透露出林语堂的叙事立场。叙事使我们"不仅讲述事件，而且讲述对事件所持的立场和观点"[②]。林稿第19章"Shieren Looked Ahead"（袭人深谋远虑）对应原著第34回"情中情因情感妹妹　错里错以错劝哥哥"，主要讲述宝玉挨打后，宝钗、黛玉等看望、规劝宝玉；袭人向王夫人建议将宝玉搬出大观园；宝钗与薛蟠为宝玉挨打争吵。曹雪芹的叙事重点是林黛玉、薛宝钗在宝玉挨打后的表现，而林语堂则调整叙事重点到袭人身上。第19章章名也体现出林语堂对袭人进言这一颇有争议的情节的立场，很明显，他理解袭人的做法。林稿第25章"How Amitie was Wronged"（平儿何其冤枉）对应原著第44回"变生不测凤姐泼醋　喜出望外平儿理妆"，主要讲述众人凑钱为凤姐过生日；贾琏与鲍二家的偷情，凤姐撞见后大吵大闹，平儿受牵连；宝玉替平儿理妆；贾母调停后，贾琏、凤姐、平儿重归于好。"喜出望外"是指宝玉觉得能亲自为平儿理妆是"今生意中不想之乐"，从而"怡然自得"（卷44，第8页）；同时又为平儿境遇之难伤感。原著通过一事而聚焦三人：凤姐、平儿、宝玉。而林稿章名则调整叙事焦点为平儿一人，而且立场表达强烈：平儿何其冤枉。林稿第47章"The Deception"（骗局）、第48章"Betrayal"（背叛）、第49章"Mock

---

[①] 孙逊：《〈红楼梦〉人物与回目关系之探究》，《文学遗产》2009年第4期。
[②] [英]蒙娜·贝克：《翻译与冲突——叙事性阐释》，赵文静主译，北京大学出版社2011年版，第14页。

Wedding"（虚伪的婚礼）主要对应全书之高潮：第 96 回"瞒消息凤姐设奇谋 泄机关颦儿迷本性"与第 97 回"林黛玉焚稿断痴情 薛宝钗出闺成大礼"，这三个章名就明确表达了林语堂是站在同情宝玉和黛玉的立场上，对贾母、凤姐的安排持批判态度。

另外，除了叙事这一主要功能外，林语堂还在章名的修辞技巧上颇费了一番心思。因此，他的章名不拘一格、丰富多彩。（1）英文惯用表达的使用。如第 27 章的"No Fool Like an Old Fool"（老糊涂）；第 42 章的"Something in the Wind"（山雨欲来风满楼）。（2）选择疑问句、特殊疑问句、感叹句等多种句型的使用。如第 7 章的"Maid or Monitor"（侍女还是监视者）；第 20 章"How to Make Lotus Soup Taste Good"（如何让莲叶羹美味）；第 41 章"Blood! Blood!"（血！血！）等。（3）直接选用具有冲击性的人物话语。如第 8 章"'Why am I a Porcupine?'"（"我怎么磨牙了？"）出自晴雯斗嘴宝玉之言；第 17 章"Meimei, Put Your Doubts at Rest"（"妹妹，你放心"）出自宝玉告白黛玉之言；第 50 章"'Poyu, how would you…'"（"宝玉，你好……"）出自黛玉临终之言；第 40 章"The Horse was Broken"（野马上了笼头）是贾母打趣宝玉上学之言等。（4）讽刺手法的使用。如第 31 章"A Funeral is an Opportunity"（葬礼是良机）讽刺了贾珍父子和贾琏利用贾敬葬礼，与尤氏姐妹发生不正当关系；第 32 章"Phoenix Would be Model Wife"（凤姐能当模范妻子）和第 33 章"And Would Commit Murder"（也能策划谋杀）则是把一句话拆成两句，以讽刺王熙凤一方面扮演贤妻形象，骗尤二姐入大观园，一方面借刀杀人逼死尤二姐的行为。

第四节　人物事件的再定位

贝克在阐释此点时首先引入了关联性这一属于叙事特征的概念，它"牵涉到交互活动参与者的自我定位、参与者相互之间以及与该事件局外人之间的定位关系。这些位置关系发生任何改变，必然引起当前叙事和上一级叙事动力格局的变化"。而人物事件的再定位是指"翻译活动的参与者之间以及他们和读者或听众之间的位置关系，可以通过灵活运用表示时间、空间、指示、方言、语域、特征词以及各种识别自我和他人的语言手段来加以改变"。再定位的策略包括在副文本中添加评论与对文本内的语言参数进行微妙调整两大方式。"无论是在副文本中添加评论，还是对文本内的那些语言参数进行微妙调整，译者可以通过精心安排参与者之间的时间/政治关系，积极参与当前叙事乃至上一级叙事的重新建构。"①

一 副文本中的再定位

贝克重点关注了译者如何通过序言定位自己与文本、读者之间的关系。董娜运用语料库的手段考察了林语堂翻译文本的序言跋语中的人称代词，发现"林语堂译作中的序言部分，他多以第一人称'I'进行陈述，在林语堂翻译文本的序言中，共出现230次第一人称代词I"②。在林稿的序言里，使用第一人称代词"I"29次、第一人称代词复数"we"16次。戴维森（Donald Davidson）提出第一人称权威（first person authority），即"当一个说话者声称他具有一个信念、希望、欲求或意向时，有假定认为他是没有错的，这个假定并不适用于他关于类似的心的状态的他人归结"③。"在直觉上，一个人关于自己的心的状态的第一人称陈述具有不可置疑的权威性，而他关于他人的心的状态的第二人称或第三人称陈述则不具有这样的权威性。"④ "WE虽然是复数形式，但实际上是指讲话者本人，体现出讲话人的个体意识，这样也就不可避免地强调了自我，使自己与听话人分离开来，表现出与听话人疏远的人际功能。"⑤林稿序言中"western reader"出现了7次，可见他的预期读者是西方的。因而在林语堂的《红楼梦》叙事里，作为叙述主体的"I"或"We"，也即林语堂本人是将自己和作品

---

① [英]蒙娜·贝克：《翻译与冲突——叙事性阐释》，赵文静主译，北京大学出版社2011年版，第202—203页。
② 董娜：《基于语料库的"译者痕迹"研究——林语堂翻译文本解读》，中国社会科学出版社2010年版，第189页。
③ Davidson Donald, "First Person Authority", *Dialectica*, Vol. 38, 1984, pp.101-111. 转引自唐热风《第一人称权威的本质》，《哲学研究》2001年第3期。
④ 唐热风：《第一人称权威的本质》，《哲学研究》2001年第3期。
⑤ 田海龙：《英汉语"WE/我们"的人际功能与文化差异》，《天津外国语学院学报》2001年第3期。

定位为一方，即我方；而西方读者则定位为另一方，即他者。叙事的对象自然是《红楼梦》，不过有意思的是"Chinese"一词在序言中出现了 29 次（如表 8-1 所示），包含中国人与中国社会、风俗文化、文学、小说及中文说话方式等。他不断在提醒西方读者这是一个来自中国这一异域的文本，他是以一个中国人的身份在向西方读者讲述一个来自中国的故事。这一定位模式再次显示出编译《红楼梦》这一叙事行为是林语堂对西方读者讲述中国故事这一上级叙事行为的组成部分。李平就指出"林语堂用英文讲述中国故事是一种文化自觉行为，这种自觉行为贯穿了林语堂的一生"[①]。

表 8-1　林稿序言中"Chinese"关联词语统计

"Chinese"关联词语	出现频率
Chinese art（中国艺术）	1
Chinese（中国人）	4
Chinese friends（中国友人）	1
Chinese society（中国社会）	1
Chinese life（中国生活）	1
Chinese novels（中国小说）	2
Chinese critics（中国评论家）	2
Chinese critical terminology（中文批评术语）	1
Chinese fiction（中国小说）	1
Chinese Ming Dynasty（中国明王朝）	1
Chinese Dynasty（中国王朝）	1
Chinese Power（中国王权）	1
Chinese customs and culture（中国风俗文化）	1
Chinese equivalent of the Bacon-is-Shakespeare theory（中国版的培根即莎士比亚说）	1
Chinese paper（中文论文）	1
Chinese classic（中国古典文学）	1

---

① 李平：《林语堂著译互文关系研究》，浙江大学出版社 2020 年版，第 273 页。

续表

Chinese 关联词语	出现频率
Chinese literature（中国文学）	1
Chinese（中文）	2
Chinese speech（中文说话方式）	3
Chinese circumlocutions（中文迂回表达）	1
Chinese terms（中文表达方式）	1

二 文本或话语内的再定位

口、笔译中的重新定位绝大部分是在文本/话语内部实现的，可以采用的手段原则上有无限多种。翻译过程中，几乎所有的文本特征都可以在微观或宏观层面上重新调整，以重新定位原文叙事内外的参与者之间的关系。①

林语堂在序言中强调了《红楼梦》这一文本的中国色彩，以勾起读者对异域文本的好奇与期待。而在实际翻译时，他采用了简明易懂的英语口语文体。

《红楼梦》虽然是白话小说，但文言表达也随处可见。如原著第18回元春省亲，为了营造华丽的环境和威严的氛围，曹雪芹运用了大量的文言表达：

（1）园内帐舞蟠龙，帘飞彩凤，金银焕彩，珠宝生辉……（卷18，第2页）

The place was gaily festooned and brilliantly decorated with curtains and pennants of the dragons and phoenixes, sparkling in gold and silver and jade. (p. 127)

---

① ［英］蒙娜·贝克：《翻译与冲突——叙事性阐释》，赵文静译，北京大学出版社2011年版，第205页。

◆◇◆ 研究篇

（2）田舍之家，齑盐布帛，得遂天伦之乐；今虽富贵，骨肉分离，终无意趣。（卷18，第5页）

However poor and shoddy a farmer's food and clothing are, they are able to enjoy the happiness of hearth and home. It is not much fun for me to be cut off from home, even though I enjoy all the luxuries of the palace. (pp. 131-132)

例（1）的互文修辞法在译文中消失；例（2）元春对贾政所言全是由四字词语构成的文言，在译文中却变成了平实的英语日常口语。这是一种语域选择，降低了原文的正式程度。

当原文本身就是白话时，林语堂的翻译也更加口语化。

（3）宝钗也忍不住笑着把黛玉脸上一拧，说道："真真这个颦丫头的一张嘴，叫人恨又不是，喜欢又不是。"（卷8，第7页）

Pocia pinched Taiyu's cheek with a laugh. "Isn't she exasperating? Certainly she can talk. That is part of her charm. She is a darling." (p. 59)

（4）"撵了出去，大家干净！"（卷8，第9页）

"We'll have more peace if I have her fired." (p. 61)

例（3）的"She is a darling"与例（4）的"fired"均是英语中司空见惯的口语表达。

这种口语体译文增添了原著场景与对话的现代色彩，从而重新定位了译文读者与文本的关系，引导读者把文本与实际生活联系起来，拉近了二者距离。

林语堂的翻译策略具有杂糅性，无法用归化、异化、直译、意译来简单定义。如果从是否忠实原文来评价林语堂在翻译中的叙事重构行为，可能难尽人意，但这并非林语堂所求。钱锁桥就指出：

> 林语堂把中国文化"智慧"介绍给英语读者，而不是"学术"性地试图把中国文化的"原汁原味"呈现给西方读者。以"原汁原味"为衡量标准来阅读林氏"智慧"或许就落入所谓"本质主义"或"东方主义"模式，反正不对林语堂的套路。林语堂的"智慧"必须有销量，旨在产生功效，对中西方现当代文化有所贡献。①

---

① 钱锁桥：《林语堂传：中国文化重生之道》，广西师范大学出版社 2019 年版，第 23 页。

第九章 人物形象重构

林稿中的人物形象相较原著,在性格特征上基本一致。不过,由于林语堂对原著的取舍增删和翻译时的遣词造句,以及他本人审美观的影响及对读者的考虑等,导致部分人物性格特质中的某些因素被淡化或强化。本章先讨论作为全书主角的贾宝玉形象,随后讨论女性形象的美化和男性形象的淡化及负面化。

第一节 艺术家灵魂与骑士气概的贾宝玉

一 历代评家眼中的贾宝玉

贾宝玉到底是怎样的人?答案因时、因人而异。关于这个人物的特殊性与复杂性,脂砚斋曾于己卯本第19回评:

> 听其囫囵不解之言,察其幽微感触之心,审其痴妄委婉之意,皆今古未见之人,亦是未见之文字。说不得贤,说不得愚,说不得不肖,说不得善,说不得恶,说不得正大光明,说不得混帐恶赖,说不得聪明才俊,说不得庸俗平(凡),说不得好色好淫,说不得情痴情种。①

虽如此说,但历来仍有不少评家想抓住其性格特质。清代评点家王希

---

① [法]陈庆浩编著:《新编石头记脂砚斋评语辑校》(增订本),中国友谊出版公司1987年版,第349页。

廉道出宝玉身上"情"的特质。

> 宝玉之情,人情也。为天地古今男女共有之情。为天地古今男女所不能尽之情。……宝玉圣之情者也。①

王国维的《红楼梦评论》从哲学角度论及宝玉精神上的苦痛与解脱。

> 彼于缠陷最深之中,而已伏解脱之种子……宝玉之苦痛,人人所有之苦痛也。其存于人之根柢者为独深,而其希救济也为尤切。②

鲁迅在《中国小说史略》中,亦有对宝玉的评述。

> 宝玉既七八岁,聪明绝人,然性爱女子,常说,"女儿是水作的骨肉,男人是泥作的骨肉。"
> 宝玉纯朴,并爱二人无偏心……宝玉亦渐长,于外昵秦钟蒋玉菡,归则周旋于姊妹中表以及侍儿如袭人晴雯平儿紫鹃辈之间,昵而敬之,恐拂其意,爱博而心劳,而忧患亦日甚矣。
> 悲凉之雾,遍被华林,然呼吸而领会之者,独宝玉而已。③

胡适在《红楼梦考证(改定稿)》中则云:

> 《红楼梦》这部书是曹雪芹的自叙传……曹雪芹即是《红楼梦》开端时那个深自忏悔的"我"!即是书里的甄贾(真假)两个宝玉的底本!……贾宝玉即是曹雪芹。④

---

① (清)曹雪芹:《新评绣像红楼梦全传》(一),北京图书馆出版社2004年版,第27页。
② 王国维:《红楼梦评论》,《王国维全集》第1卷,浙江教育出版社、广东教育出版社2010年版,第64页。
③ 鲁迅:《鲁迅全集》第9卷《中国小说史略 汉文学史纲要》,人民文学出版社2005年版,第236、237、239页。
④ 胡适:《红楼梦考证(改定稿)》,《胡适文集2 胡适文存》,北京大学出版社1998年版,第449—453页。

20世纪50至70年代,"叛逆"一词成为我国大陆学界评论贾宝玉形象的热词,在这方面研究上,吴组缃的论文《论贾宝玉典型形象》可作为代表。他指出:

> 贾宝玉所以能够保持这种"赤子之心",并且一步步和封建主义统治势力远离,成为自己阶级的叛逆者,而日益发展了他的进步思想,那原因,除了上面已经论到过的他所在的社会关系和具体生活境遇等等方面的特点和它们的总和而外,他的以上述条件为基础而产生的和林黛玉的恋爱关系的发展,以及步步逼来的在婚姻问题上、在整个生活道路上所遭受的封建主义势力的切身压迫,是不可忽视的重要原因。①

对这种基于阶级话语的文学批评模式,到20世纪90年代,出现了反思的声音。

> 理论界对马克思主义理论作了形而上学的偏狭理解,有将马克思主义理论简单等同于阶级斗争学说的倾向,因而严重地影响了我们的学术研究,以至于从五十年代起至七十年代的红学研究乃至整个古代文学研究都带有简单化的极左色彩……主要表现在对文学中的人物形象作单一教条的阶级分析,给人物脸上贴标签,其中给正面人物脸上贴的标签多是"叛逆形象"、"叛逆青年"、"叛逆性格"、"叛逆精神"等等。②

二 林语堂眼中的贾宝玉
(一)艺术家灵魂

林语堂在译稿序言中,如此定义贾宝玉:

---

① 吴组缃:《论贾宝玉典型形象》,《北京大学学报》(人文科学版)1956年第4期。
② 李新灿:《贾宝玉形象研究史论略》,《红楼梦学刊》1999年第4辑。

第九章 人物形象重构

A word must be said about the hero, Poyu, a complex character. He is pictured as a boy, extremely sensitive to beauty and appreciative of the feminine, a little rebel with the artistic temperament who refuses to grow up and accept the social conventions and falsehoods of adult society. The story of Poyu is the story of progress of that artistic soul in conflict with the sordid realities, and under the strain of that conflict, he mentally cracked up several times. (p. vi)

在此，我们有必要说一说拥有复杂性格的男主人公宝玉。他被刻画成一个对美极其敏感、懂得欣赏女性的男孩；一个具有艺术家气质的小反叛者，拒绝长大、拒绝接受社会常规与成人世界的虚伪。宝玉的故事即一个艺术家的灵魂与肮脏现实逐渐冲突的故事。在冲突的重压下，他的精神数次崩溃。

He remained warm, affectionate, trusting, and in spite of his lapses, an instinctively pure worshipper of the eternal feminine. He was a true lover, constantly suffering from the barbs and pinpricks of Taiyu, to whom he had given the one great passion of his life. Fate was cruel to him, and the supreme irony of it was that his parents and grandmother who loved him most were the very persons to thwart the one great love to which he had dedicated the purpose of his existence. He was to go through all the pangs and anguish of passion, so intense that he lost his sanity, and recovered only after he had waked up from a dream and discovered himself. Once he understood that all life is but a dream, he could not be hurt any more, was sure of himself, and went on to his destiny, to fulfill his duty to his family and to himself. (pp. vi-vii)

尽管偶有小过小失，他仍怀有一颗温暖、深情、真诚的心，是一个天生、纯真、永恒的女性崇拜者。他是一个真正的爱人，将其毕生热情倾注给了黛玉，却又往往为后者的尖酸小性所烦扰。命运对他是残酷的，而最大的讽刺在于，正是最爱他的父母与祖母剥夺了他奉为自身存在目的的至高无上的爱情。他不得不遭受热情受挫的所有苦闷与悲痛。巨大的打击令他丧失心智。直到他大梦初醒、重识自身后方得以恢复。一旦当他认识到人生不过一场大梦时，他就不再悲伤，自信从容地走向自己的命运，完成对家庭和对自身的使命。

Thus Poyu was unique. We have the impression that he was in this world and yet did not quite belong to it. The jade he was born with in his mouth, described as the very root of his life, is consciously employed as a symbol which explains his uniqueness, and vitally affects the course of his life. The jade is a symbol of the pure, unsullied soul of man, that higher pristine intelligence and purity and esthetic sensibility. Inevitably, it came into conflict with reality, a conflict which took two forms. One was rebellion against what the world called success—taking the state examinations and joining the crowd of corrupt and false and hypocritical officials. (p. vii)

宝玉是独一无二的。我们感觉他生活在这个世界，却又不属于这个世界。他降生时口中所含的通灵宝玉，被视为他的命根子。且被有意作为一种象征来解释他的独特性，并对其人生历程产生至关重要的影响。通灵宝玉是人类纯洁无染的灵魂的象征；是超凡脱俗的太初智慧、纯真与对美的敏感。这不可避免地与现实发生冲突。冲突表现于两种形式。一是反抗俗世尊崇的成功之道——参加科举考试，跻身于腐败、做作和虚伪的官员行列。

The second meaning of the symbol took the form of worship of feminine beauty. There was something recalling the spirituality of the Elysium which made him condemn the male sex as the riffraff, the scum of the universe, the cheaper vessels into which the Creator cast the dregs and left-overs, after he had fashioned the girls out of all that was pure and beautiful in the universe. His saying that "girls are made of water; boys, of mud" is justly famous. (p. viii)

　　象征的第二层意义是以对女性美的崇拜来体现的，有些美唤起他前世身处极乐世界的灵性，令他视男人为宇宙间的糟粕，他们是造物主用天地之纯洁精华造出女子后，丢进不名一文的容器里的残渣。他有一句名言，"女儿是水做的骨肉，男人是泥做的骨肉"。

And so, following his destiny to the end, we get an impression that the jade was a symbol of supra-mundane intelligence that really did not belong to the world at all. Toward the very end, his father at last understood him. That was why, as the author finally explains in the Epilogue, the jade had to disappear before Poyu got married. The jade must not be contaminated. (p. vii A)

　　从宝玉最后的命运来看，我们会认识到象征超凡智慧的通灵宝玉根本就不属于这个世界。宝玉的父亲最终理解了他。正如作者在故事"尾声"里所解释的那样，此玉要在宝玉结婚之前消失。通灵宝玉是不能被污染的。

　　林语堂的核心观点是，宝玉是一个具有艺术家气质的小反叛者，具有一颗纯洁无染的艺术家心灵，这使他一方面反对现存秩序与价值观，另一方面崇拜少女的美好。如果仔细分析的话，又不难看出林语堂的观点与已有观点存在继承、相悖与发散之处。

　　"宝玉是独一无二的。我们感觉他生活在这个世界，却又不属于这个世界。"这句话与脂砚斋的"今古未见之人"有异曲同工之妙，同时又与胡适所谓的"贾宝玉即是曹雪芹"的观点形成鲜明对比，林语堂在本质上是文学家，而胡适是学者，这决定了他们对待文学形象的态度。林语堂看到的是人物的精神本质，而胡适则是要考证人物的原型。

宝玉"怀有一颗温暖、深情、真诚的心"则可看作王希廉所谓的"宝玉之情,人情也"的具体阐释了。

鲁迅谓"悲凉之雾,遍被华林,然呼吸而领会之者,独宝玉而已"。为何宝玉能众人皆醉我独醒地呼吸领会悲凉之雾,鲁迅未明言,林语堂所谓的宝玉具有艺术家的灵魂也许能回答这个问题。"通灵宝玉是人类纯洁无染的灵魂的象征;是超凡脱俗的太初智慧、纯真与对美的敏感。"唯有这样的心灵才能感知悲剧到来前的悲凉。

王国维称宝玉观自身之苦痛而得最终之解脱(出家为僧)。而这一苦痛的根本在于黛玉的存在与去世。王国维的解读是哲学的,林语堂的解读是文学的。但殊途同归,无论是哲学还是文学,最终探究的都是人性,是人从苦闷到解脱的心路历程。

林语堂也看出了宝玉性格里叛逆的因素。但是相比吴组缃从生活环境、遭遇经历、阶级属性来看待宝玉叛逆性格形成的做法,林语堂解读的重心还是放在宝玉的本性上。在他译稿第 5 章的结尾,对宝玉的性格有一段详细的评论,在原文中是没有的。这段评论与他在序言中的观点如出一辙。

> Tender toward his maids and female cousins at home, nursed in the luxuries of that fair mansion, sensitive to beauty and original in his thinking, the boy developed very early in life a fierce scorn for conventions and success and all that was pompous and affectations, as seen in the life of the officials. A bright boy, with an artistic temperament, he saw through the hypocrisy of the adults, all dying, as far as he could see, with the desire to serve God and the emperor, while amassing a fortune for themselves. Since these called themselves followers of the sages and champions of Confucian ethics, he bred an inveterate contempt for the classics and the words of the sages, which he had identified with the road to officialdom. Outside the moral platitudes and eternal verities of the sages which bored him to death, he was however gifted with a keen sense of appreciation of

poetry and the "idle" sidepaths of literature, was adept at literary games and pastimes, and had acquired no mean ability at verse-making and remembering poetic passages, for it must be admitted that the boy had an extraordinary talent, as promised by his birth legend.(p. 71)

  这个男孩善待家里的侍女与堂表姊妹,成长于钟鸣鼎食之家,对美敏感而思维独特,耳濡目染官僚生活,在人生初期就已养成了对成规惯俗与立身扬名的鄙视,视此为浮夸造作。天生的聪慧与艺术的气质,令他看穿了成人的虚伪。在他眼中,那些人都是行尸走肉,热衷于功名利禄,又自诩为圣人的追随者与儒家伦理的拥护者,因此他从骨子里藐视那些通向官途的儒家经典与圣贤语录。于外表上,他厌烦那些陈腔滥调与所谓的永恒真理。但他又具有敏锐的诗歌鉴赏力与文学才能,擅长文学游戏与消遣,不过这被视为不务正业。他在作诗与记忆诗文上能力超群。不得不说这个男孩有着非凡天赋,这是他衔玉而生的传奇所预示的。

由此可知,他强调的是宝玉骨子里对美的敏感、思维的独特、聪颖、艺术家气质等本性,使他蔑视世俗成规与儒家的立身处世之道。而在宝玉与黛玉的爱情悲剧上,吴组缃指出是受封建势力的压迫,林语堂却说是"最爱他的父母与祖母剥夺了他奉为自身存在目的的至高无上的爱情"。吴组缃的解读是受马克思主义史学影响的一种阶级分析法,林语堂的解读则是从文学内部与人性本身出发的。吴组缃的论文写于1956年,林语堂的译文初稿完成是1955年,时间上是相近的。二人身份与所处空间的不同,影响了他们对同一部名著的男主人公性格做出了不同解读。

但深层的原因,恐怕还与林语堂的自我认识有关。

  这样与自然得有密切的接触令我的心思和嗜好俱得十分简朴。这一点,我视为极端重要,**令我建树一种立身处世的超然的观点而不至流为政治的、文艺的、学院的和其他种种式式的骗子**。在我一生,直迄今日，我从前所常见的青山和儿时常在那里捡拾石子的河边，种种意象仍然依附着我的脑中。**它们令我看见文明生活、文艺生活和学院生活中的种种骗子而发笑**。童年时这种与自然接近的经验足为我一生知识的和道德的至为强有力的后盾；**—与社会中的伪善和人情之势利互相比较，至足令我鄙视之**。……如果我会爱真，爱美，那就是因为我爱那些青山的缘故了。如果我能够**向着社会上一般士绅阶级之孤立无助，依赖成性，和不诚不实而微笑**，也是因为那些青山。如果我能够**窃笑踞居高位之愚妄和学院讨论之笨拙**，都是因为那些青山。

……那是我童年时所流的眼泪。**那些极乐和深忧的时光，或只是欣赏良辰美景之片刻欢娱，都是永远镂刻在我的记忆中**。我以为我的心思是倾于哲学方面的，即自小孩子时已是如此。

我还想起来，**我十几岁时的头脑，常常想到别人想不到的事**。①

从上述林语堂回忆自身的记载来看，鄙视伪善与人情势利、嘲笑士绅阶级的虚伪与位居高位者的愚妄，对生命中的极乐与深忧的敏感，这些性格因素与宝玉的性格是有相通之处的。而且林语堂自觉意识到自己从小时候起就与众不同，自儿童时代起的心思就是倾向哲学的，这就使得他在解读宝玉性格的独特性时，会侧重从其天生的禀赋出发去解读。加之林语堂本人也深具艺术家气质，并有文学创作天赋，所有这些都使他对宝玉有着理解之同情。

（二）骑士气概

以上所说的林语堂眼中的贾宝玉形象基本是基于对原文的解读。但是在林稿的细微之处，却能看出林语堂对贾宝玉形象做了有别原著的微妙改造。原著中的宝玉胆小、时常哭泣，这一形象在林稿中基本被抹去。

1. 更改怯懦表现

（1）宝玉笑道："你们两个都在那上头睡了，我这外边没个人，我怪怕你（的），一夜也睡不着。"（卷51，第6页）

---

① 林语堂：《林语堂名著全集》第10卷《从异教徒到基督徒》，谢绮霞译，东北师范大学出版社1994年版，第5、6、259页。

"You two sleep in my bed," said Poyu **with the greatest chivalry**. "I will sleep out here."To Moonbalm, "I am afraid you won't be able to sleep in the outside room."(p. 356)

袭人因母亲病重告假回家，晴雯和麝月代她伺候宝玉就寝。原著里说得明白：宝玉夜间害怕，希望她们一起跟他睡在外间。而译文里宝玉则摆出骑士保护淑女的气概来，让她们睡在他的床上，他睡在外边即可。

（2）宝玉夜间胆小，醒了便要唤人，（卷77，第15页）

Poyu had to have somebody in the room when he woke up at night; **it was a habit formed since his childhood**. (p. 481)

原著交代宝玉醒了要唤人的原因是他夜间胆小，而林稿却抹去了胆小的信息，只称这是宝玉自童年时代以来的习惯。

（3）这些小丫头们还说，有的看见红脸的，有看见很俊的女人的，嚷闹不休，**吓得宝玉天天害怕**。（卷102，第5—6页）

The young maids circulated stories that some had seen red-faced ghosts and some one else had seen charming female apparitions. **These stories disturbed everybody's heart**. (p. 675)

原著是说大观园里闹鬼的谣言"吓得宝玉天天害怕"，而林稿却"偷梁换柱"地变成了"闹得人人心慌"。

2. 删减流泪场面

原著中有不少宝玉落泪的场面，而林语堂却删减了宝玉的眼泪。

◆◇◆ 研究篇

(1)向袭人道:"叫我怎么样才好?这个心便碎了,也没人知道。"说着不觉**滴下泪来**。(卷31,第4页)

"What do you want me to do? Nobody understands me," said Poyu to Shieren, **misery** written on his face. (p. 202)

(2)宝玉听了,吓了一跳,忙回道:"实在不知此事。究竟'琪官'两个字不知为何物,况更加以'引逗'二字。"**说着便哭**。(卷33,第2—3页)

Poyu was terror-stricken. "Honestly, I don't know anything about it, I haven't heard of the name even," **he replied trembling**. (p. 226)

(3)顿觉一时魂魄失守,随便坐在一块山石上出神,**不觉滴下泪来**。(卷57,第2页)

Without knowing where he was, he sat on a rock like one possessed, **overcome by a strange sadness**. (p. 367)

以上三则译例里,都不见原著的眼泪,而分别以"misery"(痛苦)、"trembling"(颤抖)、"sadness"(悲伤)来取代。宝玉作为《红楼梦》的男主角,胆小怯懦,连一个人睡觉都不敢,而且动不动就哭哭啼啼,这在推崇男性阳刚、坚强、勇敢的西方读者看来,是不可理喻的,这大概是林语堂改造其形象的根本原因。他曾在《吾国与吾民》中如此评价宝玉:

The character of Paoyü is decidedly weak, and far from desirable as a "hero" to be worshipped by young men…

宝玉个性确实软弱，远称不上为青年所崇拜的"英雄"。①

那么，在林稿里，宝玉是否完全不掉泪呢？并非如此。但明显的仅有一次，是黛玉去世后，他去潇湘馆凭吊。

（4）宝玉袭人听说，都吃了一惊。宝玉道："可不是。"说着，**便滴下泪来**，说："林妹妹，林妹妹！好好儿的，是我害了你了。你别怨我，只是父母作主，并不是我负心。"**愈说愈痛，便大哭起来。袭人正在没法**……（卷108，第11页）

Poyu's and Shieren's skin puckered. "I thought I heard something," he said. A hot feeling surged up his chest and convulsed his inside. **Tears dripped down from his eyes, then became a shower.**

"O, Lin meimei," he cried, "Lin meimei, you have died on my account. Don't hate me. It was my parents' doing. I have never been untrue to you."

Now tears burst forth from him like water over a dam. Shieren was frantic, and stupidly watched him cry his heart out. (p. 717)

原文中，宝玉的伤心是逐渐加强的，从"滴下泪来"到"大哭起来"，有两个阶段。林稿译文则从"Tears dripped down from his eyes"（滴下泪来）到"then became a shower"（泪如雨下），终至"tears burst forth from him like water over a dam"（泪如大坝水溢），分了三个阶段，用了两个比喻，层次分明地描写了宝玉由伤到悲到痛的心境。又借旁观者袭人手足无措之状烘托了宝玉痛彻心扉的场景。正所谓"男儿有泪不轻弹"，但正因如此，这唯一一次的痛哭更加体现了宝玉对黛玉的深情和黛玉逝世对其所造成的毁灭性打击。

---

① Lin Yutang, *My Country and My People*, New York: Reynal & Hitchcock, 1935, p. 274.

第二节 《红楼梦》里英雌多

曹雪芹在《红楼梦》里塑造了诸多经典的女性形象,她们可爱,却并非完美。而在林稿中,原本存在争议的一些女性形象被美化,其中最具代表性的是袭人,其次是小红、宝钗。

荷兰比较文学学者佛克马(Douwe W. Fokkema,1931—2011)指出:

> 所谓重写(rewriting)并不是什么新时尚。它与一种技巧有关,这就是复述与变更。它复述早期的某个传统典型或者主题(或故事),那都是以前的作家们处理过的题材,只不过其中也暗含着某些变化的因素——比如删削,添加,变更——这是使得新文本之为独立的创作,并区别于"前文本"(pretext)或潜文本(hypotext)的保证。①

本节综合借鉴两位学者的观点,考察林语堂对《红楼梦》女性形象的美化,并分析美化的动因、意义与局限。

一 从奸诈到有责任心的袭人
(一)历代评家眼中的袭人

袭人是《红楼梦》中备受争议的人物。历来评家对其评价多是消极的。其中以清代评点家涂瀛的点评最具代表性。

> **袭人者,奸之近人情者也。以近人情者制人,人忘其制;以近人情者谮人,人忘其谮。** 约计平生,死黛玉、死晴雯、逐芳官蕙香、间秋纹麝月,其虐肆矣。而王夫人且视之为顾命,宝钗倚之为元臣。向非宝玉出家,或及身先宝玉死,岂不以贤名相终始哉。(卷首,读花人

---

① [荷]D.佛克马:《中国与欧洲传统中的重写方式》,范智红译,《文学评论》1999 年第 6 期。

论赞，第 19 页）

涂瀛给袭人贴上"奸"的标签，将其解读为反面形象。这种定性在中华人民共和国成立后，也被继承下来。不过，受意识形态的影响，对袭人的批判多从阶级分析的角度。1954 年，王昆仑的《花袭人论》就论证了袭人作为封建奴才的思想性格特征①。这一论调，到 20 世纪 80 年代，仍不绝于耳。

> 正因为这些人物有"才"，因此一旦爬了上去，依附上统治阶级之后，就能起着很恶劣的走狗的作用；像袭人那样，就还能起着统治者本身所不能起的作用。**奴才阶层的这些恶劣的历史作用，是必须给以足够的估计的**。这就是花袭人性格所提供的生活真理的历史意义。②

21 世纪以来，袭人形象的复杂性得到研究者的关注。但批评话语始终难脱阶级分析法的影响，袭人所获评价也未有根本改变。

> 平心而论，袭人作为怡红院中主事的大丫鬟是很称职的。她忠心耿耿、任劳任怨，做事体贴周全，把整个怡红院管理得井然有序。**她有着"心中眼中只有一个宝玉"的痴忠，还有着时时用封建礼教"箴规"宝玉的"贤德"**。……从作者含蓄的描写中，我们还可以看到这位怡红院中"最有头脸"的大丫鬟的思虑长远的心机，甚至排除异己的手腕。除了"忠实"和"贤德"之外，她还是个工于心计、性格复杂的"人物"。③

---

① 王昆仑：《花袭人论》，《文艺报》1954 年第 23、24 号合刊。
② 吴颖：《论花袭人性格》，《红楼梦学刊》1985 年第 1 辑。
③ 李希凡、李萌：《"情切切良宵花解语"——析花袭人的"枉自温柔和顺"》，《红楼梦学刊》2004 年第 4 辑。

(二) 林语堂眼中的袭人

袭人形象在历代评家眼中,总体是消极的。而在林稿中,袭人则被塑造成一个完美的正面形象。而实现手段主要是通过添加副文本和增删原文两种方式,副文本含章前导言与脚注。

1. 增设导言

林稿第7章翻译了原著第19回"情切切良宵花解语",讲袭人从娘家回来后规劝宝玉。这章与其他章节不同的是,林语堂设立了章前导言,并用斜体与正文区分开来。此段导言可视为林语堂对袭人的总评。

  Shieren was fully seventeen and of marriageable age. She had, along with Sunburst, Jay, Nightingale and other maids, practically grown up in the Jia mansion, and was now risen by her own merits to a position of trust and responsibility, taking charge of the darling grandson of the family. But her position was more than that of a maid; in the Jia tradition, and by her personal attachment to Poyu, it was a foregone conclusion that one day she would be the "woman in his chamber," that is, his concubine, in brief, no matter whom he married, but she had the curious duty of "bringing up" the eccentric genius who was to be her future husband. The boy was placed in her hands, more than in his mother's hands. Poyu loved her, she knew, and he was warm, brilliant and handsome, but totally unlike any other boy she had known. It was her responsibility to shape and guide him in the right direction, and she had more than a professional interest in seeing that he develop into proper manhood. **What a responsibility!** (p. 95)

  袭人年满十七,已是适婚年龄。她与晴雯、鸳鸯、紫鹃和其他侍女一同在贾家长大,现凭借自身优秀上升到一个肩负信任与责任的职位,即照顾这个家庭的宝贵孙子。但她的立场又不仅仅是一名侍女。依照贾家传统,加之她个人爱慕宝玉,人人都默认将来有一天她会成为宝玉的通房丫头，简而言之就是妾。不管宝玉将来娶谁为正妻，她都有一个离奇的职责，就是照顾宝玉这个怪才，也即她未来丈夫的成长。这个男孩与其说是掌握在母亲手中，不如说是交在她手中。她知道宝玉爱她，也知道宝玉心地温暖、聪颖英俊，可又与她认识的其他男孩不一样。引导和监督宝玉走上正道是她的责任，守望他成长为顶天立地的男人是她的职责本分。这是何等的责任心啊！

导言最后一句的"responsibility"，在林语堂翻译以袭人为主的情节时多次用到，是他评价袭人的关键词。

2. 增删原文

原著中有几处涉及袭人的内容是较有争议的，也对历代评家对其评价有导向性。其中有两处在第 31 回。宝玉冒着大雨回怡红院，责怪丫头开门迟缓，在不知开门者是袭人的情况下，踢了她一脚。对受伤后吐血的袭人心理，原文与译文如下所示。

（1）不觉将素日想着后来争荣夸耀之心尽皆灰了。（卷 31，第 1 页）

Her heart suddenly went cold. (p. 197)

《红楼梦》里丫头地位的晋升是嫁给男主人为妾，赵姨娘、平儿即是。袭人的争荣夸耀之心就是此种暗示。林语堂没有翻译"素日想着后来争荣夸耀"，而只翻译了"心尽皆灰了"。如果照实翻译，袭人素来恪尽职守、规劝宝玉的行动背后的动机就会不纯，袭人形象就会抹上阴影，故而未翻译。

同样是第 31 回，晴雯与宝玉吵架时，袭人过来劝阻，说了一句："好妹妹，你出去逛逛，原是我们的不是。""我们"一词导致晴雯醋意大发，说了一堆讽刺袭人的话。原文中袭人的反应是：

（2）想一想原是自己把话说错了。（卷31，第3页）。

Shieren had used a wrong word. She had meant the maids' fault, but Sunburst took the word "our" to refer to herself and Poyu. (p. 200)

对"我们"的所指，原文解释是"晴雯听了他说'我们'二字，自然是他和宝玉了"。这里其实是袭人情急之下，透露了她内心深处认为自己将来会给宝玉做妾，与宝玉是同一方的微妙心理。但林稿却增添了一句"She had meant the maids' fault"，解释袭人所说的"我们"是指她本人和晴雯等丫鬟，只是晴雯误解了，从而为袭人开脱。

第32回宝玉误将袭人当作黛玉表白后，袭人的内心活动是：

（3）如此看来，将来难免不才之事，令人可惊可畏。想到此间，不觉的怔怔的滴下泪来。心下暗度，如何处治，方免此丑祸。（卷32，第7页）

Shieren was terribly concerned for her responsibility, fearing that something might happen between the boy and the girl. She thought and debated in her mind how she was to prevent a scandal before matters got worse. (p. 218)

姚燮对此处袭人心理活动的评语是"大有醋意"（卷32，第7页），但这丝毫没有影响林语堂对袭人的好感。他视此为袭人有责任心的表现，并增译了一句："Shieren was terribly concerned for her responsibility"（袭人为自身责任深感忧虑）。

第33回宝玉因蒋玉菡、金钏的事情遭贾政暴打；第34回，王夫人向袭人确认是否贾环在贾政面前告状从而导致宝玉挨打的。此前袭人已从焙茗处听说了此事，并当着宝钗的面告诉了宝玉，但此时她却回答：

(4) 袭人道："我倒没听见这话……"（卷34，第6页）

"No, I didn't," answered Shieren, preferring not to purvey gossip. (p. 241)

姚燮对此的评语是"明明前番告诉宝玉，何以在太太面前推做不知道，狡猾之极"（卷34，第6页）。而林稿却增加了一个从句"preferring not to purvey gossip"（宁可不传播流言蜚语）来解释袭人为何佯装不知。

袭人随后进言王夫人应该严加管束宝玉并将他搬离大观园，以免与园内姐妹产生流言，赢得王夫人信赖。姚燮评"袭人之戏弄太太真愧傀不如"，贬称这段为"袭人进谗"（卷34，第7页），林语堂对此持有异议，并做了一条脚注为袭人辩白：

It must be explained that Shieren was not hypocritical. In ancient society, an affair with a maid would not have the social implications; the maid could be taken by the man or married off later. But to sully the name of a daughter of the family could only end in tragedy for the girl. Shieren was responsible and duly concerned. (p. 244)

必须说明一下袭人并非伪善。在古代社会，与女仆的暧昧关系不会产生社会影响，女仆可被纳为妾室或嫁与他人。但若玷污了一个大家闺秀的名声，那女方唯有以悲剧收场。袭人颇具责任心并及时为此忧虑。

这段话与姚燮的观点大相径庭。而且又用到"responsible"（有责任心）来称赞袭人。此词在英文里是具有契约精神的褒义词，被视为一种高尚品质和社会道德。《牛津英文词典》的解释为"Capable of fulfilling an obligation or trust; reliable, trustworthy; of good credit and repute"①（有履行义务或信任的能力；可靠的、值得信赖的；有良好信誉和声誉的）。

《红楼梦》后 40 回的作者本着"忠臣不事二君，贞女不更二夫"(《史记·田单列传第二十二》)②的封建道德观，对袭人最后嫁蒋玉菡持否定态度。

> 虽然事有前定，无可奈何。但孽子孤臣，义夫节妇，这"不得已"三字也不是一概推诿得的，此袭人所以在"又副册"也。正是前人过那桃花庙的诗上说道："千古艰难惟一死，伤心岂独息夫人。"不言袭人从此又是一番天地。（卷 120，第 9 页）

From that moment on, a new chapter opened in Shieren's life. (p. 829)

林语堂未翻译这段暗含指责与讽刺的原文，只是说从此以后，袭人的人生开启了新篇章。

林语堂的青年时期正值新文化运动与五四运动，当时的时代风潮是反对吃人的礼教，提倡自由、民主。后来他又长期定居美国，骨子里是追求自由平等的，因而对这种"君为臣纲、夫为妻纲"的封建礼教道德自然是不会认可的。

（三）钟爱袭人的原因

1. 《红楼梦》里最出彩的是侍女

林语堂相当重视袭人，原著里凡是袭人登场的情节，他基本没有删减。林稿中主要涉及袭人的章节总计 29 章。而 64 章译稿里，章名直接采用了袭人之名的有 2 章，这是连黛玉、宝钗（各有 1 章的章名采用了二人姓名）都没有享受的待遇。

在译稿里如此浓墨重彩地凸显和美化袭人，明显可以看出林语堂对袭

---

① *The Oxford English Dictionary*, 2nd ed XIII, prepared by J.A. Simpson and E.S.C. Weiner, New York: Oxford University Press, 1989, p. 742.

② （汉）司马迁：《史记》卷 82，中华书局 2013 年版，第 2963 页。

人的钟爱。首先这与他的《红楼梦》观有直接关系,他是非常欣赏《红楼梦》里的侍女描写的。在译者序言里,他就说:

> A unique feature of the novel is the space given to the chambermaids. In no other novel that I know is such extended treatment given to adolescent maidservants. If a count is taken of the most interesting characters, it will be found that half of them are chambermaids. Shieren first of all, then Sunburst, Jay, Nightingale and Amitie are all superb and superior characters in their own right. (p. iii)

> 这部小说的一个独特之处在于用大量篇幅来描写侍女。对青春期的侍女予以如此这般详细描写的小说,据我所知,别无其他。如果要细数书中最有趣的人物,会发现其中半数是侍女。首推袭人,次而晴雯、鸳鸯、紫鹃、平儿,各美其美且品性优越。

而在《论泥做的男人》一文中,他明言:

> 袭人的行为人品,比大观园里任何男子强。……红楼一书英雌多而英雄少,英雌中又是丫头比姑娘出色。①

2. 已逝二姐形象在袭人身上的投射

除此之外,还与他本人的成长背景及人生经历有关。《从异教徒到基督徒》一书中,他曾深情回忆早逝的二姐:

> 二姐比我大四岁,是我的顾问,也是我的伴侣。我们一块儿玩儿起来,我还是和她玩得很快乐,并不觉得她比我大。
> 我们俩的确是一块儿长大,她教我、劝我,因为我是个可爱的孩

---

① 林语堂:《林语堂名著全集》第 16 卷《无所不谈合集》,东北师范大学出版社 1994 年版,第 46 页。

子，又爱淘气。后来她告诉我，我既顽皮，又爱发脾气。

……在婚礼前一天的早晨，她从身上掏出四毛钱对我说："和乐，你要去上大学了。不要糟蹋了这个好机会。要做个好人，做个有用的人，做个有名气的人。这是姐姐对你的愿望。"我上大学，一部分是我父亲的热望。我又因深知二姐的愿望，我深深感到她那几句话简单而充满了力量。

……第二年我回到故乡时，二姐却因横痃性瘟疫亡故，已经有八个月的身孕。这件事给我的印象太深，永远不能忘记。①

林太乙在回忆父亲与姑妈的感情时，也这样写道：

和乐对二姐，比对父母更亲切。她教导他，鼓励他，他做错了事时，她轻轻的说他不是，然后饶他。②

袭人温柔和顺，比宝玉年长两岁，宝玉称她为"袭人姐姐""好姐姐"，她箴规宝玉走立身扬名的道路。林语堂或许在袭人身上看到了自己二姐的影子，从袭人与贾宝玉的关系想到了自己与二姐之间的关系，这种童年记忆在潜意识里影响着他，让他对袭人充满了好感与欣赏。

二 从钻营到进取的小红

原著对袭人的描写基本不露褒贬，袭人形象的争议性主要还是由后世评家的解读所塑造的。而小红则不同，原著对她没有"笔下留情"。其中有两处最明显，分别是小红对事业与爱情的两次争取。

第一处是在原著第24回中，通过作者之口直接指出：

这小红虽然是个不谙事体的丫头，因他原有三分容貌，**心内妄想**

---

① 林语堂：《林语堂名著全集》第10卷《从异教徒到基督徒》，谢绮霞译，东北师范大学出版社1994年版，第260—261页。
② 林太乙：《林语堂传》，陕西师范大学出版社2002年版，第8页。

第九章　人物形象重构

向上攀高，每每要在宝玉面前卖弄卖弄。只是宝玉身边一干人都是伶牙俐爪的，那里插得下手去？不想今日才有些消息，又遭秋纹等一场恶话，**心内早灰了一半**。（卷24，第13页）

She was fair-looking, if not strikingly pretty, but dressed neatly and in good taste. **As a young and ambitious girl of seventeen, gifted above the average, she had the hope of being promoted a chambermaid in the young master's personal service.** The maids around Poyu, however, were prickly and caustic with their tongues. She never had much of a chance.

Tonight's first meeting with Poyu was a mere coincidence, but she already encountered a sample of Autumnripple's merciless taunts. **Her hopes evaporated and her heart turned cold with discouragement. She was too good to cry over spilled milk, too clear-minded to knock her head against the unattainable.** （p. 160）

第二处是在第27回，宝钗扑蝶时误听到小红与坠儿关于贾芸拾到小红所遗手帕的对话。在封建社会，未出嫁的女子私下谈论男女之情有悖女德，宝钗内心对小红的评价很低：

宝钗外面听见这话，心中吃惊，想道："**怪道从古至今那些奸淫狗盗的人，心机都不错**，这一开，见我在这里，他们岂不臊了。且说话的语音大似宝玉房里红儿的言语，**他素日眼空心大，是个头等刁钻古怪东西**，今儿我听了他的短儿，'人急造反，狗急跳墙'，不但生事，而且我还没趣。"（卷27，第3页）

Pocia had to think fast. The girls would feel ashamed to be discovered. One of the voices sounded very much like that of Ruby, and **Ruby was a clever, quick-witted and ambitious girl.** She might invent something in her **self-defense** which might hurt Pocia. (pp. 178-179)

原著里的"心内妄想向上攀高，每每要在宝玉面前卖弄卖弄"是带有明显贬义色彩的，林稿则去除了贬义："As a young and ambitious girl of seventeen, gifted above the average, she had the hope of being promoted a chambermaid in the young master's personal service"（一个年轻而有抱负的十七岁女孩，天赋高于常人，盼望晋升为伺候宝玉起居的大丫头）。"ambitious"一词在英文里除了野心之外，还含有雄心壮志、有进取心、有抱负之意，可作褒义词使用。小红如果放在讲究秩序、主张安分守己的封建社会里，是一个向上钻营的形象，但在林语堂所熟悉的提倡个人应该积极进取以改变自身命运、追求自身幸福的西方文化中，则是一个积极进取的形象了。而且林语堂还刻意强调了小红天赋高于常人，更合理化了她的进取心。当她的进取心遭遇秋纹、晴雯的打击时，原著只说她"心内早灰了一半"，林语堂却增加了一句"She was too good to cry over spilled milk, too clear-minded to knock her head against the unattainable"（她极其聪明，不至于为打翻的牛奶哭泣；极其清醒，不至于为无法实现的目标撞得头破血流）。这里要表达的是小红并非盲目进取，而是头脑清醒，不会鲁莽地知不可为而为之。

"怪道从古至今那些奸淫狗盗的人，心机都不错"，这句话自然是批判小红与贾芸私下传情的行为了，但林语堂选择不译。"他素日眼空心大，是个头等刁钻古怪东西"被翻译为"a clever, quick-witted and ambitious girl"（聪明、机智、雄心勃勃的女孩），这与原著评价发生了180度转变。而原著里针对小红被逼到绝境时会反咬一口的"狗急跳墙"的行为，林语堂也将其合理化为小红的自我保护行为——"self-defense"。

1916年，林语堂于上海圣约翰大学毕业后，赴清华学校任职。当时的北京正值新文化运动如火如荼之时，知识分子们在批判传统包办婚姻的同时，大力提倡恋爱自由。林语堂未必全盘接受这一时代思潮，但其相对开明的婚恋观的形成与时代潮流的影响是不无关系的。他在《吾国与吾民》第五章"Women's Life"之"Love and Courtship"一节中就用欣赏的笔调描绘了深闺女子暗含情愫的心理与行为，并称"Civilization may transform love but it never stifles it"①（文明会改变爱情的形态，却永远不会扼杀爱情），这使他在翻译时无法苟同宝钗的看法。小红的行为放在封建社会是违背礼教道德的，这点林语堂自然理解，但不一定赞同。而且他明白西方读者难以理解女性积极追求爱情有何过错，这应该是他重写小红形象的关键原因。

三　自主而贤德的宝钗

原著对宝钗的描写与对袭人的描写类似，基本不露褒贬。但林语堂还是删除了可能对宝钗形象造成负面影响的原文。另外，还通过在译文中增加评论的方式凸显了其个人自主意识。

（一）删除有争议的原文

上文提到宝钗怕小红"狗急跳墙"，而想出了一条金蝉脱壳之计，说是看到黛玉躲在这边而刚过来找她的，使得小红怀疑偷听到谈话的不是自己而是黛玉。小红与坠儿对此的反应是：

> 小红听了宝钗的话，便信以为真。让宝钗去远，便拉坠儿道："了不得了，林姑娘蹲在这里，一定听了话去了。"坠儿听说，也半日不言语。小红又道："这可是怎样呢？"坠儿道："便听见了，管谁筋疼，各人干各人的就完了。"小红道："若是宝姑娘听见倒还罢了。林姑娘嘴里又爱刻薄人，心里又细，他一听见了，倘或走露了，怎么样呢？"（卷27，第4页）

这一对话引导读者关注宝钗脱身计导致的后果是小红从此忌惮黛玉。姚燮评价道：

> 所谓卸罪于黛玉也。虽云急解，实有成心脱卸而去。（卷27，第3—4页）

---

① Lin Yutang, *My Country and My People*, New York: Reynal & Hitchcock, 1935, p. 155.

林语堂未翻译这段对话,而只有一句:

As Pocia went away, amused by her own cover-up, Ruby blew a breath of relief. (p. 179)

宝钗离开,为自己的脱身计感到好笑;小红松了一口气。

(二)增添评论

林语堂还通过在正文中添加评论的方式,明确指出了原著中宝钗某些行为背后的心理。原著第96回薛姨妈告知宝钗:已答应王夫人,同意将她嫁给宝玉。对此,宝钗的反应是:

始则低头不语,后来便自垂泪。(卷97,第5页)

而在薛姨妈看来:

便是看着宝钗心里好像不愿意似的,"虽是这样,他是女儿家,素来也孝顺守礼的人,知我应了,他也没得说的。"(卷97,第5页)

但林语堂却增加了详细的评论:

…she looked unhappy, occupied with thoughts of her own. Without being told, she could not help but know that Poyu's affections were bestowed elsewhere. She did not have to marry him. She was too fine a girl to marry for money and too wise to wish it. As was evident from her preference for a certain severity in her room arrangements and her deliberate abstention from jewelry, she had hardened herself consciously to meet all circumstances, to expect the least of life and be strong and ready for it when adversity knocked at her door, to be content in poverty, and restrained and not extravagant in riches. Her position was the most difficult of all. Always able to see a situation in its implications and from all angles, she would have refused if her mother were not there. Her mother had told her that she had promised, as a parent had the right to do. Clearly her duty was to obey, seeing that her mother was already deep in trouble over her brother and sister-in-law and was facing financial ruin. Personally, Poyu was not unattractive, though it was small comfort to be rushed into a wedding to a cracked, silly and sentimental bridegroom. She had not lost her head over him, but she could manage and suffer him. (p. 624)

她面露忧郁，心事重重。不用说，她明白宝玉心有他属，她也不是非他不嫁。她善良且聪明，不会因贪财而结婚。她的房间布置朴素，也不爱珠宝首饰即是证明。为了随遇而安，凡事克己复礼；为了做到有朝一日身处逆境也能坚韧不拔，遭遇贫穷也能安贫乐道，一向拒绝奢侈。但她立场艰难。她向有洞察事态之才，如果母亲不在，想必她会拒绝此事。但是母亲告诉她已经应允，做母亲的有这个权利。而服从母亲命令显然是她的义务。尤其是看到母亲夹在哥哥与嫂子的矛盾之间，且薛家又面临财务崩溃的局面。从她个人而言，宝玉并非没有吸引力。诚然，匆忙草率地与一个疯疯傻傻、多愁善感的新郎举行婚礼不会令人多愉快。她并没有因他失去理智，但起码能应对和忍受他。

宝钗的房间布置得跟雪洞一般，曾让贾母蹙眉。但林语堂认为这是一种居安思危的大智慧，是宝钗为了做到有朝一日身处逆境也能安贫乐道。宝钗本是轻易不会透露内心想法的女子，尤其在与宝玉的婚事上，原著也只是借薛姨妈之眼道出宝钗"好像不愿意似的"。但在林语堂这段评论里，宝钗同意婚事的理由清晰明了：母亲之命、为家庭财政分忧、个人对宝玉的感情。这样，就赋予了宝钗更多的独立自主性，而不是在婚姻上任由母亲摆布。

(三) 修改译文

你宝姐姐生来是个大方的人。(卷108,第3页)
修改前: She is solid inside, and never loses her calm **now**.
修改后: She is solid inside, never loses her calm **despite everything**. (p. 711)

原著第108回贾母在湘云面前称赞宝钗无论娘家风光还是困窘,嫁给宝玉后,无论宝玉待她好还是不好,她都泰然自若。初译的"now"是强调当下,改译变成"despite everything",强调的是无论遇到任何事情,宝钗都不会丧失冷静。修改与否,并不影响理解,但修改后的译文更明显强调了宝钗随遇而安,在任何境遇下都能保持落落大方的个性,侧面体现了林语堂对宝钗的赏识。

对宝钗形象的重构与林语堂创作的女性形象有着共通之处。王兆胜指出林语堂善于"表达女性的'乐天知命'、'心安理得'的处世态度与生活原则"。"笔下的女性决非甘作封建专制的奴隶而任凭他人摆布,她们有着个性解放的色彩。然而,她们又不是一味'抗争',而是表现出某些容忍与顺从。"[①]宝钗这种态度容易让人联想到《京华烟云》中的木兰,虽然有独立自主的意识,且心有所属,但对父母为她安排好的婚事,并未反抗,而是顺乎自然地接受。

宝钗婚后,为使宝玉之心从逝去的黛玉身上移开,选择与宝玉同床共枕。林语堂修改译稿时,为此手写添加了一条脚注:

It is interesting to note the intellectual level of the researchers who tried to prove the "forgery" of the last forty chapters. One would not

---

[①] 王兆胜:《论林语堂的女性崇拜思想》,《社会科学战线》1998年第1期。

believe it, but Pocia's decision to win back Poyu's love, after seeing him half-gone out of his mind, by sleeping with him for the first time after months of marriage, is seriously taken as evidence of Pocia's "shameless" characters. "Pocia should not be so shameless", says Yu Pingpo; therefore such despicable writing must come from the inferior pen of Kao Ao! Is this textual criticism? Or is it raving criticism of a small puritanical soul? (p. 728)

试图证明后四十回是"伪作"的研究者的智力水平令人喷饭。在看到宝玉意乱神迷时,为赢回宝玉的爱,婚后数月,宝钗终于决定与其共枕。难以置信的是,这竟被视作宝钗无耻的证据。俞平伯谓"又何必写宝钗如此不堪",因此这种卑劣的文笔只能出自高鹗之手。这究竟是文本批评,还是道学家的胡言乱语?

在《平心论高鹗》里,他阐述了自己对宝钗这一行为的看法:

我认为宝钗与其夫团圆之一段,轻描淡写,不但为后来有孕应有之伏笔,而且欲其夫绝情于已死的黛玉,正是宝钗所应有的心理,是合于人伦大端,也正是雪芹深懂妇人心理之妙处。①

对宝钗的贤德与见识,他曾大力赞扬:

后四十回之宝钗……确有贤德,有胆识,与前一贯,血脉相通,确是曹氏手笔。宝钗处境最难。七十八回早已避嫌出园,这是何等眼光!因家长主婚,嫁给一个心爱黛玉之半疯半傻的夫婿,叫她如何做人?但"心里只怨母亲办事糊涂,事已至此,不肯多言",这是何等大方?那时大家尚对宝玉瞒着黛玉已死消息,恐怕他的病转剧,独宝钗

---

① 林语堂:《平心论高鹗》,群言出版社2010年版,第50、62页。

违贾母、王夫人的意思,冒大不韪,把他说穿,因此引起宝玉昏倒做梦。当时贾母、王夫人倒为此焦虑,后来才知宝钗见识超人一等。这是宝钗之识力,与前八十回一贯。后来"不堪"一段,亦是宝钗之所以为宝钗,而不是迎春、邢夫人一班糊涂东西。①

林语堂在上海圣约翰大学读书时,曾暗恋一位名门闺秀陈锦端,但因对方父母不同意,只能伤心作罢。后经陈锦端之父介绍,娶了廖翠凤②。二人婚后幸福,廖翠凤在林语堂艰难的时候不离不弃,林语堂对她也毕生忠诚。在当时的自由恋爱风潮下,有不少文人背离原配、寻找真爱。林语堂因此还被胡适取笑为清教徒③。在纪念与廖翠凤结婚 50 周年时,林语堂称这个纪念日为"金玉缘",并把这三个字铸在一枚金质胸针上,送给妻子④。《红楼梦》里宝玉与宝钗的金玉缘以悲剧告终,而林语堂却反其道而行之,用金玉缘来肯定自己与廖翠凤的婚姻。也许林语堂心中是把廖翠凤视为薛宝钗一类的女性,美满的婚姻生活和对妻子的感激与深情,让他在看待薛宝钗时,充满了善意的认可。

四 美化的评价

(一)美化的动因

《红楼梦》开篇宣称"忽念及当日所有之女子,一一细考较去,觉其行止见识皆出我之上,我堂堂须眉,诚不若彼裙钗……知我之负罪固多,然闺阁中历历有人,万不可因我之不肖自护己短,一并使其泯灭也。"(卷 1,第 1 页)原著使闺阁昭传的写作目的对林语堂的翻译会产生引导作用,使他在阅读与翻译时会将关注焦点放到女性身上。

佛克马指出,重写能包容重写者的自我(ego),他的环境(hic)和他的时代(nunc)。这三个因素影响了林语堂对女性进行美化重写。从自我来

---

① 林语堂:《平心论高鹗》,群言出版社 2010 年版,第 62—63 页。
② 林太乙:《林语堂传》,陕西师范大学出版社 2002 年版,第 16—21 页。
③ 林太乙:《林语堂传》,陕西师范大学出版社 2002 年版,第 33 页。
④ 林太乙:《林语堂传》,陕西师范大学出版社 2002 年版,第 265 页。

看，林语堂本人对《红楼梦》的认识，他个人的人生经历与感情经历都在有意无意的情况下影响了他对人物的解读与阐释。从时代来看，林语堂从上海圣约翰大学毕业到清华任教时，正值轰轰烈烈的新文化运动，他本人也积极参与到这股激流之中。这是一个中国女性觉醒与女性文学方兴未艾的时代。加之他的译作初稿于20世纪50年代中期已完成于美国，而美国女权运动兴起于19世纪40年代，至他翻译《红楼梦》时已有百余年的历史，常年生活在美国的林语堂不会对这股时代潮流置若罔闻，如他本人所云："要做作家，必须能够整个人对时代起反应。"①因而他的作品《京华烟云》《朱门》等都着力于塑造和重新发现中国女性之美，译作亦概莫能外，如《浮生六记》《杜丽娘》等。从环境来看，林语堂从小接受西式教育，成年后又常年寓居欧美，林稿中袭人的责任心、小红的进取心、宝钗的自主性的凸显，可以说是重视个人主体意识的西方文化的一种体现，有适应西方读者审美和价值观的考量在内。Fang Lu就曾指出"林语堂极力寻找能让西方读者理解和欣赏中国文化的方法。而且，他有着展现中国与中国人之积极形象的强烈意图"。"在展现中国女性形象时，具有一种浪漫主义精神。"②

（二）美化的意义

林语堂作为一名男性作家，而善于发掘《红楼梦》里女性形象中美好的因素，并对此不吝赞辞。且这种赞美并非流于表面，而是基于对这些女性的理解和同情，基于对她们的行为与心理的深入剖析，这体现出他对女性的关爱与理解，是其人性中闪光一面的体现，是值得给予正面评价的。

他对《红楼梦》女性的美化并非一味迎合西方口味，像袭人和宝钗性格里有着东方女性顺天知命的容忍因素，在他的译本里得以保留。刘全国认为，"林语堂笔下的女性不仅承载着中国的传统美德，而且还被赋予了清

---

① 林太乙：《林语堂传》，陕西师范大学出版社2002年版，第1页。
② Fang Lu, "Reconstructing the Image of a Chinese Courtesan for Western Readers: Lin Yutang's Miss Tu and His Cross-Cultural Rewriting Strategies", In Qian Suoqiao ed., *The Cross-Cultural Legacy of Lin Yutang: Critical Perspectives*, Berkeley: Institute of East Asian Studies, University of California, 2015, pp. 202, 223.

新的时代气息和女性的性别特质，这也体现出林语堂对于东西方文化价值观融合的潜在设想"①。钱锁桥指出，"林氏自由主义的核心是其通过对中国传统文化的创造性阐释而发展出来的容忍哲理"②。林语堂曾如此自评："自我反观，我相信我的头脑是西洋的产品，而我的心却是中国的。"③孟祥春对此的解读是"林语堂在文化和情感上更为中国化，但在理性和逻辑上，却更为西方化"④。因而他译笔下的袭人和宝钗是兼具东西方文化对人的审美追求的。这种做法有利于"拓宽西方读者的视野，从而大大提高他们对中国女性的认识"⑤。如果说《杜丽娘》是林语堂对跨文化文学重写的一大贡献的话⑥，其《红楼梦》译稿亦能当此殊荣。

"在中国现代作家中，大概没有人比林语堂更西洋化，也没有人比林语堂更东方化。"⑦"他的目的是要让中国文学文化实现现代化转型，成为现代人类文明重要的、具有启示功能的资源。"⑧他从《红楼梦》的女性身上挖掘出其现代性因素，通过增删、更改赋予女性形象以新意，使这部18世纪的中国古典白话小说展现出独特新颖的一面，客观上扩展了原著的阐释空间，给予原著以新的生命力。

（三）美化的局限

林语堂在积极美化《红楼梦》里的部分女性的同时，极力淡化一些负面形象的女性，尤其是赵姨娘和金桂。这也体现出林语堂个人在女性审美上的好恶影响了他对原著的取舍。同时，对多名男性采取了删除或淡化的态度。如完全删除了贾瑞、秦钟、倪二、冯紫英的相关情节，而对贾芸、北静王、柳湘莲、蒋玉菡，只是轻描淡写提及几句。以小红与贾芸为例，

---

① 刘全国：《林语堂翻译书写研究》，高等教育出版社2020年版，第99页。
② 钱锁桥：《林语堂传：中国文化重生之道》，广西师范大学出版社2019年版，第18页。
③ 林语堂：《林语堂自传》，工爻、张振玉译，陕西师范大学出版社2005年版，第69页。
④ 孟祥春：《林语堂古文小品误译与思考》，《上海翻译》2016年第5期。
⑤ Fang Lu, "Reconstructing the Image of a Chinese Courtesan for Western Readers: Lin Yutang's Miss Tu and His Cross-Cultural Rewriting Strategies", 2015, p.221.
⑥ Fang Lu, "Reconstructing the Image of a Chinese Courtesan for Western Readers: Lin Yutang's Miss Tu and His Cross-Cultural Rewriting Strategies", 2015, p.230.
⑦ 陈平原：《林语堂的审美观与东西文化》，《文艺研究》1986年第3期。
⑧ 钱锁桥：《林语堂传：中国文化重生之道》，广西师范大学出版社2019年版，第23页。

二人均是想方设法改变自我命运的底层人物的代表,且原作者有意让二人暗生情愫。但林语堂一方面详细翻译了小红获凤姐赏识的来龙去脉,另一方面却完全删除了贾芸在逆境中求生存的曲折经历。《红楼梦》中出色的男性的确不多,但曹雪芹并没有因为他们不出色,就对他们选择性无视,反而是将这些不出色如实客观地描写出来,同时也不会忽视他们身上偶尔闪现的人性光芒。而林语堂将个人好恶带入翻译,使林稿相对原著而言,显得过于"重女轻男",从而难免偏颇之嫌。而且人为去除女性身上的争议因素,对她们的行为与性格做善意的解读,使人物美化的同时,人物身上复杂的一面也就被淡化了。曹雪芹笔下几乎是没有完人的,这或许才是人性的真相,从而也是林语堂美化女性的最大的局限性之所在。

第三节 《红楼梦》里英雄少

上文已谈到林语堂在翻译时的"轻男"倾向,本节以贾雨村、贾赦为例进行分析。

一 忘恩负义的贾雨村

贾雨村在原著中的形象基本是负面的,但林语堂将他身上的负面性做了显化和强化处理。由于林稿基本删除了原著第 1 回"贾雨村风尘怀闺秀",在翻译到"冷子兴演说荣国府"时,势必要介绍一番与冷子兴对话的贾雨村:

Jia Yuchun was a scholar, but a crafty fellow who was abiding his chance. Once he was a poor neighbor of Jen Shihyin(True Story Disguised) living at the Gourd Temple. The latter had helped him with fifty taels of silver to enable him to go to the capital and take the civil service examinations. He had been successful at the examinations and had been appointed magistrate of Soochow, and had paid back the Jen family the fifty taels, not a cent more, although Jen himself had disappeared by this time and his good wife was living with her own father in rather stringent circumstances. He did, however, take the chance to take for his concubine a maid servant of the Jen family by the name of Sweet Almond, who had once made eyes at him. Being a consummate smooth-tongued dissembler, with very correct Confucian manners, he had lost no time in trying to amass a fortune, and had been impeached and cashiered for taking bribes and embezzlement of public funds. His colleagues were greatly delighted when they heard the news. Jia was embarrassed, but far from discomfited; he went on laughing and joking as if nothing had happened, made all the necessary arrangements for his successor to take over, and then used his ill-gotten wealth to settle down his family at his home in Huchow, while he took an extended trip to visit all the famous places of the country. (pp. 7-8)

贾雨村是读书人，同时也是野心勃勃的狡猾之辈。多年前，他贫困交加之时，寄居在甄士隐（真事隐）家隔壁的葫芦庙。后者资助他五十两银子去京城参加科举。他中举后走马上任苏州知府，并分文不多偿还了甄士隐赠他的五十两银子。尽管当时甄已失踪，贤惠的甄夫人投奔娘家父亲，饱受冷遇，他却趁机将当年多看了他一眼的甄家丫鬟娇杏纳为妾室。作为一个巧舌如簧的伪君子，他表面拥有翩翩儒士风度，暗地里不失时机大敛钱财。最终因收受贿赂和贪污公款被弹劾革职。同僚们闻此喜悦不已。贾雨村虽略尴尬，却无怨色，仍嘻笑自若；跟继任者做完必要的交接，用敛聚的不义之财把家属安顿在原籍湖州后，开始游览天下名胜古迹。

原著中关于贾雨村的品性评述是较委婉的：

原来雨村因那年士隐赠银之后，他于十六日便起身赴京。大比之期，十分得意，中了进士，迁入外班，今已升了本县太爷。虽才干优长，未免贪酷，且恃才侮上，那官员皆侧目而视。不上一年，便被上司参了一本，说他性情狡猾，擅改礼仪，外沽清正之名，暗结虎狼之势，使地方多事，民命不堪等语。龙颜大怒，即批革职。部文一到，本府各官无不喜悦。那雨村虽十分惭恨，面上全无一点怨色，仍是嘻笑自若；交代过公事，将历年所积宦囊，并家属人等，送至原籍安顿妥当，却自己担风袖月，游览天下胜迹。（卷2，第2页）

原著作者对贾雨村的评价是"虽才干优长，未免贪酷，且恃才侮上"，并非全面否定其人品，而且其余都是贾雨村上司弹劾他的用词，可以理解为贾雨村其人就是如此，亦可理解为是上司添油加醋的报复。但林稿对贾雨村品性的评论均变成作者的言论，"野心勃勃的狡猾之辈""巧舌如簧的伪君子"之类的表达全面否定了贾雨村的品性。用"ill-gotten wealth"（不义之财）翻译"宦囊"也显露出林语堂对贾雨村的不齿。

不仅如此，在翻译贾雨村对待甄家的态度上，林语堂是做了改写的。原著中谓：

"我将缘故回明，那太爷感伤叹息了一回。又问外孙女儿，我说看灯丢了。太爷说：'不妨，待我差人去，务必找寻回来。'说了一回话，临走又送我二两银子。"……

次日，早有雨村遣人送了两封银子、四匹锦缎，答谢甄家娘子；又一封密书与封肃，托他向甄家娘子要那娇杏作二房。封肃喜得眉开眼笑，巴不得去奉承太爷，便在女儿前一力撺掇。当夜用一乘小轿，便把娇杏送进衙内去了。雨村欢喜自不必言，又封百金赠与封肃，又送甄家娘子许多礼物，令其且自过活，以待访寻女儿下落。（卷2，第1页）

原著里，贾雨村三次赠封肃或甄夫人钱财，他答谢甄夫人的"两封银子"是多少不得而知；娶娇杏给封肃的百金彩礼为一百两银子。而在林稿里，则变成了贾雨村"分文不多地偿还了甄士隐赠他的五十两银子"，凸显了贾雨村在金钱上的不近人情，而且还乘人之危娶走了娇杏，却并未翻译他是如何答谢的。这使得贾雨村忘恩负义的形象跃然纸上。

二 贪淫好色的贾赦

贾赦在原著里本来就是贪淫好色的负面形象,但对于这一有可能脱胎于曹家某个真实人物的长辈,曹雪芹的文笔还是有分寸的,多是通过旁观者的评价和对其行为的描述来体现其品性。

原著对贾赦的评价最早出自冷子兴之口:

长子贾赦袭了官,为人平静中和。(卷2,第6页)

a mediocre person, who equally dislikes to bother about family affairs. (p. 11)

"平静中和"是带有褒义性质的,故《增评补图石头记》的行间批称此"考语不实"。而林语堂则用了贬义词"mediocre"(平庸)直接指出贾赦乏善可陈。

林稿第27章详细翻译了原著第46回"尴尬人难免尴尬事 鸳鸯女誓绝鸳鸯偶"。该章标题"No Fool Like an Old Fool"(老糊涂)就是直指贾赦夫妻欲纳鸳鸯为妾的愚蠢行为。而且该章开篇第一句即:

Duke Jiashey was a roué, surrounding himself with a number of concubines and outspending his income, always in debt. (p. 325)

贾赦放荡不羁、妻妾成群、奢靡浪费、债台高筑。

这是原著没有的内容,林语堂却将此句放在最显眼处,开门见山定性了贾赦的人品。原著对贾赦最严厉的负面评价是袭人私底下与鸳鸯、平儿聊天时所说:

袭人听了，说道："这话论理不该我们说：这个大老爷，真真太好色了。略平头整脸的，他就不能放手了。"（卷46，第6页）

"I shouldn't have said this," said Shieren, "but the elder senior is an old rake. When he sees a girl with a tolerable face and figure, he won't let her alone." (p. 329)

林语堂用"old rake"翻译"真真太好色了"，又添加了原文并没有的"old"，进一步突出了贾赦为老不尊的形象。

林语堂对贾赦负面形象的凸显不仅体现在只言片语上，还体现在对情节的整合上。贾赦借贾雨村之力强夺了石呆子的古扇，这一情节本来是在原著第48回，林语堂将它与逼婚鸳鸯一同并到第27章，而且连接得较为自然：

Meanwhile, the duke went on with his indulgence with women. He bought himself for eight hundred taels another young girl, by the name of Yenhung. He did not mind ruining the family of a poor scholar for refusing to sell him a collection of antique fans with famous scholars' painting and handwriting on them. (p.335)

与此同时，贾赦继续沉湎女色。花了八百两银子买了个年轻女孩子，名唤嫣红。他丝毫不介意毁掉一个穷书生的家庭，只因对方拒绝出售含有名家书画真迹的古扇。

如此一来，第27章就将贾赦贪淫好色、为老不尊、倚势欺人的形象展露无遗了。

总体而言，相较女性的出彩而言，《红楼梦》里的男性除贾宝玉、柳湘莲外，的确黯淡一些。即便是第一主角贾宝玉，林语堂也淡化了他的怯懦表现和流泪场面，人为给他添上了一点骑士风度。而对于有豪侠气息的冯紫英、柳湘莲，前者完全删除，后者则若有若无，柳湘莲痛打薛蟠那一段也是一笔带过。"红楼一书英雌多而英雄少"①，林语堂的《红楼梦》观可以说直接影响了他在翻译时对原著女性形象的美化和对男性形象的淡化、负面化。

---

① 林语堂：《林语堂名著全集》第 16 卷《无所不谈合集》，东北师范大学出版社 1994 年版，第 46 页。

第十章　佐藤亮一日文转译本[①]

《红楼梦》外文译本中，转译本并非没有，如库恩的德文编译本就被转译为英文、荷兰文、意大利文、匈牙利文等；但在日译本中，据林稿翻译的佐藤亮一日文转译本（以下简称佐藤本）是唯一以英译本为底本的转译本。这在日本的中国文学翻译史、中国文学外译史乃至东西方文学交流史上，均属罕见。

刘广定[②]依据佐藤本的存在最先指出林语堂曾翻译《红楼梦》，并列出了该译本各章节与原著情节对应关系[③]；张丹丹和刘泽权、石高原分别借助佐藤本探讨了林语堂的翻译思想、情节建构等[④]。佐藤本因林稿而受关注，是学者们研究林稿的手段，但其本身价值却被忽视。本章借鉴改写理论、结合汉字文化圈视域，考察该译本的产生背景、出版社的改写与宣传定位、译者的改写、翻译质量、影响五个问题。

[①] 本章据笔者《林语堂〈红楼梦〉英译稿的日文转译本研究》(《曹雪芹研究》2020 年第 2 辑) 一文修订而成。
[②] 刘广定（1938—　），曾任教台湾大学化学系，现为该系荣休教授。他曾回忆："引起笔者研究兴趣的是因 1958 年秋，听了林语堂先生在台大法学院讲的'平心论高鹗'。他认为全书一百二十回都是曹雪芹写的，也讲到胡适、俞平伯、周汝昌等先生的研究，并以'纵然是糊涂了案，到底意难平'为结。当时觉得甚有启发性。"（见刘广定《读红一得》，北岳文艺出版社 2014 年版，第 1 页）据目前文献来看，林语堂《红楼梦》英译稿在日本转译出版一事，是由刘广定最先发现并告知的。
[③] 刘广定：《大师遗珍》，文汇出版社 2008 年版。
[④] 张丹丹：《林语堂英译〈红楼梦〉探》，《红楼梦学刊》2015 年第 2 辑；刘泽权、石高原：《林语堂〈红楼梦〉节译本的情节建构方法》，《红楼梦学刊》2018 年第 2 辑。

第一节　产生背景

一　林语堂与佐藤亮一的互信

佐藤亮一因《京华烟云》与林语堂结缘。他懂中文，1939—1945年，作为每日新闻社驻华记者，先后在太原、北京工作，1946年被国民党宪兵当作间谍关进北京收容所一年。在收容所时，他偷偷阅读了《京华烟云》，深受感动。在生死叵测的环境下，有朝一日能将此书翻译为日语成为他活下去的希望与力量之一。1947年获释回国后，致信林语堂毛遂自荐翻译此书，很快得到林语堂善意的回信并随信寄去了英文原书让他翻译。此后又相继翻译了林语堂的《朱门》《杜十娘》《匿名》。两人私交甚厚，林语堂从纽约回台北往往途经东京与他相聚。1970年夏，第三届亚洲作家大会在台北召开，会长林语堂邀请佐藤夫妇出席，组委会有成员反对邀请一位翻译家参加有川端康成等知名作家出席的作家大会，林语堂力排众议，佐藤夫妇顺利出席。会上，佐藤亮一做了题为"谈翻译：关于林语堂博士的作品"（On Translation: About Dr. Lin Yutang's Works）的英文演讲，感动全场，林语堂落泪致谢，更加信任佐藤亮一。

1973年11月，林语堂将《红楼梦》英译稿寄给佐藤亮一；数月后，又寄去修订稿，委托他用两年左右时间在日本翻译出版。林语堂似乎预见了自己最后所剩时光，1976年3月，与世长辞。

佐藤亮一憾言「ついに先生の存命中に出版できなかったのは残念であり、本書は先生の霊前に捧げる書になってしまった」①（遗憾此书未能于先生生前出版，只能供奉灵前）。但无论如何，他没有因人走茶凉而辜负林语堂的信任，用十年时间实现了好友遗愿。

二　良好的接受环境与出版时局

至佐藤本出版时，日本已有35种《红楼梦》日译本出版，包括摘译14种、编译11种、节译2种、全译8种。尤其是佐藤本出版时所处的20

---

① 佐藤亮一：「訳者のことば」，载林語堂編『紅楼夢』①，佐藤亮一訳，東京：六興出版1983年版，第265頁。

世纪70年代末80年代初，一方面日本经济高速发展带来出版市场的空前繁荣；另一方面，1972年，中日邦交正常化，1978年，《中日和平友好条约》签订，中日关系改善促进了中国文学的日译出版。《红楼梦》日译也因此处于鼎盛期：1969—1970年，平凡社再版伊藤漱平全译本，1973年，又出版修订版；1972—1985年，岩波书店相继出版松枝茂夫全译本的改译本；1980年，集英社出版饭塚朗全译本[①]。

不过，在日本，《红楼梦》知名度并不高，受众面窄。但林语堂知名度高，其作品拥有广泛的读者群。其作品日译始自1938年，丰文书院出版新居格翻译的《吾国与吾民》，自此至20世纪50年代中期是译介高潮期，约25种译本出版。其大部分享誉国际的作品均有日译，"而且大多能与原著出版时间保持同步，日译文的出版很少晚于原著出版时间5年以上的……翻译者中不乏日本文化界的一流人物"[②]。而20世纪50年代中期至20世纪六七十年代，冷战两极格局形成，中日分属东西两大阵营，译介陷入低谷，仅8种译本出版。1972年中日邦交正常化至20世纪末，译介扭转颓势，约21种译本出版。

三　六兴出版社的支持

六兴出版社曾是一家实力雄厚的文艺类出版社，以出版文学、文化、史学等书籍为主，而文学又以出版时代小说、历史小说、侦探小说、名人传记等通俗作品为主。曾于1952年出版吉川英治的代表作《三国志》。吉川英治被誉为日本"国民作家"，该作是据《三国演义》改编的历史小说，在日本家喻户晓。

日本虽有多种《红楼梦》译本，但译者多是汉学家，少见林语堂这样有广泛国际影响力的作家；全译本卷帙浩繁，普通读者未必有耐心阅读；《红楼梦》与林语堂作品在日本均有读者积淀，不用担心"水土不服"；加之译者佐藤亮一在日本翻译界的地位举足轻重，翻译质量可保证，因此林语堂的编译本是有市场的。这些利好因素增加了出版社的信心。他们希望

[①] 《红楼梦》在日本的翻译与接受情况参见宋丹《〈红楼梦〉日译本研究（1892—2015）》，博士学位论文，南开大学，2015年；宋丹《〈红楼梦〉在日本的翻译与影响研究》，《外语教学与研究》2019年第1期。

[②] 冯羽：《日本"林学"的风景——兼评日本学者合山究的林语堂论》，《世界华文文学论坛》2009年第1期。

◆◇◆ 研究篇

知名作家改编中国名著的成功模式再度上演于佐藤本。译本装帧精美，封面人物画及插图出自当时新艺术派的代表画家倪瑞良之手，流线型画风颇具视觉冲击力（见图 10-1、10-2、10-3、10-4）。

图 10-1　六兴出版社 1983 年版《红楼梦》第 1 册封面

图 10-2　六兴出版社 1983 年版《红楼梦》第 2 册封面

图 10-3　六兴出版社 1983 年版《红楼梦》第 3 册封面

图 10-4　六兴出版社 1983 年版《红楼梦》第 4 册封面

林稿由于人不和、地不利、天不时延误了出版，所幸其日文转译本因人和、地利、天时得以出版，以这种特殊形式使其流传于世。

第二节　出版社的改写与宣传定位

翻译研究文化学派代表学者安德烈·勒菲弗尔（André Lefevere，1945—1996）认为翻译是对原文的改写（rewriting），译者、评者、学者等专家（professionals）与个人或团体的赞助（patronage）是改写的两大力量[①]。如此说来，佐藤本是对《红楼梦》中文原著的二次改写，六兴出版社与译者佐藤亮一是两大改写力量。

一　七卷改四册

笔者在八户市立图书馆看到的佐藤本原稿复印件[②]，是遵照林稿分为七卷的（见表10-1）。但若照此分卷出版，各册在篇幅上将很不均衡，故出版社将佐藤本均分为四册，每册260页左右。林稿的分卷体例与各卷题名在佐藤本中因此完全消失；卷首序言也被拆分为四部分，分别放到各册书末。

表10–1　林稿与佐藤本原稿分卷对照

分卷	林稿各卷页数	林稿各卷题名	林稿各卷题名汉译	佐藤本原稿各卷卷名	佐藤本原稿各卷题名汉译
1	99	Boyhood	少年时代	神童の若き日	神童的少年时代
2	183	Youth's Morning	青年的早晨	若者の朝	青年的早晨
3	102	Tumult of Trumpets	骚动	解放感の騒ぎ	释放后的骚动
4	172	Rumblings	轰隆声	乱心	狂乱
5	119	The Deception	骗局	虚構	虚妄
6	113	The Crash	崩溃	崩潰	崩溃
7	71	Redemption	救赎	救済	救赎

[①] André Lefevere, *Translation, Rewriting, and the Manipulation of Literary Fame*, London: Routledge, 1992, p.v, p.15.

[②] 佐藤雅子夫人在佐藤本原稿复印件上留言称：佐藤本原稿本来存在出版社编辑处，编辑离职后，原稿下落不明。

◆◇◆ 研究篇

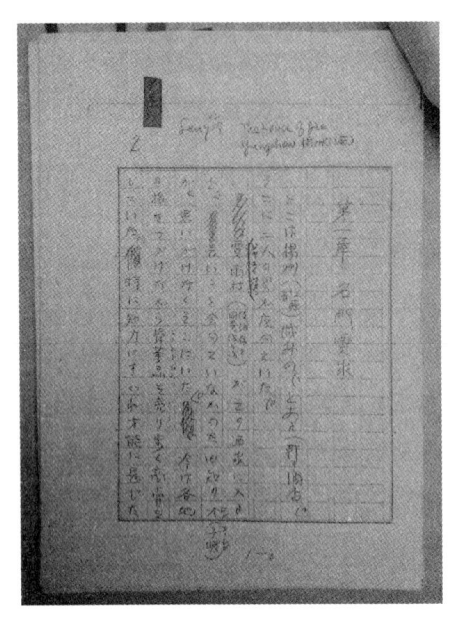

图10-5 日本八户市立图书馆藏佐藤本原稿复印件第一章首页

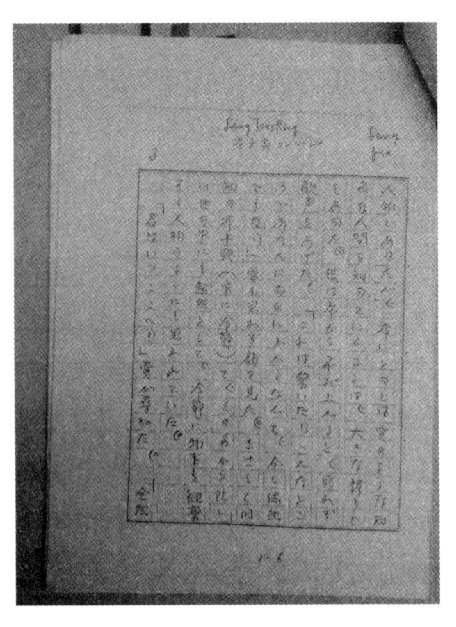

图10-6 日本八户市立图书馆藏佐藤本原稿复印件第一章次页

二 打造为通俗恋爱小说

林稿各卷题名精练抽象，纯文学性较强，侧重宝玉的成长，佐藤本原稿基本是直译。实际出版的佐藤本各册题名与林稿风格大相径庭。

第1册：女の園の幼い恋（少女乐园的青梅竹马）

第2册：渦巻く嫉妬と陰謀（嫉妒与阴谋的旋涡）

第3册：偽りに満ちた挙式（虚伪的婚礼）

第4册：金陵十二美女の運命（金陵十二美女的命运）

"少女乐园""青梅竹马""嫉妒""阴谋""美女"等无疑是为吸引读者目光的措辞。再看佐藤本各册腰封宣传语：

第1册：幻境に芽生えた霊石と仙草の恋物語（幻境中萌芽的灵石与仙草的恋爱故事）

· 288 ·

第 2 册：献身と物欲と知性が織りなす愛の曼陀羅（献身、物欲、知性交织的爱的曼陀罗）

第 3 册：祝福の調べの陰に、悲恋を嘆く真珠の涙（祝福的乐曲背后，叹息悲恋的珠泪）

第 4 册：すべてを超えさせるもの、それは愛！（能使人超越一切的东西，那就是爱！）

四句话连起来俨然一个起承转合的恋爱故事。尤其是第 4 册的宣传语给人一种真爱无敌的错觉。事实上，贾宝玉最终看破红尘、皈依佛门，能让他超越一切的，不是爱，而是对他人与自身命运的领悟。林语堂认为富贵无常与斩断情缘是《红楼梦》两大主题，译稿也明确彰显了这两大主题（见第一章第三节），但出版社感兴趣的恰恰是风花雪月与儿女私情。林稿正副书名虚实相生，与他主张的两大主题相互照应，也体现了他向西方读者讲中国故事的翻译目的（见第八章第三节）。但这一副标题与出版社宣传方向相左，并未被采纳。

佐藤本出版后，六兴出版社在日本各大新闻报刊做了新书宣传。在《朝日新闻》1983 年 6 月 21 日的书讯栏就如此宣传：

> 幻境に芽ばえた霊石と仙草の恋物語。曹雪芹原作の大河小説を詩人・作家である林語堂がライフ・ワークとして編んだ新チャイナ・ロマン。
>
> 幻境中萌芽的灵石与仙草的恋爱故事；改编自曹雪芹长篇小说的新中国风浪漫长篇；诗人、作家林语堂的生涯大作。

无疑，六兴出版社欲将此书打造为出自名家之手的通俗恋爱小说，这与该社的出版定位有关，同时也与当时的出版潮流相关。20 世纪七八十年代，伴随经济高速发展，日本民众对精神享受的需求与日俱增，通俗文学盛极一时。日本 1983 年度销量排名前十的畅销书中，书名含"爱"字的就有两部：赤川次郎的『愛情物語』（《爱情故事》）；小林完吾的『愛、見

つけた』(《发现爱》)。这与佐藤本宣传语对"爱"与"恋"的强调交相辉映。

第三节 译者的改写

佐藤亮一翻译时除面临林稿这一显形文本外,还有一个隐形文本——《红楼梦》中文原著,需要协调中、英、日三种语言和中、西、日三方的诗学、文化。

一 语言层面

（一）从拉丁字母到汉字

转译本需协调三种语言,语言制约理应更明显。然而,于佐藤亮一而言,日文也有汉字,因此语言是优势。如专有名词,林语堂需要考虑音译还是意译,而他直接转换为汉字再标上日文读音即可。不仅如此,下面这则关于测字的译例尤为体现出日译较英译的便捷之处。通灵宝玉丢失,林之孝找了测字先生刘铁嘴,拈了个"赏"字,刘铁嘴就测出是丢了宝石。

> 林之孝家的道:"他还说'赏'字上头一个'小'字,底下一个'口'字,这件东西,很可嘴里放得,必是个珠子宝石。"众人听了,夸赞道:"真是神仙。往下怎么说？"林之孝家的道:"他说底下'贝'字,拆开不成一个'见'字,可不是'不见'了？因上头拆了'当'字,叫快到当铺里找去。'赏'字加一'人'字,可不是'偿'字？只要找着当铺就有人,有了人便赎了来,可不是偿还了吗。"（卷94,第13页）

the elements <u>small</u> and <u>mouth</u>. That means something small which could be kept in a mouth and suggests a jade or some jewelry. The bottom part <u>precious</u> resembles <u>seen</u> but is not, and suggests <u>not seen</u> (lost). Therefore I know a precious stone is lost. But the top combination spells out <u>pawn</u>, and if you add a <u>man</u> radical to the whole word, it spells out as return. So if you look for it at the pawn shops, it will be returned, and there is your man. (p. 689)

賞という字は、上が『小』という字で、下が『口』の字である。これはつまりその品物は口の中に入れられるほどの物で、きっと玉か宝石ということになる。それから下の『貝』という字は『見』という字に似てはいるがそうではなく『見えない』ということを示しているので、『失くなった』ということを示している。そこでこの貴石は紛失したのだ。

しかし上の字を分解すれば、これは『当舗』（質屋）ということになるし、『賞』という字に『人』の字を一字加えれば『償』という字になるから、それは必ず償還されるということになる。さっそくにも『当舗』を探せば、必ずそれは見つかる。①（第 3 册，第 183 页）

林稿总体简明易懂、通达流畅，此处却显出翻译上的吃力，让没有接触过汉字的西方读者来看这段译文，应该是一知半解的。而佐藤亮一翻译起来得心应手。再者，日文汉字是繁体字，对于极个别地方，日本读者理解起来，甚至比使用简体字的中国当代读者更容易。如在繁体书写里，"賞"加单人旁变"償"，"償"在简体书写里已简化为"偿"，右边是"尝"，而非"赏"。

（二）汉文训读传统的影响

训读是按日文语法与发音阅读汉语文言的方法，始自奈良时代（710—794）晚期，至今已有上千年历史，对日语和日本文学、文化等产生了广泛深刻的影响，也培养出日本人忠实原文、崇尚直译的翻译传统。佐藤本中训读痕迹随处可见，如专有名词，大部分回归汉语原文并标上对应日文译词的假名读音或随文注。再如典故，则用「読み下し文」（遵照训读法转写的日文），如下所示：

---

① 本章所引佐藤本译文均出自林語堂編『紅楼夢』①—④，佐藤亮一訳，東京：六興出版 1983 年版，采用随文注。

◆◇◆ 研究篇

吾未见好德如好色者也。（卷82，第5页）（《论语·子罕》）

I have never yet seen a person who loves virtue as he loves women. (p. 508)

吾未だ徳を好むこと　色を好むがごとき者を見ず。（第3册，第91页）

1963年，日本学者龟井孝提出"汉字文化圈"概念。

ひろくシナ文化の恩恵に浴したかぎりのアジア諸民族は、漢字とのめぐりあいによって、あるいは直接に、あるいは間接に、その土語を文字であらわそうとする試みと経験をみせている。そういう意味で、シナ文化の洗礼をうけたこれらの民族文化は、文字の面に即してみるなら、これを〈漢字文化圏〉とよぶにふさわしい文化圏を形づくったといえるであろう。①

沐浴中华文化恩惠的亚洲诸民族，通过与汉字邂逅，展示出直接或间接将其本土语言用文字表达出来的尝试与经验。如此看来，这些受到中华文化洗礼的诸民族文化，就文字层面而言，形成了一个堪称"汉字文化圈"的文化圈。

从地理位置来看，汉字文化圈包含中国、越南、朝鲜半岛、日本列岛。我国学者较早使用该概念的是周有光，他将今天世界上的文化分为五大文化圈：汉字文化圈、印度字母文化圈、阿拉伯字母文化圈、斯拉夫字母文化圈、拉丁字母文化圈②。照此看来，林语堂在拉丁字母文化圈语境下用英文编译汉字文化圈产生的名著《红楼梦》，佐藤亮一再在汉字文化圈语境

---

① 龟井孝、大藤時彦、山田俊雄：『日本語の歴史 2　文字とのめぐりあい』，東京：平凡社 1993年版，第87頁。
② 周有光：《汉字文化圈》，《中国文化》1989年第1期。

下用日语转译林稿，从文化流向来看，是一种汉字文化圈内的回归。上文译例其实是该种回归的具体表现。

梁志芳"将用 A 国语言描写 B 国文化的跨国文化作品翻译成 B 国语言，让它们回到 B 国文化"的翻译现象定义为"文化回译"[①]。其实，如把视野从国别扩展至文化圈，佐藤本是含有文化回译因素的。

（三）导入敬语与性别用语

日语与汉语、英语不同，有发达的敬语系统和性别差异。这在佐藤本里有明显体现。以"撕扇子作千金一笑"中晴雯与宝玉吵架为例：

晴雯哭道："我多早晚闹着要去的？饶生了气还拿话压派我。只管去回，我一头碰死了也不出这门儿。"宝玉道："这又奇了，你又不去，你又闹些什么？我经不起这吵，不如去了倒干净。"（卷31，第4页）

Sunburst was in tears now. "Whenever did I say I wanted to go away? You are angry and blaming it on me! Go ahead and report. I shall dash my head and die here rather than go out of this door!"

"That is strange indeed! It's more than I can stand. I'd rather let you do and leave me some peace."（p. 201）

晴雯はいまは泣き出していた。「私がいつ出て行きたいなんて**申しました**の？若さまが**お怒りになって**私を**お叱りになった**んじゃありませんか！どうぞ勝手に**お行きになって**奥方さまへ**ご報告になって**ください。私は頭をぶっつけて死んでも、ここから出て行きませんから！」

「なんてことを言うんだ、もうがまん**できん**よ。**お前**なんか出て行ってもらったほうが、**ぼく**の気が落ち着く」（第1冊，第236页）

[①] 梁志芳：《"文化回译"研究——以赛珍珠中国题材小说〈大地〉的中译为例》,《民族翻译》2013年第1期。

这段话无论原著还是林稿，晴雯与宝玉的对话在措辞上都是平等的，也无性别差异；但佐藤本译文却体现出明显的尊卑区分与男女之别。如字体加粗部分所示，晴雯对自己的行为用了自谦语，对指示宝玉行为的用语全部用了尊敬程度很高的「お/ご…になる」的敬体，而宝玉对晴雯的用语则一律用了上对下的简体。另外，译者还刻意用「できん」「お前」之类的粗俗表达及男性自称「ぼく」，彰显宝玉的男主人身份。

二　诗学层面

（一）《源氏物语》的中国版

林语堂在序言中将《红楼梦》类比与曹雪芹同时代的英国作家塞缪尔·理查逊的感伤主义小说《克拉丽莎》，但日本大部分读者并不熟悉此书。佐藤亮一在"译者的话"中用《源氏物语》类比《红楼梦》。

> この中国清代の長編小説『紅楼夢』は…わが『源氏物語』の中国版とも言われている。…わが光源氏にも比すべき主人公宝玉の悲恋と出家など、波瀾万丈の物語はまさに息をのむ興奮に誘い、「無」の中に消え去る哲理の境地に誘う。（第1册，第265页）

> 这部中国清代的长篇小说《红楼梦》被称为我国《源氏物语》的中国版。……主人公宝玉的悲剧恋情与出家堪比我国的光源氏，波澜万丈的故事令人为之屏息兴奋，诱人消融于"无"的哲理境界中。

这一类比法最早见于1878年。清朝首届驻日公使馆参赞黄遵宪向日本友人大河内辉声盛赞《红楼梦》"论其文章，直与《左》《国》《史》《汉》并妙"时，后者回答："敝邦呼《源氏物语》者，其作意能相似。他说荣国府、宁国府闺闱，我写九重禁庭之情。"[①] 后来，《红楼梦》日译者纷纷采

---

① 刘雨珍编校：《清代首届驻日公使馆员笔谈资料汇编》，天津人民出版社2010年版，第213页。

用此举向日本读者介绍该书。

《红楼梦》与《源氏物语》存在遥远的时空之隔，作者没有直接交集。不过两部作品在气质、故事框架、主题上确实存在相似之处。如均不以跌宕起伏的故事见长，而以人情刻画与细节描写见长；出身权贵的男主人公与众多美女的感情纠葛和书中女性的命运是故事架构的重要组成部分；历经盛衰、挚爱去世后，男主人公均选择了出家。佐藤亮一所说的"无"的哲理境界其实是佛家的无常观，两部作品在人世无常、人生如梦的思想上也是相通的。

（二）诗歌翻译借鉴和歌

林语堂曾说："诗为文学品类中之最纯粹之艺术最为文字之精英所寄托的，而诗乃最不可译的东西。无论古今中外，最好的诗（而尤其是抒情诗）都是不可译的。"①但他仍在林稿中翻译了 44 首（篇或句）诗词曲赋。以《葬花吟》第一节为例：

花谢花飞飞满天。红消香断有谁怜。
游丝软系飘春榭。落絮轻沾扑绣帘。（卷27，第10页）

Fly, fly, ye faded and broken dreams
Of fragrance, for the spring is gone!
Behold the gossamer entwine the screens,
And wandering watkins kiss the stone. (p. 172)

飛べよ、舞えよ、色あせて香り豊かな夢消えし花たちよ、
思え、春はまさに過ぎ去りぬ！
見よ**虚空**の遊糸は簾にかかり、
さまよえる綿花は石に吻づけぬ。（第1册，第201页）

---

① 林语堂：《论翻译》，载罗新璋主编《翻译论集》，商务印书馆1984年版，第430页。

佐藤本的译诗节奏整体来看有向五七调式的和歌传统节奏靠拢的倾向。林语堂将"花谢花飞飞满天"译为"Fly, fly, ye faded and broken dreams"。在英诗和汉诗中，重复是常见修辞法，用来营造强烈的视听效果；但和歌中较为少见。故佐藤亮一将两个"fly"分别译为「飛べよ」「舞えよ」。佐藤本第三句的「虚空」是林稿译文没有的意象，常见于和歌。如下面这首和歌的作者式子内亲王（1149—1201）是一位皇族未婚女性，吟诵的也是落花，其中就有「むなしき空」（虚空）一词：

　　　　花は散り　　その色となく　　ながむれば　　**むなしき空**に
　　春雨ぞ降る①

　　"翻译并非意义的对等，而是两种诗学的妥协。接受系统的诗学占主导地位。"②佐藤亮一在诗歌翻译上，遵循和借鉴了本国的诗学传统，体现出较大的创造性。

三　文化层面

　　林稿的预期读者是欧美人，佐藤本则是日本人，两个读者群体所熟悉的文化是迥异的。佐藤亮一充分考虑了本国文化，下面仅以婚俗为例说明。促成宝玉与宝钗成亲的调包计，其实施关键是婚礼行进中，宝钗蒙着红盖头，宝玉看不到新娘的脸，加之新娘旁边站着黛玉的侍女雪雁，使神志不清的宝玉误以为新娘是黛玉。

　　宝玉见新人蒙着盖头。（卷97，第14页）

　　　　The bride's head and face were covered by the bridal veil of red silk. (p. 636)

---

① 『新古今和歌集』，久保田淳校注，東京：新潮社1973年版，第68頁。
② André Lefevere, "Mother Courage's Cucumbers: Text, System and Refraction in a Theory of Literature", *Modern Language Studies*, 1982, Vol. 12.

花嫁の頭と顔は紅い絹の蓋頭(かずき)(綿帽子)でおおわれていた。(第 3 册,第 238 页)

在中国古代婚礼上,新娘的红盖头是不透明的,他人看不到新娘的面貌;而在西方婚礼上,透过透明的白色面纱是能窥见新娘的面貌的。如果西方读者不了解这一差异,势必会好奇宝玉怎么会在揭盖头那一刻才发现新娘是宝钗。林语堂意识到此点,故其译文特意强调新娘的头和脸均被红色丝绸做的新娘面纱遮盖,并添加脚注:"Not transparent like the western bridal veil"(不像西方新娘面纱那样透明)。佐藤本保留了增译信息,又将"the bridal veil"回译为汉语原文「蓋頭」,并添加随文注「綿帽子」。「綿帽子」是日本人按神道仪式举行传统婚礼时,新娘戴在发髻上的白色帽子。然而这样仍会令读者费解,因为「綿帽子」能看到新娘面部。故佐藤亮一又为盖头标注了假名「かずき」(「被衣」)。「被衣」是「綿帽子」的前身,是日本平安(794—1192)至镰仓(1192—1333)时代,贵族妇女外出时用来遮盖面部及全身的衣衫,虽与盖头不尽相同,也算差强人意。翻译中处理跨文化因素的不易由此可见一斑。

第四节　翻译质量

佐藤亮一在保留原文信息上,最大程度地忠实了林稿;而在具体表达方式上,又照顾到了日本读者的语言习惯。

一　地道的日语措辞

For ready wit and a salty knowledge of life, she was a match for the grandmother...Little did they know that she was to have the last laugh. (p. 278)

对人生,她抱有机智且富有野趣的见识,足当贾母话伴……谁也不知她才是笑到最后的人。

　　浮世の酸いも甘いも飲み込んで抜目がなく、ご隠居さまとはよい話し相手の年輩だった。…彼女の年の功にはだれも気がつかなかった。（第 2 册，第 65 页）

　　这段对刘姥姥的评述是林语堂的创作。在传达刘姥姥精明世故，而旁人对此浑然不觉这一信息上，佐藤本是忠实林稿的，但又有所发挥。受"For ready wit and a salty knowledge of life"中味觉词语"salty"的启发，连用两个习语「酸いも甘いも」「抜目がない」，将此句译为"深谙浮世酸甜，精明老练"。对"Little did they know that she was to have the last laugh"他没有直译，而是又用了习语「年の功」，意译成"谁也不知姜还是老的辣"。

二　修正林稿误译

　　林语堂五易其稿，译文质量很高。但千虑一失，也存在个别误译之处。如紫鹃劝黛玉趁贾母身体硬朗，早点定下终身大事时，说了一句谚语：

　　俗语说老健春寒秋后热。（卷 57，第 10 页）

　　The old proverb says, an old person feels cold in spring and hot after autumn. Nothing is predictable. (p.378)

　　ことわざに申すではございませんか——お年寄りの達者というのは、当てにはならない——と。（第 2 册，第 184 页）

　　中国艺术研究院红楼梦研究所的校订本对该谚语的注释为："春日渐暖，虽寒也不会持久；立秋之后即转凉，再热也是暂时的。这里用春寒

· 298 ·

秋热比喻老年人的健康不易常保。"①林稿的意思却是老年人春天感觉冷，秋后感觉热，从而引申至世事难料，与原文含义有出入。佐藤本化用谚语「お年寄りの達者、春の雪」前半句，将老年人的健康比喻成春天的雪，且道出其引申义「当てにはならない」（长久不了），从而纠正了林稿误译。

三　借鉴先译

上文的"老健春寒秋后热"，伊藤漱平也译为「年寄の達者は春の雪」②，不过不能仅凭此点就断定佐藤本受了先译影响。但下面这则译例就较有说服力了。

翻译《红楼梦》的一大难关是谐音修辞。第三十三回"不肖种种大受笞挞"，宝玉叫路过的老妈妈去告诉贾母贾政要打他，耳背的老妈妈偏把他说的"要紧"误听成了"跳井"。林语堂将二词分别译为"shoot inside"（赶紧进去）与"suicide"（自杀），"shoot inside"说得急促，确实能误听成"suicide"，这一妙译很难通过日语再现。佐藤亮一的处理如下所示：

「大へんだ」（要　緊）と言ったのを「井戸に飛び込んだ」（跳　井）と聞きちがえた。（第2册，第13页）

此处，松枝茂夫的译文如下：

「大へんなんだ」（要　緊）といったのを「井戸に飛び込んだ」（跳　井）と聞きちがえ、③

除字体加粗处所示细微差别外，两处译文基本一致：均通过选用词尾含「んだ」的译词来营造发音相似的效果；用文内注标明中文原文；用片

---

① （清）曹雪芹著，无名氏续：《红楼梦》，人民文学出版社2008年版，第786页。
② 曹雪芹：『紅楼夢』(6)，伊藤漱平訳，東京：平凡社1997年版，第287頁。
③ 曹雪芹：『紅楼夢』(4)，松枝茂夫訳，東京：岩波書店1973年版，第75頁。

◆◇◆ 研究篇

假名音译原文。佐藤本参考先译确凿无疑。

第五节　影响

　　六兴出版社因在日本泡沫经济时期投资房地产欠下巨额债务，于 1992 年破产倒闭，佐藤本丧失了在该社再版和重印的机会。第三书馆于 1992 年将此套译本汇总成单册发行（图 10-7），但第三书馆是中小型出版社，书籍印数有限。收藏两版译本的大学图书馆分别是 15 家、16 家。[①]加之《红楼梦》日译史源远流长，松枝茂夫、伊藤漱平、井波陵一的全译本形成三足鼎立之局面，是《红楼梦》在日传播主力。佐藤本只能屈居边缘。不过，在亚马逊、日本古本屋等大型购书网站上，两版译本目前均可购得，说明仍在书市流传。

图 10-7　第三书馆 1992 年版《红楼梦》封面

　　小众化流传并不能决定译本价值。2004 年，芦边拓据《红楼梦》改编

[①] CiNii Books, https://ci.nii.ac.jp/books/, 2020 年 4 月 26 日检索。

· 300 ·

的推理小说《红楼梦的杀人》出版（图10-8），在日本推理文学界广受好评，囊括了各项推理文学大奖，2006年、2008年先后在我国台湾和大陆翻译出版（图10-9、10-10），2010年还在我国诞生了一部仿作（图10-11），2007年、2012年又先后出版韩文、英文版。在后记中，芦边拓提到了佐藤本：

图10-8　文艺春秋2007年版芦边拓著《红楼梦的杀人》封面

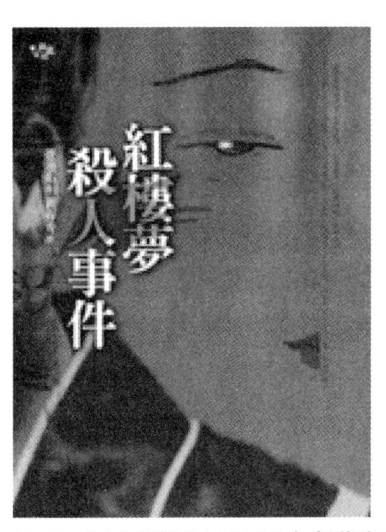

图10-9　远流出版公司2006年版黄春秀译《红楼梦杀人事件》封面

图10-10　群众出版社2008年版赵建勋译《红楼梦杀人事件》封面

图10-11　新星出版社2010年版江晓雯著《红楼梦杀人事件》封面

このほか幸田露伴・平岡龍城訳の国訳漢文大成版、**林語堂による英訳"The Red Chamber Dream"の佐藤亮一氏訳**、また飯塚朗氏、石原巌徹氏による抄訳リライト版、さらには中国中央電視台制作のテレビドラマなども参照して、どういう場面が抽出されているかをチェックしたりしました。①

我参考了幸田露伴、平冈龙城的《国译汉文大成》译本，**林语堂《红楼梦》英译本的佐藤亮一译本**，饭塚朗、石原岩彻的编译改写本。又参照了中国中央电视台制作的电视连续剧等，以确认其中都选择了哪些场面。

林语堂考虑普通读者的阅读需求，删减了原著次要人物、相似情节等；并编辑重组了保留情节；还增加了不少评述。这些均有助于推理小说家从纷繁复杂的原著中梳理情节和塑造人物。如林稿强化了贾雨村忘恩负义和贾赦骄奢淫逸的形象（见第九章第三节），受此启发，芦边拓将二人分别设定为小说中杀害香菱与鸳鸯的大反派。再如上文提到林语堂对刘姥姥的评价，芦边拓也有类似评语:「世事によく通じ、なにについてもひとかどの知識を持っている」（通晓世事，凡事都有不凡见识），其后的「酸いも甘いもかみわけた」（饱经人世酸甜，通达人情）更是明显借鉴了佐藤本译文②。佐藤本既借鉴前人，又启发后者，可谓承前启后。

在日本的大型书评网「読書メーター」上，《红楼梦》日译本里，登录读者人数最多的是松枝茂夫译本，有 120 人；而《红楼梦的杀人》有 190 人，读者评语中有不少提到了原著，甚至有读者表达了看完此书后要阅读原著的想法③。通俗文学与纯文学的价值不能以读者多寡来评判，但受《红楼梦》日译本影响诞生的《红楼梦的杀人》提高了原著在日本普通读者中

---

① 芦边拓:『紅楼夢の殺人』，東京: 文藝春秋 2007 年版，第 441 頁。
② 芦边拓:『紅楼夢の殺人』，東京: 文藝春秋 2007 年版，第 291 頁。
③ 読書メーター，https://bookmeter.com/，2020 年 8 月 4 日检索。

的知名度，此点值得肯定。

中日邦交正常化后，处于兴盛期的日本出版市场积极出版中国经典文学作品与林语堂作品，佐藤本的顺利出版离不开这一大的时代背景。作为改写力量之一的六兴出版社极力将《红楼梦》打造为一部通俗恋爱小说以迎合市场与顺应时代潮流；而作为改写另一大力量的译者佐藤亮一高度认可林语堂作品，并信守对林语堂的承诺。这种集体与个人的意识形态其实是推动译本产生的"看不见的手"。佐藤亮一的翻译一方面受语言、诗学、文化的影响，总体上体现了对汉字文化的回归，从汉字文化圈视域来看，含有文化回译的因素；另一方面，他又发挥了专业译者在忠实原文的原则下娴熟操控母语的主观能动性，并借鉴了本国的诗学传统、参考了先译。佐藤本的意义在于一方面丰富了《红楼梦》的外文译本形式；另一方面也以这种间接形式保存了林语堂原稿；同时还让我们看到了在英语和日语两种语言与文化中经历了二度改写的《红楼梦》所呈现的独特面貌。而译本产生20余年后，又成为一位推理作家改编《红楼梦》的重要参考，成就一段中日文学交流佳话，翻译文学的魅力由此可见一斑。

第十一章 译本比较

《红楼梦》外文译本译者以学者居多，林稿是少有的作家译本。其特点为何？前文已通过林稿内部研究做了考察，本章从译本性质、语种出发，选定王际真英文编译本、库恩德文编译本、松枝茂夫日文编译本、霍克思英文全译本与之进行外部平行比较研究，以期结合内外部研究，彰显林稿特质，同时探索多语种、跨文化的《红楼梦》翻译研究。

第一节　林稿与王际真英文编译本的比较

一　王际真其人

美籍华人王际真（Chi-chen Wang, 1899—2001），原籍山东桓台，早年毕业于留美预备学堂（清华大学前身），1922年赴美国留学，先后就读于威斯康星大学与哥伦比亚大学，曾任纽约艺术博物馆东方部职员、哥伦比亚大学教授，主持该校东亚系达20年[①]。20世纪30至50年代，林语堂活跃于美国文坛时，王际真亦在美国汉学界有一席之地，且二人均与胡适相识，笔者尚未看到记载二人交游的相关文献，但推测双方应该彼此有所耳闻。

王际真共出版了三种《红楼梦》编译本，分别是1929年的39回本[②]、1958年的60回本及同年的40回本，这三个译本依次有西班牙语、泰语、希腊语的转译本[③]。在全译本尚未出现的年代，王际真英文编译本为促进

[①] 张惠：《王际真英译本与中美红学的接受考论》，《红楼梦学刊》2011年第2辑。
[②] 1929年的译本由纽约的道布尔戴（Doubleday）出版社与伦敦的劳特利奇（Routledge）出版社同步出版，本书所据译本为后者。
[③] 唐均：《王际真〈红楼梦〉英译本问题斠论》，《红楼梦学刊》2012年第4辑。

《红楼梦》在世界传播做出了重要贡献。

二 翻译策略比较

关于1929年出版的王际真英文编译本（以下简称王译本）的编译特点，吴宓曾根据其译本序言，有如下述评：

> 第五节为凡例，分数条：（一）译本据民国十一年上海同文书局出版之《红楼梦》。（二）译本节缩之法，以宝黛情史为主，外此枝叶，多从删汰，惟能显示中国之风俗习惯为西人所欲知者，则亦留存，如秦氏之丧是。全书第一回悉行译出，以见中国小说楔子之一般。此下分为三卷，前二卷为原书之前五十七回，较详，五十八回以下均入第三卷，较略。（三）为西人阅读之便，书中女子之名皆译意，如黛玉作 Black Jade。男子之名皆译音，如宝玉仍作 Pao Yu，以示区别而归整齐。（按此法殊善。又如宝钗译为 Precious Virtue，含有讥讽之意。鸳鸯译为 Loyal Goose，袭人译为 Pervading Fragrance，以及王熙凤译为 Phoenix 一字，均佳妙。）（四）书中称呼，如老爷、太太、姑娘等，均译音。又姐姐、妹妹等亦均译音。（五）传话或面谈称谓，原文用第三人称者，今多改为第二人称。（按此二法均善）。（六）人名译音从威妥玛所订之式。①

我们接下来的讨论围绕上述吴宓提到的底本、节缩之法、人名称谓三点展开。

（一）底本

王际真在译本序言中道"The translator has used the edition published by the Tung Wen Company, Shanghai, in 1922"②（译者所用版本为1922年上海

---

① 余生：《王际真英译节本〈红楼梦〉述评》，载吕启祥、林东海主编《红楼梦研究稀见资料汇编》，人民文学出版社2001年版，第325—326页（本文原载天津《大公报》"文学副刊"第75期，1929年6月17日。余生为吴宓笔名，吴宓曾兼任该报"文学副刊"主编）。另外，1919年，林语堂留学美国抵达哈佛时与吴宓相识，吴宓在1919年9月19日的日记中提到："林君人极聪明，惟沉溺于白话文学一流，未能为同志也。"见《吴宓日记》第2册，吴学昭整理注释，生活·读书·新知三联书店1998年版，第73页。

② Tsao Hsueh-chin and Kao Ngoh, *Dream of the Red Chamber*, trans. Chin-chen Wang, London: George Routledge & Sons, 1929, p. xx.

同文书局出版）。该版本应是清光绪十年（1884）初版的上海同文书局石印本《增评补像全图金玉缘》，此本收录了王希廉、张新之、姚燮的评语，亦称三家评本。扉页背面题："己丑仲夏上海同文书局石印"①。不过，据杜春耕研究，首刊应是在光绪十四年或十五年②。而林语堂所用底本是上海商务印书馆出版的《石头记》，即两家评本。三家评本与两家评本存在版本异文，如第一回三家评本作甄士隐"勉强支持了一二年，越发穷了……贫病交攻，渐渐的弄出那下世的光景来"③。两家评本作"勉强支持了二三年，越发穷了……贫病交攻，渐渐的露出那下世的光景来"（卷1，第11页）。而王译本此处的译文为："In a year or two he took on the appearance of one approaching the end of his life"④，其中的"In a year or two"，对应三家评本的"一二年"。

王际真、库恩、林语堂选择的底本均属王希廉评本系统，侧面反映了该系统的版本，尤其是以上海为中心出版的石印本，是19世纪末20世纪初中国流行的《红楼梦》版本。同时也能看出在胡适等开创的新红学的影响下，红学界虽然严格区分80回脂抄本系统与120回程刻本系统，且普遍认可前者更接近曹雪芹原著形态，但西文翻译还是注重采用后者为底本来向西方读者展现一个有头有尾的《红楼梦》故事。

（二）译本节缩之法

表11-1是林稿与原著回目对应简表，表11-2和表11-3分别是王译本与原著回目对应简表与繁表。由此可知以下几点。

（1）王际真详细翻译⑤的章回：

1，2，3，5，6，7b，8，9b，10b，11，12，13，14，15，16，17b，

---

① 冯其庸、李希凡：《红楼梦大辞典》（增订本），文化艺术出版社2010年版，第418页。
② 杜春耕：《〈增评补像全图金玉缘〉序》，载（清）曹雪芹、（清）高鹗《增评补像全图金玉缘》，北京图书馆出版社2002年版，第6页。
③ （清）曹雪芹、（清）高鹗：《增评补像全图金玉缘》，北京图书馆出版社2002年版，第346页。
④ Tsao Hsueh-chin and Kao Ngoh, *Dream of the Red Chamber*, trans. Chinchen Wang, London: George Routledge & Sons, 1929, p.16.
⑤ 原著半回、1回、2回占据译本1章或1章的大部分篇幅，视为详细翻译，反之为简要翻译。详细翻译与简要翻译是针对单个译本的相对概念，而非针对不同译本的绝对概念。因此比较不同译本的详细翻译与简要翻译，得出的是大致结论，而非精确结论。若要得到精确结论，必须将不同译本的原文与译文全部数字化后，进行以句子为单位的数据统计与分析方可。

18a，20a，22a，23，25，26b，27b，28b，29b，30a，32，33，34a，36a，40a，41a，44，45，46，47，48b，49a，55，57a，65b，66，67b，68a，69，82b，89b，90a，96，97，98a

（2）王际真简要翻译的章回：

4，7a，9a，10a，37，38a，39a，47a，48a，50a，63b，64b，65a，71a，73a，74a，77a，94，95，101a，102，105，107b，108a，110，111，112a，113a，114a，115b，116，118，119，120

（3）王际真基本未翻译的章回：

17a，18b，19，20b，21，22b，24，26a，27a，28a，29a，30b，31，34b，35，36b，38b，39b，40b，41b，42，43，49b，50b，51，52，53，54，56，57b，58，59，60，61，62，63a，64a，67a，68b，70，71b，72，73b，74b，75，76，77b，78，79，80，81，82a，83，84，85，86，87，88，89a，90b，91，92，93，98b，99，100，101b，103，104，106，107a，108b，109，112b，113b，114b，115a，117

（4）王际真与林语堂均详细翻译的章回：

1a，2，3，8，16a，17b，18a，20a，22a，26b，27b，28b，30a，32，33，34a，36a，40a，41a，44，45，46，47，49a，57a，65b，67b，68a，69，82b，89b，90a，96，97，98a

（5）林语堂详细翻译，王际真基本未翻译或简要翻译的章回：

4，17a，18b，19a，21，24b，27a，30b，31a，34b，35，38b，39a，40b，42a，49b，50a，51b，52，64b，65a，68b，71b，72a，73a，74，77a，78a，81b，82a，83a，84a，85a，86b，87，89a，91b，94，95b，98b，99，102，104b，105，106，107，108，109，110，111，112，113a，114a，115b，116，117，118，119，120

（6）王际真详细翻译，林语堂基本未翻译或简要翻译的章回：

1b，5，6，7b，9b，10b，11，12，13，14，15，16b，23b，25，29b，47，48b，55，66

（7）王际真和林语堂均基本未翻译的章回：

7a，19b，20b，22b，24a，26a，31b，36b，41b，42b，43b，50b，53，54，

56，57b，58，59，60，61，62，63a，64a，67a，70，72b，73b，77b，79，80，81a，83b，84b，88，90b，91a，92，93，100a，101b，103，104a，114b

表 11-1　林稿各章与原著各回对应简表①

林稿	原著	林稿	原著	林稿	原著	林稿	原著
A，P	**1a**	17	**32**，33a	34	71a，**72a**，71b	51	99
1	**2**	18	33	35	**71b**，72a，**73a**，74a	52	99a，100b，**104b**，**113b**
2	**3**	19	34	36	74	53	**100b**，**102**
3	**4**	20	34a，**35**	37	**77a**	54	102b，**104b**，**105**
4	**8**	21	36a	38	**78b**，75，76	55	**106**，**107**，**108**
5	6a，9a，17b	22	37，**38**，39a	39	**87**	56	109a
6	**16a**，**17**，**18a**	23	**39a**，40a	40	**81b**，**82a**，**89a**	57	109b，110
7	**19a**	24	**40b**，**41a**，42a	41	**82b**，**83a**	58	**111**，**112a**，115a，112b
8	**20a**，**21a**	25	**43a**，**44**	42	83a，**84a**，**85a**，85b	59	**113a**，**114a**
9	**18**	26	**42a**，**45**	43	86a，**86b**，89b	60	**113b**，**115b**，**116a**
10	**21b**	27	46	44	**90a**，**91b**	61	**116b**，**117a**，**118b**
11	**22a**	28	48b，**49**，**50a**	45	**94**，**95a**	62	**117b**，**118a**，**119a**
12	23a，24b	29	51b，**52**	46	95a，**95b**，96a	63	**119a**，120a
13	17b，23a，26b，27a	30	**57a**	47	96a	64	119b，120a
14	**27b**，28a	31	63a，**64b**，65，66a	48	96b，**97a**	E	**120b**，**1a**
15	27a，28a，28b，29b，**30a**	32	**67b**，68a	49	**97b**		
16	**30b**，**31a**	33	68b，69	50	**98**		

① 字体加粗部分为详细翻译章回，未加粗部分为简要翻译章回。灰色底纹部分为原著章回顺序被调动部分。繁表见表 3-1。

表 11-2　王译本与原著回目对应简表

王译	原著	王译	原著	王译	原著	王译	原著
Prologue	1	X	14b，15	X X	37，38a，39a，40a，41a	X X X	67b，68a，69
I	2，3a	XI	16，17b，18a	X XI	44	X X XI	71a，73a，74a，77a
II	3b，4	XII	22a	X XII	45	X X XII	82b，89b，90a
III	5，6a	XIII	23	X XIII	46，47a	X X XIII	94，95
IV	6b	XIV	25a，20a，25b	X XIV	47，48a	X X XIV	96a
V	7a，7b	XV	26b，27b	X XV	48b，49a，50a	X X XV	96b，97a
VI	8	XVI	28b，29b，30a	X XVI	55	X X XVI	97b，98a
VII	9a，9b，10a，10b	XVII	32	X XVII	57a	X X XVII	101a，102，105，107b，108a
VIII	11，12	XVIII	33	X XVIII	63b，64b，65a	X X XVIII	110，111，112a，113a，114a，118a
IX	14a，13	XIX	34a，36a	X XIX	65b，66	X X XIX	115b，116，118b，119，120

表 11-3　王译本与原著回目对应繁表[①]

分卷	章次	章名	原著回次	原著回目
BOOK ONE	Prologue	In which Chen Shi-Ying meets the "Spiritual Understanding" in a dream, And Chia Yu-Tsun is stirred by a maid he encounters by the wayside.	1	甄士隐梦幻识通灵 贾雨村风尘怀闺秀
	I	In which Madame Chia joins the Immortals at Yangchow, And Leng Tzu-Hsing gives an account of the Yungkuofu.	2，3a	贾夫人仙逝扬州城 冷子兴演说荣国府 托内兄如海荐西宾

[①] 原著回目引自（清）曹雪芹、（清）高鹗《增评补像全图金玉缘》，北京图书馆出版社 2002 年版。

续表

分卷	章次	章名	原著回次	原著回目
BOOK ONE	II	In which Black Jade is received with open arms by the Matriarch, And Pao-Yu is infuriated because Black Jade is without jade.	3b，4	接外孙贾母怜孤女 薄命女偏逢薄命郎 葫芦僧判断葫芦案
	III	In which the Matriarch attends a party in the Ning-kuofu, And Pao-Yu first learns the secret of man and woman.	5，6a	贾宝玉神游太虚境 警幻仙曲演红楼梦 贾宝玉初试云雨情
	IV	In which Liu lao-lao visits the Yungkuofu for the first time, And Madame Wang again shows her generosity toward the poor.	6b	刘姥姥一进荣国府 （删除贾蓉借玻璃炕屏）
	V	In which Precious Virtus tells of her very complicated Cold Perfume Pills, And Pao-Yu hears some unmentionable family secrets.	7a，7b	送宫花贾琏戏熙凤 宁国府宝玉会秦钟 （删除贾琏戏熙凤）
	VI	In which Pao-Yu, by a strange destiny, meets the golden locket, And Precious Virtue, by a happy coincidence, sees the "Spiritual Understanding".	8	贾宝玉奇缘识金锁 薛宝钗巧合识通灵
	VII	In which the schoolhouse is turned into a battle ground, And Widow King's indignation is set aside because of Chin-shih's illness.	9a，9b，10a，10b	训劣子李贵承申饬 嗔顽童茗烟闹书房 金寡妇贪利权受辱 张太医论病细穷源
	VIII	In which Phoenix proves herself an able strategist, And Chia Jui looks into the fatal right side of the Wind-and-Moon Mirror.	11，12	庆寿辰宁府排家宴 见熙凤贾瑞起淫心 王熙凤毒设相思局 贾天祥正照风月鉴
	IX	In which Black Jade returns to Yangchow because of her father's illness, And Phoenix is drafted to take charge of the funeral Chin-shih.	14a，13	林如海捐馆扬州城 秦可卿死封龙禁卫 王熙凤协理宁国府
	X	In which Phoenix uses her power as a means of oppression at the Temple-with-Iron-Railings, And Chin Chung satisfies his longing at the Bread Loaf Convent.	14b,15	贾宝玉路谒北静王 王熙凤弄权铁槛寺 秦鲸卿得趣馒头庵 （删除二丫头相关情节）

续表

分卷	章次	章名	原著回次	原著回目
BOOK ONE	XI	In which Pao-Yu is made to suffer because of the perversity of Black Jade, And Cardinal Spring is allowed to visit her family by the magnanimity of the Son of Heaven.	16, 17b, 18a	贾元春才选凤藻宫 秦鲸卿夭逝黄泉路 荣国府归省庆元宵 皇恩重元妃省父母
	XII	In which Shih Hsiang-Yun comes for an extended visit at the Yungkuofu, And Chia Pao-Yu turns to philosophy because of his grievances.	22a	听曲文宝玉悟禅机
BOOK TWO	XIII	In which Pao-Yu, with the maidens, moves into the Takuanyuan, And Black Jade, with her usual supersensitiveness, takes offence at Pao-Yu's questions from the His Hsiang Chi.	23	西厢记妙词通戏语 牡丹亭艳曲警芳心
	XIV	In which, because of evil spells cast over them, Phoenix and Pao-Yu come near to death, And, by the efficacy of the Precious Jade of Spiritual Understanding, they find their way back to life.	25a, 20a, 25b	魇魔法叔嫂逢五鬼 王熙凤正言弹妒意 通灵玉蒙蔽遇双真
	XV	In which the Record of the Western Chamber is more than once the cause of the lovers' quarrels, And the Jade of Spiritual Understanding is again the scapegoat of Pao-Yu's anger.	26b, 27b	潇湘馆春困发幽情 埋香冢黛玉泣残红
	XVI	In which it is shown that the more blessing one has, the more blessing one wants, And that the greater the love, the greater the demand for more love.	28b, 29b, 30a	薛宝钗羞笼红麝串 多情女情重愈斟情 宝钗借扇机带双敲
	XVII	In which Golden Bracelet is disgraced because of Pao-Yu's attentions to her, And Black Jade is deeply moved because of Pao-yu's declaration of his love.	32	诉肺腑心迷活宝玉 含耻辱情烈死金钏
	XVIII	In which Chia Cheng discovers the escapades of his erring son, And Pao-Yu suffers the chastisement of his severe father.	33	手足耽耽小动唇舌 不肖种种大受笞挞

续表

分卷	章次	章名	原著回次	原著回目
BOOK TWO	XIX	In which Pao-Yu conveys to Black Jade his love through two nondescript handkerchiefs, And Precious Virtue gets a glimpse of what Pao-Yu thinks of the destiny of gold and jade.	34a, 36a	情中情因情感妹妹 绣鸳鸯梦兆绛芸轩
	XX	In which the mistress of Autumnal Study organizes the Haitang Poetry Club, And the Old Dame of the rustic village furnishes the comic touch.	37, 38a, 39a, 40a, 41a	秋爽斋偶结海棠社 蘅芜苑夜拟菊花题 林潇湘魁夺菊花诗 （螃蟹宴上袭人平儿谈月钱、贾母见刘姥姥） 史太君两宴大观园 宝哥哥品茶栊翠庵
	XXI	In which it is proved that human events are as uncertain as the weather, And it is further proved that one would sooner apologize to one's concubine than to one's wife.	44	变生不测凤姐泼醋 （删除平儿理妆）
	XXII	In which Phoenix becomes monitor of the poetry club in spite of her innocence in versification, And Precious Virtue wins the trust of Black Jade through kindness.	45	金兰契互剖金兰语 风雨夕闷制风雨词
	XXIII	In which one would expect such an unbecoming thing from such a person as Chia Shieh, Nor is one surprised at such admirable resolution from such an admirable maid as Loyal Goose.	46, 47a	尴尬人难免尴尬事 鸳鸯女誓绝鸳鸯偶 （贾母训斥邢夫人、玩牌、训斥贾琏）
	XXIV	In which the glory of the master is reflected in the prosperity of the servant, And the honour of the profession is vindicated by the amateur actor Liu Hsiang-Lien.	47, 48a	呆霸王调情遭苦打 冷郎君惧祸走他乡 滥情人情误思游艺
	XXV	In which Lotus shows herself the most persevering of would-be poets, And the new arrivals all prove themselves proficient in verse-making.	48b, 49a, 50a	石呆子事件 慕雅女雅集苦吟诗 琉璃世界白雪红梅 芦雪亭争联即景诗 （简述袭人奔丧、晴雯生病补裘、诗社暂停等）

续表

分卷	章次	章名	原著回次	原著回目
BOOK TWO	XXVI	In which the blundering Chao yi-niang causes humiliation to her own daughter, And the able Quest Spring takes charge of affairs because of Phoenix's illness.	55	辱亲女愚妾争闲气 欺幼主刁奴蓄险心
	XXVII	In which Purple Cuckoo shows how concerned she is over the future of her mistress, And Pao-Yu gives new evidence that he cannot live without Black Jade.	57a	慧紫鹃情辞试莽玉
BOOK THREE	XXVIII	In which spring is imperceptibly succeeded by summer, And a day of birthdays ends suddenly with a death.	63b, 64b, 65a	死金丹独艳理亲丧 浪荡子情遗九龙佩 贾二舍偷娶尤二姐
	XXIX	In which Chia Lien secretly marries Yew erh-chieh as his concubine, And Yew san-chieh openly demands Liu Hsiang-Lien for her husband.	65b, 66	尤三姐思嫁柳二郎 情小妹耻情归地府 冷二郎心冷入空门
	XXX	In which Phoenix overwhelms her rival with apparent kindness, And Yew erh-chieh undoubtedly perishes by some diabolical scheme.	67b, 68a, 69	闻秘事凤姐讯家童 苦尤娘赚入大观园 弄小巧用借剑杀人 觉大限吞生金自逝
	XXXI	In which Shata-chieh's ignorance proves to be the source of her bliss, And Bright Design's beauty becomes the cause of her downfall.	71a, 73a, 74a, 77a	嫌隙人有心生嫌隙 痴丫头误拾绣春囊 惑奸谗抄检大观园 俏丫鬟抱屈夭风流 （概述尤二姐后事、宝玉应付学业、贾政归来）
	XXXII	In which the Matriarch arranges for Pao-Yu's engagement, And Black Jade attempts self-destruction on hearing a rumour.	82b, 89b, 90a	病潇湘痴魂惊恶梦 蛇影杯弓颦卿绝粒 贾母定宝玉婚宝钗
	XXXIII	In which the unseasonable blossoming of the begonia proves to be an evil omen, And the sudden disappearance of Pao-Yu's jade is followed by the loss of his reason.	94, 95	宴海棠贾母赏花妖 失通灵宝玉知奇祸 因讹成实元妃薨逝 宝玉疯癫（删除悬赏寻玉）

续表

分卷	章次	章名	原著回次	原著回目
BOOK THREE	XXXIV	In which the Matriarch decides upon an early wedding for the sake of expediency, And Phoenix offers a magic trick for the benefit of Pao-Yu.	96a	瞒消息凤姐设奇谋
	XXXV	In which Pao-Yu is happy at the prospect of his approaching wedding, And Black Jade is broken-hearted because of her evil fate.	96b, 97a	泄机关颦儿迷本性 林黛玉焚稿断痴情
	XXXVI	In which Precious Virtue is married according to pre-destination, And Black Jade dies in fulfilment of an ancient debt.	97b, 98a	薛宝钗出闺成大礼 苦绛珠魂归离恨天
	XXXVII	In which the Takuanyuan becomes a prowling ground for malign spirits, And the Ningkuo and Yungkuo Mansions come to their inevitable downfall.	101a, 102, 105, 107b, 108a	大观园月夜警幽魂 宁国府骨肉病灾祲 大观园符水驱妖孽 锦衣军查抄宁国府 骥马使弹劾平安州 王熙凤致祸抱羞惭 贾太君祷天消祸患 复世职贾政沐天恩 强欢笑蘅芜庆生辰
	XXXVIII	In which the Matriarch returns to whence she came after a long life, And Phoenix attains eternal rest form her self-imposed labours.	110, 111, 112a, 113a, 114a, 118a	史太君寿终归地府 王凤姐力拙失人心 鸳鸯女殉主登太虚 狗彘奴欺天招伙盗 活冤孽妙尼遭大劫 忏宿冤凤姐托村妪 王熙凤历劫返金陵 记微嫌舅兄欺弱女
	XXXIX	In which Pao-Yu abjures the red-dust when the red-dust seems the rosiest, And Pervading Fragrance is married when she has the least intention to marry.	115b, 116, 118b, 119, 120	证同类宝玉失相知 得通灵幻境悟仙缘 送慈柩故乡全孝道 中乡魁宝玉却尘缘 沐皇恩贾家绵世泽 （贾政遇宝玉，袭人嫁蒋玉菡，宝玉获封，宝钗有孕）

结合上述统计可知,王际真与林语堂在情节、人物、诗歌取舍,对后40回的态度,编译手法上均有很大不同。

第一,情节、人物、诗歌取舍。正如吴宓所言,王译本以宝黛情史为主,因而家族盛衰就被淡化,像抄检大观园和锦衣卫抄家两件导致贾家衰落的内外凶事,在其译本中均被大幅简化,各自仅占王译本篇幅的1页余。而林稿中爱情与家族两条线是并重的。在人物取舍上,除尽量保留宝黛钗相关情节外,二者有很大不同。在林稿中几乎被删除的秦可卿、秦钟、贾瑞三个人物的相关情节,在王译本中均得以详细翻译。而作为林稿重中之重的丫鬟故事在王译本中被大幅删减,袭人箴宝玉,小红攀附、晴雯撕扇、补裘、夭逝,平儿救贾琏、掩虾须镯、理妆,紫鹃怨宝玉,玉钏尝羹,莺儿结络等均未翻译,尤其是小红完全未出现,晴雯补裘与临终也均是一笔带过。不过,王际真也详细翻译了鸳鸯拒婚与殉主。在诗词韵文翻译上,王际真仅翻译了石上偈、作者自题一绝、对联"假作真时"、好了歌、太虚幻境二副对联"厚地高天""春恨秋悲"、通灵宝玉与金锁刻字、葬花吟、"老刘老刘"、陆游"重帘"、尤二姐"揉碎桃花"、妙玉乩文,数量远不及林稿。

第二,对后40回的态度。前文已重点提及,林语堂不同意胡适的高鹗续书说,主张后40回系高鹗"据雪芹原作的遗稿而补订的,而非高鹗所能作"①。因而林稿扉页的作者署名为"By Tsao Shuehchin"。而已有研究指出王际真颇受胡适"新红学"的影响,在很大程度上影响了其译本的取舍和面貌。②虽然甲戌本的出现让王际真对高鹗续书说产生了怀疑:

>…these comments indicate that Tsao Hsueh-Chin probably left more than eighty chapters of the novel and that Kao Ngoh was, after all, not telling stories when he said that he was only editing and putting together the remaining forty chapters. We can now read the Kao version (from which this adaptation is made) without being troubled by the thought that we are reading a novel started by one person and finished by another,

---

① 林语堂:《平心论高鹗》,群言出版社2010年版,第95页。
② 张惠:《王际真英译本与中美红学的接受考论》,《红楼梦学刊》2011年第2辑。

living a generation apart.①

……这些脂批表明曹雪芹可能留下了不止前 80 回，而高鹗说他只是在编辑和整合留存的后 40 回，这话不是在编故事。我们现在可以放心阅读高本（此改编本即出自该本），而不必担心我们读的是一部由一个人开始，另一个人完成的小说，中间相隔一代。

但从 1929 年译本最终呈现的形态来看，王译本的 Prologue 与前 31 章对应原著前 80 回，后 8 章对应后 40 回，其重前 80 回轻后 40 回的做法一目了然。尤其是译本的最后 3 章，浓缩了原著最后 20 回的内容，叙事节奏急促，多半事件仅用寥寥数语概括，此点与下文要谈到的库恩译本、松枝茂夫译本相仿，对比之下，格外显出林稿对后 40 回的重视与叙事节奏的从容。

王际真 1929 年译本扉页的作者署名为"BY TSAO HSUEH-CHIN and KAO NGOH"。1958 年 60 回本相较 1929 年本，增加了近一半内容，分 PART I（Chapter1-53）与 PART II（Chapter54-60）两部分，分别对应前 80 回与后 40 回，扉页作者署名为"By TSAO HSUEN-CHIN With a Continuation by Kao Ou"。1958 年 40 回本扉页作者虽署名为"Tsao Hsueh-chin"，但全书分 PART I（Chapter1-33）与 PART II（Chapter34-40）两部分，分别对应前 80 回与后 40 回，而且目录里 PART I 标注"By Tsao Hsueh-chin"，PART II 标注"Continuation by Kao Ou"。三个版本接受高鹗续书说，重前 80 回轻后 40 回的态度未发生改变。

第三，编译手法。王际真也同样用到了删除、整合、概括、增补的手法。删除上文已提及，不再赘述。在整合上，王际真基本还是按照原著叙事顺序推进的，整合的多是相邻章节，非相邻章节的整合较少（唯有第 14 章有顺序调整，见表 11-2），此点类似库恩译本。在概括情节上，王译本比比皆是，远多于林稿。如晴雯夭逝，林稿占了第 37 章一整章，王译本仅用

---

① Tsao Hsueh-chin and Kao Ngoh, *Dream of the Red Chamber*, trans. Chi-chen Wang, London: George Routledge & Sons, 1929, p. xix.

两句话概括：

> Bright Design was sick at the time. The exposure, the disgrace, and the negliect at her home aggravated her illness, and she who was so proud died in ignominy not long afterward.①

> 晴雯当时正病着，在家里受了风、又遭羞辱和怠慢，病情加重，这个如此骄傲的女孩不久就因耻辱去世了。

这也许与出版商的篇幅限制有关，但也离不开王际真本人主观意识的影响。在王译本第28章开头，译者云：

> It is an axiom with story-tellers that incidents make the story and that the length of the story depends upon the absence or the presence of incidents. Consequently, half a year's time may be passed over in a few pages while a month or even a day may take up a goodly portion of the book. This is no less true of our story.②

> 故事讲述者的一条公理是：事件造就故事，故事长度取决于事件发生与否。因此，半年时间也许区区几页纸就过去了，而一月甚至一天可能会占据一本书的相当一部分。我们这个故事同样如此。

王际真这段话主要是解释自己为何用不到4页的篇幅翻译贾琏与尤二姐从相识到偷偷结亲这一故事；林稿第31章也翻译了这个故事，篇幅是王译本的一倍。王译本第31章对应抄检大观园的来龙去脉及关联情节，篇幅

---

① Tsao Hsueh-chin and Kao Ngoh, *Dream of the Red Chamber*, trans. Chi-chen Wang, London: George Routledge & Sons, 1929, p.301.
② Tsao Hsueh-chin and Kao Ngoh, *Dream of the Red Chamber*, trans. Chi-chen Wang, London: George Routledge & Sons, 1929, p.269.

仅 4 页余。而林稿用了第 35、36、37 三章的篇幅来翻译。如果贾琏与尤二姐一例尚可理解的话，抄检一例则不能用事件缺乏来解释了。归根结底，这与译者本人的原著认识及其文学审美有必然联系。

王译本的增补从量上而言远不及林稿，但也并非皆无，这些增补以对人物心理的评述居多。如第 39 章对宝玉"得通灵幻境悟仙缘"之后的心理，就有如下评述：

> During his conversation with the monk, everything had come to him clear and revealed. He had come to recall, though only vaguely, his former life, to remember and comprehend the dream in which he was entertained by the Goddess of Disillusionment, and to see clearly what was his destiny. He kept these thoughts to himself, for he did not wish to distress Madame Wang and others. When he happened to betray himself, he would disarm suspicion by an inane laughter.[①]

> 在与和尚的谈话中，他看穿了一切。他开始依稀回忆从前，从而回想和理解警幻仙子带来的梦境，以看清自身命运。他把这些想法藏在心里，因为不想让王夫人等难过。当不小心流露心声时，就用傻笑来消除别人的怀疑。

这种做法在林稿中也比比皆是，这是翻译明晰化的体现，同时也为一部中国古典白话小说增添了现代小说的色彩。

（三）人名、称谓翻译

从王译本序言来看，人名和称谓翻译是王际真的一大难题。他对女子之名皆译意，男子之名皆译音。林语堂的做法总体与他一致，但并未彻底二分。从林稿序言来看，对宝玉、紫鹃的翻译，林语堂不主张用"Paoyu""Cuckoo"，而王际真恰巧翻译为"Pao-Yu""Purple Cuckoo"。两人还

---

① Tsao Hsueh-chin and Kao Ngoh, *Dream of the Red Chamber*, trans. Chi-chen Wang, London: George Routledge & Sons, 1929, p.365.

均将王熙凤译为"Phoenix";均采用威妥玛拼音标示人名。称谓翻译上,王际真基本音译,而林语堂基本意译,如"太太",王译本为"taitai",林稿为"Madam",但林语堂也一度犹豫是否音译"太太""老太太"等①,而对"姐姐""妹妹",二人均音译。从种种迹象来看,王际真对人名、称谓的翻译策略应该启发了林语堂。

而在传话或面谈涉及称谓时,原著用第三人称者,二人均多改为第二人称。这同样是增添了小说的现代性。不过林语堂是将人物对话独立成段用引号标示,而王际真仅用引号区分对话,并未将其独立成段与叙述文区分开来。另外,王译本标题模拟了原著的对句形式,而林稿则是另拟词组或简单句为标题。再加之林语堂随处插入的对人物性格与心理的评述等,使林稿看起来更像是一部现代小说。

三 林语堂对王译本的参考

早在1934年,林语堂在评论赛珍珠的《水浒传》译本的《〈水浒〉西评》②一文里,就曾谈到王际真的《红楼梦》编译本"译笔流利叙述贯串",但无奈删削过多(见第二章第一节材料2)。1954年,他在译稿序言中再度点评王际真1929年版译本"与其称之为翻译,不如称为概要更合适"(见本章第二节)。从两次评价看来,林语堂认可王际真压缩原著的做法,但并不认可其过度压缩。王译本398页,林稿859页,约为王译本的一倍、原著的一半,这一篇幅比例大致反映了林语堂心目中编译《红楼梦》合适的压缩比例。

林语堂在译稿序言中,对王译本与库恩译本一抑一扬,但这种评价是否建立在同一评价标准上,尚待商榷;我们对这两个译本的价值评判也不能简单遵循林语堂的判断。库恩译本用德文译成,当时麦克休姐妹的英文转译本尚未问世,与林语堂译本并不构成明显竞争关系;林语堂的德语水平应该不像其英语那样炉火纯青,因而他也不便对库恩译笔做过多评价。但

---

① 林稿第30章最初将"太太""老太太"翻译为"taitai""grand taitai",后改为"madam""grandma'am"。其他章节也偶见此类修改,但以第30章为最。
② 原载《人言》1934年3月10日第1卷第4期。

王译本则不然。两位同期在美国知识圈活跃的中国人，先后用英文编译本国名著《红楼梦》，竞争关系不言而喻。库恩译本是译入，林稿与王译本均属译出，林语堂在着手翻译时，难以回避王译本的存在。而事实上，由上文可知，林稿对王译本是有参考的，只是这种参考除正向借鉴外，还有反向避免。下面这则例子更显著表明了林稿对王译本的借鉴。

1929 年的王译本将原著第一回作为 Prologue①，以区别后面的 39 章正文，从而体现白话小说的楔子功能。林语堂也同样采用了这一做法。而且两个译本第 1 章的开头均是从贾雨村与冷子兴在扬州一家酒馆的聊天开始的：

  王译本：In a tavern on the outskirts of Yangchow two friends were talking over a pot of wine.②

  林稿：Two men were sitting in a wineshop outside. Yangchow. (p. 7)

四 个案分析

林语堂完整翻译了原著第 33 回"不肖种种大受笞挞"（卷 33，第 1—10 页），王际真对此回的翻译也相对详细③。表 11-4 列出了王译本与林稿（pp. 224-235）在此段情节上，有明显区别的 20 处译文，具体来说有以下几点。

一是在营造临场感上，林语堂做了更多努力。

首先，在表达人物情感上，林语堂的手法更加灵活。如第 1 处的"面如金纸"，王际真是直译，而林语堂换了一个比喻，译为"面如红色火焰"；第 5 处的"贾政一见眼都红了"，王际真也是直译，而林语堂则译为"眼睛冒火"。

其次，林语堂更注重再现人物对话与动作场面的紧迫性。如第 6 处的

---

① 1958 年的两个版本又将 Prologue 改为 Chapter1。
② Tsao Hsueh-chin and Kao Ngoh, *Dream of the Red Chamber*, trans. Chi-chen Wang, London: George Routledge & Sons, 1929, p.23.
③ Tsao Hsueh-chin and Kao Ngoh, *Dream of the Red Chamber*, trans. Chi-chen Wang, London: George Routledge & Sons, 1929, pp.176-181.

"着实打死"，王际真是直译，而林语堂的译文"thrash him to death and I mean, to death!"重复了一次"to death"，贾政的愤怒跃然纸上。第 13 处贾政要打死宝玉，为了表现王夫人的激动，林语堂调整了她的说话顺序，先翻译最激烈的一句"既要勒死他，快拿绳先勒死我再勒死他"为"So you want to strangle him! Come, strangle me first"。第 18 处直接让贾母立马重复贾政的话来反驳他"You are leaving me no ground to stand on"。这些调整均淋漓尽致地表现了人物的激动。第 7 处贾政打宝玉的动作，王际真用了"with all his might"，林语堂则用了更加形象的表达"The blows rained hard and fast"。

再次，王际真会略去相关描写，而林语堂一般不会。如第 3 处的"贾政喘吁吁直挺挺的坐在椅子上，满面泪痕"，第 8 处贾政责难门客，第 9 处门客"知道气急了"，第 11 处贾政被王夫人劝阻后的反应"罢了罢了，今日必定要气死我了"，第 14 处的"长叹"，第 20 处贾政后悔等，王际真均没有翻译，而林语堂则做了翻译。

二是在译文的明晰化上，林语堂也做了更多灵活处理。如第 10 处王夫人"也不顾有人没人"，在男女授受不亲的时代，这里的人是指男性，林稿的"Disregarding the presence of the men servants"相较王译本的"disregarding the division of the outer and the inner apartments"是更明了的。

三是在体现原文的修辞效果与中文说话技巧上，林语堂发挥了更大的主观能动性。如第 4 处的"要紧"与"跳井"的谐音效果，王际真用了音译加注释，林语堂则从英文里找到了在音、义上均能最大程度再现谐音效果的"shoot inside"与"suicide"来实现动态对等（Dynamic equivelence）。第 12 处的"狗命"，第 15 处的"岂不干净了"，第 17 处的"立足之地"，第 19 处的"一声肉一声儿"均用了直译来实现形式对等（formal equivalence）。由此也可看出不能简单地用归化或异化来定性林语堂的翻译。

四是王际真更注重体现贾家作为诗书之家的上下与尊卑礼仪。如第 11 处王夫人面对面称呼贾政和第 16 处贾政面对面称呼贾母，林语堂均用了第二人称的"you"，而王际真则用了第三人称的"his""himself""she""herself"。再如第 2 处的"免得上辱先人，下生逆子之罪"，林稿做了变更，而王译本则直译了这一上下关系。这种做法配合其标题的对句形式，使其译本显得古色古香，也在提醒读者这是一部中国古典小说。

从具体译文来看，王际真与林语堂的英文都是简明流畅、不相上下的，但从遣词造句而言，林语堂发挥了作家对语言的敏感与创造性，译文的临场感与文学性更强，更能激发读者的共情。

表 11-4 《红楼梦》第 33 回在王译本与林稿中的译文对比

序号	原文	王译本	林稿
1	贾政气得**面如金纸**	Chia Cheng thundered, **his face yellow as gold with anger**.	Jiajeng's wrath was terrible to see, **his face like a red sheet of flame**.
2	今日再有人来劝我，我把这冠带家私一应就交与他与宝玉过去。我免不得做个罪人，把这几根烦恼鬓毛剃去，寻个干净去处自了，也**免得上辱先人，下生逆子之罪**。	"If anyone should try to stop me today, I shall give him my official insignia and my house and property and tell him to serve Pao-Yu. I shall cut off these few remaining hairs and find an unsoiled place to live, **so that I may not degrade my ancestors above and be held responsible for the crimes of my treasonable son below**."	"If any one tried to stop me today, I will lay down this cap and gown and hand over all this property to him and let him take care of Poyu. I shall brand myself a criminal, shave off my head and enter a monastery, **to save myself from disgracing my ancestors**!"
3	贾政喘吁吁直挺挺的坐在椅子上，满面泪痕。	—	The father, panting with a fiery indignation, sat rigidly in his chair. With tears over his eyes…
4	"快进去告诉：老爷要打死我呢。快去，快去！要紧，要紧！"……**把"要紧"二字只听做"跳井"二字**。	"Go in and tell them. Hurry. It is urgent, most **urgent [yao-chin, yao-chin]**."…She thought Pao-Yu said, "**tiao chin[jump into well]**."	"Please go in at once to report. The master is going to whip me to death. Hurry! Hurry! **Shoot inside!**" "**Suicide!**" she laughed in reply.
5	贾政一见眼都红了	His father's eyes became red	The father's eyes shot fire
6	只喝令堵起嘴来，**着实打死**。	He shouted to the attendants, "Gag his mouth and **beat him to death**."	he ordered, "Gag him up, and **thrash him to death and I mean, to death!**"

续表

序号	原文	王译本	林稿
7	贾政还嫌打的轻，一脚踢开掌板的，**自己夺过板来很（狠）命的又打了十几下**。	Chia Cheng was not satisfied. He thrust the man with the rod aside, took it himself and **beat Pao-Yu more than ten strokes with all his might**.	Jiajeng, unsatisfied with the servants' flogging, kicked away the cudgel, and took it up himself. **The blows rained hard and fast.**
8	众门客见打的不像了，赶着上来恳求夺劝。贾政那里肯听，说道："你们问问他干的勾当可饶不可饶。数（素）日皆是你们这些人把他酿坏了，到这步田地，还来劝解。明日酿到他弑父弑君，你们才不劝不成。"	—	The servants saw that he was half dead already, and came up to stop the master. "It is all the doing of your people. You have licked his boots and thoroughly spoiled him, and now you want me to spare him! I suppose you want me to wait and see him hang on the gallows for treason or felony!"
9	众人听这话不好听，**知道气急了**。	The companions realized the futility of reasoning with Chia Cheng.	**The master's blood was up**, the servants knew. There was no stopping him.
10	王夫人不敢先回贾母，只得忙穿衣出来，**也不顾有人没人**，忙忙扶了一个丫头赶往书房中来，慌得众门客小厮等避之不及。	Madame Wang was the first one to answer the call. All the attendants hurried away as she appeared, **disregarding the division of the outer and the inner apartments**.	Madame Wang hurriedly put on a dress and rushed out with a maid. **Disregarding the presence of the men servants**, she hustled over to the library so fast that the men had no time to withdraw.
11	**贾政道："罢了罢了，今日必定要气死我了。"**王夫人哭道："宝玉虽然该打，老爷也要保重。"	She said, crying: "Though Pao-Yu deserves punishment, lao-yeh must also consider **his** own health and nor extert **himself**...."	"**I'll drop it! This is going to kill me,**" the father growled. Madame Wang wept and said, "Though Poyu deserves a thrashing, **you** must not let it injure **your** health...."
12	"不如趁今日结果了他的**狗命**，以绝将来之患。"	"It would be better that **I strangle him** to day before he involves us in greater crimes."	"The only way left for me today is to **finish his dog's life** and be through with him once and for all."

续表

序号	原文	王译本	林稿
13	王夫人连忙抱住哭道："老爷虽然应当管教儿子，也要看夫妻分上。我如今已五十岁的人，只有这个孽障，必定苦苦的以他为法，我也不敢深劝。今日越发要他死了，岂不是有意绝我。**既要勒死他，快拿绳先勒死我再勒死他**，我们娘儿们不如一同死了，在阴司里也得个依靠。"说毕抱住宝玉放声大哭起来。	Madame Wang held him back and cried: "It is true that lao-yeh's duty to discipline and punish his son, but he must also consider his wife. I am now over fifty years of age with only this one evil thing. Your insistence upon killing him is the same as not wishing me to live. **You can strangle me first and then do away with him.** It would be better if we died together so that we would be together when we reach the other world." She put her arms around Pao-Yu and cried piteously.	The mother fell upon and wept aloud. "**So you want to strangle him! Come, strangle me first!** We mother and son can at least keep each other company in the nether world! … I am over fifty now, and have only this devil's stumbling-block to live for. If you want to kill him, it means you are through with me."
14	贾政听了此话，不觉**长叹一声**，向椅子上坐了，**泪如雨下**。	Chia Cheng was silent. **He sighed** and sat down in a chair, **his eyes also moist with tears**.	Jiajeng **heaved a long sigh** and sat down in his chair, **tears covering his face**.
15	"先打死我，再打死他，**岂不干净了**。"	"Kill me first and then you can kill him!"	"Kill me first before you kill him! **Make it neater that way!**"
16	贾政上前躬身陪笑道："大暑热天，母亲有何生气，自己走来。有话只叫儿子进去分付（吩咐）。"	Chia Cheng hurried out to meet his mother. He tried to smile and said: "Mother need not exert **herself** on a warm day like this. If there is anything **she** wants, **she** can bid **her** son to go in and command him as **she** pleases."	Jiajeng hurried out to welcome his mother. She was coming, supported by maids, shaking her head and drawing short. Sharp breaths. Putting on a smile, he said, "Mother, don't be angry on such a hot day. Why do **you** come yourself? If **you** have things to say to me, **you** should send for me."
17	贾政听说忙叩头说道："母亲如此说，**儿子无立足之地了**。"	Chia Cheng knelt and kow-towed, saying: "O Mother! **Your words leave your son with no ground on which to place his feet!**"	Jiajeng heard **these words of stern rebuke**, and still on his knees, kowtowed on the ground and said, "Mother, **you are leaving me no ground to stand upon.**"

续表

序号	原文	王译本	林稿
18	贾母冷笑道："**你分明使我无立足之地**，你反说起你来。只是我们回去了，你心里干净，看有谁来不许你打。"	"**It is clear that you are the one who would deprive me of a piece of ground to stand on,**" The Matriarch said. "We shall leave you and then you can brandish your rod whenever you want to."	"**You are leaving me no ground to stand on!**" **retorted** the grandmother. "You will have more peace when we are gone. No one will interfere with you then."
19	王夫人**一声肉一声儿**的哭道："你替珠儿早死了，留着珠儿也免你父亲生气，我也不白操这半世的心了。这会子你倘或有个好歹，丢下我叫我靠那一个。"数落一场，又哭不争气的儿。	Madame Wang **cried piteously**, and said to Pao-Yu: "You should have died for Chu-erh long before this. If you had, my life would not have been in vain, for he would known how to please your father…. If you should die now, upon whom am I to lean the rest of my life?… "	His wife was **crying and wailing**, "**Oh, my boy, flesh of my flesh!** If you had died young in Ju-erh's place and he were living today, your father would not be so disappointed today and I would have some one to comfort me for the labors of half a life-time. If something should happen to you and you should take leave of your mother now, whom have I to depend on in my old age?" she mingled this wailing with some scolding, calling him the errant son.
20	贾政听了也就灰心自己不该**下毒手**，打到如此地步，先劝贾母。	Chia Cheng again went to the Matriarch and penitently asked her to compose herself.	**Jiajeng now regretted his harshness in his fit of anger**. He lost his composure and begged the grandmother not to grieve too much.

第二节 林稿与库恩德文编译本的比较

一 库恩与林语堂之交集

林语堂在译稿序言里提到了王际真、乔利的英译本和库恩的德文编译本（以下简称库恩译本）。对两个英译本评价不高，但称赞库恩译本是个好译本。

> Red Chamber Dream, by C.C. Wang, Published by Doubleday Doran, 1929, was never meant as a serious translation, giving a conscientious, but rather bare skeleton of the story only. I consider it more a summarized condensation than a translation. A translation by Bancroft Joly was attempted, Kelly and Walsh, 1892-93. But was left unfinished. Joly seemed to have undertaken the translation when he was beginning to learn Chinese. Franz Kuhn has made a good translation into German, Der Traum de Roten Kammer, Inselverlag, Leipzig, 1932, 50 chapters, 788 pp. Dr. Kuhn, like myself, has been forced to cut the novel to manageable proportions. His selections and omission, however, are largely different from mine. (p. xviiid)

> 道布尔戴·杜兰公司1929年出版的王际真《红楼梦》译本称不上是一个严谨的翻译，译者虽诚心诚意，但仅给出了一个故事框架而已，我认为与其称之为翻译，不如称为概要更合适。班克罗夫特·乔利曾尝试翻译此书，但半途而废（凯利和瓦尔施出版社1892—1893年出版），他似乎是在初学汉语时着手翻译的。弗朗茨·库恩博士翻译了一个很好的《红楼梦》德译本（莱比锡岛屿出版社1932年出版，50章，788页）。像我一样，他也不得已地将小说删减到合适篇幅。然而，他对原文的取舍与我的大不相同。[①]

弗朗茨·库恩是德国著名的中国文学翻译家。1908年获莱比锡大学法律系博士学位。1909—1912年在中国担任外译员、领事等工作。1912年辞职回国，立志从事中国文学研究。1912—1919年在柏林大学汉学系学习。因与导师对学问的追求不同，被逐出汉学系，从而放弃学术研究，专心从事中国文学翻译工作，毕生翻译出版《金瓶梅》《红楼梦》等中国长

[①] 库恩译本序言也提到乔利译本未完成原著一半，王译本与其说是翻译，不如说是概要。见 Tsao Hsüe Kin und Kao O, *Der Traum Der Roten Kammer*, übertragen von Franz Kuhn，Leipzig: Insel-verlag, 1948, pp. 779-780。

篇小说 12 部，短篇小说 34 部[①]。

1920 年，林语堂入哈佛大学就读一年后，因经济所迫到法国为华工服务，其间自学法语与德语。1921 年，由于德国生活成本低，林语堂申请入耶拿大学就读，当年 8 月，转入莱比锡大学就读，主修语文学（Philology）。1923 年初，博士学位论文"Zur Altchinesische Lautlehre"（《古汉语音韵学》）通过答辩，获莱比锡大学博士学位[②]。

1925—1940 年，是库恩翻译活动的高产时期，其间，他翻译出版了《好逑传》《二度梅》《金瓶梅》《红楼梦》《水浒传》《玉蜻蜓》《月娘与银瓶》《三国演义》等，尤其是 1930 年出版的《金瓶梅》译本令其享誉欧洲[③]。库恩在欧洲声名鹊起时，正是林语堂在美国崭露头角时。德国在翻译出版林语堂作品上，表现出极大热忱，至少翻译出版了林语堂 15 部作品，知名的德意志出版社（Deutsche Verlags-Anstalt）于 1936、1938 年相继出版了林语堂的《吾国与吾民》《生活的艺术》[④]。同为向世界传播中国文化的知名人士，二人应该是相互知晓对方存在的，且二人的活跃均离不开一战、二战期间，世界关注中国、中国向世界发声的大背景。

在本节，笔者主要参考由麦克休姐妹转译自库恩译本的英译本和王金波的研究，比较库恩译本与林稿的异同。第二、三小节为整体比较，第四小节为个案研究。

二 对原著的取舍

林语堂一方面认可库恩的翻译，一方面又指出在对原文的取舍上，库恩与他大相径庭。究竟不同在哪里？是否又有相同之处？表 11-5 整理了库恩译本各章与原著章回的大致对应关系。

[①] 王金波：《弗朗茨·库恩及其〈红楼梦〉德文译本——文学文本变译的个案研究》，博士学位论文，上海外国语大学，2006 年，第 17—24 页。

[②] 郑锦怀：《林语堂学术年谱》，厦门大学出版社 2018 年版，第 42—46 页。

[③] 王金波：《弗朗茨·库恩及其〈红楼梦〉德文译本——文学文本变译的个案研究》，博士学位论文，上海外国语大学，2006 年，第 19 页。

[④] 王珏：《林语堂英文译创研究》，博士学位论文，华东师范大学，2016 年，第 143—144 页。

表 11-5　库恩译本各章与原著各回对应简表①

库恩译本	原著	库恩译本	原著	库恩译本	原著	库恩译本	原著
1	1	14	**17a**，17b	27	**45**，46a，**46b**，47	40	82a，**82b**，**83a**，83b，84
2	2	15	**17b**，**18a**	28	47	41	85，86，87a，**87b**，89a，**89b**，90
3	3	16	**19a**，19b，20a，**20b**，21	29	**48**，49	42	91，**94**，95，96
4	4	17	21	30	49，50，51a，**51b**，52a，**52b**，53	43	96，**97**
5	5	18	**22a**，22b，**23a**，23b	31	57	44	**98**，99
6	**6a**，6b，7a，7b	19	24	32	63，64，**65**	45	99，100a，**100b**，**101a**，101b，102
7	8	20	25	33	66	46	99，100，103a，**103b**，**104a**，104b
8	9	21	**26a**，26b，**27**，28	34	67a，**67b**，**68a**，68b	47	**104b**，**105a**，105b
9	10，11	22	**29**，30	35	**69**，70	48	106a，**106b**，107
10	12	23	30，31a，**31b**，32a，**32b**	36	70，71，72，**73a**，73b，**74a**，74b	49	108，109，110，111a，**111b**，**112a**，112b，114，115，**116a**，116b
11	12，**13**，14	24	**33a**，**33b**	37	74，**75**，76，77	50	116，117，118，**119a**，119b，120
12	14a，**14b**，15a，**15b**，16	25	34，35，36，**37a**，37b，38，39，**40a**，40b，41，42	38	**77a**，77b，**78a**，78b		
13	16	26	43a，**43b**，**44a**，44b	39	79，80a，**80b**，**81a**，81b		

比较表 11-5 与表 11-1 可知以下几点。

---

① 此表据王金波《弗朗茨·库恩及其〈红楼梦〉德文译本——文学文本变译的个案研究》，博士学位论文，上海外国语大学，2006 年，第 37—41 页制成，繁表参见同处。

（1）林语堂和库恩详细翻译的章回分别如下。

①林语堂详细翻译的章回：

1a，2，3，4，8，16a，17，18，19a，20a，21，22a，24b，26b，27，28b，30，31a，32，33，34，35，36a，38，39a，40，41a，42a，44，45，46，49，50a，51b，52，57a，64b，65，67b，68，69，71b，72a，73a，74，77a，81b，82，83a，84a，85a，86b，87，89，90a，91b，94，95b，96，97，98，99，100b，102，104b，105，106，107，108，109，110，111，112a，113a，114a，115b，116，117，118，119，120

②库恩详细翻译的章回：

1，2，3，4，5，6a，7b，8，9，11，12，13，14b，15b，16，17，18a，19a，20b，21，22a，23a，24，25，26a，27，29，31b，32b，33b，37a，40，43b，44a，45，46b，47，48，51b，52b，57，65，66，67b，68a，69，73a，74a，75，77a，78a，80b，81a，82b，83a，87b，89b，94，97，98，100b，101a，103b，104，105a，106b，107，111b，112a，116a，119a，120

③两者均详细翻译的章回：

1a，2，3，4，8，16a，17，18a，19a，21，22a，24b，27，32b，33b，40a，44a，45，46b，51b，52b，57a，65，67b，68a，69，73a，74a，77a，82b，83a，87b，89b，94，97，98，100b，104b，105a，106b，107，111b，112a，116a，119a，120

尤其是第 1（林稿为 1a）、2、3、4、8、21（林稿为 21b）、33 这 7 回，1 回甚至半回就占据了两个译本的 1 章：

第 1 回　甄士隐梦幻识通灵　贾雨村风尘怀闺秀

第 2 回　贾夫人仙逝扬州城　冷子兴演说荣国府

第 3 回　托内兄如海荐西宾　接外孙贾母惜孤女

第 4 回　薄命女偏逢薄命郎　葫芦僧判断葫芦案

第 8 回　贾宝玉奇缘识金锁　薛宝钗巧合认通灵

第 21 回　俊袭人娇嗔箴宝玉　俏平儿软语庇贾琏

第 33 回　手足眈眈小动唇舌　不肖种种大受笞挞

（2）林语堂和库恩基本未翻译的章回。

①库恩基本未翻译或大幅删减的章回：

54，55，56，58，59，60，61，62，88，92，93，113

②林语堂基本未翻译或大幅删减的章回：

1b，5，6b，7，9b，10，11，12，13，14，15，16b，19b，20b，22b，23b，24a，25，26a，29a，31b，36b，39b，41b，42b，43b，47，48a，50b，51a，53，54，55，56，57b，58，59，60，61，62，63a，64a，66b，67a，70，72b，73b，77b，78a，79，80，83b，84b，88，90b，91a，92，93，100a，101，103，104a，114b

二者均基本未翻译或大幅删减的章回有第 54、55、56、58、59、60、61、62、88、92、93 等 11 回：

第 54 回　史太君破陈腐旧套　王熙凤效戏彩斑衣

第 55 回　辱亲女愚妾争闲气　欺幼主刁奴蓄险心

第 56 回　敏探春兴利除宿弊　贤宝钗小惠全大体

第 58 回　杏子阴假凤泣虚凰　茜纱窗真情揆痴理

第 59 回　柳叶渚边嗔莺叱燕　绛芸轩里召将飞符

第 60 回　茉莉粉替去蔷薇硝　玫瑰露引出茯苓霜

第 61 回　投鼠忌器宝玉瞒赃　判冤决狱平儿行权

第 62 回　憨湘云醉眠芍药裀　呆香菱情解石榴裙

第 88 回　博庭欢宝玉赞孤儿　正家法贾珍鞭悍仆

第 92 回　评女传巧姐慕贤良　玩母珠贾政参聚散

第 93 回　甄家仆投靠贾家门　水月庵掀翻风月案

库恩基本未翻译的章回，林语堂也基本未翻译或未做重点翻译。未翻译或简要翻译，意味着两位译者不约而同地认为这些内容于主线情节而言无关紧要，且情节上不够有特色。

（3）林语堂基本未翻译，而库恩详细翻译的章回如下。

①林语堂删除了原著第 5、7、10—15 回，因为他认为这些发生在宝玉少年时代的故事与主线情节基本无关；而库恩对这部分内容做了重点翻译。

②林语堂基本删除赵姨娘与马道婆联手加害宝玉与凤姐的第 25 回，及薛蟠与柳湘莲产生过节的第 47 回；库恩却各用一章的篇幅来详细翻译这两回。

（4）林语堂对后 40 回的重视程度高于库恩。从数据上而言，林稿中原著后 40 回占了 27 章，如果将"序幕"和"尾声"各算 1 章，林稿总计 66 章来计算的话，原著后 40 回占林稿的比例为 41%，而库恩译本中，原著后 40 回占 11 章，占比为 22%。此点从表 11-5 亦可看出，如库恩译本的第 49 章涉及原著章回多达 8 回，压缩程度自然很大。之所以出现这种差异，取决于译者对胡适提出的后 40 回续书说的态度。库恩在译本序言开头介绍《红楼梦》作者时，就以基本赞成的态度介绍了胡适的续书说；而林语堂是坚决反对续书说且高度认可后 40 回的文学价值的。

（5）林语堂对原著情节顺序的调整幅度大于库恩。库恩虽然会合并原著的两回或多回为 1 章，或者分散原著的某回至译本相邻的两章，但基本还是按照原著的章回顺序来推进翻译的。林语堂却没有完全遵照原著章回顺序来推进翻译，表 11-1 的灰色底纹处是他明显调动原著顺序处。

①将第 21 回"俊袭人娇嗔箴宝玉"移到第 19 回"情切切良宵花解语"后，因这两部分都是袭人在规劝宝玉，然后才翻译第 18 回元春省亲。

②将第 42 回宝钗劝黛玉勿看《西厢记》等书，及第 45 回宝钗探望生病中的黛玉，这两回涉及宝钗与黛玉和解的内容并在一起，而将第 43、44 回凤姐生日时贾琏偷情、平儿受委屈的内容前移。

③原著中第 74 回抄检大观园后，是第 75、76 回贾家过中秋的情节，然后方是第 77 回"俏丫鬟抱屈夭风流"里晴雯被逐、宝玉探晴雯和晴雯之死。但林语堂把第 77 回调到第 74 回后做重点翻译，再将第 75、76 回并入第 78 回，做简要翻译。紧接着又重点翻译第 87 回黛玉弹琴断弦、妙玉坐

禅走火入魔，将体现或映衬贾家衰败的各种事件并到一起。然后方翻译第81、82、89回涉及宝玉入家塾读书的相关情节。

④原著里黛玉去世后，第104回宝玉恳请袭人去叫紫鹃过来，第113回宝玉深夜探望紫鹃，林语堂将这两回涉及紫鹃的情节并到一起。

⑤"尾声"将第1回涉及成书过程与空空道人的部分后移至第120回。

虽然两位译者心中均对原著的主要情节有一个总体把握。但在具体翻译时，库恩应是以原著回目为中心来推进的，而林语堂则更多地考虑了以人物或事件为中心来推动翻译。

（一）人物取舍

对于贾宝玉、林黛玉、薛宝钗三位主要人物，库恩与林语堂都给予了重视，凡涉及他们的主要情节，两位译者均做了详细翻译。但对于其他人物在全书中的重要性，两位译者的认识是有差异的。林稿中，秦钟、秦可卿、贾瑞、倪二、夏金桂等人物基本没有出现，因为林语堂认为他们与主线情节无关；而库恩译本中，这些人物及其涉及的主要故事情节均得以保留。

王金波指出，库恩译本重视《红楼梦》中地位低下且具有反抗精神的尤三姐、鸳鸯及具有牺牲、反抗精神的晴雯[①]。库恩重视的这些女性，林语堂也同样重视，因他认为对青春期侍女的成功描写是《红楼梦》的一大特色。两人的区别主要在于对待袭人的态度。库恩对袭人结局只字未提，"译者显然鄙视袭人的为人，本可用短短数语加以交代，却不再提起"[②]。与此大相径庭的是，林语堂却相当重视和欣赏袭人，原著中凡涉及袭人的情节均予以保留，如库恩未翻译的宝玉挨打后袭人劝谏王夫人、袭人的结局等，林语堂都做了详细翻译。这里既有东方审美（温柔、和顺、隐忍）与西方审美（自我意识、追求自由）的不同，又体现出两位译者自身的女性审美标准的不同。

---

① 王金波：《弗朗茨·库恩及其〈红楼梦〉德文译本——文学文本变译的个案研究》，博士学位论文，上海外国语大学，2006年，第46—47页。

② 王金波：《弗朗茨·库恩及其〈红楼梦〉德文译本——文学文本变译的个案研究》，博士学位论文，上海外国语大学，2006年，第47页。

（二）情节取舍

林语堂在情节取舍上的一大特点是相似情节一般只翻译一个。而库恩没有如此明显。如第5回"贾宝玉神游太虚境"和第116回"得通灵幻境悟仙缘"，林语堂删除了一游，翻译了二游；库恩既翻译了一游，又翻译了二游。再如第23回"西厢记妙词通戏语"和第26回"潇湘馆春困发幽情"，都有宝玉用《西厢记》的唱词打趣黛玉，令黛玉生气的情节，林语堂只详细翻译了第26回；库恩则详细翻译了这两处。

对于刘姥姥一进、二进、三进荣国府，两位译者都不约而同地删除一进，着重翻译了二进。而对于三进，库恩完全删除，王金波认为二进足以塑造刘姥姥的人物形象，因此三进无甚重要[①]。但刘姥姥三进荣国府至少有三个作用：第一，从一个贫穷老妪的视线目睹贾家的衰败，与二进时的奢靡形成鲜明对比；第二，见证王熙凤临终前病苦交加的凄惨，与二进时的风光得势形成对照；第三，斗智斗勇、拯救巧姐，改变巧姐命运。前两个作用主要是文学效果，第三个作用是涉及金陵十二钗之一的巧姐的结局，而且是后40回里故事性较强的内容。库恩删除三进，就丧失了这三个作用。而深层次体现的还是两位译者在对后40回故事的重视程度上，存在轻重之别。

三 阐释方式与程度

这里的阐释可定义为对原著的解释说明，主要分布在序言、正文和注释里。

在序言中，两位译者均谈到了《红楼梦》的主题，库恩指出道家思想和儒家思想的交织形成了小说的核心，而林语堂则认为原著蕴含了一个尘世荣华转瞬即逝的主题，体现的是深刻的佛家思想。

在注释上，林稿有111条脚注和171条文内注；而库恩译本只有寥寥几个注释，因库恩力求将解释说明融入正文当中。两种处理方式产生的附带影响是：库恩译本的句子较长、较复杂，而林稿则以简单句居多，复杂

---

① 王金波：《弗朗茨·库恩及其〈红楼梦〉德文译本——文学文本变译的个案研究》，博士学位论文，上海外国语大学，2006年，第52页。

句较少。

在融入正文的阐释上,库恩译本限定在对个别文化因素的解释,以及将原著中较为含蓄的内容直白化,阐释程度控制在寥寥数语之内,这样的阐释在林稿中也比比皆是,但库恩没有像林语堂那样用成段的篇幅来阐释某个人物的性格或心理。

林稿阐释的程度大于库恩译本,还体现在对标题的命名上。以二人对原著第 3 回"托内兄如海荐西宾 接外孙贾母惜孤女"的翻译为例。库恩译本的第 3 章和林稿的第 2 章分别对应此回,且两者都基本保留了原著内容。

库恩译本第 3 章标题:

Drittes Kapitel: Herr Lin empfiehlt den Gastfreund aus dem Westen im Yung kwo Palais. Die Fürstin Ahne nimmt mitfühlend ein mutterloses mädchen bei sich auf.

麦克休姐妹英文转译本第 3 章标题:

Chapter 3: Mr. Ling gives his guest from the West an introduction to the Yungkuo palace. The Princess Ancestress takes a motherless child lovingly into her home.

由上可知,库恩译本基本沿用原著回目的命题方式,是对原著回目的直译。而林稿第 2 章的标题则为"The Beloved Orphan"(心爱的孤儿),直接锁定林黛玉为此章主角;而且彻底改变了原著回目的对句形式。

以上列举的仅是两位译者较明显的不同之处。当然,两位译者也存在不少英雄所见略同之处。如在读者定位上,两者都是希望提供一个供西方普通读者阅读的译本。在底本选择上,库恩译本底本兼用了三家评本与两家评本[①],而林稿是两家评本。从宏观上来讲,其实都是王希廉评本系统的本子。

---

① 王金波:《库恩〈红楼梦〉德文译本底本四探——兼答姚珺玲》,《红楼梦学刊》2015 年第 1 辑。

四 个案分析

库恩译本第24章亦用了完整一章来翻译原著第33回宝玉挨打的故事，表11-6是库恩与林语堂对该章翻译的对比。

表11-6 《红楼梦》第33回在库恩译本与林稿中的译文对比

序号	原文	库恩译本[①]	英文转译[②]	林稿	说明
1	喝令叫贾琏赖大来	"…Und nun erzähle! Was weißt du von dem Hergang?" wandte er sich streng an Kia Huan.	"…And now tell me this! What do you know about how it all happened?" And he turned sternly to Chia Huan.	He shouted for some one to fetch Lien and the manager Laita.	原著是贾政原想叫贾琏、赖大来确认情况，库恩改为贾政直接令贾环说明情况
2	贾环……说到这句，便回头四顾一看，贾政知其意，将眼色一丢，小厮们明白，都往两边后面退去	Er stockte und blickte scheu in die Runde. Diener verstanden und wichen zu beiden Seiten in gemessene Entfernung zurück.	He stopped and looked furtively around him. The servants who were near by understood and stepped back to a proper distance.	He stopped and looked about the room. Jiajeng glanced at the servants, who withdrew.	原著是贾政令小厮们回避，库恩改成贾环示意小厮们回避
3	贾政喘吁吁直挺挺的坐在椅子上，满面泪痕	Ächzend und schnaufend ließ sich Herr Tschong in einen Sessel fallen.	Groaning and snorting, Chia Cheng sank into an armchair.	The father, panting with a fiery indignation, sat rigidly in his chair. With tears over his eyes…	原著是贾政"满面泪痕"，库恩改为呻吟叹气
4	把"要紧"二字只听做"跳井"二字	Anstatt jao tjin, höchste Gefahr "verstand sie tiao tsing, in den Brunnen gesprungen".	Instead of Yao Chin, "greatest danger," she thought he was saying tiao chin, "jumped into the well."	"Please go in at once to report. The master is going to whip me to death. Hurry! Hurry! Shoot inside!" "Suicide!" she laughed in reply.	对于谐音，库恩用音译配解释，林语堂用意译再造

---

① Tsao Hsüe Kin und Kao O, *Der Traum Der Roten Kammer*, übertragen von Franz Kuhn, Leipzig: Insel-verlag, 1948, pp. 312-323.

② *The Dream of the Red Chamber*, trans. Florence and Isabel McHugh, Based on the German version translated by Franz Kuhn, London: Routledg & Kegan Paul, 1958, pp. 238-245.

续表

序号	原文	库恩译本	英文转译	林稿	说明
5	王夫人不敢先回贾母,只得忙穿衣出来,也不顾有人没人,忙忙扶了一个丫头赶往书房中来,慌得众门客小厮等避之不及	Alsbald erschien Frau Tschong auf dem Plan. Sie hatte sich auf die Schreckenskunde hin in aller Hast aufgemache und war nur von einer Zofe begleitet.	Very soon Madame Cheng appeared on the scene. Upon hearing the alarming news she had rushed along in great haste, accompanied by only one waiting maid.	Madame Wang hurriedly put on a dress and rushed out with a maid. Disregarding the presence of the men servants, she hustled over to the library so fast that the men had no time to withdraw.	库恩未翻译王夫人赶来时,"慌得众门客小厮等避之不及"
6	王夫人哭道:"宝玉虽然该打,老爷也要保重。且炎暑天气,老太太身上又不大好。倘或老太太一时不自在了,岂不事大。"	"Mag er sterben! Aber denkst du gar nicht an die alte Tai tai?" jammerte seine Frau. "Sie fühlt sich wegen der Hitze sowieso nicht wohl. Sie wird unter dem Eindruck des Todes ihres Enkels vollends zusammenbrechen."	"Let him die! But do you think at all of old Taitai?" wailed his wife. "As it is, she is not well on account of the hot weather. The death of her grandson will break her up completely."	Madame Wang wept and said, "Though Poyu deserves a thrashing, you must not let it injure your health. It's such hot weather and grandmother is not too well. What if you provoke grandmother and something should happen to her?"	库恩未翻译王夫人先劝贾政保重身体
7	贾政听了此话,不觉长叹一声,向椅子上坐了,泪如雨下	Herr Tschong sank seufzend in den Sessel und bedeckte sich die Augen, um nicht seine Rührung zu zeigen.	Chia Cheng sank with a sigh into the armchair and covered his eyes to hide his emotion.	Jiajeng heaved a long sigh and sat down in his chair, tears covering his face.	库恩未翻译贾政"泪如雨下"
8	贾政听了,那泪更似走珠一般滚了下来	Diese doppelte Frauenklage war für Herrn Tschong zuviel, er brach gleichfalls in heftiges Schluchzen aus.	This dual lament of the women was too much for Chia Cheng, and he also broke into violent sobbing.	—	林语堂未翻译此处贾政哭泣

续表

序号	原文	库恩译本	英文转译	林稿	说明
9	贾母又叫王夫人,道:"你也不必哭了,如今宝玉年纪小,你疼他,他只怕将来长大,为官作宦时,也未必想着你是他母亲了。"	—	—	Then she turned to Poyu's mother. "Don't waste your tears. Poyu is small now, and of course you love him. But when he is grown up and becomes an official, don't expect him to regard you as his mother. Forget about him now, and later you will have less occasion to regret a mother's affection bestowed upon an ungrateful son."	库恩未翻译此段
10	王夫人一声肉一声儿的哭道:"你替珠儿早死了,留着珠儿也免你父亲生气,我也不白操这半世的心了。这会子你倘或有个好歹,丢下我,叫我靠那一个?"数落一场,又哭不争气的儿	Unterwegs mußte er das unaufhörliche Jammern seiner Gattin anhören …	On the way he had to listen to the ceaseless laments of his wife…	His wife was crying and wailing, "Oh, my boy, flesh of my flesh! If you had died young in Ju-erh's place and he were living today, your father would not be so disappointed today and I would have some one to comfort me for the labors of half a life-time. If something should happen to you and you should take leave of your mother now, whom have I to depend on in my old age?" she mingled this wailing with some scolding, calling him the errant son	库恩概述王夫人的哭诉

续表

序号	原文	库恩译本	英文转译	林稿	说明
11	贾母含泪说道："儿子不好，原是要管的。不该打到这个分儿……"	"Hättest du lieber vorher an mich gedacht, bevor du den armen Jungen so übel zugerichtet hast! Du bist ein schlechter Sohn…"	"You should have thought of me before you maltreated the poor boy so wickedly! You are a bad son…."	"A child needs discipline when he has done wrong," said the grandmother tearfully. "But you should not have thrashed him to this extent…."	库恩改变了贾母原意
12	此时，薛姨妈同宝钗、香菱、袭人、史湘云等也都在这里	Inzwischen hatten sich noch Tante Siä, Pao Tschai, Lotos, Blaujuwel und Perle eingefunden.	In the meantime Aunt Hsueh, Precious Clasp, Lotus, Black Jade, and Pearl had also arrived on the scene.	At this time, Aunt Shuay, Pocia, Caltrop, Riverhaze and Shieren were all in the room.	库恩将史湘云换成了林黛玉
13	回来只见众人都替宝玉疗治调停完备。贾母命好生抬到他房内去，众人一声答应，七手八脚忙把宝玉送入怡红院内自己床上卧好。又乱了半日，众人渐渐散去	—	—	When she came back, she found that the injury had been treated and bandaged up. The grandmother asked for Poyu to be taken to his own court. The boy was laid in his own bed. After a lot of turmoil and confusion, the grandmother and Madame Wang and the others finally left…	库恩未翻译此段

表 11-6 列出了 13 处库恩译本和林稿在翻译上的不同。由此可知，在全译原著某回时，存在以下情况。

（1）库恩会改动原著中的一些基本信息，如第 1、2、12 处，林语堂则大致忠实翻译了这些基本信息。

（2）林语堂比库恩更了解中国封建社会的礼仪等常识。如第 5 处，王夫人突然出现时，众小厮、门客避之不及，库恩直接删去了小厮门客回避这一情节，林语堂则照实翻译。

（3）林语堂比库恩更重视人物语言。如第 6 处王夫人劝贾政时先让贾政保重身体，再说要顾及老太太，是一种层层递进的说话技巧；第 9 处贾母跟王夫人说的话是在指桑骂槐地讽刺和指责贾政；第 10 处王夫人不敢直接责怪贾政，只能借助贾珠来哭诉。这些话语很巧妙，都有言外之意，且符合人物的身份与性格。库恩应该是觉得累赘，而选择删除。而林语堂是非常欣赏《红楼梦》里人物说话的技巧的，故而予以保留。正因为对语言的重视，所以第 4 处林语堂才会想方设法再造原文的谐音效果。

（4）即便是全译，库恩也是能删则删，如第 13 处。这是在面临出版商限制篇幅的严格要求时，不得已而为之的行为。林语堂虽然也想删减原著冗繁之处，但毕竟是自发的翻译行为，不用处处考虑篇幅，因而显得比库恩要从容些。

（5）库恩在理解原著时，可能存在误读。如第 11 处，将贾母所说的"儿子不好，原是要管的。不该打到这个分儿"翻译为"你狠毒虐待这个可怜的男孩之前，应该要想想我！你是个坏儿子"，与贾母的原意大相径庭，但这也有可能是库恩有意识地做了改译。不过贾母所说的"儿子不好"是"你的儿子不好"的省略，指的不是贾政，而是宝玉。库恩应该是误读了此句，才翻译为贾母指责贾政"你是个坏儿子"的。

（6）库恩与林语堂不约而同地削减了贾政流泪的场面。第 3 处库恩改贾政"满面泪痕"为"呻吟叹气"；第 7 处库恩未翻译贾政"泪如雨下"；第 8 处库恩用号哭取代"那泪更似走珠一般滚了下来"，彰显男性哭泣的力度。第 3 和第 7 处林语堂都翻译了，但是程度相较原文有所减弱，第 8 处则没有翻译。可见两位译者都有意减少了男性流泪的场面，原因自然是意识到东西方在男性审美上的不同，东方文化更能包容男性的阴柔之美，而西方文化崇尚的是男性的阳刚之美。

◆◇◆ 研究篇

第三节 林稿与松枝茂夫日文编译本的比较

一 松枝茂夫其人及与林语堂的交集

松枝茂夫（1905—1995）是日本汉学家，毕业于东京帝国大学文学部支那文学科[①]，曾任教于东京大学、东京都立大学、早稻田大学等。著有《镜花缘的故事》（生活社 1946 年版）、《中国文学的乐趣》（岩波书店 1998 年版）、《松枝茂夫文集》（研文出版 1998 年版）。除《红楼梦》外，还翻译了《陶渊明全集》（岩波书店 1990 年版，和田武司共译），《浮生六记》（岩波书店 1947 年版，与佐藤春夫共译），《鲁迅选集》（岩波书店 1956 年版），《周作人随笔集》（改造社 1938 年版），《边城》（改造社 1938 年版）等大量中国古代与现当代文学作品。于 1940—1951 年全译了《红楼梦》，是首个《红楼梦》120 回日文全译本的译者；又于 1972—1985 年，重新全译了《红楼梦》。在初译之后，重译之前，他曾于 1961 年和 1967 年两度编译《红楼梦》。1961 年的编译与驹田信二的《水浒传》编译合为一册，作为平凡社的《世界名著全集 5》出版；1967 年的编译作为讲谈社的《世界文学全集 2》出版，且于次年在讲谈社出版了上下两册本，1976 年又收入讲谈社《世界文学全集》第 14 卷。本节用来与林稿进行比较研究的是他的第二次编译本（以下简称松枝译本）。

林语堂与松枝茂夫生活的年代重叠，林语堂是否知道松枝茂夫不得而知，但松枝茂夫是熟悉林语堂的。佐藤亮一在转译林稿时参考了松枝茂夫的日文全译本，出版之后，还曾寄赠译本给松枝茂夫。笔者在佐藤夫人整理的资料里看到了松枝茂夫收到赠书后致谢的明信片，其中写道：

> 林語堂は随分昔好んで読んだことがありましたが、久しくご無沙汰して、紅楼夢の英訳のあることすら存じませんでした。ご高訳によって、紅楼夢への関心が一層高まることは嬉しいことでご

---

① 为保存历史原貌，"支那"一词保留原文。

第十一章 译本比较

ざいます。

我过去很喜欢阅读林语堂的作品，久违之后，竟不知他翻译了《红楼梦》。您的译本能提高世人对《红楼梦》的关心，我备感欣喜。

松枝茂夫在东京大学求学期间，密切关注鲁迅、周作人、郭沫若、沈从文、郁达夫等同时代中国作家的文学活动，并参加了竹内好、武田泰淳等主宰的中国文学研究会，因此对当时驰名中外的林语堂不可能没有耳闻。

林语堂于1916—1919年任清华学校英语教员，其间开始阅读并喜爱上了《红楼梦》；1919—1923年留学美国、德国，回国后于1923—1926年任北京大学英语系教授。松枝茂夫于1925年前后，在还是高中生时，通过阅读盐谷温的《支那文学概论讲话》知道了《红楼梦》，并以此为契机，进入了东京帝国大学文学部支那文学科就读。1929年，提交毕业论文《红楼梦与曹雪芹》，并在其中写到希望有朝一日能翻译《红楼梦》。1930—1931年，为了亲身感受《红楼梦》的作者生活过的土地，在北京游学一年半左右。松枝茂夫首次全译《红楼梦》是在20世纪四五十年代，林语堂集中精力编译《红楼梦》是1953—1954年，两人在翻译时间上相隔不远。表面看来，两人对《红楼梦》的喜爱和翻译纯属个人事件。但若放开视野来看，1906年王国维的《红楼梦评论》、1917年蔡元培的《石头记索隐》、1921年胡适的《红楼梦考证》相继问世。1923年，鲁迅的《中国小说史略》亦给予了《红楼梦》相当的篇幅，而鲁迅写作此书的重要参考即1919年出版的盐谷温的《支那文学概论讲话》，盐谷温书中详细评述了《红楼梦》的缘起、结构、主旨、作者等。可以说，20世纪初，在新文化运动的影响下，白话文学作品《红楼梦》的文学价值不仅在中国本土被重新发现，而且这股风潮也影响到了邻国日本。林语堂和松枝茂夫对《红楼梦》的喜爱与翻译其实是与这股时代潮流有关的。

从大的时代背景再回到译者个人。林语堂与松枝茂夫在文学审美上存在共通之处。这种共通不仅体现在两人都喜爱并自发翻译了《红楼梦》，还体现在两人均不约而同地喜爱并翻译了沈复的《浮生六记》。这可谓《红楼梦》翻译史上的一则佳话了。松枝茂夫翻译了《陶庵梦忆》，林语堂则在《生活的艺术》等作品里大量翻译了《闲情偶记》《乐隐词》《幽梦影》等作品，这些作品的共同特征是均非宏大叙事，而是日常叙事，追求闲适、性灵。而共通的文学审美背后体现的是两位译者在世界观和人生观上的相似。

然而，松枝茂夫既没有像林语堂那样从小接受西式教育，亦没有在成年后"两脚踏东西文化"，无论是他从小耳濡目染的日本传统文化，还是即将长大成人时开始接触的中国文化，他的知识素养和文化经历主要还是源自东方世界。而且，两位译者虽然都欣赏《红楼梦》，但欣赏的点却并不一致，这就使他们在取舍原著及具体的翻译策略上，存在明显不同。

二 编译的态度与方法

松枝茂夫在译者解说里，如此谈到自己的编译：

> 『紅楼夢』が中国文学史上に独歩する所以は、一にその細部の美しさによるものであって、これなくしては『紅楼夢』の価値はほとんど失われてしまう。それで編訳とはいっても、私の場合は、いくつかの事件や人物を思い切って割愛したかわりに、重要と思われる部分に関しては、できるだけ原文に即して訳し、その限りにおいては原書の姿がうかがえるような方法をとった。....時間的な制約があったために、とくに後半部において相当大幅な省略を余儀なくされて、十分意を尽くすことができなかったことは、まことに残念で、読者に対して申し訳ないと思っている。抄訳は要するに抄訳でしかない。もしもこの抄訳によって『紅楼夢』と縁を結ばれた読者が、さらにすすんで全訳本によって『紅楼夢』の醍醐味を味わわれるように、私は切に希望したい。①

《红楼梦》之所以能独步中国文学史，首先在于其细节之美。若无

---

① 曹雪芹：『世界文学全集2 紅楼夢』，松枝茂夫訳，東京：講談社1967年版，第458頁。

此,《红楼梦》的价值基本丧失殆尽。因此虽说是编译,我在忍痛割爱一些事件与人物的同时,对普遍认为重要的内容,则尽量遵循原文翻译,即采取最大限度体现原书样貌的方法。……由于时间有限,尤其是不得不大幅度省略后半部,很遗憾不能尽全意,对不起读者。编译终归只是编译,我真心期盼通过编译与《红楼梦》结缘的读者,能进一步阅读全译本以品味《红楼梦》的真髓。

相比林语堂是在积极主动采取编译策略,松枝茂夫的编译则应该是应讲谈社或"世界文学全集"丛书编委会的要求,显出几分被动和无可奈何。林语堂认为如果全译,不仅出版社不会冒险出版,读者也看不下去。松枝茂夫则视编译本为读者接触全译本的契机,他希望读者还是要阅读全译本以体会原著真髓。相比林语堂以读者为中心的态度,松枝茂夫是以原著为中心的。这一态度也决定了他们在具体翻译时,林语堂试图从原著里抽炼出核心故事,甚至有一种与原著抗衡的抱负在内;松枝茂夫则是从原著里挑选出重要内容,原著在他心目中始终是第一位的。打一个比方:林语堂希望通过编译将原著这杯酒酿得更香醇、更合乎西方读者的口味;松枝茂夫则认为编译会稀释原著这杯绍兴酒[①]。

出于减少篇幅的目的,林语堂和松枝茂夫都采用了删除、概括的方法。但松枝茂夫几乎没有使用林语堂大量使用的重组、评述的方法。他的译本各章的推进顺序与原著的章回次序基本保持一致,这说明他的编译工作是遵照原著亦步亦趋进行的。即便是删除,也都是以一回或半回为单位,不会跨越多回地选取、整合相关情节,更不会像林语堂一样评述人物的行为、处境、心理。出现这种不同的原因首先在于上述两人对待编译的态度和编译的目的不一样。林语堂是希望产生一个能符合西方读者口味的可读的译本出来,而松枝茂夫则是希望通过编译本与《红楼梦》结缘的读者,能够进一步去阅读全译本,以体会《红楼梦》的妙趣。这一点,他在两个版本的编译本的解说

[①] 曹雪芹、施耐庵:『世界名作全集5 紅楼夢 水滸伝』,松枝茂夫、駒田信二訳,東京:平凡社1961年版,第698頁。

中都曾特意提及①。因此他不会有为本国读者重写《红楼梦》之抱负。另外也与译者本人的文学创作能力有关。林语堂是作家，又擅长文学创作，为了求美，翻译时有一股难以抑制的创造性冲动；松枝茂夫终归是学者，为了求真，翻译时不会亦不可能擅长加入个人的创造性成分。

三　对原著的取舍

表 11-7 列出了松枝译本各章与原著回目的对应关系。

表 11-7　松枝译本各章与原著回目对应关系表

章次	章名	对应原著回目	主要内容②
1	作者のことば		
2	『石頭記』—石の物語	1	甄士隐梦幻识通灵 贾雨村风尘怀闺秀
3	甄士隠と賈雨村		
4	賈宝玉	2	贾夫人仙逝扬州城 冷子兴演说荣国府
5	林黛玉	3	托内兄如海酬训教 接外孙贾母惜孤女
6	薛宝釵	4	薄命女偏逢薄命郎 葫芦僧乱判葫芦案
7	太虚幻境の夢	5，6a	游幻境指迷十二钗 饮仙醪曲演红楼梦 贾宝玉初试云雨情
8	劉ばあさん	6b	刘姥姥一进荣国府
9	冷香丸	7	送宫花贾琏戏熙凤 宴宁府宝玉会秦钟
10	秦鐘		
11	金玉縁	8	比通灵金莺微露意 探宝钗黛玉半含酸

---

① 曹雪芹、施耐庵：『世界名作全集 5　紅楼夢　水滸伝』，松枝茂夫、駒田信二訳，東京：平凡社 1961 年版，第 698 頁；曹雪芹：『世界文学全集 14　紅楼夢』，松枝茂夫訳，東京：講談社 1976 年版，第 513 頁。

② 本表原著回目文字据松枝译本底本。松枝译本前 80 回底本为俞平伯校订、人民文学出版社 1958 年出版的《红楼梦》八十回校本，后 40 回底本为程乙本。

续表

章次	章名	对应原著回目	主要内容
12	家塾の騒動	9	恋风流情友入家塾 起嫌疑顽童闹学堂
13	秦可卿の病気	10	金寡妇贪利权受辱 张太医论病细穷源
14	風月宝鑑	11，12	庆寿辰宁府排家宴 见熙凤贾瑞起淫心 王熙凤毒设相思局 贾天祥正照风月鉴
15	秦可卿の死	13	秦可卿死封龙禁卫 王熙凤协理宁国府
16	饅頭庵	15	王熙凤弄权铁槛寺 秦鲸卿得趣馒头庵
17	元春妃を迎えるために	16a	贾元春才选凤藻宫
18	秦鐘の死	16b，17，18	秦鲸卿夭逝黄泉路 大观园试才题对额 荣国府归省庆元宵
19	襲人の生家	19	情切切良宵花解语 意绵绵静日玉生香
20	襲人のいさめ		
21	香玉の話		
22	妾腹の弟	20	王熙凤正言弹妒意 林黛玉俏语谑娇音
23	舌ったらず史湘雲		
24	宝釵、襲人を認める	21	贤袭人娇嗔箴宝玉 俏平儿软语救贾琏
25	平児の機転		
26	禅問答	22a	听曲文宝玉悟禅机
27	落花を埋める	23	西厢记妙词通戏语 牡丹亭艳曲警芳心
28	悪女ののろい	25	魇魔法叔嫂逢五鬼 红楼梦通灵遇双真
29	誤解	26b	潇湘馆春困发幽情
30	花を葬る詩	27	滴翠亭杨妃戏彩蝶 埋香冢飞燕泣残红

续表

章次	章名	对应原著回目	主要内容
31	いさかい（1）	28，29b	蒋玉菡情赠茜香罗 薛宝钗羞笼红麝串 痴情女情重愈斟情
32	緋の腰帯		
33	いさかい（2）		
34	「薔」という字	30b	龄官画蔷痴及局外
35	千金一笑	31	撕扇子作千金一笑 因麒麟伏白首双星
36	金の麒麟		
37	ちかい	32	诉肺腑心迷活宝玉 含耻辱情烈死金钏
38	父の折檻	33	手足眈眈小动唇舌 不肖种种大承笞挞
39	折檻のあと	34	情中情因情感妹妹 错里错以错劝哥哥
40	襲人の訴え		
41	宝釵の心配		
42	蓮の葉のスープ	35	白玉钏亲尝莲叶羹 黄金莺巧结梅花络
43	編み物をする黄鶯児		
44	襲人の昇給	36	绣鸳鸯梦兆绛芸轩 识分定情悟梨香院
45	鴛鴦の刺繍		
46	賈薔と齡官の恋		
47	王熙鳳の誕生祝いのために	43a	闲取乐偶攒金庆寿
48	夫婦喧嘩	44	变生不测凤姐泼醋 喜出望外平儿理妆
49	あわれ平児		
50	秋窓風雨の夕	45	金兰契互剖金兰语 风雨夕闷制风雨词
51	あわれ鴛鴦	46	尴尬人难免尴尬事 鸳鸯女誓绝鸳鸯偶
52	怒る鴛鴦		
53	「はね灰」のような晴雯	51b，52a	胡庸医乱用虎狼药 俏平儿情掩虾须镯
54	オロシャ製のけごろも	52b	勇晴雯病补雀金裘

续表

章次	章名	对应原著回目	主要内容
55	妾腹に生まれて	55	辱亲女愚妾争闲气 欺幼主刁奴蓄险心
56	けなげな紫鵑	57a	慧紫鹃情辞试忙玉
57	花の下に眠る史湘雲	62	憨湘云醉眠芍药裀 呆香菱情解石榴裙
58	草合わせ		
59	淫蕩なる人々	63a, 64b, 65a	死金丹独艳理亲丧 浪荡子情遗九龙佩 贾二舍偷娶尤二姨
60	尤三姐という女	65b, 66	尤三姐思嫁柳二郎 情小妹耻情归地府 冷二郎一冷入空门
61	鴛鴦剣		
62	尤二姐の死	67b, 68a, 69	闻秘事凤姐讯家童 苦尤娘赚入大观园 弄小巧用借剑杀人 觉大限吞生金自逝
63	黛玉の「桃花」の詩	70	林黛玉重建桃花社 史湘云偶填柳絮词
64	凧揚げ		
65	不義はお家のご法度	71b, 72a	鸳鸯女无意遇鸳鸯 王熙凤恃强羞说病
66	晴雯の死	73a, 74a, 77a	痴丫头误拾绣春囊 惑奸谗抄检大观园 俏丫鬟抱屈夭风流
67	疑心暗鬼を生ず	82b, 89b	病潇湘痴魂惊恶梦 蛇影杯弓颦卿绝粒
68	通霊宝玉、紛失す	94b, 96	失宝玉通灵知奇祸 瞒消息凤姐设奇谋 泄机关颦儿迷本性
69	林黛玉の死	97a, 98a	林黛玉焚稿断痴情 苦绛珠魂归离恨天
70	あきらめ？	97b, 98b	薛宝钗出闺成大礼 病神瑛泪洒相思地

续表

章次	章名	对应原著回目	主要内容
71	宝玉の遁世とその後	—	概述探春远嫁，大观园荒芜，金桂身亡，抄家，贾母散余资，复世职，庆宝钗生辰，迎春死，湘云成寡妇，贾母逝，鸳鸯殉主，凤姐力拙，妙玉遭劫，赵姨娘死，惜春出家，紫鹃跟随，王熙凤死，巧姐遇险，平儿扶正，宝玉开悟，宝玉中举后失踪，贾政遇宝玉，袭人嫁蒋玉菡
72	結び	120	甄士隐详说太虚情 贾雨村归结红楼梦

由表 11-7 并结合前文可知以下几点。

（1）松枝茂夫选取的章回基本是他详细翻译的章回：

1，2，3，4，5，6，7，8，9，10，11，12，13，15，16，17，18，19，20，21，22a，23，25，26b，27，28，29b，30b，31，32，33，34，35，36，43a，44，45，46，51b，52，55，57a，62，63a，64b，65，66，67b，68a，69，70，71b，72a，73a，74a，77a，82b，89b，94b，96，97，98，120

（2）松枝茂夫和林语堂均详细翻译的章回：

1a，2，3，4，8，16a，17，18，19a，20a，21，22a，26b，27，28b，30b，31a，32，33，34，35，36a，44，45，46，51b，52，57a，64b，65，67b，68a，69，71b，72a，73a，74a，77a，82b，89b，94b，96，97，98，120

（3）松枝茂夫基本未翻译的章回：

14，22b，24，26a，29a，30a，37，38，39，40，41，42，43b，47，48，49，50，51a，53，54，56，57b，58，59，60，61，63b，64a，67a，68b，71a，72b，73b，74b，75，76，77b，78，79，80，81，82a，83，84，85，86，87，88，89a，90，91，92，93，94a，95，99-119

（4）松枝茂夫与林语堂均基本未翻译的章回：

14，22b，24a，26a，29a，39b，41b，42b，43b，47，48a，50b，51a，

53，54，56，57b，58，59，60，61，64a，67a，72b，73b，77b，78a，79，80，88，90b，91a，92，93，100a，101，103，104a，114b

（5）松枝茂夫详细翻译、林语堂基本未翻译的章回：

1b，5，6b，7，9b，10，11，12，13，15，16b，19b，20b，23b，25，31b，36b，55，62，63a，66b，70

（6）林语堂详细翻译、松枝茂夫基本未翻译的章回：

24b，30a，38，39a，40，41a，42a，49，50a，68b，74b，81b，82a，83a，84a，85a，86b，87，89a，90a，91b，94a，95b，99，100b，102，104b，105，106，107，108，109，110，111，112a，113a，114a，115b，116，117，118，119，120

由此可知，松枝茂夫的删除量要大于林语堂，体现在篇幅上是松枝译本大致翻译了原著1/4的内容，林稿则是1/2。从前80回来看，同库恩译本一样，对于入住大观园之前的情节、人物，松枝茂夫亦详细翻译，林稿删除的人物——秦钟、秦可卿、贾瑞的相关情节，和林稿基本删除的情节——贾宝玉游太虚幻境、刘姥姥一进荣国府等，松枝茂夫均做了完整翻译。但松枝茂夫删除了多次诗会，诗歌的翻译比重较林稿低。

松枝茂夫与林语堂在取舍原著上最大的不同体现在后40回上。松枝译本共72章，前66章对应原著前80回，后6章对应原著后40回，明显体现出重前80回轻后40回的态度。这一态度其实深受胡适以来新红学考证派的影响，他的首次全译本的解说[①]大量参考了胡适的红学考证成果，胡适称："程序说先得二十余卷，后又在鼓担上得十余卷。此话便是作伪的铁证，因为世间没有这样奇巧的事！"[②] 松枝茂夫据此指责程伟元、高鹗的序言「故意に曖昧な、といふよりは、偽瞞的な書き方をしている」（与其说是故意模糊，不如说是欺瞒的写法）。而林语堂的观点却大相径庭："程伟元以二十年苦心，求《红楼》全书，果然求得。时去曹未远，由鼓担上或由私藏求得后四十回散稿，乃合理合情可

---

① 曹雪芹：『紅楼夢』(1)，松枝茂夫訳，東京：岩波書店1940年版，第3—10页。
② 胡适：《红楼梦考证（改定稿）》，《胡适文集2 胡适文存》，北京大学出版社1998年版，第463页。

◆◇◆ 研究篇

信之事。"①

在编译《红楼梦》时，松枝茂夫对高鹗续书说的态度有所转变。

これまではこれは彼らが故意にあいまいな、欺瞞的な書き方をしたのだろうとみられて来たが、今ではむしろ文字通りそのまま受け取った方がいいのではないかと思われる。すなわち後四十回は高蘭墅の続作ではない。彼は文字通り単なる補訂者にすぎないとみた方がよいのではあるまいか。②

之前学界认为他们故意采用了模糊、欺瞒的写法，但现在认为还是直接接受他们（序言里的）说法为好，即后四十回不是高兰墅的续作。仅仅视他为补订者更妥当些。

但否定高鹗续书说，并不代表就认可后40回，1967年出版的译本于1976年再版时，松枝茂夫直言：

曹雪芹原作の八十回はこの本では第六十六章までです。後四十回にわずか五章③しか当てなかったのはいささか不公平の観があって残念ですが、前八十回に比して内容的に相当見劣りがするためでもありました。ご諒解を得たいと思います。④

曹雪芹原作80回在本书中是到第66章，后40回仅占了5章，从公平角度而言，是有点遗憾。但也是因为与前80回相比，后40回在内容上相当逊色所致。敬请谅解。

---

① 林语堂：《平心论高鹗》，群言出版社2010年版，第49页。
② 曹雪芹：『世界文学全集2　紅樓夢』，松枝茂夫訳，東京：講談社1967年版，第513頁。
③ 应该是六章。松枝茂夫没有把最后的第72章「結び」（结尾）算在内。
④ 曹雪芹：『世界文学全集14　紅樓夢』，松枝茂夫訳，東京：講談社1976年版，第513頁。

而前文已多次提及林语堂是高度肯定后 40 回的文学价值的。

另外，本节结合前二节的内容，总结 4 种编译本均重点翻译和均基本删除的内容。

王际真、库恩、松枝茂夫、林语堂均重点翻译的章回：1a，2，3a，17b，18a，22a，27b，32b，33b，44a，45，46b，57a，67b，68a，69，82b，89b，96，97，98a。

这些章回涉及的情节主要是：甄士隐识通灵、演说荣国府、黛玉进贾府、元妃省亲、宝玉悟禅机、宝钗戏蝶、黛玉葬花、龄官画蔷、情烈死金钏、宝玉挨打、凤姐泼醋、钗黛和解、秋窗风雨夕、晴雯得病、紫鹃试宝玉、红楼二尤、黛玉噩梦、黛玉绝粒、凤姐设调包计、黛玉迷本性、黛玉焚稿、宝钗出闺、黛玉病故。这些内容是四个编译本在选取原文上的最大公约数。在某种程度上也可以说是《红楼梦》重中之重的内容。

王际真、库恩、松枝茂夫、林语堂均基本未翻译的章回：54，56，60，61，88，92，93。

抛开松枝译本本身就不重视后 40 回不提，前 80 回中，四位译者都不约而同简略翻译的章回有像第 54 回这种描述过节及宴会的、情节性较弱的内容；但更多的是涉及次要人物的章回，如第 60、61 回，环环相扣，情节性其实很强，但涉及了芳官、春燕、柳家的、彩云、小婵、柳家的哥嫂、钱槐、林之孝家的、莲花儿、秦显家的等太多次要人物，在容量有限的编译本中会影响叙事节奏，使读者注意力分散。

四 章标题

林稿和松枝译本在各章标题的命名上，均没有像王际真译本、库恩译本那样沿袭原著的回目形式，而是另起炉灶用短语或句子重新命名。但在细节处，也可以窥探出不同的文化特征。松枝译本第 49 章「あわれ平児」和第 51 章「あわれ鴛鴦」均用了「あわれ」（可怜可叹）这一体现日本传统物哀美学的标志性词语，以感叹平儿与鸳鸯令人怜惜的遭遇。

松枝译本的标题里，"死"字使用了五次。由于受佛教生死观的影响，日本文化对于死亡，相较其他文化，没有那么讳莫如深。而林稿的标题里，

"death"一词只在第 37 章"Sunburst's Dismissal and Death"（晴雯被逐和死亡）出现了一次。在翻译到黛玉临终时，松枝译本第 69 章的标题直接是「林黛玉の死」，林稿第 50 章的标题却是引用了她临终的最后一句话"Poyu, how would you…"（"宝玉，你好……"）。林稿第 59 章王熙凤病逝的标题也是含蓄的命名——"And Her Toils Shall Cease"（她的劳累该终结了）。

说到宗教的影响，两位译者对待宝玉出家这一情节的命名方式大相径庭。松枝译本第 70 章使用的「あきらめ」（意为舍弃执念而悟道）和第 71 章使用的「遁世」（意为斩断尘缘、遁入佛门）都是佛教词语，而林稿第 64 章却用了"Redemption"（救赎）这一源于基督教的词语。

除此以外，林稿第 42 章的"Something in the Wind"（山雨欲来风满楼），松枝译本第 23 章的「舌ったらず史湘雲」（大舌头的湘云）都使用了各自目的语文化里的俚语。松枝译本第 35 章标题的「千金一笑」和第 67 章标题的「疑心暗鬼」也都采用了日文的四字熟语（成语）。

总而言之，两位译者的标题都体现出对各自目的语文化语境的归依。

五　对原著主题的认识与展现

宝黛的爱情悲剧是《红楼梦》的一大主题，对此，两位译者是有共识的。因此林稿中有 15 章涉及这一主题，而松枝译本涉及这一主题的也多达 14 章：第 4、5、6、9、11、21、27、30、31、33、41、50、69、70 章。但松枝茂夫把《红楼梦》视为一部恋爱小说：

> 小説『紅楼夢』は、まさに紅楼の夢の物語である。才貌ともにすぐれた若い貴公子と、それをめぐる大勢の美少女たちとの恋物語で、その背景は天上の楽園を思わせるような美しい大貴族の庭園である。①

> 小说《红楼梦》正是红楼一梦。讲述才貌兼备的年轻贵公子与周围一大群美少女的恋爱故事，背景是恍若天上乐园般美丽的大贵族家

---

① 松枝茂夫:『中国文学のたのしみ』，東京：岩波書店 1998 年版，第 13 頁。

的庭院。

所以他的译本并没有明显体现贾家逐步衰落的发展轨迹。而林语堂不仅看到了宝黛的爱情悲剧，更看到了贾家的兴衰及兴衰背后所体现的佛家思想（见第五章第五节、附录二）。因此林稿前半部分是贾府人物关系的日常点滴，但从中间的第 34 章"The Short Arc Descends"开始就翻译了原著第 72 回中描写的贾府日益陷入财政危机的窘境，第 51 章"Foreshadows"翻译了第 100 回薛姨妈与宝钗谈论家政入不敷出的情况，第 53 章"The Haunted Garden"翻译了第 102 回大观园的日渐荒凉，第 54 章"The Crash"翻译了第 105 回的抄家，第 55 章"Fizzle"翻译了第 106 回贾政询问贾琏家政问题，得知亏空甚大，第 57 章"The Big Tree Falls"翻译了第 110 回贾母葬礼因缺少银子而处处掣肘，第 58 章"Perilous Saintliness"翻译了第 111、112 回贾家仆人何三监守自盗，引来强盗入室抢劫，贾政悲叹家运衰败。上述内容都不是只言片语的概括，而是详细翻译，可见林稿在贾家衰落上给予了大量篇幅。而松枝译本到了第 71 章方突兀地提到贾家抄家，而且只是择要概括，转而立马谈及贾家复兴，因此家族衰落的主题在松枝译本中基本消失。《红楼梦》变成了一部纯粹的恋爱小说，其思想深刻性也就大打折扣了。徐静波曾指出松枝茂夫"有自己成熟的人生态度和坚定的个性，但却不是一个尖锐犀利、深邃透彻的富有哲学意味的人"①，此点有助我们思考松枝茂夫的《红楼梦》观。

六 个案分析

松枝译本第 38 章基本全译了原著第 33 回"手足眈眈小动唇舌，不肖种种大承笞挞"，②本小节比较林稿与松枝译本对此回的翻译。比较的切入点是两位译者对贾政语言与行为的翻译（表 11-8）。

---

① 徐静波：《松枝茂夫的中国文学缘》，《中国比较文学》2001 年第 4 期。
② 曹雪芹：『世界文学全集 2　紅楼夢』，松枝茂夫訳，東京：講談社 1967 年版，第 252—260 頁。

表 11-8 《红楼梦》第 33 回在松枝译本与林稿中的译文对比

	林稿原文	林稿译文	松枝译本原文[①]	松枝译本译文
1	"该死的奴才！你在家不读书也罢了，**怎么又做出这些无法无天的事来**。那琪官现是忠顺王爷驾前承奉的人，**你是何等草芥**，无故引逗他出来，如今祸及于我。"	"You contemptible sneak and blackleg! **You have brought on a calamity upon this house**," he said to his son. "It is not enough that you are slack in your studies, but must **disgrace yourself by such infamous conduct**. How you dare to seduce the actor Chikuan, a person in the personal service of Prince Jungshun!"	"该死的奴才！你在家不读书也罢了，**怎么又做出这些无法无天的事来**。那琪官现是忠顺王爷驾前承奉的人，**你是何等草芥**，无故引逗他出来，如今祸及于我。"	「この不埒ものめ！きさまは家で学問せぬのはまだよいとして、なんでまた、**このようなお上をはばからぬ大それたことをしでかしたのだ**！あの琪官は現に忠順親王さまのお屋敷におつかえしている人間だ。それをばきさまは、**身のほどもわきまえず**、ゆえなくおびき出したりしおって！見い、わしまでお咎めをこうむったではないか。」
2	"今日再有人来劝我，我把这冠带家私一应就交与他与宝玉过去。我免不得做个罪人，把这几根烦恼鬓毛剃去，寻个干净去处自了，**也免得上辱先人，下生逆子之罪**。"	"If any one tried to stop me today, I will lay down this cap and gown and hand over all this property to him and let him take care of Poyu. I shall brand myself a criminal, shave off my head and enter a monastery, **to save myself from disgracing my ancestors!**"	今日再有人来劝我，我把这冠带家私一应就交与他与宝玉过去。我免不得做个罪人，把这几根烦恼鬓毛剃去，寻个干净去处自了，**也免得上辱先人，下生逆子之罪**。	「今日という今日こそ、止めだてするものがあれば、わしはこの官爵も、この屋敷も、のこらずその者と宝玉とにあけ渡し、この白髪頭を丸めて、僧院に余生を求めよう。**せめてそうすれば、上はご先祖を恥ずかしめ、下は不孝の子を生んだ罪をまぬがれることができようか！**」
3	"明日酿到他**弑父弑君**，你们才不劝不成？"	"…I suppose you want me to wait and see him **hang on the gallows for treason or felony!**"	"明日酿到他**弑君杀父**，你们才不劝不成？"	「今にこやつが**君を弑して父を殺す**ような人間になっても、止めだてなさるのですか？」
4	"我养了这不肖的孽障，我**不孝**。"	"I have already been an **undutiful** son by producing that wretched scamp."	我养了这不肖的孽障，已**不孝**。	「わしがこんな不肖の子を生んだのからしてすでに**不孝**であった。」
5	贾政喘吁吁直挺挺的坐在椅子上，**满面泪痕**。	The father, panting with a fiery indignation, sat rigidly in his chair. **With tears over his eyes**…	那贾政喘吁吁的直挺挺坐在椅子上，**满面泪痕**。	賈政は荒い息をつき、ベタンと椅子に腰をおろしてふんぞり返り、**涙にむせびながら**、

① 松枝译本原文，见（清）曹雪芹《红楼梦八十回校本》，俞平伯校订，人民文学出版社 1993 年版，第 343—349 页。

续表

	林稿原文	林稿译文	松枝译本原文	松枝译本译文
6	贾政听了此话，不觉长叹一声，向椅子上坐了，**泪如雨下**。	Jiajeng heaved a long sigh and sat down in his chair, **tears covering his face**.	贾政听了此话，不觉长叹一声，向椅子上坐了，**泪如雨下**。	これにはさすがの賈政も手をくだしかね、長いため息をついて椅子に腰をおろし、**雨のように涙を流した**。
7	贾政听了，**那泪更似走珠一般滚了下来**。	—	贾政听了，**那泪珠更似滚瓜一般滚了下来**。	賈政もそれを聞くと、いっそう**ポロポロと、大粒の涙をこぼした**。

第1处"做出这些无法无天的事来"，林稿为"You have brought on a calamity upon this house"（你给这个家带来了灾祸）；松枝译本译为「このようなお上をはばからぬ大それたことをしでかしたのだ」（你居然做出以下犯上的事来）。"你是何等草莽（草芥）"，林稿为"disgrace yourself by such infamous conduct"（你做出这种臭名昭著的行为自取其辱）；松枝译本译为「身のほどもわきまえず」（你对自己的身份忘乎所以）。原著中贾政对宝玉的指责是无视国法天理，僭越身份做了不该做的事；松枝译本译文进一步强调了宝玉不顾自我身份、以下犯上；而林稿强调的是宝玉为家里带来灾祸，自取其辱，并未体现出宝玉在身份等级上无所顾忌的意思。

第2处"也免得上辱先人，下生逆子之罪"，林稿译为"to save myself from disgracing my ancestors"（免得我让祖宗蒙羞）；松枝译本译为「せめてそうすれば、上はご先祖を恥ずかしめ、下は不孝の子を生んだ罪をまぬがれることができようか」（免得我上辱祖先、下生不孝子之罪）。林稿没有翻译"下生逆子之罪"，松枝译本基本忠实直译，而且将"逆子"译为「不孝の子」。第4处的"不孝"，林稿译为"undutiful"，此词既可译为"不忠"，亦可译为"不孝"，松枝译本译为「不孝」，直接保留了原文。儒家文化一方面主张"父为子纲"，另一方面又主张"子不教，父之过"，强调的是父对子的绝对权威和教育儿子的义务，父与子是一种不对等的连带关系。相比而言，西方文化主张个体的独立性与个体间的平等性，即便是父子，也是平等而非上下关系。

第3处的"弑父弑君"（弑君杀父），松枝译本是直译的，而且还保留了原文的汉字,"弒"有以下犯上的含义,日文里也有这个汉字,翻译起来较便利,而林稿却改译为"hang on the gallows for treason or felony"(因叛国罪或重罪上绞刑架)。弒君杀父在"君为臣纲,父为子纲"的儒家道德体系中是最大逆不道的重罪,同受儒家文化影响的日本,有相似的文化语境供译文读者去理解,而在西方文化中无此语境,故而林语堂改译为叛国罪。叛国罪在英美法系的国家"关于危害国家安全的犯罪中占有的分量,可称为'双最',即'危害性最严重''刑法最严厉'"。"在英国,对叛国罪所处的唯一的主刑罚就是死刑,死刑方法一般为绞刑。"[①]

以上四处都可以看出,由于日本文化深受中国儒家思想的影响,强调等级秩序与忠孝观念,松枝茂夫能尽量忠实原文进行翻译,而林语堂面对强调天赋人权和人人平等的西方文化语境,对其译文做了调整。

对第5、6、7处,库恩和林语堂都不约而同地削减了贾政流泪的场面,但松枝译本对这三处都是忠实直译的。这不禁让人想起日本的古典文学名著《源氏物语》,其主角光源氏流泪、哭泣的场景非常多。这再次证明本章第二节的结论:东方文化更能包容男性的阴柔之美,而西方文化崇尚的是男性的阳刚之美。第33回里贾政的情绪是愤怒与悲伤交杂,联系前文可知,林语堂在删减贾政悲伤场面的同时,对其愤怒场面的翻译则更加注重,甚至有所强调;库恩也同样删减了贾政的悲伤场面。但此点未见于松枝译本。日本哲学家梅原猛曾指出:在日本的民众艺术里,悲伤、哀叹的感情占压倒性多数。针对日本的悲伤与西方的愤怒,他有如下论述。

> 与悲哀感情的丰富相比,愤怒感情是相当贫乏的。这种愤怒感情的缺乏也是传统的,可视为日本文化的特征。西洋文明的两大起源,希腊精神与希伯来精神被视为异质文化,但不要忘记它们的共同点。以阿基里斯的愤怒为民族叙事诗开端的希腊人,相较以耶和华的愤怒为民族愿望的犹太人,大概前者的愤怒是阳性,后者的愤怒则充满阴性的复仇欲望。但与似乎以丧失愤怒为目的的日本人的精神构造相比,

---

① 刘守芬、刘文达:《对英美法系中叛国罪的研究》,《中外法学》1994年第5期。

二者的相似性是较多的……

愤怒与悲哀看似拥有相反的构造。

（1）愤怒与悲哀同是在自身欲望被妨碍的情况下产生。

（2）愤怒与悲哀不同，悲哀面向的对象是丧失的东西，愤怒面向的毋宁说是妨碍欲望的原因。

（3）愤怒不是向内，而是向外的感情，是对否定自身欲望的外界的反向否定。

（4）愤怒不是面向过去，而是现在，通过否定自身欲望被否定的世界，而有志于自身欲望被满足的未来。

从这四点契机来比较悲哀和愤怒时，以愤怒为基本感情的欧洲的有文化，和以悲哀为基本感情的日本的无文化是如何对立的，就一目了然了。愤怒是在传统的日本人的感情世界中，没有正当市民权的感情。一方面是佛教的影响，一方面则不能抛开封建制度来考虑。[①]

上述案例也为《红楼梦》外文译本的多语种跨文化平行比较研究提供了些许启示。

第四节 林稿与霍克思英文全译本的比较

一 霍克思与林语堂的交集

霍克思（David Hawkes, 1923—2009）与林语堂没有直接交集，但霍克思在青少年时代就知道林语堂，并通过阅读《生活的艺术》对中国产生了最初的兴趣。

> I was interested in China with lots of other things in a sort of way before the war even... there was a very popular book by Lin Yutang called *The Importance of living* which everyone was reading in about 1938 or 9. I

---

① 梅原猛：『日常の思想』，東京：集英社1986年版，第38—39頁。

can't remember now the dates. I think it was before the war even when I was still a schoolboy.①

  二战前，我还对中国很多其他东西感兴趣。在 1938 或 1939 年，林语堂写了本很受欢迎、人人争相传阅的书，叫《生活的艺术》。我现在不记得日期了，大概是战前，在我还是中学生的时候。

  《生活的艺术》于 1937 年 11 月由美国纽约雷纳尔与希区柯克公司出版，1938 年 5 月，威廉·海涅曼公司在英国伦敦与加拿大多伦多出版该书，同年 7 月重印②。霍克思的记忆大致不错。此书在 1939 年 1 月就已第 19 次印刷，风靡程度可见一斑。书中三处提到《红楼梦》③：第 1 处在第 8 章 The Enjoyment of the Home（家庭之乐）第 4 节 The Chinese Family Ideal（中国式家庭理想）中提到贾宝玉的名言"女儿是水做的骨肉，男人是泥做的骨肉"，并幽默地说如果贾宝玉是《创世记》的作者，会写上帝用泥土造亚当，将水掺入亚当身体造出夏娃。第 2 处在第 12 章 The Enjoyment of Culture（文化享受）第 4 节 The Art of Writing（写作的艺术）中，称林黛玉是 School of Self-Expression（自我发挥派），并提到她教香菱作诗的观点："若是果有了奇句，连平仄虚实不对都使得的。"第 3 处在附录 A Chinese Critical Vocabulary（中国文论关键词）的"影"的说明中，以《红楼梦》为小说代表，指出部分丫鬟是小姐的影子④。

  如果没有更早的文献记载出现的话，霍克思与《红楼梦》最初的邂逅可能就是经由林语堂的《生活的艺术》。他上述那段回忆的话是在 1998 年 12 月 7 日于牛津大学接受采访，回忆当年翻译《红楼梦》时说的⑤。75 岁

---

  ① Connie Chan, "Appendix Interview with David Hawkes", *The Story of the Stone's Journey to the West: a Study in Chinese-English Translation History*, Conducted at 6 Addison Crescent, Oxford, Date: 7th December, 1998, p. 300.（转引自王丽耘《大卫·霍克思汉学年谱简编》，《红楼梦学刊》2011 年第 4 辑）
  ② 郑锦怀：《林语堂学术年谱》，厦门大学出版社 2018 年版，第 261 页。
  ③ 郑锦怀：《林语堂英语译介〈红楼梦〉历程考察》，《集美大学学报》（哲学社会科学版）2020 年第 2 期。
  ④ Lin Yutang, *The Importance of Living*, New York: Reynal & Hitchcock, 1939, pp. 182-183, 391, 438.
  ⑤ 王丽耘：《大卫·霍克思汉学年谱简编》，《红楼梦学刊》2011 年第 4 辑。

老翁仍然记得约60年前阅读的书,一方面是记忆力惊人的体现,另一方面也体现出《生活的艺术》给他留下的印象之深。这也不失为《红楼梦》外译史上的一段佳话了。

二 总体比较

林稿与霍克思、闵福德(John Minford,1946—)译本(以下简称霍译本)最大的不同当然是一为编译,一为全译。林语堂认为全译不可行,一是篇幅太长,没有出版商愿意冒险;二是原著本身叙事节奏缓慢、繁文缛节等过多,西方读者会看不下去。而霍克思恪守的原则是"把所有一切都译出来,甚至包括双关语"①。霍克思比林语堂和库恩都幸运,实力雄厚的企鹅出版社与他签订了全译合同。而出版林语堂作品的庄台公司的老板华尔希本就不同意他翻译《红楼梦》,小型出版社庄台公司承担不了出版全译的风险。出版库恩译本的岛屿出版社规模也不大,一贯的出版策略就是删节改编,其领导人安东·基彭贝格在写给库恩的信件中要求译本篇幅控制为600页,超出部分没有稿酬②。

不过,即便有大型出版社愿意出版全译本,林语堂也未必会全译。他认为"没有一个西方读者能忍受逐字翻译"。霍克思则"敢于假定书中一切均有其目的,必须想方设法表达出来"③。林以亮称赞霍译本为"第一流的翻译""中译英的扛鼎之作"并非言过其实。霍克思并非不重视读者,否则不会把"怡红院"译为"怡绿院"(The House of Green Delights),但是相比而言,林语堂更加以读者为中心,霍克思则是以原作为中心的。两种做法孰优孰劣是见仁见智之事,但对读者而言是幸运的,因为两位译者为想要攀登《红楼梦》这座高峰的读者提供了两种路径,一种是缓坡,一种是陡坡。王丽耘指出霍译本"虽然它无法从文学殿堂走入普通读者满足好奇即可的阅读心田,但它成功地赢得了西方普通知识分子和文学爱好者的

---

① Cao Xueqin, *The Story of the Stone*, Vol. 1, trans. David Hawkes, London: Penguin Group, 1973, p. 46.
② 王金波:《弗朗茨·库恩及其〈红楼梦〉德文译本——文学文本变译的个案研究》,博士学位论文,上海外国语大学,2006年,第122页。
③ 林以亮:《红楼梦西游记——细评红楼梦新英译》,(台北)联经出版事业公司1976年版,第113页。

由衷喜爱"①。林稿若能出版,应该也能获得普通读者的青睐。

林稿与霍译本的另一个不同之处在于对后 40 回的态度。霍克思认为《红楼梦》是一部"unfinished novel"(未完成的小说),所以后 40 回由他的女婿闵福德来翻译,以体现与前 80 回文风的不同。林语堂则自始至终主张后 40 回是曹雪芹的原稿。

林稿与霍译本又存在诸多不谋而合之处。

1. 分卷

霍译本分为 5 卷,依次为:*The Golden Days*(黄金时代,第 1—26 回);*The Crab-flower Club*(海棠诗社,第 27—53 回);*The Warning Voice*(警世之音,第 54—80 回);*The Debt of Tears*(还泪姻缘,第 81—98 回),*The Dreamer Wakes*(大梦初醒,第 99—120 回)。王宏印称此举为该译本"最明显最富于独创性的体制更易"②。然而事实上,林语堂的译本早已采用了分卷体制。两者的各卷虽不能一一对应,但均是根据整体情节的发展走向划分原著结构,体现了由盛转衰、由欢到悲、由执迷到醒悟的主旋律。

2. 人名翻译

林以亮称霍译本"男女主角译音,而把丫头及次要角色译意""这是一个极聪明的措施"③。而林稿的人名翻译策略与霍译本基本一致④。刘泽权、张丹丹指出,林语堂在《京华烟云》中亦采用了上述主次原则来标示人名,而《京华烟云》在西方世界影响较大,所以霍克思翻译《红楼梦》人名时,有可能从中获得了启发。⑤只是霍译本采用的是汉语拼音标示音译姓名,而林稿用的是威妥玛拼音。所以黛玉在霍译本里是"Dai-yu",在林稿里

---

① 王丽耘:《"石头"激起的涟漪究竟有多大?——细论〈红楼梦〉霍译本的西方传播》,《红楼梦学刊》2012 年第 4 辑。

② 王宏印:《试论霍译〈红楼梦〉体制之更易与独创》,载刘士聪主编《红楼译评——〈红楼梦〉翻译研究论文集》,南开大学出版社 2004 年版,第 66 页。

③ 林以亮:《红楼梦西游记——细评红楼梦新英译》,(台北)联经出版事业公司 1976 年版,第 5 页。

④ 林稿中,个别女主角姓名是意译,如李纨(Satin)、妙玉(Jasper);个别丫头和次要人物姓名是音译,如袭人(Shieren)、焙茗(Peiming)。

⑤ 刘泽权、张丹丹:《假如林语堂翻译〈红楼梦〉——基于互文的文化翻译实证探索》,《中国翻译》2015 年第 2 期。

是"Taiyu"。

不过，林语堂还进一步考虑了西方读者的发音习惯，因此未译宝玉为"Paoyu"，而是译为"Poyu"。巧合的是，林稿和霍译本均译紫鹃为"Nightingale"；用拉丁语"Vanitas"译空空道人。巧合背后体现的是两位译者对东西文化的融会贯通。

3. 更正底本矛盾

霍译本底本是1964年人民文学出版社出版的、以程乙本为底本、启功注释的校本①，与林稿的底本选择不同。但两位译者均校正了底本本身矛盾之处。如宝玉的书童茗烟在原著第24回里改名为焙茗，两位译者均统一为焙茗，林语堂译为"Peiming"，霍克思译为"Tealeaf"。

三 个案分析

原著第8回贾宝玉、林黛玉先后去梨香院看望宝钗。薛姨妈留二人吃茶，宝玉想喝冷酒，宝钗劝阻，黛玉吃醋。这一情节既显示出宝黛钗三人间的微妙关系，又能反映三人不同的性格，林语堂详细翻译了此节。

> 宝钗笑道："宝兄弟，亏你每日家杂学旁收的，难道就不知道酒性最热，若热吃下去，发散的就快；若冷吃下去，就凝结在内，五脏去暖他，岂不受害？从此还不改了，快不要吃那冷的了。"宝玉听这话有情理，便放下冷的，令人烫来方饮。黛玉嗑着瓜子儿，只管抿着嘴笑。可巧黛玉的丫头雪雁走来与黛玉送小手炉，黛玉因含笑问他说："谁叫你送来的？难为他费心。那里就冷死了我。"雪雁道："紫鹃姐姐怕姑娘冷，叫我送来的。"黛玉一面接了，抱在怀中，笑道："也亏你倒听他的话。我平日和你说的，全当耳旁风，怎么他说了你就依，比圣旨还快些。"宝玉听这话，知是黛玉借此奚落他，也无回复之词，只嘻嘻的笑一阵罢了。宝钗素知黛玉是如此惯了的，也不去睬他。薛姨妈因道："你素日身子单弱，禁不得冷的，他们记

---

① 王丽耘、胡燕琴：《霍克思〈红楼梦〉英译底本析论》，《国际汉学》2017年第3期。

挂着你倒不好？"（卷8，第5—6页）①

林稿

"Brother Po," said Pocia, "You shouldn't take wine cold. You know about almost everything except the classics. You should know that wine burns. It evaporates quickly when taken hot, but if taken cold, it congeals inside and hurts the bowels."

Poyu put down the cup accordingly. Taiyu was clicking melon seeds between her teeth, her lips curling upward into a mischievous smile. Her maid Snowstork walked in at this moment, bringing her a hand-warmer, a copper stove.

"Who told you to bring it?" said Taiyu. "Thank her for the trouble. But I don't think I will be congealed to death so easily."

"Sister Nightingale told me to."

Taiyu received the hand-warmer and hugged it in her lap. "It is good that you listen to her advice," she said to the maid. "When I told you anything, it simply blew past your ears. But when she says something, you take it like an imperial edict."

Poyu knew that Taiyu was needling him for listening to Pocia, and made a dull laugh. Pocia pretended not to understand the covert remark. Aunt Shuay, who had missed the point entirely, said to Taiyu, "You should not blame Nightingale for being so thoughtful. She doesn't want you to catch cold." (pp. 57-58)

霍译本

"I'm surprised at you, Cousin Bao!" said Bao-chai with a smile. "With all your enthusiasm for out-of-the-way learning, fancy not knowing

---

① 霍克思所用底本原文见（清）曹雪芹、（清）高鹗《红楼梦》，启功注释，人民文学出版社1957年版，第100页。文字与两家评本区别不大。

a thing like that! Wine has an exceptionally fiery nature, and therefore must be drunk warm in order to be quickly digested. If it is drunk cold, it congeals inside the body and harms it by absorbing heat from the internal organs. From this day on you must reform! No more cold wine!"

Dai-yu, who sat cracking melon-seeds between her teeth throughout this homily, smiled ironically. Just at that moment her maid Snowgoose came hurrying in with a little hand-warmer for her.

"Who told you to bring this?" Dai-yu asked her. "Very kind of them, I am sure. But I was not actually freezing to death here."

"Nightingale told me to bring it, Miss. She was afraid you might be cold."

"I am glad you are so ready to obey her. Generally when *I* tell you to do anything it goes in one ear and out the other; yet anything *she* tells you to do is followed out more promptly than an Imperial Edict!"

Bao-yu knew perfectly well that these words were really intended for him, but made no reply, beyond laughing good-humouredly. Bao-chai, long accustomed to Dai-yu's peculiar ways, also ignored them. But Aunt Xue protested.

"You've always been rather delicate and you've always felt the cold badly. Surely it was nice of them to think of you?"①

林稿与霍译本有些处理是不约而同的。如分段排版人物对话，便于读者阅读；对较长的发话，会遵循英文表达习惯，将"问""道"等发话动词放到中间位置；对于直接引语的标示"笑道""道"，不是逐一翻译，而是在必要之处进行翻译，以免行文过于呆板；而对于关键的黛玉"只管抿着嘴笑"，二人都意识到需要译出此处"笑"的含义，霍克思用了"ironically"（讽刺地）；林语堂用了"mischievous"（调皮地）。林语堂的译文注意营造画面感，

---

① Cao Xueqin, *The Story of the Stone*, vol. 1, trans. David Hawkes, London: Penguin Group, 1973, p. 193.

从"her lips curling upward into a mischievous smile"这句译文也可窥一斑。

宝钗说话向来有理有据，条分缕析，她对宝玉的劝阻类似起承转合的方式："宝兄弟，亏你……"（起），"难道就不知道……"（承），"若冷吃下去……"（转），"快不要吃那冷的了"（合），体现的是从分到总的综合思维。对此，霍克思是逐句、逐词翻译的。林语堂则调整了原文顺序，直接结论先行"You shouldn't take wine cold"，然后说原因，是从总到分的分析思维。此处发言，霍译本有 74 个单词，翻译详细，善用连词、副词、介词等来还原原文的逻辑关系。林稿 40 个单词，语言简练，虚词较少。林语堂在序言里就指出宝钗说话"不像谈话，倒像发议论"，因此在翻译宝钗的语言时，会格外注意去掉不必要的成分。如"从此还不改了"与"快不要吃那冷的了"意思相近，故林语堂只翻了后一句。类似的例子还有雪雁的回答"紫鹃姐姐怕姑娘冷，叫我送来的"林语堂只翻译了"紫鹃姐姐叫我送来的"，而没翻译"怕姑娘冷"，在他看来，这句是多余的。

对于黛玉声东击西的一段话，霍克思和林语堂都采用了明晰化策略。霍译本把"I""she"用斜体，就是告诉读者此处另有他意。对于宝玉、宝钗、薛姨妈三人的反应，林稿和霍译本回译过来分别是：

　　林稿回译：宝玉明白黛玉是在讽刺他听宝钗的话，讪笑了一下。宝钗假装没听懂这番隐晦的话。薛姨妈完全没听到点子上，跟黛玉说："紫鹃体贴你，你不该责怪，她不想你着凉。"

　　霍译本回译：宝玉很清楚这番话是针对他的，但没还嘴，憨笑了一下。宝钗早就习惯了黛玉的古怪，没有理她。只有薛姨妈反驳："你身子娇弱，怕冷，她们惦记着你，还不好吗？"

整体来看，霍译本更忠实于原文词句，也注重体现原文语气，用了 2 个疑问号，5 个感叹号，林稿只用了 1 个疑问号，没有感叹号。两种译文相对原文而言，对三人的反应都做了明晰化处理，但林稿添加了译者自身的理解，明晰化较霍译本更高。霍译本只说宝玉清楚黛玉这番话是针对他的，但林稿指出这番话的目的就是讽刺宝玉听宝钗的；霍译本只说宝钗没有理黛玉，林稿却描述了宝钗的具体表现是假装没听懂，宝钗守拙的性格特征得到体现；霍译本只说薛姨妈反驳了黛玉，林稿直接指出薛姨妈是没听懂黛玉的话。对于薛姨妈的话，林稿也比霍译本直截了当些。这亦是霍克思以原著为中心和林语堂以读者为中心的翻译取向的体现。作为译入的母语译者，霍克思不用过多介意他的英文是否符合母语规范，他可以为翻译辞掉牛津大学教职，可见翻译《红楼梦》于他的人生意义，销量等不会是他重点考虑的因素；作为译出的非母语译者，林语堂似乎更介意他的英文是否符合英文规范，更何况深谙欧美出版市场与读者好恶的他，大脑里还始终有市场与销量的弦。

  杨宪益、戴乃迭全译本的受众主要在中国，相比之下，霍克思、闵福德的全译本在西方的认知度更高，其在英语世界的"读者群主要由大学及研究机构的专业研究师生、普通知识分子和文学爱好者构成，其他读者如对中国《红楼梦》心怀好奇的话也多是通过阅读一些节译本来满足"[①]。江帆曾调查霍克思译本、1958年出版的转译自库恩德文编译本的麦克休译本与王际真英文编译本在美国伊利诺伊州大学及公共图书馆的馆藏量，指出霍译本的馆藏量不及麦克休译本与王际真英文编译本，"尤其是规模较小的学院，不一定有霍译本，王际真译本和麦克休译本却一般都齐备"。"如果考虑到学生接触的多半是学校图书馆的馆藏，1958年的两种译本显然比霍译本具有更大的潜在读者圈。"[②] 我们不能光凭馆藏与受众多寡去判断译本价值，但从传播来看，至少在目前阶段，减少了原著长度、密度、难度的《红楼梦》的编译本相较全译本，更容易被西方汉学界以外的普通读者群体接受。

  总之，通过林稿的内外部研究可知，这是一个在结构布局、语言表达、可读性、文学性等方面达成度高且有别以往译本的编译本。林语堂在国际

[①] 王丽耘：《"石头"激起的涟漪究竟有多大？——细论〈红楼梦〉霍译本的西方传播》，《红楼梦学刊》2012年第4辑。

[②] 江帆：《他乡的石头记——〈红楼梦〉百年英译史研究》，博士学位论文，复旦大学，2007年，第77—78页。

上的知名度与影响力虽不及 20 世纪 30—50 年代，但其《吾国与吾民》《生活的艺术》《京华烟云》等作品至今仍在世界各国不断重版[①]，其在国内的知名度与影响力自 20 世纪 90 年代至今未曾降低[②]。有朝一日，林稿若能出版，将会受到国内外广泛关注，加深世界对林语堂的了解，进一步促进《红楼梦》在全世界的传播。

[①] 王珏：《林语堂英文译创研究》，博士学位论文，华东师范大学，2016 年，第 140—146 页。
[②]《京华烟云》《苏东坡传》在豆瓣网上的读者评价分别为 33579 条、18850 条，"喜马拉雅" App 上的播放次数分别是 941 万、604 万；百度检索"林语堂"，相关结果约 2490 万条。2021 年 1 月 28 日检索。

结　　语

　　林语堂于青年时邂逅并爱上《红楼梦》，壮年几经波折翻译《红楼梦》，晚年研究《红楼梦》并修订译稿，《红楼梦》贯穿了他的大半人生。

　　1916 年，青年林语堂在北京邂逅《红楼梦》离不开新文化运动重新认识《红楼梦》的时代潮流，也源于其亟须学习北京口语的个人诉求。他对书中人物的语言赞不绝口，而王国维对《红楼梦》美学价值与伦理价值的解读，又助他加深了对此书文学价值与主题等的认识。留学欧美的经历促使他以比较文学的眼光来看待《红楼梦》的世界文学性。1935 年《吾国与吾民》、1937 年《生活的艺术》相继在美国出版并大获成功，增强了他向西方世界介绍中国文化的信心，诱发了他翻译《红楼梦》的意愿；赛珍珠《水浒传》全译本，《红楼梦》的王译本、库恩译本的出版也正面激励了他的意愿。出版商华尔希基于对美国市场的判断，暂时打消了他的翻译计划，才有了一部处处可见《红楼梦》影子的《京华烟云》问世。但他始终未放下此事，于闲暇时间零星翻译，1953—1954 年集中翻译，1955 年完成初稿。与华尔希绝交、任南洋大学校长及译稿本身有待完善等内外因素导致出版受挫，错过了最佳出版时间。1973 年，他重拾译稿并做修订，无奈遭遇第一次石油危机引发的全球纸荒，未能找到同意出版译稿的欧美出版社，只得委托佐藤亮一在日本转译出版；此后又做了修改，于 1974 年初将修订稿寄给佐藤亮一。林稿底本应是上海商务印书馆"万有文库"丛书之《石头记》，此版本问世之时，正值林语堂在十里洋场意气风发、挥斥方遒之时。

　　在长达 30 余年的翻译历程中，他做了不少选择。对西方读者与出版市场的了解，让他选择了编译，而非全译。通过删除、整合、概括、增补四种主要形式对原著做了取舍增删与编辑工作。保留的原著内容围绕富贵无常与斩断情缘两大主题展开,前者对应贾家盛衰,后者对应宝黛爱情生灭。在篇幅比例上,又明显体现出对后40回与侍女的青睐,前者是其否定后40回续书说的体现,后者则基于他的原著认识与女性观。在整合过程中,尤其是要天衣无缝地衔接非相邻章节情节时,最见其作家与出版家的功底。当然,林语堂并非只做减法,也做了加法。加法首先体现在序言、注释等副文本的添加上;其次体现在他对原著的增补上,其中可见人物评论与心理阐释,亦可见人物关系与情节评述等。加法背后透露出林语堂对原著与东西文化差异的理解,身为作家的创作冲动,对原著合理化、明晰化以照顾西方读者的用心等。

从某种程度而言,任何翻译都是改写,林稿也不例外,林语堂重构了原著的叙事与部分人物。在时空建构上,他试图拉近西方读者与原著的距离;在文本素材的选择性采用上,他力求展现主题并凸显侍女与后40回的存在感;在标示式建构上,可窥他试图将中国古典章回小说重构为现代成长小说的用心;在人物事件的再定位上,则明显体现出编译《红楼梦》这一叙事行为是他对西方读者讲述中国故事这一上级叙事行为的组成部分。在林语堂的译笔下,宝玉少了怯懦;宝钗、小红、袭人少了争议;贾雨村多了狠毒;贾赦多了贪淫……"红楼一书英雌多而英雄少,英雌中又是丫头比姑娘出色。"林语堂一席话道出其译本中人物形象相较原著发生偏移的主要原因,其中又夹杂他对西方读者审美观的考量和其本人女性审美的倾向性,最深处甚至有其个人成长经历与人生境遇打下的若隐若现的底色。

作为编译本,改写或重构在所难免,这甚至是成就译者风格的重要因素,但应以不埋没原著精华为前提。日常细节与悲剧性是《红楼梦》的两大精华,在此二点上,林稿可圈可点。日常细节中包罗万象的中国传统文化与众多的诗词韵文是《红楼梦》的重要魅力,亦是翻译的两大难关。于编译本而言,前者不可回避,但可删可减,后者则可选择不译。对前者,如建筑、器用、服饰、人名、称谓、医药、饮食、俗谚、成语、宗教等,除删减典故外,余者林语堂基本无遗漏;对难度更大的后者,林语堂翻译的诗词韵文在各类编译本中数量最多、文体最全、质量上乘。林语堂对原著节奏把握得当,主题认识清晰，一方面徐徐再现了 18 世纪清代名门生活画卷的诸多细节与人生百态，另一方面也步步呈现了繁华走向衰落、美好走向毁灭的悲剧的深刻性。

为免"不识庐山真面目，只缘身在此山中"的认识局限，笔者尝试比较了林稿和同一维度下的王译本、库恩译本、松枝译本及不同维度下的霍克思英文全译本。四个编译本对原著情节与人物取舍上的不同验证了"一千个读者有一千个哈姆雷特"的常识，亦验证了上文提及的对后 40 回与侍女故事的重视，是林语堂在取舍原著上区别于其他编译本的重要特征，复杂巧妙的整合技巧及大幅度增补等更使林稿迥然不同于其他编译本。同时，既可看出林语堂虽扬库恩译本抑王译本，可王译本对其翻译策略的影响明显大于库恩译本，亦可看出在文学性与生动性上林稿的确更胜一筹。林稿没有落入大部分编译本前缓后急的窠臼；林语堂不仅重视故事与人物，还重视《红楼梦》的文化与诗意，这让林稿的达成度高于大部分编译本。对霍克思翻译历程的追溯，则可发现林语堂的《生活的艺术》是他最早认识《红楼梦》的契机；对二人翻译的对比，可看出以原著为中心的译入和以读者为中心的译出差异在最终呈现的译本面貌上的体现。从贾政笞挞宝玉一篇的译文比较又可知东西文化与情感表达的微妙差异，如在与松枝译本的比较中，可窥探出以愤怒为基本感情的欧洲的有文化，和以悲哀为基本感情的日本的无文化的区别对译文生成的影响。而从勒菲弗尔的改写理论出发研究脱胎于林稿的佐藤亮一日文转译本，让我们看到了在英语和日语两种语言与文化中经历了二度改写的《红楼梦》所呈现的独特面貌。佐藤本以独特的形式保存了林稿，甚至助力了一部红极一时的推理小说《红楼梦的杀人》的诞生，这令人惊喜并欣慰。以上研究亦是笔者在多语种、跨文化《红楼梦》翻译研究构想上所做的尝试①。

---

① 笔者曾在《〈红楼梦〉在日本的翻译与影响研究》（《外语教学与研究》2019 年第 1 期）一文中，提出如下构想："从平行研究出发，借鉴对比语言学、比较文学、比较文化、接受美学等的理论与方法，探讨不同语种的全译本在底本选择、处理中国传统文化因素及各类修辞时采用的翻译策略；分析不同语种的摘译、节译本、编译本在取舍增删及编辑加工上的异同等。如此既可加深对各语种译本自身特点与价值的认识，也能窥探东西不同文化背景下对原著阐释的异同。从而一方面扩展《红楼梦》翻译研究的视域，以此为契机，打通非通用语种与通用语种在文学翻译研究上的隔绝状态；另一方面也能丰富和加深我们对这部伟大名著的认识。"

林语堂在林稿序言里有一段写于1954年的话（见前言之图0-7）：

> The audacity of my understanding may perhaps be excused on my desire to share it with the world outside China. Some day the Great Wall of Chinese literature must be kicked open. (p. xix)

> 我的大胆理解或许可被原谅，因为我希望与中国以外的世界分享这部小说。总有一天，中国文学的长城一定会被踢开。

在1973—1974年修订译稿时，林语堂删除了这段话。或许是修订译稿时，林语堂认为中国以外的世界对中国文学的理解已大有进展；或许是暮年林语堂的心境较20余年前多了些许淡然。删除原因不得而知，但无论如何，这段话透露了林语堂翻译《红楼梦》乃至向世界讲述中国文化的根本目的与使命担当。林语堂留学、寓居欧美多年，自然目睹了不少当时的欧美世界对中国文学的无知与偏见等[①]，智慧如他，定会生出一番改变世界认知的抱负来，其著述在全世界的畅销，也给了他这份雄心壮志以足够的自信与底气。今天，我们推动中国文化"走出去"，是有先例可循的；但在林语堂的时代，几乎是前无古人的，他即先例。"文章报国"应是"两脚踏东西文化，一心评宇宙文章"[②]的林语堂的毕生追求。这番赤子之心令人肃然起敬，也值得后来者效仿学习。

---

① 20世纪50年代，赛珍珠曾询问一位美国学者，"《百部名著》中为什么没有一本亚洲的书？""因为，"他坦率地说，丝毫不带一点内疚之色，"没有一个人了解它们。"（［美］赛珍珠：《我的中国世界——美国著名女作家赛珍珠自传》，尚营林等译，湖南文艺出版社1991年版，第443页）

② 林太乙：《林语堂传》，陕西师范大学出版社2002年版，第181页。

附录一　误译考察

林语堂英文水平过硬，熟读《红楼梦》，又数易其稿，因此误译并不多。少量的误译主要是对白话俗语表达的误解、对文意的误读，其次是疏忽大意和有意为之导致的误译。下面分别就这四个方面举例分析。

一　误解俗语

（1）原文：忽见**那厢**来了一僧一道，（卷1，第6页）

林稿：He saw a Buddhist and a Taoist priest come out from **a house nearby**, (Prologue p.3)

霍译本：…he became aware of a monk and a Taoist walking along and talking as they went.①

杨译本：…he suddenly noticed a monk and a Taoist approaching, talking together.②

"那厢"是那边的意思，而不是指"a house nearby"（附近的房子）。此处，霍译本和杨宪益译本（以下简称杨译本）均选择了不译。

（2）原文：宝玉笑道："我给个**榧子**吃呢。我都听见了。"（卷26，第7页）

林稿："I have brought you some **kaya nut**… I heard what you were

---

① Cao Xueqin, *The Story of the Stone*, Vol.1. trans. David Hawkes, London: Penguin Group, 1973, p. 52.
② Tsao Hsuen-chin and Kao Hgo, *A Dream of Red Mansions*, Vol.1. trans. Yang Hsien-yi & Gladys Yang, Peking: Foreign Languages Press, 1994, p.7.

mumbling." (p. 164)

霍译本：Bao-yu laughed and snapped his fingers at her: "Put that on your tongue, girl! I heard you say it." (Vol. 1, p. 517)

杨译本："Yes, you did. I heard you." (Vol. 1, p. 379)

这里的"榧子"即"打榧子"，指一种手指动作，用拇指与中指用力摩擦而发出清脆响声。林语堂误译为坚果。杨宪益未译，霍克思翻译正确。

（3）原文：俗语说："老健春寒秋后热。"（卷57，第10页）

林稿：The old proverb says, an old person feels cold in spring and hot after autumn. Nothing is predictable. (p. 378)

霍译本：You know what they say: "Good health in the old is like warm weather in winter: you can't depend on it." (Vol. 3, p. 102)

杨译本：The proverb says, "The healthiest old people last as long as a chilly spring or a hot autumn."(Vol. 2, p. 278)

这句谚语是指老年人的健康就像春天的冷与秋后的热，持续不了多久。林语堂理解为老年人会在春天感觉冷、秋后感觉热，世事难料。这一理解是有偏差的。霍译本与杨译本虽然分别是意译和直译，但理解都是到位的。

二　误读文意

（1）原文：我原生了气，又不敢和**他**吵。原打了平儿两下，问**他**为什么害我，**他**臊了，就要杀我。（卷44，第5—6页）

林稿：I lost my temper and struck Amitie twice. I asked **her** why **she** wanted to do me harm. **She** was so ashamed that **she** rushed away to get a knife and kill me. (p. 305)

霍译本：I became very angry then; but I didn't want to make a scene with *him*. I struck Patience a couple of times. All I did to *him* was ask him why he should want to kill me, but he was so much put out by that that he tried to murder me on the spot. (Vol. 2, p. 372)

杨译本：Angry as I was, I dared not quarrel with *him*; I just gave Ping-erh a couple of slaps and asked her why she should want to murder me. He flared up then and threatened to kill me. (Vol. 2, p. 51)

这是凤姐在添油加醋地向贾母转述她与贾琏的争吵，这段话里的后两个"他"指的都是贾琏，而不是平儿。但林语堂都误解为平儿。杨译本误解了第二个"他"，霍译本理解正确。

（2）原文：宝玉笑道："你是头一个出了名的至善至贤的人，他两个又是你陶冶教育的，焉得有什么该罚之处？"（卷77，第8页）

林稿：Poyu smiled. "Oh, no, not you. You have a reputation for being the model girl, beautiful and kind and able. But those two dismissed have been under your training. I don't see what they have done to deserve dismissal." (p. 473)

霍译本："*You*?" said Bao-yu, laughing incredulously. "The famous paragon of all the virtues? There's little danger of her finding fault with *you*. Or with those other two, whom you trained and moulded in your own image." (Vol. 3, p. 539)

杨译本："You're known as a paragon of virtue," he retorted. "And those two are influenced by you. So how could you slip up so as to deserve punishment?" (Vol. 2, p. 640)

宝玉指的是袭人至善至贤，麝月、秋纹又是袭人陶冶教育的，不可能有被罚之处，是因果关系。而林语堂则将"他两个"理解为被撵走的四儿和芳官，将整句话理解为转折关系，即袭人至善至贤，但被撵走的四儿、芳官是袭人陶冶教育的，怎么会被撵走。霍译本和杨译本均理解到位。

（3）原文：岂知贾母病中心静，偏偏听见，便道："迎丫头要死了么？"王夫人便道："没有。婆子们不知轻重，说是这两日有些病，恐不能就好，到这里问大夫。"（卷109，第14页）

林稿：However, with a patient's alertness to sounds, she heard everything.

"Is Greetspring dead?" she asked.

"No," said Madame Wang.

Some old woman answered tactlessly, "She is ill, and the woman has come to ask us to send a doctor. They are afraid it is going to be difficult for her to get well." (p. 731)

霍译本：But Grandmother Jia still had her wits sufficiently about her to overhear and understand a great part of the conversation.

"Is Ying dying?" she cried.

"Certainly not," protested Lady Wang. "These women lose all sense of proportion. She's just been a little poorly these past few days and they were concerned for her and came here to ask for a doctor." (Vol. 5, pp. 188-189)

杨译本：But the Lady Dowager lying there quietly had overheard them too.

"Is Ying-chun dying?" she asked.

"No, madam," said Lady Wang. "These women are all alarmists. She says Ying-chun hasn't been well the last couple of days and may take some time to recover. They want us to get her a doctor."(Vol. 3, p. 418)

林语堂此处将王夫人的回话误认为婆子们说的话。此时，婆子们尚在门外，从大家族的规矩上来讲，也不可能站在屋外和贾母说话。

三　疏忽失误

（1）原文：果然拿了两瓶来付与袭人，袭人看时，只见两个玻璃小瓶，却有三寸大小，上面螺蛳银盖，**鹅黄笺**上写着木樨清露，那一个写着玫瑰清露。（卷34，第5页）

林稿：Russet came back after a while with two small glass bottles with screw caps, only three inches high, one labeled "Essence of Cassia" and the other "Essence of Rose", written on a **deep peach paper**. (p. 241)

霍译本：Eventually she returned with two little glass bottles, each about three inches high, which she handed to Aroma. They had screw-on silver tops and **yellow labels**. One of them was labelled "Essence of Cassia Flower" and the other one "Essence of Roses". (Vol. 2, p. 162)

杨译本：They were tiny glass bottles barely three inches high, with silver caps which screwed on, and **yellow labels**. On one was written "Pure Osmanthus Juice," on the other "Pure Rose Juice." (Vol. 1, p. 492)

林语堂将"鹅黄"译为"deep peach"（深桃色），这里不是误解，而应该是单纯的疏忽所致。

（2）原文：……说是**珍大哥**治的，（卷34，第11页）

林稿：…it was **Brother Lien**'s fault (p. 246)

霍译本：…Cousin Zhen was at the bottom of it. (Vol. 2, p. 170)

杨译本：…Cousin Chen was behind it…(Vol. 1, p. 499)

将贾珍误译为贾琏，同上例，属大意导致的失误。

（3）原文：正在那里徘徊瞻顾，看见墨雨飞跑，紫鹃便叫住他。（卷97，第9页）

林稿：Loitering around the place, **she saw a maid, Moyu, and called to her**. (p. 630)

霍译本：She was looking around her in uncertainty, when she saw Bao-yu's page boy Inky rush past, and called to him to stop. (Vol. 4, p. 354)

杨译本：She was looking around when Mo-yu came flying along and she called to him to stop. (Vol. 3, p. 247)

墨雨是宝玉的小厮，林语堂误为丫鬟，亦属大意。

四 有意误译

（1）原文：有**两个时辰**，忽见赖大等三四个管家喘吁吁跑近仪门报喜。（卷16，第2页）

林稿：After about **two hours** of this unbearable suspense, LAITA, the chief manager of the household, and three or four other employees came in to the inner gate, panting out of breath. (p. 74)

霍译本：About **four hours** later Lai Da, the Chief Steward of the Rong-guo mansion, and three or four other stewards came panting into the inner gate and gasped out congratulations. (Vol. 1, p. 304)

杨译本：…but it was **four hours** before Lai Ta and a few other stewards came panting through the inner gate… (Vol. 1, p. 211)

汉语的一个时辰相当于两个小时，正如霍译本和杨译本所示，两个时辰是"four hours"，而不是"two hours"。结合林语堂还用一英寸对译一寸，一盎司对译一两等可知，在量词的翻译上，他较为随意，并没有精准换算。

（2）原文：凤姐又问道："谁和他住着呢？"兴儿道："他母亲和他妹子。昨儿他妹子各人抹了脖子了。"凤姐道："这又为什么？"兴儿随将柳湘莲的事说了一遍。凤姐道："这个人还算造化高，省了当那出名儿的忘八。"（卷67，第14—15页）

林稿："Who is living with her?"

"Her mother and her sister. Just a few days ago, her sister committed suicide."

Phoenix asked about the reason and Singel told her.

"Lucky for her," said Phoenix. "Otherwise she would end up as another turtle…." (p. 396)

霍译本：

"Who's living with her there?" said Xi-feng.

"Her mother and her younger sister—leastways, the younger sister *was* living with her, but the day before yesterday she cut her throat."

"Why did she do that?" said Xi-feng.

Joker told her the whole story of San-jie and Liu Xiang-lian.

"He was a lucky man," said Xi-feng when he had finished telling it. "I've no doubt that if he'd married her she would have made him a most notorious cuckold…." (Vol. 3, p. 328)

这段话杨译本的底本异文较多，无从对比，故而只引用了霍译本。凤姐的原意是幸亏尤三姐死了，不然柳湘莲也得当王八。但林稿变成了幸亏尤三姐死了，不然她也得当王八。之所以出现这么明显的误译，是因为林语堂几乎全部删除了与柳湘莲相关的情节，所以这里就移花接木地将柳湘莲换成了尤三姐。加上"turtle"并没有妻子有外遇的隐喻含义，所以这段译文是不理想的。

孟祥春曾指出林语堂翻译古文小品失误的两大原因。

> 其一，林语堂有着"以我为主""中西融通"的文化姿态。他不唯洋人马首是瞻，而是注重传达本土精神与趣味，多采用"异化"翻译策略，因此无法"避难趋易"，从而造成了种种翻译失误。这种姿态本身甚为可贵、可敬。其二，林语堂的"中学"与"西学"似乎没有达到完美的平衡。①

以上对"那厢""椁子""老健春寒秋后热"的翻译，林语堂的确采用了异化策略。不过，异化策略与误译并没有必然的联系。抛开疏忽大意和有意为之的误译不谈，误解俗语和误读文意的背后体现的是林语堂对白话文的掌握程度似乎没有到炉火纯青的地步，也即孟祥春所指出的林语堂的"中学"与"西学"的平衡问题。这跟他的教育背景有直接关系。林语堂6岁上基督教小学，18岁又上了全英文学校上海圣约翰大学。真正大量接触和学习白话文与白话文学应是21岁赴清华任教之后。虽然绝顶聪明与勤奋用功能让他的学习效果事半功倍，但是在某些细枝末节方面，还是能看出些许瑕疵。

对待这些误译，我们不必为尊者讳，生搬硬套地说是创造性叛逆；也不必揪住不放，说林语堂的翻译不过尔尔。霍译本和杨译本也并非完美无缺，只是刚好在林语堂失误的地方，他们没有失误罢了。我们应该采取的

---

① 孟祥春：《林语堂古文小品误译与思考》，《上海翻译》2016年第5期。

态度是客观指出误译,并公正评价。首先,林稿误译的数量是极其有限的,并未影响整体译文的文学效果;其次,误译的确反映出林语堂在白话文理解上的瑕疵,指出来,对从事中国文学外译实践或研究的人士而言,未尝不是一个提醒。

附录二　林稿序言原文及译文

Introduction

Ⅰ. A Great Novelist

Years ago, I entertained the dream that I might some day be able to translate the *Red Chamber Dream*. Writing of the art of fiction in China, I said, "I regard the *Red Chamber Dream* as one of the world's masterpieces. Its character drawing, its deep and rich humanity, its perfect finish of style and its story entitle it to that. Its characters live, more real and more familiar to us than our living friends, and each speaks an accent we can recognize. Above all, it has what we call a great story."①* Wang Kuowei, one of the last of the great old scholars and one of the most respected critics—he also knew German and western esthetics—pronounced it as "worthy of being considered as the one great masterpiece in the realm of Chinese art". Exorbitant as this praise is, it never surprises a Chinese, but rather draws from him or her a hearty, warm assent, remembering well the hours of fascination he or she has spent over the novel.

It is a story spread out on a gigantic canvas, with some twenty important characters living in a fabulously rich family. The story is strictly what happened to the men and women in that family; very little outside political and social background will be found in it; even details of the city in which they lived are

---

① *My Country and My people*, (1935) p. 272.*所示脚注为林稿原有脚注，下同。

conspicuous by their absence. But the family is a little world in itself, with a large number of men and women servants and an untold number of maidservants—232 male servants and 189 female servants, according to one count, to be exact. Of these masters, mistresses and chambermaids, some twenty occupy the center of the story. Few Chinese who can read, have not read it a couple of times—perhaps six or seven times. In Chinese society we discuss our preference for this or that girl or maid servant, as if they were everybody's personal friends. Recently, in an evening party of Chinese friends, the company was chattering after dinner in a refurbished basement. Some were playing bridge. Some one said that a certain character said something in that novel. A young man at the bridge table looked up and immediately corrected him, "No, Jiowta did not say that. It was Liu." The saying was that "the only morally decent persons in the Ling Residence were the pair of stone lions at the gate." The novel was written between 1750 and 1760—no exact date is possible—and its popularity had not diminished. It is perennially young.

Tsao Shuehchin, then, has compelled the same kind of admiration among the Chinese that Shakespeare commands among the English-speaking people, and probably for essentially the same reason, apart from the beauty of his language, namely, insight into the human heart and an eloquent interpretation of human character. Tsao had a story to tell, a deeply tragic story, his own. But the gift of his genius has made a swarm of characters come alive; he has achieved that objectivity which makes him look on, with compassion and pity, with focused clarity and Godlike understanding, the characters that move across his pages. He does not spare himself; in fact, it is a novel of open and avowed self-castigation, of a rebel against social conventions, who disappointed his parents. One might say that all his characters are human, and none is perfect. They are just themselves, individuals with their admirable qualities and their foibles. Taiyu, with her talent and charm, quick temper and her pert and petty jealousy; Pocia with her reserve and sagacity and her habit of keeping her mouth shut to avoid offending people; Sunburst, saucy, pampered and pretty and spoiled; Shieren, with her true devotion and yet with a few things to her discredit; Phoenix who did not stop at murder, who nevertheless became a sympathetic character toward the end. As Fondspring says, "All men and women are just about the average, nothing much to say one way or the other." And yet with all their faults, we are held spellbound and interested in following their individual destinies. In the end, we fell a sense of universal pity for all, for the severe, but unbusinesslike, doctrinaire father, for the wily, blithe, scheming Phoenix, for the doting and very shrewd grandmother, pity for the charming Taiyu, and pity for the always correct, able, gracious Pocia, and pity above all for the little rebel, the author himself, who went a complete round licking rouge off girls' lips to disenchantment and self-redemption.

A unique feature of the novel is the space given to the chambermaids. In no other novel that I know is such extended treatment given to adolescent maidservants. If a count is taken of the most interesting characters, it will be found that half of them are chambermaids. Shieren first of all, then Sunburst, Jay, Nightingale and Amitie are all superb and superior characters in their own right. Probably Amitie stands out best of all as the most lovely character. The quick-tempered, outspoken Sunburst is like Taiyu, and the reserved, tolerant Shieren is like Pocia; the latter type is always more successful, but which type does one like better? It is this rich humanity of all characters, high and low, that compels me to recognize Tsao Shuehchin as a "great" novelist, and his work, in spite of the natural remoteness of language and customs, a masterpiece to rank probably with the world's ten greatest novels.

Some other great qualities of the novel are the following. A great theme, the theme of transitoriness of earthly glories, so well stated in the author's Preface and Prologue. It is this Buddhist-religious, semi-mystical presentation, with the idea of fate and destiny, which lifts it to a plane above mere mundane realism. A great story of downfall and collapse of an ancient family, brought about by decadence and human folly, and in the foreground the sad and in many ways tearful love story, with its irony and its cruelty—the fate that enveloped first Taiyu, then Pocia, and the young man himself. Concomitantly, the spiritual progress of the hero from infatuation with the eternal feminine to his disillusionment and final redemption. As the author presents it, the tragedy of the Jia house is the tragedy of all human life, of frustrated hopes and futile endeavors and passing glories. In this sense, it is deeply Buddhist. Its drawback is, in contemporary eyes, what one may call its sentimentality, a sentimentality reminding one of *Clarissa Harlowe*, written in the same decade. It also displays a ubiquitous knowledge of all aspects of Chinese life—official corruption, court etiquette, religious and superstitious practices, divination, the planchette, exorcising of evil spirits, poetry, food, wine games, card and dice games, music, painting, medicine, astrology, state examinations, Chan Buddhism, Confucian philosophy and Taoism—all presented with expert knowledge. In particular, like other Chinese novels, it displays the author's talent for poetry in all its forms. Only some of the best poems, highly regarded by the critics, are translated here, because too much may be too much for a western reader of a novel.

The method of Tsao Shuehchin is unique, and to appreciate it fully, it must be read differently from a novel bristling with plots and action. The author's primary interest is in human character. In the first half of the novel (Books Ⅰ- Ⅲ), he contents himself with portraying a multiplicity of domestic episodes, now spotlighting one character, now another, or placing two characters in contrast, with the effect of tableaus. He is so fascinated by the immediate scene and the human traits that the story seems to move slowly, for a western reader, as he leads leisurely toward the conflict. Secondly, and this is the subtle art for which he is greatly admired by the Chinese critics, he scatters here and there, like clues in a detective story, apparently inconsequential details and traits of character which determine their future destinies and bear down on the fortunes of the house with the weight of inevitability. Reading the novel always makes me feel like watching a slow-moving mass of fuming lava advancing toward a village five miles away, not immediately threatening, but irresistible in its creeping march. One important thread, for instance, is how Pocia wins the hearts of the elders while Taiyu wins only the heart of Poyu. How the pampered maid Sunburst offends people right and left is another. These threads are then picked up one by one and their significance shown in the second half (Books Ⅳ-Ⅶ). I have not included a single incident or episode in the first half which does not lead toward the development in the second half. The novel seems to require more concentrated reading and an eye for details as the layout of the story requires. This method is called, in Chinese critical terminology spotting a grey snake in the tumbleweed after passing it in another place an hour ago.

Ⅱ. The Hero and the Symbol

A word must be said about the hero, Poyu, a complex character. He is pictured as a boy, extremely sensitive to beauty and appreciative of the feminine, a little rebel with the artistic temperament who refuses to grow up and accept the social conventions and falsehoods of adult society. The story of Poyu is the story of progress of that artistic soul in conflict with the sordid realities, and under the strain of that conflict, he mentally cracked up several times. Fate placed him, with supreme irony, in a life of undreamed of comfort and luxury, in a pleasure garden where only women were permitted, completely surrounded by a bevy of charming cousin sisters and four or five equally charming chambermaids of adolescent age. Often he was the only man in a hen-party. The dismissal of his favorite maid Sunburst and the marriage of his cousin Greetspring, representing only the first conflicts with reality, already made him ill for a month. What he absolutely could not understand was that grown-up girls should be married off. He remained warm, affectionate, trusting, and in spite of his lapses, an instinctively pure worshipper of the eternal feminine. He was a true lover, constantly suffering from the barbs and pinpricks of Taiyu, to whom he had given the one great passion of his life. Fate was cruel to him, and the supreme irony of it was that his parents and grandmother who loved him most were the very persons to thwart the one great love to which he had dedicated the purpose of his existence. He was to go through all the pangs and anguish of passion, so intense that he lost his sanity, and recovered only after he had waked up from a dream and discovered himself. Once he understood that all life is but a dream, he could not be hurt any more, was sure of himself, and went on to his destiny, to fulfill his duty to his family and to himself.

  Thus Poyu was unique. We have the impression that he was in this world and yet did not quite belong to it. The jade he was born with in his mouth, described as the very root of his life, is consciously employed as a symbol which explains his uniqueness, and vitally affects the course of his life. The jade is a symbol of the pure, unsullied soul of man, that higher pristine intelligence and purity and esthetic sensibility. Inevitably, it came into conflict with reality, a conflict which took two forms. One was rebellion against what the world called success—taking the state examinations and joining the crowd of corrupt and false and hypocritical officials. Gifted with his extraordinary intelligence, he could learn, without more than half trying, anything he set his mind to, anything except the Confucian classics, for which he had a fierce contempt as associated with the corrupt gentry. Greatly he disappointed his doctrinaire father for not wanting to "get ahead" like the other boys. He reviled and he scoffed at the Sages. When Pocia, the always correct girl, urged him to study for the state exams and he saw that this desire to "serve the country" had infected even the fair sex, he thought it the end of the universe. When Riverhaze urged him to go out and learn the politics of the nation, he said, "Please be so good as to leave this room and go somewhere else." Only Taiyu, a female counterpart of himself, never urged him to study for the exams, which earned his deep respect and undying admiration. Of course, he was the "little rebel"; of course he disappointed his parents who just wanted him to "get ahead."

The second meaning of the symbol took the form of worship of feminine beauty. There was something recalling the spirituality of the Elysium which made him condemn the male sex as the riffraff, the scum of the universe, the cheaper vessels into which the Creator cast the dregs and left-overs, after he had fashioned the girls out of all that was pure and beautiful in the universe. His saying that "girls are made of water; boys, of mud" is justly famous. When Poyu heard that Shieren's female cousins were about to be married to men, he involuntarily squealed. It was just like pouring water over mud. That water has to be mixed with mud is the very essence of tragedy of all human life, because the mortal world is so constituted. He could not stand vulgar women after they had been "contaminated" (that is, married) by men. He was sorry for his cousin Lien who saw in girls and women only objects of his gross, sensuous gratification. Elsewhere, the author repeatedly scores the current love stories of his days for their indecency, for mistaking adultery for love. This "psychological sexuality", which Poyu was charged with, was no other than the adoration-of-the-Virgin complex from which the great cathedrals of Europe sprang up in the twelfth and thirteenth centuries. In twelve niches of his literary cathedral, he sculptured with his heart blood his twelve female Saints. Somehow, east or west, art and human imagination had not found it possible to express concretely the highest ideal of beauty, of goodness, and of purity, except by incorporating it in the feminine.

And so, following his destiny to the end, we get an impression that the jade was a symbol of supra-mundane intelligence that really did not belong to the world at all. Toward the very end, his father at last understood him. That was why, as the author finally explains in the Epilogue, the jade had to disappear before Poyu got married. The jade must not be contaminated.

Ⅲ. Tsao Shuehchin

The novel is avowedly autobiographical. Tsao Shuehchin(pronounced Tsow Shuaychin, 1718?-1763), author of this immortal classic, "disguised the true story" of his own life in the form of popular fiction, as he says in the Preface. In the Epilogue, he says, this is "a story unusual yet usual, common yet common, a true story yet is fiction, is fiction and yet is a true story." Again he says that "Tsao Shuehchin, worked on this story in his Studio of Mourning Red for ten years, revising it five times, dividing the chapters and compiling a table of contents." When Father Vanitas Vanitatum asked him why he was willing to undertake the work, he made himself reply significantly, "Your name is Vanitas Vanitatum. I am afraid your head is Vanitas Vanitatum, too. You mustn't take my words too literally. Don't try to investigate whose story it is." That the story is autobiographical is beyond all question.

Unlike other masterpieces of Chinese fiction, there was never any doubt that he wrote it. The fact of his authorship was generally accepted among his contemporaries. The earliest testimony came from Yuan Mei, a well-known poet, who wrote in 1749, while Tsao was still living, that he, Yuan had bought his pleasure garden, the Suiyuan, from the man Sui, who had brought it from the author's father after the family's collapse, and that his Suiyuan was the Magnarama Garden of the famous story. Furthermore, he said that two poems had been written by a friend (in another popular version, by Tsao Shuehchin himself) concerning a beautiful girl in the "Red Chamber". It seems to me one describes Taiyu and the other fits Pocia perfectly. The first one says that her sad flushed face excelled the peach blossom, that her fever went up and she perspired in the afternoon, and to cover up her state of health, she merely said to her visitors that she felt "a little worse" today. The second poem says that the girl's poise and dignity resembled a serene landscape, that she could easily outshine a group of fashionably dressed ladies; neither was she abashed or awkward in elegant society, nor did she try to be gay and vivacious, but most of the time sat there with her silent charm.

However, it was left to Dr. Hu Shih to do the spade work of uncovering details of Tsao's life. Hu's "Research on the Red Chamber Dream" is the best piece of work he has ever done. At this time, 1921, Hu was head of the English Department of Peking National University, concurrently Dean of Arts, and Tsai Yuanpei was the Chancellor. The two men held opposite theories. Chancellor Tsai had previously published his research, impressive in its learning, holding a theory, previously adumbrated by others. Tsai did not exactly dispute Tsao's authorship, but held that the story was not autobiographical, but was in the nature of an allegory portraying the scholars of Emperor Kangshi's period (1662-1721). Literary antecedents of this kind made the theory plausible. Some basic points seem well made. "Red" was the surname of the overthrown Chinese Ming Dynasty; the Court of Red Delight indicated loyalty to the Chinese Dynasty; Tsao called himself "Master of the Studio for Mourning Red"— meaning mourning the passing of Chinese power. Poyu's awful habit of "loving red" —i.e., licking rouge off girls' lips—was symbolic of Manchus loving Chinese customs and culture. The magic precious stone represented of course the "jade seal"—historic symbol of the emperor's power. And Jiajeng's name, meaning literally "false government" of course was meant to refer to the usurping dynasty, the hated foreign Manchu rulers.

So far no too great strain had been imposed on the imagination of his readers. What vitiates the whole position is that the author himself was a Manchu. From then on, however, our credulity is taxed. The girls in the novel are traced, with painstaking scholarship, to their originals who were men scholars in the Kangshi regime, by puns on their names, and by comparison with the characters and incidents of a number of poets and scholars resembling Taiyu, Pocia, etc. in character. The theory is intriguing, like the Baconian theory, and it is always possible to coax "evidence" out of an enormous mass of biographical details to suit one's fancies. It may be pointed out that Tsai was merely carrying on a tradition of Chinese critics trying to do detective work on masterpieces with hidden meanings. Other interpreters had their heyday giving their own theories. Out of this and other special studies of the novel grew a mass of literature, half-facetiously called the Study of Red.

Hu Shih's pioneer research into the personal and family life of Tsao Shuehchin clarifies all this muddle and establishes beyond a doubt, in the eyes of most people, that the story can only be autobiographical—naturally with the customary liberties of fiction. This is the position of some discerning critic in the mid-nineteenth century who said that one was compelled to believe that the author was writing his own story, of characters he knew and events he went through himself. "One cannot believe even that he was writing of somebody else he knew."

The facts discovered about the author are briefly the following. Tsao was born between 1715 and 1720 (in my opinion 1718, if Poyu's year of birth is taken as his own). He did not take a degree, as Poyu did, and died a broken-hearted man in his forties, on Feb. 12, 1763. Just like Poyu in the story, he came from a fabulously rich family, in charge of the Imperial Kiangnan Textile Works, making silks and brocades of the court. His grandfather held this lucrative post for twenty-one years, his uncle for two years and his father for thirteen years (1715—1728). In the heyday of its power, under the grandfather, the family had the unique honor of playing host to Emperor Kangshi four times, in 1699, 1703, 1705 and 1707, when he visited the south. Then his father for some reason lost the post in 1728 and the crash described in the novel came probably then or shortly after (The date given in the novel is 1735). I am inclined to believe also that the crash came through the misconduct of his retired ease-loving uncle, Duke Jiashey in the story, for selling political influence. There was another branch, too, corresponding to the House of Ling, and it is not difficult to believe that the licentious young Duke Chen was a real character.

He thus came from a scholars' family. The grandfather had a private library of over three thousand of rare volumes, and published fifteen special works, by others, on food and the arts of living, besides his own poetry. His father, like Jiajeng in the story, was a senior secretary in a ministry, his uncle, like Jiashey, probably living in retirement, surrounding himself with young concubines, setting a disgraceful example to his nephews. Growing up in the luxurious and cultured atmosphere of this home, he learned poetry, painting, and, as his work proves, almost everything except the art of becoming a successful official.

After the crash, the family declined. The pleasure garden was sold. We next see the author, a young man living in penury in his humble cottage in Peking, dreaming of the golden days of his youth and chewing the cud of bitter regrets and enchanting memories. That this man transformed his own experience by art into a story which has gripped the imagination of millions of readers in China is due to the gift of his genius. He was living with his wife, presumably Pocia, and a child. A poet, painter and connoisseur of good food, he had an enormous thirst for liquor, which he usually took on credit. That was when he felt compelled to put down his own story in the form of fiction.

Such evidences as we have come mainly from two sources, the poems of his friend Tuncheng (whom we shall refer to as Pine-Hall, his literary name), and the running annotations on the novel by a close relative, whom we may more conveniently refer to as Rouge-Inkstone (name of his studio). Pine-Hall said he sold paintings to buy wine, and once, seeing him dying for a drink and drawing his thin robe tight around him to fight off the cold, Pine-Hall sold his own knife (carried about like a sword) to buy wine for the two of them, and then the two drank and sang and each other wrote a long poem to celebrate the occasion.

> The yard o'ergrown with rank, uncut sedge-grass,
> The family fed on gruel, the bottle dry,
> A tottering house within a darkened alley,
> He dreams, in dismal rain, of days gone by.
>
> Serve not as footman in a manor-house,
> Seek not the doors of the wealthy gentry.

> Write your book, write, in your brown-leafed cottage,
> Contented with left-overs in the pantry.①*

Curiously, some one later, saw a version of the novel in which Poyu worked as night watchman, Pocia was dead, and Riverhaze was a beggar. Poyu then took Riverhaze for his wife.

Rouge-Inkstone's re-annotated manuscript version of the novel (1754) contains more interesting details. In this incomplete copy of the novel, are found elucidations, written in vermilion ink between the lines, and at the beginning and end of chapters, as was common in Chinese novels. We know, for instance, that Tsao had a younger brother, and learn from it the exact date of his death, following a few months after the death of his son. He seemed to be still laboring over his manuscripts. He could not survive the blow of his son's death. We learn, too, that on the clan-brother's advice, an episode revealing the adultery of Yung's first wife had been struck off from the novel, making the chapter shorter by four or five pages. References are made to an apparently earlier version. We are given the exact number of the branches of the four rich families and where they lived. These annotations, variously dated, are of a highly personal nature, made by Rouge-Inkstone, who was a close, intimate uncle of the author and who often recalled with poignant regret the events and characters he knew and had seen thirty years ago. The words from the author's lips, "The monkeys disperse when the big tree falls" seemed yet to echo in his ears.

Unfortunately, there is a currently accepted theory that Tsao Shuehchin never finished the great novel he had started out to write and that Kao Ngo wrote the last forty of the one hundred twenty chapters, a theory given currently by Hu Shih himself. This, rather than Chancellor Tsai's interpretation, is the real Chinese equivalent of the Bacon-is-Shakespeare theory, and is based on

---

① Poems by Pine-Hall, dated 1757, when the author was still working on this novel.

whimsical subjective interpretation of a few intriguing facts. In fact, the proposition is more audacious and more difficult to maintain than the Baconian theory; it holds, in terms of this analogy, not that Bacon wrote Shakespeare's works, but that Shakespeare wrote the first half of *Hamlet* and Bacon the second half while Shakespeare had all the time to complete it himself! One would have thought that such a theory required some pretty compelling evidence, which did not come. The scales of external and internal evidence are tipped by the critic's invisible finger in favor of something more exciting than sensible. In all fairness to Tsao Shuehchin, I have laid the evidence for and against before the readers of this novel, in a separate 50,000-word Chinese paper.

A wealth of details about Tsao Shueh-chin in personal life has been unearthed in the last twenty years, thanks to the intensive research of scholars, notably that of Chou Shu-chang and Wu Eng-yü. This was brought to light the early annotated editions, many of them incomplete, containing comments and personal recollections, the imperial edict of Emperor Kangshi and Yung-cheng, related to the confiscation and collapse of the Ts'ao family, notes of contemporary Manchu authors, recording poems and meetings with the author. Three points are worth noting. (1) A good part of critics who accepted the hypothesis of Kao Ngo's authorship of the last forty chapters, have come round to the belief must be based on Tsao's manuscripts, Kao merely doing the editing job, rather than any creative writing. The incline to hold that the preface of Cheng Wei-yuan and Kao was genuine rather an attempt to cover up the forgery. (2)The discovery in 1962 of a profused manuscript of 120 chapters, agreeing 99% with the published edition of 1792. (3)The discovery of eight essays, including one on the culinary art and the various applied arts.[①*] This is a surprising part about the author and shows him as a versatile and humane author. Tsao did his work on the construction of kites and wicker work for the benefit of

---

① Published by Wu En-yü in May 11, 1970 in *Ta Kung Pao*.

the blind to train them for making a living. He befriended the crippled Yu Shuh-tu and spent a full month, teaching him the secrets of flying a kite. His detailed drawings created even a profession for the blind. Coupled with this is the fact that he saved an old woman who was going blind, and gave her a room in his own house as a maid. This so impressed Tung Pang-tah, the renowned imperial painter, who invited him to join his staff, in the year 1760. Tsao left after a while, preferring his living as a free painter, enjoying the natural beauty in his house in a wooded area, in what is today known as Emperor Chienlung's deer park.

Ⅳ. Problems of Translation

Perhaps it is audacious of me to attempt a translation of the Chinese classic, the one best novel produced in the entire Chinese literature. The responsibility is great; the task, appalling. No serious attempt at an English translation has been undertaken.①* Knowledge of all the customs mentioned is essential and its many poems are likely to deter any one from attempting it. The greatest stumbling block of all is its size, probably three-quarter million words. A full translation might occupy, 1,000 closely printed pages, and it is hardly likely that even an adventurous and foolhardy publisher would undertake it. Also, the slow, leisurely pace of the original, with its occupation with commonplace and sundry details and its rambling episodes involving the minor characters, would make it hard for a western reader to sit patiently through it—not likely, however it may interest the Chinese, to whom the material and characters are necessarily more

---

① *Red Chamber Dream,* by C.C. Wang, Published by Doubleday Doran, 1929, was never meant as a serious translation, giving a conscientious, but rather bare skeleton of the story only. I consider it more a summarized condensation than a translation. A translation by Bancroft Joly was attempted, Kelly and Walsh, 1892-93. But was left unfinished. Joly seemed to have undertaken the translation when he was beginning to learn Chinese. Franz Kuhn has made a good translation into German, *Der Traum de Roten Kammer*, Inselverlag, Leipzig, 1932, 50 chapters, 788 pp. Dr. Kuhn, like myself, has been forced to cut the novel to manageable proportions. His selections and omission, however, are largely different from mine.

familiar and easier to follow. The question is therefore to attempt a carefully edited translation of the central story, leaving out all irrelevant rambling passages, or never let this novel appear in English at all. The beginning is slow-moving in the first three books (Ch. 1-29) cumulative, then in the last four books (from Ch.30 on) follow a series of soul-shattering climaxes where the novel shows its power and all-comprehending, universality.

Over a dozen years ago, I made an analysis of the central story, and found it was quite possible to make such a version, without destroying the essential atmosphere or its grandiose effect. For instance, the thefts and gambling in the garden could be represented by one episode, instead of three. One grand funeral is enough instead of two. Every aspect of important developments could be covered, and the essential structure of the story need not be affected. Pruned of its less relevant episodes, the cathedral-like architectonic design of the novel remains, perhaps even stands out better. I have found it possible to carry the plan now.

In particular, I have cut out matter largely irrelevant to the central story in Poyu's boyhood. The three persons, Yung's first wife, her brother and Jiarui, who died during Poyu's boyhood, of course never appear again. The real story begins with the Magnarama Garden. The first year in the garden (Ch. 6-29) is carried through all the four seasons ("Youth's Morning", spring and summer, "Tumult of Trumpets", autumn and winter); the second year (Ch. 30-33) is largely repetitious and been considerably shortened; then on to the first climax ("The Deception") in the third year (Ch. 34-50), when the short arc descends; and finally the denouement in the fourth and fifth years (Ch. 51-64). The reduction in the number of chapters does not mean anything; the original chapter division is anywhere in the middle of an episode which will compel the reader to read on. The chapters in the translation represent sometimes whole chapters in the original, sometimes two or three condensed and tightened.

It is remarkable how much can be saved and preserved with skillful cutting.

What is sacrificed are quite a number of birthday parties, New Year's Eve and mid-autumn celebrations, long detailed wine games and versification contests (of which only one example is given in full, in Chapter 28), one of the two dream visits to the Paradise (Elysium of Eternal Void), the first one being dropped in favor of the second, and many minor episodes in the garden involving some actresses and minor characters, including the story of Shuaypan's shrewish wife. But the cutting is also cumulative; it is the author's habit to string one episode on to another by transitional scenes, which can well be represented by any device for indicating a break of scene. Where parts of the same story are spread out across a hundred pages and then taken up again, I have put them together (for instance, Ch. 52, Nightingale's hostility to Poyu after his supposed disloyalty to her mistress, Taiyu). The most admired of Taiyu's poems, Song of Prayer to Fallen Flowers, cannot be even understood without more explicit information on her tuberculosis, taken from later chapters. On the whole, I have gone on the basis of selecting the most relevant and brilliant scenes.

This is not a literal translation. It cannot be, in a novel translated from the Chinese. Perhaps to a less extent than in translation poetry, I am anxious that the overtones be kept, more than individual words. If I have caught the overtone, I am willing to sacrifice the words. I am trying to be faithful, not literal. Many of the rambling dialogues in the beautiful leisurely, mannerly, Peking mandarin language, with its furthermores and howevers and secondly, thirdly, possible in an atmosphere where one can talk like a lawyer presenting a brief without interruption, would make a western reader groan. Pocia, for instance, is apt to discourse, not talk. Her discourse on the technique of painting, four pages long, has been entirely cut out; Taiyu's discourse on chin music has been cut in half. There are "mannerisms" in Chinese speech, which can better be left out. "Why don't you go home and see a doctor?" says enough for a western reader. A literal translation—"Why don't you ask for home leave and see a doctor; you take a few doses of medicine and will be well again in a few days."—natural in

Chinese speech, may seem tiresome to western ears. Circumstantial details which are implied and understood in English are not translated. When a dialogue is going on, it is not necessary to say, "B heard what A said, and said," or "After saying this, he…" After a person has heard a conversation, a resume is often given of what she has just heard. I do not think any western reader can stand a literal translation.

I believe that a translator has a double obligation, to the reader as well as to the author, to the language of the translated medium as well as to the original. It may be possible, but hardly wise, to make a parade of literalness and do violence to the language of the translation in the name of faithfulness to the original. My method is to translate a paragraph, or entire dialogue, first, and find out what is perfectly clear without the Chinese circumlocutions and trim these off, until I am satisfied that it is idiomatic and readable. The work of translation from Chinese into good English is necessarily laborious, since one consciously or unconsciously starts out with thinking in Chinese terms. I have revised the manuscript at least five times, equal to the number done by the author, to the end that I hope we have here a readable English translation that does not read like the pedantic, pompous and often excruciating language of some scholars trying to sound learned, exotic and foreign. For Tsao Shuehchin in the original is eminently readable, and the western reader is entitled to that pleasure.

In the translation of names, my object has been to make them as easily pronounceable and distinguishable as possible. Thus I have preferred Poyu to Paoyu; I know from experience that, in spite of all cautions, Paoyu would be pronounced as Pay-oh-yu. Confusingly similar names are distinguished by some makeshift device: Jiajeng and Jiajen are spelled as Jiajeng and Duke Chen, and Yung-erh and Yun-erh are spelled as Yung and Yunel. In the translation of girls' names, Cuckoo is, for obvious reasons, changed to Nightingale, and Mandarin Duck, to Jay. The others, like Trailspring, Riverhaze, Smokyridge, Sunburst, Moonbalm, Mossprints, etc. are fairly accurate translations.

The best translation does not read like a translation, like a lady's silk stocking, so sheer that you do not know she is wearing it, while it reveals the beauties—and the dog hair—underneath. Such an art can only be laboriously achieved and painstakingly acquired, but it should be the ideal. I dare not hope that I have approached this ideal in which the translator becomes, by some magic, invisible and forgotten. But I do hope that we have a readable translation.

February, 1954
New York

序　言

1. 一位伟大的小说家[①]

多年前，我曾梦想有一天能翻译《红楼梦》。在评论中国的小说艺术时，我曾说："我认为《红楼梦》是世界杰作之一。其人物刻画、深刻而丰富的人性、体裁之完美与故事令其不虚此名。"[②]书中人物较我们身边的友人更真实与熟悉，我们能听其言而辨其人。更为重要的是，它讲述了一个精彩绝伦的故事。王国维——我国最后一位一流的传统学者与最令人敬仰的批评家——他也熟谙德国和西方美学，宣称"《红楼梦》自足为我国美术上之唯一大著述"。如此盛赞，中国人不仅不会惊讶，反倒会真诚、热烈地予以赞同，并追忆自身沉迷这部小说的美好时光。

故事展开在一幅巨型画卷上，约二十位主要人物生活在一个极其富裕的家庭。确切说来，它讲述了发生在这个家庭里的男男女女身上的故事，却极少提及外界的政治纷扰与社会背景，甚至连他们所居城市的蛛丝马迹亦讳莫如深。但这个大家族自成一个世界，大量男女仆人与数不清的丫鬟——某人曾精确统计有二百三十二名男仆并一百八十九名女仆。约二十

[①] 译文据笔者所译《林语堂〈红楼梦〉英文编译原稿序言》(《曹雪芹研究》2019 年第 3 期) 一文修订而成，译后记修订补充后，已融入第七章第一节。

[②] *My Country and My People*, (1935), p. 272.

位主仆闪耀于故事中心。但凡识字的中国人，很少没读过几遍的——也许是六七遍。在中国，我们讨论自己偏爱哪位女子或丫鬟，就像她们是我们的私人好友一般。近时，在几位中国友人的夜间聚会上，众人饭后在翻修一新的地下室聊天。有几人在玩桥牌。一人谈到书中某人曾说了句什么话，桥牌桌上一位年轻人听到后，立刻抬起头来纠正道："这话不是焦大说的，是柳湘莲说的。"那句话是说"你们东府里除了那两个石头狮子干净罢了"。这部小说写于1750—1760年——准确日期现已无从得知——它受到的欢迎从未减少，永葆青春。

中国人敬仰曹雪芹，一如英语国家的人对莎士比亚。敬仰的根本原因也许一样，除开语言上的美妙，还有他们对人心的洞察和对人性的巧妙刻画。曹雪芹有一个故事要讲给我们听，一个关于他自身的深沉、悲伤的故事。但他的天才令他创造出一群活灵活现的人物。他注视笔下众生，带着同情、怜悯、慈悲和神明般的理解，却不失客观。他没有放过他自己，事实上，这是一部公开进行自我谴责的小说；是一部关于一个反对社会常规、令父母失望的反叛者的小说。我们可以说书中人物都是人，而且没有完人。他们仅仅是他们自己而已，有着各自独有的优缺点。黛玉，才华横溢、魅力四射却性情急躁、小肚鸡肠；宝钗，矜持睿智却不肯多言以免冒犯他人；晴雯，风流灵巧却恃宠而骄；袭人，尽忠职守却难免毁誉之事；凤姐，初始杀人无形，终归怜悯之心。诚如惜春所言："我看如今人一概也都是入画一般，没有什么大说头儿。"虽然各人自有缺点，然而他们的命运却牵绕我们的心。看到最后，我们会同情所有人：同情严苛迂腐、教条主义的贾政，同情精明泼辣、诡计多端的凤姐，同情宠溺孙儿却睿智高明的贾母，我们会同情迷人的黛玉，同情永远正确、优雅能干的宝钗；同情作者——那个爱吃女孩嘴上胭脂的小叛逆者的觉醒与自我救赎。

这部小说的一个独特之处在于用大量篇幅来描写侍女。对青春期的侍女予以如此这般详细描写的小说，据我所知，别无其他。如果要细数书中最有趣的人物，会发现其中半数是侍女。首推袭人，次而晴雯、鸳鸯、紫鹃、平儿，各美其美且品性优越。平儿也许是其中最可爱可亲者。性情火爆、直言不讳的晴雯颇似黛玉，藏而不露、宽以待人的袭人极类宝钗，后者更容易成为人生赢家,然而读者诸君想必各有所爱。赋予书中所有人物以丰富的人性而不问其身份高低,正是此点,令我不得不承认曹雪芹是一个伟大的小说家,而他的这部作品,不问语言风俗之异,当之无愧立于世界十大最伟大小说之列。

　　这部小说还有如下伟大之处:它蕴含了一个尘世荣华转瞬即逝的主题。这点已在"作者自云"与"序幕"里分明阐述。正是这种佛教信仰、半神秘主义的表现,伴随着宿命论,将本书提升至一个超越寻常现实主义的高度。这个伟大的故事讲述了人的颓废和蠢行导致一个钟鸣鼎食之家的衰败与垮台,同时倾注心力描述了一个悲伤而黯然落泪的爱情故事,讽刺而残酷的命运先是包围黛玉、继而宝钗、进而男主人公自身。从迷恋永恒的少女世界到幻想破灭再到最终的救赎,他的心路历程伴随其间。作者想要表达的是,贾家的悲剧即全人类的悲剧:落空的希望、徒劳的努力和逝去的荣光。从这层意义来看,此乃深刻的佛家思想。在当代人眼中,也许它的不足之处在于其感伤主义,令人想起同时期创作的感伤主义小说《克拉丽莎》。小说还显示出作者对中国人生活的方方面面无所不知的学识——官场腐败、宫廷礼仪、宗教与迷信行为、占卜、扶乩、驱魔、诗歌、美食、酒令、玩牌、掷骰、音乐、绘画、医药、占星、科举、禅宗、儒家、道家,均得以呈现。尤为称道的是,就像其他中国小说一样,作者的诗才在各类诗歌体裁里展露无遗。不过我仅翻译了数首获评家高度赞赏的一流诗作,因为对一位阅读小说的西方读者而言,太多的诗作会显得累赘。

　　曹雪芹的创作手法独一无二。要充分欣赏它,阅读方式应与堆砌情节、动作的小说区别开来。首先,作者最大的兴趣在于人性。在小说前半部分(译本一——三卷),他悠哉乐哉地描绘了一系列家庭琐事,时而聚焦某个人物,时而对照描写两个人物,营造出戏剧效果。他迷恋眼前场景与人性,使得故事在西方读者看来进展缓慢,这是因他在故事冲突的推进上太过从容了。第二个独特手法是为中国批评家所津津乐道的精妙技巧。就像侦探小说里的线索一样,他四处散播看似无关紧要的细枝末节与人物个性,这些最终决定人物将来的命运,并以势不可当之力压在贾家的运势上。看这部小说总让我感觉像是看到一股炽热的熔岩朝着五公里外的村庄缓缓流动，不会立刻造成威胁，而是徐徐行进却势不可阻。以一个重要线索为例：当黛玉赢得宝玉一人心时，宝钗是如何赢得所有长者之心的；有恃无恐的晴雯如何处处得罪他人，则又是一例。在小说后半部分（四—七卷），这些线索被一一拾起，其重要性得以体现。对于小说前半里与后半故事进展无关的单独小事与插曲，我没有翻译。这部小说的谋篇布局要求读者专心阅读并细心观察各个细节。在中国的批评术语里，这一创作手法被称作"草蛇灰线，伏脉千里"。

2. 男主人公与象征

在此，我们有必要说一说拥有复杂性格的男主人公宝玉。他被刻画成一个对美极其敏感、懂得欣赏女性的男孩；一个具有艺术家气质的小反叛者，拒绝长大、拒绝接受社会常规与成人世界的虚伪。宝玉的故事即一个艺术家的灵魂与肮脏现实逐渐冲突的故事。在冲突的重压下，他的精神数次崩溃。命运带着巨大的讽刺赐予他无法想象的锦衣玉食的生活，让他入住一个唯有女性才允许入内的乐园，身边环绕着一群迷人的堂表姊妹和四五个同样迷人且豆蔻年华的侍女。他往往是女性聚会上唯一的男子。他最爱的侍女晴雯被逐和堂姐迎春出嫁，仅代表与现实的第一次冲突，就已令他卧病一月。他完全不能理解为何女大当嫁。尽管偶有小过小失，他仍怀有一颗温暖、深情、真诚的心，是一个天生、纯真、永恒的女性崇拜者。他是一个真正的爱人，将其毕生热情倾注给了黛玉，却又往往为后者的尖酸小性所烦扰。命运对他是残酷的，而最大的讽刺在于，正是最爱他的父母与祖母剥夺了他奉为自身存在目的的至高无上的爱情。他不得不遭受热情受挫的所有苦闷与悲痛。巨大的打击令他丧失心智。直到他大梦初醒、重识自身后方得以恢复。一旦当他认识到人生不过一场大梦时，他就不再悲伤，自信从容地走向自己的命运，完成对家庭和对自身的使命。

宝玉是独一无二的。我们感觉他生活在这个世界，却又不属于这个世界。他降生时口中所含的通灵宝玉，被视为他的命根子。且被有意作为一种象征来解释他的独特性，并对其人生历程产生至关重要的影响。通灵宝玉是人类纯洁无染的灵魂的象征；是超凡脱俗的太初智慧、纯真与对美的敏感。这不可避免地与现实发生冲突。冲突表现于两种形式。一是反抗俗世尊崇的成功之道——参加科举考试，跻身于腐败、做作和虚伪的官员行列。凭借天赋的非凡才智，任何知识，他只要用心学习，就能事半功倍。当然除了他嗤之以鼻的禄蠹之流奉为圭臬的儒家典籍。他不像其他男孩那样上进，令他教条主义的父亲失望透顶。他谤圣毁贤。当永远正确的宝钗劝他向学举业时，他感慨琼闺秀阁之中亦染沽名钓誉之风，真乃世界末日也；当湘云劝他走出脂粉队，去学学仕途经济的学问时，他嚷道："姑娘请别的姐妹屋里坐坐"。独有他的红颜知己黛玉，不曾劝他立身扬名，因而赢得了他深切的敬重与永恒的钦佩。自然而然，他成了不肖的孽障，令望子成龙的双亲大失所望。

象征的第二层意义是以对女性美的崇拜来体现的，有些美唤起他前世身处极乐世界的灵性，令他视男人为宇宙间的糟粕，他们是造物主用天地之纯洁精华造出女子后，丢进不名一文的容器里的残渣。他有一句名言，谓"女儿是水做的骨肉，男人是泥做的骨肉"。当他听到袭人的两个姨妹要出嫁时，不禁唉声叹气。这恰似覆水于泥，水终归要混于泥，凡人世界就是如此构成的，这是所有人生命悲剧的本质。他受不了染了男人气味（已婚）的庸俗妇人。堂兄贾琏视女性为淫乐悦己的玩物，他为此歉疚。作者不时讥讽当时风行于世的风月小说里的淫秽污臭，因它们错把通奸当作爱情。宝玉被冠以"意淫"，这与 12、13 世纪欧洲大教堂里兴起的处女崇拜情结如出一辙。在其文学大教堂的十二个壁龛里，作者呕心沥血塑造了十二个女神。不知何故，不问东西，艺术与人类想象力要具体表达最高理想的真善美时，如果不与女性结合起来，就无法实现。

因此，从宝玉最后的命运来看，我们会认识到象征超凡智慧的通灵宝玉根本就不属于这个世界。宝玉的父亲最终理解了他。正如作者在故事"尾声"里所解释的那样，此玉要在宝玉结婚之前消失。通灵宝玉是不能被污染的。

3. 曹雪芹

这部小说显然是自传性质的。这部不朽经典的作者曹雪芹（1718？—1763），借时兴的小说形式隐藏自己的生活经历，正如他在"作者自云"中所言"真事隐"。在小说结尾部分，他说这个故事"奇而不奇，俗而不俗，真而不真，假而不假"。他又云"曹雪芹于悼红轩中批阅十载，增删五次，纂成目录，分出章回"。当空空道人问他何以肯"替他传述"，他的回答意味深长："说你空空来，你肚里果然空空。""似你这样寻根究底，便是刻舟求剑、胶柱鼓瑟了。"毋庸置疑，这个故事是自传体的。

与其他中国白话小说杰作不同，毫无疑问曹雪芹就是该书的作者。他的著作权在同时代就已获普遍认可。最早的证词出自著名诗人袁枚之手，写于1749年［译者按：即《随园记》］，当时曹雪芹尚在人世。袁枚提到他从一位隋氏人手中购得心仪的随园，而此园又是隋氏在曹家被抄后，从曹雪芹父亲手中所得，因而随园即这部闻名遐迩的小说中的大观园。袁枚又云他的一位友人（另有一种坊间刻本，谓曹雪芹本人所作）就"红楼"里的一位美女作了两首诗。在我看来，这两首诗按头制帽，一首写黛玉，一首写宝钗。第一首诗云："病容憔悴胜桃花，午汗潮回热转加。犹恐意中人看出，强言今日较差些。"第二首诗云："威仪棣棣若山河，应把风流夺绮罗。不似小家拘束态，笑时偏少默时多。"

然而，挖掘曹雪芹人生细节的工作，至胡适博士方开始着手。胡的《红楼梦考证》是其迄今为止的扛鼎之作。1921年，胡适正担任国立北京大学英文学系主任，兼代理文科学长，当时蔡元培任校长，二人持有不同观点。蔡校长先一步发表研究成果，其学识令人印象深刻。蔡氏的索隐说在他之前就已有人勾勒。他没有明确否定曹雪芹的著作权，但认为这个故事不是自传，而是隐射康熙朝（1662—1721）［译者按：应为1662—1722］的文人学士。因此类文学手法已有先例，故而蔡氏的理论貌似可信，某些基本观点看似能自圆其说："书中红字，多影朱字。朱者，明也，汉也"；"怡红院，即爱红之义"，是对汉人王朝表忠心；"所谓曹雪芹于悼红轩中增删本书，则吊明之义也"；"宝玉有爱红之癖，言以满人而爱汉族文化也，好吃人口上胭脂，言拾汉人唾余也"；通灵宝玉者，"传国玺之义也"，乃帝王权力的历史象征；"贾政者，伪朝之吏部也"，理所当然剑指篡位王朝，即可恨的外族侵略者——满人统治者。

读到这里，读者的想象力还没有承受过多压力，唯一会动摇其整体立场的是《红楼梦》的作者本人即是满人。然而再往下读的话，我们的轻信就要承受重压了。蔡氏凭借其煞费苦心的研究，通过姓名的双关、性格与事迹的比较等，将书中女孩子的原型追溯至康熙朝的男性诗人与学者，如黛玉、宝钗等在性格上类似某某等。这一看法饶有趣味，颇类培根是莎士比亚的观点。从数量庞大的传记的细枝末节里寻找相关"证据"以附会某人之幻想，总归不难。可以说，蔡氏不过是继承了中国批评家在杰作里探赜索隐的传统而已。其他评者也不遗余力地著书立说，众说纷纭间，形成一个文学研究流派，世人半开玩笑地称之为"红学"。

胡适对曹雪芹生平与家世的开创性研究澄清了所有诸如此类的混乱，并确立了自叙传说，使大部分人确信无疑这部小说只可能是自传性质的——不用说自然带有小说一贯虚构的自由。这与19世纪中期一位深具洞察力的批评家［译者按：江顺诒］的立场如出一辙。他说"盖《红楼梦》所纪之事，皆作者自道其生平""其所遇之人，皆阅历之人；其所叙之事，皆阅历之事""而暇及人乎哉"。

已发现的有关作者身世的信息简要如下：曹雪芹生于1715—1720年间（如果宝玉出生年份即他本人出生年份的话，我认为是1718年）。他没有像宝玉一样中举，于1763年2月12日伤心辞世。他出生于钟鸣鼎食之家，其家族任江宁织造一职，为宫廷调度绫罗绸缎。其祖父担任这一肥差长达二十一年；伯父任职两年；父亲任职十三年（1715—1728）。祖父任织造期间，曹家如日中天、圣眷浓厚，于1699、1703、1705、1707年康熙南巡时，四次接驾。1728年，其父由于某种原因失去官位，小说中描写的抄家之祸就发生在当时或其后不久（小说给出的时间是1735年）。我倾向于认为此次抄家是因小说中作者退隐在家的伯父贾赦行为不端、骄奢淫逸、滥用职权所致。贾家分支除荣国府外，还有宁国府，不难相信年轻、放荡的公爵［译者按：世袭三品威烈将军］贾珍是真实存在的人物。

作者出生于书香门第。其祖父藏书三千余卷；刻珍本十五种，除其本人诗文集外，还包括饮食及其他生活艺术之类的刻书。其父乃小说里贾政之原型，任工部员外郎。其伯父乃贾赦之原型，退隐在家，纵情声色于一群年轻妾室中，其可耻行为未能为后辈子侄树立榜样。作者成长在这样一个奢华的书香氛围里，正如他书中所描述的，学会了吟诗作画，却没学会如何为官作宰。

抄家后，曹家没落，大观园转手他人。此后，年轻的作者贫困交加，生活在北京郊外的陋室中，梦回年少时的黄金时代，咀嚼辛酸的悔恨和迷人的回忆。他用艺术手法将亲身经历转化成故事，凭借其天赋才华，吸引了中国千百万读者。他与妻子（据推测是宝钗）和孩子一同生活。作为诗人、画家和美食家，他嗜酒如命，经常赊欠酒债。正是那时，他觉得有必要以小说的形式来记述自己的故事。

我们的证据主要有两种来源，一种是他的友人敦诚的诗作（我们用其号松堂称呼他），另一种是他的一位近亲持续对小说所作的评注，为方便起见，我们称其为脂砚斋（此人的书斋名）。松堂称曹雪芹卖画买酒，某次，他看到雪芹酒瘾发作，紧裹单薄长袍以御严寒。松堂当掉佩刀（类似随身携带的剑）以买酒与雪芹共饮，二人对酒当歌，各作一首长诗以资纪念［译者按：以下所引诗句前四句出自敦诚《寄怀曹雪芹霑》，后四句出自敦诚《赠曹雪芹》］。

满径蓬蒿老不华，举家食粥酒常赊。
衡门僻巷愁今雨，废馆颓楼梦酒家。

劝君莫弹食客铗，劝君莫扣富儿门。
残杯冷炙有德色，不如著书黄叶村。①

说来稀奇，后人曾称看过这部小说的另一版本，其中宝玉沦为更夫，宝钗死，湘云成乞丐，宝玉娶了湘云。

脂砚斋重评本（1754年）包含了更多有趣的细节。在这部未完成的抄本里，朱批分布在行间及各回首尾，这是一种在中国小说里司空见惯的做法。通过这些评语，我们得知曹雪芹有一个弟弟；知晓他于儿子夭折数月

---

① 松堂作于1757年，当时作者仍在写作此书。

后去世的具体时间。当时,他似乎仍在辛勤创作此书,却未能挺过儿子死亡造成的打击。我们还知晓他遵从同族弟兄的劝告,删去了揭露贾蓉发妻通奸的情节,使那一回缩减了四五页。这一点可求证于早期抄本。而关于四大家族世系分房的精确数目和所在地点,我们也一一获知。这些评语所作时间不一,具有强烈的个人主观色彩,出自脂砚斋之手。脂砚斋是与作者过从甚密的叔伯辈人物,他时常满怀悔恨地追忆三十年前他所知道和亲睹的事件与人物。作者笔下的"树倒猢狲散"一语似乎仍在他耳旁回响。

不幸的是,目前有一种公认的说法,即曹雪芹没有完成这部由他开始的伟大小说,高鹗续写了 120 回的后 40 回。这是近来由胡适提出的观点。比起蔡校长的阐释,这才是中国的培根即莎士比亚说的翻版,是基于些许轶事所做的异想天开的主观阐释。事实上,相较培根说,这一说法更莽撞且更站不住脚。这相当于认为不是培根写作了莎士比亚的作品,而是莎士比亚写了《哈姆雷特》的前半部,培根写了后半部,尽管莎士比亚自己有足够时间去完成整部小说!这种说法需有铁证支持,然而并没有这样的证据出现。内部和外部证据的阐释空间被批评家看不见的手所操纵。而比起理智,博人眼球的东西更受青睐。为公平对待曹雪芹,我为这部小说的读者另外撰写了一篇五万字的论文[译者按:即《平心论高鹗》,载于《"中央研究院"历史语言研究所集刊》第 29 本下册,1958 年],列出证据以示我的赞成与反对。

近二十年来,得力于以周汝昌、吴恩裕为代表的学者的深入研究,大量关于曹雪芹私人生活的细节得以披露。早期抄本浮出水面,它们多半不完整,且包含了评语及个人回忆。关涉曹家财产充公和抄家的康熙帝、雍正帝的诏书,记录了与作者的诗歌酬唱及会面的同时代满族文人的文集等纷纷面世。有三点值得引起注意。其一,相当一部分曾经接受高鹗是后 40 回作者的假说的批评家,转而相信后 40 回是基于曹雪芹的原稿,高只是做了编辑工作,并未插手创作。他们倾向于认为高鹗和程伟元的序言是实话实说,而非伪证掩饰。其二,1962 年发现的 120 回抄本[译者按:《乾隆抄本百廿回〈红楼梦〉稿》,即杨继振旧藏本,一般称"杨藏本"或"红楼梦稿本"]99%的内容同 1792 年刻本。其三,八册随笔的发现[译者按:《废艺斋集稿》]，其中一册有关烹饪等多种实用技艺①。这是作者令人吃惊的一面，显示出他的多才多艺与富有人情味。曹雪芹在书中为盲人讲解风筝构造和柳条编织，训练他们掌握这些技能以谋生。他友善对待身患腿疾的于叔度，花了一个月的时间教他放风筝的秘诀。他精细绘制的图纸甚至为盲人创造了一份职业。此外，他还救了一位几近失明的老妇人，收留她为女仆，将自家房子的一室让给她居住。这些事情深深打动了当时著名的御用画家董邦达，1760年，他邀请曹雪芹去皇家画苑工作。曹雪芹就职后不久即辞别。他更希望作为一个自由画家住在树木环绕的自家宅院，享受自然的美丽。他的故居所在地现以乾隆皇帝的鹿苑而知名[译者按：自"五万字的论文"至"以乾隆皇帝的鹿苑而知名"为林语堂手写补充的内容，撰写时间应是将原稿寄给佐藤亮一的1973年前后]。

4. 翻译问题

尝试翻译整个中国文学史上最好的一部经典小说，于我而言，也许是不知天高地厚。责任是巨大的；任务是艰巨的。迄今为止的英译，乏善可陈②。译者需熟知书中所有的风俗习惯；大量的诗歌可能会令试图接近此书的人望而生畏。最大的绊脚石是其约75万字的篇幅。全译的话，可能需要1000页排版得密密麻麻的印刷纸，即便是一个冒险莽撞的出版商，也很难接受。况且原著悠闲缓慢的节奏、大量日常琐屑与繁芜细节、次要人物的琐碎故事会令一个西方读者难以耐着性子坐下来品读。尽管中国人对此兴味盎然，他们对书中的物与人更熟悉、更容易理解。因此，解决问题的关键在于对核心故事进行细致编译，删除与此无关的繁枝蔓节。否则，这部小说绝不可能以英语呈现。译本前三卷的故事进展缓慢（第1—29章），蓄

---

① 见1970年5月11日《大公报》所载吴恩裕文。[译者按：应为1973年]
② 道布尔戴·杜兰公司1929年出版的王际真《红楼梦》译本称不上是一个严谨的翻译，译者虽诚心诚意，但仅给出了一个故事框架而已，我认为与其称之为翻译，不如称为概要更合适。班克罗夫特·乔利曾尝试翻译此书，但半途而废（凯利和瓦尔施出版社1892—1893年出版），他似乎是在初学汉语时着手翻译的。弗朗茨·库恩博士翻译了一个很好的《红楼梦》德译本（莱比锡岛屿出版社1932年出版，50章，788页）。像我一样，他也不得已地将小说删减到合适篇幅。然而，他对原文的取舍与我的大不相同。

势待发,在后四卷(自第 30 章起),震撼灵魂的高潮迭起,尽显这部小说的威力和容纳一切的博大精深[译者按:译稿分七卷,共 64 章]。

十几年前,我分析了核心故事,发现在不破坏这部小说的基本风格和宏伟效果的前提下,产生一个编译本是完全可能的。例如,大观园里的偷盗与赌博用一则插话即可代表,无须三则;盛大的葬礼一场足矣,无须两场。故事行进中重要进展的各方各面可以保留,故事的基本框架不用受影响,宛如大教堂般的小说结构依然保留,甚至也许更加凸显。现在,我觉得这一计划可以付诸实践了。

值得一提的是,我删去了发生在宝玉少年时代的、与核心故事基本无关的事件;也删去了在宝玉少年时代就已死去、后来自然没有再出现的三个人物:贾蓉的发妻、发妻的弟弟、贾瑞。真正的故事从大观园开始。大观园里的第一年(第 6—29 章)贯穿了四季(《青年的早晨》写春夏;《骚动》写秋冬);第二年(第 30—33 章)重复性较大,缩短了很多;随后进入第一个高潮(《骗局》)发生的第三年(第 34—50 章),宛如闪下一道短促的电弧;最后进入第四和第五年的最终结局(第 51—64 章)。章数的减少并不意味着什么,原著的章回划分往往是在一则故事中间的任意位置,目的在于吸引读者继续阅读。译本里的一章有时相当于原著整个一回,有时浓缩了二至三回。

值得注意的是,通过巧妙的剪裁,有多少内容得以保存。频繁的寿宴,除夕和中秋的聚会,烦琐的酒令与诗会(仅在第 28 章保留了一个完整的例子)被割爱。删去了第一次梦游太虚幻境是为了更好地展现第二次。大观园里发生的与小戏子和次要人物相关的无关紧要的琐事被舍弃;薛蟠的刁蛮妻子的故事也在被删行列。但剪裁有时也是聚合。作者惯于运用过渡场景,从一个故事串到另一个故事,这可以用任何表示场景中断的技巧来实现。当遇到同一个故事的组成部分在隔了一百页后再度被拾起时,我会将它们组合在一起(如第 52 章,紫鹃误会宝玉背叛了她的主人黛玉,对宝玉采取敌视态度)。黛玉所作诗歌中评价最高的《葬花吟》,如果不与后面章回里她患有肺结核的明确信息结合阅读的话,是很难理解的。总而言之,我是本着选择最相关、最精彩的场景的原则来翻译的。

这不是直译，在翻译中文小说时直译是行不通的。虽没到诗歌翻译的程度，但相较单个字词，我更在意是否能保留神韵。如果我能得其神韵，我会舍弃字词。我力求忠实，却不是字面忠实。那些用优雅从容、彬彬有礼的北京话进行的诸多冗长的对话，诸如"尚且""然而""二则""三则"——除非律师在滔滔不绝地辩护案件，否则会招来西方读者的抱怨。比方说，宝钗说话就带有不像谈话，倒像发议论的倾向。她谈论绘画技巧的内容占了四页篇幅，我全部割爱。黛玉论琴的内容，我删了一半。还有中文的矫饰部分也最好去掉。"为什么不回家去看医生？"仅此一句，西方读者就明白了。但若逐字翻译——你竟家去住两日，请一个大夫来瞧瞧，吃两剂药就好了。这在中文口语里很自然，但西方人听起来就厌烦了。对那些放在英语中不言自明的细枝末节，我没有翻译。在对话过程中，无须一一说明"B听A如此说，便道""说毕，他……"诸如此类，某人听到一番话后，紧接会对他听到的内容作一个简要回顾。我想，没有一个西方读者能忍受逐字翻译。

我认为译者肩负双重责任：对读者与作者；对译入语与源语。以忠实原著为名，夸耀逐字的翻译，粗暴对待译入语，这种做法可行但并不明智。我的方法是先翻译一个段落或整个对话，再修剪中文里迂回曲折的部分，找到最清晰的表达，直到地道、可读至我满意为止。把中文翻译为地道的英文，这个工作注定艰苦，因为会有意无意地从中文的思维模式出发。我像原作者增删五次那样，至少对译稿修改了五次。我最终希望的是能产生一个可读性强的英译本，而不是像某些学者那样为了彰显博学广识和异国风情，用些装模作样、华而不实、聱牙戟口的语言。曹雪芹的原著非常可读，西方读者有权享受同样的愉悦。

对人名的翻译，我的目标是尽量做到发音简单且容易辨别。因此，我更愿将宝玉翻译为 Poyu，而不是 Paoyu。经验告诉我，即便有所提醒，Paoyu 还是会读成 Pay-oh-yu。对由于发音上的相似而容易混淆的姓名，我采取了一些权宜之计：贾政拼写为 Jiajeng，贾珍则不拼写为 Jiajen，而拼写为 Duke Chen（珍公爵）；Yung-erh（蓉儿）和 Yun-erh（芸儿）分别拼写为 Yung 和 Yunel。在翻译女孩子的姓名时，不言自明，Cuckoo〔译者按：即紫鹃。该词在英文中有疯傻之意〕改为 Nightingale（夜莺）；Mandarin Duck（鸳鸯）改为 Jay（松鸦）等，除此以外，像 Trailspring（探春）、Riverhaze（湘云）、Smokyridge（邢岫烟）、Sunburst（晴雯）、Moonbalm（麝月）、Mossprints（碧痕）等都是颇为恰当的翻译〔译者按：此段括号内人名为译者添加〕。

  最好的翻译，是读起来不像翻译的翻译，像是女士的长筒丝袜，透明得让人不知道她是否穿了，却能展现她的美丽和底下的体毛。这种艺术只有通过艰苦卓绝的辛劳磨砺方能达成，但这应当是理想。我不敢希冀自己已经达至理想境界，在此境界中，译者就像变戏法一般隐身且被遗忘。不过我衷心希望我们能有一个可读的翻译。

1954 年 2 月
纽约

整理篇

一 人名翻译整理表

原文	译文
甄士隐	Jen Shihyin (True Story Disguised)
贾雨村	Jia Yuchun (Fictionalized Tale)
封氏	Feng
英莲 香菱	Inglien Caltrop
僧	Buddhist
道	Taoist
警幻仙子（警幻仙姑）	Fairy Disenchantment Fairy Mother Disenchantment
神瑛（神瑛侍者）	Shenying the boy attendant Shenying attendant Shenying
冷子兴	Leng Tseshing (Cool on hot)
娇杏	Sweet Almond
林如海	Lin Juhai Marquis Lin
林黛玉（颦儿） 颦颦 潇湘妃子	Lin Taiyu（Pin-erl） Pinpin (knit-brows) Fairy Tear-Bamboo
宁国公	Duke Ling
荣国公 荣国公贾源	Duke Yung the first Duke Yung, Jiayuan

续表

原文	译文
贾敬	Jiajing
贾珍（珍爷）	Duke Chen
贾赦 字恩侯	Jiashey courtesy name Enhou
贾政 字存周	Jiajeng courtesy name Chunjou
王氏（王夫人）	Madame Wang
元春	Primespring
宝玉	Poyu (precious stone)
迎春	Greetspring
探春	Trailspring
惜春	Fondspring
史老夫人 贾母	Grandmother Jia grandmother
贾敏	Min
贾环 环儿	Huan Huan-erl
贾琏 琏儿	Lien Lien-erl
雪雁	Snowstork
癞头和尚	monk with sores on his head
王熙凤 熙凤	Wang Prosper Phoenix Phoenix
邢氏 邢夫人	the duchess Madame Shing, the duchess
王嬷嬷	wet-nurse, Wang
紫鹃	Nightingale
鹦哥	Paroquet
李嬷嬷	wet-nurse Li Li Mama

续表

原文	译文
袭人	Shieren (Creeping Fragrance) Shieren (following one unawares)
花	Hua (flower)
珍珠	Pearl
李纨	Satin
贾兰	Lanny
薛家姨母	Aunt Shuay
薛蟠	Shuaypan
王子腾	Wang Tseteng
宝钗	Pocia
冯渊	Feng
周瑞	Jourui
金钏	Armilla
莺儿	Oriole
晴雯	Sunburst
茜雪	Snowberry
麝月	Moonbalm
秋纹	Autumnripple
碧痕	Mossprints
秦可卿	the young wife of Yung, son of Duke Chen（林稿中未出场）
贾蓉	Yung, son of Duke Chen
秦钟	brother of Yung's wife（林稿中未出场）
李贵	Liquay
夏太监（夏爷爷）	Eunuch Shia
赖大	Laita
贾蔷	Chiang
赵嬷嬷	Jow Mama
胡老明公山子野	Hu Shanyeh

续表

原文	译文
来升（赖升）	Laisheng
林之孝	Mr. Lin
吴新登	Wu
妙玉	Jasper
鸳鸯	Jay
焙茗（茗烟）	Peiming
花自芳	Hua Tsefang
丰儿	Fenna
绮霞	Evenglow
琥珀	Amber
赵姨娘	Mistress Jow
史湘云	Riverhaze
史鼎	Marquis Shih
翠缕	Filament
蕙香 芸香 四儿	Honeybush（后文用此译名） Clove Number Four
多姑娘	Miss Duo
多浑虫	Blindworm Duo
平儿	Amitie
彩云	Russet Iridescent
贾珠	Jiaju
贾芸	Yunel
小红 红玉	Ruby Redjade
北静王	Prince Peisting Prince Peitsing (Northern Calm)
张材家的	Mrs. Changtsai

续表

原文	译文
蒋玉菡 琪官	Chiang Yuhan Chikuan
玉钏儿	Lily
王太医	Doctor Wang Imperial Physician Wang
忠顺亲王	Prince Jungshun
忠顺府长府官	Prince Jungshun's secretary
司棋	Chessmaid
侍书	Brushmaid
入画	Pastelmaid
翠墨	Inklustre
彩霞	Roseate
刘姥姥	Liu Lowlow (pronounce as al-low) Liu Lowlow, or Gammer Liu
板儿	Pan-erl
周瑞家的	Mrs. Jourui
彩明	Iridescent
巧姐儿	Fortuna
鲍二	Bow-er
鲍二家的	Bow-er's wife
林之孝家的	Mrs. Lin
金文翔	Wesiang
金文翔媳妇	Wesiang's wife
素云	Pristine
可人	Koren
嫣红	Yenhung
石呆子	Shih Shih Taitse
薛蟠	Shuayko

续表

原文	译文
薛宝琴	Pochin
梅翰林	hanlin (academician) of the Mei family
邢岫烟	smokyridge
李纹	Twill
李绮	Sheen
李婶娘	Satin's aunt
坠儿	Pendant
宋妈	Mrs. Sung Sungma
尤氏	Madame Yu
尤二姐	Yu the second
尤三姐	Yu the Third
尤老娘	Mother Yu
张华	Changhua
柳湘莲	Liu
旺儿	Wanger
兴儿	Singel
喜儿	Si-erl
旺儿媳妇 来旺媳妇	Mrs. Wanger Mrs. Laiwang
善姐	Shanjie
秋桐	Colanut
南安郡王	Prince Nanan
永昌驸马	Yungchang Fuma (emperor's son-in-law)
乐善郡王	Duke of Loshan
北静王妃	Princess Peitsing
南安王太妃	Mother Princess Nanan
锦乡侯诰命	Marchioness of Chinsiang

续表

原文	译文
临昌伯诰命	Viscountess of Linchang
赖大家的	Mrs. Laita
配凤	Peifeng
周太监	Eunuch Jou
春燕	Swallow
傻大姐	Wacky
王善保家的	Mrs. Wang Shanpo
张妈	Changma
潘又安	Pan Yu-an
绣橘	Tangerine
芳官	Fangkuan
吴贵人	Wu
（晴雯）嫂子	Sunburst's sister-in-law
柳家的	Mrs. Liu
五儿	Rosemary
（贾）代儒	Jia Taiju
王作梅	Wang
张小姐	Miss Chang
周贵妃	Jou imperial consort
黑儿	Hay-erl
金桂	Cassia
夏三	Shiashan
刘铁嘴	Iron-Mouth Liu
王仁	Wangjen
珍珠	Pearl
墨雨	Moyu
毕知庵	Pi

续表

原文	译文
李十儿	Li Number Ten
张三	Changshan
周琼	Jou
周琼儿子	Jou young man / the son of the Naval Commander Jou
毛半仙	famous pakua specialist
拴儿	Chuan-erl
西平王爷	Prince Siping (West Peace)
赵全	Jow Chuan
焦大	Jiowta
李御史	Censor Li
孙绍祖	Mr. Sun
包勇	Paoyung
何三	Hoshan
彩屏	Gayscreen
青儿	Ching-erl
王仁	Wangjen
喜鸾	Shiluan
四姐儿	Szejie
邢大舅	Maternal Uncle Shing
周家（刘姥姥家乡的地主）	Squire Jou
空空道人 情僧	Father Vanitas Vanitatum / Sentimental Monk
曹雪芹	Tsao Shuehchin
东鲁孔梅溪	Kung Meichi of Tunghai
自此往下为文史人物	
嫦娥	Chang-O, the Fairy of the Moon
拐仙	Immortal with an Iron Cane

续表

原文	译文
孔子	Confucius
老杜	Tu Fu
李逵	Li Kwei
李龙眠	Li Lungmien
李青莲	Li Po
刘智（知）远	* Liu Chihyuan Liu Chihyuan was founder of the short-lived Han Kingdom (A.D. 947-950)
（叔）齐	Shuchi
舜	Shun
宋江	Sung Chiang
孙行者	Monkey Spirit
唐僧	Abbot Tang * A Chinese women learned a great deal of history from the theatre. Abbot Tang, or Tangseng, alias Shuanchuang, visited India for seventeen years and brought back and translated hundreds of Buddhist canons
娲皇	Goddess Nuwa
（周）武（王）	Emperor Wu
杨贵妃	Yang Kweifei
杨国忠	Yang Kuo-chung
尧	Yao
（伯）夷	Poyi
岳武穆	General Yofei
周（公）	Duke of Chou
诸葛（亮）	Chukoliang

二　称谓翻译整理表

原文	译文
嫡妻	wife
仙师	fathers
丫鬟	maid servant
二房	concubine
当今（作者叙述）	emperor
当今（凤姐称皇帝）	His Majesty
同宗	the same clan
祖母	grandmother
姐姐妹妹	jiejie! meimei!
小厮	boy servant
姊妹（贾母对林黛玉说）	daughters
姊妹（贾赦传言林黛玉）	cousins
珍爷	Duke Chen
珍大爷（薛蟠称贾珍）	elder Master Chen
贱荆	wife
岳母	mother-in-law
内兄	brother-in-law
舍亲	my relatives
外祖母	maternal grandmother
妹丈	brother-in-law

续表

原文	译文
小童	boy servant
婆子	women servant
心肝儿肉	My heart, child of my flesh
大舅母	eldest aunt (Madame Shing, the Duchess)
二舅母	second aunt (Madame Wang)
先珠大哥	late eldest (cousin) brother
媳妇	wife
珠大嫂	eldest sister-in-law (Satin)
姑娘	daughter
泼辣货（贾母称凤姐）	Spitfire
泼辣货（李纨称凤姐）	Nanking Pepper
辣子	hot pepper
凤辣子	Pepper Phoenix
琏嫂子	sister-in-law, cousin Lien's wife
老太太	grandma'am
老祖宗	Old Ancestor (grandmother)
外孙女儿	external grandchild
嫡亲的孙女	direct descendant
姑妈	auntie
妹妹	sister
老婆	women servant
林姑娘	Miss Lin
舅舅	uncle
甥女	niece
老爷（贾赦）	the duke
老爷（门子称贾雨村）	Your Honor
老爷（赖大称贾政）	master

续表

原文	译文
老爷（宝玉称贾政）	father
老爷（袭人称贾政）	the old master
老爷（袭人称贾政）	senior master
二老爷（贾琏称贾政）	second senior master
大老爷（袭人称贾赦）	elder senior master
舅母	auntie
二舅舅	second uncle
表兄	cousin brother
好祖宗	Good Ancestor
乳母	wet-nurse
教引嬷嬷	women servant
（贴身）丫头	chambermaids
小丫头	general maids
婢	maid
姑娘（袭人称黛玉）	Damsel
小姑	daughters of the family
姨母	aunt
门子	clerk
姨爹	uncle
姨娘	aunt
姨娘（意为妾室）	mistress
姨太太	sister-in-law
外甥	nephew
姐儿哥儿（贾政对薛姨妈称薛蟠与宝钗）	nephew and niece
薛姨妈	Aunt Shuay
哥哥（宝玉称薛蟠）	Brother Shuaypan
姐姐（宝玉称宝钗）	sister Po

续表

原文	译文
珍大嫂子	the young duchess
老货（薛姨妈称李嬷嬷）	old one
老货（黛玉称李嬷嬷）	old harpy
李嬷嬷	Li Mama
宝兄弟	Brother Po
姨妈	Auntie
妈妈	Mama
妈妈（宝钗称薛姨妈）	mother
林姐儿（李嬷嬷称黛玉）	Miss Lin
好蠢东西	You fool
李奶奶（晴雯称李嬷嬷）	Nurse Li
好姐姐（宝玉称袭人）	Good Jiejie *Jiejie means elder sister; meimei, younger sister. These words are used like the French word mademoiselle
好亲姐姐（宝玉称袭人）	good dear jiejie
花大姐姐（四儿称袭人）	Sister Hua
懒贼	lazy bones
林妹妹（宝玉称黛玉）	Lin meimei
妹妹（宝玉称黛玉）	meimei
相公清客	men scholars, "friends of the house," usually found surrounding a high official as part friends and part advisers on literary and official matters
老世翁	honorable friend-sire
世兄	Our little young brother
二世兄	Our little brother
不长进的	no-good whelp
哥儿（李贵称宝玉）	brother
好哥哥（宝玉称李贵）	good brother
小祖宗（李贵称宝玉）	young ancestor

续表

原文	译文
小祖宗（袭人称宝玉）	My dear young ancestor
好妹妹（宝玉称黛玉）	Good meimei
宝姐姐（黛玉称宝钗）	Sister Pocia
没脸的东西	shameless lackeys
门吏	gatekeeper
内监	palace servants
管家	the chief manager of the household
大小姐	the eldest daughter (Primespring)
椒房	the imperial consorts and ranking ladies
清客相公	the scholar "house-guests"
下人	staff
明公	famous artist-scholar
贵妃	imperial consort
贵妃（清客称元春） 贾妃（作者称元春）	Her Royal Highness
畜生	The beggar
无知的孽障	You cross-starred ignoramus
孽障	devil's stumbling-block
无知的蠢物	You little rebel
花大姐姐（宝玉对焙茗称袭人）	Miss Hua
宝二爷（花自芳称宝玉）	Master Po
宝二爷（红玉称宝玉）	Second Master Po
宝二爷（袭人称宝玉）	Master Po
二爷（焙茗称宝玉）	Master
二爷（小红称宝玉）	Second Master
琏二爷（平儿称贾琏）	Master Lien
史大姑娘	Miss Riverhaze
老背晦	big old fool

二 称谓翻译整理表

续表

原文	译文
老糊涂	senile dotage old fool
小娼妇	cheap little skate
毛丫头	cheap waif
小子	country bumpkin servant
妖精（李嬷嬷称袭人）	little strumpet
妖精（王夫人称晴雯等）	witch
狐狸	vixen
太太（李嬷嬷称王夫人）	madam
二太太（贾母称王夫人）	second lady (Madame Wang)
太太（鸳鸯称邢夫人）	Elder madam
大太太（贾母称邢夫人）	elder lady (the duchess)
大太太（鸳鸯称邢夫人）	elder madam
妈妈（宝钗称李嬷嬷）	Mama
娼妇	little whore
好兄弟（宝钗称贾环）	Good younger brother
宝玉哥哥（贾环称宝玉）	Brother Poyu
下流没脸的东西	you little brat
太太老爷（凤姐称王夫人与贾政）	madam and master
主子	master
环兄弟（凤姐称贾环）	Brother Huan
外眷	external relatives
女戏	child actors
娘娘（痘疹娘娘）	goddess
没良心的（平儿骂贾琏）	You rascal You blackguard
好人	My good one

续表

原文	译文
相厚的	Sweetheart
心肝肠儿肉儿	sweetheart and darling
死促狭小娼妇儿	You cursed little hussy
醋罐	Sourpot
小叔子	brother-in-law
侄儿	nephew
猴儿（贾母称凤姐）	chattering monkey
猴儿（贾母称凤姐）	You little monkey
婆婆	mother-in-law
云儿（黛玉称湘云）	Hazie (Riverhaze)
宝姑娘（袭人称宝钗）	Miss Po
好宝贝（贾母称宝玉）	my darling
老子	father
没脸面的下流东西	You low-down scallywag, without a bit of shame
懒丫头	Lazybone
奶奶	young mistress nainai (young mistress)
丫头	maid
小姐	mistress
五奶奶	fifth mistress
舅奶奶	maternal-auntie mistress
姑奶奶	paternal-auntie mistress
嫂子	sister-in-law
姑娘（宝玉对紫鹃称黛玉）	young mistress
姑娘（宝玉生气时称湘云）	My dear young lady
下作小娼妇	You cheap harlot
下流东西们	You cursed wench
蠢材	You clumsy

续表

原文	译文
牛心左性的小爷	bouncing young rebel master
下官	Your servants
王爷	His Royal Highness
该死的奴才	You contemptible sneak and blackleg!
不肖的孽障（贾政骂宝玉）	wretched scamp
孽障（王夫人称宝玉）	devil's stumbling-block
苦命的儿	My poor child
糊涂东西	Imbecile
一声肉一声儿	Oh, my boy, flesh of my flesh
不争气的儿	errant son
三爷（焙茗称贾环）	third master (Huan)
袭姑娘（宝钗称袭人）	Sister Shieren
二奶奶	second young mistress
大奶奶	elder mistress eldest young mistress
你珠大爷（王夫人对袭人称贾珠）	Ju-erh
我的儿（王夫人称袭人）	My child
不知好歹的冤家	You poor liar
囚攮的	filthy bag of bones
你作死呢（黛玉骂鹦哥）	You naughty bird
二嫂子（宝钗称凤姐）	second sister-in-law
公婆	parent-in-law
大嫂子（宝玉称李纨）	Eldest sister-in-law (satin)
姨太太（贾母称薛姨妈）	auntie-madam
国贼	government parasites
禄鬼	office bugs
大丫头	first-class maids
老寿星	Old Star of Longevity

续表

原文	译文
老亲家（贾母称刘姥姥）	old relative
刘亲家（贾母称刘姥姥）	Relative Liu
老废物	old humbug
驾娘	Soochow boatwomen
刷百戏的	vaudeville players
小蹄子 小蹄子（贾母骂紫鹃） 小蹄子（袭人骂麝月）	little trotter little hussy little pig-trotter
阎王老婆	queen demon
夜叉星	virago star
好娼妇（凤姐骂鲍二家的）	You cheap broad
娼妇（凤姐骂鲍二家的）	broad
娼妇们（凤姐骂鲍二家的、平儿）	You hussies
娼妇（平儿骂鲍二家的）	horrible woman
下流种子	hussy
糊涂爷	befuddled master
小老婆	petite mistress
忘八	turtle
小婶子	young brother's wife
大伯子	husband's elder brother
烧糊了的卷子	old hags burnt omelettes
骚鞑子	Tartar
花子	beggars
混账行子们	vile servants
世兄	friend-brother
婶子	aunt
二姨	second aunt

续表

原文	译文
三姨	Third Aunt
姨娘	Yiniang
大哥	Elder brother
三妹妹	Third Sister
泼妇	shrew
平姐姐（袭人称平儿）	Sister Amitie
奴才（旺儿向凤姐自称）	your servant
没良心的混账忘八崽子	you little blackguard
忘八崽子	bastard turtle
糊涂忘八崽子	you cursed bastards
东府大爷	The young duke
三姑娘	Miss Trailspring
二木头（迎春）	woodhead(bonehead)
祸害妖精	she-devil
三姐姐	third jiejie
林姐姐	Lin jiejie
怡红主人	master of the Court of Red Delight
晴姐	sister Sunny
太岁奶奶	cross-tempered mistress
林姑爷（凤姐称林如海）	Uncle Lin
好哥哥	Good koko
不成人的小蹄子	little unwanted scamp
宝二奶奶	Second Nainai Po
皇天菩萨	Oh, my Divine, Celestial Bodhisattva
测字的	lexichotomist (word-splitter)

续表

原文	译文
小猴儿崽子	sly little monkey
算命（先生）	fortune-teller
冤家	predestined trouble-maker
半仙	famous pakua specialist
二叔（贾琏称贾政）	second uncle (Jia Jeng)
皇上	His Majesty
政老	Elder Jeng
赦老	Elder Shey
王爷	Your Royal Highness
姨父	maternal uncle
混帐	rascal
混帐的东西	You scoundrel
道学先生	prude
妙师父	Sister Jasper
女菩萨	holy person
大娘	taniang
姑奶奶	auntie mistress
姥姥	gammer
干娘	god-mother
家母	My mother
文妙真人	Literary-Mystic Saint

三　地名翻译整理表

原文	译文
姑苏	Soochow
阊门	Changmen Gate
十里街	Three-Mile Street
葫芦庙	Gourd Temple
灵河	Spirit River
西方	Western Paradise
赤霞宫	Palace of Russet Cloud
太虚幻境	Phantom World of Elysium; Elysium of Eternal Void
维扬	Yangchow
湖州	Huchow
都中	the capital
金陵	Jinling(Nanking)
石头城	the Rock City
京都	capital
应天府	Intienfu
粤	Kwangtung
闽	Fukien
浙	Chekiang
滇	Yunnan
长安	Si-an

续表

原文	译文
牟尼院	Sakyamuni Temple
暹罗国	Siam
紫檀堡	Chitanpao
玄墓蟠香寺	Pansiang Temple of the Yuan Tombs
西海	western-ocean (European?)
俄罗斯国	Russia
元真观	Temple of Primeval Reality
铁槛寺	Iron Palisades Temple
小花枝巷	Flower Branch Alley
平安州	Pinganchow
湖北	Hupeh
青埂峰	Greenmead Peak
十里屯	Shilitun
江西	Kiangse Province in the south
二十里坡	six-mile station
大荒山	the Greatwild Mountain
毗陵	Piling
觉迷渡口	Rethinking Ferry
急流津	Treacherous Rapids
仁清巷	Jenching Alley
悼红轩	Studio of Mourning Red

四　服饰翻译整理表

原文	译文
金丝八宝攒珠髻	coils studded with pears and gems bound in gold threads
朝阳五凤挂珠钗	clasp of pears showing five phoenixes centering on a ruby sun
赤金盘螭璎珞圈	gold chatelaine of entwining lizard motif
缕金百蝶穿花大红云霞窄裉袄	bright red tight-fitting blouse of butterflies-in-flowers, done in gold threads over a cloud base
五彩刻丝石青银鼠褂	squirrel-lined cape of colored shot silk on navy background
翡翠撒花洋绉裙	imported crepe skirt shot with flowers in kingfisher blue
红绫袄	red taffeta tunic
青绸掐牙背心	black waistcoat with scalloped edging
束发嵌宝紫金冠	gem-studded chaplet of pure gold
齐眉勒着二龙抢珠金抹额	band over his forehead showing two dragons grabbing at a pearl
二色金百蝶穿花大红箭袖	bright red narrow-sleeved blouse with butterflies and flowers in two shades of gold
五彩丝攒花结长穗宫绦	colored sash coming down in long knotted tassels
石青起花八团倭缎排穗褂	eight-panelled navy blue jacket of Japanese brocade in embossed design fringed with tassels
青缎粉底小朝靴	black satin white-soled court-style shoes
金螭璎珞	golden chatelaine
五色丝绦	colored silk
美玉	beautiful piece of jade
金八宝	gold ornaments

续表

原文	译文
银红撒花半旧大袄	old jacket with pink flower patterns
寄名锁	gold identity locket
护身符	amulet
松花撒花绫裤	pine-green silk pants
锦边弹墨袜	brocade-rimmed socks
厚底大红鞋	deep red heavy soled shoes
玫瑰紫二色金银鼠比肩褂	burgundy cotton jacket, a squirrel stole
葱黄绫子棉裙	old yellow taffeta quilted skirt
累丝嵌宝紫金冠	chaplet of purple gold filigree studded with gems
二龙捧珠金抹额	gold forehead piece of two dragons presenting a pearl in the center
秋香色立蟒白狐腋箭袖	lilac narrow-sleeve jacket of cobra design lined with fox armpits
五色蝴蝶鸾绦	colored sash of orioles and butterflies
项圈	chatelaine
大红袄	deep red under jacket
珠宝晶莹、黄金灿烂的璎珞	scintillating necklace of precious gems
大红羽缎对襟褂子	red waterproof coat made of feather material, with buttons coming down straight in front
斗篷	waterproof overall
大红猩毡斗笠	bright red broad-brimmed waterproof hat of monkey felt
绛绒簪缨	red balls of velvet
中衣	underwear
大毛衣	fur coat
朝服	court dress
大红金蟒狐腋箭袖	gold and red cobra-design jacket of fox armpits with narrow sleeves
石青貂裘排穗褂	navy blue sable cape fringed with tassels
汗巾	handkerchief
结子	button-knots for dresses
银红袄儿	pink blouse

四 服饰翻译整理表 ◆◇◆

续表

原文	译文
青缎子背心	black waistcoat
白绫细褶儿裙子	fine-pleated skirt of white taffeta
绿纱小衣	pale green silk underjacket
大箬笠	huge hat of plaited bamboo-sheath
蓑衣	palm tissue waterproof coat
木屐	storm boots
半新的藕色绫袄	old cream silk jacket
青缎掐牙背心	topped by a black vest
水绿裙子	pale blue skirt
描金挖云红香羊皮小靴	lambskin low boots
大红羽绉面白狐狸皮的鹤氅	cape in crimson featherspun crepe, lined with white fox
青金闪绿双环四合如意绦	double knot sash in black gold and glittering green
大红猩猩毡与羽毛缎斗篷	featherspun capes, hooded and buttoned around the collar, with crimson monkey pelts on top
多罗呢对襟褂子	woolen fabric, buttoned straight down fron
莲青斗纹锦上添花洋线番耙丝的鹤氅	greatcoat of lotus-green twilled fabric, lined with foreign lamb
貂鼠脑袋面子、大毛黑灰鼠里子、里外发烧大褂子	double-fur jacket given her by the grandmother, made of sable heads on the outside and black squirrel on the inside
挖云鹅黄片金里大红猩猩毡昭君套	Mongolian hood of crimson monkey pelt, lined in orange and gold
大貂鼠风领	wide sable collar
靠色三镶领袖秋香色盘金五色绣龙窄褃小袖掩衿银鼠短袄	man's squirrel jacket in lilac base with embroidered dragons, treble-braid collar and narrow upturned cuff
短短的一件水红妆缎狐肷褶子	fox-hemmed short blouse in rose
蝴蝶结子长穗五色宫绦	long colored silk band coming down in a butterfly knot and long tassels
鹿皮小靴	deer skin boots
茄色哆啰呢狐狸皮袄	eggplant purple woollen coat with fox lining
海龙小鹰膀褂子	narrow-sleeve jacket of otter

◆◇◆ 整理篇

续表

原文	译文
沙棠屐	wooden clogs
观音兜	Goddess of Mercy hood
大红猩猩毡的斗篷	crimson monkey-pelt greatcoat
凫靥裘	mallard greatcoat
桃红百花刻丝银鼠袄	ermine-lined three-quarter jacket of cut velvet in ros
葱绿盘金彩绣锦裙	onion green brocade skirt, shot with gold threads
着青缎灰鼠褂	full-length squirrel, surfaced with black satin
石青刻丝八团天马皮褂子	fur coat, with timberland green cut velvet surface, embroidered with eight horses
弹墨花绫水红绸里的夹包袱	parcel wrapped in black taffeta, lined in rose
雪褂子	snow coat
旧大红猩猩毡的（褂子）	old crimson monkey pelt greatcoat
半旧大红羽缎的（褂子）	old crimson featherspun(coat)
红袖小棉袄儿	red quilted underjacket
貂颏满襟暖袄	coat of sable cheeks
雀金泥（呢）	peacock-gold-spun
弹墨绫薄棉袄	thinly quilted black taffeta dress
青缎夹背心	black satin waistcoat
月白缎子袄	pale blue jacket
青缎子掐银线的褂子	black coat shot with silver threads
白绫素裙	white skirts
月白绣花小毛皮袄	aquamarine light fur-lined jacket
银鼠坎肩	ermine stole
杨妃色绣花棉裙	embroidered quilted cotton skirt in kweifei rose
大红洋绉的小袄儿	crimson under jacket of imported crepe
松花色绫子	taffeta in pine-green
一抖珠儿的小皮袄	small fur-lined jacket, ornamented with pearls
宝蓝盘锦镶花棉裙	brocade-trimmed quilted cotton skirt in turquoise

续表

原文	译文
佛青银鼠褂子	pear green ermine-lined three-quarter coat
狐腋箭袖	fox-armpit jacket
元狐腿外褂	coat of black fox-legs
月白绫子棉袄儿	moon-white quilted coat
月白素绸袄儿	moonstone blue three-quarter jacket
水田青缎镶边长背心	long black embroidery-trimmed sleeveless peishin
淡墨画的白绫裙	hand-painted organza skirt in white
大红猩猩毡的斗篷	cape of crimson monkey pelt
猩红汗巾	scarlet waistband
松花绿的汗巾	pine-green waistband

五　饮食翻译整理表

原文	译文
秘情果	the fruit of tender passion
灌愁水	a philter, the antidote of grief
鹅掌	webbed goose
鸭信	duck gizzards
糟	wine-preserved
酒	wine
瓜子	melon seeds
酸笋鸡皮汤	soup of chicken skin and vinegared bamboo shoots
碧粳粥	congee of white rice
豆腐皮的包子	buns with the crust made of crisp hardened bean-curd
枫露茶	maple-dew tea
果子	fruit
果品	sweets and fruits
松子	pine seeds
滚热的野鸡	boiling hot pit of stewed pheasant
米汤	light gruel
酸梅汤	sour plum drink
糖腌的玫瑰卤子	sugared rose cream
木樨清露	Essence of Cassia
玫瑰清露	Essence of Rose

续表

原文	译文
小荷叶儿小莲蓬儿的汤	soup with tiny lotus leaves and lotus pods in it
荷叶汤	lotus soup
黄酒	rice-wine
烧酒	hot cordial
合欢花浸的酒	hot pot of mimosa wine
鸽子蛋	pigeon eggs
六安茶	Liu-an tea
老君眉	laochunmei
灰条菜干子	sun-dried carrots
豇豆	kidney beans
扁豆	flat-beans
茄子	egg plants
葫芦条儿	bottle-gourds
各样干菜	preserved vegetables
人参	ginseng
肉桂	cinnamon bark
燕窝	birds' nest
冰糖	crystal sugar
稀粥	light congee
牛乳蒸羊羔	new-born lamb cooked in milk
鹿肉	venison
野鸡瓜子	pheasant feet
建莲红枣汤	lotus and date soup
法制紫姜	preserved ginger
槟榔	hairy taro
火肉白菜汤，加了一点儿虾米儿，配了点青笋紫菜	ham and cabbage soup for supper, with dried shrimps and bits of seaweed and bamboo shoot in it
江米粥	gruel of red rice

续表

原文	译文
五香大头菜	pickled roots of tatoutsai
龙井茶	Lungching tea
燕窝汤	bird's nest soup
蜜饯荔枝	sugared lichi
桂圆汤和的梨汁	pear juice, flavored with dragon's eye juice
参汤	ginseng soup

六　医药翻译整理表

原文	译文
不足之症	her constitution was weak
人参养荣丸	ginseng tonic
冷香丸	Cold Perfume Pill
桑虫	mulberry bugs
猪尾	pig's tails
痘疹	smallpox
延年神验万金丹	long-life Magic Tonic Pills
香雪润津丹	breath-sweetener
黄酒	rice-wine
山羊血	fresh goat's blood
嶐峒丸	aboriginal remedy
砒霜	arsenic
食谷者生	there is life in cereals
宝钗道："昨儿我看你那药方上，人参肉桂觉得太多了，虽说益气补神，也不宜太热。依我说，先以平肝养胃为要。肝火一平，不能克土，胃气无病，饮食就可以养人了。每日早起，拿上等燕窝一两、冰糖五钱，用银吊子熬出粥来，要吃惯了，比药还强，最是滋阴补气的。"	Pocia said to her, "Yesterday I saw the doctor's prescription. There was too much ginseng and cinnamon bark in it. These may help the circulating humors and the nervous system, but one shouldn't take too Much 'hot' (stimulant) medicine.* In my opinion, the basic thing is to slow down the liver functions so that the bile-fire will not injure the stomach-earth.** When your digestion is in order, then the food taken can build up nourishment for the body. You should take every morning a bowl of birds' nest soup,*** made of one ounce of birds' nest and half an ounce of crystal sugar. Taken regularly over a long period, it is better than medicine." （*所示脚注详见注释整理表）

· 441 ·

续表

原文	译文
依弗哪	a western ointment called Iphona
"世兄这症，乃是急痛迷心。古人曾云：'痰迷有别。有气血亏柔，饮食不能镕化痰迷者；有怒恼中痰急而迷者；有急痛壅塞者。'此亦痰迷之症，系急痛所致，不过一时壅蔽，较诸痰迷似轻。"	"Friend-brother is suffering from shock. The ancients say, 'There are three kinds of shock, to be distinguished from each other. One kind is due to failure of digestion, brought about by blood deficiency. The second kind is due to a sudden onset of anger, and the third kind is a shock of grief or pain which cuts off the circulating systems.' The present case is one caused by sudden pain, and may be considered as shock also. The block-up is temporary and is regarded as less serious than the other kinds."
女儿痨	tuberculosis
血室	blood center
六脉弦迟，素由积郁。左寸无力，心气已衰。关脉独洪，肝邪偏旺。木气不能疏达，势必上侵脾土，饮食无味，甚至胜所不胜，肺金定受其殃。气不流精，凝而为痰；血随气涌，自然该吐。理宜疏肝保肺，涵养心脾。虽有补剂，未可骤施。姑拟黑逍遥以开其先，复用归肺固金以继其后。不揣其陋，俟高明裁服	All six pulses are jumpy and slow; the disease is brought about by a state of depressed spirits and blocking of circulatory systems. The left wrist pulse is feeble, indicating low vitality in the blood. The cross pulse is, on the other hand, strong, which shows liver activity. The wood (liver) element forces its way into the earth (stomach) and upsets the digestion, and goes even further and injure the metal (lungs). The forces are blocked and congeal into mucous. Blood is forced up and breaks out, resulting in coughing and splitting of blood. The symptoms call for loosening up of the liver (bile), relaxing of the lungs and the strengthening of the blood and digestive systems. Tonic preparations should not be given immediately. I suggest heishiaoyao as an opening wedge, and will follow it up with medicines for restoring and strengthening the metal element (lungs). Whether this is correct or not, I await your wise decision in application
贾琏拿来看时，问道："血势上冲，柴胡使得么？"王大夫笑道："二爷但知柴胡是升提之品，为吐衄所忌，岂知用鳖血拌炒，非柴胡不足宣少阳甲胆之气。以鳖血制之，使其不致升提，且能培养肝阴，制遏邪火。所以《内经》说：'通因通用，塞因塞用。'柴胡用鳖血拌炒，正是'假周勃以安刘'的法子。"	"The patient's blood is forced up. Do you think she can stand the sickle-leafed hare's-ear?"* The doctor smiled and explained, "I know. The hare's-ear is a stimulant, and is counter-indicated by spitting of blood. You will notice that there is turtle's blood in that formula. It is necessary to use hare's-ear to bring up the liver system, and the turtle's blood in turn checks the action of the hare's-ear's stimulant action. It has the effect of at the same time sustaining the liver action and checking overactivity."

七　器用翻译整理表

原文	译文
紫檀架子大理石屏风	huge marble plaque, supported on a red sandalwood frame
翠幄清油车	painted handcart with a green cover
大紫檀雕螭案	big blackwood table carved with magic lizards
三尺多高青绿古铜鼎	three-foot high ancient bronze tripod, greenish with age
錾金彝	engraved gold carafe
玻璃盆	glass basin
楠木椅子	cedarwood upright chairs
炕	kang
猩红洋毯	baboon-red imported blankets
大红金钱蟒引枕	lilac-colored mattress shot with golden threads in cobra design
秋香色金钱蟒大条褥	ong, broad, hard pillow in vermilion, also in cobra motif
梅花式洋漆小几	scalloped lacquered stands
文王鼎	Wenwang tripod with incense container
匙箸香盒	spoons and tongs
汝窑美人觚	juyao (white) vase with feminine figures
茗碗茶具	various tea articles
椅	chairs
银红撒花椅搭	flowered pink hard cushions
脚踏	footstools
高几	high stands

续表

原文	译文
茗碗	tea vessels
瓶花	flower vases
锦褥	brocade cushions
炕桌	stool on the kang
半旧青缎靠背引枕	old black hard pillow
青缎靠背坐褥	black hassock
半旧的弹花椅袱	chairs below, covered with semi-old upholstery
拂尘	dusters
漱盂	gargle cups basins
巾帕	towels
藕合色花帐	pale cream curtains
锦被	brocade beddings
缎褥	silk mattresses
顺袋	pocket
手炉	hand-warmer, a copper stove hand-warmer (hand-stove)
脚炉	foot-warmer
胭脂膏子	rouge ointment
荷包	wallet
扇袋	fan-bag
香袋	sachet
香案	altar-table
坐褥	cushion
机子	seat
梅花香饼儿	plum-flavored cakes of incense
轿	sedan-chair
车	carriage

七　器用翻译整理表

续表

原文	译文
钱	cash
一二百钱	one or two hundred cash
一吊钱	a thousand cash
花炮	fire crackers
八人轿	sedan-chair with eight carriers
文具	toilet case
镜匣	mirror
钗钏	hair clasps
篦子	fine comb
杏子红绫被	prune satin quilt
镜台	dressing table
青盐	rock salt
龙旌凤翣，雉羽宫扇	imperial pennants and insignia, parasols and giant fans
销金提炉	golden incense container
曲柄七凤金黄伞	golden-yellow seven-phoenix case carried on bent handles(case 似为误译，应为 umbrella)
香巾绣帕	towels
金顶金黄绣凤銮舆	gold-topped imperial sedan-chair with embroidered phoenixes
通草	rosettes
桂楫兰桡	the boat itself dazzled with bead screens and silk festoons and prettily arranged flower pots
宫绸	silks
金银锞子	small gold silver ingots
御制新书	new books by His Majesty
宝墨	rare ink-cakes
宝砚	cake of rare ink
彩缎	colored brocade
御酒	wine from the palace cellar

续表

原文	译文
样子	dress pattern
五色纱	muslin
彩绫	heavy silk
填漆床	lacquered bed
大红销金撒花帐子	curtain in gold-sprinkled crimson
汗巾	waistbands
宫扇	palace fans
红麝香珠	red musk beads
凤尾罗	fern-pattern soft silk
芙蓉簟	fine-split bamboo mat for summer
香玉如意	jade paper weigh
凉榻	summer couch
玛瑙碗	cornelian bowls
玻璃缸	wide-bodied glass bottle
水晶缸	crystal jar
藤屉子春凳	rattan lounge chair
夹纱被	thin silk comforter
芭蕉扇子	fanning a banana fan
络子	knots
	tassel
香坠儿	pendants
攒心梅花（络）	knot of plum blossom
二两银子一吊钱	two taels and one thousand cash
大团圆桌子	big round table
绣墩	embroidered hassock
乌梅银花自斟壶	black-silver plum-design self-service wine pot
海棠冻石蕉叶杯	agate cup in banana-leaf design

七　器用翻译整理表　◆◇◆

续表

原文	译文
十锦攒心盒子	bevelled lacquer box
自斟壶	self-service wine pot
捏丝戗金五彩大盒子	big gilt lacquer baskets
乌木三镶银箸	silver-bound blackwood chopsticks
西洋布手巾	imported white cotton towel
小楠木桌子	small cedar table
麈尾	horse-hair duster
老年四楞象牙镶金的筷子	old bevelled gold-inlaid ivory chopsticks
土定瓶	earthen pot
轻纱帐幔	plain black gauze
白绫帐子	white silk bed curtains
石鼎	stone tripod
石头盆景儿	landscaped pot
纱照屏	gauze screen
乌银洋錾自斟壶	engraved self-service silver wine pot
十锦珐琅杯	cloisonné cup
骨牌副儿	ivory pieces (like dominoes)
海棠花式雕漆填金云龙献寿的小茶盘	gold inlaid lacquer tray
成窑五彩小盖钟	cheng-ware polychrome tea-cup
蒲团	nun's hassock
风炉	hand stove
一个旁边有一耳，杯上镌着"瓝瓟斝"三个隶字，后有一行小真字，是"王恺珍玩"；又有"宋元丰五年四月眉山苏轼见于秘府"一行小字。	The one she gave to Pocia had a handle and was inscribed with three archaic words in Li-style and its owner's in chen-style. On the other of the inscription was a line of small characters, which said, "Seen by Su Tungpo at the Imperial Collection, April, fifth year of Yuanfeng(A.D.1082)."
那一只形似钵而小，也有三个垂珠篆字，镌着"点犀盉"。妙玉斟了一盉与黛玉。	The one served to Taiyu looked like a small alms-bowl, and also contained three characters in sea-script, the lines made of little globules.

续表

原文	译文
绿玉斗	jade cup
九曲十环一环二十节蟠虬整雕竹根的一个大盏	a very unusual huge goblet, made of ten rings of bamboo roots ingeniously jointed together, each ring consisting of twenty joints
纸钱	paper money
脂粉	powder and rouge
宣窑瓷盒	Shuanhua porcelain box
白玉盒子	white jade box
玫瑰膏子	rose cream
玻璃绣球灯	round glass lamp
羊角灯	goat's horn lamp
地炕	casement for charcoal fire
包袱	package
熏笼	perfume heater, containing hot ashes and covered with a wire netting for perfuming clothes
划子	bolt
汤婆子	hot water bottle
火盆	brazier
铜罩	copper cover
熟炭	hot charcoal
速香	shusiang incense
孔雀金线	peacock-gold threads
竹弓	bamboo ring
金西洋自行船	gilt self-propelling boat model from western countries
汉玉九龙佩	Han jade pendant
素轿	carriage covered with white, due to the family being in mourning
纸马	paper horses
捶油纸	transparent paper
金玉如意	gold juyi (decorative piece)

续表

原文	译文
金玉杯	gold and jade goblets
金寿星	gold figurine, the God of Longevity
沉香拐	cane of garu-wood
茄楠珠	Kanam beads
福寿香	incense for good luck
金锭	gold ingots
银锭	silver ingots
彩缎	colored brocades
玉杯	jade goblets
腕香珠	strings of perfumed beads
金自鸣钟	big gold grandfather clock
香囊	perfume-bag
银锞子	silver ingots
玉带版子	jade-fastened decorative piece of wood
同心如意	twin-heart juyi
大红双喜笺	letter written on vermilion matrimonial stationary
铁马	iron horse figures
琴	chin
牙箸	ivory chopsticks
泥金角花的粉红笺	rose letter-paper with gold sprinkles
梅红单帖	red lucky notepaper, with plum-flower design
小银匙	silver teaspoonfuls
海灯	Buddhist lamp

八　建筑园林翻译整理表

原文	译文
大石牌坊	big stone arch
宁国府	Duke Ling's residence
荣国府	Duke Yung's residence
大石狮子	big stone lion
三间兽头大门	three-section ate with door knockers suspended from a lion's mouth
正门	the main gate gate
角门	the side doors
垂花门	gate with overhanging flowers flower-festooned door
抄手游廊	sheltered and balconied corridors
穿堂	center hallway
三间厅房	open hall of three rooms
正房大院	the main hall
上房	residential rooms
雕梁画栋	carved girders and painted freeze
穿山游廊	winding open corridors
厢房	side wings rooms on the sides
台阶	porch
正门	gate

续表

原文	译文
黑油大门	black-varnished door
仪门	inner gate
三层仪门	the third gate
正房	living quarters
厢庑游廊	open corridors
大厅	big hall
大厅	the outer parlor
大院落	spacious inner courtyard
大正房	the main parlor
鹿顶耳门钻山	deerhead doors and sheltered passages
正内室	the regular inner parlor of the official residence
大甬路	big paved footpath
堂屋	hall
荣禧堂	Yungshi Hall
后廊	passageway
甬道	footpath
倒座三间小小抱厦厅	small building to the left
粉油大影壁	big white hall
套间	side room
暖阁	alcove
碧纱橱	beige-gauze cabinet
门斗	lintel
中门	central door
正厅	the main reception hall
临敬殿	Lin-jeng Palace
大堂廊下	the corridor below the main hall
临庄门	Linjuang Gate

续表

原文	译文
东宫	East Palace (residence of the heir apparent)
荣府	Yung Residence
宁府	Ling Residence
铜瓦泥鳅脊	copper tile ridge
窗槅	lattice windows
一色水磨群墙	the wall was built of water-polished bricks
白石台阶，凿成西番花样	marble with Turkestan bas-relief
虎皮石随意乱砌，自成纹理	oddly placed rugged, unhewn rocks
飞楼插空	spires and turrets
雕甍绣槛	carved girders and painted balconies
石桥三港，兽面衔吐	stone bridge with spouting gargoyles
檐	roofs
合着地步打的床几椅案	assortment of furniture fitted into the walls
退步	small receding wing on the side
茆堂	thatched house
负郭	suburban walls
琳宫	high towers
复道	winding alleyways
宝灵宫	Paoling-kung Palace
大明宫	Tamingkung Palace
侧室	side room
外书房	outside library
内院	inner court
曲栏	winding balcony
集锦	miniature landscapes
博古	decorative characters in antique style
雕镂新鲜花样隔扇	exquisite latticed windows

续表

原文	译文
雕空玲珑木板	built-in shelves
回廊	winding corridor
雕镂槅子	panels of latticed windows
穿廊	small yard through a lattice half-door in the corridor
槅扇	lattice half-door
梨香院	Pear-Scent Court
会芳园	Hueifang Garden
翠嶂	mound
曲径通幽	Winding Lane Foreshadows Beyond
泄玉	Cascading Jade
沁芳	Immersed Fragrance
潇湘馆	Tear-Bamboo Lodge (occupied by Taiyu)
有凤来仪	A Phoenix Honors with Decent
杏花村	Prune Flower Hamlet
杏帘在望	A prune wine-flag greets the eye
稻香村	Sweet Hay Farm (This was later occupied by Satin)
蔷薇院	rambler rose garden
芭蕉坞	small banana plantation
蘅芜苑	Court of Honeysuckles, later occupied by Pocia
正殿	the main hall
玉兰	magnolia (yulan)
蓬莱仙境	The Fenglai Fairyland (Fenglai 应为 Penglai)
怡红院	Court of Red Delight (occupied by Poyu himself)
清堂	isolated houses
茅舍	thatched cottages
堆石为垣	stone walls
编花为门	pergolas

· 453 ·

续表

原文	译文
幽尼佛寺	secluded nunnery
女道丹房	quarters for Taoist nuns
长廊	corridors
曲洞	tunnels
圆亭	pavilions
天仙宝境	Wonderland of the Fairies
省亲别墅	Villa for Visiting Parents
大观园	Takuanyuan, or The Magnarama Garden（脚注作 Grand View Garden）
秋掩书斋（秋爽斋）	the Autumn-Cool Studio
蓼风轩	Rushwind Hall
怡红快绿	Delight in Red and Green
沁芳溪	Immersed Fragrance stream
沁芳桥	Bridge of Immersed Fragrance
石榴	pomegranate
凤仙	touch-me-nots
滴翠亭	Dripping Green Pavilion
藕香榭	Lotus Perfume Pavilion Lotus-Scent Pavilion
栊翠庵	Lungtsui Convent
东禅堂	East Meditation Hall
并蒂秋蕙	twin blossom of autumn orchid
芦雪亭	Rush-and-Snow Pavilion
蜂腰桥	Waspwaist Bridge
沁芳亭	Immersed Fragrance Pavilion
缀锦阁	Brocade Tower
嘉荫堂	Kind Shades Hall
荣庆堂	Reception Hall

九　职官翻译整理表

原文	译文
太爷	magistrate
巡盐御史	Imperial Inspector of Salt Gabelle
探花	tanhua, or No. Three, in the national literary competitions
列侯	marquis
当今	emperor
进士	scholar
国公	Duke
员外郎	councilor
钦差……体仁院总裁	Imperial Commissioner of Tirenyuan
女史	lady-in-waiting at the court
同知	district magistrate
一等将军	First-class General
工部员外郎	councilor at the Ministry of Works
户部	the Ministry of Interior
九省统制	Inspector-General of Nine Provinces
太监	Eunuch
凤藻宫尚书	Secretary of Phoenix Palace
贤德妃	Good Virtuous Consort
太上皇	father emperor
皇太后	queen mother

续表

原文	译文
工部官员	officers of the Ministry of Public Works
五城兵马司	metropolitan guards
有爵者	ranking members
昭容	lady officer of the palace
长府官	secretary
学差	supervisor of imperial examinations in the provinces
番役仵作	government employees
太医	court doctors
翰林	hanlin (academician)
九省都检点	General Inspector of Nine Province
大司马，协理军机，参赞朝政	Secretary of the Army and member of the Imperial Military Council, and was thus a member of the cabinet
察院	judge
世交公侯荫袭	hereditary nobles
世交王侯诰命	the duchesses and countesses and other titled ladies above the fifth rank
公侯命妇	duchesses and countesses
湖北的粮道	Tax Commissioner of Hupeh
工部郎中	senior secretary's post in the Ministry of Works
知府	district magistrate
内阁大学士	member of the cabinet
枢密	Privy Council
工部	Ministry of Public Works
皇上	Emperor His Majesty
粮道	High Commissioner for Grain Tax
节度	governor
刑部	Ministry of Justice
镇守海门总制	the chief naval commander at Haimen

续表

原文	译文
吏部	Ministry of the Interior
锦衣府堂官	Captain of the palace guards
西平王	Prince Siping (West Peace)
北静王	Prince Peitsing (Northern Calm)
御史	imperial censors
刑科	Criminal Department
平安州	magistrate of Pinganchow
枢密院	Privy Council
营官	police
五营各衙门	all civil magistrates and military commanders

十　典制翻译整理表

原文	译文
大比	civil service examinations
参	had been impeached and cashiered
袭过列侯	his family had been enjoying the title of marquis for five generations
科甲出身	Lin Juhai had distinguished himself by his own literary merits
举业	coaching a candidate for the state exams
捐	bought the rank
起复旧员	the government had made a new ruling, making it possible for cashiered officials to apply for government posts again
邸报	the government gazette
宗侄的名帖	card as a clan relative
题奏之日	the day of imperial audience
复职	candidacy to government service
敕造	erected by Imperial Dispensation
发签	give orders
烧埋银子	burial expenses of the victim
义学	private school of the Jia clan
降旨	announce a message from the emperor
旨	imperial messenger
诏、敕	jeweled casket containing an emperor's order
南面而立	face south (as representing the emperor)

续表

原文	译文
陛见	proceed to the palace and await His Majesty's audience
谢恩	offer thanks to His Majesty
驻跸关防	the stationing of the guards and palace servants
接驾	preparing the reception for the emperor
考举人进士	pass the state examinations and take a degree
以尸讹诈	making fraudulent use of a corpse for black-mail
时文八股	the paku, the eight-paragraph essay used exclusively in the civil service examinations
八股文章	paku essay* in the national examinations * The paku is an essay of dissertation on a passage from the classics, with strictly prescribed eight paragraphs or divisions, including statement of position in two opening lines, clarification of the statement, development by historical examples and conclusion. The essay was more like an intelligence test, testing understanding and correctness of ideas, sharp definition in use of words, precision and good sense, rather than brilliance of ideas. Unorthodoxy of thought was strictly taboo, and originality was frequently a handicap. As a form of writing, it is acknowledged by everybody to have no literary value whatsoever. Great writers and scholars often failed
乡试	civil service examinations
监候	detention pending death
秋天大审	the annual supreme court review in the autumn
交通外官	Jiashey is guilty of consorting with officials in the province
工部员外上行走	keep the post at the Ministry of Works
将贾赦发往台站效力赎罪	Jiashey was to be sent to a distant garrison to redeem himself by service, as some nominal officer
身系世袭职员，罔知法纪，私埋人命，本应重治，念伊究属功臣后裔，不忍加罪，亦从宽革去世职，派往海疆效力赎罪。贾蓉年幼无干，省释。贾政实系在外任多年，居官尚属勤慎，免治伊治家不正之罪	Duke Chen should be severely punished for secret burial, according to the law. However, in consideration of the meritorious services of his ancestors, he was merely deprived of his rank and title, and was sentenced to service in the navy stations along the coast. Yung was set free on account of his youth. Jiajeng had been loyal conscientious servant of His Majesty in the provinces for a number of years, and was pardoned from his guilt in failure to supervise the affairs of his household

续表

原文	译文
丁忧	tingyu, or "parent's death" which meant obligatory resignation from all offices for three years
二爷这一用功，明儿进场中了出来，明年再中了进士，作了官	You will be a chujen, and next year a chinshih and soon you will be an official
大赦	general amnesty

十一　岁时翻译整理表

原文	译文
岁底	New Year's Eve
花灯	the New Year lanterns
吃年茶	New Year family party
大正月	New Year holidays
已二更多时	ten o'clock
至十五日五鼓	The fifteenth arrived. Before dawn
时已丑正三刻	It was already past midnight
二鼓	ten o'clock
芒种节	the feast of farewell to the gods of flowers, marking the end of spring
次日乃是四月二十六日，原来这日未时交芒种节	The next day was the twenty-sixth of the fourth month. According to the old custom, the period of Mangtsung ("grain in ear") began at 3 p.m. on that day, marking the end of spring
端午	festival of Tuanwu, the fifth of the fifth month
端阳节	"double-five" festival
端阳佳节	the day of Tuanwu
这日正是端阳佳节，蒲艾簪门，虎符系背	On the day of Tuanwu, dry twigs of mugwort were hung over every door,* and children wore tiger-amulets on their backs. * This custom still prevails in the villages. The smell of these pungent weeds seems to keep away mosquitoes and insects, but they are supposed to drive away the infectious "air" causing illnesses at the onset of summer
戌末亥初之间	it was about ten

续表

原文	译文
除夕	the last day of the old year
元宵	the big lantern festival on the fifteenth
重阳节	double-nine festival
八月中秋	mid-autumn festival
酉初二刻	half past eight
二更后	toward ten o'clock
四更	the fourth watch
二更多天	ten o'clock
辰初	eight o'clock
四更	three o'clock in the morning
五更	dawn the fifth watch
那一夜五更多天	That night, toward daybreak

十二　礼俗翻译整理表

原文	译文
那周岁时，政老爷试他将来的志向，便将世上所有之物摆了无数，与他抓取。谁知他一概不取，伸手只把些脂粉钗环抓来玩弄。那政老爷便不喜欢，说他将来是酒色之徒耳，因此便不甚爱惜	On his first birthday, his father wished to test his inclinations in life and spread before him all manners of objects to see what the child would grab at. To his father's chagrin and mortification, the baby was totally unconcerned with other objects; its little hand reached out for rouge and cosmetics and rings and brooches and suchlike ladies' things. The father was displeased and thought the child would never be anything but a drunkard or a libertine. For that reason, the father hates him heartily
他读书凡"敏"字，他皆念作"密"字；写字遇着"敏"字，亦减一二笔	I remember now when this student of mine comes across the word min, she pronounces it mi* and she takes care to write that word with one or two less strokes. *It is taboo to mention one's parents' personal names
你舅舅今日斋戒去了	Your uncle is away today keeping fast
宝玉向贾母请了安	Poyu went up to greet his grandmother
寄名锁	gold identity locket
护身符	Amulet
次早起来省过贾母	pay their usual morning calls to the grandmother
只听见外面答应了一声，早进来三四个大汉打千儿请安	Three or four tall young men answered from the outside and came in now to make their bow
碰头	kowtow
"哦！交杯盏还没吃，倒上了头了！"	She saw them in that situation and laughed. "Well, well! You two haven't yet sipped the wedding cup together, but are already doing up the hair."
欲行家礼	Primespring was going to perform the family ceremony of making her knee-deep bow to her parents and grandparent
宝玉进来，先行国礼	performing due ceremony

· 463 ·

续表

原文	译文
原来这小红本姓林，小名红玉，因"玉"字犯了宝玉、黛玉的名，便单唤他做"小红"	Ruby's original mane was Redjade, but was changed because the word jade (yu) duplicated that in Poyu's and Taiyu's name
往贾母那里请安	say good morning to the grandmother
晨昏定省	morning and evening calls on his parents
"既这么样，就开了脸，明放他在屋里不好？"	Then why not raise her status and let her share his room openly?
是日拜别过宗祠及贾母，起身而去	he said goodbye to the grandmother and to his ancestral spirits at the family temple and left for his post
百日	hundred-day vigil
拜了天地，焚了纸马	paper horses were provided and the bride and bridegroom made their bows to heaven and earth
我对面问他，问亲大爷的孝才五七，侄儿娶亲，这个礼我竟不知道	I want him to tell me what kind of etiquette it is that sanctions the taking place of a wedding just after the fifth week of his father's funeral
红白大礼	reds and whites (weddings and funerals)
凤姐道："我又不等着含口垫背，忙什么呢。"	"There's no hurry. I am not waiting for money to stuff my mouth and cushion my back with," replied Phoenix, referring to a burial custom
今冬且放了定，明春再过礼	Let's have the first betrothal gifts sent this winter, the formal exchange next spring
宝玉应照已出嫁的姐姐有九个月的功服，此时也难娶亲	He shouldn't have a wedding before the nine-month mourning for a sister is over
冲喜	counteract evil by a happy event
"即挑了好日子，按着咱们家分儿过了礼。趁着挑个娶亲日子，一概鼓乐不用，倒按宫里的样子，用十二对提灯，一乘八人轿子抬了来，照南边规矩拜了堂，一样坐床撒帐，可不是算娶了亲了么？"	"We will choose a propitious day for the exchange of presents in the proper style of the families, and follow up with a lucky day for the wedding. We shall dispense with the drums and horns and flutes, but the bridal sedan will be carried by eight carriers, preceded by twelve pairs of lantern-carriers, following the fashion of the court. The bride and bridegroom will make obeisance to the parents and relatives, 'sit the bed' and 'draw curtains', according to the custom in the south. That will do for a wedding."
媒人	official go-betweens
庚帖	The paper stating the astral date and hour of birth

续表

原文	译文
一时,大轿从大门进来,家里细乐迎出去,十二对宫灯排着进来,倒也新鲜雅致。傧相请了新人出轿,宝玉见新人幪着盖头,喜娘披红扶着	Now the big bridal sedan came in through the front gate. The family orchestra playing soft chamber music went out to meet it. Preceded by twelve pairs of palace lanterns, the sedan came in, making a pretty enough procession. The bridesmaids asked the bride to come out of the sedan. The bride's head and face were covered by the bridal veil of red silk.* * Not transparent like the western bridal veil
傧相赞礼,拜了天地。请出贾母受了四拜,后请贾政夫妇等登堂,行礼毕,送入洞房。还有坐帐等事,俱是按金陵旧例	Now the best men and the bridesmaids assisted at the ceremonies. The couple made obeisances to the heaven and earth, then four obeisances to the grandmother, and then to the parents. They were then led to the bridal room and went through the customs of "sitting the bed" together and "letting down the bed curtain," symbolic of the union, all according to the old custom of Nanking
同房	consummated
回九	hweichiu, the ninth day when the bridegroom was to return with the bride to her family
于是贾政等在外一边跪着,邢夫人等在内一边跪着,一齐举起哀来。外面家人各样预备齐全,只听里头信儿一传出来,从荣府大门起至内宅门扇扇大开,一色净白纸糊了,孝棚高起,大门前的牌楼登时竖起。上下人等登时成服。贾政报了丁忧。礼部奏闻,主上深仁厚泽,念及世代功勋,又系元妃祖母,赏银一千两,谕礼部主祭。家人们各处报丧	Her body was lifted to the special bed which had been already prepared with mattress and bedding. The men, led by Jiajeng, retired to the outside room, while the women, led by Madame Shing, remained. All kneeling on the ground, the ceremonial wailing began. All had been made ready. As soon as the word was given, all the gates and doors of the mansion were pasted over with strips of white; the funeral shed and a great ceremonial pailou (gateway) were put up outside the entrance. All employees of the household put on mourning. Jiajeng reported to the court about tingyu, or "parent's death" which meant obligatory resignation from all offices for three years. The death was officially communicated to the emperor, who in consideration of the generations of services of the Jias and in honor of the imperial consort, gave a grant of one thousand taels of silver and ordered the Ministry of Civil Service to offer libation to the spirit of the deceased. Obituary notices were sent out
择了吉时成殓,停灵正寝。贾赦不在家,贾政为长,宝玉、贾环、贾兰是亲孙,年纪又小,都应守灵。贾琏虽也是亲孙,带着贾蓉,尚可分派家人办事。虽请了些男女外亲来照应,内里邢王二夫人、李纨、凤姐、宝钗等是应灵旁哭泣的	On a propitious day and hour, the body was laid in. now Jiajeng as the son, and Poyu, Huan and Lanny as the male grandchildren, were on duty keeping the vigil, while Madame Shing, Madame Wang, Satin, Phoenix and Pocia as the direct daughters or granddaughters-in-law wept by the coffin's side. Lien and his son Yung were specially exempted to attend to the business arrangements outside

原文	译文
只听外头鼓乐一奏,是烧黄昏纸的时候了,大家举起哀来	Then drums were beaten and music sounded for the burning of spirit-money and everybody went in to perform the wailing
僧经道忏,上祭挂帐	Priests, Buddhist and Taoist, were engaged to say masses, sacrifices were offered and curtains were hung over the altar
坐夜之期	The day of the "all-night vigil"
辞灵	Farewell to the coffin
冥寿	the anniversary of the grandmother's death
冥供	the offerings to the spirit

十三　宗教相关翻译整理表

原文	译文
梦幻	a phantasmagoria of events which vanished like a dream
	empty dream
神仙	Fairy
僧	Buddhist
道	Taoist
风流冤家	lovers
投胎入世	be born/ be incarnated
风流冤家……造劫历世	great love story is starting down on earth
下世为人	born on earth
风流冤家……下凡造历幻缘	it is destined that many spirits shall be thrown into the turmoils of human life and be born as boys and girls to enact another pageant of love and romance
因果	the reincarnation of certain people
可免沉沦之苦	It may help me to see the truth
元机	secret of the gods
跳出火坑	you will break through the opaque shadows of this mortal life and see light
烧丹炼气	pusuing alchemy and Taoist secret arts
道人	Taoist priests
说要化我出家	He wanted my father to give me to a nunnery
孽根祸胎，混世魔王	a cross-starred, catastrophic, blighted devil king incarnate
还愿	redeem a pledge to Buddha

续表

原文	译文
孽障	naughty child devil's stumbling-block
皮囊	skin
女道丹房	quarters for Taoist nuns
带发修行	join the holy order herself, but without shaving her head
观音	Goddess of Mercy
贝叶遗文	Tibetan Buddhist classics written on tree barks
先天神数	a special branch of astrology
圆寂	died
痘疹娘娘	Goddess of Smallpox
十二日后送了"娘娘",合家祭天祀祖宗	After twelve days, there was a ceremony of sending off the goddess, and the whole family gave an offering of thanks to heaven and their ancestors
偈	gatha
参禅	become a Chan Buddhist
花神	gods of flowers flower spirits
神天菩萨	O Buddha
请几个僧人念经超度他	have masses said for her soul
阴司	nether world
阿弥陀佛（刘姥姥、玉钏儿）	My Buddha!
阿弥陀佛（王夫人、晴雯）	Omitabha
阿弥陀佛（宝玉）	My Buddha / Buddha be praised
阿弥陀佛（老妈子）	Buddha be praised
天王	Buddha
现世现报	Divine justice is swift and sure
天天吃斋念佛	a devout Buddhist and prayed and fasted every day
观音菩萨	Goddess of Mercy

十三 宗教相关翻译整理表

续表

原文	译文
玉皇	God of Heaven
菩萨	Buddha
灵砂	Philosopher's stone
吞金服砂	He swallowed both gold and a mercurial preparation
已出苦海，脱去皮囊	his spirit has now been emancipated from the skin-bag, and he has become an immortal
屏息垂帘，跏趺坐下，断除妄想，趁向真如	she took up her position for meditation, crossing her legs and sitting upright. With her eyes closed, she tried to drive away for her mind disturbing thoughts from contamination with the opposite sex and concentrate on meditation of godhead
嫦娥	moon goddess
达摩	Hindu Buddhist apostle Bodhidharma
金刚经	Diamond Sutra
心经	Prajnaparamita Sutra
阎王	king of Hell* * In charge of reincarnation.
"……我虽丈六金身，还借你一茎所化。"黛玉乘此机会，说道："我便问你一句话，你如何回答？"宝玉盘着腿，合着手，闭着眼，嘬着嘴道："讲来。"黛玉道："宝姐姐和你好，你怎么样？宝姐姐不和你好，你怎么样？宝姐姐前儿和你好，如今不和你好，你怎么样？今儿和你好，后来不和你好，你怎么样？你和他好，他偏不和你好，你怎么样？你不和他好，他偏要和你好，你怎么样？"宝玉呆了半晌，忽然大笑道："任凭弱水三千，我只取一瓢饮。"黛玉	"Though I have a sixteen-foot stature, I need the grace of your lotus branch to teach me understanding." Taiyu was amused. She took the chance to test him on Chan philosophy.* She asked: "What will you do if Sister Po will be good to you?" "What will you do if Sister Po won't be good to you?" "What will you do if Sister Po was good to you before and will not be good to you at present?" "What will you do if Sister Po is good to you at present, and will not be good to you later?" "What will you do if you want to be good to her and she won't be good to you?" "And what will you do if you don't want to be good to her, but she wants to be good to you?" Poyu reflected for a second, and laughed a great, big laugh. "Out of three thousand miles of water, I can only drink a gourdful." "How does a gourd-dipper scoop up water?" Taiyu questioned. "The gourd does not scoop up water. Water goes it way and the gourd goes its way, each independently." "What will you do if the pearl sinks when the water stops flowing?" "The Buddhist heart is bound like willow watkin stained with dust, no longer

原文	译文
道:"瓢之漂水,奈何?" 宝玉道:"非瓢漂水,水自流,瓢自漂耳。"黛玉道:"水止珠沉,奈何?" 宝玉道:"禅心已作沾泥絮,莫向春风舞鹧鸪。"黛玉道:"禅门第一戒是不打诳语的。"宝玉道:"有如三宝。"黛玉低头不语。	fluttering like the partridge riding the wind." "The first vow of Buddhism is not to tell lies." "I swear by the Trinity."** * The question and answers between Chan (Zen) brothers and between master and pupil usually take the form of riddles or concrete poetic imagery with a hidden meaning, never made explicit. The questions and answers always seem superficially unrelated, and extreme quickness of wit is required to understand them. It is a method of communication, trying to short-cut logic and suggest the incommunicable truth of mysticism. ** The Buddhist Trinity, or the "Three Precious Ones", consists of Buddha, the Law, and the Church. Here Taiyu's reference to pearl sinking means the end of life's journey, and Poyu's oath refers to return to the Church, both references being symbolic of their respective destinies. The discourse about the gourd means every one must work out his own destiny.
扶乩	planchette
叫道婆焚香。在箱子里找出沙盘乩架,书了符,命岫烟行礼,祝告毕,起来同妙玉扶着乩。不多时,只见那仙乩疾书道:"噫!来无迹,去无踪,青埂峰下倚古松。欲追寻,山万重,入我门来一笑逢。"书毕,停了乩,岫烟便问请是何仙,妙玉道:"请的是拐仙。"	Incense was lighted, and she took out from her trunk the tray of sand and the framework with a suspended pen. An occult prayer was written to request the descent of some particular spirit from the upper world. Smokyridge was made to make obeisance. After prayer was said, the two rose and held the pen framework suspended over the sand-tray, waiting quietly for the spirit to trance the pen across the sand. After a while, the pen began to move very fast, and wrote out the spirit's message in verse: Appearing without known origin, And vanishing without a sound, By the old pine under the Greenmead Peak, The jade will be found. Hunt for it, over hill and dale, And across crag and moor. I'll greet you with a laugh, Once you step inside my door. "May I ask which spirit had been invited?" asked Smokyridge, when she saw the pen stop. "The Immortal with an Iron Cane."
阴司	netherworld

十三 宗教相关翻译整理表 ◆◇◆

续表

原文	译文
那人冷笑道："林黛玉生不同人，死不同鬼，无魂无魄，何处寻访？凡人魂魄，聚而成形，散而为气，生前聚之，死则散焉。常人尚无可寻访，何况林黛玉呢？汝快回去罢。"	The stranger chuckled. "Lin Taiyu is not a common person, and will not be a common ghost. Without fine or gross spirits*, she cannot be found. When the fine and gross spirits come together, they materialize into shape, and when separated, they become spirits, dispersed in death. Even a common person's soul cannot be found, let alone Lin Taiyu. You take my advice and go back." * The human soul, according to the Chinese, it a complex of several fine spirits, such as reason, and gross spirits, such as the animal instincts.
宝玉听了，呆了半晌道："既云死者散也，又如何有这个阴司呢？"那人冷笑道："那阴司说有便有，说无就无。皆为世俗溺于生死之说，设言以警世，便道上天深怒愚人，或不守分安常；或生禄未终，自行夭折；或嗜淫欲，尚气逞凶，无故自殒者，特设此地狱，因其魂魄，受无边的苦，以偿生前之罪。汝寻黛玉，是无故自陷也。且黛玉已归太虚幻境，汝若有心寻访，潜心修养，自然有时相见。如不安生，即以自行夭折之罪，囚禁阴司，除父母之外，欲图一见黛玉，终不能矣。"	Poyu was stunned for a moment before he asked again, "If death means dispersal, how is it that there is a netherworld?" The man gave a cynical laugh. "Yes and no. It is a matter of what you choose to believe. The after-life is a kind of allegory for the common people who want to believe in it. So they say. Heaven is angry with the foolish and wicked people who live improper lives, or commit suicide, or indulge in carnal pleasures or commit violence, bring about their untimely deaths. Therefore Heaven creates a hell where their souls will be imprisoned and damned to eternal punishments, to pay for their sins, so that the wicked may be deterred from evil. You are committing a fatal error in coming here to look for Lin Taiyu. She has returned to the Elysium of Eternal Void. You may one day meet her again if you cultivate your soul and seek after the truth. But is you try to abuse your health and seek your own untimely end, you will be among the damned in the netherworld, where you will be permitted to see no one outside your parents.* And when you will never see Lin Taiyu again." * This is not a curse on his parents, but a fundamental parent-child human relationship which is honored even by the King of Hell.
白虎	"white tiger", a sinister spirit which could hurt human beings under certain circumstances, producing depression, loss of wit, and general misfortune of one kind or another
妖怪	yaksha (vampire)
择吉日，先在省亲正殿上铺排起坛场来。上供三清圣像，旁设二十八宿并马、赵、温、周四大将，下排三十六天将图像。香花灯烛设满一	On a chosen propitious day, the priests came and set up a grand altar in the main hall, formerly used for the reception of the imperial consort. Images of the Taoist Trinity were hung at the inner end, and around them on both sides, ranged gods of the twenty-eight constellations and the four great demon-subduing generals. Below were the images of thirty-six celestial commanders. Flowers and candles, drums and cymbals and religious utensils were displayed in the hall, and flags were put up

续表

原文	译文
堂，铙鼓法器排列两边，插着五方旗号。道纪司派定四十九位道众的执事，净了一天的坛。三位法官行香取水毕，然后摇起法鼓。法师们俱戴上七星冠，披上九宫八卦的仙衣，踏着登云履，手执牙笏，便拜表请圣。又念了一天的消灾邪的、接福的《洞元经》，以后便出榜召将。榜上大书"太乙、混元、上清三境灵宝符箓演教大法师，行文敕令本境诸神到坛听用"。	governing the five directions (including the center). The officer in charge assigned forty-nine priests to their respective posts to purify the place, going around with lighted incense sticks in their hands and sprinkling the holy water. This done, the holy drum was struck, and the priests, dressed in the outfit of immortals bearing emblems of the nine palaces and magic octograms, their caps symbolic of the seven planets, their shoes cloud-patterned, performed the ceremony of inviting the celestial host to descend, bowing with ivory boards in front of their chests. Then followed nearly a whole day of incantation of holy texts for the exorcising of the devils and praying for good luck Prayers over, a military despatch was written with the words: "By order of the Grand Master and Dispenser of the Most Precious Immortal Magic Spells of the Primeval One Dwelling in the Three Pure Regions, the different spirits of this region are hereby summoned to appear, awaiting further orders."
只见小道士们将旗幡举起，按定五方站住，伺候法师号令。三位法师，一位手提宝剑拿着法水，一位捧着七星皂旗，一位举着桃木打妖鞭，立在坛前。只听法器一停，上头令牌三下，口中念起咒来，那五方旗便团团散布。法师下坛，叫本家领着到各处楼阁殿亭、房廊屋舍、山崖水畔，洒了法水，将宝剑指画了一回，连击令牌，将七星旗祭起，众道士将旗幡一聚，接下打妖鞭望空打了三下。本家众人都道拿住妖怪，争着要看，及到跟前，并不见有什么形响。只见法师叫众道士拿取瓶罐，将妖收下，加上封条，法师朱笔书符收禁，令人带回本观塔下镇住，一面撒坛谢将	Now the procession began. The priests descended from the altar, and asked the patrons to take them round the place, going through all the halls, towers, terraces, corridors, and banks and foothills, sprinkling the holy water. On a certain spot in the open, a priest started the sword dance, while military orders were given to the heavenly host, and the flag of the seven planets was lifted aloft, pointing skyward. Prayers were said to the seven planets, the flag was furled, and the demon-subjugating rod swished three times in the air The audience thought now some evil spirit had been captured and crowed around to see. They saw nothing. The high priest ordered the Taoists to fetch a bottle. He grabbed the invisible spirit or spirits and put them inside the bottle, sealed it and wrote on it a magic spell in vermilion ink. Having done this, he ordered that the bottle be taken to his temple and placed under the pagoda, where the demon or demons were supposed to be imprisoned. He announced the ceremony was over, the altar was taken down, and thanks were offered to the celestial warrior spirits

续表

原文	译文
皇天菩萨	God Buddha in Heaven
西去	on her way west (to heaven)
因果	karma
诸事只要随缘，自有一定的道理	Let everything take its course, there is providence in everything
出家	leave the family and take monastic vows
因空见色，由色生情，传情入色，自色悟空	he saw how sentiment arose out of consciousness as consciousness arose out of the void, and how one returned again from perception of sentiment in consciousness into a sense of the vanity of all vanities

十四　词语典故翻译整理表

原文	译文
红楼梦	*The Red Chamber Dream* (A Novel of a Chinese Family)
真事隐去	Disguised his true story
石头记	*Record of a Rock*
通灵	a precious stone which was granted human life
假语村云	Fictionalized Tale
锦衣纨袴之事，饫甘餍肥之日	when I was nursed in the lap of luxury, living on the bounty of my ancestors
半生潦倒	a life of failures and frustrations
蓬牖茅椽，绳床瓦灶	the shabby surroundings of my humble hut
三生石	Reincarnation Rock
绛珠草	Garnetpearl
神瑛	Shenying
离恨天	Elysium of the Lovelorn
通灵宝玉	Transmuted Precious Stone
世禄之家	family of rank
古董行	curio dealer
百足之虫，死而不僵	a centipede may be dead, but its legs will be still kicking
生齿日繁	The household grows bigger and bigger and expenses pile up
主仆上下安富尊荣者尽多，运筹谋画者无一	There are any number of masters and servants and maids and mistresses doing everything possible to enjoy the fruits of their fortune, but not one is doing anything to maintain or develop it

十四 词语典故翻译整理表

续表

原文	译文
外面的架子虽未甚倒，内囊却也尽上来了	The shell is still good to look at, but the core must soon dry up
钟鸣鼎食之家，翰墨诗书之族	ancient family of great means and evident culture
高乐	essentially a dissipated wastrel given up to soft living and wine and women
富而好礼	Wealthy, but cultured
启蒙	coping with him in elementary grades
东床	husband
一箭之远	thirty yards
弱不胜衣	thin, frail figure
不经之谈	crazy nonsense
绾	fasten
月钱	monthly wages
便宜	easier
万几宸翰之宝	A personal handwriting of the emperor himself
内帏	women's quarters
四书	Four Books
	the (Confucian) Four Books
惫赖人物	a loutish fellow
瞋视	angry
笼烟眉	The slight flicker of her eyebrows
黛	Tai
杜撰	made it up
劳什子	Rubbish trash
皮囊	skin
《古今人物通考》	The Origin of Things
女子无才便为德	the old adage that "uneducated girls are more virtuous"

续表

原文	译文
《女四书》	books, designed to teach a woman's proper duties at home
《列女传》	biographies of famous chaste women
纺绩女红	spindle and needlework
青春丧偶	young widow
膏粱锦绣	voluptuous atmosphere
槁木死灰	she was able to hold herself apart mentally, as it were, and shut out from her mind all thoughts of gallantry
针黹诵读	studies and needlework
俗谚口碑	popular jingle rhymes
内帑钱粮	palace treasury
斗鸡走马	cockfights and hunting for pleasures
护官符	Official Protection Register
已有了春秋	advanced in years
随分从时	balanced character
既熟惯则更觉亲密，既亲密则不免有求全之毁、不虞之隙	With familiarity came fondness and affection, and with fondness and affection, bickerings frequently followed
装愚、守拙	Pocia understood more than she appeared to
杂学旁收	You know about almost everything except the classics
醒脾（这个妈妈他吃了酒，又拿我们来醒脾呢）	Your nurse has had a sip too much and is letting it out on us
乜斜倦眼	Poyu looked at her with drowsy eyes
云雨之事	the sexual act
蟾宫折桂（这一去可是要蟾宫折桂了）	You will soon be taking the imperial examination
天伦之乐	the happiness of a family reunion
舜巡	the emperor toured the country
编新不如述旧，刻古终胜雕今	there is a time for conservation, a time for innovation

十四 词语典故翻译整理表

续表

原文	译文
杏花村	Prune Flower Hamlet
犯了正名	The name Prune Flower Hamlet is good, but a real village is already called by that name
红杏梢头挂酒旗	A wine-flag peeps over the tops of Prune trees
柴门临水稻花香	Around the wooden postern on the water comes the scent of sweet hay
试你的清浊	just to test you
天然	natural
天然图画	like a natural landscape
薜荔藤萝	ficus pumila
杜若蘅芜	pollia japonica
茝兰	angelica
金葛	golden hemp
金䔲草	edible tulip
玉蕗藤	yulu creepe
紫芸	meadow-rue
青芷	angelica
《离骚》	*Lisao*
《文选》	*Wenshuan Collection*
西府海棠	fuchsia
女儿棠	ladies haitang
禄蠹	government parasites and office-bugs
爱红的毛病	dandy, effeminate business
排场	asking for a showdown
妆狐媚子	bewitch Poyu with your vulgar harlotry
作耗	take on airs
脚不沾地	went off like a shot
篦头	finecomb hair
磨牙（就只是他磨牙）	she had the sharpest tongue, as bristly as a porcupine

续表

原文	译文
庶出	born of a maid-concubine
垫了踹窝	served as arch support for others
啐	spat
上高台盘	social climbe
下流狐媚子	cringe and snivel
披衣靸鞋	threw on a jacket and trailed his slippers
《南华经》	*Chuangtse*
《胠箧》	Stealing Coffers
燕坐	retire
拜佛	attend a religious service
冠袍带履	official robe and hat and shoes
火树琪花	bright-lit trees
帘卷虾须，毯铺鱼獭	silver filigree screens and beaver carpets
田舍之家，齑盐布帛	However poor and shoddy a farmer's food and clothing are
娈童	handsome boys
饥鼠（招惹贾琏似饥鼠一般）	Lien felt like a dog in heat
不睦	fall out with each other
垫喘儿	make me the scapegoat
借着光儿	at somebody else's expense
巧者劳而智者忧，无能者无所求，蔬食而遨游，泛若不系之舟	The clever ones are not able to take rest, and the men of talent are worried, but the simpleton desires nothing of this world, and wanders happy and free
山木自寇，源泉自盗	A good timber tree invites the axe and a sweet well courts the bucket
负荆请罪	Apology for A Mistake
巧宗儿	nice extra job
剔翎	preening their feathers
天聋	sky-deaf
地哑	earth-dumb
主雅客来勤	A good host receives repeated callers

续表

原文	译文
仕途经济	the official world and the problems of the country
混账话	drivel
大毒日头	scorching sun
葳葳蕤蕤	so woe-begone
栉沐	wash and gave her hair a finecombing
没事常思有事	think of trouble before it arrives
须眉浊物	witless, worthless masculine sex
立身扬名	enter the state exams and "serve the country"
月例	monthly allowance
有个唐僧取经，就有个白马来驮着	when there was an Abbot Tang, there appeared a white horse to carry him on the pilgrimage
刘智（知）远打天下，就有个瓜精来送盔甲	when there was a Lin Chihyuan, there appeared a melon spirit to present him with a magic helmet
轻淳	mellowness and clarity
祟书本子	the book for driving out evil spirits
《玉匣记》	*Record of the Jade Box*
以毒攻毒，以火攻火	homeopathy
挺尸	stretched your corpse on the ground
元人百种	Plays of Yuan Period
杂书	The romances
食谷者生	there is life in cereals
生死有命，富贵在天	Life and death lie in the hands of fate; success and failure are determined by Heaven
弄鬼掉猴	a spitfire or a monkey
三媒六聘	full wedding ceremony
杜工部之沉郁	Tu Fu's packed emotion
韦苏州之淡雅	Wei Ingwu's elegant simplicity
温八叉之绮靡	Feiching's rich imagery

续表

原文	译文
李义山之隐僻	Li Yishan's sardonic quaintness
蜂腰猿背，鹤势螂形	The whole effect was that of a boxer's figure
停床	been moved to her deathbed
挺死尸	fast sleeper
天仙	angel
况知与贾珍贾蓉素日有聚麀之诮	He had heard, too, that Yu the Second had had secret affairs both with the father and the son
贤良	model wife
便如孙大圣听见了紧箍咒一般，登时四肢五内一齐皆不自在起来	He was completely unnerved, feeling like the Monkey Spirit under a spell with a skull-hoop tightening and crushing his head
不过只有"学""庸""二论"还背得出来	Of the Four Books, he knew he could only recite the first two and the *Analects*
《孟子》	*Mencius*
你可记得"十里荷花，三秋桂子"？	You have heard of the phrase, "Lotus fragrance for three miles and cassia seeds in late autumn."
二十四桥	the famous twenty-four bridges
六朝遗迹	and historic sites reminiscent of the power and luxury of the Wu kings
机锋	cryptic Chan riddles
从来处来	one comes from where one comes from
君弦	C string
无射律	G string
后生可畏	A youth may sometimes inspire respect
临文不讳	There is no taboo in the interpretation of the text
无闻	without doing anything distinguished
闻	Distinguished
吾未见好德如好色者也	I have never yet seen a person who loves virtue as he loves women
怀梦草	dream-inducing herb
莫知其子之美	As the ancients say, a parent does not know the strong points of his own child

十四 词语典故翻译整理表

续表

原文	译文
德容言工俱全	perfect in the four essential aspects of a girl's training—in character, looks, conversation and needlework
相敬如宾	you treat each other like guests
狐群狗党	A gang of wolves
丈六金身	Sixteen-foot stature
老太太因明年八十一岁，是个暗九	her eighty-first birthday the following year. This being a "hidden nine" (the square root of eight-one)
三宝	Trinity(Three Precious Ones)
任凭弱水三千，我只取一瓢饮	Out of three thousand miles of water, I can only drink a gourdful
当初田家有荆树一棵，三个弟兄因分了家，那荆树便枯了。后来感动了他弟兄们，仍然归在一处，那荆树也就荣了。可知草木也随人的	Plants respond to human beings with whom they are associated. Remember the story of the Tien brothers? The tree in their house withered away when the three brothers quarreled, and revived when they were reconciled
也不过是恨铁不成钢的意思	Perhaps I have been blaming a piece or iron for its not being steel
修禀	write home
回光返照	the glow after sundown
官官相护	Officials protect officials
火上浇油	Add fuel to the fire
虚架子	empty shell
酸文假醋	prudish and puritanical
如鱼得水	As happy as fish in water
丧与其易，宁戚	"true sorrow at heart rather than pomp" being "preferred at funeral"
悲戚为孝	"true sorrow" was the best tribute to the deceases
闻名不如眼见	One can never believe in hearsay
功名	honor for the family
《秋水》	Autumn Floods by Chuangtse
古圣贤说过："不失其赤子之心。	The ancient sages say that the basis of character lies in "not losing the heart of a child"
聚散浮生	We meet and part in this floating life

续表

原文	译文
不忍	kindness and affection
武周不强夷齐	But the sage rulers did not rule out the great recluses. Emperor Wu and Duke of Chou did not compel Poyi and Shuchi to come out and serve the country
《庄子》	Chuangtse
《参同契》《元命苞》《五灯会元》	Taoist literature, such as *Tsantungchi, Yuanmingpao, Wutenghweiyuan*
语录名稿	the sayings and other works of Confucian scholars
鼓儿词	stories told by the storytellers in the teahouse
龙门	Dragon-gate
《情僧录》	*Record of a Sentimental Monk*
《风月宝鉴》	*A mirror of the moon and the Breeze* (love Romance)
《金陵十二钗》	*The Twelve Beauties of Jinling*
一举成名天下知	The whole world knows, once one makes the degree

十五　俗谚等惯用表达翻译整理表

原文	译文
外面的架子虽未甚倒，内囊却也尽上来了	The shell is still good to look at, but the core must soon dry up
一窝一托（的奔了去）	drag the whole family and saddle upon them
没笼头的马	unbridled horse
鸡声鹅斗	Hen-and-duck fights
过了河儿就拆桥	You would destroy a bridge the moment you have crossed it
正是俗语云："新婚不如远别。"	it was even as the proverb says, a long separation is better than honeymoon
浪上人的火来	a man's blood is inflamed by your charms
只是累掯我们	but it is hard on us to ask us to put up our money for her party
锥子扎不出一声儿来的	You can stick an awl into their mouths and won't get a squeak out of them
金簪儿掉在井里头，有你的只是有你的	When a gold hair-clasp falls into your well, it is yours for the taking
无立足之地	No ground to stand on
天不怕地不怕	reckless, devil-may-care
没事常思有事	Think of trouble before it arrives
现世现报	Divine justice is swift and sure
一杯为品，二杯即是解渴的蠢物，三杯便是饮驴了	To drink one cup is called sampling; to drink two is quenching thirst; to drink three is called donkey drink

续表

原文	译文
一条藤儿	Lentils of the same pod
馋嘴猫似地	Hungry cats going after mice
吃起醋来	Drink a lot of vinegar(is jealous)
狐媚魇道	False wicked girl
妻不如妾	A mistress is always better than a wife
常言人去不中留	The proverb says, you can't prevent a girl from leaving home when she makes up her mind to do it
牛不吃水强按头	You can't push a buffalo's head down and force him to take a drink
六国贩骆驼的	A camel-trader among the six nations
把忘八脖子一缩	Snap back your turtle's head
俗语说的好，"当着矮人，别说矮话"	The proverb says, don't discuss dwarfs in a dwarf's presence
水葱儿	bulrush
烧糊了的卷子	Old hags
各人有缘法	To each his own destiny
越发上脸儿了	getting more and more presumptuous
蝎蝎螫螫老婆子样儿	like an old woman
俗语说："病来如山倒，病去如抽丝。"	The proverb says, sickness comes like an avalanche and goes away like treacle
所谓病急乱投医	One does not choose doctors in an emergency, as the proverb says
听了风就是雨	cries rain every time a wind blows
还嚼什么蛆	Don't gabble
可了不得了	My heavens
了不得了	O my god
俗语说："老健春寒秋后热。"	The old proverb says, an old person feels cold in spring and hot after autumn. Nothing is predictable
不闻俗语说的："万两黄金容易得，知心一个也难求。"	I don't need to tell you that it is easier to find a million dollars than to find one who truly loves and cares

十五 俗谚等惯用表达翻译整理表

续表

原文	译文
拜过天地	Made their bows to heaven and earth
提着影戏人子上场儿——好歹别戳破这层纸儿	Go on with your shadow play. But take care that nobody poke through those paper figures
花马吊嘴	buffoonery
偷来的锣鼓儿打不得	No thief dare beat a stolen gong
混账忘八崽子	little blackguard
俗语说的,"便宜不过当家"	It's cheaper at home than abroad, as they say
顶梁骨走了真魂	Bow-er felt as if he had been hit in the head
自古说的:"当家人,恶水缸"	The proverb days, who takes charge of a home is a cracked waterjar, receiving bumps from everybody
怨不得俗语说,"癞狗扶不上墙的"	You can't help a scurvied dog up a wall
天雷劈脑子五鬼分尸的没良心的种子	You should have been struck by lightning and torn apart from limb to limb by the devils
坐山观虎斗	Sit on top of a peak and watch two tigresses kill each other
棉花耳朵	Soft-hearted
血山崩	Uterine hemorrhage
俗语说的好:"求人不如求己"	The proverb says well: depend on oneself rather than others
所以我宁撞金钟儿一下,不打铙钹三千	I prefer to strike one golden bell rather than three thousand cymbals
别要前人洒土,迷了后人的眼才是	One must live and let live in this world
俗语说"一时比不得一时"	The proverb says well, don't compare today with yesterday
狗仗人势	A dog tries to assume its master's airs
有其主必有其仆	Worthy maid, worthy mistress
善恶生死,父子不能有所勖助	In life and death, in following good or evil, a parent and child cannot help one another
俗语说:"人是地行仙。"	The proverb says, man is an immortal wandering on earth
真真古人说"一日三秋"	A day without seeing you is like three years, as the ancients say
做功夫也不在这一时的	Don't try to cover the ground in one night

续表

原文	译文
自古道："成人不自在，自在不成人"	The proverb says, "A lazy man is never successful, a successful man is never lazy."
但凡家庭之事，不是东风压了西风，就是西风压了东风	Between wife and concubine, it's like the meeting of the east wind and the west wind; the stronger one has the way
这还了得	Good heavens Heaven forbid
俗语说的："留得青山在，依旧有柴烧"	The proverb says, Don't worry about firewood so long as the mountain is there
俗语儿说的，"人怕出名猪怕壮"	The proverb says, a pig shouldn't get fat and a man shouldn't get talked about
胖子也不是一口儿吃的	As people say, a pig doesn't grow fat in a day
古来说的："男大须婚，女大须嫁"	A grown-up man must take a wife and a grown-up girl must wed, as the ancients say
见怪不怪，其怪自败	As the saying goes, sinister spirits harm only those who fear them
恨铁不成钢	Blaming a piece of iron for its not being steel
掉包儿	hoax
好的蜜里调油	As close as oil and honey
断不要支架子做空头	Don't keep up appearances for appearance's sake
了不得了	Good heavens
不好了	Good gracious
自古说"真人不露相，露相不真人"	"a true immortal travels in disguise, and the undisguised is not a true immortal," as the saying goes
斩断尘缘	Cutting loose from the Red dust(human world)
一子出家，七祖升天	One son enters the Church, and his ancestors to the seventh generation all go up to heaven

十六　戏曲词汇翻译整理表

原文	译文
看戏	theatrical shows
昆弋两腔	kun and the yi schools
出	selection
《西游记》	Monkey Epic
谑笑科诨	rousing, hilarious comedy
《刘二当衣》	Liu Erh Pawns His Clothes
《鲁智深醉闹五台山》	the story of the dogmeat-eating monk, called "Monk Lu's Drunken Brawl at Wutaishan"
排场	action and spectacle
辞藻	libretto
热闹戏	rowdy shows
北《点绛唇》	northern melody of "Touching Red Lips"
《寄生草》	Creepers
小旦、小丑	two small child actors, one playing a girl's and the other a boy's part
戏子	actress
《西厢记》	The Western Chamber, was a play about a highly-born young lady seeking sex experience with a stranger scholar
《牡丹亭》	The Peony Pavilion, was a play concerning a girl who died of love, was buried, and resuscitated by the power of love
唱小旦	actor playing feminine roles
《负荆请罪》	Apology for A Mistake

十七　诗词韵文翻译整理表

编号	原文	译文
1	病容憔悴胜桃花， 午汗潮回热转加。 犹恐意中人看出， 强言今日较差些。 （富察明义）	The first one says that her sad flushed face excelled the peach blossom, that her fever went up and she perspired in the afternoon, and to cover up her state of health, she merely said to her visitors that she felt "a little worse" today
	此诗与下一首出自富察明义诗集《绿烟琐窗集》中的 20 首"题《红楼梦》"诗的第 14、15 首。作诗时间不明。林语堂认为此首写林黛玉、下一首写薛宝钗	
2	威仪棣棣若山河， 应把风流夺绮罗。 不似小家拘束态， 笑时偏少默时多。 （富察明义）	The second poem says that the girl's poise and dignity resembled a serene landscape, that she could easily outshine a group of fashionably dressed ladies; neither was she abashed or awkward in elegant society, nor did she try to be gay and vivacious, but most of the time sat there with her silent charm
	此诗与上一首诗的译文底本应是据袁枚《随园诗话》对此二诗的抄录。与其说是翻译，不如说是释意，从林语堂未将译文按诗歌格式编排亦可知	
3	满径蓬蒿老不华， 举家食粥酒常赊。 衡门僻巷愁今雨， 废馆颓楼梦酒家。 （敦诚）	The yard o'ergrown with rank, uncut sedge-grass, The family fed on gruel, the bottle dry, A tottering house within a darkened alley, He dreams, in dismal rain, of days gone by
	此诗题名《赠曹雪芹》，出自《鹪鹩庵杂记》抄本。乃敦诚于乾隆二十六年辛巳（1761）秋，与兄长敦敏去西郊访曹雪芹后所作。原诗为七言律诗，林语堂摘译的是首联和颔联。余下两联为：司业青钱留客醉，步兵白眼向人斜。何人肯与猪肝食？日望西山餐暮霞	

十七　诗词韵文翻译整理表

续表

编号	原文	译文
4	劝君莫弹食客铗， 劝君莫扣富儿门。 残杯冷炙有德色， 不如著书黄叶村。 （敦诚）	Serve not as footman in a manor-house, Seek not the doors of the wealthy gentry. Write your book, write, in your brown-leafed cottage, Contented with left-overs in the pantry.
	此诗题名《寄怀曹雪芹霑》，出自《四松堂集》。乃敦诚于乾隆二十二年丁丑（1757）秋所作。曹雪芹此时住在北京西郊。原诗七言九句，林语堂摘译的是末两句。前七句为： 少陵昔赠曹将军，曾曰魏武之子孙。君又无乃将军后，于今环堵蓬蒿屯。 扬州旧梦久已绝，且著临邛犊鼻裈。爱君诗笔有奇气，直追昌谷披篱樊。 当时虎门数晨夕，西窗剪烛风雨昏。接䍦倒著容君傲，高谈雄辩虱手扪。 感时思君不相见，蓟门落日松亭樽。	
5	假作真时真亦假， 无为有处有还无。	If phantom is real, so is real only phantom; Where nothing is, what which is is nothing.
6	西江月 无故寻愁觅恨，有时似傻如狂。纵然生得好皮囊，腹内原来草莽。潦倒不通庶务，愚顽怕读文章。行为偏僻性乖张，那管世人诽谤。 富贵不知乐业，贫穷难耐凄凉。可怜辜负好韶光，于国于家无望。天下无能第一，古今不肖无双。寄言纨袴与膏粱，莫效此儿形状！	Moon on the West River There was a boy, love-sick and queasy Half moping idiot, and half a sissy. Though his skin may be white And his looks are all right, An empty, empty windbag is he. He hates the volumes ponderous; And towards the great he's slanderous. His ways are very queer If you ever go near. His conduct is—just scandalous. A lazy wastrel, living in riches, A turgid rebel, gone to the bitches. For all his fine chance, He is still but a dunce, His mind never outgrows his breeches. As a ne'er-do-well he is quite peerless, For doing the devil's errand, fearless. Since history began, There never was such a man So utterly, so completely, useless.

续表

编号	原文	译文
		对于这首词，林语堂原本做了一条脚注，修改时删去： Considering that the novel is a story of self-castigation, the author should be given credit for his ruthless humor. The metrical form of the Moon on the West River calls to mind the limerick; the first two lines and the last line have six syllables and the second and the last rhyme, while the next to the last line has a special lilt, with an extra syllable. In this case, the substance of the poem justifies its translation into limericks.
7	两弯似蹙非蹙笼烟眉，一双似喜非喜含情目。态生两靥之愁，娇袭一身之病。泪光点点、娇喘微微。闲静似娇花照水、行动似弱柳扶风。心较比干多一窍，病如西子胜三分	Poyu noticed that the girl had a daintiness, which came from the suggestions of extreme frailty, like a fragile flower reflecting the linght of water, or a weeping willow caressed by the breeze. A light constantly played around her eyes, a dark radiance whose secrets were entirely her own. The slight flicker of her eyebrows might lead one to think she was annoyed, and yet she might not be, and the gaze from her quick eyes was tinged with warm affection or with playful fancies, one could never be sure which
8	贾不假，白玉为堂金作马。 阿房宫，三百里，住不下金陵一个史。 东海缺少白玉床，龙王请来金陵王。 丰年好大雪，珍珠如土金如铁	"If gold horses and marble halls you don't believe; look at the Jias, your eyes do not deceive"; "Opang Palace three hundred li, cannot accommodate all the Shih"(grandmother's family): "The Dragon King was short of an alabaster kang; he came to borrow it from the Wang"(Madame Wang's and Phoenix's family); "Pears like sand, gold like earth; that is what the Shuays are worth."
9	通灵宝玉 （正面） 莫失莫忘 仙寿恒昌 （背面） 一除邪祟 二疗冤疾 三知祸福	"Transmuted Precious Stone" "Lose not, forget not; it will bring you long life." "For warding off evil spirits; for turning away bad luck; for foretelling future events."
10	璎珞金锁 （正面） 不离不弃 （反面） 芳龄永继	scintillating necklace of precious gems "Leave not, abandon not; so shall your blessed life be long."

十七 诗词韵文翻译整理表

续表

编号	原文	译文

11	宝鼎茶闲烟尚绿，
	幽窗棋罢指犹凉
	（贾宝玉）
		Around the tea table wafts an incense smoke
		    tinged by the light's green;
		By the window the chessplayers' fingers feel
		    numb after the game*

	林稿脚注： * As will be seen by this example, the technique of Tang Poetry rests largely on suggestion by well observed details. Here the first line is intended to suggest the green shade and heavy foliage around; the second, to suggest that being shady, it is cold in there	
12	红杏梢头挂酒旗	A wine-flag peeps over the tops of Prune trees
	出自唐寅《题杏林春燕》	
13	柴门临水稻花香	Around the wooden postern on the water comes the scent of sweet hay
	出自许浑《晚自朝台津至韦隐居郊园》	
14	吟成豆蔻诗犹艳， 睡足荼䕷梦也香	Written among the nutmegs, the poems blaze in red; During a nap in the rose garden, perfume assails one's dreams.
15	故绝圣弃智，大盗乃止；摘玉毁珠，小盗不起；焚符破玺，而民朴鄙；剖斗折衡，而民不争；殚残天下之圣法，而民始可与论议。擢乱六律，铄绝竽瑟，塞瞽旷之耳，而天下始人含其聪矣；灭文章，散五彩，胶离朱之目，而天下始人含其明矣。毁绝钩绳而弃规矩，攦工倕之指，而天下始人含其巧矣	Banish wisdom, discard knowledge and the gangsters will vanish. Fling away pearls and smash jades, and the petty thieves will disappear. Burn tallies and destroy signets, and the people will return to their innate simplicity. Make away with all measures and scales, and the people will not dispute over sums and figures. Scuttle all the institutions of the sages, and the people will become fit for discussing the Tao, etc
	出自《庄子·胠箧》，非全译	
16	焚花散麝，而闺阁始人含其劝矣；戕宝钗之仙姿，灰黛玉之灵窍，丧灭情意，而闺阁之美恶始相类矣。彼含其劝，则无参商之虞矣；戕其仙姿，无恋爱之心矣；灰其灵窍，无才思之情矣。彼钗、玉、花、麝者，皆张其罗而穴其隧，所以迷眩缠陷天下者也	Burn the flowers (Shieren) and scatter the musk (Moonbalm), and order will be restored in the women's chambers. Destroy the charms of Pocia and kill the talent of Taiyu, return to an insensate existence, and the charming and the ugly will be all alike. When harmony is established in the women's quarters, there will be no disputes or contentions of argument. When feminine charms are destroyed, there will be no fluttering of love. And when talent is turned to ashes, there will be no beauty of sentiment. The brooches (-cia) and jades (-yu) and flowers and musk have set up their traps above and pitfalls below in a grand conspiracy to bedazzle and enslave and allure mankind to destruction

续表

编号	原文	译文
17	点绛唇·寄生草 漫揾英雄泪，相离处士家。谢慈悲，剃度在莲台下。没缘法，转眼分离乍。赤条条，来去无牵挂。那里讨，烟蓑雨笠卷单行。一任俺，芒鞋破钵随缘化！	Touching Red Lips the melody of Creepers Forsooth, withhold a man's tears and quit! Take leave of this vainglorious scholar's home! I take my vow before the Buddha's throne. It's but this cursed fate that I must leave, And in the twinkling of an eye depart, Alone and free, escaped out of life's coils, Stand naked even as the gods made me. I will go forth, with a palmer's waterproof And a battered hat, into this foul weather. Treading the road in sandals of straw and with A mendicant's alms-bowl, I'll wend my way!
	清·高奕《新传奇品》指出此曲出自清·邱圆所作《虎囊弹》一剧。蔡义江《红楼梦诗词曲赋鉴赏》采此说（中华书局 2001 年版，第 155 页）。	
18	你证我证，心证意证。 是无有证，斯可云证。 无可云证，是立足境。 无立足境，方是干净。 （前三句为贾宝玉作，末句为林黛玉续）	gatha Though I may try To prove the truth, Truth you'll not find, By will or mind. Truth is made known, Proof being unshown; Foothold is acquired, Where none is required.* Even foothold unneeded, Salvation is completed.
	* A verse in the Chan-Buddhist cryptic style. In the Chan sect, which believes in the inner light, all theological arguments about God are regarded as worse than useless and leading only to confusion. Here the word "proof" refers to logical, dialectical proof. Salvation comes by direct experience of God. Mystic contemplation and practices lead toward a "flash of intuitive awakening" —a vision of the true nature of existence	
19	寄生草 无我原非你，从他不解伊。肆行无碍凭来去。茫茫着甚悲愁喜？纷纷说甚亲疏密？从前碌碌却因何？到如今，回头试想真无趣！	Creepers Let me forget the ego of thee and me, The blind illusion of he and she. Throw off the treacherous shackles of sense, And walk the earth, unscathed in spirit go, Deaf and immune to cries of passion and joy, Insensate to claims of clan and kinship's tie, And forget! What throes! How passions ebbed and flowed! And now –the sad, cold cinders of a fire.

续表

编号	原文	译文
20	每日家情思睡昏昏	(The Western Chamber) listless, drunk in love all day
	《西厢记》唱词	
21	若共你多情小姐同鸳帐，怎舍得叫你叠被铺床？	When you and I share the bed of love, 　　Leave the crumpled quilt be. For it is the witness of our love, 　　Leave the crumpled quilt be.
	《西厢记》唱词	
22	葬花吟 花谢花飞飞满天， 红消香断有谁怜？ 游丝软系飘春榭， 落絮轻沾扑绣帘。 闺中女儿惜春暮， 愁绪满怀无释处。 手把花锄出绣帘， 忍踏落花来复去。 柳丝榆荚自芳菲， 不管桃飘与李飞。 桃李明年能再发， 明年闺中知有谁？ 三月香巢已垒成， 梁间燕子太无情！ 明年花发虽可啄， 却不道人去梁空巢亦倾。 一年三百六十日， 风刀霜剑严相逼； 明媚鲜妍能几时， 一朝漂泊难寻觅。 花开易见落难寻， 阶前闷杀葬花人， 独把花锄泪暗洒， 洒上空枝见血痕。	Prayer to Departing Flowers Fly, fly, ye faded and broken dreams Of fragrance, for the spring is gone! Behold the gossamer entwine the screens, And wandering watkins kiss the stone. Here comes the maiden from out her chamber door, Whose secret no one shall share. She gathers the trodden blossoms lingeringly, And says to them her votive prayer. I smell the scent of elmseeds and the willow,[①] Where once did blush the peach and pear. When next they blossom in their spring dress, She may be gone--no one knows where. Sweet are the swallows' nests whose labors of love[②] This spring these eaves and girders grace. Next year they'll come and see the mistress's home — To find her gone, without a trace. The frost and cutting wind in their whirling cycle[③] Hurtle through the seasons' round. How but a while ago these flowers did smile Then quickly vanished without a sound!

① 此节初译为：Still remains the scent of elmseeds and the willow, /Where once blushed the peach and pear. /When next they blossom in their glory, /She may be gone—no one knows where。

② 此句初译为：Sweet are the labors of swallows whose nests of love。

③ 此节初译为：The frost and the cutting wind in their whirling cycle/ Hurtle through the seasons' round./ How but a while these flowers blushed and chuckled /And fragilely vanished without a sound!

续表

编号	原文	译文
22	杜鹃无语正黄昏， 荷锄归去掩重门。 青灯照壁人初睡， 冷雨敲窗被未温。 怪侬底事倍伤神， 半为怜春半恼春。 怜春忽至恼忽去， 至又无言去未闻。 昨宵庭外悲歌发， 知是花魂与鸟魂？ 花魂鸟魂总难留， 鸟自无言花自羞。 愿侬胁下生双翼， 随花飞到天尽头。 天尽头，何处有香丘？ 未若锦囊收艳骨， 一抔净土掩风流。 质本洁来还洁去， 强于污淖陷渠沟。 尔今死去侬收葬， 未卜侬身何日丧。 侬今葬花人笑痴， 他年葬侬知是谁？ 试看春残花渐落， 便是红颜老死时。 一朝春尽红颜老， 花落人亡两不知！	With stifled pity she picks the wilted blooms, And stands transfixed and dazed hourlong, And sheds her scalding tears which shall be changed① Into the cuckoo's heartbreak song. But the cuckoo is silent in the twilight eve, And she returns to her lone home. The flickering lamp casts shadows upon the wall, And night rain patters, bed unwarmed. Oh, ask not why and wherefore she is grieved.② For loving spring, her heart is torn That it should have arrived without warning③ And just as noiselessly is gone! I heard last night a mournful wail and I knew It was the souls of parting flowers, Harried and reluctant and all in a flush,④ Bidding their last farewell hours. Oh, that I might take wingèd flight to heaven, With these beauties in my trust! 'Twere better I buried you, yet undefiled,⑤ Than let them trampled to dust. Now I take the shovel and bury your scented breath, A-wondering when my turn shall be. Let me be silly and weep atop your grave, For next year who will bury me? Oh, look upon these tender, fragile beauties, Of perfumed flesh and bone and hair. The admirer shan't be there when her time is up, And the admired shall no longer care.

---

① 此句初译为：And sheds her scalding tears which shall be transformed。
② 此句初译为：Oh, wander not why and wherefore she is grieved。
③ 此句初译为：Then she should have arrived without announcement。
④ 此句初译为：Reluctant and harried and all in a flush。
⑤ 此句和下一句初译为：'Twere better I buried you, undefiled, as you came, /And let the dust return to dust。

十七　诗词韵文翻译整理表

续表

编号	原文	译文
23	彩线难收面上珠， 湘江旧迹已模糊。 窗前亦有千竿竹， 不识香痕渍也无	The ancient tear marks are already blurred, New liquid pearls now wet the billet-doux. A thousand murmurs from the bamboos arose— Do their tears stain? I wonder if they do.

此诗为题帕三绝句第三首，译诗之前的译文和脚注如下：
She ordered the desk lamp lit, and sat up to write three poems on her tears, including one on the tear marks of the bamboos of her lodge.*
* Tear-bamboos were so called because they were spotted in white. According to legend, they were supposed to have grown out of the tears of an ancient princess, buried in the Sially Valley in Hunan, and Made Goddess of Siang River

| 24 | 问菊　潇湘妃子
欲讯秋情众莫知，
喃喃负手叩东篱。
孤标傲世偕谁隐，
一样花开为底迟？
圃露庭霜何寂寞，
雁归蛩病可相思。
莫言举世无谈者，
解语何妨话片时。 | Questioning the Chrysanthemum
I would fain know the latest news of autumn;
Getting no reply, I whisper my questions across the garden hedge.
With whom do you plan to retire in haughty isolation?
And why do you come when all the others have gone?
Are you not lonely in the dewy garden and the frosty bed?
Dreaming perhaps of the silent cicadas, the geese now gone?
Oh, disdain not all company. If you understand my questions,
Come and have converse with me for a while! |

①修改稿用铅笔删除了此诗译文与注释。
②译诗之前的译文和脚注如下：
Lin Taiyu's verse on "Questioning the Chrysanthemum", conceded to be the best by those present, was based on the idea that the flower defied the frost and was the last to blossom in the year, thus suggestive of a retired scholar who kept to himself and did not join the hustle and bustle of the world.
* It must be remembered that writing poetry was more a part of general education in ancient China. Most scholars' works contain poetry as well as prose. During this period, Yuan Tsetsai(1716-1797) strictly a contemporary of the author and foremost poet of his times, had over a hundred girls who were admitted as his "students" and whose poems he helped to publicize

| 25 | 老刘，老刘，
食量大如牛，
吃个老母猪不抬头 | Liu Lowlow, Liu Lowlow,
Has an appetite like a cow.
She buries her mouth in her bowl,
And eats like a sow |
| 26 | 左边大四是个人，
是个庄稼人。
中间三四绿配红，
大火烧了毛毛虫 | The left one is big four showing a man,
Then without a doubt, it is a farm hand,
The middle one, a four and six, red matching green,
A forest fire scorches the tiger's shin |

续表

编号	原文	译文
26	右边幺四真好看， 一个萝卜一头蒜。 凑成便是一枝花， 花儿落了结个大倭瓜。	The right one is a pretty four and one, Some radish and some garlic thrown in for fun, Together the set forms a pretty hash. My farm produces a whopping big squash
27	代别离·秋窗风雨夕 秋花惨淡秋草黄， 耿耿秋灯秋夜长。 已觉秋窗秋不尽， 那堪风雨助凄凉。 助秋风雨来何速， 惊破秋窗秋梦续。 抱得秋情不忍眠， 自向秋屏挑泪烛。 泪烛摇摇热短檠， 牵愁照恨动离情。 谁家秋院无风入？ 何处秋窗无雨声？ 罗衾不奈秋风力， 残漏声催秋雨急。 连宵脉脉复飕飕， 灯前似伴离人泣。 寒烟小院转萧条， 疏竹虚窗时滴沥。 不知风雨几时休， 已教泪洒窗纱湿。	The Dirge of Autumn Night Wilted the autumn flowers, browned the autumn grass; Long the autumn's dreary lamplit night. Moan, ye autumn winds; cry, ye autumn rains! Whistle, stir and howl with all your might! Restless the lashing rains, sudden the speeding wind, Hoarse[①] cries wake her from her autumn dream. Hapless and helpless, made evermore sleepless[②] She ticks[③] the candle and tends its molten gleam. The candle weeps, a -dripping hot tears downward down, Trailing drops of wordless parting thought. Where is peace? —Whose house exempted from the spreading moan Reading every home and yard and court? Cold and lonely the little mist-bound bamboo yard, Trickling lines race the window from without— And from within. The endless, meandering torrents meet Across the bedrabbled pane, aimlessly about. Thin the silk pyjamas, sharp the cutting wind; The restless hourglass urge ceaseless Time's flight. All through the darkness, it howls amidst the inky dampness, Intoning a threnody of autumn night.
28	一夜北风紧， 开门雪尚飘。 入泥怜洁白， 匝地惜琼瑶。 有意荣枯草， 无心饰萎苗。	Last night the wind was howling fast, This morning the snow is swirling still. Pity that the speckless white should fall into mud, But the ground is covered with glittering light; As if on purpose to revive the wintry blades, Quite by chance it lends beauty to wilted fields

---

① "Hoarse" 原本作 "Whose Hoarse"。

② 此句初译为 "Hapless and helpless, the maiden evermore made sleepless"。

③ "She ticks" 原本作 "Ticks"。

续表

编号	原文	译文
28	价高村酿熟， 年稔府梁饶。 葭动灰飞管， 阳回斗转杓。 寒山已失翠， 冻浦不生潮。 易挂疏枝柳， 难堆破叶蕉。 麝煤融宝鼎， 绮袖笼金貂。 光夺窗前镜， 香粘壁上椒。 斜风仍故故， 清梦转聊聊。 何处梅花笛？ 谁家碧玉箫？ 鳌愁坤轴陷， 龙斗阵云销。 野岸回孤棹， 吟鞭指灞桥。 赐裘怜抚戍， 加絮念征徭。 坳垤审夷险， 枝柯怕动摇。 皑皑轻趁步， 翦翦舞随腰。 苦茗成新赏， 孤松订久要。 泥鸿从印迹， 林斧或闻樵。 伏象千峰凸， 盘蛇一径遥。 花缘经冷结， 色岂畏霜凋。 深院惊寒雀， 空山泣老鸮。 阶墀随上下， 池水任浮漂。 照耀临清晓， 缤纷入永宵。 诚忘三尺冷， 瑞释九重焦。 僵卧谁相问，	The winter brew fetches a fair price when it was done, Quite by chance it lends beauty to wilted fields. The winter brew fetches a fair price when it was done, And the granary is well stuffed in a good year. The soft ashes stir in the buried pitch-pipes,* The return of spring is heralded by the Dipper's sway. Now the bare mountain lies stripped of its green pastures. And no tides rise in the frozen bay. The sparse willow twigs are easy to hang things upon, Though the broken banana leaves are difficult to make bonfire. While perfumed coal balls glow in antique tripods, Silken sleeves show beneath sable gowns. The slanting wind continues to waft about, And one's dream wanders light and free. Whence comes the song of a plum flower flute? From whose home is heard the pan-pipes' melody? The sea-turtle* is heaving beneath the earth's burden, And the dragon's flight disperses the clouds in the sky. A lone skiff is returning to the bare bank, The travelling poet points his whip toward the bridge of Pa.** Heavy coats are granted in mercy to the distant garrisons, Extra quilted clothing is given to soldiers away from home. One tests gingerly the strength of the frozen ponds, And is afraid to disturb the snow-laden boughs. With light, steady steps I stroll out into the open, And turning a pirouette, I execute a dance. The bitter tea, well brewed, gives a novel delight. The lonely pine stands symbol for a lifelong friend. The wild swan leaves a track of footprints, The woodcutter's axe resounds across the woods. While the many-peaked range sleeps like a squatting elephant, And the hill path winds with serpentine grace. The flowers, urged by the cold, have gone to seeds, But some, defying the frost, bloom merrily on. Sparrows are shivering in the secluded courtyard, And the owl's cry pierces the bare, empty hill. The silver flakes rest gently up and down the steps, They drop and drift at random on the pond. The white splendor illumines the glorious morning, And the whirling showers continue into the long light. One almost forgets the cold of three feet of frozen moisture, And equally is relieved from the nine-fold scorching days. Lying stiffly, one waits for a visitor;

续表

编号	原文	译文
28	狂游客喜招。 天机断缟带， 海市失鲛绡。 寂寞封台榭， 清贫怀箪瓢。 烹茶水渐沸， 煮酒叶难烧。 没帚山僧扫， 埋琴稚子挑。 石楼闲睡鹤， 锦䙅暖亲猫。 月窟翻银浪， 霞城隐赤标。 沁梅香可嚼， 林竹醉堪调。 或湿鸳鸯带， 时凝翡翠翘。 无风仍脉脉， 不雨亦潇潇。 欲志今朝乐， 凭诗祝舜尧。	On an abandoned journey, travellers are glad to greet a friend. From the heavens drops a belt of glittering white, And in the ocean kingdom, the wavy sharkskin is lost.* Silence descends upon the towers and terraces, The poor scholar is content with his rice-basket and bowl. While brewing tea, the water comes to a simmer, In heating wine, the wet leaves are slow to burn. The monk in the mountain buries his broom into the snow, And the boy with his chin bobs his head above the lane.① A stork is taking his nap in the stone blockhouse, And a family cat is curling up on a velvety rug. Billows of silver churn in the caves of the moon, A red flag faintly waves over a city in evenglow. The soaked plums are fragrant to the palate. The bamboos stoop groggy as if with wine. Some persons' lover-duck waistband is wet through, And some kingfisher ornaments are stiff with cold. The air pulsates even without the wind's movement, And one hears a gentle patter though there is no rain. To commemorate today's happiness, Let's sing the praise of Shun and Yao.

林稿脚注：
…pitch-pipes,*
* A traditional way of detecting the rise of underground temperature in the spring. When atmospheric pressure changes, the light reed ashes in the musical tubes come up.

The sea-turtle*…
* The mystic animal is supposed to carry the earth on its back.

…the bridge of Pa.**
** The historic Pa bridge was the one scholars had to cross on reaching the capital of Si-an in Tang Dynasty. The phrase is a symbol of capturing government honors, or retirement from office to return to one's home province.

…sharkskin is lost.*
* The "sharkskin" here refers to a mystic silk of wavy pattern woven by a man living under the sea. The ocean kingdom refers to a fable, common in many tales, that under the sea there exists a trading center where men and women buy and sell as on land

---

① 此句初译为：And the boy carring his string instrument bobs his head above the lane。

续表

编号	原文	译文
29	昨夜朱楼梦， 今宵水国吟。 岛云蒸大海， 岚气接丛林。 月本无今古， 情缘自浅深。 汉南春历历， 焉得不关心？	Last night I had a dream in the red chamber,* And this evening I am singing in Oceania. Islands clouds broil over the vast waters, And banks of mist merge with the wooded hillsides. The moon knows no distinction between ancient and modern, While human passions ebb and flow. Look at the vernal splendor south of China! How can I tear myself away?
	* The poem is more than a curiosity, like the reference to European snuff box and "Iphona". The term "western ocean" is today used to refer to the western world (Europe and America). From the description of the scenery in the poem, it is more probable that the reference is to the region of Southeast Asia, with its archipelago. All sea trade with China in the eighteenth century came by the Malay Straits	
30	寒塘渡鹤影， 冷月葬诗魂	A stork's shadow passes over the nocturn water, The poet's spirit is buried under the ancient[①] moon
31	人生斯世兮如轻尘， 天上人间兮感夙因。 感夙因兮不可憖， 素心如何天上月	Human life is cheap like dust. Mundane ties are in heaven made. Heaven-made ties are decreed by fate. Let the pure heart revert insensate
32	随身伴， 独自意绸缪。 谁料风波平地起， 顿教躯命即时休。 孰与话轻柔？ 东逝水， 无复向西流。 想象更无怀梦草， 添衣还见翠云裘。 脉脉使人愁！	O thou closet to my shadow! We planned it should so forever remain. The finger of Fate intervened And thou passed away! With whom shall I whisper, cosy and soft and warm? The water flows eastward, Inexorably, unable to reverse its course. Oh, could I find the dream-inducing herb! The work of thy nimble fingers lies before me, And sorrow pulsates in my veins
33	人间只得风情好，那知道秋月春花容易抛，几乎不把广寒宫忘却了	The earth is beautiful, they say, Who knows that the autumn moon and the spring flower easily fade? Almost have I forgotten the Palace of Eternal Cold
	戏曲《蕊珠记》之《冥升》里的唱词	

[①] "ancient"原作"cold"。

续表

编号	原文	译文
34	黛玉道:"宝姐姐和你好你怎么样?宝姐姐不和你好你怎么样?宝姐姐前儿和你好,如今不和你好你怎么样?今儿和你好,后来不和你好你怎么样?你和他好,他偏不和你好你怎么样?你不和他好,他偏要和你好你怎么样?"宝玉呆了半晌,忽然大笑道:"任凭弱水三千,我只取一瓢饮。" 黛玉道:"瓢之漂水,奈何?" 宝玉道:"非瓢漂水,水自流,瓢自漂耳。" 黛玉道:"水止珠沉,奈何?" 宝玉道:"禅心已作沾泥絮,莫向春风舞鹧鸪。" 黛玉道:"禅门第一戒是不打诳语的。" 宝玉道:"有如三宝。"	She asked: "What will you do if Sister Po will be good to you?" "What will you do if Sister Po won't be good to you?" "What will you do if Sister Po was good to you before and will not be good to you at present?" "What will you do if Sister Po is good to you at present, and will not be good to you later?" "What will you do if you want to be good to her and she won't be good to you?" "And what will you do if you don't want to be good to her, but she wants to be good to you?" Poyu reflected for a second, and laughed a great, big laugh. "Out of three thousand miles of water, I can only drink a gourdful." "How does a gourd-dipper scoop up water?" Taiyu questioned. "The gourd does not scoop up water. Water goes it way and the gourd goes its way, each independently." "What will you do if the pearl sinks when the water stops flowing?" "The Buddhist heart is bound like willow watkin stained with dust, no longer fluttering like the partridge riding the wind." "The first vow of Buddhism is not to tell lies." "I swear by the Trinity."
	此段禅语不能完全视为韵文,但基于前半部分林稿对其采用了韵文格式,后半部分原文夹杂韵文,故权且将其归入诗词韵文	
35	噫!来无迹,去无踪,青埂峰下倚古松。欲追寻,山万重,入我门来一笑逢	Appearing without known origin, And vanishing without a sound, By the old pine under the Greenmead Peak, The jade will be found. Hunt for it, over hill and dale[①], And across crag and moor. I'll greet you with a laugh, Once you step inside my door
36	悠悠生死别经年, 魂魄不曾来入梦	Yearling the dead is parted from the living; Not once has her spirit come into my dream
	出自白居易《长恨歌》	

---

① 此句初译为:Hunt for it, over mountains and velleys。

十七 诗词韵文翻译整理表

续表

编号	原文	译文
37	真如福地 假去真来真胜假, 无原有是有非无。	Blessed Land of Buddha The Real excels Illusion, creature of the Real, Behind Nothing was Something, whence Nothing came.
38	福善祸淫 过去未来,莫谓智贤能打破; 前因后果,须知亲近不相逢。	Virtue Reward, Vice Punished Say not the wisest of men can see behind the veil of past and future; Know ye the closest relatives meet not outside the Wheel of karma.
39	堪羡优伶有福, 谁知公子无缘。	The fortunate actor is to be envied, so much the more pity for the young master.
40	勘破三春景不长, 缁衣顿改昔年妆。 可怜绣户侯门女, 独卧青灯古佛旁。	Torn is the veil from late spring's mirage. In place of jewelled attire, the holy cloth. Alas, the lady from a noble's silk-decked chamber By the altar's dingy shadow keeps her troth!
41	我所居兮,青埂之峰; 我所游兮,鸿蒙太空。 谁与我游兮,吾谁与从? 渺渺茫茫兮,归彼大荒。	O Greenmead Peak my home! Between the spheres I roam! Who will come with me? I'll go with him[①], Together, together into the Great Unknown!
42	天外书传天外事, 两番人作一番人。	An out-of-this-world book tells of an out-of-this world story. The same kind of being lives two kinds of life
43	满纸荒唐言, 一把辛酸泪。 都云作者痴, 谁解其中味?	These pages tell of babbling nonsense, A string of sad tears they conceal. They all laugh at the author's folly; But who could know its magic appeal?[②]
44	说到辛酸处, 荒唐愈可悲。 由来同一梦, 休笑世人痴。	When the story is sad and touching, Then sadder is its buffoonery. But we, partakers of the dream-life, Shouldn't laugh at their tomfoolery.

---

① 初译为：I'll go forth with him。
② 初译为：Here is a tale full of fancy, And a handful of sweet, sad tears. They say the author is silly; Sample it, you his peers。

十八　注释整理表

（一）文内注释整理表

编号	原文关键字	注释条目	注释全文
1		In the first half of the novel	Books Ⅰ-Ⅲ
2		In the second half	Books Ⅳ-Ⅶ
3		"contaminated" by men	that is, married
4		Tsao Shuehchin	pronounced Tsow Shuaychin, 1718?-1763
5		two poems	in another popular version, by Tsao Shuehchin himself
6		Emperor Kangshi's period	1662-1722
7		Tsao was born between 1715 and 1720	in my opinion 1718, if Poyu's year of birth is taken as his own
8		his father for thirteen years	1715-1728
9		the crash described in the novel	The date given in the novel is 1735
10		Tuncheng	whom we shall refer to as Pine-Hall, his literary name
11		Rouge-Inkstone	name of his studio
12		Pine-Hall sold his own knife	carried about like a sward
13		Rouge-Inkstone's re-annotated manuscript version of the novel	1754
14		The beginning is slow-moving in the first three books	Ch. 1-29
15		in the last four books	from Ch.30 on
16		The first year in the garden	Ch. 6-29

十八 注释整理表

续表

编号	原文关键字	注释条目	注释全文
17		all the four seasons	"Youth's Morning", spring and summer, "Tumult of Trumpets", autumn and winter
18		the second year	Ch. 30-33
19		the first climax	"The Deception"
20		in the third year	Ch. 34-50
21		in the fourth and fifth years	Ch. 51-64
22		long detailed wine games and versification contests	of which only one example is given in full, in Chapter 28
23		Paradise	Elysium of Eternal Void
24		put them together	for instance, Ch. 52, Nightingale's hostility to Poyu after his supposed disloyalty to her mistress, Taiyu
25		Jen Shihyin	True Story Disguised
26		Prologue	The Story of the Precious Stone and the Garnetpearl
27	甄士隐	JEN SHIHYIN	True Story Disguised
28		*The Red Chamber Dream*	A Novel of a Chinese Family
29	贾雨村	JIA YUCHUN	Fictionized Tale
30	冷子兴	LENG TSESHING	Cool on hot
31	甄士隐	Jen Shinyin	True Story Disguised
32	金陵	Jinling	Nanking
33	宝玉	POYU	precious stone
34	甄府	The Jens	True
35	贾府	the Jias	Fiction
36	贾敏	Min	written with the same radical
37	大舅母	eldest aunt	MADAME SHING, the DUCHESS
38	二舅母	second aunt	MADAME WANG
39	大嫂	eldest sister-in-law	SATIN

续表

编号	原文关键字	注释条目	注释全文
40	你先珠大哥	your late eldest brother	cousin
41	老祖宗	Old Ancestor	grandmother
42	汝窑	juyao	white
43	颦颦	Pinpin	knit-brows
44	袭人	SHIEREN	Creeping Fragrance
45	他本姓花	Hua	flower
46	更名袭人	Shieren	following one unawares
47	金陵一个史	the Shih	grandmother's family
48	金陵王	the Wang	Madame Wang's and Phoenix's family
49	贾珍……又现袭职	Duke Chen... representing the senior branch of the family	Jiajing, buried in his Taoist practices, having resigned the hereditary title in favor of his son
50	手炉	hand-warmer	hand-stove
51	四书	Four Books	Confucian
52	南面而立	face south	as representing the emperor
53	大小姐	the eldest daughter	Primespring
54	东宫	East Palace	residence of the heir apparent
55	修舍	a place	which later was to be named TEAR-BAMBOO LODGE, occupied by Taiyu
56	稻香村	SWEET HAY FARM	This was later occupied by Satin.
57	五间清厦……	This simple and dignified structure	which was to be called COURT OF HONEYSU-CKLES, later occupied by Pocia
58	玉兰	magnolia	yulan
59	院落	exquisite courtyard	This was to be the COURT OF RED DELIGHT, occupied by Poyu himself
60	幺	Yao	one
61	焚花	burn the flowers	Shieren
62	散麝	scatter the musk	Moonbalm
63	钗	brooches	-cia
64	玉	jades	-yu

续表

编号	原文关键字	注释条目	注释全文
65	拿大红尺头……裁衣	red cloth	for good luck
66	云儿	Hazie	Riverhaze
67	至贵者宝	Po	precious
68	至坚者玉	yu	jade
69	原叫红玉的	the word jade	yu
70	芒种	Mangtsung	"grain in ear"
71	颦儿	Pin-erh	Taiyu
72	远着宝玉	kept aloof from Poyu	as was good form
73	我母亲	my mother	Mistress Jow
74	三爷	third master	Huan
75	蒋玉菡	Chiang Yuhan	Chikuan
76	姨娘	aunt	Madame Wang
77	大嫂子	Eldest sister-in-law	satin
78	黛玉	Taiyu naturally excelled the others in fresh and striking lines	Later she taught Caltrop a secret, when the latter was learning poetry. She told her to look for the inner sentiment, and when one had a perfect line instinct with the inner spirit of poetry, even the prescribed tones could be ignored
79	那一个	that one	Poyu
80	刘姥姥	Liu Lowlow	pronounce as al-low
81	三张牌	three ivory pieces	like dominoes
82	元丰五年	Yuanfeng	A.D.1082
83	七月初七	the seventh month	August
84	吃起醋来了	she drinks a lot of vinegar	is jealous
85	热	"hot"	stimulant
86	灯笼	lantern	paper
87	素云	Pristine	Satin's maid
88	翰林	hanlin	academician

续表

编号	原文关键字	注释条目	注释全文
89	姊妹	jiejie and meimei	elder and younger sister
90	那（邢）大姑娘	Miss Shing	Smokyridge
91	西海	"western-ocean"	European?
92	琴姑娘	Miss Chin	Pochin
93	你婶子	your aunt	Phoenix
94	奶奶	"nainai"	young mistress
95	大奶奶	eldest mistress	Madame Yu
96	银器	silver ornaments	white
97	家姐	elder sister	Madame Yu
98	二爷	Second Master	Lien
99	金玉如意	gold juyi	decorative piece
100	驸马	Fuma	emperor's son-in-law
101	红白大礼	reds and whites	weddings and funerals
102	老爷	own senior master	Jiajeng
103	你们姑娘	your damsel	Greetspring
104	二嫂子	Second sister-in-law	Phoenix
105	二木头	"woodhead"	bonehead
106	所责之事，皆系平日私语，一字不爽	that words said in private and things done at his court	his tickling Fangkuan and rolling in bed with her was one of them
107	回去	go home	draw my last breath
108	宝玉近因晴雯病势甚重，诸务无心	Concerned about Sunburst's illness	this was before her final dismissal
109	木气	wood	liver
110	脾土	earth	stomach
111	肺金	metal	lungs
112	疏肝	liver	bile

续表

编号	原文关键字	注释条目	注释全文
113	固金	metal element	lungs
114	舅太爷	maternal uncle	Madame Wang's brother
115	暗九	"hidden nine"	the square root of eight-one
116	二奶奶	second mistress's	Phoenix's
117	若邢丫头也像这个东西	If Miss Shing is like that one	she pointed to the room where Shuaypan's wife was
118	你和我说过几句禅语，我实在对不上来	you posed to me some questions of Chan philosophy and I couldn't answer them	He started to speak Buddhist language
119	测字的	lexichotomist	word-splitter
120	不见了	not seen	lost
121	舅太爷	uncle	Madame Wang's brother
122	贾宝玉弄出假宝玉来	Jia Poyu has now brought into being a Jia Po Yu	False Precious Stone
123	我们家大老爷	that eldest uncle of our family	Madame Wang's brother
124	他二哥哥	Her second brother	Lien
125	我的身子是干净的	My body is pure	a virginal body
126	你替我告诉他的阴灵	You tell her soul	during the wailing
127	你二哥哥	Your second brother	Shuayko
128	二奶奶	second young mistress	Pocia
129	说咱们（贾赦）使了他家的银钱	her father	Jiashey
130	你二嫂子	your second sister-in-law	Phoenix
131	妖怪爬过墙，吸了精去死的	yaksha	vampire

续表

编号	原文关键字	注释条目	注释全文
132	派了好些人将宝玉的住房围住	the grandmother assigned some more people to guard Poyu's house	though it was outside the garden
133	插着五方旗	flags were put up governing the five directions	including the center
134	二叔	second uncle	Jia Jeng
135	北静王	Prince Peitsing	Northern Calm
136	赦老爷	elder uncle	Jiashey
137	周瑞、旺儿	Jourui and Wanger	Phoenix's assistants
138	史侯家的	the grandmother's own family	and Riverhaze's
139	我们姑娘	Our young mistress	Riverhaze
140	回了九	hweichiu	bridegroom's visit to bride's family
141	大太太	elder lady	the duchess
142	珠儿媳妇	Ju-erl's wife	Satin
143	二太太	second lady	Madame Wang
144	二姑奶奶	Second daughter	Greetspring
145	你二哥哥	your second brother	Shuayko
146	牌楼	pailou	gateway
147	咱们太太	our madam	Shing
148	大老爷	elder senior	Jiashey
149	老太太西去	on her way west	to heaven
150	你外孙女	your external grandchild	Fortuna
151	金陵	Jinling	Nanking
152	你的宝玉回来了	your poyu	precious stone
153	两株枯木	two sparse trees	Lin
154	玉	jade	yu
155	玉带	girdle	tai
156	金簪	gold hairclasp	-cia

十八 注释整理表 ◆◇◆

续表

编号	原文关键字	注释条目	注释全文
157	雪	snow	Shuay
158	鲜花	a flower	hua
159	破席	a mat	shi
160	娘娘	Her Royal Highness	imperial consort
161	斩断尘缘	cutting loose from the red dust	human world
162	小婶子	His younger sister-in-law	Pocia
163	他亲祖母	her own grandmother	Madame Shing
164	你三姑姑	your third aunt	Trailspring
165	圣恩浩荡，即命陛见	special permission	for he was in mourning
166	贾雨村	Jia Yuchun	Fictionized Tale
167	甄士隐	Jen Shihyin	True Story Disguised
168	宝玉即宝玉也	Poyu was just a piece of Poyu	Precious Stone
169	青埂峰	the Greenmead Peak	for the magic rock had resumed its natural size
170	贾雨村言	Jia Yuchun talking	Fiction Stuff
171	风月宝鉴	A mirror of the moon and the Breeze	love Romance

（二）脚注整理表

编号	原文关键字	注释条目	注释全文
1		*Red Chamber Dream*	*My Country and My people*, (1935) p. 272
2		Contented with left-overs in the pantry	Poems by Pine-Hall, dated 1757, when the author was still working on this novel
3		eight essays	Published by Wu En-yü in May 11, 1970 in *Ta Kung Pao*
4		No serious attempt at an English translation has been undertaken	*Red Chamber Dream*, by C.C. Wang, Published by Doubleday Doran, 1929, was never meant as a serious translation, giving a conscientious, but rather bare skeleton of the story only. I consider it more a summarized condensation than a translation. A translation by Bancroft Joly was attempted, Kelly and Walsh, 1892-93. But was left unfinished. Joly seemed to have undertaken the translation when he was beginning to learn Chinese. Franz Kuhn has made a good translation into German, *Der Traum de Roten Kammer*, Inselverlag, Leipzig, 1932, 50 chapters, 788 pp. Dr. Kuhn, like myself, has been forced to cut the novel to manageable proportions. His selections and omission, however, are largely different from mine

续表

编号	原文关键字	注释条目	注释全文
5	女娲氏	Goddess Nuwa	One of the goddesses belonging to the pre-dawn of history
6	石头城	Rock City	Another name for Nanking. In the course of the novel, and for the main part of it, the author describes the House of Jia as situated at the "capital", Peking, as distinct from Jinling. The location of the fabulous Jia garden is purposely left vague, and the evidences from the book are contradictory
7	政老爷的夫人王氏	MADAME WANG	In the big Chinese family, it is the custom to address the individual married ladies by their maiden names to avoid confusion, for otherwise there would be so many Madame Jias in the house. In the house, she is known as "the madam" (taitai) while the duchess, Duke Jiasher's wife, is known as "the elder madam" (first taitai)
8	贾敏	Min	In a big family, cousins of the same generation are given names with the same "radical" (a dictionary classification) so that one can tell at a glance to which generation one belongs in the family tree
9	凡敏字他皆念作密字	she pronounces it mi	It is taboo to mention one's parents' personal names
10	乳名黛玉，年方五岁	Taiyu, a child of eleven	There are inexcusable discrepancies in the text about Taiyu's age when she arrived at the Jia house. The main impression is that Taiyu was eleven, and Poyu twelve when the story begins, when Pocia the other cousin arrived. In several places, mention is made that Taiyu arrived years before Pocia; yet in the story, their arrivals follow within a few months of each other
11	先珠大哥	late eldest brother	Throughout this novel, male and female cousins are always addressed as brothers and sisters, as was the custom
12	炕	kang	Sitting bed, used as a divan, but deep as a bed, where one could either sit up in company, or lie down at rest. A low stool is usually placed on top, for placing teacups, etc. The so-called hard pillow can also be used as an arm-rest

续表

编号	原文关键字	注释条目	注释全文
13	王夫人进羹	Madame Wang served the soup at table	The classical etiquette of daughters-in-law serving the mother-in-law at table was kept up in this family, but not in common homes. Madame Wang, although mistress of the house, was a daughters-in-law vis-à-vis the grandmother
14	碧纱橱	beige-gauze cabinet	A "cabinet" here denotes a curtained area, with latticed partitions all around, strictly used for sleeping quarters, resembling the idea of an alcove, with everything needed complete. A small alcove with built-in cabinets and drawers and curtains may be regarded as an over-size bed in the ancient style expanded to occupy the size of a room
15	奶娘	wet-nurse	A wet-nurse in a wealthy family remains with the family usually for life even after the child is grown up
16	袭人	Shieren(following one unawares)	Based on the line in a Tang poem"The flower perfume following one unawares makes one conscious of a hot day." Shie means stealthy attack from behind, and suggests the creeping, invisible wafting of fragrance. The nearest translation for the name would be Creeping Fragrance. Obviously one cannot translate the girl's name literally as "Night Attack" or "Ambush" which the word "Shie" means
17	他的小名	her personal name	The author indulges in the cryptic style of what is called a "historian's pen", damning not by open statement but the use of a subtle, adroit word on phrase, with implied comment. Here the sexual relations are described as happing in a dream, but the implication is clear. The very fact that he slept in a married niece's bed, though a boy in his 'teens, is, in the Chinese reader's eyes, sufficient condemnation of impropriety
18	好姐姐	Good Jiejie	Jiejie means elder sister; meimei, younger sister. These words are used like the French word mademoiselle

续表

编号	原文关键字	注释条目	注释全文
19			Twelve chapters covering Poyu's childhood and dealing largely with matter extraneous to the story, have been omitted here, save the above extracts. The omitted section includes a dream in which Poyu visited the Elysium of Phantom World, where was revealed to him a Book of Destiny, containing prophetic riddles about the individual fates of the girls and women in the story. These riddles are structurally important, bringing in the idea of fate. However, they are obscurely worded like all oracles—profitless for the reader, unless added with copious notes, and become clear only in retrospect after the reader has finished the novel. The second dream and return visit of Poyu to the Elysium toward the end of the story, covering the same material in briefer form, is translated in chapter 60
20	贤德妃	imperial consort	An imperial concubine of the highest rank, next to the empress. Usually there were several
21	甄家	the Jen family	Jen means "real", as explained in the first chapter. The author's own family, in charge of the government silk textiles, at Yangchow, near Nanking, had historically the honor of preparing for reception of the emperor's visits. See Introduction
22	对对	poetic couplets	The poetic couplet was thought in the beginning grades. It is the foundation of the writing of verse in that it trains the mastery and choice of words, and in the art of writing a good line, gracefully compressing a thought with economy of words
23	众人	scholar-guests	The author's contempt for these scholar-parasites is expressed in the following names given them, not translated in the text, and the words they resemble in pronunciation: Good Cheat (Shanpienren) Unashamed (Pukusi) Finger-in-the-Pie (Chankuang) Not human (Pushihren) Running after Hot (Chengjershing)
24	有凤来仪	A Phoenix Honors with Decent	The phoenix is the symbol of a queen

十八　注释整理表

续表

编号	原文关键字	注释条目	注释全文
25	宝鼎茶闲烟尚绿，幽窗棋罢指犹凉	Around the tea table wafts an incense smoke tinged by the light's green; By the window the chessplayer' fingers feel numb after the game	As will be seen by this example, the technique of Tang Poetry rests largely on suggestion by well observed details. Here the first line is intended to suggest the green shade and heavy foliage around; the second, to suggest that being shady, it is cold in there
26	酒幌	wine-flag	A square piece of red cloth, suspended from a bamboo pole, visible from a distance on a country road, is the regular sign for a winehouse
27	纸窗	paper windows	With paper serving in place of glass
28	把我丢在一旁	throw me aside	Ingratitude is a grievous sin in Chinese ethics--the basis for keeping a wet nurse after one is grown-up
29	篦头	finecomb	"Finecombing," as distinguished from combing, is done for the same purpose as brushing hair with a stiff brush
30	他现是主子	he is a master	A child born of a maid is still a son of the family. Mistress Jow was Madame Wang's own maid before she married, not one bought for beauty as a concubine. The position of Mistress Jow in this story is unusual in that a concubine usually occupies a better respected position. In her case, she brought it on by her own low character. This is all the more remarkable in respect to Trailspring, her other child, who, herself a most remarkable character, treated her with disgust and contempt
31	拈了胭脂，意欲往口边送	rouge…to his mouth	According to the novel, this kind of rouge cream, freshly made at home, tasted sweet and eatable
32	《胠箧》	Stealing Coffers	Chuangtse was a brilliant Taoist. The theme of this essay is a tirade against civilization
33	昭容传谕曰免	A lady officer… transmitted the order that the ceremony be waived	In this brief formal "state reception", the parents of Primespring would have to kneel before their daughters, as servants of the emperor. This sharply contrasted with the later "family reception", where they could talk informally as relatives
34	其名曰大观园	the Takuanyuan, or The Magnarama Garden	Grand View Garden

续表

编号	原文关键字	注释条目	注释全文
35	御制新书	a set of new books by His Majesty	The reigns of Emperors Kanghsi and Chienlung were celebrated for the compilation of dictionaries, encyclopedias and other standard reference works. Emperor Chienlung (1736-1795), during whose reign this novel was written, was a fine scholar himself, as well as patron of the arts
36	……无可云证……	Where none is required	A verse in the Chan-Buddhist cryptic style. In the Chan sect, which believes in the inner light, all theological arguments about God are regarded as worse than useless and leading only to confusion. Here the word "proof" refers to logical, dialectical proof. Salvation comes by direct experience of God. Mystic contemplation and practices lead toward a "flash of intuitive awakening" —a vision of the true nature of existence
37	芒种一过便是夏日了	summer begins	The Chinese lunar calendar is generally about one month behind the Gregorian calendar, its end of the fourth month being about the beginning of June, according to Western reckoning. Mangtsung is one of the twenty-four fortnightly periods into which a year was divided. The Mangtsung period is June 6-20 in the western calendar in any given year. Summer solstice follows on June 21
38	（葬花吟）	the song of prayer	It is the custom in offering prayers to the dead to write out the prayer, recite it during the sacrifices and then burn the paper
39	大红汗巾……松花汗巾	exchanged presents of waistbands	Waistbands, usually of silk and elaborately embroidered, are intimate articles, like garters
40	远着宝玉	kept aloof from Poyu	A love affair for an unmarried young girl was not permissible, and in itself an infringement of the social code
41	杨国忠	Kuo-chung	Yang Kweifei, a notorious beautiful queen, was known for her plumpness. Yang Kuochung was her cousin, an astute but self-seeking premier who almost ruined the empire. Here Yang Kuochung was meant for Poyu
42	蒲艾簪门	dry twigs of mugwort were hung over every door	This custom still prevails in the villages. The smell of these pungent weeds seems to keep away mosquitoes and insects, but they are supposed to drive away the infectious "air" causing illnesses at the onset of summer

十八　注释整理表　◆◇◆

续表

编号	原文关键字	注释条目	注释全文
43	明日再撕罢	I will tear them tomorrow	Many fans were costly, especially antique fans with paintings and autographs of famous scholars on them
44	惟有灯知道罢了	Only the lamp knows	It must be explained that Shieren was not hypocritical. In ancient society, an affair with a maid would not have the social implications; the maid could be taken by the man or married off later. But to sully the name of a daughter of the family could only end in tragedy for the girl. Shieren was responsible and duly concerned
45	（题帕诗第三首）	the bamboos of her lodge	Tear-bamboos were so called because they were spotted in white. According to legend, they were supposed to have grown out of the tears of an ancient princess, buried in the Sially Valley in Hunan, and Made Goddess of Siang River
46	开了脸明放他在屋里	raise her status and let her share his room openly	It is possible to have a maid formally accepted as concubine before a man's marriage
47	瓜精来送盔甲	a melon spirit to present him with a magic helmet	A Chinese women learned a great deal of history from the theatre. Abbot Tang, or Tangseng, alias Shuanchuang, visited India for seventeen years and brought back and translated hundreds of Buddhist canons. Liu Chihyuan was founder of the short-lived Han Kingdom(A.D. 947-950)
48	他比我们还强呢	she is better than any of us	The maids receiving an extraordinary amount of space in this novel are Jay, Shieren, Sunburst, Nightingale and Amitie. They are outstanding personalities, far above the average. It must be remembered, however, that the first four originally served the grandmother as a group and were picked from among hundreds
49	上千的银子呢	She makes about a thousand taels from the interest alone	It will be recalled later that Phoenix's practice of illegal usury was involved in the downfall of the family
50	五分一斤	five cents a catty	A catty is sixteen ounces
51	还不知怎么动不得呢	I don't know if I shall be able to move about at all	A slight discrepancy here. The grandmother was already seventy-eight and if Liu Lowlow was a few years older, she should have been over eighty

续表

编号	原文关键字	注释条目	注释全文
52	今日偏接过麈尾	horse-hair duster	The white horse-hair duster, like the fan, was used in ancient days as an usual adjunct to a leisurely conversation, rather than for the more matter-of-fact purpose of driving away fires. The white horse-hair, or sometimes black yak hair, about a foot and half long, swayed gracefully as friends chatted in idle conversation
53	鸳鸯便骂人	Jay turned and scolded the maids	Scolding servants for lack of attention, real or imagined, was a polite compliment to the guest
54	成窑	cheng-ware	Famous delicate porcelain of fifteenth century, usually small objects. "Cheng" stands for Chenghua, name of a reign, 1465-1486
55	不收又辜负了姑娘的心……	you are so kind	This special relationship of Amitie and Gammer Liu has extreme significance in the very end of the story
56	他娘家的亲戚要告呢	the family of the deceased was going to sue them	In Chinese law, when someone commits suicide in one's house, the head of the house is under investigation for possible cruelty which leads up to it, particularly in the case of maids and employees, and women married into the family. In the last case, the woman's maiden family has the law in its favor, and can cause a great deal of nuisance, especially in preventing the funeral of the dead—a horrible thought for the woman's children
57	只有答应是的一字	Only at the end did she say one word, "Yes."	Taiyu was feeling guilty because the two plays were forbidden reading for girls. But perhaps she was also struggling against the inescapable charm and magnificent poetry of these masterpieces. They were not more indecent than <u>Romeo and Juliet</u>
58	不宜太热	"hot"(stimulant) medicine	Foods and medicines are broadly divided into the "hot" and "cold" classes. Things that cause dryness and constipation, over-stimulate the heart-beat and respiratory functions, are generally regarded as "hot". Sedatives and laxatives are considered as "cold". The terms of Chinese medicine, applying to definite clinical symptoms in the practice of medicine, have never been adequately studied by western doctors

十八 注释整理表

续表

编号	原文关键字	注释条目	注释全文
59	肝火一平，不能克土	stomach-earth	The liver and bile are, as in the English language, supposed to be connected with a bilious temper which burns up in anger. The stomach, representing the base of nutrition, is like the earth, which being inactive itself, nourishes the plants. Hence the liver-fire--stomach-earth equations. Cereals are supposed to be the base of nourishment and allied to the earth element
60	燕窝	birds' nest	Birds' nests are cliff swallows' nests built in caves of rocks in the Indonesian seas when the birds migrate south. The "nests" are the coating of predigested baby food for the young, dripped by the mother and found mixed with tiny down
61	嫁妆	a dowry for your wedding	About ten thousand dollars in the Jia family
62	六国贩骆驼的	camel-trader among the six nations	Expert swindler, similar to "horse-trader" in English
63	小老婆	petite mistress	Disrespectful term for concubine
64	没见天日的东西	The lamb never saw daylight	Implication was that the lamb had probably never been born
65	即景联句	Couplet...	The couplet consists of two lines, each of which contains words which are similar in part of speech but antithetical in tone to the corresponding words in the opposite line. The rhyme was prescribed or determined by the first lines, and carried through to the end. No attempt is made here to reproduce the rhyme in the translation, though some of the effect is sacrificed. I have tried rather to render the counterpoise in antithetical terms, which is the essence of the couplet, leaving the reader to imagine that there is the additional effect of rhyme. Its effect is sustained and pleasant without being somewhat light as in the case of the heroic couplet, which is a different thing altogether
66	灰飞管	pitch-pipes	A traditional way of detecting the rise of underground temperature in the spring. When atmospheric pressure changes, the light reed ashes in the musical tubes come up
67	鳌	sea-turtle	The mystic animal is supposed to carry the earth on its back

续表

编号	原文关键字	注释条目	注释全文
68	灞桥	bridge of Pa	The historic Pa bridge was the one scholars had to cross on reaching the capital of Si-an in Tang Dynasty. The phrase is a symbol of capturing government honors, or retirement from office to return to one's home province
69	鲛绡	sharkskin	The "sharkskin" here refers to a mystic silk of wavy pattern woven by a man living under the sea. The ocean kingdom refers to a fable, common in many tales, that under the sea there exists a trading center where men and women buy and sell as on land
70	（真真国女孩所作五律）	Last night I had a dream in the red chamber…	The poem is more than a curiosity, like the reference to European snuff box and "Iphona". The term "western ocean" is today used to refer to the western world (Europe and America). From the description of the scenery in the poem, it is more probable that the reference is to the region of southeast Asia, with its archipelago. All sea trade with China in the eighteenth century came by the Malay Straits
71	自行船	self-propelling boat	It is difficult to account for this reference to a "western-ocean self-going (i.e., automatic) boat", for the novel was written before the perfection of the steam engine. The term "self-going" is vague, suggesting something that goes without oars or sails. For comparison, the clock was known as "self-sounding bell"
72	灵砂	philosopher's stone	Chinese alchemy, although dating centuries earlier than Arabian alchemy, was similar to it in working on mercurial compounds in the double pursuit of transmutation of base metal into gold and of the elixir of youth
73	生个一男半女，连我后来都有靠	I shall have some one to depend on for support in my old age	The taking of concubine when a wife fails to give birth to a son was sanctioned by Mencius, and later by law and custom if the husband reached forty without a son
74	余者也有终席的，也有不终席的	…some sat through the dinner, and some did not	In courtesy, it was more gracious for a guest to put in a brief appearance at a dinner party, than not to appear at all. Thus, it was perfectly good form to leave before dinner was over

续表

编号	原文关键字	注释条目	注释全文
75	那一个金自鸣钟卖了五百六十两银子	I sold that big gold grandfather clock for five hundred sixty taels	Clocks were great rarities in those days
76	暂借一二百，过一两日就送来	He sent me to borrow it from you and will repay you in a couple of days	Regular squeeze. The eunuchs could start petty persecutions against the imperial consort if they were not satisfied
77	这会子再发三二百万的财就好了	I wish we could again take a haul of two or three million somewhere	Such critic suggested that this refers to Lien's robbery of Taiyu's family wealth when he went with her to manage her father's funeral. Taiyu was a mere child then. She should not have been left penniless by her father, Marquis Lin
78	新出来的这些底下字号的奶奶们	…the younger mistress…	For instance, Colanut
79	八股文章	paku essay	The paku is an essay of dissertation on a passage from the classics, with strictly prescribed eight paragraphs or divisions, including statement of position in two opening lines, clarification of the statement, development by historical examples and conclusion. The essay was more like an intelligence test, testing understanding and correctness of ideas, sharp definition in use of words, precision and good sense, rather than brilliance of ideas. Unorthodoxy of thought was strictly taboo, and originality was frequently a handicap. As a form of writing, it is acknowledged by everybody to have no literary value whatsoever. Great writers and scholars often failed
80	六脉	six pulse	Three pulses on each hand, at the wrist, the inner bend of the elbow, and above the raised wrist bone projection. The last is called "cross pulse" where the yin and yang pulses cross each other. The feeling of the pulse, by the doctor's expert finger, distinguishing the volume, speed, regularity and manner of the heart beat which are carefully described and differentiated, is replied upon to tell the internal condition of the body, serving in place of taking of temperature and in addition indicating the arterial conditions, like blood pressure and blood strength

续表

编号	原文关键字	注释条目	注释全文
| 81 | 六脉弦迟……高明裁服 | All six pulses are jumpy and slow…I await your wise decision in application | The body is considered a cosmos resembling the outer cosmos, formed by the mutually attractive and repulsive (constructive and destructive) actions of five basic principles. The five basic elements, their virtues, and representative parts in the human body are as follows:<br>A. Wood - tissue - liver<br>B. Fire - volatility - heart<br>C. Earth - basic strength - stomach<br>D. Metal - hardness - lungs<br>E. Water - fluidity - kidneys<br>The nourishing or productive (sheng) actions are the following sequence:<br><br>```
        Wood
         A
        ↗ ↘
   Water E    B fire
       ↑        ↓
    Metal D → C earth
```<br><br>The repellent or destructive actions (keh) are produced by the following formula: If A is conductive or nourishing to B, and B is conductive to C, then A is destructive to C. B is destructive to D, C is destructive to E, D is destructive to A, and E is destructive to B (e.g., earth quenches fire). The arrows below indicative destructive action.<br><br>```
          A
         ↗↘
   E ←——→ B
      ✕
    D ↙ ↘ C
```<br><br>In the body, liver-wood nourishes the heart-fire, heart-fire nourishes the stomach-earth, etc. Again liver-wood may injure stomach-earth by over-activity; heart-fire may injure lungs-metal, etc. Various cross actions of the elements are further refined and described. In the field of matrimony, again a substantial, steady wife (A) is helpful to volatile, fiery husband (B), but is destructive to an inactive, slothful one (C). A volatile quick-tempered wife (B) is helpful to an inactive husband (C), but destructive to a shrewd and sharp husband (D), because it establishes a bad balance (fire destroys metal). A hard husband (D) is good for a fluid, unfaithful wife (E), but is bad for an inactive, faithful one (A). Etc |

续表

编号	原文关键字	注释条目	注释全文
82	柴胡	sickle-leafed hare's-ear	The plant bupleurum falcatum
83	给老太太老爷太太贺喜	your maternal uncle celebrates yours	Jiajeng's promotion is considered "Poyu's occasion" in the communal spirit of the family system. Hence, the grandmother, the duchess, Poyu's mother were all being congratulated
84	宝姐姐可好么？为什么不过来	Why is Sister Po not here?	In good form, Pocia from now on avoided coming in, since her mother had promised her in marriage to Poyu
85	第三出……蕊珠记……第四出是吃糠，第五出是达摩带着徒弟过江	The fifth scene gave the story of the Hindu Buddhist apostle Bodhidharma who took his disciples to the north	These three pieces are meant to be symbolic of the principals in the story
86	阎王	king of Hell	In charge of reincarnation
87	我便问你二句话，你如何回答	Chan philosophy	The question and answers between Chan (Zen) brothers and between master and pupil usually take the form of riddles or concrete poetic imagery with a hidden meaning, never made explicit. The questions and answers always seem superficially unrelated, and extreme quickness of wit is required to understand them. It is a method of communication, trying to short-cut logic and suggest the incommunicable truths of mysticism
88	有如三宝	I swear by the Trinity	The Buddhist Trinity, or the "Three Precious Ones", consists of Buddha, the Law, and the Church. Here Taiyu's reference to pearl sinking means the end of life's journey, and Poyu's oath refers to return to the Church, both references being symbolic of their respective destinies. The discourse about the gourd means every one must work out his own destiny
89	还算十月	so it is actually the tenth	The increasing differences between the lunar year and the astronomical year are adjusted by an extra leap month once every four years
90	刘铁嘴	Iron-Mouth	Never makes mistakes with his words; originally a good talker who never has to own defeat in argument

续表

编号	原文关键字	注释条目	注释全文
91	探春说道，若是仙家的门，便难入了	"It would be difficult to enter an immortal's door," said Trailspring	The meaning of the message and the Greenmead Peak are revealed in Chapter 64, at the end of the story
92	偏有你大哥在家，你又不能告亲老	It's a pity that your elder brother is at home, and you can't get out of it	According to Chinese official practice, a request for resignation on account of an aging mother is granted, if there is no other son to take care of her at home. Rare exceptions would be cases like generals needed in a campaign
93	盖头	bridal veil of red silk	Not transparent like the western bridal veil
94	……雪雁走开，莺儿等上来伺候	…The prompter took it over. Snowstork slipped away and Pocia's maid, Oriole, took her place	It should be understood here that in ancient China, the bride was strictly a speechless person, to be looked at and commented upon by visitors in her wedding, almost like an automaton. She followed the professional prompter, a woman, in her every moment until she was alone with her bridegroom
95	无魂无魄	Without fine or gross spirits	The human soul, according to the Chinese, it a complex of several fine spirits, such as reason, and gross spirits, such as the animal instincts.
96	囚禁阴司，除父母外，欲图一见黛玉，终不能矣	you will be permitted to see no one outside your parents	This is not a curse on his parents, but a fundamental parent-child human relationship which is honored even by the King of Hell
97	赦老与政老	Elder Jeng and Elder Shey	"Elder Jeng" and "Elder Shey" —terms of great respect to high personages. In Chinese polite intercourse "Mr."is often attached to the personal name, rather than to the surname, being fully as respectful as the latter, but less cold and impersonal
98	其女不从，凌逼致死	causing the girl's death	The case of Yu the Second. See Chapter 33
99	那参的京官就是赦老爷	The official the magistrate consorted with is elder uncle (Jiashey)	See Lien's trip to Pinganchow, chaps. 32-33
100	只怕大老爷和珍大爷吃不住	it will be hard going for elder senior and for elder Master Chen	The censors often fought against the decisions of the emperor. It was their duty to do so if they thought it was good for the country
101	古扇	antique fans	See Chapter 27

续表

编号	原文关键字	注释条目	注释全文
102	又折上了两天去了	your visit will shorten it by two days	She was unworthy of her visit. Luck is like a fixed quantity; one shortens it by over-drawing it or enjoying oneself too much at one time
103	五儿	Rosemary	Rosemary is one of the greatest creations in the last forty chapters, erroneously held to be "forged" by another author, Kao Ao by those pompous self-advertised "critics". The reader can well compare the literary craft of this chapter with the preceding one "Sunburst Reweaving the Peacock Coat" which is recalled by Poyu here. Rosemary, it will be remembered, was one who saw Sunburst's death, which is picked up here again two years after Sunburst's death. She and her sister always had the ambition to serve Poyu, and now her chance had come. She reminded Poyu of the dead Sunburst, but had an individuality all her own. Poyu had not yet recovered from the shock of losing Taiyu, and hoped to see her returning ghost
104	遇仙	meet an immortal	Classical reference for a rendezvous with a beautiful woman
105	自过门至今日，方才如鱼得水	she gave herself to him completely for the first time months after their wedding	It is interesting to note the intellectual level of the researchers who tried to prove the "forgery" of the last forty chapters. One would not believe it, but Pocia's decision to win back Poyu's love, after seeing him half-gone out of his mind, by sleeping with him for the first time after months of marriage, is seriously taken as evidence of Pocia's "shameless" characters. "Pocia should not be so shameless", says Yu Pingpo; therefore such despicable writing must come from the inferior pen of Kao Ao! Is this textual criticism? Or is it raving criticism of a small puritanical soul? See my treatise, "Re-Opening the Question of Authorship of 'Red Chamber Dream'", Bulletin of the Institute of History and Philology. Academia Sinica, Taipei, Formosa, Vol. XXXIX, 1958, pp. 327-387 (in Chinese)
106	麈尾	horse-hair duster	Like the fan, the long swishing horse-hair duster was carried as an aid to leisurely conversation, flailing gracefully like a horse-tail

续表

编号	原文关键字	注释条目	注释全文
107	金陵十二钗	The Twelve Beauties of Jinling	These are: Taiyu, Pocia, Primespring, Greetspring, Trailspring, Riverhaze, Jasper, Fondspring, Phoenix, Fortuna, Satin, and Yung's first wife. Of the maids in a separate supplementary volume, only Shieren, Sunburst and Caltrop are mentioned, whereas Amitie, Nightingale and Jay receive much more extended treatment in the novel than some of the young ladies
108	绛珠草	garnetpearl	See prologue
109	……搁在一边	... put all these away on the shelf	It is important to note that there is no sharp distinction of religions in Chinese society; one did not belong to a Confucisanist, or Taoist, or Buddhist church. Poyu was as much influenced by Taoist ideas as by Buddhism
110	贾兰中了一百三十名	Lanny had passed as the one hundred thirtieth candidate	Generally, out of thousands of competitors, three hundred were selected as the best and received the degree
111	谁敢不送来	Who would dare to hide a chujen	The passing of national competitive examinations and the obtaining of a state degree was a major event in the life of a scholar, his family, his village and his whole clan, and was remembered for a century. It abruptly changed the fortune of a family if it was poor. The fastest courier system was that of announcing the list of successful candidates, because it was news in which the whole community took interest, somewhat comparable to winning of Irish Sweepstakes

（三）删除脚注整理表

编号	原文关键字	注释条目	注释全文
1	名敕字恩侯	name Shey, courtesy name Enhou	It is necessary always to learn about a person's courtesy name. The "Name" is a person's legal name, used in signatures, but the "courtesy name" is the one his friends should use when addressing him in talks or letters
2	西江月	Moon on the West River	Considering that the novel is a story of self-castigation, the author should be given credit for his ruthless humor. The metrical form of the Moon on the West River calls to mind the limerick; the first two lines and the last line have six syllables and the second and the last rhyme, while the next to the last line has a special lilt, with an extra syllable. In this case, the substance of the poem justifies its translation into limericks

十八 注释整理表

续表

编号	原文关键字	注释条目	注释全文
3	颦颦	Pinpin(knit-brows)	Pinpin refers to the knitted eyebrows of a famous ancient beauty who suffered from pains in the chest. Her eyebrows knitted in pain were so beautiful that less beautiful girls imitated them, with disastrous results
4	探春便道,何处出典	"What is the basis for that name?" asked his sister Trailspring	A courtesy name must be associated with the personal name through an allusion or reference in ancient books
5	小雪这日的雪	Little Snow (Nov. 22)	Although the lunar calendar differs from the Gregorian calendar, consisting of only 360 days, the year is divided into twenty four periods (White Dew, Hoar Frost, etc.) in farmers' almanacs, which are calculated accurately and fall definitely on the days of the Gregorian calendar, as given above. Thus summer solstice and winter solstice are the same as in the Gregorian calendar
6	香菱	Caltrop	Caltrop was Inglien, the lost child of Jen Shihyin, mentioned in the Prologue
7	太上皇、皇太后	"father emperor" and the queen mother	Parents of the emperor, who having relinquished their state powers, were supreme within the imperial family
8	二世兄	Second Brother	Untranslatable term of address, meaning second son of a friend or master connected by generation of friendship
9	表	watch	watches and clocks were imported
10	四首	the four submitted by Poyu	These verses, being quite ordinary, are not translated
11	黛玉先笑道	And Taiyu said	The style discussion used here, as in the gatha, is that of the Chan Buddhists, cryptic and crotchety, stimulating thought like a riddle
12	你说我年轻,比你能大几岁	I can't be many years older than you	Phoenix was twenty-two
13	琪官	Chikuan	Kuan is not a part of the personal name, but is always attached to the stage name of an actor or actress. The actor's real name is Chiang Yuhan, whom Poyu had first met at a party with Shuaypan

续表

编号	原文关键字	注释条目	注释全文
14	……勾了	each selecting one or more topics	It must be remembered that writing poetry was more a part of general education in ancient China. Most scholars' works contain poetry as well as prose. During this period, Yuan Tsetsai(1716-1797) strictly a contemporary of the author and foremost poet of his times, had over a hundred girls who were admitted as his "students" and whose poems he helped to publicize
15	名叫若玉	Called Likejade	The name suggests Taiyu. This tale has relevance to the end of the story in the novel
16	大家谦逊半日，方才入席	who in due courtesy declined over and over again the seats of honor	In Chinese dinners, the host offers the highest seat of honor to a person, but the person usually declines, and pulls somebody else of importance to fill it. Some tugging is usually going on. After that the other guests also go through the same thing, fighting to sit at the lowest seat at the end of the table. At a round table, priority begins at the top and decreases in importance place by place on both sides. The host sits at the end of the table, opposite the guest of honor
17	捧了戏单……尤氏托着，走至上席	name their operatic selections	Neglible stage scenery made this possible
18	傻大姐	Wacky	A more expressive translation for Shatajie in American slang would be "wacky sister"
19	一等	first rank	All officials were graded into nine ranks, as distinct from the title of office
20	你二嫂子昨儿带了柳家媳妇的丫头来，说补在你们屋里	Your second sister-in-law brought Rosemary to serve in your court	Sister of Honeybush, dismissed by Madame Wang on the same day as Sunburst. See Chapter 39. —Tr
21	一年三百六十天	three hundred sixty days in the year	According to the lunar calendar. —Tr
22	候芳魂	hoped to see her returning ghost	Taoist immortals, or fairies, are supposed to travel in human form. The literary phrase "meet an immortal" specifically refers to rendezvous with a beautiful woman. —Tr

十九　主要人物描写翻译及评论整理表

姓名	原文	译文或评论
封氏	嫡妻封氏，性情贤淑，深明礼义	his wife, born Feng, of a fine, gentle character and well-versed in the manners of good society
甄士隐	这甄士隐禀性恬淡，不以功名为念，每日只以观花种竹、酌酒吟诗为乐，倒是神仙一流人物	A contented scholar without political ambitions, Jen spent his leisure hours looking after his garden of flowers and bamboos, rounding it out with small drinks and reading of poems, thus leading a life as happy and carefree as a fairy
冷子兴	此人是都中古董行中贸易姓冷号子兴的，旧日在都相识。雨村最赞这冷子兴是个有作为大本领的人，这子兴又借雨村斯文之名，故二人最相投契	Leng was a travelling curio dealer, a man of extraordinary perceptions and ability. On his part, Leng was proud to know a member of gentry like Jia.... LENG TSESHING, (Cool on hot) seemed to suggest a cool, detached observer of a busy world
贾雨村	原来雨村因那年士隐赠银之后，他于十六日便起身赴京。大比之期，十分得意，中了进士，选入外班，今已升了本县太爷。虽才干优长，未免贪酷，且恃才侮上，那官员皆侧目而视。不上一年，便被上司参了一本，说他性情狡猾，擅改礼仪，外沽清正之名，暗结虎狼之势，使地方多事，民命不堪等语。龙颜大怒，即批革职。部文一到，本府各官无不喜悦。那雨村虽十分惭恨，面上全无一点怨色，仍是嘻笑自若；交代过公事，将历年所积宦囊并家属人等，送至原籍安顿妥当。却自己担风袖月，游览天下胜迹	Jia Yuchun was a scholar, but a crafty fellow who was abiding his chance. Once he was a poor neighbor of Jen Shihyin (True Story Disguised) living at the Gourd Temple. The latter had helped him with fifty taels of silver to enable him to go to the capital and take the civil service examinations. He had been successful at the examinations and had been appointed magistrate of Soochow, and had paid back the Jen family the fifty taels, not a cent more, although Jen himself had disappeared by this time and his good wife was living with her own father in rather stringent circumstances. He did, however, take the chance to take for his concubine a maid servant of the Jen family by the name of Sweet Almond, who had once made eyes at him. Being a consummate smooth-tongued dissembler, with very correct Confucian manners, he had lost no time in trying to amass a fortune, and had been impeached and cashiered for taking bribes and embezzlement of public funds. His colleagues were greatly delighted when they heard the news. Jia was embarrassed, but far from discomfited; he went on laughing and joking as if nothing had happened, made all the necessary arrangements for his successor to take over, and then used his ill-gotten wealth to settle down his family at his home in Huchow, while he took an extended trip to visit all the famous places of the country

续表

姓名	原文	译文或评论
林如海	虽系世禄之家，却是书香之族	Though belonging to a family of rank, Lin remained a scholar at heart
林黛玉	生得聪明俊秀	Taiyu was an extremely intelligent child with a frail constitution
	众人见黛玉年貌虽小，其举止言谈不俗，身体面庞虽弱不胜衣，却有一段风流态度……	Those in the room remarked that Taiyu, thought still quite a child, talked and behaved like a little lady. She had a quaint, bright charm in spite of her thin, frail figure
	宝玉早已看见了极娉婷一个姊妹，便料定是林姑妈之女，忙来作揖。相见毕，归坐细看形容与众不同：两弯似蹙非蹙笼烟眉，一双似喜非喜含情目。态生两靥之愁，娇袭一身之病。泪光点点，娇喘微微。闲静似娇花照水，行动似弱柳扶风。心较比干多一窍，病如西子胜三分	Poyu had guessed that the pretty new arrival must be the daughter of his aunt. The two children made their bows and returned to their seats. Poyu noticed that the girl had a daintiness, which came from the suggestions of extreme frailty, like a fragile flower reflecting the light of water, or a weeping willow caressed by the breeze. A light constantly played around her eyes, a dark radiance whose secrets were entirely her own. The slight flicker of her eyebrows might lead one to think she was annoyed, and yet she might not be, and the gaze from her quick eyes was tinged with warm affection or with playful fancies, one could never be sure which
	此列空白栏表示无对应原文，下同	Taiyu had been constantly unwell. She often missed her meals. Her chronic cough was not getting better, but worse. She suffered from a feeling of lassitude and was easily tired. The doctor said it was due to constitutional weakness and blood deficiency. He ordered a complete rest and said she should be careful not to let it develop into consumption. But her mind was active, and of all things she feared to be laughed at by others. She had no need to be. She had every right to be her grandmother's home. And her family was rick. Who robbed her of her family wealth when her father died, she was too young to know. And she did not care. With Poyu, she could be completely natural, hearty, and sometimes childishly temperamental. With the others, she just did not take the trouble to please those around or above her. She would just be her sensitive, clever and pretty self, far from simple, but without guile of any sort. She did not know, and did not try to learn, how to deal with adults. In her eyes and in her heart there was only Poyu. She was extremely careful that nobody should have a chance to laugh at her. Little things kept her awake at night. Then, too, she was always keyed up in company, with her desire to excel, to be witty, to say the bon mot, and for charming chatter she was without compare. But such excitements were hardly good for her

十九 主要人物描写翻译及评论整理表

续表

姓名	原文	译文或评论
林黛玉		She had her private worries, too. she knew she was in love with Poyu, but she had no parents to speak for her and arrange the match. It was impossible to imagine how it could be arranged. On the other hand, Pocia's mother and Poyu's mother were sisters, and she had thus the obvious advantage over her, since all matches were arranged by the parents and elders. Poyu loved her, intensely, she knew, but how much say did he have in the match? That bright, errant, sentimental little rebel, Poyu—what did all his violent protestations and passionate swearing amount to? Loving quiet and solitude, she thought constantly of these things. Poyu's protests and exhibitions of temper only upset and tormented her. Everybody was kind and the grandmother gave orders that she should be given complete rest and not do any kind of tiring work, but that calm and peace of mind was exactly what she did not have
	那黛玉就是个多心人	Taiyu, she knew, was jealous, hard to serve and easy to offend
	但见黛玉身上穿着月白绣花小毛皮袄,加上银鼠坎肩,头上挽着随常云髻,簪上一枝赤金扁簪,别无花朵。腰下系着杨妃色绣花棉裙。真比如: 亭亭玉树临风立, 冉冉香莲带露开。	Taiyu was wearing an aquamarine light fur-lined jacket, matched with an ermine stole and an embroidered quilted cotton skirt in kweifei rose. Her hair was simply done in a loose coil on top; with a single gold clasp and no other ornaments, giving her an exquisite look of effective simplicity, recalling a flowering tree smiling in the spring breeze, or again a dew-covered lotus on a summer morning
	贾母皱了一皱眉,说道:"林丫头的乖僻,虽也是他的好处,我的心里不把林丫头配他,也是为这点子。况且林丫头这样虚弱,恐不是有寿的。只有宝丫头最妥。"	The lines on the grandmother's forehead deepened. "I know Taiyu's intense and impetuous nature. That is her charm, but it's also why I do not choose her for Poyu. Besides, her physique is weak. She does not look like one who will enjoy a long life. Pocia is best all around."
贾敬	只剩了一个次子贾敬,袭了官,如今一味好道,只爱烧丹炼气,余者一概不在他心上	The present Duke Ling, JIAJING, spends all his time with Taoist priests, pursuing alchemy and Taoist secret arts. He lives away from his home outside the city and leaves the entire household to his son
贾珍	这珍爷那里肯读书,只一味享乐不了,把那宁国府竟翻了过来,也没有敢来管他的人	young DUKE CHEN, essentially a dissipated wastrel given up to soft living and wine and women. He is running Duke Ling's house—I am afraid he is running it upside down, with nobody to control him

续表

姓名	原文	译文或评论
贾赦	长子贾赦袭了官，为人平静中和，也不管理家	Jiashey being the first son who inherited the title, a mediocre person, who equally dislikes to bother about family affairs
贾政	次子贾政，自幼酷喜读书，为人端方正直	Jiajeng, a severe but honest scholar and a lover of books
贾宝玉	"……说来又奇，如今长了七八岁，虽然淘气异常，但聪明乖觉，百个不及他一个。说起孩子话来也奇怪，他说：'女儿是水做的骨肉，男人是泥做的骨肉。我见了女儿，便清爽；见了男子，便觉浊臭逼人。'你道好笑不好笑？将来色鬼无疑了！"	"He is really a queer sort. He is now about twelve, given to vile tricks, but has a remarkable intelligence that you find only one in hundred. He talks a strange kind of childish nonsense. 'Girls are made of water; boys, of mud,' our hero says. 'when I see a girl, my head immediately clears up, and when I see a boy, I suffocate from his stink', Isn't it a rather original thing for a boy to say? I am afraid he will grow up to be a debauchee."
	王夫人笑道："你不知道原故：他与别人不同，自幼因老太太疼爱，原系同姊妹们一处娇养惯的。若姊妹们不理他，他倒还安静些；若一日姊妹们和他多说了一句话，他心上一喜，便生出许多事来。所以嘱咐你别睬他。他嘴里一时甜言蜜语，一时有天无日，疯疯傻傻，只休信他。"	"You don't understand," said Aunt Wang, hanging a smile around her lips. "He is very queer. From his infancy, he has been grandma's favorite. He has grown up with his cousin sisters always. If the girls leave him alone, then all is well. But the moment they encourage him a little, he is so beside himself that he may do anything, say anything. That's why I have told you to ignore him. He will say the sweetest, tenderest things one minute, and the craziest, godless things the next. Don't ever take seriously what he says."
	黛玉心中想这个宝玉不知是怎生个惫赖人物。及至进来，原是一个青年公子：头上戴着束发嵌宝紫金冠，齐眉勒着二龙抢珠金抹额，一件二色金百蝶穿花大红箭袖，束着五彩丝攒花结长穗宫绦，外罩石青起花八团倭缎排穗褂，登着青缎粉底小朝靴。面若中秋之月，色如春晓之花，鬓若刀裁，眉如墨画，鼻如悬胆，眼若秋波。虽怒时而似笑，即瞋视而有情。项上金螭璎珞，又有一根五色丝绦，系着一块美玉	Taiyu was wondering what a loutish fellow Poyu must be, but to her surprise, she found a charming boy in front of her. He wore a gem-studded chaplet of pure gold, with a band over his forehead showing two dragons grabbing at a pearl. His bright red narrow-sleeved blouse with butterflies and flowers in two shades of gold was gathered at the waist a colored sash coming down in long knotted tassels over his knees. Over the blouse was an eight-panelled navy blue jacket of Japanese brocade in embossed design, fringed with tassels, and below, a pair of black satin white-soled court-style shoes. With clear, liquid eyes, ink black eyebrows and a sharp, straight nose, his bright round face shone out from his jet black hair around the temples. It was such a sensitive, wistful, fine-featured face that the expression was soft and tender even when he was angry, a smile ready to break out any moment. From the golden chatelaine around his neck was suspended by a colored silk tape a beautiful piece of jade

续表

姓名	原文	译文或评论
贾宝玉	头上周围一转的短发结成小辫，红丝结束，共攒至顶中胎发，总编一根大辫，黑亮如漆，从顶至梢，一串四颗大珠，用金八宝坠脚。身上穿着银红撒花半旧大袄，仍旧带着项圈、宝玉、寄名锁、护身符等物，下面半露松花撒花绫裤，锦边弹墨袜，厚底大红鞋。越显得面如傅粉，唇若施脂，转盼多情，语言若笑。天然一段风韵，全在眉梢；平生万种情思，悉堆眼角	The hair around the sides of his head was plaited into small queues, which being tied with red silks, were gathered together at the crown and joined into a big, long queue, black as varnish, coming down his back, studded with four big pearls and weighted with gold ornaments. He was now wearing an old jacket with pink flower patterns, and still kept on the neck chain with the jade and a gold identity locket and an amulet on it. A pair of pine-green silk pants showed above his black, brocade-rimmed socks and deep red heavy-soled shoes. His delicate white skin and cherry lips were matched with quick eyes from behind which flashed a delicate expression, changing at every second with his moods
		Tender toward his maids and female cousins at home, nursed in the luxuries of that fair mansion, sensitive to beauty and original in his thinking, the boy developed very early in life a fierce scorn for conventions and success and all that was pompous and affectations, as seen in the life of the officials. A bright boy, with an artistic temperament, he saw through the hypocrisy of the adults, all dying, as far as he could see, with the desire to serve God and the emperor, while amassing a fortune for themselves. Since these called themselves followers of the sages and champions of Confucian ethics, he bred an inveterate contempt for the classics and the words of the sages, which he had identified with the road to officialdom. Outside the moral platitudes and eternal verities of the sages which bored him to death, he was however gifted with a keen sense of appreciation of poetry and the "idle" sidepaths of literature, was adept at literary games and pastimes, and had acquired no mean ability at verse-making and remembering poetic passages, for it must be admitted that the boy had an extraordinary talent, as promised by his birth legend. The spectacle of his confounded, undeniable intelligence and sheer boyish love of mischief, coupled with his perverse contempt for the classics and all "useful" studies leading to success at the state examinations, naturally angered his father greatly. Jiajeng could not abide his son's presence, and the boy reciprocated by keeping out of his way. For the rest, he was always bustling about in the women's rooms, his profession being known to be "busy about nothing", sweet and tender to his cousin sisters, a self-appointed guardian angel of the fair sex—provided he was not in his tantrums

续表

姓名	原文	译文或评论
贾宝玉	宝玉头上戴着累丝嵌宝紫金冠，额上勒着二龙捧珠金抹额，身上穿着秋香色立蟒白狐腋箭袖，系着五色蝴蝶鸾绦，项上挂着长命锁、记名符，另外有那一块落草时衔下来的宝玉	she saw this luxuriously clad boy, wearing a chaplet of purple gold filigree studded with gems, a gold forehead piece of two dragons presenting a pearl in the center, a lilac narrow-sleeve jacket of cobra design lined with fox armpits, belted with a colored sash of orioles and butterflies. Her attention was attracted by the piece of jade around his neck
	尤氏道："谁都像你是一心无挂碍，只知道和姊妹们玩笑，饿了吃，困了睡，再过几年，不过是这样，一点后事也不虑。"宝玉笑道："我能够和姊妹们过一日，是一日，死了就完了，什么后事不后事。"	Madame Yu said, "No one can be like you, free of responsibilities, and eat and sleep and fool around with your sisters. You never have to think of your future." "What future?" replied Poyu. "As long as I am here, I will play around and enjoy myself. And when I die, I just quit."
	宝玉笑道："人事莫定，谁死谁活？倘或我在今日明日、今年明年死了，也算是随心一辈子了。"	Poyu laughed. "Who can tell me what is life, with all your planning and contriving? Is it worth all the bother? If I die now, this day and this year, I can consider myself as having had a very happy life."
	宝玉夜间胆小，醒了便要唤人	Poyu had to have somebody in the room when he woke up at night; it was a habit formed since his childhood
		Poyu was in fact a docile, warm-hearted boy, a victim of the tyranny of love, a pawn in the cruel game played by his parents and grandmother who loved him!
	这些小丫头们还说，有的看见红脸的，有看见很俊的女人的，嚷闹不休，吓得宝玉天天害怕	The young maids circulated stories that some had seen red-faced ghosts and some one else had seen charming female apparitions. These stories disturbed everybody's heart
	自从林妹妹一死，我郁闷到今，又有宝姐姐过来，未便时常悲切	Above all, the suppressed and inexpressible longing for Taiyu, who was dead and gone and fortunately ignorant of all the trials and tribulations which had overtaken the family. He could not tell it to Pocia and this thought and this memory were hidden, buried deep in his breast, giving rise in him to a penetrating sense of the irony and mockery and tragedy of life. He was too kind a person, too naturally considerate, even to want to burden Pocia with his troubles

十九 主要人物描写翻译及评论整理表

续表

姓名	原文	译文或评论
贾宝玉	别人都不理论，只有宝玉听了发了一回怔。心里想道："如今一天一天的都过不得了。为什么人家养了女儿到大了必要出嫁？一出了嫁就改变。史妹妹这样一个人又被他婶娘硬压着配了人了。他将来见了我，必是又不理我了。我想一个人到了这个没人理的分儿，还活着做什么。"想到那里，又是伤心	The news of Riverhaze's marriage stabbed Poyu like another barb in his heart. He was sure that after she became a bride, she would put on a married woman's dignity and hold herself aloof from him. Everybody would be grown-up and good-mannered. Falsity and restraint took the place of genuine warmth. What was the use of living?
贾琏	这位琏爷身上现捐的是个同知，也是不喜读书的，于世路上好机变，言谈去得	He has bought the rank of a district magistrate, and no more cares for books than his cousins. But he is a practical man, shrewd in his dealings and knows how to talk
王熙凤	模样又极标致，言谈又极爽利，心机又极深细，竟是一个男人万不及一的	gay and pert and pretty, the life of any party, and very able in business. She takes the shine out of any of the menfolks
	一语未休，只听后院中有笑声，说："我来迟了，不曾迎接远客！"	A ringing voice, accompanied by a cackling laughter, was heard from the court. "Sorry I am late for greeting our young guest!"
	这个人打扮与姑娘们不同，彩绣辉煌，恍若神妃仙子。头上戴着金丝八宝攒珠髻，插着朝阳五凤挂珠钗；项上戴着赤金盘螭璎珞圈；身上穿着缕金百蝶穿花大红云霞窄褃袄；外罩五彩刻丝石青银鼠褂；下着翡翠撒花洋绉裙。一双丹凤三角眼，两弯柳叶掉梢眉，身量苗条，体格风骚。粉面含春威不露，丹唇未启笑先闻	She was dressed differently from the young daughters of the family, glittering in silk and gay-colored embroidery. Her hair was done in coils studded with pearls and gems, bound in gold threads and fastened by a clasp of pearls showing five phoenixes centering on a ruby sun; on her neck hung a gold chatelaine of entwining lizard motif. A bright red tight-fitting blouse of butterflies-in-flowers, done in gold threads over a cloud base, matched a squirrel-lined cape of colored shot silk on navy background, while below flounced an imported crepe skirt shot with flowers in kingfisher blue. Her triangular eyes drooped at the corners beneath long tapering eyebrows. She moved in supple, bewitching movements, while her mobile face seemed to suggest constantly a lurking smile
	头上都是素白银器，身上月白缎子袄，青缎子掐银线的褂子，白绫素裙。眉弯柳叶，高吊两梢，目横丹凤，神凝三角。俏丽若三春之桃，清素若九秋之菊	Phoenix was coming down from her carriage, in full mourning regalia from head to foot, white skirts, pale blue jacket, topped by a black coat shot with silver threads. On her hair she wore only silver (white) ornaments. A pair of bright eyes drooping at the corners looked out from beneath her arched and cocked eyebrows

续表

姓名	原文	译文或评论
王熙凤	连凤姐自己心里也过不去了	She was discouraged and dissatisfied with it herself, but drove herself through by a sheer sense of responsibility and pride
贾母	鬓发如银的老母	silver-haired lady
迎春	第一个肌肤微丰,身材合中,腮凝新荔,鼻腻鹅脂,温柔沉默,观之可亲	The eldest one, Greetspring, had a plump but well-proportioned figure, with a spot of rose on her cheeks and a swan-soft nose, a quite, likable sort of person
探春	第二个削肩细腰,长挑身材,鹅蛋脸儿,俊眼修眉,顾盼神飞,文采精华,观之忘俗	The second one, Trailspring, had an oval face with sloping shoulders, distinguished by her small waistline and slender long figure. What struck the young visitor was her bright look and an air of refinement and elegance about her
		Mistress Jow's constant annoyances and pettiness, reminding her of her birth, drove Trailspring crazy. Unsentimental and cool-headed, she had as keen a mind as any. She learned independence and usually didn't say much, but wished in her mind she could get away from the lush and rich and complicated family
		She did not talk much, held down by the rigorous training for girls' manners. But her head was as good as any of the boys'. She had been brought up to recognize Madame Wang was her mother, but had been constantly irritated by the stupidity of Mistress Jow. Consequently, she had developed a cool, detached attitude toward the family. Once she had said, "If I were a boy, I would have left the house already and earned my own living. I can take care of myself. But being a girl, I must keep my mouth shut."
	那知探春心里明明知道海棠开的怪异,宝玉失的更奇,接连着元妃姐姐薨逝,谅家道不祥,日日愁闷,那有心肠去劝宝玉	More than anyone else, Trailspring felt that the heel of disaster was close upon the Jia house; the death of the imperial consort and all these were manifestations. She was not too cheerful herself these days, and had little mind to comfort the others
	次日,探春将要起身,又来辞宝玉。宝玉自然难割难分。探春便将纲常大体的话,说的宝玉始而低头不语,后来转悲作喜,似有醒悟之意。于是探春放心辞别众人,竟上轿登程,水舟陆车而去	The next day, Trailspring came to say goodbye to Poyu. She was not sentimental, though she loved her brother. Rather, she spoke to him about a person's simple, basic duties toward his family and the acceptance of such an attitude in life. Poyu hung his head in silence. He seemed to listen to his sister's homespun advice. Cheerfully, Trailspring said goodbye to everybody, went up into her sedan-chair, and left for the south

十九　主要人物描写翻译及评论整理表

续表

姓名	原文	译文或评论
惜春	第三个身量未足，形容尚小。其钗环裙袄，三人皆是一样妆束	The youngest, Fondspring, was still very small, her figure not yet developed. All three were identically dressed, from hair and jewelry to jackets and skirts
	惜春年幼，天性孤僻	Fondspring was a retired girl who kept very much to herself. In her own way, she had thought and observed deeply, and was quite disgusted with her own family. She was born of a mistress by Duke Chen's father, but her mother being dead, had from childhood been brought up with the grandmother. What shamed and disgusted her were the things going on in her brother's house—whoring, homosexuality, drinking and open gambling, a picture of decadence. She wanted to have nothing to do with it. She insisted that Pastelmaid be taken away, against the maid's entreaties
	可知你真是个心冷嘴冷的人	You are cynical
袭人	心地纯良	excellent character
	这袭人有些痴处：伏（服）侍贾母时，心中眼中只有一个贾母；今跟了宝玉，心中眼中又只有一个宝玉。只因宝玉性情乖僻，每每规谏，宝玉不听，心中着实忧郁	It was characteristic of Shieren that when she was serving the grandmother, her one mind and heart was devoted to the grandmother, and when she was transferred to Poyu's service, her entire devotion was given to the boy master. Feeling responsible for him, she was greatly distressed on account of his eccentric conduct and odd, untractable temperament, and because in spite of her repeated pleas and entreaties, she could not do anything with him
	袭人本是个聪明女子，年纪又比宝玉大两岁，近来也渐省人事	Shieren's position was unique. Since she had been assigned to serve the young master, she had done her level best to serve him and guard him from all harm. She enjoyed the trust and confidence of the mother and grandmother. Older than her young master by two years, she was in every way mature in body and mind, and she watched over him with the eyes of a monitor as well as maid. She did her duties so well that there was never any question but her position was closest to Poyu and above all the other chambermaids, including Sunburst, MOONBALM, AUTUMNRIPPLE and MOSSPRINTS. Intimacies were unavoidable
	袭人待宝玉越发尽职	She bore the chief responsibility for taking personal care of the precious scion of the family, and while she was his maid, she was his governess as well, finding the duty of both placating and monitoring the wilful, eccentric young master with a thousand quiddities a rather demanding, impossible task

续表

姓名	原文	译文或评论
袭人		Shieren was fully seventeen and of marriageable age. She had, along with Sunburst, Jay, Nightingale and other maids, practically grown up in the Jia mansion, and was now risen by her own merits to a position of trust and responsibility, taking charge of the darling grandson of the family. But her position was more than that of a maid; in the Jia tradition, and by her personal attachment to Poyu, it was a foregone conclusion that one day she would be the "woman in his chamber," that is, his concubine, in brief, no matter whom he married, but she had the curious duty of "bringing up" the eccentric genius who was to be her future husband. The boy was placed in her hands, more than in his mother's hands. Poyu loved her, she knew, and he was warm, brilliant and handsome, but totally unlike any other boy she had known. It was her responsibility to shape and guide him in the right direction, and she had more than a professional interest in seeing that he develop into proper manhood. What a responsibility!
	细挑身子，容长脸儿，穿着银红袄儿，青缎子背心，白绫细褶儿裙子	A girl, of slender figure and well-shaped face, came in with a cup of tea. She was wearing a pink blouse topped by a black waistcoat, and a fine-pleated skirt of white taffeta
	贾母便说："袭人，我素常知你明白，才把宝玉交给你，……"	The grandmother said, "Shieren, how could you? I thought you were a responsible person."
	袭人本来老实，不是伶牙俐齿的人	She was sweet and obedient, never talking back
	薛姨妈听他的话，"好一个柔顺的孩子！"心里更加喜欢	Aunt Shuay was very pleased, seeing that indeed she was of a sweet and gentle disposition
	看官听说，虽然事有前定，无可奈何。但孽子孤臣，义夫节妇，这"不得已"三字也不是一概推诿得的，此袭人所以在"又副册"也。正是前人过那桃花庙的诗上说道：千古艰难惟一死，伤心岂独息夫人！不言袭人从此又是一番天地	From that moment on, a new chapter opened in Shieren's life

十九 主要人物描写翻译及评论整理表

续表

姓名	原文	译文或评论
李纨	因此这李纨虽青春丧偶,且居处于膏粱锦绣之中,竟如槁木死灰一般,一概不问不闻,惟知侍亲养子,外则陪侍小姑等针黹诵读而已	Hence it came about that though Satin was a young widow and was living in the voluptuous atmosphere of the Jia house, she was able to hold herself apart mentally, as it were, and shut out from her mind all thoughts of gallantry. She never took any interest in the myriad happenings around her, and said to herself that her duties were simple and clear, to serve her elders, to bring up her son, and to keep company with the growing daughters of the family at their studies and needlework
薛蟠	这薛公子学名薛蟠,表字文起,性情奢侈,言语傲慢。虽也上过学,不过略识几个字,终日惟有斗鸡走马、游山玩景而已。虽是皇商,一应经纪世事全然不知,不过赖祖上旧日情分,户部挂个虚名支领钱粮,其余事体,自有伙计老家人等措办	A lazy coxcomb and a braggart, with plenty of money to spend, he perfunctorily went to school but never learned anything there, spending his time at cockfights and hunting for pleasures. He did not know a thing about books or business, but owing to the service of his father and grandfather, had been given a nominal title in the Ministry of Interior to enable him to draw funds from the palace. As to the rest, he left it in the hands of the old employees of the family
	人命官司他却视为儿戏,自谓花上几个臭钱,没有不了的	The broad daylight murder was treated as a joke, for he considered it was nothing which a handful of filthy lucre could not settle easily
宝钗	生得肌骨莹润,举止娴雅。当时他父亲在日,极爱此女,令其读书识字,较之乃兄竟高十倍。自父亲死后,见哥哥不能安慰母心,他便不以书字为念,只留心针黹家计等事,好为母亲分忧代劳	Pocia was a graceful plump girl, with a white soft skin and great poise and dignity. When her father was living, he made her study like the boys, and she proved to be ten times brighter than her brother. After the father's death, she saw that her brother was not the sort of son to take the responsibilities off her mother's shoulders, and decided she should not devote her time to studies; she began to learn needlework and the household arts, share her mother's responsibilities, and discuss with her family problems
	头上绾着黑漆油光的鬒儿,蜜合色棉袄,玫瑰紫二色金银鼠比肩褂,葱黄绫棉裙,一色半新不旧,看去不觉奢华。唇不点而红,眉不画而翠,脸若银盆,眼如水杏。罕言寡语,人谓装愚;安分随时,自云守拙	Her black lustrous hair was done up and she wore a Burgundy cotton jacket, a squirrel stole, and an old yellow taffeta quilted skirt, for she dressed plaintly at home. Her clear dark eyebrows, almond eyes and unpainted rosy lips lent enchantment to a plump round face of good complexion. Beneath her quiet exterior, Pocia understood more than she appeared to. It was her principle and her way to take the good the gods provide and let well enough alone

续表

姓名	原文	译文或评论
宝钗	面若银盆，眼同水杏，唇不点而含红，眉不画而翠	her beautiful round face, her enchanting dark eyebrows and bright, clear eyes and rosy lips
	宝钗也知失玉	Pocia, too, had learned about the loss of the jade. She was too intelligent not to be aware of its significance
	所以薛姨妈更爱惜他，说他虽是从小娇养惯的，却也生来的贞静	Aunt Shuay loved her for her sweetness and her correctness of behavior, in spite of the fact that she was born in a rich family
	倒不好问，只得听旁人说去，竟像不与自己相干的	She pretended as if the thing had nothing to do with her. In her strict code of propriety, she would never ask
	次日，薛姨妈回家，将这边的话细细的告诉了宝钗，还说："我已经应承了。"宝钗始则低头不语，后来便自垂泪……薛姨妈听了，一则薛蟠可以回家，二则完了宝钗的事，心里安顿了好些。便是看着宝钗心里好像不愿意似的，"虽是这样，他是女儿家，素来也孝顺守礼的人，知我应了，他也没说的。"	The next day, aunt Shuay informed her daughter. Pocia kept quiet without reply, while tears streaked down her face. Throughout the next three or four days, when Shuayko had been despatched to bring a reply from Shuaypan, she looked unhappy, occupied with thoughts of her own. Without being told, she could not help but know that Poyu's affections were bestowed elsewhere. She did not have to marry him. She was too fine a girl to marry for money and too wise to wish it. As was evident from her preference for a certain severity in her room arrangements and her deliberate abstention from jewelry, she had hardened herself consciously to meet all circumstances, to expect the least of life and be strong and ready for it when adversity knocked at her door, to be content in poverty, and restrained and not extravagant in riches. Her position was the most difficult of all. Always able to see a situation in its implications and from all angles, she would have refused if her mother were not there. Her mother had told her that she had promised, as a parent had the right to do. Clearly her duty was to obey, seeing that her mother was already deep in trouble over her brother and sister-in-law and was facing financial ruin. Personally, Poyu was not unattractive, though it was small comfort to be rushed into a wedding to a cracked, silly and sentimental bridegroom. She had not lost her head over him, but she could manage and suffer him. When Shuaypan's consent was brought back, she gave no comment
	只见他盛妆艳服，丰肩软体，鬓低鬟軃，眼瞤息微，真是荷粉露垂，杏花烟润了	She was pretty enough, in that resplendent bridal gown, round shoulders and a supple waist, her hair done in low-hanging knots at the back and the temples, eyes bright and breath gentle like a jewelled lotus or a plum blossom smiling after rain

十九 主要人物描写翻译及评论整理表

续表

姓名	原文	译文或评论
宝钗	王夫人被薛姨妈一番言语说得极有理,心想:"宝钗小时候便是廉静寡欲极爱素淡的,所以才有这个事。想人生在世,真有一定数的。看着宝钗虽是痛哭,他端庄样儿一点不走,却倒来劝我,这是真真难得的。不想宝玉这样一个人,红尘中福分竟没有一点儿。"	Madame Wang came to take her sister's point of view. She could not help thinking, though, that Pocia had always inclined to be severe with herself and so had invited this kind of life. Everybody just lived out her own life. It could not be helped. She had noticed that amidst all these upsetting events, Pocia had never lost a whit of her poise and dignity. Secondly felt sorry for her son not having the luck to enjoy the blessing of such an admirable wife
晴雯		Pampered, wilful and with a horrible temper but prettier than all the other maids, she was Poyu's favorite. Like Shieren, she had grown up in the Jia family with Poyu
	晴雯那蹄子是块爆炭	Sunburst was quick-tempered and had a fierce loyalty to, and pride in their court
	那丫头仗着他生的模样儿比别人标致些,又生了一张巧嘴,天天打扮的像个西施样子,在人跟前能说惯道,抓尖要强。一句话不投机,他就立起两只眼睛来骂人。妖妖调调,大不成个体统	She thinks she is better-looking than the others. She pushes people around, and scolds people like a lady. She dresses herself like a courtesan and behaves exactly like one
	有一个水蛇腰,削肩膀儿,眉眼又有些像你林妹妹的	I saw a girl with a slithering waist and round soft shoulders, her eyes with an expression like your Lin meimei
	王夫人一见他钗斜鬓松,衫垂带褪,大有春睡捧心之态	Madam Wang saw a strikingly attractive doll come in, hair hanging loose, hair clasp falling on one side, a low neck line hanging fairly open. A langourous air of abandon, eyes drowsy under heavy lashes, provokingly attractive and exasperatingly beautiful
		Sunburst was the maid who understood him best, who always stood for him, without trying to correct him
	一眼就看见晴雯睡在一领芦席上	The poor girl was lying on a reed mat
	当下晴雯又因着了风,又受了哥嫂的歹话,病上加病,嗽了一日,才朦胧睡了	She had lain drowsy with a burning fever the whole day, interrupted by violent coughs, and now had fallen asleep, without food or drink

续表

姓名	原文	译文或评论
宝黛钗关系		Poyu and Taiyu loved each other as children loved, and quarreled as children quarreled. Poyu warm and intense, very intelligent, but given to violent exhibitions of temper; Taiyu clever, pert and frightfully sensitive and jealous. The fonder they were of each other, the more they bickered and the more they bickered, the more occasions for making up—laughing and joking together one day and not speaking to each other the next. Pocia always behaved, and gave no chance for either to quarrel with her. She appeared to notice nothing at all. She could talk as well as either of them, and better, but she never permitted herself a feeling of jealousy, much less join in their foolish children's quarrels
		As a result of his sickness, Poyu had not been to see Taiyu. Taiyu, as a grown-up girl, of course did not come to his sickroom. The cousins had changed in their manner toward each other; if anything, they had rather beld themselves back in over-politeness. Taiyu was sensitive about her maidenly dignity, and Poyu fully respected it
贾政与宝玉关系		Otherwise a kind person and a man of rectitude, he had been annoyed and unreasonably severe with this bright but errant son. Moreover, it was in consonance with the tradition that to spare the rod was to spoil the child; he allowed himself to speak to his son only in terms of the greatest severity, and habitually referred to him as "unregenerate whelp" and "devil's seed" and "scamp," when nothing in particular was wrong. It was bad form to encourage a boy for anything good he had said or done, and silence was the unspeakable height of approval, when the father was at a loss for words like "balderdash" and "stark nonsense" and "rubbish" to throw at him. Poyu was driven between the extremes of fear of his father and the mollycoddling over-indulgence of the grandmother for the scion of the family
史湘云		She was of Poyu's age, and came from the grandmother's own family of Shih, anciently very wealthy, but now fallen on evil days. Her uncle Marquis Shih was serving in the provinces and she was living with her aunt at the capital. As the grandmother's favorite and protegée, she often came to stay with the family for a whole month or a few days, returning to her aunt's more as an obligation than pleasure. A completely carefree, vivacious girl, loving fun and gabble, there was little of the shy, bashful maiden about her. She and Poyu were always up to some mischief when they got together. An incessant talker, she never watched her words, and if she was as outspoken as Taiyu, her bluntness had a careless unpremeditated charm, unlike Taiyu's subtle irony and carefully weighed phrase

十九 主要人物描写翻译及评论整理表

续表

姓名	原文	译文或评论
平儿		Amitie, now lady's companion of Phoenix, was chosen from the original group of personal maids trained by the grandmother, among the top best in the entire household, she was now technically accepted as "woman in Lien's chamber," dressed in jewels and silks, though under Phoenix's able surveillance, she was permitted to sleep in his bed hardly once a year. Amitie was satisfied, as her name fitly suggested or rather she could do nothing else. Considering that she had no parents and no home to go to. Any other girl would find the position under the jealous, spitfire mistress impossible. But Amitie was far too good not to know that her loyalty should lie with the wife rather than the husband. Another woman's hair, however, was something else again. She wanted to protect him
小红	穿着几件半新不旧的衣裳，倒是一头黑鸦鸦的好头发，绾着鬐儿，容长脸面，细巧身材，却十分俏丽甜净	She had a mass of jet-black hair, an oval face and a very slender body, cutting a very neat figure
	这小红虽然是个不谙事体的丫头，因他原有三分容貌，心内妄想向上攀高，每每要在宝玉面前卖弄卖弄。只是宝玉身边一干人都是伶牙俐爪的，那里插得下手去？不想今日才有些消息，又遭秋纹等一场恶话，心内早灰了一半。正闷闷的，忽然听见老嬷嬷说起贾芸来，不觉心中一动，便闷闷回房，睡在床上，暗暗思量，翻来掉去，正没个抓寻	She was fair-looking, if not strikingly pretty, but dressed neatly and in good taste. As a young and ambitious girl of seventeen, gifted above the average, she had the hope of being promoted a chambermaid in the young master's personal service. The maids around Poyu, however, were prickly and caustic with their tongues. She never had much of a chance. Tonight's first meeting with Poyu was a mere coincidence, but she already encountered a sample of Autumnripple's merciless taunts. Her hopes evaporated and her heart turned cold with discouragement. She was too good to cry over spilled milk, too clear-minded to knock her head against the unattainable. Her mind turned to the fine strapping youth of about twenty whom she had seen the day before. Then, too, she had lost her handkerchief that day after meeting him. It was such a personal thing for a girl to have lost to a stranger. Perhaps it was Destiny. With these thoughts she lay tossing in her bed
	他素日眼空心大，是个头等刁钻古怪东西，今儿我听了他的短儿，"人急造反，狗急跳墙"，不但生事，而且我还没趣	Ruby was a clever, quick-witted and ambitious girl. She might invent something in her self-defense which might hurt Pocia

续表

姓名	原文	译文或评论
赵姨娘		Mistress Jow, a simple and stupid and narrow-minded maid of Madame Wang, could not quite accept the fact that her daughter was now a daughter of the family, "adopted" by Madame Wang and completely on a par with the rest of her cousins, while she herself remained in the status of a maid to the madam
刘姥姥		Liu Lowlow, or Gammer Liu, was a rustic old woman, as her name suggests, a distant relative of Phoenix's father, gay and hearty in spite of her years. For ready wit and a salty knowledge of life, she was a match for the grandmother, and stood on a sounder ground. Though she knew she was made fun of by the young ladies and the maids, she knew what she was doing, and took part in the fun, contributing a great deal to it. Little did they know that she was to have the last laugh
	那刘姥姥正夸鸡蛋小巧	"Your chicken eggs are really dainty," said Gammer Liu, pretending ignorance
	贾母见他如此有趣，吃的又香甜，把自己的菜也都端过来与他吃	The grandmother greatly admired the old woman's verve and aplomb, and had some of her own dishes placed on her table
妙玉	妙玉忙命："将那成窑的茶杯别收了，搁在外头去罢。"宝玉会意，知为刘姥姥吃了，他嫌肮脏不要了	"Don't bring that cheng-ware cup in. Leave it outside," said Jasper. Poyu knew the fastidious nun. She was going to throw it away because it had been touched by the peasant woman's lips
	妙玉正色道："你这遭吃茶，是托他两个的福，独你来了，我是不能给你吃的。"宝玉笑道："我深知道，我也不领你的情，只谢他二人便了。"妙玉听了，方说："这话明白。"	Jasper was always a little uppish. "I am treating you today on account of them. Don't expect me to serve you when you come alone." "I quite understand. So I don't have to thank you. I will thank them." "Right," answered Jasper with a somewhat unnatural severity
	天性怪僻，不好多话，亦不好多坐	Jasper had a penchant for cleanliness and for being alone, amounting to an obsession
	惜春知妙玉为人	Fondspring knew Jasper was not only choosy, but often rude
	知他脾气是这么着的	It was just like Jasper's high and fine intellectual snobbery to decline having anything to do with mundane affairs

续表

姓名	原文	译文或评论
妙玉	只见妙玉头带妙常髻，身上穿一件月白素绸袄儿，外罩一件水田青缎镶边长背心，拴着秋香色的丝绦，腰系一条淡墨画的白绫裙，手执麈尾念珠，跟着一个侍儿，飘飘拽拽的走来	The young nun came flouncing in a swirl of silk, wearing a moonstone blue three-quarter jacket under a long black embroidery-trimmed sleeveless peishin, and featuring a hand-painted organza skirt in white, hair done in a Miaochang knot, her hands holding a rosary and a horse-hair duster
	妙玉道	Sister Jasper answered in a delicate, exquisite tone filled with self-satisfaction
	妙玉道："我高兴的时候来瞧你。"	"I will, when I like," replied the young nun, with a self-conscious prettiness
鸳鸯	只见他穿着半新的藕色绫袄，青缎掐牙背心，下面水绿裙子。蜂腰削背，鸭蛋脸，乌油头发，高高的鼻子，两边腮上微微的几点雀斑	Jay was wearing an old cream silk jacket, topped by a black vest, matched with a pale blue skirt. A slender figure, her hair jet black, she had a well-shaped face, oval and bright with plenty of intelligence in reserve. Her high nose tapered straight, and a few faint freckles showed near her ears
尤二姐		Miss Yu the Second, a girl of easy virtue, had had relations both with the young duke and with his son, Yung
		Gay and romantic with men she had been, notoriously so, but mean and spiteful she was not
尤三姐		Miss Yu the third was prettier, but had disapproved of all this. She had a mind of her own and was inapproachable
五儿		Rosemary is one of the greatest creations in the last forty chapters, erroneously held to be "forged" by another author, Kao Ao by those pompous self-advertised "critics". The reader can well compare the literary craft of this chapter with the preceding one "Sunburst Reweaving the Peacock Coat" which is recalled by Poyu here. Rosemary, it will be remembered, was one who saw Sunburst's death, which is picked up here again two years after Sunburst's death. She and her sister always had the ambition to serve Poyu, and now her chance had come. She reminded Poyu of the dead Sunburst, but had an individuality all her own

续表

姓名	原文	译文或评论
五儿	那五儿自从芳官去后，已无心进来了。后来听得凤姐叫他进来伏（服）侍宝玉，竟比宝玉盼他进来的心还急。不想进来以后，见宝钗袭人一般尊贵稳重，看着心里实在敬慕；又见宝玉疯疯傻傻，不似先前风致；又听见王夫人为女孩子们和宝玉玩笑都撵了，所以把这件事搁在心上，倒无一毫的儿女私情了。怎奈这位呆爷今晚把他当作晴雯，只管爱惜起来。那五儿早已羞得两颊红潮，又不敢大声说话，只得轻轻的说道："二爷，漱口啊。"	Rosemary was, like Sunburst, very intelligent and naturally interested in boys. She was thrilled when Phoenix told her she was to serve Poyu. After she came over, she had been disappointed. Pocia and Shieren were paragons of virtue and Poyu was dull and apathetic, without his former suavity and dash in front of girls. And Madame Wang had threatened to dismiss any maid who dared to dally with her son. However, Poyu was certainly looking interested in her now "Here is water for your gargle, second master," she said in a low tone
	五儿微微笑着点头儿	Rosemary nodded, her lips warming into an eye-catching smile
	才慢慢过来	Slowly she came over, flaunting her charms
	五儿红了脸笑道："你在那里躺着，我怎么坐呢？"	"How can I, when you are lying there" the girl said with a coy smile
	微微笑着	Her langorous smile contrasted with her words
巧姐		Though still very young, she saw and understood everything that was happening in the house, gifted with a sharp intelligence that was her mother's

二十　修改笔记整理表

序号	原文	初译	改译
1	1-42 为林稿序言修改，无对应原文。此列空白栏表示无对应原文，下同	**deep** understanding,	**Godlike** understanding, 字体加粗处为具体修改处，下同
2		the latter type is always successful	the latter type is always **more** successful
3		Confucian philosophy and Taoism	Confucian philosophy and Taoism—**all presented with expert knowl-edge**.
4		too much for a western	too much for a western **reader of a novel**
5		made him **crack up** for a month	made him **ill** for a month
6		esthetic **appreciation**	esthetic **sensibility**
7		anything except the Confucian classics, for which, **being associated with official success, he had a fierce contempt**	anything except the Confucian classics, for which **he had a fierce contempt as associated with the corrupt gentry**
8		this desire to "serve the country," God **and the emperor** had infected even the fair sex	this desire to "serve the country" had infected even the fair sex
9		condemn the **men**	condemn the **male sex**
10			**In twelve niches of his literary cathedral, he sculptured with his heart blood his twelve female Saints**

续表

序号	原文	初译	改译
11		the jade had to disappear before Poyu got married	the jade had to disappear before Poyu got married. **The jade must not be contaminated**
12		worked on this	worked on this **story**
13		her sad **invalid** face	her sad **flushed** face
14		previously adumbrated by others, **similar to the Bacon is Shakespeare hypothesis**	previously adumbrated by others
15		Tsai did not dispute Tsao's authorship	Tsai did not **exactly** dispute Tsao's authorship
16		foreign Manchu rulers	foreign **Manchu** rulers
17		The theory is intriguing, like the **Bacon is Shakespeare** theory	The theory is intriguing, like the **Baconian** theory
18		"Redology"	二稿："Redology", or "Rediana" 三稿：the Study of Red
19		the family had the unique honor of playing host to Emperor Kangshi four times, in 1699, 1703, 1705 and 1707, **an honor ascribed to the Jen (True) family in the novel**	the family had the unique honor of playing host to Emperor Kangshi four times, in 1699, 1703, 1705 and 1707, **when he visited the south**
20		Then his father for some reason **was dismissed from** the post in 1728	Then his father for some reason **lost** the post in 1728
21		a young man living in penury **in Peking, living in his humble cottage in Peking**	a young man living in penury **in his humble cottage in Peking**
22		chewing the **ends** of bitter regrets and enchanting memories	chewing the **cud** of bitter regrets and enchanting memories
23		he had an enormous thirst for liquor, which he usually took on credit	he had an enormous thirst for liquor, which he usually took on credit. **That was when he felt compelled to put down his own story in the form of fiction**
24		some one **in mid-nineteenth century**	some one **later**

续表

序号	原文	初译	改译
25			*Poems by Pine-Hall, dated 1757, when the author was still working on this novel
26		We are given the exact number of the branches of the four rich families and where they lived	**References are made to an apparently earlier version.** We are given the exact number of the branches of the four rich families and where they lived
27		made by Rouge-Inkstone, who was **a clan brother** of the author	made by Rouge-Inkstone, who was a **close, intimate uncle** of the author
28		Shakespeare wrote the first half of *Hamlet* and Bacon the second half	Shakespeare wrote the first half of *Hamlet* and Bacon the second half **while Shakespeare had all the time to complete it himself!**
29		I must lay the evidence for and against before the readers of this novel, **See the Appendix "Who Wrote the…**	I have laid the evidence for and against before the readers of this novel, **in a separate 50,000-word Chinese paper.** Insert XVIII abc
30			序言增添3页关于红学新进展的手写稿，见附录二
31		the one best novel produced in the Chinese literature	the one best novel produced in the **entire** Chinese literature
32		*Red Chamber Dream*, by C.C. Wang, Published by Doubleday Doran, 1929, was never meant as a serious translation, giving a **bare** skeleton of the story only	*Red Chamber Dream*, by C.C. Wang, Published by Doubleday Doran, 1929, was never meant as a serious translation, giving a **conscientious, but rather bare** skeleton of the story only. **I consider it more a summarized condensation than a translation**
33		full translation might occupy, **1,500** closely printed pages	full translation might occupy, **1,000** closely printed pages

续表

序号	原文	初译	改译
34		**The audacity of my understanding may perhaps be excused on my desire to share it with the world outside China. Some day the Great Wall of Chinese literature must be kicked open**	The beginning is slow-moving in the first three books (Ch. 1-29) cumulative, then in the last four books (from Ch.30 on) follow a series of soul-shattering climaxes where the novel shows its power and all-comprehending, universality
35		the essential structure of the story **must** not be affected	the essential structure of the story **need** not be affected
36		the cathedral-like **architecture** of the novel remains	the cathedral-like **architectonic design** of the novel remains
37		the four seasons ("Youth's Morning", "Tumult of Trumpet")	the four seasons ("Youth's Morning", **spring and summer**, "Tumult of Trumpets", **autumn and winter**)
38		I am trying to be faithful, **but** not literal	I am trying to be faithful, not literal
39		one can talk **without interruption** like a lawyer presenting a brief	one can talk like a lawyer presenting a brief **without interruption**
40		do violence to the **translation language**	F:do violence to the **medium language of the translation** S:do violence to the **language of the translation**
41		An simple example of the complete reversal of word order between English and Chinese may be given. English: "I'll come tonight if you wish," said Poyu. Chinese: Poyu said, "If you wish, tonight I'll come." If the reader finds here and there a sentence beginning with "tonight" or "tomorrow", or with an if-clause where it is more natural at the end, he will know here is some one unconsciously talking in Chinese.	此列空白栏表示全删，下同
42		like a lady's silk stocking, so sheer that you do know she is wearing it	like a lady's silk stocking, so sheer that you do **not** know she is wearing it

续表

序号	原文	初译	改译
43	吟诗	**Reciting** poems	**reading of** poems
44	神仙一流人物	as **carefree** and **happy** as a fairy	as **happy** and **carefree** as a fairy
45	此事说来好笑	It is really a **funny** story	It is really a **sweet and sad** story
46	你道此书从何而起	**I'll tell you** how it began	**This is** how it began
47	灵性已通	It was so old that in time it was **informed with life and assumed human form**	It was so old that in time it was **became a spirit**
48		*One of the goddesses belonging to the pre-dawn of history. **Some scholars like to see a connect between Nuwa in this legend and Eve**	*One of the goddesses belonging to the pre-dawn of history
49		it had become a **man**	it had become a **fairy**
50	天地精华	the action of the **forces of nature**	the action of the **cosmic forces**
51	风流冤家都要下凡,那绛珠仙草也在其中	That Garnetpearl is among them. **This** rock is due to be reincarnated	That Garnetpearl is among them, **and this** rock is due to be reincarnated
52	那道人道:"果是好笑,从来不闻有还泪之说。趁此……"	The Taoist said, "**That is very funny indeed. This is the first time I ever** heard of 'repayment in tears'. **Since that is the case,** let's go down…"	The Taoist said, "**How funny! I never** heard of 'repayment in tears'. Let's go down…"
53	便随你去来	I'll come **along** with you	I'll come with you
54	适闻仙师所谈因果,实人世罕闻者,但弟子愚拙,不能洞悉明白。若蒙大开痴顽,备细一述,弟子洗耳谛听,稍能警省,亦可免沉沦之苦	I've just had the rare privilege of **hearing** you discuss the reincarnation of certain people. I am afraid **I am rather stupid and could not follow what it was about. Will you be so kind as to enlighten me? It may save me from damnation**	I've just had the rare privilege of **over-hearing you two discussing** the reincarnation of certain people. I am afraid **I didn't quite follow. Tell me what it was all about.** It may **help me to see the truth**
55	此乃元机不可预泄者	**It's a secret of the gods. We are not allow to divulge it**	**No, we can't. We may not divulge a secret of the gods**
56	便可跳出火坑矣	**your spirit will be freed and** break through the opaque shadows of this mortal life	you will break through the opaque shadows of this mortal life **and see light**

续表

序号	原文	初译	改译
57	士隐听了，不便再问	Jen felt it would be rude of him to insist, **but he** put it as nicely as he could	**Unwilling to give up, Jen** put it as nicely as he could
58	蠢物	**stupid object**	**stone**
59	我可得见否？	Can I have a look **at it**?	Can I have a look?
60	后面还有几行小字，正欲……	**There was** an inscription in small characters **on the reverse side, but** as he…	**The other side bore** an inscription in small characters. **As** he…
61	便强从手中夺了去	the Buddhist **took** it **forcibly** from his hand, and said	the Buddhist **snatched** it from his hand and said
62	牌坊	**gate**	**arch**
63	士隐意欲也跟了过去，方举步时，忽听……	Jen **wanted** to follow them through the **gate, but as he lifted his foot,** he heard…	Jen **was going to** follow them through the **archway when** he heard…
64	有一人起身大笑	He jumped up from his seat and crowed **with a big laugh**	He jumped up from his seat and crowed **exuberantly**
65	雨村忙看时，此人是……	Jia looked, **carefully and saw it was** his old friend…	Jia looked, **it was indeed** his old friend…
66		…LENG TSESHING,(Cool on Hot) seemed to suggest **that his cool eyes were looking at the bustling world go by with amused but tolerant detachment**	…LENG TSESHING,(Cool on Hot) seemed to suggest **a cool, detached observer of a busy world**
67	伴着我	sitting **at** my side	sitting **by** my side
68	我方能认得字，心上也明白	then I can recognize the characters, **and my head clears up**	then **I am brilliant**, I can recognize the characters
69	你说可笑不可笑	Have you ever heard **of such a thing**	Have you ever heard **the like of it**
70	宁府珍爷之胞妹	FONDSPRING, is **sister** of Duke Chen	FONDSPRING, is **half-sister** of Duke Chen
71	又不足罕矣	I am **no longer** surprised	I **am not** surprised
72	都中奏准……	the government had made a ruling…	the government had made a **new** ruling…

二十 修改笔记整理表

续表

序号	原文	初译	改译
73	与尊兄犹系一家	My relatives are of the clan of Jia, like **yourself**	My relatives are of the clan of Jia, like **your own**
74		***It is necessary always to learn about a person's courtesy name. The "Name" is a person's legal name, used in signatures, but the "courtesy name" is the one his friends should use when addressing him in talks or letters**	
75	另有一艘船	in **another** boat	in **a second** boat
76	角门	side **gates**	side **doors**
77		inner quarters	inner **women's** quarters
78	绢丝	**out** silk	**shot** silk
79	粉面含春威不露，丹唇未启笑先闻	while her mobile face seemed to suggest **always** a lurking smile	while her mobile face seemed to suggest **constantly** a lurking smile
80	黛玉正不知以何称呼	Taiyu was at a loss what to call her	Taiyu was at a loss **about** what to call her
81	黑油大门	black-varnished **gate**	black-varnished **door**
82	又引黛玉出来，到了东廊三间小正房内	The women servants took the young child relative **to the small house on the east**	The women servants took the young child relative **in**
83	憨顽	loves fooling	loves fooling **round**
84	一时甜言蜜语，一时有无天日，疯疯傻傻	He will say the sweetest, tenderest things one minuter, and the craziest things the next	He will say the sweetest, tenderest things one minuter, and the craziest, **godless** things the next
85	垂手侍立	their arms hanging respectfully close **to their hips**	their arms hanging respectfully close **by their sides**
86	正面榻上	in the **middle** on top	in the **center** on top
87	王夫人	**Aunt** Wang	**Madame** Wang
88	紫金冠	**cap** of pure gold	**chaplet** of pure gold

续表

序号	原文	初译	改译
89	虽怒时而似笑，即瞋视而有情	It was such a sensitive, wistful, fine-featured face that **even when he was angry the expression was soft and tender**, a smile ready to break out any moment	It was such a sensitive, wistful, fine-featured face that **the expression was soft and tender even when he was angry**, a smile ready to break out any moment
90	万种情思	expression of **infinite tenderness**	**delicate** expression
91	（《西江月》译文，无法与原文一一对应）	he **is** slanderous	He**'s** slanderous
92	（《西江月》译文，无法与原文一一对应）	If you ever **come hear**	If you ever **go near**
93		Considering that the novel is a story of self-castigation, the author should be given credit for his ruthless humor. The metrical form of the Moon on the West River calls to mind the limerick; the first two lines and the last line have six syllables and the second and the last rhyme, while the next to the last line has a special lilt, with an extra syllable. In this case, the substance of the poem justifies its translation into limericks	
94	一双似喜非喜含情目	quick eyes was tinged with **tenderness** or with playful fancies, one could never be sure which	quick eyes was tinged with **warm affection** or with playful fancies, one could never be sure which
95		*Pinpin refers to the knitted eyebrows of a famous ancient beauty who suffered from pains in the chest. Her eyebrows knitted in pain were so beautiful that less beautiful girls imitated them, with disastrous results	
96		*A courtesy name must be associated with the personal name through an allusion or reference in ancient books	

续表

序号	原文	初译	改译
97	我好容易劝好了	it took us some time to **persuade her to stop crying**	it took us some time to **quite her down**
98	护官符	popular rhymes	popular **jingle** rhymes
99	家计	problems **of the household**	**family** problems
100	京都几处生意	The firm **at the capital** had been steadily losing money	The firm had been steadily losing money
101	他意欲卷了两家的银子而逃	the racketeer planning to abscond with the money and disappear	the racketeer planning to abscond with the money and disappear **with the girl**
102	只见案旁站着一个门子使眼色	His clerk was standing still, **casting eyes at him**	His clerk was standing still, **throwing him a glance**
103	不但官爵，只怕连姓名也难保呢	he may in all probability lose his job, and possibly **involve** his life as well	he may in all probability lose his job, and possibly his life as well
104	谁知王夫人不在上房，问丫鬟们，方知往薛姨娘那边闲话去了。……周瑞家的和金钏儿听了倒反为叹息感伤一回。（宝钗与周瑞家的谈冷香丸制法和周瑞问菱身世）	One day, Madame Wang had come over to her place to chat with her sister, … Mrs. Jourui and Armilla sighed and felt very sorry for her	
105	唇不点而红	unpainted **red** lips	unpainted **rosy** lips
106			**She was about the same age as Poyu**（指宝钗）
107	忽听外面有人说："林姑娘来了。"	They heard a maid report, "Miss Lin has come"	"Miss Lin has come," **a maid reported**
108	吃了冷酒，写字手打颤儿	Cold drink makes the hands tremble **when you are** writing	Cold drink makes the hands tremble **in** writing
109	轻狂	ill-**brought-up**	ill-**bred**
110	你不要助着他了	you **shouldn't really** encourage him	you **really shouldn't** encourage him

续表

序号	原文	初译	改译
111		she was Poyu's favorite	she was Poyu's favorite. **Like Shieren, she had grown up in the Jia family with Poyu**（指晴雯）
112	袭人自知系贾母将他与了宝玉的	Since she had been **maid** to serve the young master	Since she had been **assigned** to serve the young master
113	好姐姐		***Jiejie means elder sister; meimei, younger sister. These words are used like the French word mademoiselle**
114	四书	The Four Books	the (**Confucian**) Four Books
115		the more occasion they had to make up	the more occasions **for making up**
116	袭人倒了茶来，见身边佩物一件不存，因笑道……	After a while, Shieren came in with tea. Noticing that he had been robbed of all his personal decora-tions, smiled and said	After a while, Shieren came in with tea. Noticing that he had been robbed of all his personal decora-tions, **she** smiled and said
117	将前日宝玉嘱咐他做而未完的香袋拿起剪子来就铰	**Taking** up a pair of scissors, **she began to** cut up the embroidered silk sachet which she had been working on for him at his request	**She** took up a pair of scissors, **and** cut up the embroidered silk sachet which she had been working on for him at his request
118	宝玉见她生气，便忙赶过来	Seeing her leave in anger, Poyu **quickly had** come over	Seeing her leave in anger, Poyu **had quickly** come over
119	自悔莽撞剪了香袋，低着头一言不发	she regretted her rashness and **bent her head** in silence	she regretted her rashness and **looked down** in silence
120	"嗤"的一声笑了	Taiyu **broke** into laughter	Taiyu **burst** into laughter
121	王夫人上房	Poyu's mother's **side**	Poyu's mother's **apartment**
122		all dying, as far as he could see, with the desire to serve God and the emperor, while amassing a fortune for themselves	**A bright boy, with an artistic temperament, he saw through the hypocrisy of the adults,** all dying, as far as he could see, with the desire to serve God and the emperor, while amassing a fortune for themselves（指宝玉）
123		**apt** passages	**poetic** passages

续表

序号	原文	初译	改译
124		coupled with his perverse **aversion** for the classics	coupled with his perverse contempt for the **Confucian** classics
125	太上皇	supra- emperor	**father** emperor
126	凤姐笑道："果然如此，我可以见个大世面了。"	"**If that is true, then I shall** see some real imperial pomp and splendor," said Phoenix	"**Now I am going to** see some real imperial pomp and splendor," said Phoenix
127	只纳罕他家怎么就这样富贵呢？	But it is hard to believe where they got all this **wealth**	But it is hard to believe where they got all this **money**
128	次早，贾琏起来，见过贾赦、贾政，便往宁国府中来，合同老管事人等、并几位世交门下清客相公，审察两府地方	Poyu's father and uncle, Jiajeng and Jiashey, **took the managers and the staff of the house, together with the scholar "house-guests", and went over the whole area**	Poyu's father and uncle, Jiajeng and Jiashey, **went over the whole area with the managers and the staff of the house and the scholar "house-guests"**
129	贾蔷已起身往姑苏去了	while Chiang, was appointed to go south to Soochow	while Chiang, **a cousin of Yung**, was appointed to go south to Soochow
130	该请贵妃赐题才是	they should be **named** by the Imperial Consort	they should be **christened** by the imperial consort
131	虚合其意	**indicative** of the peculiar mood and atmosphere of the different points	**descriptive** of the peculiar mood and atmosphere of the different points
132	贾珍	**Jiachen**	**Duke Chen**
133	贾母常命人带他到新园中来戏耍	the grandmother had often asked servants to accompany him **to take a stroll** in the new garden	the grandmother had often asked servants to accompany him **on a stroll** in the new garden
134	顶头撞见贾政引着众客来了	he **suddenly** saw his father coming straight on with his followers	he saw his father coming straight on with his followers
135	专能对对	he had a special gift for **sentimental** poetry and its foundation, the making of poetic couplets	he had a special gift for poetry and its foundation, the making of poetic couplets
136	二世兄	**Second Brother**	**Our little brother**

续表

序号	原文	初译	改译
137	说着，进入石洞来。只见佳木茏葱，奇花烂灼，一带清流，从花木深处泻于石隙之下	They entered a tunnel, and on coming out of the tunnel saw a variety of flowering plants and choice trees flanking a clear stream, **partially covered by a thick foliage, which cascaded into a stony bed below**	They entered a tunnel, and on coming out of the tunnel saw a variety of flowering plants and choice trees flanking a clear stream, **which cascaded into a stony bed below, partially covered by a thick foliage**
138	就名翼然罢	it **will** be called Pavilion of Cascading Jade	it **should** be called Pavilion of Cascading Jade
139	吓的宝玉忙垂了头	The boy, seeing the **implied** reference to "study" in his father's words, hung his head in silence	The boy, seeing the reference to "study" in his father's words, hung his head in silence
140	宝玉见问，便答道："都似不妥。"	"They are not good," replied Poyu	"They are not good," replied Poyu **bluntly**
141	颂圣	show respect **and gratitude** to the emperor	show respect to the emperor
142	勾引起我归农之意	makes one **desire** to abandon politics and return to the farm	makes one **want** to abandon politics and return to the farm
143	也敢在老先生前卖弄！	**You** dare to parade a few trite verses before the old scholars!	**How** you dare to parade a few trite verses before the old scholars!
144	如何天然反不明白？	I am surprised that you should ask about this perfectly **ordinary** word	I am surprised that you should ask about this perfectly **simple** word
145	高无隐寺之塔，下无通市之桥	neither a pagoda on a hill **top** overhead, nor a bridge leading to a market **below**	neither a pagoda on a hill **crest** overhead, nor a bridge leading to a market **in the foreground**
146	过了荼蘼架，入木香棚，越牡丹亭，度芍药圃	**They saw trellis** works and arbors housing banksia roses and peonies	**Trellis** works and arbors housing banksia roses and peonies
147	因喝道："怎么你应说话时又不说了？还要等人请教你不成？"	"**Why,** what's the matter?" he growled. "Haven't you any idea, or do you have to be invited to speak **up**?"	"What's the matter?" he growled. "Haven't you any idea, or do you have to be invited to speak?"
148	贾政心中也怕贾母不放心，遂冷笑道	Jiajeng always had to think of the grandmother who had **taken protective custody** of this son of his. He said sternly **to him**	Jiajeng always had to think of the grandmother who had **assumed charge** of this son of his. He said sternly

续表

序号	原文	初译	改译
149	王夫人便道："这样，我们何不接了他来？"	"Why don't we send some one to **take** her here?" asked Madame Wang	"Why don't we send some one to **bring** her here?" asked Madame Wang
150	就下个请帖请他何妨？	Go with **an official** letter of invitation	Go with **a formal** letter of invitation.
151	叫书启相公写个请帖去请	The next day, **a formal letter of invitation** was prepared by a clerk	The next day, **the letter** was prepared by a clerk
152	直到十月里，才全备了	By **October**, everything was completed	By **the tenth month**, everything was completed
153	袭人听了，才把心放下来，说道："你也胡闹了！可作什么来呢？"一面又问茗烟："还有谁跟来？"茗烟笑道："别人都不知，就只我们两个。"	A load dropped off **Shieren's** heart. "But how you dare!" she turned to ask Peiming who else was accompanying him **and the boy replied,** "Only we two came out secretly. Nobody else knows about it."	A load dropped off **her** heart. "But how you dare!" she turned to ask Peiming who else was accompanying him. "Only we two came out secretly. Nobody else knows about it."
154	都是茗烟挑唆的，回去我定告诉嬷嬷们打你	It's all **Peiming's** doing. I must report **him** when I go back	It's all **your** doing. I must report **you** when I go back
155	只是茅檐草舍，又窄又不干净，爷怎么坐呢？	Only I don't know how to receive you in our shabby **house**. I haven't even a proper place for you to sit down	Only I don't know how to receive you in our shabby **place**, we haven't even a proper place for you to sit down
156	彼时他母兄已是忙着齐齐整整的摆上一桌子果品来	A lot of sweets and fruits were placed **before him** on the table	A lot of sweets and fruits were **already** placed on the table
157	原是珍大爷请过去看戏换的	I was **attending** the theatre shows on cousin Chen's side	I was **invited to see** the theatre shows on cousin Chen's side
158	袭人笑道："悄悄的，叫他们听着什么意思？"	**Shieren hushed him. "Not too loud.** It's embarrassing."	**"Not so loud," whispered Shieren.** "It's embarrassing."
159	众人也不好相留	**The people know** that they shouldn't detain him	**Shieren's folks knew** that they shouldn't detain him
160	"须得我同二爷还到东府里混一混才好过去的，不然人家就疑惑了。"	"I must go with Master Po into the Eastern Residence first and **mix** with people there, so as not to arouse attention," he said to Hua	"I must go with Master Po into the Eastern Residence first and **be seen** with people there, so as not to arouse attention," he said to Hua

续表

序号	原文	初译	改译
161	……袭人已来，彼此相见…… "……我只想风干栗子吃，你替我剥栗子，我去铺床。"宝玉听了，信以为真，方把酥酪丢开，取栗子来，自向灯前捡剥。一面见众人不在房中，乃笑问袭人道："今儿那个穿红的是什么人？"袭人道："那是我的两姨妹子。" …… 又听袭人叹道："我来这几年，姊妹们都不得在一处。如今我要回去了，他们又都去了！"	Shieren did not return until it was **quite late. Lamps were lighted already**. The other maids, falling in with the spirit of the New Year holidays, had all gone off the play cards for money. She and Poyu were alone in the room, Poyu quietly peeling some chestnuts in the lamplight for Shieren, while she was making the bed. （此处缺袭人表妹婚事的译文） **At the words "get married," Poyu squealed involuntarily.** Shieren heaved a sigh, **looking at him**. "**In these years** we cousins have not seen much of each other. And now just as I am going back home, they will all be gone!"	Shieren did not return until it was **evening**. The other maids, falling in with the spirit of the New Year holidays, had all gone off to play cards for money. She and Poyu were alone in the room, **Shieren asked Poyu** quietly to peel some chestnuts while she went to make the bed. **Peeling the chestnuts in the lamplight, Poyu asked about the young girls in her house.** Shieren **darted a look at him and** heaved a sigh, "We cousins have not seen much of each other **all these years**. And now just as I am going back home, they will all be gone!"
162	明年他们上来就赎我出去呢	they will come and **pay for my ransom**	they will come and **redeem me**
163	"这话奇了！我又比不得是你这里的家生子儿，我一家都在别处，独我一个人在这里，怎么是个了局？"	"Now that is a strange question! I am not born here. **My family is living elsewhere, while I am left alone in this place. What will come of me?** I can't live here forever."	"Now that is a strange question! I am not born here. **I have my family.** I can't live here forever."
164	宝玉听了这些话，竟是有去的理无留的理，心里越发急了	These words, so well presented, stabbed **into** Poyu's ears **and threw him into dismay**. She sounded so definite	These words, so well presented, stabbed Poyu's ears. **He was dismayed.** She sounded so definite
165	宝玉听了自思道："谁知这样一个人，这样薄情无义呢！"	Poyu wondered **to himself,** how Shieren—**who had been so good to him**—could be so heartless. Didn't she have some feelings?	Poyu wondered how Shieren could be so heartless. Didn't she have some feelings?
166	你果然依了	If you agree **to these three conditions**	If you agree

续表

序号	原文	初译	改译
167	你们也管不得我，我也顾不得你们了。那时凭我去，我也凭你们爱那里去就去了	When that time comes, neither can you care about me, nor can I care about you. **Then you will let me alone, and I will let you people go wherever you like**	When that time comes, neither can you care about me, nor can I care about you. **Then each has to go his own way**
168	这是头一件要改的	This is the first **bad habit you have to promise to drop**	This is the first **thing I want you to stop, swearing and talking such nonsense**
169	先时还扎挣的住，次后捱不住	She tried to get up, but her strength **being** not equal to it	She tried to get up, **but finding** her strength not equal to it
170	你大模大样的躺在炕上，见我也不理一理	you ignored me and flaunted yourself **on that** bed like a lady	you ignored me and flaunted yourself **in** bed like a lady
171	你不过是几两银子买来的毛丫头，这屋里你就作耗	Don't try to take on airs in this house, **you who** were but a **common** waif bought with a few tales of silver!	Don't try to take on airs in this house. **Remember** you were but a **cheap** waif bought with a few tales of silver!
172	把你奶了这么大	I will tell them that I have wet-nursed you **to this day**	I will tell them that I have wet-nursed you
173	你是个老人家，别人嚷嚷，还要你管他们才是	As an elder you should **stop others making a scene**	As an elder you should **act an example to others**
174	便得罪于他，就有本事承认，犯不着带累别人	And if some one did, she should be honest enough to admit it, **and not shift the blame on others**	And if some one did, she should be honest enough to admit it
175	连忙忍气吞声安慰他	He forgot his own annoyance**, and** turned to comfort her	He forgot his own annoyance, turned to comfort her
176	"你既在这里，越发不用去了。咱们两个说话顽笑岂不好？"	"**Since you are going to be here,** there's the more reason for me not to go away. How about having a nice chat?"	"There's the more reason for me not to go away, **now you are here**. How about having a nice chat **together**?"
177	咱们两个做什么呢？怪没意思的	**What can we two do?** It seems so silly just to talk…	It seems so silly just to **sit and** talk…
178	晴雯忙忙走进来取钱	Sunburst burst in hurriedly **to get** some money	Sunburst burst in hurriedly **to fetch** some money **for gamble**

续表

序号	原文	初译	改译
179	贾环急了，伸手便抓起骰子，然后就拿钱，说是个六点	In **his** desperation, Huan **quickly took up** the dice and announced the second one was a four and **grabbed** the money on the table	In desperation, Huan **grabbed** the dice and announced the second one was a four and **took** the money on the table
180	剩的钱还是几个小丫头子们一抢，他一笑就罢了	He didn't feel anything, but gave us the remaining cash in his hands **when** he left	He didn't feel anything, but gave us the remaining cash in his hands **as** he left
181	快别说这话	you mustn't say **these** things to lower your own dignity	you mustn't say **such** things to lower your own dignity
182	你总不听我的话，反教这些人教你的歪心邪意、狐媚子霸道。自己有不尊重，要往下流里走，安着坏心，还只怨人家偏心呢	You let **these** people (**referring to his mother**) teach you to **hate the others, and to cringe and crawl before them. You don't carry yourself with self respect** and then blame others for discriminating against you	You let **those** people teach you to **set yourself apart and behave like an underling,** and then blame others for discriminating against you
183	不是我拦着	If **I didn't protect you**	If **it were not for me**
184		A completely carefree, vivacious girl, **romantic by temperament and something of a tomboy**, there was little of the shy, bashful maiden about her	A completely carefree, vivacious girl, **loving fun and gabble,** there was little of the shy, bashful maiden about her（指湘云）
185		Apparently an incessant talker, **with the gift of the gab,** she never watched her words	An incessant talker, she never watched her words（指湘云）
186		her bluntness had a **reckless,** careless unpremeditated charm, unlike Taiyu's subtle irony and carefully weighed phrase	her bluntness had a careless **unpremeditated** charm, unlike Taiyu's subtle irony and carefully weighed phrase（指湘云）
187	睡觉还是不老实	You do sprawl about in your sleep	You do sprawl about **even** in your sleep
188	翻身一看	She turned round and saw him	She turned **her head** and saw him
189	镜台	**toilet** table	**dressing** table
190	这盆里就不少，不用搓了	There is no need. **There is plenty of fragrance in the water**	There is no need. **The water is perfumed**

续表

序号	原文	初译	改译
191	再洗了两把，便要手巾。翠缕道："还是这个毛病儿，多早晚才改呢？"	Poyu was cleaning himself with a hand towel, Filament remarked, "When are you going to stop this **romantic** habit?"	Poyu was cleaning himself with a hand towel, **when** Filament remarked, "When are you going to stop this **sissy** habit?"
192	不觉顺手拈了胭脂，意欲往口边送，又怕湘云说。正犹豫间，湘云在身后伸过手来，"拍"的一下，将胭脂从他手中打落	He dug out some rouge and was **going to touch** his finger to his mouth. As he paused a second, Riverhaze struck **him** from behind	He dug out some rouge and was **lifting** his finger to his mouth **to taste it, as was his habit**. As he paused a second, Riverhaze struck **his hand** from behind
193	那袭人只管合了眼不理	but Shieren ignored him, **not once opening her eyes**	but Shieren ignored him **entirely**
194	麝月道："我知道么？问你自己便明白了。"	"How do I know? Why don't you ask yourself?" replied Moonbalm curtly	"How do I know? Why don't you ask yourself?" replied Moonbalm curtly. **Moonbalm was a good friend of Shieren**
195	两个小丫头	two **small** maids	two **young** maids
196	宝玉道："明日就叫'四儿'，不必什么'蕙香''兰香'的。那一个比这些花，没的玷辱了好名好姓的！"	"Then I will call your Number Four. **There is no need to** call you Honeybush or Clove. an insult to the flowers!"	"Then I will call your Number Four. **Don't call yourself** Honeybush or Clove. **What** an insult to the flowers!"
197	今日却冷清清的一人对灯，好没兴趣	Tonight he was **alone and thoroughly bored**	Tonight he was **left alone**
198	剖斗折衡，而民不争	Make away with all measures and scales, and the people will not dispute over **measurements** and **quantities**	Make away with all measures and scales, and the people will not dispute over **sums** and **figures**
199	料也不过半日片刻仍复好了，不想宝玉一日一夜竟不回转	She **thought that his anger would subside after a few hours, and** did not expect **that he would remain sulking by himself the** whole day and night	She did not expect **his sulks would last a** whole day and night
200	我们这起东西，可是白"玷辱了好名好姓"的	**We ourselves** will only insult **the beautiful names of** flowers	**Our names** will only insult the flowers
201	也值得这个样子	It is not so important as all that	You are talking it too seriously
202	静悄悄无一人咳嗽	An atmosphere of silent awe and solemnity **descended** the place	An atmosphere of silent awe and solemnity **pervaded** the place

续表

序号	原文	初译	改译
203	一面传人挑进蜡烛，各处点起灯来	while others were to bring in the candles and light up the lanterns	while others were to bring in the candles and light up the lanterns. **For the dawn came late in the northern sky**
204	便面西站立	The eunuch took up their respective positions facing **west**	The eunuch took up their respective positions facing **the direction from which the consort was coming**
205	贾赦领合族子弟在西街门外	The duke stood at the head of the male relatives outside the **western entrance to the street**	The duke stood at the head of the male relatives outside the **street entrance**
206		**formal** reception	**state** reception
207	太平景象，富贵风流	A view of **magnificent** splendor confronted her as she went in	A view of **royal** splendor confronted her as she went in
208	此园内外风景	a picture of pomp and **riotous gaiety**	a picture of pomp and **circumstance**
209	半日，贾妃方忍悲强笑	At last, Primespring **put on a smile and** said	At last, Primespring said
210	在外厅行礼	pay their respects across the screen	pay their respects across the **door** screen
211	三四岁时，已得贾妃口传授教了几本书	She had taught him when the latter was only three or four **years old**	She had taught him when the latter was only three or four
212	千万好生扶养，不严不能成器，过严恐生不虞	they should neither pamper him, nor be too severe with him, so that he could **grow up properly**	they should neither pamper him, nor be too severe with him, so that he could **be brought up normally**
213	小太监引宝玉进来，先行国礼毕，命他近前，携手揽于怀内，又抚其头颈笑道	Poyu was ushered in by a eunuch, and after performing due ceremony, was ordered to come up to her **and then** she took his hand and hugged him tightly **and ran** her hand over his head and neck	Poyu was ushered in by a eunuch, and after performing due ceremony, was ordered to come up to her. She took his hand and hugged him tightly, **running** her hand over his head and neck
214	尤氏凤姐	**Madam Shing** and Phoenix	**The duchess** and Phoenix
215	浣葛山庄	the Sweet Hay **Hamlet**	the Sweet Hay **Farm**

续表

序号	原文	初译	改译
216		She was quite enchanted with the beauty of the pleasure garden, commented favorably on the different places	Quite enchanted with the beauty of the pleasure garden, she commented favorably on the different places（指元春）
217	因见宝玉构思太苦	while Taiyu seeing that he was belaboring himself to finish the poems	while Taiyu seeing him belaboring himself to finish the poems
218	元春又命以琼酪金脍等物，赐与宝玉并贾兰	She also gave Poyu and her nephew Lanel flavored cheese and minced meat	
219	此时贾兰尚幼	Lanel, Satin's son, was still very young	Lanny, Satin's son, was still very young
220	执事太监启道："时已丑正三刻，请驾回銮。"	It was already past midnight and the eunuch in charge reminded her that it was time for Her Royal Highness to return to the palace	It was already past midnight. The eunuch in charge reminded Her Royal Highness that it was time to return to the palace
221	症虽险，却顺，倒还不妨	You have to be careful, but if it is allowed to follow a normal course, she will soon be up again	You have to be careful, but if it is allowed to run its course, she will soon be up again
222	大红尺头	a bolt of bright red cloth	a bolt of bright red cloth (for good luck)
223	凤姐与平儿	Phoenix herself and her assistant AMITIE	Phoenix herself
224			Amitie was satisfied, as her name fitly suggested or rather she could do nothing else. Considering that she had no parents and no home to go to. Any other girl would find the position under the jealous, spitfire mistress impossible. But Amitie was far too good not to know that her loyalty should lie with the wife rather than the husband. Another woman's hair, however, was something else again. She wanted to protect him（指平儿）

续表

序号	原文	初译	改译
225	只叫："好人，别叫他知道！"	He let it go and whispered, "Hush! Please **don't tell her**."	He let it go and whispered, "Hush! Please **be good**."
226	贾琏见他娇俏动情	Charmed by **the girl** in that state of helpless irritation	Charmed by **pretty Amitie** in that state of helpless irritation
227	你爱听那一出	Tell me what selection you like to **listen to**	Tell me what selection you **would like** to **hear**
228	且知贾母喜热闹，更喜谑笑科诨	Knowing that the old lady loved a rousing, hilarious comedy	Knowing that the old lady loved **nothing better than** a rousing, hilarious comedy
229	明早就走，还在这里做什么？	I am leaving tomorrow. I don't want to stay here **any more**	I am leaving tomorrow. I don't want to stay here **another day**
230	立刻化成灰，教万人践踏！	I swear I shall be turned into dust **to be** trampled underfoot by everybody!	I swear I shall be turned into dust, **and** trampled underfoot by everybody!
231	黛玉不好再闭门	She found him standing there and couldn't very well close it again **in** his face	She found him standing there and couldn't very well close it again **on** his face
232	他是公侯的小姐，我们原是贫民家的丫头。他和我玩，设如我回了口，岂不是他自惹轻贱？你这个主意不是？你却也是好心，只是那一个不领你的情，一般也恼了。你又拿我作情，倒说我"小性儿、行动爱恼人"。你又怕他得罪了我	"**She is the scion of a marquis, and I am only a poor maid. But I am sorry she didn't smooth off her temper, and** I am the petty, peevish and sensitive one, and you were worried that she could offend me. If I felt offended, what had it got to do with you?"	"I am the petty, peevish and sensitive one, and you were worried that she could offend me. If I felt offended, what had it got to do with you?"
233	南华经	**Juangtse**	**Chuangtse**
234	如今不过这几个人，尚不能应酬妥协	He saw that he could not even **deal** with a few girls	He saw that he could not even **cope** with a few girls
235	"这是怎么说？好好的大正月里，娘儿们姊妹们都喜喜欢欢，你又怎么这个形景了？"	"Don't look so miserable. It is the New Year **month, and the women and cousins are all enjoying themselves**."	"Don't look so miserable. It is the New Year **holidays, and everybody is enjoying himself**."

二十　修改笔记整理表

续表

序号	原文	初译	改译
236	一面唤了两个老嬷嬷来，吩咐："好生带了宝玉去，别叫他老子吓着他。"	She ordered two women servants to **accompany** him and see that he was not too much bullied by the father he so feared	She ordered two women servants to **go with** him and see that he was not too much bullied by the father he so feared
237	彩云一把推开金钏	Russet **pulled** Armilla away	Russet **drew** Armilla away
238	赵姨娘打起帘子，宝玉挨身而入	**Mistress Jow lifted the screen to Madam Wang's chamber and the boy went in**	
239	又看见贾环人物委琐，举止粗糙	not dense like his half-brother, the **gangling**, **plain**, loutish-looking Huan	not like his half-brother, the **gawky**, loutish-looking Huan
240	蓼风轩	**Hall of Rush Winds**	**Rushwind Hall**
241		Men servants were not permitted in **it** except by special permission	Men servants were not permitted in **the garden** except by special permission
242	只听背后有人说道	**Some one at his back said**	**A sweet girlish voice said from his back**
243	正对抱怨："你湿了我的衣裳"	who had spilled **the** water **and wet** whose clothing	who had spilled water **over** whose clothing
244	秋纹兜脸啐了一口道	Autumnripple spat **on her face**	Autumnripple **spat**
245	没脸面的下流东西	You low-down scallywag, without a **modicum** of shame!	You low-down scallywag, without a **bit** of shame!
246	五色纱	**gauze**	**muslin**
247	彩绫	**stiff** silk	**heavy** silk
248	正当三月中浣	**It was spring**	**The spring was drawing to a close**
249	凤尾森森，龙吟细细，却是潇湘馆	This was the Tea-Bamboo Lodge	This was the Tea-Bamboo Lodge, **lying in the green shade, heavy with moisture**
250	紫鹃道："他是客，自然先倒了茶来再舀水去。"	"But he is a guest. It's only right that I give him tea first."	"But he is a guest. It's only right that I give him tea first." **Nightingale, too, had grown up in the Jia mansion. She had always been favorably impressed by Poyu**

续表

序号	原文	初译	改译
251	宝玉笑道："我何尝说什么。"	Poyu made an **embarrassed** smile. "I didn't say anything."	Poyu made an **awkward** smile. "I didn't say anything."
252	心中也替他忧虑。至晚饭后，闻得宝玉来了	Worried on Poyu's account, Taiyu also came after supper, when she learned that Poyu **had come** back	Worried on Poyu's account, Taiyu also came after supper, when she learned that **he was** back
253	如今认真怄气，也觉没趣	It would not be nice for her to make a scene	It would not be **at all** nice for her to make a scene
254	越想越伤感起来	A feeling of helpless rage, **and hot resentment,** surged through her as she stood in the shadow of the flowers	A feeling of helpless rage surged through her as she stood in the shadow of the flowers
255	方转过来，尚望着门洒了几点泪	Taiyu turned away, casting a **tearful** look back at the door	Taiyu turned away, casting a **hateful** look back at the door
256	交芒种节	the feast of farewell to the gods of flowers	the feast of farewell to the gods of flowers, **marking the end of spring**
257		She would pour the burden of her thoughts—to the flowers	She would pour the burden of her thoughts—to the **departing spring and the** flowers（指黛玉）
258	祭饯花神，这芒种一过，便是夏日了，众花皆谢，花神退位	On the day, people gave a farewell ceremony to the gods of flowers, for after that period, summer begins. **And the flowering season is mostly ever.** The duties of the gods of flowers are done and they are going off for a holiday	On the day, people gave a farewell ceremony to the gods of flowers, for after that period, summer begins. The duties of the gods of flowers are done and they are going off for a holiday
259	或用绫锦纱罗叠成干旄旌幢的，都用彩线系了，每一棵树、每一枝花上，都系了这些物事	From every tree and every branch could be seen flaunting and flowing silk ribbons and **pennants**, tied with knots of colored threads	From every tree and every branch could be seen flaunting and flowing silk ribbons and **streamers**, tied with knots of colored threads
260	你们找他们去	You **go and** find them there	You **will** find them **there**
261		**As for the** bright, errant, sentimental little rebel, Poyu—what did all his violent protestations and passionate swearing amount to	**Poyu loved her, intensely, she knew, but how much say did he have in the match? That** bright, errant, sentimental little rebel, Poyu—what did all his violent protestations and passionate swearing amount to

二十 修改笔记整理表

续表

序号	原文	初译	改译
262	倒把我三日不理、四日不见的	You would cast me aside, and play fast and loose with me **once in** three or four days!	You would cast me aside, and play fast and loose with me **every** three or four days!
263	便死了也是个屈死鬼	If I die like this, I shall be found among the **unavenged** ghosts	If I die like this, I shall be found among the ghosts **of those who died mysteriously**
264	还得你申明了原故，我才得托生呢！	Until you come along and tell them the secret of my death. **Then I'll be able to be reincarnated again**	Until you come along and tell them the secret of my death
265		As Pocia **came** away from Taiyu's house, she **followed** the Immersed Fragrance Stream bank	As Pocia **had come** away from Taiyu's house, she **had followed** the Immersed Fragrance Stream bank
266	原来这亭子四面俱是游廊曲栏，盖在池中水上，四面雕镂格子，糊着纸	The pavilion stood in the middle of the pond, provided with panels of latticed windows and **encircled with** balconies on all sides	The pavilion stood in the middle of the pond, provided with panels of latticed windows and balconies on all sides
267	不知你能干不能干？说的齐全不齐全？	**I don't know whether you can** deliver a message correctly?	**Can you** deliver a message correctly?
268	顶头只见晴雯、绮霞、碧痕、秋纹、麝月、侍书、入画、莺儿等一群人来了	when she met head-on Sunburst, Evenglow, Mossprints, Autumnripple, **Musk** and others	when she met head-on Sunburst, **Moonbalm**, Evenglow, Mossprints, Autumnripple, and others
269	晴雯冷笑道："怪道呢！原来爬上高枝儿去了，把我们不放在眼里了。不知说了一句话半句话，名儿姓儿知道了不曾，就把他兴头的这个样。这一遭儿半遭儿的算不得什么，过了后儿，还得听呵。有本事从今儿出了这园子，长长远远的在高枝儿上才算得！"一面说着去了	Sunburst remarked with a sneer, "I understood now. So she has climbed up high. **She is beginning to walk in the clouds.** I don't know how many words the second mistress spoke to her, or **even** if she knew her name **at all.** We'll wait and see!"	Sunburst remarked with a sneer, "I understood now. So she has climbed up high. I don't know how many words the second mistress spoke to her, or if she knew her name **even…** We'll wait and see!"
270	好孩子，难为你说的齐全，不像他们扭扭捏捏蚊子似的	Thank you for **repeating** the message so completely, unlike the others who hem and haw and **mumble** their words like mosquitoes	Thank you for **giving** the message so completely, unlike the others who hem and haw and **hum** their words like mosquitoes

续表

序号	原文	初译	改译
271	李宫裁笑道："你原来不认得他？他是林之孝的女儿。"	Satin said, "You don't know her, of course. She is the daughter of Mrs. Lin."	Satin said, "You don't know her, of course. She is the daughter of Mrs. Lin." **Mrs. Lin was one of the head women**
272	芙蓉簟	fine-split bamboo mat	fine-split bamboo mat **for summer**
273	宝玉见了，喜不自胜，问："别人的也是这么个？"袭人道："老太太多着一个香玉如意，一个玛瑙枕。老爷、太太、姨太太的只多着一个香玉如意。你的同宝姑娘一样。林姑娘同二姑娘、三姑娘、四姑娘只单有扇子同数珠儿，别的都没有。大奶奶、二奶奶他两个是每人两匹纱、两匹罗、两个香袋儿、两个锭子药。"宝玉听了，笑道："这是什么个缘故？怎么林妹妹的倒不同我的一样，倒是宝姐姐的同我一样，别是传错了罢？"袭人道："昨儿拿出来，都是一分一分的写着签子，怎么就错了？你的是在老太太屋里的，我去拿了来了。老太太说道，明儿叫你一个五更天进去谢恩呢。"	Poyu asked what the others had got. Shieren said that the grandmother had, in addition to other things, a jade paper weight for good luck(juyi) and a cornelian pillow, and his parents had an extra jade paper weight. He and Pocia received the same presents. Taiyu and Greetspring and her sister cousins had only fans and beads and nothing else. Stain and Phoenix had presents of silks, medicines, etc. "Why?" asked Poyu. "Why am I given the same as sister Pocia, **(a)and not the same as Lin meimei? It may be a mistake.**" "No mistake," said Shieren. "Each person's present was wrapped up separately with a tag bearing her name on it. Grandmother sent for me to get yours from her room. **(b) Grandmother told me to tell you to go early tomorrow morning to the palace and convey your thanks.**"	二稿： Poyu asked what the others had got. Shieren said that **(c)the grand-mother had, in addition to other things, a jade paper weight for good luck(juyi) and a cornelian pillow, and his parents had an extra jade paper weight.** He and Pocia received the same presents. Taiyu and Greetspring and her sister cousins had only fans and beads and nothing else. **(d)Stain and Phoenix had presents of silks, medicines, etc.** "Why?" asked Poyu. "Why am I given the same as sister Pocia? **(a1)Why doesn't Lin meimei receive the same? It may be a mistake.**" "No mistake," said Shieren. "Each person's present was wrapped up separately with a tag bearing her name on it. Grandmother sent for me to get yours from her room. **(b1)She wants you to go early tomorrow morning to the palace and send in your thanks.**" 三稿： Poyu asked what the others had got. Shieren said that **(c1)the grand-mother and his parents had an extra jade paper weight and other things.** He and Pocia received the same presents. Taiyu and Greetspring and her sister cousins had only fans and beads and nothing else. "Why?" asked Poyu. "Why am I given the same

二十 修改笔记整理表

续表

序号	原文	初译	改译
273			as sister Pocia? Why doesn't Lin meimei receive the same? It may be a mistake." （a1，b1 分别是二稿对初稿 a,b 两处修改后的文本，c1 是三稿对二稿 c 处修改后的文本，d 是三稿删除的二稿的文本）
274		He loved her and cared for no one else **but her**	He loved her and cared for no one else
275		Both thus tried to cover up their real feelings by teasing and dallying with a **counterplay** of words which skimmed the surface of their feelings and caused constant flare-ups over trivialities	Both thus tried to cover up their real feelings by teasing and dallying with a **cloud** of words which skimmed the surface of their feelings and caused constant flare-ups over trivialities
276	你心里自然有我，虽有"金玉相对"之说，你岂是重这邪说不重我的。我便时常提这"金玉"，你只管了然无闻的	I don't believe that he takes the superstition about jade matching gold seriously, more seriously than he cares for me. When I took a chance to mention it, he should have passed over it lightly	I don't believe that he takes the superstition about jade matching gold seriously, more seriously than he cares for me. **But** when I took a chance to mention it, he should have passed over it lightly
277	大哥哥不知我病	**He** did not know that I was **ill**	**Your brother** did not know that I was **not well**
278		It could be the name of Chiang	It could be the name of Chiang **who was in charge of the actresses**（指贾蔷）
279	将王济仁叫来亲自确问	left to **send for the** doctor	left to **see a** doctor
280		**Chapter 17. The Delightful sound of Rending Silk**	二稿：**C17 Sunburst Tearing up Fans** 三稿：**Sunburst Loved the Sound of Tearing up Fans**[①]

---

① 林语堂原本拟将晴雯撕扇单独一章，后作罢放入第 16 章。第 16 章原题为"Restoring Discipline in the Women's Chambers"，林语堂就该标题作了三次修改。

续表

序号	原文	初译	改译
281	晴雯听了这话，不觉又伤起心来，含泪说道	Sunburst **looked** with horrified eyes	Sunburst **stared** with horrified eyes
282	就有人来说："薛大爷请。"宝玉只得去了。原来是吃酒，不能推辞，只得尽席而散	Word was received from Shuaypan to join him at a wine dinner, **and Poyu** remembering he had not been to his birthday party, had no choice but to go, and did not come home till after dark that night	Word was received from Shuaypan to join him at a wine dinner. **Remembering** he had not been to his birthday party, **Poyu** had no choice but to go, and did not come home till after dark that night
283	你又刮拉上他	you **began to attack** her	you **turned against** her
284	你不来使得，你来了就不配了。起来，让我洗澡去	It was all right when you were away. **Now you are here.** Get up and **allow me to** go in and have a bath	It was all right when you were away. Get up and **let me go in** and have a bath
285	谁知过后还是照旧一样	But they saw each other again, it was as if nothing had happened	But **when** they saw each other again, it was as if nothing had happened
286	若他也说过这些混账话，我早和他生分了	If she did, I would have away from her, too	If she did, I would have **kept** away from her, too
287	所喜者，果然自己眼力不错，素日认他是个知己，果然是个知己	Gratefully she felt **and** understood her as she understood him	Gratefully she felt **that he** understood her as she understood him
288	林黛玉道："死了倒不值什么，只是丢下了什么金什么麒麟，可怎么好呢！"	"Death is a minor matter. To lose the gold unicorn would be more serious."	"Death is a minor matter. To lose the gold unicorn would be more serious." **Riverhaze wore a gold unicorn**
289	口里含含糊糊待说不说的	It seemed she had a lot she didn't quite want to **say to** me	It seemed she had a lot she didn't quite want to **tell** me
290	可是我也糊涂了	It was stupid of me	It was **so** stupid of me
291	"偏生我们那个牛心左性的小爷，凭着小的大的活计，一概不要家里这些活计上的人做，我又弄不开这些。"	"But that bouncing young rebel master of mine just won't wear anything done by the sewing women, and I have so little time to spare **for such work.**"	"But that bouncing young rebel master of mine just won't wear anything done by the sewing women. **And** I have so little time to spare."
292	晚上我亲自过来	**Tonight I will personally come** to give you something to work on	**I will come tonight** to give you something to work on
293	就是太太房里的	The one working for **taitai**, of course	The one working for **madam**, of course

· 570 ·

续表

序号	原文	初译	改译
294	谁知找不着他，才有打水的人说那东南角上井里打水，见一个尸首，赶着叫人打捞起来，谁知是他	**Then** they could not find her, **and** a water carrier discovered a corpse in the well in the southeast corner of our garden	They could not find her, **then** a water carrier discovered a corpse in the well in the southeast corner of our garden
295	宝钗道："这也奇了。"	"I wonder why," muttered Pocia, for the reason for Armilla's dismissal had been **kept secret** from the girls	"I wonder why," muttered Pocia, for the reason for Armilla's dismissal had been **concealed** from the girls
296	宝钗来至王夫人房里，只见鸦雀无闻，独有王夫人在里间房内坐着垂泪	She found Madame Wang sitting alone in her room, buried in tears, and the house **was** completely quiet	She found Madame Wang sitting alone in her room, buried in tears, and the house completely quiet
297	王夫人道："原是前日他把我一件东西弄坏了，……"	**Madam Wang said,** "She broke one of my things...."	"She broke one of my things...."
298	谁知他这么气性大，就投井死了	I didn't expect she would have such a hot temper a**nd take her own life**…	I didn't expect she would have such a hot temper…
299	他在上头拘束惯了，这一出去自然要到各处去玩玩逛逛，岂有这样大气性呢？纵然有这样大气，也不过个糊涂人，也不为可惜	She was shut up here, and once she was let out, she would naturally go about and look around for relaxation. I don't believe she would be so hot-tempered**, but if she was, then** she must be a foolish girl**, so** much less the pity **got hrt**	She was shut up here, and once she was let out, she would naturally go about and look around **a bit** for relaxation. I don't believe she would be so hot-tempered**. But if she was,** she must be a foolish girl**. So** much less the pity **for her**
300	只有你林妹妹做生日的两套	expect your Lin meimei who got two dresses for her birthday	expect your Lin meimei who got two dresses for her **last** birthday
301	金钏儿虽然是个丫头，素日在我跟前，比我的女儿也差不多	But Armilla has been with me for such a long time. **Though she was a maid servant,** she was almost like a daughter to me	But Armilla has been with me for such a long time. She was almost like a daughter to me
302	却说王夫人唤上他母亲来，拿几件簪环当面赏给	Madame Wang gave them to her, as well as some hair ornaments and bracelets	Madame Wang gave them to her, as well as some hair ornaments and bracelets **to go with her daughter's burial**
303		**Chapter 19** "Kill Me First Before You Kill Him!"	**Chapter 18** The Flogging

续表

序号	原文	初译	改译
304	我看你脸上一团私欲愁闷气色	A shamefaced mouse, face screwed up in misery, and **you did not** look straight at people	A shamefaced mouse, face screwed up in misery, and **afraid to** look straight at people
305	也不必承办	There is nothing really **to carry out**	There is nothing **really**
306	你在家不读书也罢了	It is not enough that you are **recreant from** your studies	It is not enough that you are **slack in** your studies
307	老婆子偏生又是耳聋	the old woman was **heavy** of hearing	the old woman was **hard** of hearing
308	明日酿到他弑父弑君，你们才不劝不成？	I suppose you want me to wait and see him **commit** treason or felony **and hang on the gallows**!	I suppose you want me to wait and see him **hang on the gallows for** treason or felony!
309		Chapter 19 Some Wept, Some Acted, and Some Worried	Chapter 19 Shieren Looked Ahead
310	只见宝钗手里托着一丸药走进来，向袭人说道	**Holding** a pill in her open palm, **Pocia came in** and said to Shieren	**Pocia came in,** a pill in her open palm, and said to Shieren
311	宝玉又听宝钗这番话，一半是堂皇正大，一半是去己的疑心，更觉比先心动神移	while Poyu was impressed by Pocia's tactful **and** dignified words	while Poyu was impressed by Pocia's tactful **yet** dignified **defense of her brother**
312	你只劝他好生静养，别胡思乱想的就好	**You ask** him to rest quietly and not get excited and he will soon be up	Ask him to rest quietly and not get excited and he will soon be up
313	宝姑娘送来的药	Miss Po sent over **some pills**	Miss Po sent over **a pill**
314	消消停停，就有个青红皂白了	We can wait **a while** to find out. Sooner or later, the truth will come out	We can wait to find out. Sooner or later, the truth will come out
315	没的献勤儿，拿我做幌子	people are trying to blame me **and** please him	people are trying to blame me **to** please him
316	过后老太太不知怎么知道了，说是珍大哥治的，好好的叫了去骂了一顿	later grandma'am and madam heard of it and it was Brother Lien's fault and called him up for a severe scolding	later grandma'am and madam heard of it and **said** it was Brother Lien's fault and called him up for a severe scolding（此处应无王夫人，贾琏应为贾珍）

续表

序号	原文	初译	改译
317		Chapter **21**	Chapter **20**
318	心中发闷	to her surprise	**greatly** to her surprise
319	晴雯笑道："不是新的，就是家常旧的。"林黛玉听了，越发闷住，细心搜求一时，方大悟过来	**She was told** that these were old ones personally used by Poyu, **and** understood	**Told** that these were old ones personally used by Poyu, **she** understood
320	便命掌灯	She ordered the desk lamp **to be** lit	She ordered the desk lamp lit
321	定睛看时，只见贾母搭着凤姐儿的手	She wondered why Phoenix had not come, and then **she** saw the grandmother coming, leaning on Phoenix's arm	She wondered why Phoenix had not come, and then saw the grandmother coming, leaning on Phoenix's arm
322	一进院门，只见满地下竹影参差，苔痕浓淡	A mantle of green suffused the entrance, the ground covered with a **green** carpet of moss wet with the smell of fern	A mantle of green suffused the entrance, the ground covered with a carpet of moss wet with the smell of fern
323	吩咐厨房里立刻拿几只鸡	She took these over and instructed the **kitchen** to kill a few chickens…	She took these over and instructed the **cook** to kill a few chickens…
324	宝玉伸手拉着袭人笑道："你站了这半日，可乏了。"一面说，一面拉他身旁坐下了	Poyu pulled Shieren to sit down by him. "**You have been standing all this whole.** You must be tired."	Poyu pulled Shieren to sit down by him. "**Sit down.** You must be tired."
325	还是温存和气	but Poyu **was persistent**	but Poyu **persisted**
326	黑的又太暗	Black **will be**, too somber	black, too somber
327		…Shieren recalled what Madame Wang had said to her the other day and understood. The grandmother was happy to see that Poyu was getting better every day….	…Shieren recalled what Madame Wang had said to her the other day and understood. **Chapter 21** **Shieren's Promotion** The grandmother was happy to see that Poyu was getting better every day….
328	二则他的星宿不利，祭了星，不见外人	the astrologers say the present conjunction of stars is not favorable for his **meeting people outside**	the astrologers say the present conjunction of stars is not favorable for his **seeing visitors**

续表

序号	原文	初译	改译
329		She knew that many of these women had **daughters serving as** maids and had reported to Madame Wang on the cut of their wages	She knew that many of these women had maids and had reported to Madame Wang on the cut of their wages
330	凤姐把袖子挽了几挽,站着那角门的门槛子	Steaming inside, Phoenix **pulled** them by the sleeve to the railing of the corner door	Steaming inside, Phoenix **dragged** them by the sleeve to the railing of the corner door
331	容我入社,扫地焚香我也情愿	When you people have a poetry meeting, I am **even willing** to sweep the floors for you	When you people have a poetry meeting, I am **willing even** to sweep the floors for you
332	贾母忙笑问:"这茶想得很好,且是地方东西都干净。"……凤姐笑道:"鸳鸯丫头越发坏了!我替你当差,倒不领情,还抱怨我,还不快斟一钟酒来我吃呢。"	"I am sure the tea will be good. The place is so neatly arranged," said the grandmother…"Imagine! You should be thanking me for relieving you."	
333	没有顿饭工夫,十二题已全,各自誊出来……解语何妨片语时	After half an hour or so, everybody had finished her composition and made a clean copy…Come and have converse with me for a while!	
334	去年冬天接连下了几天雪……竟是一位清脸红发的瘟神爷	Then she started another. "Last winter, there was a snowfall which continued for several days,…" to Poyu's sorrow, no such temple ever existed	
335	刘姥姥叹道:"一两银子,也没听见个响声儿就没了!"	"There goes one tael of silver and it didn't even make a sound when it **dropped**!" Liu Lowlow sighted	"There goes one tael of silver and it didn't even make a sound when it **hit the ground**!" Liu Lowlow sighted
336	一面说,一面便往东禅堂来	They **had come** to the East Meditation Hall	They **went into** the East Meditation Hall
337	"这是昨日你要的青纱一匹,奶奶另外送你一个实地月白纱做里子。"……平儿说一样,刘姥姥就念一句佛,已经念了几千佛了	There were parcels of gauze and milk materials, …Liu Lowlow exclaimed, "My Buddha!" each time an article was shown her. **The peasant woman had called "Buddha" innumerable times**	Liu Lowlow exclaimed, "My Buddha!" each time an article was shown her. There were parcels of gauze and milk materials, …The peasant woman had called "Buddha" innumerable times

续表

序号	原文	初译	改译
338		Chapter 25 A Wife Can Be Honored Only by Her Husband	Chapter 25 How Amitie was wronged
339	如今连平儿他也不叫我沾一沾了	she does not permit me to have **any contact** with Amitie	she does not permit me to **have anything to do** with Amitie
340	怎么暗地里这么坏	Didn't expect her to be so **heartless**	Didn't expect her to be so **wicked**
341	贾琏又命林之孝将那二百银子入在流年账上	Lien then instructed Mr. Lin to put the sum **on** the current expenses of the family	Lien then instructed Mr. Lin to put the sum **against** the current expenses of the family
342	虽说益气补神	These may help the **circulation spirits** and nervous system	These may help the **circulating humors** and **the** nervous system
343	比如你说了那个，我再不轻放过你的；你竟不介意，反劝我那些话，可知我竟自误了。若不是前日看出来，今日这话，再不对你说	**Remember the other day when I made a joke about your trousseau? I wouldn't have let you off if you had said it about me. I admired you truly then.** I would not be making this confession to you now, if I hadn't felt you wished me well…	I would not be making this confession to you now, if I hadn't felt you wished me well…
344	将来也不过多费得一副嫁妆罢了	The worst will be only to provide a **set of trousseau** for your wedding	The worst will be only to provide a **dowry** for your wedding
345	不想日未落时天就变了，渐渐沥沥下起雨来。秋霖脉脉，阴晴不定，那天渐渐的黄昏，且阴的沉黑，兼着那雨滴竹梢，更觉凄凉	The autumn wind soused through the leaves and the steady, dismal patter of fine mist on the broad bamboo blades intoned an incessant, rasping, **monotone of dreariness**	The autumn wind soused through the leaves and the steady, dismal patter of fine mist on the broad bamboo blades intoned an incessant, **insistent**, rasping, **dripping tune of tear drops, blotting out every other sound**
346	冬天下雪戴	so that **one could wear it** over the winter hat in snow	so that **it could be worn** over the winter hat in snow
347	遂拿起来看了一遍，又不觉叫好	gloating over every line and **expressing** his heartfelt apprecia-tion	gloating over every line and **letting it sink into his memory. He expressed** heartfelt appreciation
348	那里没有找到，姑娘跑了这里来	I have been running all over the place for you	I have been running all over the place **looking** for you

续表

序号	原文	初译	改译
349	我若不得脸败了时	And when I am out of **favor**	And when I am out of **luck**
350		**Chapter 28**	**Chapter 28** **Revelry in Snow**
351	那史湘云极爱说话的，那里禁得香菱又请教他谈诗？越发高兴了	There was nothing that pleased Riverhaze more than to talk poetry	There was nothing that pleased Riverhaze more than **be asked** to talk poetry
352	我已经打发人弄地炕去了	Satin said she had already given orders to **build a fireplace** for charcoal fire in the middle of the floor	Satin said she had already given orders to **make a casement** for charcoal fire in the middle of the floor
353	众人听了，都笑道："了不得，快拿他两个来。"	Everybody was scandalized. "**Oh, my!** We must stop them, **and call them back**," some one said	Everybody was scandalized. "**Isn't it horrible?** We must stop them. Call them back," some one said
354	宝玉忙笑道："没有的事，我们烧着吃呢。"	**Poyu replied,** "No, we are not eating it raw. We have decided to grill it."	"No, we are not eating it raw." **Poyu replied,** "We have decided to grill it."
355	平儿	**Pingel**	Amitie
356	探春	Inquirespring	Trailspring
357		**Chapter 29** **Impetuous but True**	**Chapter 29** **Sunburst Re-weaving the Peacock coat**
358	晴雯道："我是在这里睡的。"	"I will sleep inside where I am," said Sunburst	"I will sleep inside where I am," said Sunburst **lackadaisically**
359		Chapter 30 **Every Maid Has Her Problem**	Chapter 30 **The First Onset**
360	只当是他又受了黛玉的委屈	he had received another rebuff form Taiyu and was sulking **alone here**	he had received another rebuff form Taiyu and was sulking **here alone**
361	太太作什么呢	What is **taitai** doing	What is **madam** doing
362	姑娘还没醒呢	I see that **kuniang** is still asleep	I see that **mistress** is still asleep
363	宝玉忙笑道："谁赌气了！我因为听你说得有理……"	"I wasn't angry with anybody," replied Poyu gently. "**I was only feeling** depressed from what you said a moment ago…."	"I wasn't angry with anybody," replied Poyu gently. "**Only depressed from** what you said a moment ago…."

二十 修改笔记整理表

续表

序号	原文	初译	改译
364	我已经在老太太跟前略露了个风声	I have spoken to **grand taitai**	I have spoken to **grandma'am**
365	晴雯见他呆呆的，一头热汗，满脸紫胀	Sunburst saw **that** sweat **was** pouring over his forehead **and** his face **was** flushed and swollen	Sunburst saw sweat pouring over his forehead**,** his face flushed and swollen
366	又不敢造次去回贾母，先便差人去请李嬷嬷来	**They did not want** to frighten the grand **taitai** without due reason, **and** sent for his nurse Li Mama	**Not wanting** to frighten the grand**ma'am** without due reason, **they** sent for his nurse Li Mama
367	用手向他脉上摸了摸，嘴唇人中上着力掐了两下，掐得指印如许来深	She felt his pulse, and **then with her fingernail pressed** the middle of his upper lip as hard as she could	She felt his pulse, and **dug** her fingernail **into** the middle of his upper lip as hard as she could
368	"这可不中用了！我白操了一世的心了！"	"He is gone! I have brought him up all these years in vain."	"He is gone! I have brought him up all these years in vain. **He is gone!**"
369	黛玉听此言，李妈妈乃久经老妪，说不中用了，可知必不中用	Taiyu **know that** Li Mama was an experienced old woman. **If she** said there was no hope, there was no hope	Taiyu **thought if** an experienced old woman **like Li Mama** said there was no hope, there was no hope
370	只当他得罪了宝玉	thinking that she had **affronted** him	thinking that she had **offended** him
371	纵有人来接，老太太也必不放去的	Even some one comes for her, **the grand taitai will certainly** not let her go	Even **if** some one comes for her, **grandma'am certainly will** not let her go
372	我病的刚刚的这几日才好了，你又来怄我	Please don't fool me. I **have just recovered and** cannot bear it	Please don't fool me. I cannot bear it
373	"我是合家在这里，我若不去，辜负了我们素日的情长；若去，又弃了本家。所以我疑惑，故说出这诓话来问你，谁知你就傻闹起来。"	"…But my family is here, I don't want to leave, and at the same time I feel duty-bound to go with her if she wants me. That's my worry."	"…But my family is here, I don't want to leave, and at the same time I feel duty-bound to go with her if she wants me. That's my worry." **Nightingale's voice was soft and warm, though she had succeeded in putting it very objectively, as if all her worry was about leaving home**
374	今见紫鹃来了，问其原故，已知大愈，仍遣琥珀去服侍贾母	**Seeing Nightingale come back, she sent Amber to go back and serve the grandmother.** She was happy to learn that Poyu was completely well	She was happy to learn that Poyu was completely well. **Seeing Nightingale come back, she sent Amber back to the grandmother**

续表

序号	原文	初译	改译
375		Chapter 31 Yu the Third	Chapter 31 A Funeral Is an Opportunity
376	贾珍	**Jiachen**	**Duke Chen**
377	贾蓉	**Jiayung**	**Yung**
378	贾琏	**Jialien**	**Lien**
379	故不提已往之淫，只取现今之善。便如胶似漆、一心一计、誓同生死	**This point made no difference to Jialien who** was completely enamored of her and pledged his life devotion to her	Lien was completely enamored of her and pledged his life devotion to her
380	三姐儿听了这话，就跳起来，站在炕上	Yu the Third could bear it no longer. She stood up **on the kang and** poured her wrath	Yu the Third could bear it no longer. She stood up and poured her wrath
381	打谅我们不知道你府上的事么	What don't I know about the **rescally** affairs in your family	What don't I know about the **stinking** affairs in your family
382	尤二姐反不好意思起来	Her sister felt **rebuked**	Her sister felt **uncomfortable**
383		Yu the Third killed herself with the sword	Yu the Third killed herself with the sword. **Her corpse was secretly buried, as the family did not wish to report to the police**
384		The followers of **Jialien** were split into two camps. Wanger was **in one of the followers of Phoenix rather than of Jialien**	The followers of **Lien's** court were split into two camps. Wanger was one of the followers of Phoenix rather than of **her husband**
385	"呸！没脸的忘八蛋！他是你那一门子的姨奶奶？"	"**What** your words! Who is your second **aunt nainai**?"	"**Watch** your words! Who is your second **young mistress**?"
386	兴儿道："就在府后头。"		"**On the Flower Branch Alley, just a short distance from us.**"
387	凤姐儿听到这里，点了点头儿	Phoenix nodded **her head** in thought	Phoenix nodded in thought
388	凤姐道："你大奶奶没来么？"	"Didn't **your eldest nainai** (Madame Yu) go with her?"	"Didn't **eldest mistress** (Madame Yu) go with her?"
389	提防你的皮	look out for your **skin**!	look out for your **scalp**!

续表

序号	原文	初译	改译
390	忽然眉头一皱，计上心来	Her brows suddenly puckered with a **brilliant** idea	Her brows suddenly puckered with a **bright** idea
391		Jealousy was a vice in **women** and Phoenix wanted to play the perfect wife, to enjoy the good name **while encompassing the ruin of the woman**	Jealousy was **considered** a vice in **a wife** and Phoenix wanted to play the perfect wife
392	丰儿	Fengel	Fenna
393	如今娶了妹妹作二房，这样正经大事，也是人家大礼，却不曾合我说	have minded at all if he **kept** a woman outside. But he has chosen you who are related to us	**I would not** have minded at all if he **wanted to keep** a woman outside. But **better than that,** he has chosen you who are **already** related to us
394		Chapter **35** **The Victim**	Chapter **33** **And Would Commit Murder**
395	成日在外赌博，不理世业	A **profligate** and a gambler	A **drunk** and a gambler
396	这张华也深知利害，先不敢造次	Changhua thought twice before he would enter a lawsuit against a powerful man like **Jialien**	Changhua thought twice before he would enter a lawsuit against a powerful man like **Lien of the Jia family**
397	便忙将王信唤来	she sent for **Wangsin, a close relative**	she sent for **her brother**
398	贾蓉慌忙来回贾珍	**When Jiayung received** the court summons, **he was greatly excited and** at once consulted his father, **Jiachen**	The court summons **frightened** Yung who at once consulted his father, **Duke Chen**
399	我到了你家，干错了什么不是，你这等害我？或是老太太、太太有了话在你心里，使你们做这个圈套要挤我出去？	What wrong have I done **to** you that you should plot **with grand taitai and taitai to lay a trap for me and** drive me out?	What wrong have I done you that you should plot **to drive me out?**
400	凤姐儿滚到尤氏怀里，号天动地，大放悲声	Phoenix had not done with Madame Yu yet. She rolled into **the lap of Madame Yu,** while she **moaned** as one suffering a great injury	Phoenix had not done with Madame Yu yet. She rolled into **her** lap, while she **bewailed** as one suffering a great injury

续表

序号	原文	初译	改译
401	"……他若说一定要人,少不得我去劝我二姨娘,叫他出来仍嫁他去;若说要钱,我们这里少不得给他。"	"…If he really wants his fiancée back, I will have to go and try to persuade my second aunt to leave your husband and marry him. **If he wants only money, we have simply to satisfy him.**"	"…If he really wants his fiancée back, I will have to go and try to persuade my second aunt to leave your husband and marry him."
402	这有什么不是	I **do not** see **any** reason why you may not	I see **no** reason why you may not
403	你如今既有许多银子,何必定要原人。若只管定执主意,岂不怕他们一怒,寻出一个由头,你死无葬身之地。你有了银子,回家去什么好人寻不出来。你若走呢,还赏你些路费	Partly by offer of money and partly by threat of trouble on **Jialien's** return, **in case Changhua insisted on really marring Miss Yu, Jiayung** persuaded Changhua to accept the money and go away	Partly by offer of money and partly by threat of trouble on **Lien's** return, **Yung** persuaded Changhua to accept the money and go away
404	旺儿领命出来	Wanger outwardly **obeyed**	Wanger outwardly **promised**
405	渐次便不大喜欢,众人见贾母不喜,不免又往上践踏起来	The grandmother became displeased with her, and when the others saw **that the grandmother cooled toward her**, they also began to **behave insolently toward** her. Miss Yu was now in a trap	The grandmother became displeased with her, and when the others saw **it**, they also began to **twit and snub** her. Miss Yu was now in a trap
406	林之孝家的	**Mrs. Linchisiao**	Mrs. Lin
407	邢夫人	**Madame Shing**	**the duchess**
408	贾珍	**Jiachen**	**Duke Chen**
409	平儿见问,因房内无人,便叹道	**Pingel** looked around the room to see nobody was around **and** replied	**Amitie** looked around the room. **Assured that** nobody was around, she replied
410	又受了些闲气	she had had some unpleasantness	she had had some unpleasantness **with the duchess**
411	若都这样记清了还我们,不知要还多少了	there's much more **than that to repay**, when you think of repayment	there's much more **to repay than that**, when you talk of repayment
412	只怕将来有事	Sooner or later he will get into trouble	Sooner or later he will get **us** into trouble

续表

序号	原文	初译	改译
413	东府大爷	The elder master of the Lin Residence	The young duke
414	林之孝答应了，却不动身，坐在椅子上再说闲话	Lin answered "yes", but remained **chatting for a while**	Lin answered "yes", but remained **sitting**
415	三姑娘	**third kuniang (Inquirespring)**	**Miss Trailspring**
416		Chapter 37 The Raid of the Garden	Chapter 35 Poyu Tried to Study
417	见是赵姨娘房内的丫头名唤小鹊的	It was **found that the** maid **was** working for Mistress Jow	It was **a** maid working for Mistress Jow
418	再这样，我拿针戳你们两下子！	Keep your eyes open, or I will **prick** you with a **needle**	Keep your eyes open, or I will **jab** you with a **pin**
419	宝玉听他说得恳切	Poyu was quite touched by her **sincere** appeal…	Poyu was quite touched by her **anxious** appeal…
420	到底穿一件大衣裳才是	You should put on a **coat**	You should put on a **frock or something**
421	别放屁！	Shut up **your trap**!	Shut up!
422	宝玉和我们出去有事，大家亲见的	Poyu and I saw the **shadow** with our own eyes	Poyu and I saw the **dark figure** with our own eyes
423	微月半天	a **crescent** moon cast a pale glow over the sky	a **slither of a** moon cast a pale glow over the sky
424	定睛一看，只见是两个人在那里，见他来了，便想往树丛石后藏躲	**She saw** two persons **there** in the dark, **who** were **now** running to hide themselves	Two persons in the dark were running to hide themselves
425	傻大姐	**Silliliah**	**Wacky**
426	我看不上这浪样儿！谁许你这样花红柳绿的妆扮！	I can't stand the sight of your dress and hair and **abandoned** ways. Who gave you permission to dress like that?	I can't stand the sight of your dress and hair and **your coquettish** ways. Who gave you permission to dress like that?
427	只怕这样的还有	**I am afraid there are** others like her	**There may be** others like her
428		Chapter 37 The Misfortune of Being Born Pretty	Chapter 37 Sunburst's Dismissal and Death

续表

序号	原文	初译	改译
429	王夫人在屋里坐着，一脸怒色，见宝玉也不理	His mother was sitting in the room, **anger on** her face, not even giving him a look	His mother was sitting in the room, her face **solemn**, not even giving him a look
430	晴雯四五日水米不曾沾牙，如今现在炕上拉下来，蓬头垢面，两个女人搀架起来去了	**Sunburst had not eaten for several days.** Ill as she was, **she** was dragged out of bed, her hair disheveled, **she was ignoniously** shoved out of the room by two women	**A heartbreaking scene met his eyes.** Ill **with fever** as she was, **Sunburst was being** dragged out of bed, her hair disheveled**, and ignominiously** shoved out of the room by two women
431	王夫人吩咐把他贴身的衣服撂出去，余者留下给好的丫头们穿	Madame Wang ordered her to be taken with the dress she had on, but the rest of her things were to be kept and be given away to the other maid servants	**Sunburst knew her end had come. Protest was of no avail. Dumbly she allowed herself to be carried away.** Madame Wang ordered her to be taken away with the dress she had on, but the rest of her things were to be kept and be given away to the other maid servants
432	这个四儿见王夫人说着他素日和宝玉的私语，不禁红了脸，低头垂泪	**Number Four** was surprised **and distressed** that her words, said in private, should have been reported	**Honeybush** was surprised that her words, said in private, should have been reported
433	像我们这粗笨笨的倒好	She likes better **plain and** more **ungainly** people like us	She likes better more **homely** people like us
434	那晴雯是个什么东西？就费这样心思，比出这些正经人来	Who is Sunburst anyway? Is she worth being compared to **the ancient greats**?	Who is Sunburst anyway? Is she worth being compared to **Con-fucius**?
435	宝玉听说，忙掩他的嘴，劝道："这是何苦？一个未清，你又这样起来。罢了，再别提这事，弄得去了三个，又饶上一个。"	Poyu quickly covered her mouth with his hand. "Enough! **We are making matters worse.** Three of them are gone, and **I don't want to raise another question.**"	Poyu quickly covered her mouth with his hand. "Enough! **I can't stand it.** Three of them are gone, and **you—no! ...**"
436	当下晴雯又因着了风，又受了哥嫂的歹话，病上加病，嗽了一日，才朦胧睡了	She had lain drowsy with fever the whole day, interrupted by violent coughs, and now had fallen asleep, **from exhaustion**	She had lain drowsy with **a burning** fever the whole day, interrupted by violent coughs, and now had fallen asleep, **without food or drink**
437	宝玉听说，忙拭泪问："茶在那里？"	**Poyu wiped his eyes and asked,** "Where is the tea?"	"Where is the tea?"

续表

序号	原文	初译	改译
438	如得了甘露一般	as if it were the most **precious** liquid	as if it were the most **delicious** liquid
439	气往上咽，便说不出来	Her voice choked **and she did not finish** her sentence	Her voice choked, her sentence **unfinished**
440	那柳五儿道："妈，你快叫住宝二爷不用忙……"	"Mother, stop him," cried **Number Five**	"Mother, stop him," cried **Rosemary**
441		Chapter 38 **The High-Strung String Snaps**	Chapter 38 **Pocia Left the Garden**
442	一月之后，方才渐渐的痊愈	The illness lasted over a month and after he had recovered	**He seemed to have gone to pieces, sick and broken in spirit over his first great sorrow.** The illness lasted over a month and after he had recovered
443	暂同这些丫鬟们厮闹释闷	he **joked and played** with his maids	he **sought diversion** with his maids
444	明月清风，天空地静	in the **clear** moonight	in the **still moonlit** night
445	只听桂花阴里发出一缕笛音来，果然比先越发凄凉，大家也寂然而坐。夜静月明	The flute melody sounded **very sad indeed** in the deep quite night	The flute melody sounded **so poignant, so touchingly sad,** in the deep quite night
446	我想薛妹子此去必为着前夜搜检众丫头原故，他自然为信不及园里的人，他又是亲戚，现也有丫头老婆在内，我们不好去搜检了。恐我们疑他，所以多了这个心，自己回避了。也是应该避嫌疑的	Phoenix essayed the opinion that Pocia had left on account of the raid of the maids' rooms, or perhaps she thought the poetic, sprawling garden, was not exactly the right kind of place for a grownup girl like her to live in	Phoenix essayed the opinion that Pocia had left on account of the raid of the maids' rooms, or perhaps she thought the poetic, sprawling garden, **leading easily to sentimentality,** was not exactly the right kind of place for a grownup girl like her to live in
447	夫人点头道："我也无可回答，只好随你的便罢了。"		"I don't know what to say," replied Madame Wang. "Well, do as you think best."
448	姑娘	**Kuniang**	**Mistress**
449		**Poyu came back from school** early that day, **the teacher being sick**	**Poyu had been out since** early that day. **He had not been able to see Taiyu the last few days**

续表

序号	原文	初译	改译
450	袭人道："往那里去，这样忙法？就放了学，依我说，也该养养神儿了。"宝玉站住脚，低了头说道："你的话也是，但是好容易放一天学，还不散散去。你也该可怜我些儿了。"袭人见说的可怜，笑道："由爷去罢。"	"Where are you going?" Shieren asked. "I seldom have a holiday. Have pity on me." "All right." Shieren had pity on the poor young man	
451	只见静悄悄寂无人声	Silence reigned in the place when he arrived	The place was completely still when he arrived
452	宝玉道："怎么样？"妙玉道："日后自知，你也不必多说。"	"You will know later."	Poyu asked what she meant. "You will know later."
453	妙玉仔细瞧了一瞧道："原来是你！"便抱住那女尼呜呜咽咽的哭起来，说道："你是我的妈呀，你不救我，我不得活了！"	Jasper looked at her for a **moment** and said, "Oh, it is you." She fell and embraced the woman and began to sob. **"You are my mother.** Save me, or I am going to die!" she cried between her tears	Jasper looked at her for a **minute** and said, "Oh, it is you! **You are my mother."** She fell and embraced the woman and began to sob. "Save me, or I am going to die!" **She had completely broken down, and was crying pitifully**
454		because he had realized that he was his only son and his wife was getting old **in years**	because he had realized that he was his only son **by his wife** and his wife was getting old（指贾政）
455	黛玉道："别处呢？"	"And the others?"	"And the others?"—**meaning Pocia in mind**
456	肚子里原没有什么，东拉西扯，弄的牛鬼蛇神，还自以为博奥	the rest just **put in** old womanish **chatter** and call themselves scholars!	the rest just **pack in rehashed** old womanish **twaddle** and call themselves scholars!
457	如有丫鬟们再敢和你玩笑	If any maid dares joke or **both** with you	If any maid dares joke or **flirt** with you
458	袭人忙爬起来按住，把手去他头上一摸，觉得微微有些发烧	Shieren put the bedding back, and felt his fore-head, **with her palm. It was hot**	Shieren put the bedding back, and felt his fore-head, **while was burning hot**

续表

序号	原文	初译	改译
459	晚间放学时，宝玉便往代儒托病告假一天。代儒本来上年纪的人，也不过伴着几个孩子解闷儿，时常也八病九痛的，乐得去一个少操一日心。况且明知贾政事忙，贾母溺爱，便点点头儿。宝玉一径回来……	That afternoon, as he left school, he told the teacher that he was unwell and asked for a day's leave. **Jia Taiju was all too glad to comply, being himself advanced in years and suffering from sundry ail-ments. He would not think of denying leave to the grand-mother's darling. Poyu** returned after school…	That afternoon, as he left school, he told the teacher that he was unwell and asked for a day's leave. **He** returned after school…
460	倒也不但是娇嫩物儿	I don't mean **alone** the **rare** fabric	I don't mean **just** the **delicate** fabric
461	叹了一口气	He **heaved** a sigh…	He **blew** a sigh…
462	麝月连忙递过来，让他自己包好，回头却和袭人挤着眼儿笑	**Musk** handed the scarf to him **and winking at Shieren**, let him do it himself	**Moonbalm** handed the scarf to him **and** let him do it himself, **winking at Shieren**
463	"这是姐姐要的么？"袭人笑道："昨夜二爷没吃饭，又翻腾了一夜，想来今儿早起心里必是发空的，所以我告诉小丫头们叫厨房里作了这个来的。"	"Is this what you ordered?" **"I ordered it for second master,"** replied Shieren. "I thought he needed it. He didn't sleep properly the whole night."	"Is this what you ordered?" **"Yes, I** thought he needed it. He didn't sleep properly the whole night."
464	宝玉道："就拿了来罢，不必累赘了。"	"All right. All right," replied Poyu **grouchily**	"All right. All right," replied Poyu **impatiently**
465	我们姑娘	Our **kuniang**	our **young mistress**
466	只是觑着眼瞧黛玉	she **cast a steady look at** Taiyu…	she **studied** Taiyu…
467	姑娘，姑娘	**Kuniang! Kuniang!**	**Damsel! Damsel!**
468	侍书	**Readingmaid**	**Brushmaid**
469	黛玉也不动，单等他出去，他就仍然退下	Taiyu **was** perfectly still. After the maid was gone, she **threw** off the beddings again	Taiyu **lay** perfectly still. After the maid was gone, she **kicked** off the beddings again
470	侍书尚未出去，因连忙过来问候	**Readingmaid** hastened **to come close and ask about her**	**Brushmaid** hastened **forward**
471	黛玉睁眼看了	Taiyu opened her eyes to **direct** a glance at her	Taiyu opened her eyes to **focus** a glance at her

续表

序号	原文	初译	改译
472	姑娘也不至这样	It does not seem too **critical**	It does not seem too **bad**
473	红小妖儿	red **inner** jacket	red **quilted under** jacket
474	问道："你上去，看见姨妈没有？"宝玉道："见过了。"	"Did you see Aunt?" she asked. Thinner from her illness, she was now her confident self. "I did."	"Did you see Aunt?" she asked. Thinner from her illness, she was now her confident self, **believing fully that, as Brushmaid had said, the grandmother had selected her to marry Poyu.** "I did," **answered Poyu**
475	你的心灵比我竟强远了	**Your intelligence is higher than mine**	**You have a better head**
476	黛玉道："敢是找袭人姐姐去？"	"You saw Shieren?" Taiyu asked **spontaneously**	"You saw Shieren?" Taiyu asked **instinctiveing**
477	若是不好，我一个人当去	if it is a portent for evil, I shall **take** the brunt	if it is a portent for evil, I shall **bear** the brunt
478	贾环、贾兰	**Jiahuan, Lanel**	**Huan, Lanny**
479	吓得袭人满身冷汗	Cold sweat poured out **in** her **with dismay**	Cold sweat poured out **over** her
480	问出来，也不回上头，不论把什么送他换了出来，都使得的	just anything without **permission from** the mistresses and get it back	just anything without **prior approval of** the mistresses and get it back
481	这里说这个，你且说那些没要紧的话！	Shut up! Don't meddle when we are discussing **something** important	Shut up! Don't meddle when we are discussing important **matter**
482	谁的手不稳，谁的心促狭	which one is petty or dishonest, **and** likely to do such a thing	which one is petty or dishonest, **or** likely to do such a thing
483	大家那就不用过安静日子了！	Then goodbye to peace **to** this home!	Then goodbye to peace **in** this home!
484	说着，便叫凤姐儿跟到邢夫人那边，商议踩缉不提	While Madame Wang went back to discuss plans for recovering the jade **with Phoenix and Madame Shing**	While Madame Wang went back **with Phoenix and the duchess** to discuss plans for recovering the jade
485	好姑娘	Good **young mistress**	Good **damsel**
486	沙盘乩架	the tray of sand and the **casters and** suspended pen	the tray of sand and the **framework with a** suspended pen

二十　修改笔记整理表

续表

序号	原文	初译	改译
487	只是怔怔的，不言不语，没心没绪的	looked listless, **coldly unemotional** and silent	looked listless, **apathetic** and silent
488	四肢厥冷	Her **limbs were cold**	her **pulse was very weak**
489	独有宝玉原是无职之人	he did not have to **attend** the funeral	he did not have to **be present at** the funeral
490	说话也糊涂了	even his talk was disjointed, **and did not quite make sense**	even his talk was disjointed, **rambling, incoherent**
491	袭人看这光景，不像是有气，竟像是有病的	Observing that he was mentally sick, rather than just being in a **bad** mood	Observing that he was mentally sick, rather than just being in a **despondent** mood
492	如今看他失魂落魄的样子	but **a rather** docile blank-minded **imbecile**	but rather **like a** docile blank-minded **idiot**
493	你们忒不懂事了！	You **people are really stupid**.	You **fools**.
494	我与他说	I **am going** to him	I **will** speak to him
495	王夫人见了这般光景，未免落泪	The sight of his helplessness forced tears into his mother's eyes, **but she restrained herself in the grandmother's presence**	The sight of his helplessness forced tears into his mother's eyes
496	晶莹美玉	a piece of jade with a **glowing** luster	a piece of jade with a **bright** luster
497	"既不是，快拿来给我问问他去。人家这样事，他敢来鬼混！"	"If that is the case, give it to me. I **am going to** ask that imposter how he dares to **make** light of such a serious matter **and try to put it over us**."	"If that is the case, give it to me. I **will** ask that imposter how he dares to **swindle us, making** light of such a serious matter."
498	如今白白的花了钱弄了这个东西	He must have spent quite **some money** to have this made	He must have spent quite **a sum** to have this made
499	那人赶忙叩了两个头，抱头鼠窜而去	The man kowtowed on the **grand** and **at once** made his escape	The man kowtowed on the **ground** and **quickly** made his escape
500	又加贾琏打听明白了来说道	Lien **later came** and told her…	Lien **came later** and told her…
501	误用了药，一剂就死了	He took **a dose of** wrong prescription and just passed away	He took **some** wrong prescription and just passed away

续表

序号	原文	初译	改译
502	看见王夫人带着病也在那里	He noticed that his wife was there, in spite of her illness	His wife was there, in spite of her illness
503	只为宝玉不上进	because he is wrong-headed and does not strive to **go forward** the way a good young man should	because he is wrong-headed and does not strive to **get ahead** the way a good young man should
504	因老太太不叫他见我	You did not permit me to see him	You did not permit me to **come in and** see him
505		Poyu was his only son	Poyu was his only son **by his wife**
506	倘或这孩子果然不好，一则年老无嗣	If something should happen to this boy, **he would be left without progeny**	If something should happen to this boy
507	只可越些礼办了才好	An emergency measure, brushing aside the usual **restrictions**, was clearly called for	An emergency measure, brushing aside the usual **rules**, was clearly called for
508	况且那年夏天在园里把我当作林姑娘，说了好些私心话	particularly that summer day when, **making herself for Lin Taiyu, he** made a real confession of love	particularly that summer day when, **in a trance**, he made a real confession of love
509	却见一个浓眉大眼的丫头	she saw a maid with big, **frank** eyes **and** heavy brows	she saw a maid with big, **open** eyes, heavy brows **and a squat face**
510	我叫傻大姐儿	"They call me **Silliliah**." The name, meaning **Miss** Silly	"They call me **Wacky**." The name, meaning Silly **Sister**
511	紫鹃见他心里迷惑	Nightingale saw her talking **in a daze**	Nightingale saw her talking **out of her mind**
512	只管对着脸傻笑起来	the two stared at each other silently **in a happy smile** like two **silly young lovers**	the two stared at each other silently **and beatifically**, like two **possessed of the devil**
513	忽然听着黛玉说道："宝玉，你为什么病了？"宝玉笑道："我为林姑娘病了。"	After a while, Taiyu said, "Poyu, why are you **ill**?" "I am **ill because of** Lin meimei," Poyu replied with a smile	After a while, Taiyu said, "Poyu, why are you **sick**?" "I am **sick for you**, Lin meimei," Poyu replied with a smile
514	也断不透他是明白是糊涂	It was difficult to tell whether he was sanely delighted	It was difficult to tell whether he was sanely **and soberly** delighted

续表

序号	原文	初译	改译
515	老爷说你好了才给你娶林妹妹呢	Senior master says he will let you marry Lin meimei if you behave **normally**	Senior master says he will let you marry Lin meimei if you behave, **like a normal person**
516	二则也给宝兄弟冲冲喜,借大妹妹的金锁压压邪气,只怕就好了	Grandma'am hopes that Miss Po's gold locket may be **instrumental in counteracting** the evil **forces again him** and **curing his illness**	Grandma'am hopes that Miss Po's gold locket may be **helpful against** the evil **spirits** and **cure him**
517	宝玉认以为真	Poyu now believed he was **engaged to** Taiyu	Poyu now believed he was **about to marry** Taiyu
518	紫鹃等去看,只有一息奄奄,明知劝不过来	Nightingale saw that it wouldn't be long now, and **realized that** it was futile to keep up the farce	Nightingale saw that it wouldn't be long now, and it was futile to keep up the farce
519	鸳鸯测度贾母近日比前疼黛玉的心差了些	but Jay, feeling that the grandmother had **grown cool** toward Taiyu	but Jay, feeling that the grandmother had **cooled** toward Taiyu
520	下身自觉硌的疼	**Her lower** body seemed to go to pieces with pain	**The lower part of her** body seemed to go to pieces with pain
521	紫鹃这才明白过来要那块题诗的旧帕	Nightingale knew now she wanted the old handkerchief which Poyu had given her on the night of his flogging, on which she had written three poems	Nightingale knew now she wanted the old handkerchief which Poyu had given her on the night of his flogging, on which she had written three poems. **It was the most personal gift Poyu had given her**
522	看见墨雨飞跑,紫鹃便叫住他	she saw a maid, Moyu, and **said** to her	she saw a maid, Moyu, and **called** to her
523	更兼他那容貌才情,真是寰二少双,惟有青女素娥可以仿佛一二。竟这样小小的年纪,就作了北邙乡女	Taiyu **was** so young and pretty and cleverer than the rest, now like a young blossom broken by a storm	Taiyu, so young and pretty and cleverer than the rest, **was** now like a young blossom broken by a storm
524	自己也不好过潇湘馆来	She had kept aloof on this account	She had kept aloof on this account. **It was the grandmother's wish and no one could interfere. The doting grandmother could think only of Poyu, and of nobody else**
525	口口声声只要找林姑娘去	he **cried repeatedly**. "I will ask her, **talk to her**. I must see her!"	he **spouted like a whale**. "I will ask her, **tell her all this**. I must see her!"

续表

序号	原文	初译	改译
526	宝玉便昏沉睡去	he fell **soundly** asleep	he fell asleep **like a piece of wood**
527	只听得远远一阵音乐之声	Soon the faint sound of orchestral music was heard in the air	Soon the faint sound of **an unearthly** orchestral music was heard in the air
528	"你替我告诉他的阴灵，并不是我忍心不来送你，只为有个亲疏。你是我的外孙女儿，是亲的了；若与宝玉比起来，可是宝玉比你更亲些。"	"You tell her soul (during the wailing) that I do want to come. But **you are** my external grandchild, and Poyu is internal grandchild…."	"You tell her soul (during the wailing) that I do want to come. But **she is** my external grandchild, and Poyu is internal grandchild…."
529	那时宝钗尚未回九，所以每每见了人，倒有些含羞之意	As a bride, **before the hweichiu**, Pocia was bashful	As a bride, Pocia was bashful
530	横竖林妹妹也是要死的，我如今也不能保。两处两个病人，都要死的。死了越发难张罗，不如腾一处空房子，趁早将我同林妹妹两个抬在那里	I know Lin meimei is not going to live through this, sooner or later she will die, and **I am not at all sure I can pull through. It is easier for** you people if we die together	I know Lin meimei is not going to live through this, sooner or later she will die, and **it is easier for** you people if we die together
531	心中正自恍惚，只见眼前好像有人走来	**He saw in a vision** a man approaching	**In a vision he saw** a man approaching
532	见案上红灯，窗前皓月，依然锦绣丛中，繁华世界。定神一想，原来竟是一场大梦	The lamp, the desk, the moon before his window were there as before, and he realized he was thrown back into the stream of life in **a world of material comforts and pleasures of the senses. He steadied himself and felt that** this life was a big dream	The lamp, the desk, the moon before his window were there as before, and he realized he was thrown back into the stream of life in **the illusory** world of material comforts and **sensuous luxury. He steadied himself.** This life was a big dream, **he saw clearly**
533	仔细一想，真正无可奈何，不过长叹数声而已	He thought carefully over what he had seen and heard in the dream, and **realized that he was caught helplessly in the stream of life. He** made no sound except drawing a few deep sighs	He thought carefully over what he had seen and heard in the dream, and made no sound except drawing a few deep sighs

二十 修改笔记整理表

续表

序号	原文	初译	改译
534	一来酬愿，二则咱们吃杯喜酒，也不枉我老人家操了好些心	We must reward ourselves for the trouble	We must reward ourselves for the trouble **and celebrate**
535		Chapter **52** **All is in the Hands of the Gods**	Chapter **51** **Fore shadows**
536	原是学差	He had been sent out on a job supervising the competitive examinations to recruit the best scholars of the land for civil service	He had been **preciously** sent out on a job supervising the competitive examinations to recruit the best scholars of the land for civil service
537	出示严禁	Consequently, the more drastic warnings were given against irregularities, the readier, it was assumed, was the new commissioner for some smooth and underhand approach, **not openly, but** through his underlings and influential friends	Consequently, the more drastic warnings were given against irregularities, **the more opportunities for graft** and the readier, it was assumed, was the new commissioner for some smooth and underhand approach, through his underlings and influential friends
538	那些长随怨声载道而去。只剩下些家人	Some of them had already quit in despair, while **some** remained	Some of them had already quit in despair, while **others** remained
539	李十儿道："老爷最圣明的……"	"You understand, **senior master**…."	"You understand, **sir**…."
540	贾政道："据你一说，是叫我做贪官么？送了命还不要紧，必定将祖父的功勋抹了才是？"	"So you want me to break the law and **receive** bribes and disgrace my ancestors."	"So you want me to break the law and **take** bribes and disgrace my ancestors."
541	不过认个承审不实	At most, the local officials will be dismissed for **misconduct**	At most, the local officials will be dismissed for **misjudgment**
542		It was unexpected	It was **so** unexpected
543	偏偏娶的嫂子又是一个不安静的，所以哥哥躲出门的	**It was** unfortunate that he should have such an unhappy marriage which drove him away from home again	**True, it was most unfortunate** that he should have such an unhappy marriage which drove him away from home again
544	只好拿南边公分里银子并住房折变才够	I was counting on the sale of our part of the common Shuay property **in the** south to pay for the fine	I was counting on the sale of our part of the common Shuay property **down** south to pay for the fine

续表

序号	原文	初译	改译
545	虽黛玉之柩已寄放城外庵中，然而潇湘馆依然人亡屋在，不免勾起旧病来	Her coffin was now lying at a temple in the suburb, still the sight of **the** sweetheart's house could not but **upset** his always precarious mental equilibrium	Her coffin was now lying at a temple in the suburb, still the sight of **his** sweetheart's house could not but **affect** his always precarious mental equilibrium
546	薛宝琴已回到薛姨妈那边去了，史湘云因史侯回京，也接了家去了	**Pochin had returned to her Shuay home and** Riverhaze had gone home since the return of her uncle, Marquis Shih, to the capital	**Times had changed.** Riverhaze had gone home since the return of her uncle, Marquis Shih, to the capital
547	那邢岫烟却是因迎春出嫁之后，便随着邢夫人过去	Smokyridge had moved out to live with her aunt, **Madame Shing**, ever since Greetspring's marriage	**Pochin was living with Aunt Shuay;** Smokyridge had moved out to live with her aunt, **the duchess**, ever since Greetspring's marriage
548	亦不过到太太们与姊妹们处请安问好，即回到李纨那里略住一两天就去了	they usually **sat for a while** to pay respects to the grandmother and then crossed over to stay with Satin	they usually **went** to pay respects to the grandmother, and **sat for a while,** then crossed over to stay with Satin
549	现今天气一天热似一天，园里尚可住得，等到秋天再搬	the weather was getting warmer every day. They would stay on until the summer was over, **and** it was cooler in the garden	the weather was getting warmer every day. They would stay on until the summer was over, **as** it was cooler in the garden
550	忽又想起那年唱戏做的嫦娥，飘飘艳艳，何等风致	He remembered **how exquisite, how beautiful** the goddess of the moon looked on the stage	He remembered **how beautiful, how exquisite** the goddess of the moon looked on the stage
551	宝玉道："我所以央你去说明白了才好。"	"That's why I am begging you to explain to her first and make better disposed toward me."	"That's why I am begging you to explain to her first and make **her** better disposed toward me."
552	你说我并不是负心，我如今叫你们弄成了一个负心人了！	You know I am not faithless to her, but you people managed the whole farce to make me appear **like one**	You know I am not faithless to her, but you people managed the whole farce to make me appear **so**
553	都是老太太他们捉弄的。好端端把一个林妹妹弄死了	It's all grandmother's **ruse**, a **ruse** which sent her to death	It's all grandmother's **trick**, a **trick** which sent her to **her** death
554	他好的时候，我不去，他怎么说？	What did she say when I didn't go to see her while she was **well**?	What did she say when I didn't go to see her while she was **ill**?

二十 修改笔记整理表

续表

序号	原文	初译	改译
555	紫鹃停了一会儿，说道	After a **pause**, the girl said	After a **few second's silence**, the girl said
556	说到这里，那声儿便哽咽起来，说着又擤鼻涕	Hard as her words were, she broke down in tears	Hard as her words were, she broke down in tears. **The effort cost her a great deal**
557		She saw the passion and the disappointment in this love affair more closely than anybody else, and felt it more	She saw the passion and the disappointment in this love affair more closely than anybody else, and felt it more. **She herself cared**（指紫鹃）
558	老婆子们必要进去，看见我们姑娘这样冷天还穿着几件旧衣裳	The other day, a woman servant went to see her and saw her dressed in old, **shabby** clothes	The other day, a woman servant went to see her and saw her dressed in old, **sloppy** clothes
559	你二嫂子和我说，我想也没要紧，不便驳他的回	It was her idea. I didn't want to contradict **it**	It was her idea. I didn't want to contradict **her**
560	后来贾妃薨后	especially since the **prince** consort's death	especially since the **imperial** consort's death
561	尤氏	Madame Yu	Madame Yu, **the young duchess**
562	果然贾珍也病……贾珍方好，贾蓉等相继而病	Then **Jiachen**, too, fell ill, and later **Jiayung**	Then **Duke Chen**, too, fell ill, and later **Yung**
563	如此接连数月，闹得两府俱怕	This went on for several months, **and created** an atmosphere of haunting dread in the place	This went on for several months, **creating** an atmosphere of haunting dread in the place
564	贾赦还强着前走，跟的人都探头缩脑	Calmly he proceeded, while his followers looked right and left, ready to see some monster poke its head through the **branches**	Calmly he proceeded, while his followers looked right and left, ready to see some monster poke its head through the **bushes**
565	只是用人不当	The trouble is he employed a bunch of scoundrels…	The trouble is **that** he employed a bunch of scoundrels…
566	看见他带着满头的汗，众人迎上去接着，问："有什么旨意？"贾政吐舌道："吓死人，吓死人！……"	He came out with big sweat on his forehead. "I **am** frightened to death!" He told his anxious colleagues	He came out with big **drops of** sweat on his forehead. "I **was** frightened to death!" He told his anxious colleagues

续表

序号	原文	初译	改译
567	见他仰着脸不大理人	Then he was silent, turning a grim face, looking straight as if he was waiting for **something**	Then he was silent, turning a grim face, looking straight as if he was waiting for **someone**
568	贾政等知事不好	**Jiajeng knew** some disaster had come to his door	Some disaster had come to his door, **Jiajeng knew**
569	不多一回,只见进来无数番役,各门把守,本宅上下人等一步不能乱走	Now the crowd of soldiers pushed and jostled and stood guard at the exits and entrances, permitting no one to pass	Now the crowd of soldiers pushed and jostled and stood guard at the exits and entrances, permitting no one to pass **after the guests had left**
570	东跨房抄出两箱房地契文,一箱借票,都是违例取利的	"I have found two cases of deeds for lands, and one case of receipts for loans with usurious interests, in **violation** of the law."	"I have found two cases of deeds for lands, and one case of receipts for loans with usurious interests, in **contravention** of the law."
571	不然这里很吃大亏	Otherwise I can't imagine what would **happen** to this place	Otherwise I can't imagine what would **have happened** to this place
572	北静王把手一伸,说:"请放心。"	Prince Peitsing took Jiajeng's hand and said to him, "Don't worry."	Prince Peitsing took Jiajeng's hand and said to him **quietly**, "Don't worry."
573	此时贾政魂魄方定,犹是发怔。贾兰便说:"请爷爷进内瞧老太太,再想法儿打听东府里的事。"	Jiajeng stood stunned looking at their vanishing backs until **Lanel** came. **He** reminded him to go in and see the grandmother, and later **find out** what had happened to the Ling Residence	Jiajeng stood stunned looking at their vanishing backs until **Lanny** came. **The young man** reminded him to go in and see the grandmother, and **find out later** what had happened to the Ling Residence
574	不想这里也是那么着	Didn't expect it **was** just as bad on this side!	Didn't expect it **would be** just as bad on this side!
575	"就有好亲,在火头上也不便送信,是你就好通信了。"	"You go and find out news from the government, **because as a more** distant relative, you can more conveniently do so."	"You go and find out news from the government. **As a** distant relative, you can more conveniently do so."
576	但听得说,李御史今朝参奏平安州奉承京官,迎合上司,虐害百姓,好几大款	but I heard Censor Li has taken up the case of the magistrate of Pinganchow, charged with consorting with officials at the capital, and extorting large sums of money from the people **in league with their superiors**	but I heard Censor Li has taken up the case of the magistrate of Pinganchow, charged with consorting with officials at the capital, and **in league with their superiors**, extorting large sums of money from the people

续表

序号	原文	初译	改译
577	那参的京官就是赦老爷	The official the magistrate consorted with is elder **senior master** (Jiashey)	The official the magistrate consorted with is elder **uncle** (Jiashey)
578	可恨那些贵本家便在路上说：祖宗挣下的世职，弄出事来了，不知道飞到那个头上，大家也好施威	The worst I hear is that some of your own Jia people are rejoicing and **hoping and wondering** who will be the lucky one to pick up the hereditary title	The worst I hear is that some of your own Jia people are rejoicing and **speculating** who will be the lucky one to pick up the hereditary title
579	我们王爷同西平郡王进内覆奏	His Royal Highness went in **to report** with Prince Siping	His Royal Highness went in with Prince Siping **to report**
580	贾政听毕，即起身叩谢天恩	Jiajeng **at once** stood up and expressed his gratitude for His Majesty's kindness	Jiajeng stood up and expressed his gratitude for His Majesty's kindness
581	及想起历年积聚的东西并凤姐的体己	He was lucky to be set free, but could not help **thinking and** regretting that the private savings between him and Phoenix	He was lucky to be set free, but could not help regretting that the private savings between him and Phoenix
582	众人都冷笑道："人说令亲孙绍祖混帐，真有些。……"	**Reluctantly,** the others remarked, "What a rascal!"	The others remarked, "What a rascal!"
583	只怕大老爷和珍大爷吃不住	I am afraid it will be hard going for elder senior and for Master Chen	I am afraid it will be hard going for elder senior and for **Elder** Master Chen
584	贾政又在同寅相好处托情	**covering** also a few friends in the government **who were also asked** to use their influence on his behalf	**asking** also a few friends in the government to use their influence on his behalf
585	只剩得他们婆媳两个	Poor Madame Yu and her daughter-in-law, Yung's wife	Poor Madame Yu and her daughter-in-law, Yung's **second** wife
586	皆由我一人罪孽，不教儿孙	I am to blame for failing to bring them up **properly** and guide them **into the proper channels**	I am to blame for failing to bring them up and guide them **properly**
587	众姐妹风流云散	the **young** gifted cousins who had married and gone away	the **pretty** gifted cousins who had married and gone away
588	并未干涉官事	but it had nothing to do with interference in public affairs	but it had **apparently** nothing to do with interference in public affairs

· 595 ·

续表

序号	原文	初译	改译
589	然系玩物，究非强索良民之物可比	but it concerned a matter of curios, rather than the more serious **crime of depriving** a poor man of livelihood	but it concerned a matter of curios, rather than the more serious **matter of depriving** a poor man of **his** livelihood
590	身系世袭职员，罔知法纪，私埋人命，本应重治	**Jiachen** should be severely punished according to the law **for secret burial**	**Duke Chen** should be severely punished **for secret burial,** according to the law
591	咱们竟一两年就不能支了	We'll be finished in a couple of years anyway	we **should** be finished in a couple of years anyway
592	又一齐大哭起来	It was an occasion for some more **communal weeping and crying**	It was an occasion for some more **sniffling and blowing of noses**
593	四丫头将来的亲事，还是我的事	I will be responsible for the fourth daughter's **wedding expenses**	I will be responsible for the fourth daughter's **dowry**
594	这是你祖父留下的衣服，还有我少年穿的衣服首饰，如今我用不着	There are jewels and clothing I used to wear in my youth. They are family heirlooms. I don't **use** them now	There are jewels and clothing I used to wear in my youth. They are family heirlooms. I don't **wear** them now
595	该卖的卖，该留的留	Sell them or keep them as **it may seem desirable**	Sell them or keep them as **he deems fit**
596	你们别打量我是享得富贵受不得贫穷的人哪	Don't get the idea that I am used to wealth and luxury and cannot stand **hardship and reversal** of fortune	Don't get the idea that I am used to wealth and luxury and cannot stand **hardships or reversals** of fortune
597	如今借此正好收敛，守住这个门头	This gives us a good chance to cut down the scale and try to stand on **a solid foothold**	This gives us a good chance to cut down the scale and try to stand on solid **ground**
598	无一日不指望你们比祖宗还强，能够守住也就罢了	I never hoped that you my children would do better than our ancestors, but be able merely to carry on	I never hoped that you my children would do better than our ancestors, but **would** be able merely to carry on
599	说着，悲咽	Her **voice choked**	Her **throat caught at the end**
600	凤姐本是贪得无厌的人	Phoenix was by nature greedy, **and** was pleased to see the things opened before her	Phoenix, **who** was by nature greedy, was pleased to see the things opened before her
601	我情愿自己当个粗使丫头	I shall be **willing** to scrub floors for you	I shall be **glad** to scrub floors for you

二十 修改笔记整理表

续表

序号	原文	初译	改译
602		**Chapter 56** **Love Feeds on Itself**	
603	那些人在那里要喜钱	You can't **deny** us tips for announcing such a happy event	You can't **begrudge** us tips for announcing such a happy event
604	这是千载难逢的,怎么不给喜钱	Why, this is such a rare honor. To be **given the title of** a duke. It does not happen every day!	Why, this is such a rare honor. To be **conferred** a duke-**ship**. It does not happen every day!
605	到底将赏还府第园子备折奏请入官	prepared a memorandum, offering to surrender the garden property, originally a gift by **His Magesty**	prepared a memorandum, offering to surrender the garden property, originally a gift by **the preceding sovereign**
606	府内家人几个有钱的,怕贾琏缠扰,都装穷躲事	Some of the employees, who had fattened on their jobs and were quite well-t-do, **now were** afraid of **Jialien** approaching them for loans	Some of the employees, who had fattened on their jobs and were quite well-t-do, **were now** afraid of **Lien** approaching them for loans
607	连模样儿都改了,说话也不伶俐了	I see something in her look, quieter, not her former **buoyant** self	I see something in her look, quieter, not her former **effervescent** self
608	大凡一个人有也罢没也罢,总要受得富贵、耐得贫贱才好	A man should learn to take **adversities and reversals of fortune,** as well as wealth and success	A man should learn to take **the hard blows,** as well as wealth and success
609	你宝姐姐生来是个大方的人	She is solid inside, **and** never loses her calm **now**	She is solid inside, never loses her calm **despite everything**
610	叫鸳鸯拿出一百银子来交给头儿,叫他明日起预备两天的酒饭	I will take out one hundred dollars and throw a real party for Pocia. **We will have a two day celebration**	I will take out one hundred dollars and throw a real party for Pocia **for two days**
611	凤姐虽勉强说了几句有兴的话,终不似先前爽利,招人发笑	Phoenix made an effort to be merry, but her teasing was a bit affected, her **whole hearted fun and frivolity were not there**	Phoenix made an effort to be merry, but her teasing was a bit affected, her **verve and aplomb were gone**
612	贾母问起岫烟来,邢夫人假说病着不来。贾母会意,知薛姨妈在这里有些不便,也不提起	Only Smokyridge was absent, **because** she knew her future aunt-in-law, Aunt Shuay, was there	Only Smokyridge was absent, **for** she knew her future aunt-in-law, Aunt Shuay, was **to be** there
613	便滴下泪来	Tears dripped down from his eyes	Tears dripped down from his eyes, **then became a shower**

续表

序号	原文	初译	改译
614	袭人也不敢分辨，只得低头不语	Shieren **hung her head** in silence, without trying to defend herself	Shieren **looked down** in silence, without trying to defend herself
615			**Chapter 56** **The Night with Rosemary**
616		*Rosemary is one of the greatest creations in the last forty chapters, erroneously held to be "forged" by another author, Kao Ao. The reader can well compare the literary craft of this chapter with the preceding one "Sunburst Reweaving the Peacock Coat" which is recalled by Poyu here. Rosemary, it will be remembered, was one who saw Sunburst's death, which is picked up here again two years after Sunburst's death. She and her sister always had the ambition to serve Poyu, and now her chance had come. She reminded Poyu of the dead Sunburst, but had an individuality all her own. Poyu had not yet recovered from the shock of losing Taiyu, and hoped to see her returning ghost*	* Rosemary is one of the greatest creations in the last forty chapters, erroneously held to be "forged" by another author, **Kao Ao by those pompous self-advertised "critics"**. The reader can well compare the literary craft of this chapter with the preceding one "Sunburst Reweaving the Peacock Coat" which is recalled by Poyu here. Rosemary, it will be remembered, was one who saw Sunburst's death, which is picked up here again two years after Sunburst's death. She and her sister always had the ambition to serve Poyu, and now her chance had come. She reminded Poyu of the dead Sunburst, but had an individuality all her own. Poyu had not yet recovered from the shock of losing Taiyu, and hoped to see her returning ghost. —Tr
617	话说宝钗叫袭人问出原故，恐宝玉悲伤成疾，便将黛玉临死的话与袭人假作闲谈	Pocia pretended to be chatting with Shieren about Taiyu's **last days**, for Poyu's benefit	Pocia pretended to be chatting with Shieren about Taiyu's **weeping ghost**, for Poyu's benefit
618	宝钗知他必进来的	Pocia **knew well** that he certainly would come in	Pocia **felt** that he certainly would **not** come in
619		Sadly, he recited the lines of Emperor Minghuang thinking of Queen Yang Kweifei **in the famous poem**	Sadly, he recited the lines of Emperor Minghuang thinking of Queen Yang Kweifei **after her death**
620	若林妹妹在时，又该生气了	If Lin meimei should hear you, she would be **offended**	If Lin meimei should hear you, she would be **insulted**

续表

序号	原文	初译	改译
621	如今二姑奶奶在大太太那边哭呢，大约就过来辞老太太	She is now weeping in elder madam's place. **She will soon come over to say goodbye**	She is now weeping in elder madam's place
622	迎春道："老太太始终疼我，如今也疼不来了。可怜我只是没有再来的时候了。"	"Grandmother, I know you always love me. Now you can't **do a thing**. I don't think I shall be able to **return** at all."	"Grandmother, I know you always love me. Now you can't **help me**. I don't think I shall be able to **come home** at all."
623	宝钗道："妈妈只管同二哥哥商量……"	"You go ahead and arrange it, **mama**…"	"You go ahead and arrange it, **mother**…"
624	忽又想起凤姐说五儿给晴雯脱了个影儿	Phoenix had said when she brought Rosemary here that she was to fill Sunburst's **position**, and she looked very much like her in fact	Phoenix had said when she brought Rosemary here that she was to fill Sunburst's **place**, and she looked very much like her in fact
625	只好设法将他的心意挪移过来，然后能免无事	She must think of a way to channel that interest and find for it a **substitute** outlet	She must think of a way to channel that interest and find for it a **proper** outlet
626	从过门至今日，方才如鱼得水，恩爱缠绵	That night, she gave herself to him completely, and made Poyu as happy as fish in water	That night, she gave herself to him completely **for the first time months after their wedding,*** and made Poyu as happy as fish in water. * It is interesting to note the intellectual level of the researchers who tried to prove the "forgery" of the last forty chapters. One would not believe it, but Pocia's decision to win back Poyu's love, after seeing him half-gone out of his mind, by sleeping with him for the first time after months of marriage, is seriously taken as evidence of Pocia's "shameless" characters. "Pocia should not be so shameless", says Yu Pingpo; therefore such despicable writing must come from the inferior pen of Kao Ao! Is this textual criticism? Or is it raving criticism of a small puritanical soul? See my treatise, "Re-Opening the Question of Authorship of Red Chamber Dream", Bulletin of the Institute of History and Philology. Academia Sinica, Taipei, Formosa, Vol. XXIX, 1958, pp.327-387, (in Chinese).—Tr

续表

序号	原文	初译	改译
627	大夫来诊了脉,说是有年纪的人,停了些饮食,感冒了些风寒,略发散些就好了。开了方子,贾政看了,知是寻常的药品	A doctor was **invited** and thought it was just upset of the stomach plus a common cold, and prescribed the usual **medicines**	A doctor was **called** and thought it was just upset of the stomach plus a common cold, and prescribed the usual **remedies**
628	只见妙玉……飘飘拽拽的走来	The **sister** came flouncing **along** in a swirl of silk, …	The **young nun** came flouncing in a swirl of silk, …
629	并要瞧瞧宝姑娘	and also to go in and see **Miss** Po	and also to go in and see **Mistress** Po
630	贾母便道:"你是个女菩萨,你瞧瞧我的病可好得了好不了?"	the grandmother asked her what she thought as a holy person of her illness	the grandmother asked her what she, as a holy person, **thought** of her illness
631	如今住的房屋不比园里的显亮	The light in **the** room **I am living in now** is bad	The light in **my present** room is bad
632	妙玉道:"我高兴的时候来瞧你。"	"I will, when I like," replied Jasper	"I will, when I like," replied **the young nun, with a self-conscious prettiness**
633	头一件先请出板来瞧瞧	Some were to **take** the coffin…	Some were to **carry out** the coffin…
634	那棚杠执事都去讲定	A **temporary scaffold** with bunting for the entrance was to be ordered	**An ornamental gate** with bunting for the entrance was to be ordered
635	若有了事,你我还能回来么?	You **can't** come back, **can** you?	You **don't expect to** come back, **do** you?
636	宝玉、贾环、贾兰是亲孙	Poyu, Huan and Lanel as the **grandsons**	Poyu, Huan and **Lanel** as the **male grandchildren**
637	尤氏虽可照应,因贾珍外出,依住荣府,一向总不上前	Madame Yu did not want to take a hand in the matter, literally homeless herself and miserable with her husband serving a term abroad	Madame Yu did not want to take a hand in the matter, **being** literally homeless herself and miserable with her husband serving a term abroad
638	他曾办过秦氏的事	she had had experience in handling the funeral of the first wife of Yung magnificently	**Years ago**, she had had experience in handling the funeral of the first wife of Yung magnificently
639	且待明日接了事	she decided to assume charge the **next** day	she decided to assume charge the **following** day

续表

序号	原文	初译	改译
640	难以点派差使	far too inadequate to be assigned to the different duties for such a **great affair**	far too inadequate to be assigned to the different duties for such a **big event**
641	虽说服中不行礼	It is true that kowtow **is** waived during mourning	It is true that kowtow **should be** waived during mourning
642	鸳鸯说着跪下，慌的凤姐赶忙拉住	Jay was going down on her knees when Phoenix **pulled** her up…	Jay was going down on her knees when Phoenix **drew** her up…
643	现在外头棚杠上要支几百银子，这会子还没有发出来	The staff outside have taken out several hundred dollars to pay for the ornamental gate. **They** have not **yet** been paid for it yet	The staff outside have taken out several hundred dollars to pay for the ornamental gate, **and** have not been paid for it **yet**
644	便疑为不肯用心，便在贾母灵前唠唠叨叨哭个不了	She thought Phoenix was shirking her duty, and began to wail before the coffin, **usually a** channel for letting out private **griefs and complaints**	She thought Phoenix was shirking her duty, and began to wail before the coffin, **a usual** channel for letting out private **grievances**
645	于是更加悲痛，直哭了半夜	**Naturally, she wept bitterly**	**She wept her heart out**
646	趁着贾母的事，不妨放声大哭	Taking advantage of the ceremonial wailing, he cried **to** his **heart's content without having to hide it**	Taking advantage of the ceremonial wailing, he cried **bitterly in** his heart **for Taiyu**
647	又不听见屋里有什么动静	All was **silent** inside	All was **still** inside
648	他是殉葬的人，不可作丫头论	She is a martyr. You shouldn't consider her **as** a maidservant	She is a martyr **sacrificed herself**. You shouldn't consider her a maidservant
649	咱们都有未了之事	while we each have our **duties to perform** yet in this life	while we each have our **obligations** yet in this life
650	又提起下棋，一时高兴应了。打发道婆回去取了他的茶具衣褥，命侍儿送了过来，大家坐谈一夜	Jasper liked nothing better **and at once** sent the elderly nun over for her things, including her own tea service, intending to spend the whole night there	Jasper liked nothing better. **She** sent the elderly nun over for her things, including her own tea service, intending to spend the whole night there

续表

序号	原文	初译	改译
651	只见几个男人站在院内	Several tall husky men were in the yard	Several tall husky men were in the **dark** yard
652	里头的平儿战兢兢的说道："这里也没开门，只听上房叫喊说有贼呢，你到那里去罢。"	**Pingel** told him that their house had been spared and wanted to know what had happened	**Amitie** told him **across the window** that their house had been spared and wanted to know what had happened
653	后来不知怎么又害起相思病来了	She is the one who went crazy last year	She is the one who went **boy**-crazy last year
654	知是孤庵女众，不难欺侮。到了三更静，便拿了短兵器，带了些闷香，跳上高墙	Only a few slipped into the garden **toward midnight**, knowing that it was an easy job, the convent being situated in an isolated corner of the garden	**Toward midnight**, only a few slipped into the garden, knowing that it was an easy job, the convent being situated in an isolated corner of the garden
655	明晃晃的刀	white, **shining** knife	white, **glittering** knife
656	彩屏愈加着忙，说道："一事不了，又出一事，这可怎么好呢？"	"Now isn't there enough trouble in the family, and you have to start this, too!" **Pastel** remonstrated with her	"Now isn't there enough trouble in the family, and you have to start this, too!" **Gayscreen** remonstrated with her
657	那里的话？说这个话的人提防着割舌头！	Look out what you are saying. You'll be sent into the tongue-splitting hell. **You shouldn't say a thing like that**	Look out what you are saying. You'll be sent into the tongue-splitting hell
658	看来是不中用了	I am afraid there is not hope	I am afraid there is not **much** hope
659	我不料家运衰败一至如此！	Never thought that **we would meet such a complete disaster!**	Never thought that **the disaster would be so complete!**
660	只见尤二姐从房后走来	she saw Yu the Second came in from the back door and speak to her	she saw **the ghost of her victim** Yu the Second came in from the back door and speak to her
661	被平儿叫醒	Phoenix **woke** out of her hallucination	Phoenix **jerked** out of her hallucination
662	暂且叫他等着	Tell her to wait **a little**	Tell her to wait

续表

序号	原文	初译	改译
663	不见有人，心里明白，不肯说出来	She understood that she had seen ghosts of people she had wronged. It was a bad omen. She kept the thought to herself	She understood that she had seen ghosts of people she had wronged, **years ago, in a lawsuit**. It was a bad omen. She kept the thought to herself
664	你的名字还是他起的呢，就和干娘一样	She gave you your name **and** is like a god-mother to you	She gave you your name. **She** is like a god-mother to you
665	告诉他心神不安，如见鬼怪的样子	Secretly, she told her that she had **seen** hallucinations	Secretly, she told her that she had **been seeing** hallucinations
666	便在手腕上褪下一只金镯子来交给他	Phoenix slipped a gold bracelet from her arm and handed it to the old woman	Phoenix slipped **off** a gold bracelet from her arm and handed it to the old woman
667	要船要轿的，说到金陵归入册子去	calling for sedan chair and boat, saying she wanted to go home to **her place in** Jinling	calling for sedan chair and boat, saying she wanted to go home to Jinling (**Nanking**)
668	巧姐哭的死去活来	Fortuna, left an orphan, was crying **her heart out**	Fortuna, left an orphan, was crying **pitifully**
669	诸凡事情便与平儿商量	he consulted **Pingel** on **different** problems	he consulted **Pingel** on **all important** problems
670		Chapter **60** **Crisis**	Chapter **60** **"The Twelve Beauties of Jinling"** —**all Foretold**
671	只见宝玉人事不省	He could not see, could not talk to--all appearances dead	He could not see, **could not hear,** could not talk to--all appearances dead
672	见其光景果然不好	He **seemed** really as bad as he had been told	He **looked** really as bad as he had been told
673	贾政听见了，也没了主意了	Jiajeng was stunned **by the news**	Jiajeng was stunned
674	便往里就跑	he headed straight for the **family house**	he headed straight for the **women's quarters**
675	那和尚直走到宝玉炕前	The monk **stared** straight toward Poyu's bed	The monk **strode** straight toward Poyu's bed
676	我好救他	I will **quire** him	I will **cure** him

续表

序号	原文	初译	改译
677	因心里喜欢忘了情，说道："真是宝贝，才看见了一会儿就好了。亏的当初没有砸破。"	Happy over the young master's unexpected recovery, she said thoughtlessly, **referring to his early quarrels with Taiyu**, "This jade is really magic. It brings you round just like that. Lucky you didn't smash it, remember?"	Happy over the young master's unexpected recovery, she said thoughtlessly, "This jade is really magic. It brings you round just like that. Lucky you didn't smash it, **when you quarrelled with Lin meimei**, remember?"
678	宝玉恍惚见那殿宇巍峨，绝非大观园景象	The building was tall and spacious, **unlike** those in the Magnarama Garden	The building was tall and spacious, **and did not look like** those in the Magnarama Garden
679	那仙女道："你要知道这草，说起来话长着呢。那草本在灵河岸上，名曰'绛珠草'。……"	"It is a long story," replied the fairy. "It **was originally** a garnetpearl, growing on the bank of the Spirit River."	"It is a long story," replied the fairy. "It is a garnetpearl, **originally** growing on the bank of the Spirit River."
680	便不禁的说道："妹妹在这里，叫我好想！"	"**Meimei**, you are here! I have been driven crazy thinking of you," he said **spontaneously**	"**Meimei**, you are here! I have been driven crazy thinking of you," he said **passionately**
681	将来我与你说明	Later I shall explain to you why it happened the way it **happened**	Later I shall explain to you why it happened the way it **did**
682	见王夫人宝钗等哭的眼泡红肿	Madame Wang's and Pocia's eyes were swollen from crying, thinking that he was dead, **and** now relieved to find him come back to life	Madame Wang's and Pocia's eyes were swollen from crying, thinking that he was dead, **but they were** now relieved to find him come back to life
683	只怕二哥不能入得去	I **didn't** think he'll enter it	I **don't** think he'll enter it
684	宝玉听了，又冷笑了几声	Poyu heard this conversation silently. **To** Fondspring's last remark, he gave a quick snort of protest	Poyu **had** heard this conversation silently. **But to** Fondspring's last remark, he gave a quick snort of protest
685	今年是大比的年头，环儿是有服的，不能入场；兰儿是孙子，服满了也可以考的，务必叫宝玉同着侄儿考去	Before he left, he gave instructions that Poyu and **Lanel** were definitely to take the literary examinations that year. **Hunal** was prevented from doing so on account of recent death of his mother, Mistress Jow	Before he left, he gave instructions that Poyu and **Lanny** were definitely to take the literary examinations that year. **Poyu was already nineteen. Huan** was prevented from doing so on account of recent death of his mother, Mistress Jow

续表

序号	原文	初译	改译
686		As Jiajeng had said, Poyu's success in taking a degree might even influence the emperor's taking a kinder view of the family's past transgressions **and misdemeanors**	As Jiajeng had said, Poyu's success in taking a degree might even influence the emperor's taking a kinder view of the family's past transgressions, **those of the old and the young Duke**
687	宝玉也并不说出来	He would not say it, but the frustration of his great love left him empty within, and cold and aloof to them all	He would not say it, but the frustration of his great love left him **galling** empty within, and cold and aloof to them all
688	宝玉无情，见他林妹妹的灵柩回去，并不伤心落泪	she **saw** that Poyu had not shed tears when the coffin was taken away	she **remembered** that Poyu had not **even** shed tears when **his love's** coffin was taken away
689	前夜亏我想得开，不然几乎又上了他的当	Luckily, she had thought her way clear out of this and had not allowed herself to be fooled by his sentimental **twaddle**	Luckily, she had thought her way clear out of this and had not allowed herself to be fooled by his sentimental **drivel**
690	麝月那些人就不抱怨他么？	Didn't they resent his aloofness and **coldness**?	Didn't they resent his aloofness and **indifference**?
691	太太着急，叫琏二爷和他讲去，偏偏琏二爷又不在家	Perplexed, Madame Wang wanted to ask **Jialien** to see him, but **Jialien** was not at home	Perplexed, Madame Wang wanted to ask **Lien** to see him, but **he** was not at home
692	宝玉看见那僧的形状与他死去时所见的一般，心里早有些明白了	The monk looked like the one he had seen in the dream. Poyu understood	The monk looked like the one he had seen in the dream. Poyu **perfectly** understood
693	不过是来处来，去处去罢了	One comes from **whom** one comes from and goes away where he goes away	One comes from **where** one comes from and goes away where he goes away
694	宝玉本来颖悟，又经点化，早把红尘看破	Poyu was too quick not to grasp what the monk meant **in** the great, unanswerable question. He understood in a flash	Poyu was too quick not to grasp what the monk meant **by** the great, unanswerable question. He understood **it** in a flash
695	上回丢了玉，几乎没把我的命要了	You almost killed me when you lost it last time	You almost killed me when you lost it **the** last time

续表

序号	原文	初译	改译
696	幸亏袭人忍痛不放	but Shieren gritted her teeth. She just would not let go, however it hurt **terribly**	but Shieren gritted her teeth. She just would not let go, however it hurt
697	把素日冷淡宝玉的主意都忘在九霄云外了，连忙跑出来帮着抱住宝玉	forgetting all her **stifled regrets and remorse**. She rushed out and fell upon him and **seized** him tightly from the back	forgetting all her **determination to forget about him**. She rushed out and fell upon him and **hugged** him tightly from the back
698	你们这些人，原来重玉不重人的	Evidently you regard the jade **are** more important than myself	Evidently you regard the jade **as** more important than myself
699	袭人心里又着急起来，仍要拉他	Instinctively Shieren reached out her hand to hold him, because he **talked** such nonsense	Instinctively Shieren reached out her hand to hold him, because he **was talking** such nonsense
700	回来，小丫头传话进来回王夫人道	**A young maid after a while** came in and said	**After a while a young maid** came in and said
701	听不出来，学是自然学得来的	At least they heard the words even if they didn't understand them	At least they **must have** heard the words even if they didn't understand them
702	斩断尘缘	cutting loose from the human world	cutting loose from the **red dust** (human world)
703	我这样过日子过他做什么！	What's the use of my living?	What **do I live for**?
704	秋桐是天天哭着喊着，不愿意在这里	He told Madame Wang that Colanut had been **very dissatisfied** and unhappy	He told Madame Wang that Colanut had been **grumbling** and very unhappy
705	他也并不将家事放在心里	He lost also all interest in the affairs of the family, looking at it out of the eyes of detachment of a **vistor**	He lost also all interest in the affairs of the family, looking at it out of the eyes of detachment of a **bystander**
706	见他看的得意忘言	so completely absorbed in it that he did not **recognize** her presence	so completely absorbed in it that he did not **notice** her presence
707	我想你我既为夫妇，你便是我终身的倚靠，却不在情欲之私。论起荣华富贵，原不过是过眼烟云	'Tisn't the pleasures of the bed that make **up** a marriage, at least it is not all. As for wealth and luxury, to me it is just so much passing cloud, here now, vanished **in** the next minute	'Tisn't the pleasures of the bed that make a marriage, at least it is not all. As for wealth and luxury, to me it is just so much passing cloud, here now, vanished the next minute

二十 修改笔记整理表

续表

序号	原文	初译	改译
708	但自古圣贤以人品根柢为重	But the ancient Sages have always taught that the important thing is to lay a sound basis in character…	But the ancient Sages have always taught that the important thing is to lay a sound basis in **a man's** character…
709	那赤子有什么好处？不过是无知无识、无贪无忌	What is about a child except that the child is completely innocent and unspoiled by knowledge, that it is genuine and without guile?	What is **it** about a child except that the child is completely innocent and unspoiled by knowledge, that it is genuine and without guile?
710	如今才晓得"聚散浮生"四字，古人说了，不曾提醒一个	I have just begun to understand the words, "We meet and part in this floating life." Nobody ever really took **it** seriously	I have just begun to understand the words, "We meet and part in this floating life." Nobody ever really took **these words** seriously
711	当此圣世，咱们世受国恩，祖父锦衣玉食	We are living in times of peace, and our family has for generations **received and benefited from the** patronage of the imperial house	We are living in times of peace, and our family has for generations **enjoyed the favors and** patronage of the imperial house
712	我只想着我们这些人，从小儿辛辛苦苦跟着二爷，不知赔了多少小心，论起理来原该当的，但只二爷也该体谅体谅	A good many of us have labored for years to serve you, draining our heart-blood to watch over **you and see you grow up**. This is our plain duty, true enough. But you might have some consideration for those who have **always** cared for you	A good many of us have labored for years to serve you, draining our heart-blood to watch over **your health and happiness**. This is our plain duty, true enough. But you might have some consideration for those who have **labored for you,** cared for you
713	况且二奶奶替二爷在老爷太太跟前行了多少孝道	And second mistress has served your parents as a filial daughter-in-law, has tried to think for them and **assuage** their worries—they are your parents	And second mistress has served your parents as a filial daughter-in-law, has tried to think for them and **lighten** their worries—they are your parents
714	那里来的这么个和尚，说了些混话，二爷就信了真	And you were completely befuddled by that crazy monk's **twaddle**	And you were completely befuddled by that crazy monk's **drivel**
715	宝玉笑道："我也要作几篇熟一熟手，好去诓这个功名。"	Poyu smiled. "I want to write a few, to get into the hang of it, in the hope of **stealing** a scholar's degree."	Poyu smiled. "I want to write a few, to get into the hang of it, in the hope of **filching** a scholar's degree **along with the other pilferers**."

续表

序号	原文	初译	改译
716	宝钗见他这番举动，甚为罕异，因欲试探他	This conduct astonished Pocia. **She wanted to test him**	This conduct astonished Pocia
717	宝玉道："如今才明白过来了。这些书都算不得什么。我还要一火焚之，方为干净。"	"I have just begun to see your point. I was wrong. I think those books should be confined to the flames."	"I have just begun to see your point. I was wrong. I think those books should be confined to the flames." **Poyu's plan was laid, he wanted to win her confidence**
718	我想奶奶和我，二爷原不大理会。紫鹃去了，如今只他们四个	**You and second master never care much for such things. Now Nightingale has taken the veil, and** there are only four of them left	There are only four of them left
719	一日，邢大舅王仁都在贾家外书房吃酒	Wangjen, and a brother of Madame Shing, called Maternal Uncle Shing, who had been a great friend of **Jiachen** in the heyday of the Ling Residence	**Phoenix's brother,** Wangjen, and a brother of Madame Shing, called Maternal Uncle Shing, who had been a great friend of **the young Duke** in the heyday of the Ling Residence
720	王夫人说了，便问彩屏等："谁愿跟姑娘修行？"彩屏等回道："太太们派谁就是谁。"王夫人知道不愿意，正在想人	She asked **Pastel**, and **Pastel** replied, "It is up to you, madam, to appoint." Madame Wang knew that **she was** unwilling, and was trying to think of some one	She asked **the maids**, and **the maids** replied, "It is up to you, madam, to appoint." Madame Wang knew that **they were** unwilling, and was trying to think of some one
721	若准了，就是我的造化了	I shall **be fortunate** if you will give your consent	I shall **consider myself lucky** if you will give your consent
722	各自干各自的就完了	Each one will have to go **his** own way	Each one will have to go **her** own way
723	袭人已经哭得死去活来，幸亏秋纹扶着。宝玉也不啼哭，也不相劝，只不言语。贾兰贾环听到那里，各自走开。李纨竭力的解说："总是宝兄弟四妹妹修行，他想来是痛极了，不顾前后的疯话，这也作不得准的。独有紫鹃的事情准不准，好叫他起来。"王夫人道："什么依不依，横竖一个人的主意定了，那也是扭不过来的。可是宝玉说的也是一定的了。"	Now the room was sad with the weeping of women—Shieren, **Musk**, Autumnripple, all of them, because Fondspring **was about to enter** the holy order. **Huanl** and **Lanel** had walked away. **Satin said,** "It's all because Poyu said those things, Don't take his **crazy ravings** seriously…But a decision has to be made for Nightingale." "No decision is needed. She has made up her mind. No use trying to change it for her."	Now the room was sad with the weeping of women—Shieren, **Moonbalm**, Autumnripple, all of them, because **of the thought of** Fondspring's **entering** the holy order. **Huan** and **Lanny** had walked away. "It's all because Poyu said those things," said Satin. "Don't take his **mad talk** seriously…But a decision has to be made for Nightingale." "No decision is needed. She has made up her mind. No use trying to change it for her," said the mother

续表

序号	原文	初译	改译
724	李纨等各自散去。彩屏等暂且服侍惜春回去,后来许配了人家,紫鹃终身服侍,毫不改初	After the sad meeting, the family returned, each to his own room. Thereafter, **Pastel was married off and** Nightingale kept her vows all her life	After the sad meeting, the family returned, each to her own room. Thereafter Nightingale kept her vows all her life
725	贾芸道:"三叔你这话说的倒好笑。咱们一块儿顽,一块儿闹,那里有银钱的事?"	Yunel laughed. "I don't understand you. Where is the chance **for a big haul**?"	Yunel laughed. "I don't understand you. Where is the chance?"
726	那邢大舅已经听了王仁的话,又可分肥,便在邢夫人跟前说道:"若说这位郡王,极是有体面的。若应了这门亲事,虽说是不是正配,保管一过了门……"	Maternal Uncle shing speaking to Madame Shing **who was** Fortuna's grandmother. It was presented as a match in marriage, and not as the sale of a concubine	Maternal Uncle shing speaking to Madame Shing, Fortuna's grandmother. It was presented as a match in marriage **to a prince**, and not as the sale of a concubine
727	只见有两个宫人打扮的	She saw the two women, dressed in **palace** style	She saw the two women, dressed in **court** style
728	果然能够一辈子是丫头,你这个造化比我们还大呢	If you can be a maid for life, your luck will be greater than ours	If you can be a maid **to your mistress** for life, your luck will be greater than ours
729	别人只知盼望他爷儿两个作了好文章	All the people were hoping that Poyu and **Lanel** would write **good** essays and get the degree of chujen	All the people were hoping that Poyu and **Lanny** would write **beautiful** essays and get the degree of chujen
730		The examination would take **a couple of** days	The examination would take **several** days
731	一面派了袭人带了小丫头们同着素云等给他爷儿两个收拾妥当	Pocia approached Shieren and Suyun to pack up their small luggage	Pocia approached Shieren and **Pristine**, **Satin's maid** to pack up their small luggage
732	大嫂子还要带凤冠穿霞帔呢	you will wear the phoenix headdress and **be covered with the** cloud **stole**	you will wear the phoenix headdress and **a** cloud **cape**
733	那边说是不该娶犯官的孙女,只好悄悄的抬了去	The reason was that, the prince would not openly marry a bride whose grandfather was serving a penal sentence	The reason **given** was, that the prince would not openly marry a bride whose grandfather was serving a penal sentence

续表

序号	原文	初译	改译
734	如今大太太已叫芸哥儿写了名字年庚去了	The astral date and hour of birth **has** been sent	The astral date and hour of birth **have** been sent
735	了不得	**Are you people crazy**	**You fools**
736	只见王夫人怒容满面	**anger evident on her face**	**her face hot with anger**
737	王夫人便骂贾环说："赵姨娘这样混账的东西，留的种子也是这混账的！"	"You scoundrel, born of your mother and just like her," Madame Wang **said to** Huan	"You scoundrel, born of your mother and just like her," Madame Wang **scolded** Hua
738	贾兰也不及请安，便哭道："二叔丢了。"	"We've lost him!" **said** Lannel in tears	"We've lost him!" **replied** Lanny in tears
739	亏得彩云等在后面扶着，下死的叫醒转来哭着	It took a little while for Russet to **get** her around by shouting and calling at her	It took a little while for Russet to **bring** her around by shouting and calling at her
740	现叫李贵等分头的找去	Liquay and the others **were looking** for him in every direction	Liquay and the others **looked** for him in every direction
741	皇上降旨着五营各衙门用心寻访	His majesty gave the order all civil magistrates and military commanders were to assist in locating him	His majesty gave the order **that** all civil magistrates and military commanders were to assist in locating him
742	邢夫人正恐贾琏不见了巧姐，是有一番的周折，又听见贾琏在王夫人那里，心下更是着急	Madame Shing had been feeling very foolish and **embarrassed** upon Lien's return	Madame Shing had been feeling very foolish and **uneasy** upon Lien's return
743	那人只不言语，似喜似悲	The man was silent, a confused expression of both **delight** and sadness on his face	The man was silent, a confused expression of both **happiness** and sadness on his face
744	见自己的小厮也是随后赶来	His boy had come up after him by this time	His boy **servant** had come up after him by this time
745	为的是老太太疼爱，所以养育到今	But his grandmother loved him and **looked after** him till this day	But his grandmother loved him and **took charge of** him till this day
746	坐在前厅	He was sitting **on** the outside parlor	He was sitting **in** the outside parlor

续表

序号	原文	初译	改译
747	你看宝玉何尝肯念书？他若略一经心，无有不能的。他那一种脾气，也是各别另样	You look at Poyu. He never cared for studies, but was extremely quick **in intelligence**. He could learn anything if he put his mind to it. And his whole character was unlike **that of other people, too**	You look at Poyu. He never cared for studies, but **his mind** was extremely quick. He could learn anything if he put his mind to it. And his whole character was unlike **anybody else**
748	贾政仍旧写家书，便把这事写上，劝谕合家不必想念了	He completed the letter, in which he told his family what he had seen, **asking** them to forget about **him**	He completed the letter, in which he told his family what he had seen, **and asked** them to forget about **Poyu**
749	宝钗小时候便是廉静寡欲极爱素淡的，所以才有这个事	Pocia had always inclined to be severe with herself and so invited this kind of life	Pocia had always inclined to be severe with herself and so **had** invited this kind of life
750	王夫人点头叹道："若说我无德，不该有这样好媳妇了。"	Madame Wang sighed. "What have I done to deserve such a daughter-in-law?"	Madame Wang sighed. "What have I done to deserve such a daughter-in-law?" **For Pocia, as the widow, was going to bring up a grandson for her**
751	若要留着他也罢，又恐老爷不依	And I don't think the senior master will be willing to let her stay as an unmarried widow	And I don't think the senior master will be willing to let her stay as **if she were** an unmarried widow
752	我们还打听打听	We, **too,** must do some investigation…	We must do some investigation **ourselves**…
753	朝里那些官儿，还都是城里的人么？	**Don't suppose** that all the officials at court come from the cities	**You mustn't think** that all the officials at court come from the cities
754	提起村居养静，甚合我意	Talking about retirement, I would love to live in the country, **too**	Talking about retirement, I would love to live in the country myself
755	方知是宝玉的丫头	Only then did he realize that she was his friend Poyu's favorite maid, for he was Chiang Yuhan	Only then did he realize that she was his friend Poyu's favorite maid, for he was Chiang Yuhan, **the actor**
756	贾雨村	Jia Yuchun (**Make Believe** Tale)	Jia Yuchun (**Fictionized** Tale)
757	自己带了一个小厮，一车行李	he was travelling with a boy and a wagon **band** of baggage	he was travelling with a boy and a wagon **load** of baggage

续表

序号	原文	初译	改译
758	高魁子贵	leaving a son on earth, who shall in the future pass the examination…	leaving a son on earth, who shall in the future pass the **state** examination…
759	这士隐自去度脱了香菱，送到太虚幻境	returned Caltrop's soul to the **Phantom Elysium**	returned Caltrop's soul to the **Elysium of Eternal Void**
760	果然是"贾雨村言了"！	Really this is Jia Yuchun talking (**Make Believe Tale** Stuff)	Really this is Jia Yuchun talking (**Fiction** Stuff)
761	曹雪芹于悼红轩中披阅十载	Later Tsao Shuehchin worked **for** this in his Studio of Mourning Red for ten years	Later Tsao Shuehchin worked **on** this in his Studio of Mourning Red for ten years

二十一　误译及偏移原文翻译整理表

原文	译文	说明
薛姨妈原欲同居一处	Pocia received the message. She readily accepted the invitation on behalf of her mother	薛姨妈变宝钗
两个时辰	two hours	平移度量单位
果子	fruit	误译
宝玉笑道："我给个**榧子**吃呢。我都听见了。"	"I have brought you some **kaya nut**… I heard what you were mumbling."	误译
那附近柳枝花朵上宿鸟栖鸦一闻此声，俱忒楞楞飞起远避，不忍再听	A crow's raucous cry rose from the willows nearby, and it seemed the crow, the flowers, everything around the place was mocking her, making her presence ridiculous	景物描写减悲戚、增愤怒
王夫人**点头**叹道	Madame Wang **hung her head** and sighed	改点头为低头
却说王夫人唤上他母亲来，拿几件簪环当面赏给，又吩咐请几个僧人念经超度他	Madame Wang gave them to her, as well as some hair ornaments and bracelets to go with her daughter's burial, and asked her to **have masses said for her soul**	改佛教超度为基督教弥撒
宝玉听了，吓了一跳，忙回道："实在不知此事。究竟'琪官'两个字不知为何物，况更加以'引逗'二字！"**说着便哭**	Poyu was terror-stricken. "Honestly, I don't know anything about it, I haven't heard of the name even," **he replied trembling**	改哭泣为颤抖
把个贾政气得**面如金纸**	Jiajeng's wrath was terrible to see, **his face like a red sheet of flame**	改面如金纸为面如红色火焰
贾政一见，**眼都红了**	The father's **eyes shot fire**	改眼红为眼冒火

续表

原文	译文	说明
明日酿到他**弑父弑君**，你们才不劝不成？	I suppose you want me to wait and see him hang **on the gallows for treason or felony**!	改弑父弑君为因叛国罪或重罪判绞刑
却有三**寸**大小	only three **inches** high	平移度量单位
鹅黄笺子	a **deep peach** paper	误译，颜色弄错
说是**珍大哥**治的	it was **Brother Lien's** fault	误译，误贾珍为贾琏
真真的气死人了！	Damnation!	杨译本"You want me to burst with anger,"霍译本"This is enough to drive a fellow mad！"
都有一尺多长，一寸见方	each a foot long and over an inch wide	平移度量单位
刚至廊檐下，只见有几个执事的媳妇子正等他回事的，见他出来，都笑道："奶奶今儿回什么事，说了这半天？"	When she came away, she saw a few top women servants waiting outside to report on business. **She knew that many of these women had maids and had reported to Madame Wang on the cut of their wages**	误译。告密的是赵姨娘，而不是执事媳妇
薛姨妈听了，**忙笑道**："这话是老太太说偏了。"	"You are prejudiced in our favor," said Aunt Shuay **modestly**	增译
别人还只抱怨我疼他！	How can people blame me for loving him?	改叙述句为反问句
自己却鼓着腮帮子不语	She blew up her cheeks. **With the enormous red flowers Phoenix had put in her hair on the way,** she looked extremely comical	增译
宝玉留神看他是怎么行事	Poyu was keenly interested the style and manner of the girl nun **who came from a very rich family and had taken religious vows merely for reasons of health**	增译
贾母道："我不吃六安茶。"妙玉笑说："知道。这是'老君眉'。"	"I don't take Liu-an tea," said the grandmother. "No, this is laochunmei," replied Japer, **in a voice delicate with sophistication**	增译
妙玉冷笑道："你这么个人，竟是大俗人，连水也尝不出来！……"	"You should know better…."	
这两包每包五十两，共是一百两，**是太太给的**	the grandmother and Madame Wang each gave her fifty taels	修正原文。认为两包银子应是老太太与太太两人给的

二十一 误译及偏移原文翻译整理表

续表

原文	译文	说明
直送刘姥姥上车去了，不在话下	Liu Lowlow left. **It made a turn in her fortune**	增译
	Phoenix's birthday was full of surprise	增译
凤姐儿见话中有文章，便又问道	Phoenix**'s voice deliberately softened**	增译
他臊了，就要杀我	**She** was so ashamed that **she** rushed away to get a knife and kill me. I ran away	误译。把贾琏误为平儿
燕窝一**两**、冰糖**五钱**	**one ounce** of birds' nest and **half an ounce** of crystal sugar	平移度量单位
宝玉看着，只是暗暗的纳罕。一时宝钗姊妹往薛姨妈房内去后，湘云往贾母处来，林黛玉回房歇着。宝玉便找了黛玉来，笑道："我虽看了《西厢记》，也曾有明白的几句，说了取笑，你还曾恼过。如今想来，竟有一句不解，我念出来，你讲讲我听。"黛玉听了，便知有文章，因笑道："你念出来我听听。"宝玉笑道："那《闹简》上有一句说的最好：'是几时孟光接了梁鸿案？'这几个字不过是现成的典，难为他'是几时'三个虚字，问的有趣。是几时接了？你说说我听听。"黛玉听了，禁不住也笑起来，因笑道："这原问的好。他也问的好，你也问的好。"宝玉道："先时你只疑我，如今你也没的说了。"黛玉笑道："谁知他竟真是个好人，我往日只当他藏奸。"因把说错了酒令，宝钗怎样说他，连送燕窝，病中所谈之事，细细的告诉宝玉，宝玉方知原故。因笑道："我说呢。正纳闷'是几时孟光接了梁鸿案'，原来是从'小孩儿家口没遮拦'上就接了案了。"	Poyu was completely puzzled. When he had an opportunity to be alone with Taiyu, he asked her, "Since When?" "Since when what?" "You and Pocia have completely changed toward each other." Taiyu explained. Poyu said happily, "You used to doubt me. Now you have found out yourself that you are mistaken." "I didn't think she was sincere. I thought her a double-face." Taiyu told him now Pocia had come to talk to her alone, about reading for girls and about her health	未译典故
宝玉笑道："你们两个都在那上头睡了，我这外边没个人，我怪怕你（的），一夜也睡不着。"	"You two sleep in my bed," said Poyu **with the greatest chivalry**. "I will sleep out here." To Moonbalm, "I am afraid you won't be able to sleep in the outside room."	改宝玉怯懦为勇敢

续表

原文	译文	说明
顿觉一时魂魄失守，随便坐在一块山石上出神，**不觉滴下泪来**	Without knowing where he was, he sat on a rock like one possessed, **overcome by a strange sadness**	减宝玉眼泪
那紫鹃少不得低了头。**王太医也不解何意**，起身说道："世兄这症，……"	…Nightingale was standing by the side, her head bent, **which puzzled the doctor**. The doctor stood up and said, "Friend-brother is suffering from shock...."	误译。王太医不明白的是为何宝玉会突然急痛迷心，而不是紫鹃因为男女授受不亲而低头
俗语说："老健春寒秋后热。"	The old proverb says, **an old person feels cold in spring and hot after autumn**. Nothing is predictable	误译。但增译做了补偿
兴儿随将**柳湘莲**的事说了一遍。凤姐道："**这个人**还算造化高，省了当那出名儿的忘八。"	Phoenix asked about the reason and Singel told her. "Lucky for **her**," said Phoenix. "Otherwise she would end up as another turtle. Is there nothing else you know?"	凤姐说的是柳湘莲，译文变成了尤三姐，与"忘八"矛盾。因前面的译文几乎全部删去了与柳湘莲相关的情节
……说着，便**呜呜咽咽，哭将起来**。尤二姐见了这般，也不免滴下泪来	She really **forced some tears out of her eyes** and Miss Yu was greatly touched and wept duly	增译。强调凤姐假哭
天天打扮的像个**西施**样子	She dresses herself like a **courtesan**	改西施为妓女
大有**春睡捧心**之态	A languourous air of abandon, eyes drowsy under heavy lashes, provokingly attractive and exasperatingly beautiful	阐释。未翻译典故"春睡捧心"
好个美人儿！真像个"**病西施**"了。你天天作这轻狂样儿给谁看？你干的事，打量我不知道么？我且放着你，自然明儿揭你的皮！宝玉今日可好些？	My eyes! You look like a **siren**! Why do you dress up like that everyday? Whom are you trying to bewitch?	化西施为塞壬。塞壬是古希腊传说中半人半鸟的女海妖，惯以美妙的歌声引诱水手，使他们的船只或触礁或驶入危险水域。曾出现在荷马史诗《奥德赛》中
他**两个**又是你陶冶教育的，焉得有什么该罚之处？	But **those two dismissed** have been under your training. I don't see what they have done to deserve dismissal	误译。宝玉指的是麝月、秋纹是袭人陶冶教育的，而不是被撵走的四儿、芳官
见黛玉颜色如雪，并无一点血色	her face wan and pale, white as **chalk**	更换比喻

二十一 误译及偏移原文翻译整理表

续表

原文	译文	说明
若真明白了，将来不是林姑娘，打破了这个灯虎儿，那饥荒才难打呢	It was horrible to think of the dilemma and the complications if his beclouded mind did clear up and he found that the bride was not Lin meimei, and they had played him a **dirty hoax**	增译，含对调包计的强烈愤慨
看见墨雨飞跑，紫鹃便叫住他	she saw a maid, Moyu, and called to **her**	误译。墨雨是小厮，不是丫鬟
更兼他那容貌才情，真是寡二少双，惟有青女素娥可以仿佛一二。竟这样小小的年纪，就作了北邙乡女	Taiyu, so young and pretty and cleverer than the rest, was now like a young blossom broken by a storm	未翻译青女素娥、北邙乡女的典故，改为鲜花被风暴吹落
宝玉听了，这会子糊涂更利害了。本来原有昏愦的病，加以今夜神出鬼没，便叫他不得主意，便也不顾别的了，口口声声只要找林姑娘去	Now Poyu really went raving mad. All that had happened seemed so incredibly weird to him and his old fits started again. "I am going to see Lin meimei," he spouted like a whale. "I will ask her, tell her all this. I must see her!"	增译
宝玉听了，竟是无言可答，半晌方才**嘻嘻的笑**道："你是几时好了和我说话了，这会子说这些大道理的话给谁听？"	Poyu did not know how to reply to all this. After a pause, **he said to her**, "You have not spoken to me for days. For whom are you pouring out this sermon all of a sudden?"	修正原文。宝玉刚遭受调包计重创，"嘻嘻的笑"很不协调
他好的时候，我不去，他怎么说？	What did she say when I didn't go to see her while she was **ill**?	修正原文
那些看园的没有了想头，个个要离此处，每每造言生事，便将**花妖树怪**编派起来	Anxious to quit the place, the caretakers helped in spreading all sorts of ghost stories. Different flowers and trees were now given names of special evil spirits, transforming the garden almost into a pantheon where all **spirits, demons and vampires** were represented	融入西方的妖怪文化
这些小丫头们还说，有的看见红脸的，有看见很俊的女人的，噪闹不休，**吓得宝玉天天害怕**	The young maids circulated stories that some had seen red-faced ghosts and some one else had seen charming female apparitions. **These stories disturbed everybody's heart**	改宝玉害怕为人人害怕
宝钗知他**必进来**的	Pocia felt that he certainly **would not come in**	修正原文。从下文宝玉仍坚持睡在外面可知他确实无意进去里间睡觉

续表

原文	译文	说明
岂知贾母病中心静，偏偏听见，便道："迎丫头要死了么？"王夫人便道："没有。婆子们不知轻重，说是这两日有些病，恐不能就好，到这里问大夫。"	However, with a patient's alertness to sounds, she heard everything. "Is Greetspring dead?" she asked. "No," said Madame Wang. Some old woman answered tactlessly, "She is ill, and the woman has come to ask us to send a doctor. They are afraid it is going to be difficult for her to get well."	误译，将王夫人的回话误为婆子们说的话
太太和珍大嫂子的人本来难使唤些，如今他们都去了	Those under **Madame Wang** and Chen were difficult to handle, but they were all gone now	误译，此处太太是指邢夫人
宝玉道："如今不再病的了。我已经有了心了，要那玉何用？"	"No, I cannot be sick again, because **I have found myself**. I don't need it any more."	阐释
皇上又看到海疆靖寇班师善后事宜一本，奏的是海晏河清，万民乐业的事	The autumn examinations coincided with the report of overwhelming victory over the pirates on the southeast coast under the able leadership of Commander **Sun**, Trailspring's father-in-law	误译，探春公公姓周
情缘尚未全结	Not entirely. Some of those poor souls are still loving and hating and enjoying and sorrowing on earth	增译

二十二　译文拔萃整理表

原文	译文
风尘碌碌，一事无成	he has done nothing, accomplished nothing, in his life
锦衣纨袴之事，饫甘餍肥之日，背父母教育之恩，负师友规训之德。以致今日一技无成，半生潦倒之罪	when I was nursed in the lap of luxury, living on the bounty of my ancestors, how I abused the love of my good parents and ignored the counsel of teachers and friends, together with those sins and follies which have resulted in a life of failures and frustrations, with nothing to show after all these years
子兴笑道："亏你是进士出身，原来不通！古人有言：'百足之虫，死而不僵。'如今虽说不似先年那样兴盛，较之平常仕宦之家，到底气象不同。如今生齿日繁，事务日盛，主仆上下安富尊荣者尽多，运筹谋画者无一。其日用排场费用，又不能将就省俭。如今外面的架子虽未甚倒，内囊却也尽上来了。这也小事，更有一件大事：谁知这样钟鸣鼎食之家，翰墨诗书之族，如今的儿孙竟一代不如一代了！"	Leng broke into a laughter. "I am surprised at you. A scholar should know better. The ancient proverb says, a centipede may be dead, but its legs will be still kicking. I merely said that the family isn't what it used to be, but in style and grandeur it is still far above the ordinary. The household grows bigger and bigger and expenses pile up. There are any number of masters and servants and maids and mistresses doing everything possible to enjoy the fruits of their fortune, but not one is doing anything to maintain or develop it. Nor can the style of their living be changed. Appearances must be kept up and expenses cannot be cut. The shell is still good to look at, but the core must soon dry up. However, that is not so serious; what strikes me as pathetic is that in such an ancient family of great means and evident culture, each younger generation seems to be of a weaker calibre than preceding…"
说着别人家的闲话，正好下酒	Gossip goes well with wine
多要步步留心，时时在意，不要多说一句话，不可行一步路，恐被人耻笑了去	Sensitive and extremely intelligent, the child thought that when she came to grandma's home, she must be careful of every word she said and every step she took; she wouldn't want to be laughed at for any mistakes in manner
黛玉一见便吃一大惊，心中想道："好生奇怪，倒像在那里见过的，何等眼熟！"	Taiyu received a shock and thought to herself, "I must have seen him somewhere before. His face looks so familiar."

续表

原文	译文
宝玉看罢,笑道:"这个妹妹我曾见过的。"贾母笑道:"可又是胡说,你何曾见过他?"宝玉笑道:"虽然未曾见他,然看着面善,心里倒像是旧相认识,恍若远别重逢的一般。"贾母笑道:"好,好!若如此,更相和睦了。"	"I seem to have seen this sister somewhere before," Poyu said, having filled his eyes looking at this newly come sister of his. "What nonsense!" said the grandmother. "You could not have seen her." "That is true. But her face seems so familiar, like an old friend I have been parted from for years." "That is all the better. You two are going to get along fine together."
宝玉便走向黛玉身边坐下,又细细打量一番,因问:"妹妹可曾读书?"黛玉道:"不曾读书,只上了一年学,些须认得几个字。"宝玉又道:"妹妹尊名?"黛玉便说了名。宝玉又道:"表字?"黛玉道:"无字。"宝玉笑道:"我送妹妹一字,莫若'颦颦'二字极妙。"	Poyu came over to ask the girl what she studied, and Taiyu replied with great modesty that she knew only a few characters. "What's your name?" "Taiyu." "And your courtesy name?" "I have no courtesy name." "I'll give you one. Pinpin (knit-brows)."
探春便道:"何处出典?"宝玉道:"《古今人物通考》上说:'西方有石名黛,可代画眉之墨。'况这妹妹眉尖若蹙,用取这两个字岂不甚美?"探春笑道:"只恐又是杜撰。"宝玉笑道:"除《四书》,杜撰的太多,偏我是杜撰不成?"	"What is the basis for that name?" asked his sister Trail-spring. Poyu made up a reference. "In The Origin of Things, it says that the lead ore, Tai, produced in West Mountain, is used for painting eyebrows. Pinpin describes her eyebrows rather well, don't you think?" Trailspring smiled. "You have made it up." "The sayings of Confucius in the Four Books are made up by others anyway. Why can't I make some up myself?"
因又问黛玉:"可有玉没有?"众人都不解,黛玉便忖度着因他有玉,故问有无,因答道:"我没有,那玉亦是件罕物,岂能人人皆有?"宝玉听了,登时发作起狂病来,摘下那玉就很(狠)命摔去,骂道:"什么罕物,人的高下不识,还说灵不灵呢!我也不要这劳什子!"吓的地下众人一拥争去拾玉。贾母急的搂了宝玉道:"孽障!你生气,要打骂人容易,何苦摔那命根子!"宝玉满面泪痕泣道:"家里姊姊妹妹都没有,单我有,我说没趣;如今来了一个神仙似的妹妹也没有,可知这不是个好东西。"	Poyu turned to ask Taiyu, "Were you born with a piece of jade?" "No," the girl replied. "Your jade is something unique. You can't expect everybody to have one." Characteristically, Poyu plucked off his jade and dashed it to the floor vehemently. "The rubbish! I don't want it! It does not even know who deserves it and who doesn't, and people call it a magic stone!" The maids rushed forward to pick it up, horrified. The grandmother, used to his fractious outbursts of temper, pulled Poyu to her breast and said to him, "You naughty child. Scold and swear if you like. Why throw away the secret of your life?" Poyu was already sobbing with tears running down his face. "I never felt good when I found that all my sisters did not have a jade and I am the only one to have it. And now she comes, pretty as a princess, and even she does not have one. It can't be worth anything."

续表

原文	译文
如今且说林黛玉自在荣府,一来贾母万般怜爱,寝食起居一如宝玉,而迎春、探春、惜春三个孙女倒且靠后;便是宝玉和黛玉二人之亲密友爱处,亦较别个不同,日则同行同坐,夜则同止同息,真是言和意顺,似漆如胶。不想如今忽然来了一个薛宝钗,年纪虽大不多,然品格端方,容貌美丽,人谓黛玉所不及。而宝钗行为豁达,随分从时,不比黛玉孤高自许,目下无人,故深得下人之心。便是那些小丫头们亦多与宝钗顽笑。如此黛玉心中便有些不忿之意,宝钗却浑然不觉	Since her arrival, Taiyu had been a great favorite of the grandmother, and was treated exactly like Poyu. Greetspring and her cousin sisters were neglected in comparison. Poyu and Taiyu had become great chums and playmates, playing together in the day and stopping together in the night. Now suddenly appeared Pocia. She was only one year older than Taiyu, but more mature, sweet and poised and generally considered by the family as prettier and a better-balanced character. Bright and gifted as Taiyu was, she was apt to keep by herself and say exactly what she thought, while Pocia had a more flexible character, was more considerate of others, more ready to forgive, and was able to take things more calmly. The servants liked her more, and even the very young children among the servants loved to talk and play with her. Taiyu was peeved, but Pocia appeared to have noticed nothing at all
既熟惯则更觉亲密,既亲密则不免求全之毁,不虞之隙	With familiarity came fondness and affection, and with fondness and affection, bickerings frequently followed
宝钗笑道:"宝兄弟,亏你每日家杂学旁收的,难道就不知道酒性最热,若热吃下去,发散的就快;若冷吃下去,凝结在内,五脏去暖他,岂不受害?从此不改了,快不要吃那冷的了。"宝玉听这话有情理,便放下冷的,令人烫来方饮。黛玉嗑着瓜子儿,只管抿着嘴笑。可巧黛玉的丫头雪雁走来与黛玉送小手炉,黛玉因含笑问他说:"谁叫你送来的?难为他费心。那里就冷死了我。"雪雁道:"紫鹃姐姐怕姑娘冷,叫我送来的。"黛玉一面接了,抱在怀中,笑道:"也亏你倒听他的话。我平日和你说的,全当耳旁风,怎么他说了你就依,比圣旨还快些。"宝玉听这话,知是黛玉借此奚落他,也无回复之词,只嘻嘻的笑一阵罢了。宝钗素知黛玉是如此惯了的,也不去睬他。	"Brother Po," said Pocia, "You shouldn't take wine cold. You know about almost everything except the classics. You should know that wine burns. It evaporates quickly when taken hot, but if taken cold, it congeals inside and hurts the bowels." Poyu put down the cup accordingly. Taiyu was clicking melon seeds between her teeth, her lips curling upward into a mischievous smile. Her maid Snowstork walked in at this moment, bringing her a hand-warmer, a copper stove. "Who told you to bring it?" said Taiyu. "Thank her for the trouble. But I don't think I will be congealed to death so easily." "Sister Nightingale told me to." Taiyu received the hand-warmer and hugged it in her lap. "It is good that you listen to her advice," she said to the maid. "When I told you anything, it simply blew past your ears. But when she says something, you take it like an imperial edict." Poyu knew that Taiyu was needling him for listening to Pocia, and made a dull laugh. Pocia pretended not to understand the covert remark
李嬷嬷听了,又是急,又是笑,说道:"真真这林姐儿,说出一句话来,比刀子还利害,我这话算什么!"宝钗也忍不住笑着把黛玉脸上一拧,说道:"真真这个颦丫头的一张嘴,叫人恨又不是,喜欢又不是。"	"Really!" said Li Mama nervously. "How you can talk! I only said a few words." Pocia pinched Taiyu's cheek with a laugh. "Isn't she exasperating? Certainly she can talk. That is part of her charm. She is a darling."

续表

原文	译文
宝玉听了，将手中杯子顺手往地下一掷，豁啷一声打个粉碎，泼了茜雪一裙子。又跳起来问着茜雪道："他是你那一门子的奶奶，你们这样孝敬他？不过是我小时候儿吃过他几日奶罢了，如今惯的比祖宗还大。撵了出去，大家干净！"	With a bang, Poyu dashed the cup in his hand to the floor, breaking it to pieces and wetting Snowberry's skirts. "Did she wet-nurse any of you here? You all seem so anxious to please her. All she did for me was to give me a few days' milk when I was a baby, and now she is treated like one's ancestor. We'll have more peace if I have her fired."
说着，进入石洞来。只见佳木茏葱，奇花烂灼，一带清流，从花木深处泻于石隙之下。再进数步，渐向北边，平坦宽豁，两边飞楼插空，雕甍绣槛，皆隐于山坳树杪之间。俯而视之，则青溪泻玉，石磴穿云，白石为栏，环抱池沼，石桥三港，兽面衔吐。桥上有亭	They entered a tunnel, and on coming out of the tunnel saw a variety of flowering plants and choice trees flanking a clear stream, which cascaded into a stony bed below, partially covered by a thick foliage. A few steps further north, the ground opened into a flat country. In the distance lay spires and turrets with carved girders and painted balconies, hidden behind tree tops or nestling on the sides of small hills. In the foreground ran a stream of jade green water, with mounting stone steps on both sides and ponds and curving inlets fringed with balustrades of marble. A pavilion stood on a stone bridge with spouting gargoyles, which spanned the converging streams here
一面引人出来，转过山坡，穿花度柳，抚石依泉，过了荼蘼架，入木香棚，越牡丹亭，度芍药圃，入蔷薇院，来到芭蕉坞，盘旋曲折。忽闻水声潺潺，出于石洞，上则萝薜倒垂，下则落花浮荡	The party went on passing around a hill bend, through willow groves and flowering trees, over rocks and springs. Trellis works and arbors housing banksia roses and peonies, a rambler rose garden here and a small banana plantation there
走不多远，则见崇阁巍峨，层楼高起，面面琳宫合抱，迢迢复道萦纡。青松拂檐，玉兰绕砌，金辉兽面，彩焕螭头	There was not far from here the main hall erected for the official reception of the consort. It was surrounded by a number of high towers with open, balconied terraces, connected by winding alleyways. Here a pine tree touched a roof and there a sweet-smelling species of magnolia (yulan) graced the stone steps, while gargoyles and hornless dragons shimmered in the sunlight
于是一路行来，或清堂，或茅舍，或堆石为垣，或编花为门，或山下得幽尼佛寺，或林中藏女道丹房，或长廊曲洞，或方厦圆亭	they passed isolated houses and thatched cottages, stone walls and pergolas, corridors, tunnels, pavilions and what not—including a secluded nunnery at a foothill and living quarters for Taoist nuns hidden in a grove
只见李嬷嬷拄着拐杖，在当地骂袭人："忘了本的小娼妇！我抬举你起来，这会子我来了，你大模大样的躺在炕上，见我也不理一理。一心只想妆狐媚子哄宝玉，哄得宝玉不理我，只听你们的话。你不过是几两银子买来的毛丫头，这屋里我就作耗，如何使得！好不好拉出去配一个小子，看你还妖精似的哄人不哄人！"	Li Mama, supporting herself on a cane, was standing in the room and pouring a torrent of abuse on Shieren. "You cheap little skate! I have raised you to what you are today. And now when I walked in, you ignored me and flaunted yourself in bed like a lady. You have only one idea in your head, to bewitch Poyu with your vulgar harlotry, and make him ignore me and listen only to you. Don't try to take on airs in this house. Remember you were but a cheap waif bought with a few tales of silver! If you don't look out, I will have you fired and bundled off to marry some country bumpkin. Then I shall see whether you can bewitch people, you little strumpet!"

续表

原文	译文
他便料定天地间灵淑之气只钟于女子，男儿们不过是些渣滓浊沫而已。因此把一切男子都看成浊物，可有可无	the essence of all that was fine and gay and good and beautiful was incarnated in girls, the boys being made out of the dregs, scum and left-overs. He therefore regarded all males as the scum of the universe, the grosser stuff which the Creator made into cheaper vessels, of no significance one way or the other
此时园内帐舞蟠龙，帘飞彩凤，金银焕彩，珠宝生辉，鼎焚百合之香，瓶插长春之蕊，静悄悄无一人咳嗽	The place was gaily festooned and brilliantly decorated with curtains and pennants of the dragons and phoenixes, sparkling in gold and silver and jade. The air was filled with the smell of incense from antique tripods and flowers in tall vases. An atmosphere of silent awe and solemnity pervaded the place
于是进入行宫，只见庭燎烧空，香屑布地，火树琪花，金窗玉槛。说不尽帘卷虾须，毯铺鱼獭，鼎飘麝脑之香，屏列雉尾之扇。真是：金门玉户神仙府，桂殿兰宫妃子家	The palatial mansion, with gilt windows and jade-studded balconies and bright-lit trees, had a magnificence worthy of the imperial consort. On the inside were silver filigree screens and beaver carpets, and giant fans of pheasant plumes, while the air smelled of musk
半日，贾妃方忍悲强笑，安慰贾母、王夫人道："当日既送我到那不得见人的去处，好容易今日回家娘儿们一会，不说不笑，反倒哭个不了，一会子我去了，又不知多早晚才能一见呢！"说到这句，不禁又哽咽起来	At last, Primespring said, "Since I was sent up to that place, cut off from the outside world, I haven't had a chance to come home till today. We shouldn't be wasting our time in tears. I don't know when I shall be able to come home again." She finished by beginning to sniffle again
又向其父说道："田舍之家，齑盐布帛，得遂天伦之乐；今虽富贵，骨肉分离，终无意趣。"	The daughter said to him, "However poor and shoddy a farmer's food and clothing are, they are able to enjoy the happiness of hearth and home. It is not much fun for me to be cut off from home, even though I enjoy all the luxuries of the palace."
湘云道："大正月里，少信口胡说这些没要紧的恶誓、散语、歪话！说给那些小性儿、行动爱恼人、会辖治你的人听去，别叫我啐你！"	"Save your breath and keep your silly babble for that petty, peevish and sensitive one who can boss over you, and don't let me spit on you!"
秋纹兜脸啐了一口道："没脸面的下流东西！正经叫你催水去，你说有事，倒叫我们去，你可做这个巧宗儿。一点儿一点儿要爬上来了。难道我们倒跟不上你么？你也拿那镜子照照，配递茶递水不配！"	Autumnripple spat. "You low-down scallywag, without a bit of shame! I told you to go and get water and you said you were occupied and asked us to go, while you took on a nice extra job, a very nice extra job. So you are climbing step by step, and will probably climb over our shoulders one day! Why don't you take a mirror and look at yourself in it and see if you are fit to serve tea to the master?"

续表

原文	译文
试想林黛玉的花颜月貌,将来亦到无寻觅之时,宁不心碎肠断?既黛玉终归无可寻觅之时,推之于他人,如宝钗、香菱、袭人等,亦可以到无可寻觅之时矣。宝钗等终归无可寻觅之时,则自己又安在哉?且自身尚不知何在何往,则斯处、斯园、斯花、斯柳,又不知当属谁姓矣?——因此一而二,二而一,反复推求了去,真不知此时此际如何解释这段悲伤	Struck by the infinitely sad reflection that a charming girl like Lin Taiyu should some day become merely a name, a spirit lost in space, he considered that Pocia, Shieren and Caltrop and the others, too, would become merely a memory, and that he himself must turn to dust and go the way of all flesh. Since he himself must depart from this transitory life, destination unknown, what mattered when the time came who would be the owner of this pleasure garden, of these trees and flowers? These thoughts chased one another in his head and threw him into a mood of black despair
晴雯一见小红,便说道:"你只是疯罢!院子里花儿也不浇,雀儿也不喂,茶炉子也不弄,就在外头逛!"小红道:"昨儿二爷说了,今儿不用浇花,过一日浇一回罢。我喂雀儿的时候,姐姐还睡觉呢。"碧痕道:"茶炉子呢?"小红道:"今日不该我的班儿,有茶没茶休问我。"绮霞道:"你听听他的嘴!你们说了,让他逛罢。"小红道:"你们再问问我逛了没逛。二奶奶才使唤我说话取东西去的。"说着将荷包举给他们看,方没言语了,大家走开。晴雯冷笑道:"怪道呢!原来爬上高枝儿去了,把我们不放在眼里了。不知说了一句话半句话,名儿姓儿知道了不曾,就把他兴头的这个样。这一遭儿半遭儿的算不得什么,过了后儿,还得听呵。有本事从今儿出了这园子,长长远远的在高枝儿上才算得!"一面说着去了	The moment Sunburst saw her, she said, "You are crazy! You haven't watered the flowers or fed the birds or cleaned the tea stoves, and are running about enjoying yourself!" Ruby replied tartly, "Yesterday second master told me that the flowers need be watered only every other day. As for the birds, when I was feeding them, you were still asleep." "What about the tea stoves?" questioned Mossprints. "It's not my turn today. Don't ask me if there is no tea." "Listen to her!" remarked Evenglow. "That tongue of hers! Leave her alone!" Ruby replied acidly, "Why don't you ask me how I have been enjoying myself? As a matter of fact, I am sent by second mistress to fetch something." She held the wallet aloft to show them, which silenced her persecutors. As the company walked away, Sunburst remarked with a sneer, "I understood now. So she has climbed up high. I don't know how many words the second mistress spoke to her, or if she knew her name even… We'll wait and see!"
凤姐笑道:"怪不得你不懂,这是四五门子的话呢。"说着,又向小红笑道:"好孩子,难为你说的齐全,不像他们扭扭捏捏蚊子似的。嫂子不知道,如今除了我随手使的这几个丫头老婆子之外,我就怕和别人说话:他们必定把一句话拉长了作两三截儿,咬文嚼字,拿着腔儿,哼哼唧唧,急的我冒火,他们那里知道!先是我们平儿也是这么着,我就问着他:'难道必定装蚊子哼哼就算美人了?'说了几遭才好些了。"	Phoenix laughed. "Of course you don't. It is a matter involving four or five families." She turned with a smile to Ruby and said, "Thank you for giving the message so completely, unlike the others who hem and haw and hum their words like mosquitoes." **She added to Satin,** "Sister-in-law, you don't realize. Outside my own maids and women servants, it makes me nervous to talk with the women. They think it is feminine to draw out a sentence like molasses and break it into several parts and m-m-m and hm-m-m until I want to tear my hair. At first Amitie was that way, too, and I asked her, 'Do you suppose that humming and squeaking like a mosquito makes you a lady?' She gradually changed after I spoke to her many times."

续表

原文	译文
便向宝钗笑道："大哥哥好日子,偏生的又不好了,没别的礼送,连个头也不去磕。大哥哥不知我病,倒像我懒,推故不去呢。倘或明儿闲了,姐姐替我分辨分辨。"宝钗笑道："这也多事。你便要去,也不敢惊动,何况身上不好。弟兄们终日一处,要存这个心倒生分了。"宝玉又笑道："姐姐知道体谅我就好了。"又道："姐姐怎么不看戏去?"宝钗道："我怕热。看了两出,热得很,要走,客又不散。我少不得推身上不好,就来了。"宝玉听说,自己由不得脸上没意思,只得又搭讪笑道："怪不得他们拿姐姐比杨贵妃,原也体胖怯热。"宝钗听说,不由的大怒,待要怎样,又不好怎样;回思了一回,脸红起来,便冷笑了两声,说道："我倒像杨贵妃,只是没一个好哥哥好兄弟可以做得杨国忠的!"二人正说着,可巧小丫头靓儿因不见了扇子,和宝钗笑道："必是宝姑娘藏了我的。好姑娘,赏我罢。"宝钗指他道："你要仔细!我和谁顽过?你来疑我!和你素日嘻皮笑脸的那些姑娘们,你该问他们去!"	He said to Pocia, "I am sorry. At least I should have put in an appearance, even if I didn't send a gift. Your brother did not know that I was not well, he might think that I was excusing myself on some pretext." "There is no need," replied Pocia behind a forced smile. "We are not strangers and should forget about such formalities." "I am relieved to hear you say so. But why aren't you watching the plays?" "I saw two selections, but it was hot and I wanted to leave, but the shows were not ended yet. So I excused myself on some pretext and left." Pocia's oblique remark made Poyu uncomfortable. To relieve the awkward silence, he forced a laugh and said, tactlessly, "It is quite true that plump people feel the heat more. No wonder that they compare you to Yang Kweifei." Blood rushed to Pocia's face. She was deeply hurt. "I like your impudence. Sorry I do not have a cousin like Yang Kuo-chung." A little maid, who happened to be looking for her fan, came in and said to Pocia, "I am sure you have concealed it. Good Miss Po, please give it back to me." Pocia, already nettled, pointed her finger at the maid and said, "Was I playing with you? Why don't you go and ask those young ladies who are always joking in turn and out of turn with you?"
晴雯果然接过来,"嗤"的一声,撕了两半。接着又听"嗤""嗤"几声	Sunburst took it over and with a titter really tore it in half, and was lost in a long, satisfied, rippling laughter
一面说,一面禁不住近前伸手替他拭面上的汗。宝玉瞅了半天,方道："你放心。"林黛玉听了,怔了半天,说道："我有什么不放心?我不明白这话。你倒说说怎么放心不放心?"宝玉叹了一口气,问道："你果然不明白这话?难道我素日在你身上的心都用错了?连你的意思都体贴不着,就难怪你天天为我生气了。"林黛玉道："果然我不明白放心不放心的话。"宝玉点头叹道："好妹妹,你别哄我。果然不明白这话,不但我素日之意白用了,且连你素日待我之意也孤(辜)负了。你皆因多是不放心的原故,才弄了一身的病。但凡宽慰些,这病也不得一日重似一日。"	Forgetting herself, she took out a handkerchief and wiped the perspiration off his face gently. Happily, Poyu let her do it. He looked at her fixedly for a long while before he said the brief words, "Meimei, put your doubts at rest." "I don't understand your words. Put what doubts at rest?" Poyu heaved a sigh. "If you really do not understand what I mean, then all my devotion to you is in vain." "Really I don't." "Good meimei, please don't joke with me. I do not believe all my attention to you is wasted. You must understand. Because you do have these doubts in your mind, you are worrying yourself ill. If you had faith in me, your illness would not have gotten worse and worse."

续表

原文	译文
"快进去告诉：老爷要打死我呢！快去，快去！要紧，要紧！"宝玉一则急了说话不明白；二则老婆子偏生又耳聋，不曾听见是什么话，把"要紧"二字只听做"跳井"二字，便笑道："跳井让他跳去，二爷怕什么？"	"Please go in at once to report. The master is going to whip me to death. Hurry! Hurry! Shoot inside!" "Suicide!" she laughed in reply. Poyu had stuttered in his excitement and the old woman was hard of hearing. "What of it? If she wanted to commit suicide, that was her business. What are you afraid of?"
"你们也不必怨这个，怨那个。据我想，终是宝兄弟素日要和那些人来往，老爷才生气。就是我哥哥说话不防头，一时说出宝兄弟来，也不是有心挑唆。一则也是本来的实话，二则他原不理论这些防嫌小事。袭姑娘从小儿只见过宝兄弟这样细心人，你何尝见过我哥哥那天不怕地不怕、心里有什么口里说什么的人呢？"	"We are not blaming anybody. Brother Po got into all this trouble because, after all, he did keep bad company. My brother may have said it, but I don't think he did it out of intention to do Brother Po any harm. First, what he said was true if he did say it, and secondly, he was by nature careless with his tongue. Sister Shieren, you have only known Brother Po who is always so considerate of others, but you do not know that reckless, devil-may-care, appalling brother of mine."
"好妹妹，你不用和我闹，我早知道你的心了。从前妈妈和我说，你这金要拣有玉的才可配，你留了心，见宝玉有那劳什子，你自然如今行动护着他。"	"Good sister, stop your fine advice, your elegant neutrality. I know. Mother once told me that you with your gold locket have to get a husband with a piece of jade. You have noticed that Poyu has that piece of trash, what? Or hasn't he?"
众人先还发怔，后来一听，上上下下哈哈大笑起来。湘云撑不住，一口茶都喷了出来；林黛玉笑岔了气，伏着桌子只叫"嗳哟"；宝玉滚到贾母怀里，贾母笑的搂着宝玉叫"心肝"；王夫人笑的用手指着凤姐儿，却说不出话来；薛姨妈也撑不住，口里的茶喷了探春一裙子；探春手里的茶碗都合在迎春身上；惜春离了坐位，拉着他的奶母叫揉一揉肠子。地下无一个不弯腰屈背，也有躲出去蹲着笑去的，也有忍着笑上来替他姐妹换衣裳的	After a moment of initial surprise, the company broke out into a roar of laughter. Riverhaze, unable to contain herself, spat out her tea. Taiyu doubled up, laying her head on the table and crying "Mercy!" Poyu rolled into the grandmother's lap, and the latter hugged him and cried, "My heart and liver!" Madame Wang leaned back, pointing a finger at Phoenix, mouth open and no voice coming out. Aunt Shuay almost choked with laughter and spat the tea on Trailspring's skirt. Trailspring had overturned her bow onto Greetspring's lap, and little Fondspring ran over to her nurse, begging her to massage her tommy. The servants, too, were doubled up in the laughter, or had left the room, crouching on the floor. Others came in smiling to clean or change the dresses of the young ladies
凤姐听了，气的浑身乱战，又听他们都赞平儿，便疑平儿素日背地里自然也有怨语了，那酒越发涌上来了。并不忖夺，回身把平儿先打了两下。一脚踢开了门，进去也不容分说，抓着鲍二家的撕打	Phoenix was shaking with rage. So Amitie had been complaining to her husband behind her back! Already flustered with a sip too much, she abruptly turned, gave Amitie two hard slaps, kicked the door open, pounced upon the woman and clawed and mugged and tore away

二十二 译文拔萃整理表

续表

原文	译文
不想日未落时天就变了,渐渐沥沥下起雨来。秋霖脉脉,阴晴不定,那天渐渐的黄昏,且阴的沉黑,兼着那雨滴竹梢,更觉凄凉	Before sundown, dark clouds scudded across the sky and closed in, and the earth withdraw prematurely for the night, covering itself in a sheet of damp, fluttering, weepy darkness, dank, muggy and smelling of wet vegetation. The autumn wind soused through the leaves and the steady, dismal patter of fine mist on the broad bamboo blades intoned an incessant, insistent, rasping, dripping tune of tear drops, blotting out every other sound. Drip, drip—it would break—drip, drip—it would break, it would break—drip!
出了院门,四顾一望,并无二色,远远的是乔松疏竹,自己却似装在玻璃盆内一般。于是走至山坡之下。顺着山脚刚转过去,已闻得一股寒香扑鼻,回头一看,却是妙玉那边栊翠庵中有十数枝红梅如胭脂一般,映着雪色,分外显得精神,好不有趣	All around was a stretch of blank white, broken by the evergreens in the distance. He felt like being inside one of those glass cases for landscapes. Going down the slope and round a bend, he felt a divine scent, and looking up, he saw dozens of plum trees with rouge blossoms standing out in delightful contrast with the snow. That was where Jasper's convent stood
"哇"的一声,将所服之药一口呕出,抖肠搜肺、炙胃扇肝的哑声大嗽了几阵。一时面红发乱,目肿筋浮,喘的抬不起头来	With a heavy cough, she threw up all the medicine she had just taken. Her body arched and she coughed in a violent paroxysm as if all her bowels were being thrown up. Her temples throbbed, her face reddened, and she fell back panting, her hair falling over her side
尤氏道:"谁都像你是一心无挂碍,只知道和姊妹们顽笑,饿了吃,困了睡,再过几年,不过是这样,一点后事也不虑。"宝玉笑道:"我能够和姊妹们过一日,是一日,死了就完了,什么后事不后事。"	Madame Yu said, "No one can be like you, free of responsibilities, and eat and sleep and fool around with your sisters. You never have to think of your future." "What future?" replied Poyu. "As long as I am here, I will play around and enjoy myself. And when I die, I just quit."
宝玉笑道:"人事莫定,谁死谁活?倘或我在今日明日、今年明年死了,也算是随心一辈子了。"	Poyu laughed. "Who can tell me what is life, with all your planning and contriving? Is it worth all the bother? If I die now, this day and this year, I can consider myself as having had a very happy life."
探春登时大怒,指着王家的问道:"你是什么东西?敢来拉扯我的衣裳!我不过看着太太的面上,你又有几岁年纪,叫你一声'妈妈',你就狗仗人势,天天作耗,在我们跟前逞脸。如今越发了不得了,你索性望我动手动脚的了!你打谅我是同你姑娘那么好性儿,由着你们欺侮,你就错了主意了。你来搜检东西我不恼,你不该拿我取笑儿!"	Trailspring pointed at the woman, anger in her face. "You idiot! Who do you think you are? Just out of courtesy, and because of your old age, I call you mama. A dog tries to assume its master's airs! If you think I am good-natured like your damsel (Greetspring), you are greatly mistaken. Search for stolen goods is one thing. Nobody has given you permission to joke with me."

续表

原文	译文
奇怪，奇怪！怎么这些人只一嫁了汉子，染了男人的气味，就这样混账起来，比男子更可杀了！	How strange! Why is it that women turn into such awful things once they are contaminated by living with men? They are even more brutal than the men
只见宝玉把眉一皱，把脚一跺，道："我想这个人生他做什么！天地间没有了我，倒也干净。"黛玉道："原是有了我，便有了人；有了人，便有无数的烦恼出来，恐怖，颠倒，梦想，更有许多缠碍。刚才我说的都是顽话，你不过是看见姨妈没精打彩，如何便疑到宝姐姐身上去？姨妈过来原为他的官司事情心绪不宁，那里还来应酬你？都是你自己心上胡思乱想，钻入魔道里去了。"	Suddenly Poyu stamped his feet. "Life is too complicated. Why are we living? I think it would be much simpler if there was not a me in the universe." Taiyu caught on at once. "That is an interesting question. Because there is me, there are other human beings, and because there are human beings, there are all the sorrows and fears and desires, wise and unwise, and all the troubles which arise from consciousness. I was merely joking with you. You were saying that Aunt Shuay seemed cold toward you and suspected it was on account of Sister Po. But she came over on account of her son's trouble. Her mind was occupied. Don't put all sorts of constructions on it."
那黛玉此时心里，竟是油儿、酱儿、糖儿、醋儿，倒在一处的一般，甜、苦、酸、咸，竟说不上什么味儿来了	Taiyu's heart recoiled as if it was thrown into a mixture of pickles of salt, sugar, vinegar and oil, with the sweet, salty, bitter and sour flavors all jumbled together in a sweetly sad confusion
"如此看来，人生缘分，都有一定，在那未到头时，大家都是痴心妄想，及至无可如何，那糊涂的也就不理会了，那情深义深的也不过临风对月，洒泪悲啼。可怜那死的到（倒）未必知道，那活的真是可恼伤心，无休无了。算来竟不如草木石头，无知无觉，也心中干净。"想到此处，倒把一片酸热之心一时冰冷了	She saw the passion and the disappointment in this love affair more closely than anybody else, and felt it more. She herself cared. What was love, then, with all its passionate longing and heartthrobs, unfelt and unknown by one who was now deaf and dumb, beyond the frontier? The living was left to mourn and blow his sighs into the deep, fathomless night, and the beloved not knowing a thing about it. Pity the one who shall carry this burden all his life, thirst unquenched, remorse burning in his soul for ever and ever! Compared to all this, it were better to enjoy the peace of the insensate trees and rocks. Her heart went cold at this perception
宝玉进得园来，只见满目凄凉。那些花木枯萎，更有几处亭馆彩色久经剥落。远远望见一丛翠竹，倒还茂盛	Before him was a picture of utter desolation, flowers and trees uncared for, ground unswept, the paints of the pavilions and halls faded and peeled off. In the distance stood a clump of bamboos, green as ever
宝玉袭人听说，都吃了一惊。宝玉道："可不是？"说着，便滴下泪来，说："林妹妹，林妹妹！好好儿的，是我害了你了！你别怨我，只是父母作主，并不是我负心。"愈说愈痛，便大哭起来	Poyu's and Shieren's skin puckered. "I thought I heard something," he said. A hot feeling surged up his chest and convulsed his inside. Tears dripped down from his eyes, then became a shower. "O, Lin meimei," he cried, "Lin meimei, you have died on my account. Don't hate me. It was my parents' doing. I have never been untrue to you." Now tears burst forth from him like water over a dam. Shieren was frantic, and stupidly watched him cry his heart out

二十二 译文拔萃整理表

续表

原文	译文
只听见袭人哭道:"快告诉太太去!宝二爷要把那玉去还和尚呢!"丫头忙飞报王夫人。那宝玉更加生气,用手来撕开了袭人的手。幸亏袭人忍痛不放。紫鹃在屋里听见宝玉要把玉给人,这一急比别人更甚,把素日冷淡宝玉的主意都忘在九霄云外了,连忙跑出来帮着抱住宝玉。那宝玉虽是个男人,用力摔打,怎奈两个人死命的抱住不放,也难脱身	"Quick!" yelled Shieren through her tears. "Tell madam that he is going to return the jade." Angered, Poyu squeezed her hands to free himself, but Shieren gritted her teeth. She just would not let go, however it hurt. Nightingale heard what was happening, and her heart leaped up to her throat, forgetting all her determination to forget about him. She rushed out and fell upon him and hugged him tightly from the back. Poyu flailed and writhed and kicked, but he could not shake himself from the iron grip of two determined women
抬头忽见船头上微微的雪影里面一个人,光着头,赤着脚,身上披着一领大红猩猩毡的斗篷,向贾政倒身下拜。贾政尚未认清,急忙出船,欲待扶住问他是谁。那人已拜了四拜,站起来打了个问讯,贾政才要还揖,迎面一看,不是别人,却是宝玉。贾政吃一大惊,忙问道:"可是宝玉么?"那人只不言语,似喜似悲	As he looked up, he saw in the foggy light of the snow a man, head shorn and uncovered and barefooted, wearing a cape of crimson monkey pelt. The man fell on the bank and kowtowed four times to him. Jiajeng could not make out who he was. He rose and came to the bow of the boat and asked whom he had the honor of meeting. The man had already got up. It was Poyu. "Are you not Poyu?" he asked in a disturbed voice. The man was silent, a confused expression of both happiness and sadness on his face
曹雪芹先生笑道:"说你'空空'来,你肚里果然空空。既是'假语村言',但无鲁鱼亥豕以及背谬矛盾之处,乐得与二三同志,洒余饭饱,雨夕灯窗之下,同消寂寞,又不必大人先生品题传世。似你这样寻根究底,便是刻舟求剑、胶柱鼓瑟了。"那空空道人听了,仰天大笑,掷下抄本,飘然而去。一面走着,口中说道:"果然是敷衍荒唐!不但作者不知,抄者不知,并阅者也不知,不过游戏笔墨,陶情适性而已!"	Tsao Shuehchin laughed. "Your name is Vanitas Vanitatum. I am afraid You mustn't take my words too. You mustn't take my words too literally. Don't try to investigate whose story it is. This is not a scholar's serious work, requiring famous scholars to write introductions and prefaces to it. It is only written by the author to kill time, and it will enable its readers to kill time, when the hours hang heavy after dinner or tea, or when a solitary lamp shines on the desk on a rainy night. All we hope is not to have too many typographical mistakes or have errors or discrepancies slipped in." Father Vanitas Vanitatum threw the book down and turned his head up in a rip-roaring laughter. He muttered as he left the room, "Indeed it is a tale told by an idiot. The author himself does not know what the meaning of the story is, nor does the copyist, nor does the reader. However, it is a literary pastime, good for amusing oneself with and seeing a bit of true human nature."

参考文献

一 中文文献

（一）专著

白先勇：《细说红楼梦》，广西师范大学出版社2017年版。

（清）曹雪芹、（清）高鹗：《红楼梦》，启功注释，人民文学出版社1957年版。

（清）曹雪芹、（清）高鹗：《程甲本红楼梦》，书目文献出版社1992年版。

（清）曹雪芹：《脂砚斋重评石头记》，上海古籍出版社1981年版。

（清）曹雪芹：《古本小说集成 红楼梦 （戚序本）》，上海古籍出版社1994年版。

（清）曹雪芹：《古本小说集成 脂砚斋重评石头记 （庚辰本）》，上海古籍出版社1994年版。

（清）曹雪芹、（清）高鹗：《增评绘图大观琐录》，王希廉、姚燮评，北京图书馆出版社2002年版。

（清）曹雪芹、（清）高鹗：《增评补像全图金玉缘》，王希廉、张新之、姚燮评，北京图书馆出版社2002年版。

（清）曹雪芹、（清）高鹗：《新评绣像红楼梦全传》，王希廉评，北京图书馆出版社2004年版。

（清）曹雪芹：《红楼梦八十回校本》，俞平伯校订，人民文学出版社1993年版。

（清）曹雪芹著，无名氏续：《红楼梦》，人民文学出版社2008年版。

（清）曹霑：《增评补图石头记》，上海商务印书馆1930年版。

（清）曹霑：《增评补图石头记》，作家出版社 2014 年版。

蔡义江：《红楼梦诗词曲赋鉴赏》，中华书局 2001 年版。

陈子善编：《林语堂书话》，浙江人民出版社 1998 年版。

董娜：《基于语料库的"译者痕迹"研究——林语堂翻译文本解读》，中国社会科学出版社 2010 年版。

冯其庸、李希凡：《红楼梦大辞典（增订本）》，文化艺术出版社 2010 年版。

冯智强：《中国智慧的跨文化传播：林语堂英文著译研究》，中国海洋大学出版社 2011 年版。

[美]哈罗德·伊罗生：《美国的中国形象》，于殿利、陆日宇译，中华书局 2006 年版。

胡适：《胡适口述自传》，唐德刚译，华文出版社 1992 年版。

胡适：《胡适文集 2　胡适文存》，北京大学出版社 1998 年版。

[英]杰里米·芒迪：《翻译学导论——理论与实践》，李德凤等译，商务印书馆 2007 年版。

罗新璋编：《翻译论集》，商务印书馆 1984 年版。

李平：《译路同行——林语堂的翻译遗产》（*Lin Yutang's Legacy in Translation Studies*），中央编译出版社 2014 年版。

李平：《林语堂著译互文关系研究》，浙江大学出版社 2020 年版。

吕启祥、林东海主编：《红楼梦研究稀见资料汇编》，人民文学出版社 2001 年版。

林太乙：《林语堂传》，陕西师范大学出版社 2002 年版。

林以亮：《红楼梦西游记》，（台北）联经出版事业公司 1976 年版。

林语堂：《红楼梦人名索引》，（台北）华冈出版有限公司 1976 年版。

林语堂：《京华烟云》（下册），郑陀、应元杰译，春秋社出版部 1941 年版。

林语堂：《八十自叙》，中国戏剧出版社 1990 年版。

林语堂：《林语堂名著全集》，东北师范大学出版社 1994 年版。

林语堂：《林语堂自传》，工爻、张振玉译，陕西师范大学出版社 2005 年版。

林语堂：《平心论高鹗》，群言出版社 2010 年版。

[日]六角恒广：《日本中国语教育史研究》，王顺洪译，北京语言学院出版

社 1992 年版。

刘广定：《大师遗珍》，文汇出版社 2008 年版。

刘广定：《读红一得》，北岳文艺出版社 2014 年版。

刘宓庆：《新编汉英对比与翻译》，中国对外翻译出版公司 2006 年版。

刘全国：《林语堂翻译书写研究》，高等教育出版社 2020 年版。

刘士聪主编：《红楼译评——〈红楼梦〉翻译研究论文集》，南开大学出版社 2004 年版。

刘雨珍编校：《清代首届驻日公使馆员笔谈资料汇编》，天津人民出版社 2010 年版。

鲁迅：《鲁迅全集》第 8 卷《集外集拾遗补编》，人民文学出版社 1981 年版。

鲁迅：《鲁迅全集》第 9 卷《中国小说史略 汉文学史纲要》，人民文学出版社 2005 年版。

[英]蒙娜·贝克：《翻译与冲突——叙事性阐释》，赵文静主译，北京大学出版社 2011 年版。

木心讲述，陈丹青笔录：《文学回忆录》（上），广西师范大学出版社 2013 年版。

钱锁桥：《林语堂传：中国文化重生之道》，广西师范大学出版社 2019 年版。

乔志高编著：《一言难尽：我的双语生涯》，（台北）联合文学出版社 2000 年版。

司马迁：《史记》，中华书局 2013 年版。

[美]赛珍珠：《我的中国世界——美国著名女作家赛珍珠自传》，尚营林等译，湖南文艺出版社 1991 年版。

王国维：《王国维全集》第 1 卷，浙江教育出版社、广东教育出版社 2010 年版。

吴克岐：《忏玉楼丛书提要》，北京图书馆出版社 2002 年版。

吴宓：《吴宓日记》第 2 册，吴学昭整理注释，生活·读书·新知三联书店 1998 年版。

吴翔林：《英诗格律及自由诗》，商务印书馆 1993 年版。

谢天振主编：《当代国外翻译理论导读》（第二版），南开大学出版社 2018

年版。

余光中：《翻译乃大道》，外语教学与研究出版社2020年版。

俞平伯：《红楼梦辨》，亚东图书馆1923年版。

怡青编：《一个真实的赛珍珠》，东方出版社2005年版。

一粟编著：《红楼梦书录》，上海古籍出版社1981年版。

郑锦怀：《林语堂学术年谱》，厦门大学出版社2018年版。

张问陶：《船山诗草》卷16《辛癸集》，中华书局2000年版。

周汝昌：《红楼梦新证》，棠棣出版社1953年版。

（二）论文、报道等

卜杭宾：《新发现的林语堂英译〈红楼梦〉考述》，《东方翻译》2016年第3期。

曹立波：《〈增评补图石头记〉的传播盛况述评》，《红楼梦学刊》2004年第1辑。

曹立波、韩林岐：《〈红楼梦〉杨藏本底文的独立性——从程本多出的文字"金陵"、"南边"、"南方"谈起》，《中国矿业大学学报》（社会科学版）2014年第3期。

陈平原：《林语堂的审美观与东西文化》，《文艺研究》1986年第3期。

陈庆浩、蔡芷瑜：《〈红楼梦〉后四十回版本研究——以杨藏本为中心》，《中国文化研究》2013年第4期。

陈维昭：《彷徨于"色"与"空"之间——论〈红楼梦〉的存在体验》，《红楼梦学刊》1994年第1辑。

[荷]D.佛克马：《中国与欧洲传统中的重写方式》，范志红译，《文学评论》1999年第6期。

杜景华：《〈红楼梦〉与禅宗》，《红楼梦学刊》1990年第3辑。

方平：《曹雪芹和莎士比亚》，《文艺理论研究》1981年第3期。

冯全功：《〈红楼梦〉书名中的修辞原型及其英译》，《红楼梦学刊》2012年第4辑。

冯全功：《〈红楼梦〉英译思考》，《小说评论》2016年第4期。

冯羽：《日本"林学"的风景——兼评日本学者合山究的林语堂论》，《世界华文文学论坛》2009年第1期。

冯智强、朱一凡：《编辑出版家林语堂的编译行为研究》，《中国翻译》2011年第5期。

冯智强：《"译可译，非常译"——跨文化传播视阈下林语堂编译活动的当代价值研究》，《外语教学理论与实践》2012年第3期。

冯智强、庞秀成：《宇宙文章中西合璧，英文著译浑然天成——林语堂"创译一体"的文章学解读》，《上海翻译》2019年第1期。

范恪劼：《经典化的肇端："五四"时期〈红楼梦〉评述的考察》，《红楼梦学刊》2012年第2辑。

高淮生：《平心论高鹗，到底意难平：林语堂的红学研究——港台及海外学人的红学研究综论之六》，《河南教育学院学报》（哲学社会科学版）2014年第4期。

郭豫适：《林语堂对〈红楼梦〉后四十回的研究》，《社会科学家》1999年第6期。

何林天：《是谁"曲解歪缠乱士林"？——评林语堂的〈平心论高鹗〉》，《红楼梦学刊》1985年第2辑。

胡德平：《寻找"中外文化比较"的共性与个性——从莎士比亚与曹雪芹的著作谈起》，《红楼梦学刊》2013年第6辑。

黄国文：《英语状语从句的位置》，《现代外语》1984年第1期。

江帆：《他乡的石头记——〈红楼梦〉百年英译史研究》，博士学位论文，复旦大学，2007年。

金品芳：《谈杨继振藏本后四十回中的十九回原抄正文》，《红楼梦学刊》1993年第4辑。

姜春兰：《浅析英文诗歌中"倒装"的修辞功能》，《西南农业大学学报》（社会科学版）2013年第8期。

姜秋霞、金萍、周静：《文学创作与文学翻译的互文关系研究——基于林语堂作品的描述性分析》，《外国文学研究》2009年第2期。

李晶：《香港〈译丛〉上的"林语堂英译〈红楼梦〉"》，《红楼梦学刊》2016年第2辑。

李明洁：《现代汉语称谓系统的分类标准与功能分析》，《华东师范大学学报》（哲学社会科学版）1997年第5期。

李丽：《英语世界的〈红楼梦〉研究——以成长、大观园、女性话题为例》，博士学位论文，北京外国语大学，2014年。

李新灿：《贾宝玉形象研究史论略》，《红楼梦学刊》1999年第4辑。

李希凡、李萌：《"情切切良宵花解语"——析花袭人的"枉自温柔和顺"》，《红楼梦学刊》2004年第4辑。

《林语堂〈红楼梦〉英文编译原稿序言》，宋丹译，《曹雪芹研究》2019年第3期。

《林语堂英译〈红楼梦〉原稿在日本被发现》，《光明日报》2015年7月27日第7版。

《林语堂英译本〈红楼梦〉原稿在日本被发现》，《中国青年报》2015年7月26日第2版。

刘守芬、刘文达：《对英美法系中叛国罪的研究》，《中外法学》1994年第5期。

刘文、唐旭：《成长小说：传统与影响》，《云南财贸学院学报》（社会科学版）2005年第3期。

刘永良：《〈红楼梦〉回目语言探美》，《红楼梦学刊》1998年第3辑。

刘泽权：《从称谓的翻译看文化内容的传播——以〈红楼梦〉的英译为例》，《燕山大学学报》（哲学社会科学版）2006年第1期。

刘泽权、张丹丹：《假如林语堂翻译〈红楼梦〉——基于互文的文化翻译实证研究》，《中国翻译》2015年第2期。

刘泽权、石高原：《林语堂〈红楼梦〉节译本的情节建构方法》，《红楼梦学刊》2018年第2期。

梁志芳：《"文化回译"研究——以赛珍珠中国题材小说〈大地〉的中译为例》，《民族翻译》2013年第1期。

苗怀明：《论〈红楼梦〉的叙事时序与预言叙事》，《南京大学学报》（哲学·人文科学·社会科学版）2017年第3期。

孟祥春：《林语堂古文小品误译与思考》，《上海翻译》2016年第5期。

饶芃子：《中国文艺批评现代转型的起点——论王国维的〈《红楼梦》评论〉

及其它》,《文艺研究》1996 年第 1 期。

宋丹:《日藏林语堂〈红楼梦〉英译原稿考论》,《红楼梦学刊》2016 年第 2 辑。

宋丹:《论林语堂翻译〈红楼梦〉的六大选择》,《外语教学与研究》2017 年第 4 期。

宋丹:《〈红楼梦〉在日本的翻译与影响研究》,《外语教学与研究》2019 年第 1 期。

宋丹:《林语堂〈红楼梦〉英译稿的日文转译本研究》,《曹雪芹研究》2020 年第 2 期。

宋丹:《林语堂〈红楼梦〉英译原稿诗词韵文翻译策略研究》,《中国文化研究》2021 年第 1 期。

宋淇:《喜见红楼梦新英译》,载《明报》1974 年第 9 卷第 6 期。

苏琴琴:《"五四"文学革命与〈红楼梦〉的经典化阐释》,《红楼梦学刊》2019 年第 4 辑。

孙逊:《〈红楼梦〉人物与回目关系之探究》,《文学遗产》2009 年第 4 期。

石麟:《章回小说回目的来源演变及其文化意蕴》,《明清小说研究》2014 年第 1 期。

田海龙:《英汉语"WE/我们"的人际功能与文化差异》,《天津外国语学院学报》2001 年第 3 期。

田荣、刘兰芳:《"新发现的曹雪芹佚诗"评辨》,《学术交流》1995 年第 3 期。

唐均:《王际真〈红楼梦〉英译本问题斠论》,《红楼梦学刊》2012 年第 4 辑。

唐热风:《第一人称权威的本质》,《哲学研究》2001 年第 3 期。

[德] 瓦尔特·本雅明:《单行道》,王涌译,译林出版社 2014 年版。

王东风、章于炎:《英汉语序的比较与翻译》,《外语教学与研究》1993 年第 4 期。

王珏:《林语堂英文译创研究》,博士学位论文,华东师范大学,2016 年。

王金波:《库恩〈红楼梦〉德文译本底本四探——兼答姚珺玲》,《红楼梦学刊》2015 年第 1 辑。

王金波:《弗朗茨·库恩及其〈红楼梦〉德文译本——文学文本变译的个案

研究》，博士学位论文，上海外国语大学，2006年。

王昆仑：《花袭人论》，《文艺报》1954年第23、24号合刊。

王丽耘：《大卫·霍克思汉学年谱简编》，《红楼梦学刊》2011年第4辑。

王丽耘：《"石头"激起的涟漪究竟有多大？——细论〈红楼梦〉霍译本的西方传播》，《红楼梦学刊》2012年第4辑。

王丽耘、胡燕琴：《霍克思〈红楼梦〉英译底本析论》，《国际汉学》2017年第3期。

王丽耘：《被淹没的回声——论〈红楼梦〉霍译本早期西方译评》，《红楼梦学刊》2021年第1辑。

王平：《〈红楼梦〉与佛道文化》，《社会科学研究》1995年第2期。

王人恩：《〈平心论高鹗〉：林语堂对大陆红学家的反驳》，《福州大学学报》（哲学社会科学版）2012年第2期。

王兆胜：《论林语堂的女性崇拜思想》，《社会科学战线》1998年第1期。

汪康懋、肖研：《英汉语序的比较研究》，《外语教学与研究》1981年第1期。

吴恩裕：《曹雪芹的佚著和传记材料的发现》，《文物》1973年第2期。

吴元康：《五四时期胡适自费资助林语堂留学考》，《安徽史学》2009年第5期。

吴学昭：《中国文学里的"罗密欧与朱丽叶"——吴宓对〈红楼梦〉故事的英译》，《新文学史料》2020年第4期。

吴颖：《论花袭人性格》，《红楼梦学刊》1985年第1辑。

吴组缃：《论贾宝玉典型形象》，《北京大学学报》（人文科学版）1956年第4期。

徐静波：《松枝茂夫的中国文学缘》，《中国比较文学》2001年第4期。

徐季子：《佛教思想对〈红楼梦〉的影响》，《文艺理论研究》1991年第5期。

谢天振：《中国文学"走出去"不只是一个翻译问题》，《中国社会科学报》2014年1月24日第B01版。

叶嘉莹：《漫谈〈红楼梦〉中的诗词》，《陕西师范大学学报》（哲学社会科学版）2004年第3期。

姚亚平：《现代汉语称谓系统变化的两大基本趋势》，《语言文字应用》1995

年第 3 期。

朱琳:《规模化知识整理与普及:〈万有文库〉的知识社会史考察》,《出版科学》2019 年第 6 期。

郑锦怀:《林语堂英语译介〈红楼梦〉历程考察》,《集美大学学报》(哲学社会科学版) 2020 年第 2 期。

郑佰青:《超越召唤——克拉丽莎的"战争"》,《外国文学》2007 年第 6 期。

张丹丹:《林语堂英译〈红楼梦〉探》,《红楼梦学刊》2015 年第 2 辑。

张惠:《王际真英译本与中美红学的接受考论》,《红楼梦学刊》2011 年第 2 辑。

张松辉:《道家道教与〈红楼梦〉》,《中国文学研究》1999 年第 3 期。

周林生:《曹雪芹原著无"真真国"辨》,《学术研究》1981 年第 6 期。

周有光:《汉字文化圈》,《中国文化》1989 年第 1 期。

曾慧:《小说〈红楼梦〉服饰研究(上)》,《满族研究》2011 年第 2 期。

二 外文文献

(一) 专著

Alfred Lord Tennyson, *The Works of Alfred Lord Tennyson, Poet Laureate*, London: Macmillan, 1894.

André Lefevere, *Translation, Rewriting, and the Manipulation of Literary Fame*, London: Routledge, 1992.

Biblia Sacra: Iuxta Vulgatam Versionem II, Stuttgart: Deutsche Bibelgesellschaft, 1983.

Cao Xueqin, *The Story of the Stone*, Vol. 1, trans. David Hawkes, London: Penguin Group, 1973.

Henry Wadsworth Longfellow, *Birds of Passage; Flower-de-luce; A Book of Sonnets; The Masque of Pandora and other Poems; Keramos; Ultima Thule and in the Harbor,* Boston & New York: Houghton Mifflin, 1886.

Li. Qiancheng, *Fictions of Enlightenment: Journey to the West. Tower of the Myriad Mirrors, and Dream of the Red Chamber*, Honolulu: University of

Hawaii Press, 2004.

Lin Yutang, *My Country and My People*, New York: Reynal & Hitchcock, 1935.

Lin Yutang, *The Wisdom of Confucius*, New York: Modern Library, 1938.

Lin Yutang, *The Importance of Living*, New York: Reynal & Hitchcock, 1939.

Lin Yutang, *The Wisdom of Laotse*, New York: Modern Library, 1948.

Lin Yutang, *Widow, Nun and Courtesan: Three Novelettes from the Chinese*, New York: John Day Company, 1951.

Lin Yutang, *Famous Chinese Short Stories,* New York: John Day Company, 1952.

Lin Yutang, *Memoirs of an Octogenarian*, Taipei; New York: Mei Ya Publications, Inc., 1975.

Qian Suoqiao ed., *The Cross-Cultural Legacy of Lin Yutang: Critical Perspectives*, Berkeley: Institute of East Asian Studies, University of California, 2015.

The Dream of the Red Chamber, trans. Florence and Isabel McHugh, Based on the German version translated by Franz Kuhn, London: Routledg & Kegan Paul,1958.

The Holy Scriptures of the Old Testament: Hebrew and English, London: The British & Foreign Bible Society, 1987.

The Oxford English Dictionary, 2nd ed., prepared by J.A. Simpson and E.S.C. Weiner, New York: Oxford University Press, 1989.

Tsao Hsueh-Chin and Kao Ngoh, *Dream of the Red Chamber*, trans. Chin-Chen Wang, London: George Routledge & Sons, Limited, 1929.

Tsao Shuehchin, *The Red Chamber Dream*, translated and edited by Lin Yutang, 1974.（日本八户市立图书馆藏）

Tsao Hsuehchin and Kao Ngo, *A Dream of Red Mansions*, trans. Yang Hsien-yi & Gladys Yang, Peking: Foreign Languages Press, 1978.

Tsao Hsuen-chin and Kao Hgo, *A Dream of Red Mansions*, Vol.1., trans.Yang Hsien-yi & Gladys Yang, Peking: Foreign Languages Press, 1994.

参考文献

William Shakespeare, *Hamlet*, edited by G.R. Hibbard, New York: Oxford University Press, 1998.

Tsao Hsüe Kin und Kao O, *Der Traum Der Roten Kammer*, übertragen von Franz Kuhn, Leipzig: Insel-verlag Leipzig, 1948.

芦辺拓：『紅楼夢の殺人』，東京：文芸春秋社 2007 年版。

梅原猛：『日常の思想』，東京：集英社 1986 年版。

亀井孝、大藤時彦、山田俊雄：『日本語の歴史 2　文字とのめぐりあい』，東京：平凡社 1993 年版。

『現代日本執筆者大辞典　77/82』，東京：日外アソシエーツ株式会社 1984 年版。

『現代翻訳者事典』，東京：日外アソシエーツ株式会社 1985 年版。

佐藤亮一、佐藤雅子：『翻訳秘話——翼よ、あれがパリの灯だ』，東京：恒文社 1998 年版。

『新古今和歌集』，久保田淳校注，東京：新潮社 1973 年版。

曹雪芹：『紅楼夢』(1)，松枝茂夫訳，東京：岩波書店 1940 年版。

曹雪芹、施耐庵：『世界名作全集 5　紅楼夢　水滸伝』，松枝茂夫、駒田信二訳，東京：平凡社 1961 年版。

曹雪芹：『世界文学全集 2　紅楼夢』，松枝茂夫訳，東京：講談社 1967 年版。

曹雪芹：『紅楼夢』(4)，松枝茂夫訳，東京：岩波書店 1973 年版。

曹雪芹：『世界文学全集 14　紅楼夢』，松枝茂夫訳，東京：講談社 1976 年版。

曹雪芹：『紅楼夢』(1)，伊藤漱平訳，東京：平凡社 1996 年版。

曹雪芹：『紅楼夢』(6)，伊藤漱平訳，東京：平凡社 1997 年版。

『増評補図石頭記』，東京：金港堂書籍株式会社 1905 年版。

『増評補図石頭記』，東京：下河辺半五郎 1905 年版。

松枝茂夫：『中国文学のたのしみ』，東京：岩波書店 1998 年版。

宮崎市定：『中国史』，東京：岩波書店 2015 年版。

林語堂編:『紅楼夢』,佐藤亮一訳,東京:六興出版社1983年版。

林語堂:『北京好日』,佐藤亮一訳,東京:芙蓉書房1996年版。

(二)论文、报道等

André Lefevere, "Mother Courage's Cucumbers: Text, System and Refraction in a Theory of Literature", *Modern Language Studies*, 1982, Vol. 12.

Connie Chan, "Appendix Interview with David Hawkes", *The Story of the Stone's Journey to the West: a Study in Chinese-English Translation History*, Conducted at 6 Addison Crescent, Oxford, Date: 7th December, 1998.

Davidson Donald, "First Person Authority", *Dialectica,* Vol. 38, 1984.

Lost in Translation for more than 40 Years, *China Daily*, 2015-07-29.

Marcus, Mordecai, "What is an Initiation Story?", *The Journal of Aesthetics and Art Criticism*, Vol. 19, No.2(Winter, 1960).

Renditions. No. 2 (Spring 1974).

井波律子:「思想の言葉 中国文学を翻訳するということ」,『思想』(1130),2018年第6号。

「「紅楼夢」ミステリー 自筆稿「金田某氏」に 模写した人、すでに死亡」,『読売新聞』1975年4月29日第14版。

杉山和男:「第一次オイルショックを回顧する」,『国際貿易と投資』(71),2008年。

「どこへ消えた曹雪芹の原稿 国内の図書館に"大捜索網"」,『朝日新聞』1975年4月24日第13版。

三 网络文献

《故纸清芬见真如——林语堂手迹碎金》,见https://www.cguardian.com.hk/upload/category/K7sI95EZ_HandwritingBrokenGold2021Spring.pdf,2021年8月19日检索。

《林语堂〈红楼梦人名索引〉稿本及相关通信》,见http://www.xlysauc. com/auction5_det.php?id=89626&ccid=701&n=1807,2021年8月19日检索。

"中国嘉德香港2021春季拍卖会4月18—23日丨香港会议展览中心",见https://www.cguardian.com.hk/tc/news/news-details.php?id=200,2021年8月19日检索。

CiNii Books, https://ci.nii.ac.jp/books/, 2020年4月26日检索。

"New York Times Article Archive", https://www.nytimes.com/search?dropmab=true&query=&sort=oldest, 2022年3月30日检索。

読書メーター, https://bookmeter.com/, 2020年8月4日检索。

后　　记

　　我发现日本所藏林语堂《红楼梦》英译原稿的过程，遇到过一些困难，但总的而言很幸运：一是我出身日语语言文学专业，能找到林稿，存在偶然因素；二是寻找过程是单线寻找，其中任何一个环节出现问题，都不可能找到。

　　说到偶然因素，现在回过头来看：如果不是喜欢《红楼梦》，我博士学位论文的选题不会选择当时较冷门的《红楼梦》日译研究。2013年，如果不是同门师姐韩雯博士因我关注《红楼梦》在日本，向我推荐芦边拓的推理小说《红楼梦的杀人》，很少关注推理小说的我，也不会去看这本书。如果不是觉得这本小说是难得一见的比较文学的案例，我不会去研究它的后记，也就不会知道佐藤亮一的日文转译本，因我当时尚未彻底调查日本到底有多少《红楼梦》日译本。如果不是南开大学和日本早稻田大学有交换留学的项目，我就没有机会去日本寻找林稿。如果不是博士导师刘雨珍教授鼓励我到日本后寻找林稿，我可能不会下此大海捞针的决心。在赴日留学之前，我就已经拿到佐藤亮一的日文转译本并据此写了一篇研究林语堂英译的论文，但在投稿之际，导师劝说还是应该找到第一手文献再研究不迟。到日本后，如果我先看到佐藤雅子为佐藤亮一的《京华烟云》日译本撰写的"刊行寄语"，就会认定林稿已寄回台北林语堂故居，因而只会去台北寻找，而不会发现日本所藏的林稿了。如果佐藤夫妇未捐赠林稿给八户市立图书馆，而是作为私人收藏品待价而沽，我更不可能找到。

　　说到单线寻找，其中每个关键环节都遇到了善良的热心人。2014年3月，我抵达早稻田大学开启留学之旅。起初调查了一些文献，也跟一些人

◆◇◆ 后 记

士打听过佐藤亮一和六兴出版社的联系方式，都没有线索。4月，南开大学日语系的孙雪梅老师托我在御茶水女子大学调查文献。在该校图书馆，我调查了孙老师嘱托的文献后，就漫无目的地翻阅书籍，无意中看到《现代翻译者事典》，就查看了佐藤亮一的信息，其中居然有家庭住址，随后在另一本《现代日本执笔者大辞典》中也看到了相似信息。找到了关键线索，我又惊又喜。当时猜想佐藤先生虽已去世，他的家人也许还住在那里，于是抱着试试看的想法，给这个地址写了封信，但一直未收到回信。5月上旬，我根据该地址找到位于东京都新宿区的佐藤家，周围是独门独栋、现代风格的住宅小楼，唯独佐藤家是一栋古色古香的日式建筑，可庭院荒芜，敲门也无人回应。恰巧隔壁邻居武藤先生在洗车，我就打听了一下，他说佐藤夫人好像住院了，不时会有一位保洁员过来打扫房子。我把联系方式留给武藤先生，拜托他如果保洁员过来，就联系我。但等了两个多月，音信全无，写信给武藤先生也未收到回复。于是我又去了一次佐藤家，想着再跟武藤先生打听打听；去前还准备了一封写给佐藤亮一家人的信件，打算拜托武藤先生转交给保洁员，请保洁员带给佐藤亮一的家人。信中提到自己正在寻找林语堂的《红楼梦》译稿，请求拜访佐藤雅子夫人、查阅佐藤亮一藏书等。但武藤先生不在家。我鼓起勇气敲了佐藤家隔壁另一位邻居的门，开门的福冈女士面色和善，告诉我佐藤家现无人居住，佐藤夫妇也无子嗣，听说佐藤夫人已入住养老院了，她不清楚是哪家养老院，好像有一位横滨的亲戚是她的监护人，但她没有这位亲戚的联系方式。我提起武藤先生说的保洁员的事情，她说是有这么回事。我就把原本准备好的信件委托给她转交，相互还留了联系方式，并得知福冈女士全名是福冈めぐみ。当时正值酷暑，佐藤家到电车站步行需要二三十分钟，我中途中暑，颇感难受，但还是平安回到留学生宿舍。回到宿舍后，我发邮件向福冈女士道谢，她回复道：保洁员大叔有时一周来打扫两三次，有时若回了乡下老家，就会两周左右才来一次，一般是早晨过来，她最近工作繁忙，短时间内不一定能见到，让我耐心等待。不料三天后，即发邮件告诉我说：她已把我的信件转交给保洁员大叔，拜托他请横滨的亲戚直接跟我在信中备注的联系方式联系，并叮嘱我如果一直未收到回复，就跟她说，她会再帮我向保洁员打听。此后两周,收到了佐藤夫人监护人川野攻先生的邮件。如果没有福冈女士与不知名的保洁员大叔的热心相助,如此渺茫的事情是很难见到希望的,我发邮件感谢福冈女士,她鼓励我做好研究,并说我的努力令她感动,反跟我道谢。她的善良与修养令我难忘。

川野先生应该是一位企业家,他在邮件中告诉我:佐藤雅子夫人确实已入住养老院,身心俱衰,难以与人面谈,佐藤亮一先生的藏书已于十多年前寄赠八户市立图书馆。我检索八户市立图书馆官网,并没有林稿信息,于是致电图书馆,后来的事情如本书前言所述:由于佐藤夫人嘱咐图书馆在她生前不要公开藏书,图书馆需要我出示佐藤夫人或其法定监护人签名盖章的书面许可信。我请导师斧正了请求川野先生开具许可信的邮件,后川野先生欣然邮寄了许可信给我。

9月,我携带许可信,前往位于日本东北地区青森县的八户市立图书馆。从新干线八户车站下车,乘坐小火车前往八户市内。蓝天白云下,小火车穿梭在一望无垠的秋季田野,别有风味。到达图书馆,馆员岩冈女士带我到阅览室,稍等片刻后,岩冈女士抱着一叠厚厚的稿子过来了,就是林语堂1973年邮寄给佐藤亮一的译稿。由于前期调查已使我深信译稿的存在,在亲眼看到时心情平静,并未太激动。而是赶紧坐下仔细翻阅全稿,并与佐藤亮一的日文转译本做了初步比对,断定即林稿无疑。不觉到了图书馆闭馆时间,我跟岩冈女士道谢并约定翌日继续前来查阅。出图书馆一看,才发现四周一片漆黑静谧,与繁华东京的夜晚迥然不同。我迷路了,手机导航又不给力,猛然想起白天来图书馆的路上瞥见的告示,提醒女士夜行小心,略感不安。终于走到了稍微明亮的大路上,除了偶尔疾驰而过的汽车外,行人稀少。远远看到一个穿着水手服、十五六岁、学生模样的女孩子骑自行车过来,便叫住她问路,女孩留着清爽短发,朴实憨厚,说一口日本东北方言,纯朴的笑容驱散了我的不安。她说我要去的酒店和她回家的路顺路。去酒店的路上下起了毛毛雨,女孩推着自行车和我并肩行走、聊天。她说自己刚从补习班下课,将来想去东京上大学。后来的日子,我偶尔会想起女孩的笑容,不知她的愿望实现没有。

因为佐藤雅子夫人在译稿上留言,提到林语堂的修订稿等寄回了台北

◆◇◆ 后　记

林语堂故居。我从八户市立图书馆回来后，就想去台北调查一趟。在导师协助下，报名参加了真理大学的学会，几经周折，拿到了从日本去中国台湾地区的入境许可书。学会报告结束后，旋即赶往林语堂故居。故居主任蔡佳芳和几位馆员热情接待了我，并对我的调查工作给予了大力协助。如前言所述，虽然在故居没能找到修订稿，但也发现了一些线索。最后离开故居那晚，我在林语堂先生墓前鞠躬致敬，下决心助他出版遗稿。

　　从早稻田大学回国后，我一边撰写未完成的博士学位论文，一边求职。随即是答辩、毕业、新闻发布会、结婚、就职、生育等。顺利获得国家社科基金青年项目立项后，虽也断断续续研究林稿，但公私繁忙，无法全身心投入研究。因此申请了国家留学基金委的公派出国项目，幸蒙京都大学人文科学研究所井波陵一教授、永田知之副教授厚爱，于 2018 年 7 月至 2019 年 7 月，前往该研究所访学一年，专注整理和研究林稿。每天早上去京大图书馆埋头研究，晚上再回宇治的宿舍，日复一日。其间曾因思念小儿一度低落，但还是坚持下来了。

　　从京都大学回国后，我又继续花了一年半时间在林稿的研究上，于 2021 年 2 月提交结项，5 月底结项鉴定结果出来，以优秀结项。五位匿名评审专家对结项成果给予高度评价，并提出了中肯的修改建议。多年努力获得认可，我备感欣喜、惶恐与感激。

　　顺利结项后，出版林稿的事情就提上议事日程了。中国社会科学出版社有意出版，但林语堂先生的后人称：为尊重林语堂生前意愿，不出版译稿。如本书第二章所述，林语堂先生 1973 年修订译稿，认为出版意义非凡，联系了六家欧美出版社未果后，又委托佐藤亮一在日本转译出版；1976 年，去世前两个月还在校订译稿，并称自己的英文非常优雅。怎么会不想出版译稿呢？我百思不得其解，深感遗憾，却无可奈何，唯有期待林家后人改变心意，让全世界读者能够欣赏林语堂先生优美的《红楼梦》译文。唯一欣慰的是，林稿在八户市立图书馆得到了妥善保存，并已全稿电子化，联系林语堂作品在中国的版权代理人，获得授权书，出示给图书馆，即可看到林稿电子版。

　　我能找到林稿并顺利出版拙作，并非一己之力。离不开母校南开大学提供的赴日留学的宝贵机会；离不开导师刘雨珍教授的谆谆教导、鼓励与帮助；也离不开佐藤亮一、佐藤雅子夫妇的高尚，福冈女士和保洁员大叔的热心，川野攻先生的帮助，八户市立图书馆、林语堂故居的协助等。湖南大学外国语学院刘正光教授、张佩霞教授对我有知遇之恩，学院慷慨资助拙作出版；资深翻译家、南开大学教授刘士聪先生、浙江大学文科资深教授许钧先生欣然应允为拙作撰写推荐语，刘雨珍教授同时撰写了序言与推荐语；早稻田大学文学研究科冈崎由美教授、京都大学人文科学研究所井波陵一教授、永田知之副教授为我在日本的留学、访学工作提供了诸多便利；许钧教授与《外语教学与研究》主编王克非教授，《曹雪芹研究》《中国文化研究》编审段江丽教授，中国艺术研究院红楼梦研究所研究员孙玉明教授、张云教授给予后生晚学发表成果的珍贵机会；林语堂故居蔡佳芳主任不仅在我赴故居调查时与工作人员热情接待我，还第一时间告知我关于中国嘉德香港 2021 春季拍卖会公开林语堂晚年亲笔书信的消息；安德鲁·纳伯格联合国际有限公司北京代表处首席代表黄家坤女士热心帮助联络林语堂后人及柯蒂斯·布朗公司；学界同人天津外国语大学冯智强教授、温州大学王丽耘教授、杭州师范大学卜杭宾博士慷慨分享文献，湖南大学邱春泉博士大力协助调查国外文献；中国社会科学出版社责任编辑杨康老师专业且敬业，对拙作的编校与出版付出了巨大心血，杨老师和参与拙作编辑、校对、排版的全体工作人员的努力令拙作增色不少；五位国家社科基金匿名评审专家的鉴定意见给了我鼓励、信心与改进的方向；全国哲学社会科学工作办公室、国家留学基金管理委员会、南开大学、湖南大学为青年学者发展提供了经费支持与优质平台，一并致以最真挚的感谢！

人生一事不为则太长，欲为一事则太短。从知道林稿存在到找到林稿，再到立项、研究、结项、出版专著，九年时间如白驹过隙。我深刻体会了学术研究的不易与快乐，自身能力与知识之不足，也痛感女性研究者平衡事业与家庭、工作与生活的艰难。谢谢家人对我一如既往的爱与支持！

宋 丹
2022 年 9 月 1 日